Große Lerngrammatik Italienisch

Regeln, Anwendungsbeispiele, Tests

Iolanda Da Forno
Chiara de Manzini-Himmrich

Max Hueber Verlag

Grazie a

Antonio, Bianca, Claudio, Daniela, Francesca, Gudrun, Hans, Julia, Kathy, Krystina, Laura, Linda, Marcus, Marion, Martina, May, Olga, Pasquale, Robert, Roberto, Rosemarie, Sabine, Steffi e ai nostri studenti

Das Werk und seine Teile sind urheberrechtlich geschützt.
Jede Verwertung in anderen als den gesetzlich zugelassenen
Fällen bedarf deshalb der vorherigen schriftlichen
Einwilligung des Verlags.

Hinweis zu § 52a UrhG: Weder das Werk noch seine Teile dürfen ohne
eine solche Einwilligung überspielt, gespeichert und in ein Netzwerk
eingespielt werden. Dies gilt auch für Intranets von Firmen und von Schulen
und sonstigen Bildungseinrichtungen.

5.	4.	3.		Die letzten Ziffern
2009	08	07	06 05	bezeichnen Zahl und Jahr des Druckes.

Alle Drucke dieser Auflage können, da unverändert,
nebeneinander benutzt werden.
1. Auflage
© 2002 Max Hueber Verlag, 85737 Ismaning, Deutschland
Umschlaggestaltung: Parzhuber & Partner, München
Layout: Satz+Layout Fruth GmbH, München
Druck und Bindung: Ludwig Auer, Donauwörth
Printed in Germany
ISBN 3-19-005275-1

Inhalt

Vorwort		13

Einführung

Kapitel 1
Aussprache und Schreibung — 18

1	Das Alphabet	18
1.1	Die Buchstaben des italienischen Alphabets	18
1.2	Zum Buchstabieren	18
2	Aussprache einiger Konsonanten	19
2.1	Aussprache von *c* und *g*	19
2.2	Aussprache von *s* und *z*	22
2.3	Aussprache weiterer Konsonanten	23
3	Die Betonung	24
3.1	Betonung der Silben	24
3.2	Der Akzent	25
4	Der Apostroph	25
5	Die Silbentrennung	27
6	Groß- und Kleinschreibung	28
7	Die Satzzeichen	29
7.1	Überblick	29
7.2	Gebrauch des Kommas	29

Auf den Punkt gebracht — 31

Das Substantiv und seine Begleiter

Kapitel 2
Das Substantiv — 36

1	Grundregeln	36
1.1	Die Endungen der Substantive im Singular	36
1.2	Die Pluralbildung der Substantive	37
2	Besonderheiten im Genus	38
2.1	Substantive auf -*e*	38
2.2	Substantive auf -*a*	38
2.3	Substantive auf -*i*	39
2.4	Substantive, die mit einem Konsonanten enden	40
3	Das Geschlecht bei belebten Substantiven	40
3.1	Kennzeichnung des Geschlechts durch die Endung	40
3.2	Unterschiedliche Wortstämme für maskuline und feminine Substantive	41
3.3	Substantive, die im Maskulinum und Femininum dieselbe Form haben	41
4	Besonderheiten bei der Pluralbildung	42
4.1	Substantive, die im Plural unverändert bleiben	42
4.2	Die Pluralbildung bei Substantiven auf -*a* bzw. -*ista*	43
4.3	Die Pluralbildung bei Besonderheiten in der Aussprache und Schreibung	43
4.4	Substantive mit unregelmäßigem Plural	45
4.5	Substantive, die nur im Plural verwendet werden	45
4.6	Substantive mit zwei Pluralformen	46
4.7	Pluralbildung bei zusammengesetzten Substantiven	46

Auf den Punkt gebracht — 47

Kapitel 3
Der Artikel — 49

1	Der bestimmte Artikel	49
1.1	Formen	49

Inhalt

1.2	Besonderheiten bei der Wahl des bestimmten Artikels	51
1.3	Gebrauch des bestimmten Artikels im Gegensatz zum Deutschen	52
2	Der unbestimmte Artikel	54
2.1	Formen	54
2.2	Besonderheiten bei der Wahl des unbestimmten Artikels	56
2.3	Gebrauch	57
3	Der Teilungsartikel	58
3.1	Formen	58
3.2	Gebrauch	60

Auf den Punkt gebracht 61

Kapitel 4
Das Adjektiv 64

1	Grundregeln	64
1.1	Die Endungen des Adjektivs im Singular	64
1.2	Die Pluralbildung der Adjektive	65
2	Übereinstimmung des Adjektivs mit dem Substantiv	66
2.1	Das Adjektiv als Attribut und als Prädikat	66
2.2	Übereinstimmung bei mehreren Adjektiven	67
2.3	Übereinstimmung bei mehreren Substantiven	68
2.4	Übereinstimmung bei einem unbestimmten Subjekt	69
2.5	*Molto* als Adjektiv und als Adverb	69
3	Stellung des Adjektivs	70
3.1	Vorangestellte Adjektive	70
3.2	Nachgestellte Adjektive	70
3.3	Adjektive die vor- oder nachgestellt werden	71
4	Besonderheiten der Adjektive	72
4.1	Besonderheiten in Laut und Schrift	72
4.2	Besonderheiten in der Angleichung	73
4.3	Besonderheiten in der Form: *bello, buono, santo*	75
4.4	Besonderheiten in der Stellung	76
5	Steigerung des Adjektivs	76
5.1	Der Komparativ	77
5.2	Der Superlativ	81
5.3	Unregelmäßige Formen des Komparativs und des Superlativs	82

Auf den Punkt gebracht 83

Kapitel 5
Die Possessiva 87

1	Formen	87
2	Gebrauch der Possessiva	89
2.1	Das Possessivadjektiv und das Possessivpronomen	89
2.2	Fehlen des bestimmten Artikels beim Possessivadjektiv	90
2.3	Statt des bestimmten Artikels	92
2.4	Wegfall des Possessivadjektivs	93
2.5	Der Gebrauch von *proprio*	93

Auf den Punkt gebracht 94

Kapitel 6
Die Demonstrativa 96

1	*questo*	96
1.1	Formen	96
1.2	Zur Stellung von *questo*	97

2	*quello*	98
2.1	Formen	98
2.2	Zur Stellung von *quello*	99
3	Gebrauch von *questo* und *quello*	100
3.1	*Questo* und *quello* bei Gegenüberstellungen	100
3.2	*questo*	101
3.3	*quello*	101
4	Weitere Demonstrativa	102
4.1	Das neutrale Demonstrativpronomen *ciò*	102
4.2	*stesso* / *medesimo*	103
4.3	*codesto*	104
4.4	*costui*	105
	Auf den Punkt gebracht	105

Kapitel 7
Die Indefinita 108

1	Indefinita, die nur adjektivisch verwendet werden	108
2	Indefinita, die nur pronominal verwendet werden	110
3	Indefinita, die sowohl adjektivisch als auch pronominal verwendet werden	112
3.1	Überblick	112
3.2	Besonderheiten	114
	Auf den Punkt gebracht	117

Kapitel 8
Die Relativpronomen 119

1	*che*	119
1.1	*che* als Subjekt	119
1.2	*che* als Objekt	119
1.3	*il che*	120
2	*cui*	121
3	*il quale*	122
3.1	Formen	122
3.2	Gebrauch	123
4	Wiedergabe der deutschen deklinierten Relativpronomen im Italienischen	124
4.1	Übersicht	124
4.2	Wiedergabe des deutschen „dessen / deren" im Italienischen	124
5	*quello che*	125
6	*chi*	126
7	*colui che*	127
7.1	Formen	127
7.2	Gebrauch	127
	Auf den Punkt gebracht	127

Kapitel 9
Die Interrogativa 130

1	Das Fragewort *chi*	130
1.1	*Chi* mit der Bedeutung „wer" bzw. „wen"	130
1.2	*Chi* mit der Bedeutung „wessen" bzw. „wem"	130
1.3	*Chi* mit weiteren Präpositionen	130
2	Das Fragewort *che cosa*	131
3	Das Fragewort *che*	131
4	Das Fragewort *quale*	132
4.1	Formen	132
4.2	Gebrauch	133
5	Das Fragewort *quanto*	134
5.1	Formen	134
5.2	Gebrauch	135
6	Weitere Fragewörter	136
	Auf den Punkt gebracht	136

Inhalt

Kapitel 10
Die Personalpronomen 138

1	Die Subjektpronomen	138
1.1	Formen	138
1.2	Gebrauch	139
2	Die Reflexivpronomen	140
3	Unbetonte Objektpronomen	141
3.1	Unbetonte direkte Objektpronomen (Akkusativpronomen)	141
3.2	Unbetonte indirekte Objektpronomen (Dativpronomen)	143
4	Betonte Objektpronomen	144
4.1	Formen	144
4.2	Gebrauch	145
5	Das Pronominaladverb *ci*	147
6	Das Pronominaladverb *ne*	149
7	Zusammengesetzte Pronomen	150
7.1	Formen	150
7.2	Reihenfolge der Pronomen	151
8	Stellung von Pronomen und Pronominaladverbien	153
8.1	Voranstellung	153
8.2	Nachstellung	154
8.3	Voran- oder Nachstellung	155
9	Redewendungen	156

Auf den Punkt gebracht 157

Das Verb und seine Ergänzungen

Einführung 162

1	Die Verbklassen	162
2	Die Endungen	162
2.1	Informationen zur Person	162
2.2	Informationen zur Zeit	162
2.3	Die Höflichkeitsform	163
3	Zeiten und Modi	163
3.1	Übersicht	163
3.2	Einfache und zusammengesetzte Zeiten	164
3.3	Zu den Zeiten der Vergangenheit	164
4	Das Passiv	165

Auf den Punkt gebracht 165

Kapitel 11
Der Indikativ 167

1	Das Präsens	167
1.1	Formen	167
1.2	Gebrauch	171
1.3	Besonderheiten	172

Auf den Punkt gebracht 174

2	Das *imperfetto*	175
2.1	Formen	175
2.2	Gebrauch	176

Auf den Punkt gebracht 179

3	Das *passato prossimo*	180
3.1	Bildung des *passato prossimo*	180
3.2	Gebrauch	190
3.3	Gebrauch von *imperfetto* – *passato prossimo*	191

Auf den Punkt gebracht 194

4	Das *passato remoto*	197
4.1	Formen	197
4.2	Gebrauch	199
4.3	Gebrauch der Zeitsysteme in der Vergangenheit	200

Auf den Punkt gebracht 206

5	Das *trapassato prossimo*	208
5.1	Formen	208

5.2	Gebrauch	209
Auf den Punkt gebracht		210
6	**Das *trapassato remoto***	**212**
6.1	Formen	212
6.2	Gebrauch	213
Auf den Punkt gebracht		214
7	**Das Futur I**	**215**
7.1	Formen	215
7.2	Gebrauch	217
Auf den Punkt gebracht		219
8	**Das Futur II**	**221**
8.1	Formen	221
8.2	Gebrauch	222
Auf den Punkt gebracht		224

Kapitel 12
Der *congiuntivo* — 225

1	Der *congiuntivo presente*	225
1.1	Formen	225
1.2	Gebrauch	227
1.3	Gebrauch des *congiuntivo presente* im Zeitgefüge	237
Auf den Punkt gebracht		237
2	Der *congiuntivo passato*	240
2.1	Formen	240
2.2	Gebrauch	241
2.3	Gebrauch des *congiuntivo passato* im Zeitgefüge	241
Auf den Punkt gebracht		242
3	Der *congiuntivo imperfetto*	244
3.1	Formen	244
3.2	Gebrauch	245
3.3	Gebrauch des *congiuntivo imperfetto* im Zeitgefüge	246
Auf den Punkt gebracht		247
4	Der *congiuntivo trapassato*	248
4.1	Formen	248
4.2	Gebrauch	249
4.3	Gebrauch des *congiuntivo trapassato* im Zeitgefüge	249
Auf den Punkt gebracht		251

Kapitel 13
Der *condizionale* — 252

1	Der *condizionale I*	252
1.1	Formen	252
1.2	Gebrauch	254
Auf den Punkt gebracht		256
2	Der *condizionale II*	258
2.1	Formen	258
2.2	Gebrauch	259
Auf den Punkt gebracht		261

Kapitel 14
Der Imperativ — 262

1	Formen	262
1.1	Der Imperativ der 2. Person Singular	262
1.2	Der Imperativ der 1. und 2. Person Plural	264
1.3	Der Imperativ der 3. Person Singular	265
1.4	Der Imperativ der 3. Person Plural	267
2	Stellung der Pronomen beim Imperativ	269
2.1	Stellung der Pronomen beim bejahten Imperativ	269
2.2	Stellung der Pronomen beim verneinten Imperativ	270

Inhalt

3	Weitere Möglichkeiten, einen Befehl auszudrücken	272

Auf den Punkt gebracht 272

Kapitel 15
Infinite Verbformen 275

1 Der Infinitiv 275
1.1 Formen 275
1.2 Gebrauch von Infinitiv Präsens und Infinitiv Perfekt 276
1.3 Infinitivkonstruktionen 277
1.4 Der Infinitiv als satzverkürzende Konstruktion 287
1.5 Der substantivierte Infinitiv 289

Auf den Punkt gebracht 289

2 Das Partizip 291
2.1 Das Partizip Präsens 291
2.2 Das Partizip Perfekt 294

Auf den Punkt gebracht 299

3 Das *gerundio* 301
3.1 Das *gerundio presente* 301
3.2 Das *gerundio passato* 309

Auf den Punkt gebracht 310

Kapitel 16
Gebrauch der Zeiten und Modi 313

1 Kriterien zur Auswahl der Zeiten und Modi im Nebensatz 313
1.1 Wahl des Modus im Nebensatz 313
1.2 Wahl der Zeiten im Nebensatz 314
1.3 Zusammenfassung 315
1.4 Zeiten und Zeitangaben 316

2 Zeitenfolge beim Indikativ im Nebensatz 319
2.1 Der Indikativ im Nebensatz 319
2.2 Verwendung der Zeiten und der Modi in der indirekten Rede 321

3 Zeitenfolge beim *congiuntivo* im Nebensatz 324
3.1 Zeitenfolge bei Zeiten der Gegenwartsgruppe im Hauptsatz 324
3.2 Zeitenfolge bei Zeiten der Vergangenheitsgruppe im Hauptsatz 326

4 Die Bedingungssätze 328
4.1 Die reale Bedingung (reale Hypothese) 328
4.2 Die irreale Bedingung (irreale Hypothese) 328

Auf den Punkt gebracht 331

Kapitel 17
Die reflexiven Verben 333

1 Formen der reflexiven Verben im Präsens 333

2 Formen des reflexiven Verbs in zusammengesetzten Zeiten 334
2.1 Grundregel 334
2.2 Besonderheiten 335

3 Stellung der Reflexivpronomen 337
3.1 beim konjugierten Verb 337
3.2 bei infiniten Formen 337
3.3 beim Imperativ 338

4 Arten von reflexiven Verben 339

Inhalt

4.1	Verben, bei denen das Reflexivpronomen direktes Objekt ist	339
4.2	Verben, bei denen das Reflexivpronomen indirektes Objekt ist	339
4.3	Reziproke Verben	340
5	Wenn Sie noch mehr über reflexive Verben wissen wollen	340
5.1	Verben, die nur reflexiv verwendet werden	340
5.2	Verben, die reflexiv oder nicht-reflexiv verwendet werden können	340
5.3	Reflexive Verben im Deutschen und Italienischen	341

Auf den Punkt gebracht 342

Kapitel 18
Das Passiv 343

1	Bildung des Passivs	343
1.1	In einfachen Zeiten	343
1.2	In zusammengesetzten Zeiten	344
1.3	Angleichung des Partizip Perfekt	344
1.4	Zum Gebrauch von *essere* und *venire*	345
1.5	Passivkonstruktion mit *andare*	345
2	Aktivsatz und Passivsatz	346
3	Verben mit direktem bzw. indirektem Objekt	346
3.1	Verben mit direktem Objekt	346
3.2	Verben mit indirektem Objekt	346

4	Umschreibungen des Passivs	347

Auf den Punkt gebracht 347

Kapitel 19
Die unpersönliche Form *si* 349

1	Grundregel	349
2	*Si*-Konstruktionen mit einem direkten Objekt	349
3	*Si*-Konstruktion bei reflexiven Verben	350
4	*Si*-Konstruktionen mit prädikativer Ergänzung	350
5	*Si*-Konstruktionen in zusammengesetzten Zeiten	351
6	Stellung der Pronomen bei *si*-Konstruktionen	352
7	Wenn Sie noch mehr zum Gebrauch von *si*-Konstruktionen wissen wollen	353
8	Weitere Möglichkeiten, „man" im Italienischen auszudrücken	354

Auf den Punkt gebracht 355

Kapitel 20
Besonderheiten bei Verben 357

1	Unpersönliche Ausdrücke und Verben	357
1.1	Unpersönliche Verben	357
1.2	Unpersönliche Ausdrücke	360
2	Verben mit direktem bzw. indirektem Objekt	363
2.1	Verben mit direktem Objekt	363
2.2	Verben mit indirektem Objekt	364

Inhalt

3 Verben, die eine Ergänzung mit *a* bzw. mit *di* nach sich ziehen	365
3.1 Verben, die mit der Präposition *a* angeschlossen werden	365
3.2 Verben, die mit der Präposition *di* angeschlossen werden	366
Auf den Punkt gebracht	367

Kapitel 21
Das Adverb 369

1 Bildung des Adverbs	369
1.1 Adverbien auf *-mente*	369
1.2 Ursprüngliche Adverbien	370
1.3 Adverbiale Ausdrücke	370
1.4 Unregelmäßige Adverbbildung	371
2 Stellung des Adverbs	372
3 Adverbial gebrauchte Adjektive	375
3.1 Unveränderliche Adjektive in der Funktion eines Adverbs	375
3.2 Veränderliche Adjektive in der Funktion eines Adverbs	375
4 Steigerung des Adverbs	376
4.1 Der Komparativ	376
4.2 Der Superlativ	380
4.3 Unregelmäßige Komparativ- und Superlativformen	381
Auf den Punkt gebracht	382

Der Satz

Kapitel 22
Die Konjunktionen 386

1 Beiordnende (koordinierende) Konjunktionen	386
1.1 Anreihende (kopulative) Konjunktionen	386
1.2 Ausschließende (disjunktive) Konjunktionen	386
1.3 Entgegensetzende (adversative) Konjunktionen	387
1.4 Erläuternde (spezifizierende) Konjunktionen	388
1.5 Folgernde Konjunktionen	388
1.6 Mehrteilige Konjunktionen	388
2 Unterordnende (subordinierende) Konjunktionen	389
2.1 Unterordnende Konjunktionen, die nur mit dem Indikativ stehen	389
2.2 Unterordnende Konjunktionen, die nur mit dem *congiuntivo* stehen	391
2.3 Unterordnende Konjunktionen, die den Indikativ oder den *congiuntivo* verlangen	392
Auf den Punkt gebracht	398

Kapitel 23
Satzbau und Satzgefüge 401

1 Satzbau des einfachen Satzes	401
1.1 Der Aussagesatz	401
1.2 Die Verneinung	404
1.3 Der Fragesatz	407
2 Der zusammengesetzte Satz	408
2.1 Verbindung von zwei Hauptsätzen	409
2.2 Verbindung von Haupt- und Nebensatz	409
2.3 Satzverkürzende Konstruktionen	410

2.4 Die indirekte Rede / die indirekte Frage	413
Auf den Punkt gebracht	416

Kapitel 24
Die Präpositionen … 419

1	Präpositionen mit oder ohne Artikel	419
1.1	Präpositionen ohne Artikel	419
1.2	Präpositionen mit einem bestimmten Artikel	419
1.3	Präpositionen mit weiteren Verbindungen	421
1.4	Gebrauch des Artikels in Verbindung mit den Präpositionen	422
2	Bezugspunkte für die Wahl der Präpositionen	424
2.1	Präpositionen als Ergänzung des Adjektivs, des Substantivs oder des Verbs	424
2.2	Präpositionen in Präpositionalphrase	425
3	Präpositionen mit geringer Eigenbedeutung	425
3.1	Grundregel für den Gebrauch der Präpositionen *di, a, da, in, con, su, per, tra/fra*	425
3.2	Weitere Verwendungen der Präpositionen *di, a, da, in, con, su, per, tra/fra*	427
4	Präpositionen mit starker Eigenbedeutung	437
4.1	Präpositionen bei Ortsbezeichnungen	437
4.2	Präpositionen bei Zeitangaben	438

4.3	Weitere Präpositionen	439
4.4	Die Doppelpräpositionen	440
Auf den Punkt gebracht		441

Anhang

Kapitel 25
Zahlen, Zeit- und Mengenangaben … 444

1	Die Zahlen	444
1.1	Die Grundzahlen	444
1.2	Die Ordnungszahlen	446
1.3	Die Bruchzahlen	446
1.4	Sammelzahlen	447
1.5	Vervielfältigungszahlen	448
2	Zeitangaben	448
2.1	Uhrzeit	448
2.2	Das Datum	450
2.3	Gegenüberstellung von Uhrzeit und Datum	450
2.4	Jahreszahlen und Jahrhunderte	451
2.5	Weitere Zeitangaben	451
3	Maße und Mengenangaben	453
Auf den Punkt gebracht		453

Kapitel 26
Präpositionen deutsch / italienisch … 455

Kapitel 27
Verbtabellen … 460

1	Die Konjugation der Hilfsverben	460
1.1	Die Konjugation von *avere*	460
1.2	Die Konjugation von *essere*	461

Inhalt

2	Die Konjugation der regelmäßigen Verben	462
2.1	Die Konjugation der Verben auf *-are*	462
2.2	Die Konjugation der Verben auf *-ere*	463
2.3	Die Konjugation der Verben auf *-ire*	464
3	Die unregelmäßigen Verben	465

Lösungen   476

Wort- und Sachregister   509

Abkürzungen   518

Grammatisches Glossar   519

Vorwort

Die Große Lerngrammatik Italienisch

Die *Große Lerngrammatik Italienisch* vermittelt umfassende Kenntnisse der heutigen italienischen Grammatik.
– Sie richtet sich sowohl an Anfänger als auch an fortgeschrittene Lerner.
– Sie ist eine Nachschlage- und Selbstlerngrammatik und dient zum Wiederholen, Vertiefen oder zum Neulernen.
– Als lernerorientierte Gebrauchsgrammatik ermöglicht sie eine aktive Mitarbeit des Lerners.
– Die einzelnen Kapitel sind klar gegliedert und lernerfreundlich kleinschrittig organisiert.
– Die Beschreibung der grammatischen Fakten erfolgt kontrastiv zum Deutschen, d. h. sie berücksichtigt Ähnlichkeiten bzw. Unterschiede zwischen dem Italienischen und dem Deutschen.
– Der Aufbau und die Systematik orientieren sich an didaktisch-pädagogischen Kriterien und verzichten daher auf linguistische Erörterungen bzw. formaltheoretische Fragestellungen.
– Sie kann ebenso zum Selbststudium wie auch kursbegleitend eingesetzt werden. Allerdings ist diese Grammatik kein Lehrbuch und kann daher ein Lehrbuch oder einen Kurs nicht ersetzen.

Für wen ist die *Große Lerngrammatik Italienisch* gedacht?

Die *Große Lerngrammatik Italienisch* ist für alle gedacht, die Italienisch lernen und eine Grammatik brauchen, um etwas nachzuschlagen oder um sich mit einer bestimmten grammatischen Lernfrage auseinander zu setzen. Insbesondere richtet sie sich an
– Personen, die einen Italienischkurs besuchen und gezielt bestimmte Grammatikkapitel wiederholen, nacharbeiten oder vertiefen möchten.
– Personen, die etwas Italienisch sprechen und auch ganz gut verstehen, bei denen es aber mit der Grammatik hapert.
– Personen, die Kenntnisse in anderen Sprachen haben und Italienisch auf eigene Faust lernen möchten.
– Personen, die im Italienischen schon fortgeschritten sind und eine Grammatik zum Nachschlagen oder zum Wiederholen brauchen.
– Personen, die früher einmal Italienisch gelernt haben und ihre Grammatikkenntnisse auffrischen möchten.
Jeder hat seine Art zu lernen und entsprechend unterschiedlich sind die Anforderungen, die an eine Grammatik gestellt werden. Bei der *Großen Lerngrammatik Italienisch* kann jeder seinen Lernweg mitbestimmen. Allerdings sollte der Benützer mit den grundlegenden grammatischen Fachausdrücken vertraut sein, eine Regel, die für die Handhabung jeder Art von Grammatik gilt.

Vorwort

Dieses Buch wendet sich also an jugendliche und erwachsene Selbstlerner sowie an Schüler der gymnasialen Oberstufe, an Studierende von Universitäten und Dolmetscherinstituten, an Lerner in Volkshochschulen oder anderen Bildungseinrichtungen.

Wie ist die *Große Lerngrammatik Italienisch* aufgebaut?

Sie ist in 24 Kapitel gegliedert, die vier großen Themenkreisen zugeordnet sind:
- Einführung in Aussprache und Schreibung
- Das Substantiv und seine Begleiter
- Das Verb und seine Ergänzungen
- Der Satz.

Im Anhang findet der Benützer
- ein Kapitel über Zahlen, Zeit- und Mengenangaben
- einen Tabellenteil, in dem die Präpositionen und die Konjugation der regelmäßigen und der unregelmäßigen Verben in allen Zeiten übersichtlich dargestellt sind
- die Lösungen der Aufgaben aus den Rubriken *Auf Entdeckung*, *Test* und *Auf den Punkt gebracht*
- ein Wort- und Sachregister
- eine Liste der verwendeten grammatischen Fachausdrücke in Latein, Deutsch und Italienisch.

Die einzelnen Kapitel sind nach folgendem Grundschema strukturiert:

• Was Sie vorab wissen sollten
Mit diesem Abschnitt beginnen die meisten Kapitel. Hier erfahren Sie, welche Voraussetzungen für die Arbeit mit dem betreffenden Kapitel gegeben sein sollten und Sie erhalten grundlegende Informationen, die das ganze Kapitel betreffen und die Ihnen helfen, Ihr Lernen besser zu organisieren.

• Grammatikregeln
Die Beschreibung der Grammatikregeln ist kleinschrittig gehalten und so einfach wie möglich formuliert. Zunächst werden Grundregeln vermittelt, die für eine erste Orientierung wichtig sind. Erst danach werden Besonderheiten behandelt, ohne auf verwirrende Einzelheiten einzugehen, denn es kann nicht Aufgabe dieser Lerngrammatik sein, den äußerst komplexen Phänomenen des Italienischen bis ins kleinste Detail Rechnung zu tragen.
Soweit es für das Lernen von Bedeutung ist, sind die Regeln kontrastiv angelegt. Die entsprechenden Beispiele stammen aus dem heutigen Sprachgebrauch und

Vorwort

sind durchweg ins Deutsche übersetzt, um Ihnen das Nachschlagen unbekannten Wortschatzes zu ersparen.
Häufig finden sich Verweise auf andere Kapitel. Sie dienen dazu, auf Zusammenhänge aufmerksam zu machen, denen der Lerner bei Bedarf nachgehen kann.

- **Auf Entdeckung**

Für die meisten Grammatikregeln ist es sinnvoll, dass sie Ihnen zum Lernen vorgegeben werden. Manchmal bietet es sich aber an, dass Sie selbst Regeln aus Ihrem Wissen ableiten. Für diese aktive Art der Wissenserweiterung sind die Abschnitte *Auf Entdeckung* gedacht. Sie werden erfahren, dass Sie Regeln, die Sie sich selbst erarbeitet haben, besser nachvollziehen und behalten können. Ihre Ergebnisse können Sie mit dem Lösungsteil des jeweiligen Kapitels vergleichen.

- **Test**

Jeder neue Abschnitt innerhalb eines Kapitels schließt mit einem kurzen Test ab, der Ihnen die Gelegenheit bietet, das gerade Gelesene bzw. Gelernte sofort anzuwenden. Damit können Sie direkt überprüfen, ob Sie die Regel „verdaut" haben. Der Lösungsteil gibt Ihnen wieder die Möglichkeit zur Selbstkontrolle. Nach jedem Test können Sie also entscheiden, ob Sie weiterlesen, etwas wiederholen oder lieber eine Pause machen möchten. Auf diese Weise können Sie Ihr Lerntempo und Ihren Lernweg selbst bestimmen.
Legen Sie sich für die Tests ein Arbeitsheft an. Die Lücken, die in den Tests vorgegeben sind, haben in erster Linie die Signalfunktion, dass an dieser Stelle eine Aufgabe zu lösen ist, sie reichen für das Einsetzen der richtigen Lösung aber oft nicht aus. Wie beim Kapitel *Auf Entdeckung* werden Sie die Erfahrung machen, dass Dinge, die Sie aufschreiben, besser in Ihrem Gedächtnis gespeichert werden.

- **Tipp**

Wie erwähnt, sind die meisten Kapitel so aufgebaut, dass sie erst die Grundregeln und dann die Besonderheiten behandeln. In besonders komplexen Kapiteln bieten wir Ihnen Lernhilfen in Form von Hinweisen zum Lernweg an, d. h. Sie finden in vielen Fällen nach der Grundregel einen *Tipp*, der Ihnen signalisiert, welche Abschnitte unbedingt jetzt durchgearbeitet werden sollten und welche Sie zurückstellen können. Das erlaubt Ihnen, selbst Schwerpunkte zu setzen und zu entscheiden, wie es weitergeht, d. h. ob Sie an genau der Stelle weiterarbeiten und den Stoff vertiefen möchten oder ob Sie lieber zum nächsten empfohlenen Kapitel übergehen. Sie können so die Reihenfolge des Lernstoffs verändern, je nachdem ob Sie Anfänger sind oder ein fortgeschrittener Lerner.

Vorwort

- **Auf den Punkt gebracht**
Am Ende eines jeden Kapitels befindet sich der Teil *Auf den Punkt gebracht*. Er bietet Ihnen die Gelegenheit zu überprüfen, inwieweit Ihnen das gerade Gelernte auch tatsächlich vertraut ist. Da dieser Abschnitt nur die wichtigsten Regeln abfragt, hilft er Ihnen zu erkennen, wo die Schwerpunkte des jeweiligen Kapitels liegen und welche Inhalte wirklich relevant sind.
Sollte Ihnen eine Regel nicht mehr ganz präsent sein, gibt Ihnen das Zeichen ➠ an, wo Sie nachschlagen und Hilfe finden können. Wenn Sie dann noch Zweifel haben, können Sie Ihre Ergebnisse in den Lösungen des betreffenden Kapitels überprüfen.

Zum Schluss noch folgende Anregung:
Vielleicht haben Sie die Erfahrung schon selbst gemacht, vielleicht wird es Ihnen aber auch erst durch die Arbeit mit dieser Grammatik bewusst: es gibt so manche Tricks, die Ihnen das Sprachenlernen erleichtern können.
Zunächst einmal brauchen Sie aber Geduld mit sich und dem Lernstoff. Bedenken Sie, dass Sie nicht alles sofort bis in die kleinsten Einzelheiten verstehen und behalten müssen. Manchmal ist es sogar hilfreich, bestimmte Themen, die zunächst schwierig erscheinen, einfach liegen zu lassen und sie zu einem späteren Zeitpunkt wieder aufzunehmen. Seien Sie nachsichtig mit sich selbst und denken Sie daran, dass Lernen durch Wiederholung erfolgt und natürlich auch, indem man Fehler macht. Und Sie werden sehen, dass vieles selbstverständlicher wird in dem Maße wie Sie mit der italienischen Sprache besser vertraut werden.

Wir wünschen Ihnen Spaß beim Lernen und viel Erfolg!

Iolanda Da Forno
Chiara de Manzini-Himmrich

Einführung

1 Aussprache und Schreibung

1 Aussprache und Schreibung

Dieses Kapitel führt Sie in die italienische Aussprache und Schreibung ein. Die Informationsfülle mag Ihnen zunächst verwirrend erscheinen, aber denken Sie daran, dass Sie nicht alles auf einmal verstehen und behalten müssen. Sie können sich dieses Kapitel oder einzelne Abschnitte davon auch zu einem späteren Zeitpunkt wieder vornehmen, wenn Sie schon etwas besser mit der italienischen Sprache vertraut sind.

1 Das Alphabet

1.1 Die Buchstaben des italienischen Alphabets

Die Buchstaben des italienischen Alphabets und dazu gleich das offizielle Buchstabieralphabet:

	Aussprache	zum Buchstabieren		Aussprache	zum Buchstabieren
Aa	[a]	Ancona	Nn	[enne]	Napoli
Bb	[bi]	Bologna	Oo	[o]	Otranto
Cc	[ci]	Catania	Pp	[pi]	Palermo
Dd	[di]	Domodossola	Qq	[qu]	Quarto
Ee	[e]	Empoli	Rr	[erre]	Roma
Ff	[effe]	Firenze	Ss	[esse]	Savona
Gg	[gi]	Genova	Tt	[ti]	Torino
Hh	[acca]	acca	Uu	[u]	Udine
Ii	[i]	Imola	Vv	[vu/vi]	Verona/Venezia
Ll	[elle]	Livorno	Zz	[zeta]	Zara
Mm	[emme]	Milano			

– Das italienische Alphabet besteht aus 21 Buchstaben. Hinzu kommen noch 5 Buchstaben, die nur in Fremdwörtern (z. B. yoga oder week-end) oder in Eigennamen (z. B. Yemen, Walter) Verwendung finden: Jj [i lunga], Kk [cappa], Ww [vu doppia], Xx [ics], Yy [ipsilon, i greca].
– Die Buchstaben sind im Gegensatz zum Deutschen weiblich: la „a" das „a", la „b" das „b" usw.

1.2 Zum Buchstabieren

Doppelkonsonanten und Umlaute werden folgendermaßen buchstabiert:
– Doppelkonsonanten: bb = doppia bi Doppel-be, cc = doppia ci, dd = doppia di usw.
– Umlaute: ä = a con la dieresi a mit Umlautzeichen / a con i puntini a mit Pünktchen, ö = o con la dieresi / o con i puntini, ü = u con la dieresi / u con i puntini.

Aussprache und Schreibung

Als Buchstabierbeispiel hier der Name Karl Müller:
Karl: kappa, a come Ancona, erre come Roma, elle come Livorno.
Müller: emme come Milano, u con i puntini, doppia elle come Livorno, e come Empoli, erre come Roma.

Test 1
a) Buchstabieren Sie: Richard Wagner, Silke Vogel, Jörg Fischer.
b) Buchstabieren Sie Ihren Namen und Ihre Adresse.

2 Aussprache einiger Konsonanten

Die italienische Aussprache ist ein so komplexer Bereich, dass wir uns in dieser Grammatik auf die Darstellung der wichtigsten Phänomene beschränken müssen.

2.1 Aussprache von *c* und *g*

Was Sie vorab wissen sollten
C und – analog dazu – g werden unterschiedlich ausgesprochen, je nachdem ob ein velarer (dunkler) oder ein palataler (heller) Vokal folgt. Velare Vokale sind: *a*, *o* und *u*. Palatale Vokale sind: *i* und *e*.

2.1.1 *C* und *g* in Verbindung mit velaren Vokalen

a) Folgt den Buchstaben *c* und *g* ein velarer Vokal (*a*, *o*, *u*), so werden *c* und *g* „hart" ausgesprochen: *c* = [k] wie in „Kind": *g* = [g] wie in „Garten":	casa Haus, collega Kollege, cubo Würfel collega Kollege, gusto Geschmack, governo Regierung
b) C und g werden aber „weich" ausgesprochen, wenn zwischen dem *c* bzw. dem *g* und *a*, *o*, *u* ein *i* eingeschoben wird. Daraus ergibt sich cia, cio, ciu bzw. gia, gio, giu. Das *i* wird dabei nicht ausgesprochen, es dient lediglich als „Weichmacher". *c* = [tʃ] wie „**Cha**-cha-cha": *g* = [dʒ] in „**Dsch**ungel":	ciao hallo, ciò dies, ciuffo Schopf Gianni Johannes, giorno Tag, giù unten

Aussprache und Schreibung

Test 2
In welchen Wörtern werden c und g „hart" bzw. „weich" ausgesprochen?
Ordnen Sie die Wörter den folgenden Kategorien zu:

c = [k]: _____ g = [g]: _____
c = [tʃ]: _____ g = [dʒ]: _____

amica Freundin	bacio Kuss	Carlo Karl	come wie
commercio Handel	corso Kurs	culla Wiege	curare kurieren
Franco Franz	Francia Frankreich	garanzia Garantie	gas Gas
giacca Jacke	già schon	gioco Spiel	giovane jung
Giuseppe Josef	giusto richtig	gondola Gondel	guardare schauen
guida Führer	maggio Mai	mago Zauberer	marco Mark
perciò deswegen	provincia Provinz	regione Region	viaggiare reisen

2.1.2 C und g in Verbindung mit palatalen Vokalen

a) Folgen den Buchstaben c und g palatale Vokale (i und e), so werden c und g „weich" ausgesprochen: c = [tʃ]: g = [dʒ]:	cinema Kino, cento Hundert giro Rundfahrt, gelato Eis
b) C und g werden aber „hart" ausgesprochen, wenn zwischen dem c bzw. dem g und i oder e ein h eingeschoben wird. Daraus ergibt sich chi, che bzw. ghi, ghe. c = [k]: g = [g]:	macchina Auto, zucchero Zucker spaghetti Spaghetti, ghirlanda Girlande

Test 3
In welchen Wörtern werden c und g „weich" bzw. „hart" ausgesprochen?
Ordnen Sie die Wörter den folgenden Kategorien zu:

c = [k]: _____ g = [g]: _____
c = [tʃ]: _____ g = [dʒ]: _____

anche auch	centro Zentrum	che was	chi wer
chiesa Kirche	chiuso geschlossen	città Stadt	dicembre Dezember
dieci zehn	francese französisch	gennaio Januar	ghepardo Gepard
ghiaccio Eis	ghiaia Kies	gita Ausflug	intelligente intelligent
laghi Seen	Michele Michael	Parigi Paris	progetto Projekt

Aussprache und Schreibung

2.1.3 Aussprache von *sc*

a) In allen Buchstabenverbindungen, in denen das *c* wie [k] ausgesprochen wird (also *ca, co, cu* sowie *chi, che*), wird *sc* wie [sk] ausgesprochen (vgl. deutsch: „**Sk**onto").
scala Treppe, **sc**onto Skonto, **sch**iuma Schaum, **sch**ermo Bildschirm

b) In allen Buchstabenverbindungen, in denen das *c* wie [tʃ] ausgesprochen wird (also *ci, ce* sowie *cia, cio, ciu*), verschmilzt das *sc* zu [ʃ] (wie in „**sch**ön").
scintilla Funke, **sc**endere heruntersteigen, **sc**iarpa Schal, **sc**iogliere lösen

Test 4

Wo werden *c* und *g* „weich" bzw. „hart" ausgesprochen? Wo wird *sc* wie *sch* ausgesprochen? Ordnen Sie die Wörter den folgenden Kategorien zu:

c = [k]: _____ c = [tʃ]: _____ g = [g]: _____
g = [dʒ]: _____ sc = [ʃ]: _____

aghi Nadeln
asciutto trocken
caccia Jagd
caotico chaotisch
Chianti Chianti
cilindro Zylinder
cioccolata Schokolade
cucina Küche
fascia Verband
geniale genial
giallo gelb
giovedì Donnerstag
guanto Handschuh
lasciare lassen
maghi Zauberer (Pl.)
oggi heute
paghi du zahlst
piacere Gefallen
ragazzo Junge
scandalo Skandal
scena Szene
scherzo Scherz
sci Ski
sciopero Streik
scuola Schule
sgarbato unfreundlich
tedesco deutsch
yoga Yoga

agosto August
baci Küsse
canale Kanal
cappuccino Cappuccino
chiaro klar
cima Spitze
codice Kodex
cuore Herz
figura Gestalt
gesso Kreide
Gioconda Mona Lisa
giudice Richter
indice Index
leggenda Legende
maschera Maske
origine Ursprung
parcheggio Parkplatz
poiché da, weil
ragione Vernunft, Recht
scarpa Schuh
scheletro Skelett
schiavo Sklave
scimmia Affe
sciupare verderben
scusa Entschuldigung
slancio Schwung
Toscana Toskana
zucchine Zucchini

amici Freunde
benché obwohl
cane Hund
chiamare rufen
chiave Schlüssel
cinghia Gurt
colore Farbe
fabbrica Fabrik
gallo Hahn
ghetto Getto
giornalista Journalist
giugno Juni
lago See
lungo lang
medico Arzt
pagare zahlen
perché weil, warum
psicologia Psychologie
reagire reagieren
scelta Wahl
schema Schema
schiena Rücken
sciocco dumm
scomodo unbequem
semplice einfach
speciale speziell
viaggio Reise
Zurigo Zürich

2 Aussprache einiger Konsonanten

1 Aussprache und Schreibung

2.2 Aussprache von s und z

2.2.1 Aussprache von s

Das *s* kann stimmlos ([s] wie in „groß") oder auch stimmhaft ([z] wie in „Sonne") gesprochen werden.
a) Das *s* wird stimmlos gesprochen:
   – als Doppelkonsonant *ss*: pa**ss**are vorbeigehen, profe**ss**ore Professor
   – am Wortanfang, wenn ein Vokal folgt: **s**ole Sonne, **s**era Abend
   – vor stimmlosen Konsonanten (*c*, *f*, *p*, *q*, *t*): **s**cusa Entschuldigung, pre**s**to schnell
   – nach *l*, *n*, *r*: cor**s**o Kurs, pol**s**o Puls.
b) Das *s* wird stimmhaft gesprochen:
   – meist zwischen zwei Vokalen: e**s**empio Beispiel, france**s**e Französisch
   – vor den stimmhaften Konsonanten (*b*, *d*, *g*, *l*, *m*, *n*, *r*, *v*): **s**draiarsi sich hinlegen, **s**garbato unfreundlich.

Test 5
In welchen Wörtern wird das *s* stimmhaft bzw. stimmlos ausgesprochen? Ordnen Sie die Wörter diesen beiden Kategorien zu.

base Basis   borsa Tasche   casa Haus   cassa Kiste
esame Prüfung   falso falsch   famoso berühmt   finestra Fenster
gesso Kreide   grosso dick   isola Insel   massa Masse
mensa Mensa   passo Schritt   resto Rest   rosa Rose
rosso rot   salame Wurst   salone Salon   sapere wissen
sbaglio Fehler   sbarra Schranke   sconto Skonto   scuola Schule
segnale Signal   senti hör zu   sguardo Blick   sì ja
slancio Schwung   smettere aufhören   smog Smog   sorella Schwester
spumante Sekt   stazione Bahnhof   stile Stil   strada Straße
studiare studieren   tassì Taxi   vaso Vase   visita Besuch

2.2.2 Aussprache von z

Das *z* kann stimmlos [ts] wie in „Zug" oder auch stimmhaft [dz] gesprochen werden. In der Aussprache von *z* gibt es regionale Varianten; wir beschränken uns hier deshalb nur auf die wichtigsten Regeln.
a) Das *z* wird u. a. stimmlos gesprochen:
   – im Wortinnern vor mehreren Vokalen: finan**z**iare finanzieren, pa**z**iente Patient
   – nach einem *l*, *n*, *r*: al**z**are hochheben, parten**z**a Abfahrt.
b) Das *z* wird u. a. stimmhaft gesprochen:
   – am Wortanfang: **z**ero null, **z**ia Tante
   – zwischen zwei Vokalen: a**zz**urro blau, o**z**ono Ozon.

Aussprache und Schreibung **1**

Test 6
In welchen Wörtern wird das *z* stimmlos bzw. stimmhaft ausgesprochen? Ordnen Sie die Wörter diesen beiden Kategorien zu.

azalea Azalee
esperienza Erfahrung
lezione Lektion
senza ohne
zuppa Suppe
zoo Zoo
azoto Stickstoff
grazie danke
nazione Nation
stazione Bahnhof
zio Onkel
calza Strumpf
iniziare beginnen
presenza Anwesenheit
terzo dritter
zona Zone

2.3 Aussprache weiterer Konsonanten

2.3.1 Aussprache von *gl*
– Die Buchstabenfolge *gl* + *i* wird in der Regel [ʎ] („lj" wie in „Mi**ll**ion") ausgesprochen: a**gli**o Knoblauch, fi**gli**o Sohn, mo**gli**e Ehefrau.
– In einigen wenigen Fällen wird das *gl* + *i* auch [gl] (wie in „**Gl**obus") ausgesprochen, z. B. in: ne**gl**igente nachlässig, **gl**icerina Glyzerin, gero**gl**ifico Hieroglyphe.
– Entfällt das *i*, so wird das *gl* wie im Deutschen [gl] (wie in „**Gl**obus") ausgesprochen: **gl**obo Globus, **gl**adiatore Gladiator, **gl**oria Ruhm.

2.3.2 Aussprache von *gn*
Die Buchstabenfolge *gn* wird [ɲ] (wie in „Kompa**gn**on") ausgesprochen: lasa**gn**e Lasagne, ba**gn**o Bad, se**gn**ale Signal.

2.3.3 Aussprache von *qu*
– Das *qu* wird [ku] ausgesprochen und nicht [kw] wie im Deutschen: **qu**ale welcher, **qu**ando wann, **qu**anto wie viel.
– Auch die Buchstabenfolge *cqu* wird [ku] ausgesprochen. Diese Kombination kommt aber relativ selten vor: a**cqu**a Wasser, a**cqu**isto Erwerb, na**cqu**e er wurde geboren.

2.3.4 Aussprache von *v*
Das *v* wird [w] wie das deutsche *w* (in „**W**agon") ausgesprochen: fa**v**ore Gefälligkeit, **v**ino Wein, **V**enezia Venedig.

2.3.5 Aussprache von *h*
Das *h* wird nicht ausgesprochen: **h**otel [otel] Hotel, **h**a [a] er hat.
(Zur Funktion von *h* nach *c* und *g* ➡ *2.1.2*)

1 Aussprache und Schreibung

2.3.6 Aussprache von r
Das italienische *r* wird gerollt, es handelt sich dabei um ein Zungenspitzen-r.[1] Das *r* sollte – ob Sie es rollen können oder nicht – tatsächlich ausgesprochen werden, damit der Gesprächspartner z. B. carne (Fleisch) von cane (Hund) oder partire (abfahren) von patire (leiden) deutlich unterscheiden kann.

2.3.7 Aussprache von Doppelkonsonanten
Bei Doppelkonsonanten wird der vorhergehende Vokal kurz ausgesprochen (wie im Deutschen bei „Mutter", „Kasse" usw.). Diese Aussprache ist besonders wichtig bei der Unterscheidung von Wortpaaren wie: sete Durst – sette sieben; sono ich bin – sonno Schlaf (vgl. im Deutschen: Hüte – Hütte).

3 Die Betonung

3.1 Betonung der Silben

Das Italienische ist eine Sprache mit freiem Akzent, d. h., die Betonung ist nicht an eine bestimmte Silbe gebunden. Deshalb teilt man den Wortschatz in folgende Betonungskategorien ein:
Betonung auf
– der letzten Silbe (parole tronche): u-ni-ver-si-tà Universität
– der vorletzten Silbe (parole piane), das ist der Normalfall: te-le-fo-na-re telefonieren
– der drittletzten Silbe (parole sdrucciole): te-le-fo-no Telefon
– der viertletzten Silbe (parole bisdrucciole): di-men-ti-ca-no sie vergessen
– der fünftletzten Silbe (parole trisdrucciole): in-di-ca-glie-lo zeig es ihm.
Sicher ist Ihnen aufgefallen, dass die Silbenzählung mit der letzten Silbe beginnt.

Test 7
Lesen Sie die folgenden Wörter und achten Sie dabei besonders auf die Betonung der Silben.

a-bi-ta-no sie wohnen   a-bi-ta-re wohnen   a-mo-re Liebe
cit-tà Stadt   caf-fè Kaffee   di-men-ti-ca-lo vergiss es
in-di-ce Index   la-vo-ro Arbeit   li-ber-tà Freiheit
li-bro Buch   mac-chi-na Auto   me-tro-po-li Metropole
mi-nu-to Minute   mo-bi-le Möbelstück   tas-sì Taxi
te-le-fo-na-no sie telefonieren

---
[1] Lassen Sie sich nicht entmutigen, wenn es Ihnen nicht auf Anhieb gelingt, das Zungenspitzen-*r* zu bilden. Es gibt übrigens auch Italiener, die das *r* als Gaumen-*r* aussprechen.

Aussprache und Schreibung 1

3.2 Der Akzent

Im Italienischen gibt es zwei Akzente, die die Betonung anzeigen:
– *accento grave* (`): caffè Kaffee
– *accento acuto* (´): perché warum, weil.
In der Schreibung zeichnet sich die Tendenz ab, einheitlich nur noch den *accento grave* (`) zu verwenden.

Ein Akzent wird nur in den folgenden Fällen gesetzt:
a) Bei Wörtern, die auf der letzten Silbe betont werden. In diesen Fällen wird die Betonung durch einen *accento grave* (però aber, città Stadt, sì ja), in gewissen Fällen auch durch einen *accento acuto* (benché obwohl, poiché da, weil) gekennzeichnet.
b) Bei einsilbigen Wörtern wie già schon, giù unten, può er kann, più mehr. Er wird aber nicht gesetzt bei qui und qua (hier).
c) Bei einsilbigen Wörtern, um diese von gleich geschriebenen und gleich ausgesprochenen Wörtern zu unterscheiden:
dà er / sie gibt – da seit, von è er / sie ist – e und là dort – la die (Artikel)
lì dort – li sie (Pronomen) sì ja – si sich / man tè Tee – te dich
Aber: Pronomen (io, tu, mi, ti usw.) haben keinen Akzent.
d) Bei mehrsilbigen Wörtern. Hier kann der Akzent auch mitten im Wort stehen, um diese Wörter von gleich geschriebenen Wörtern zu unterscheiden: princìpi Prinzipien – prìncipi Prinzen; ancòra noch – àncora Anker.

4 Der Apostroph

Um zu vermeiden, dass zwei Vokale aufeinander treffen, wird im Italienischen in der Regel ein Apostroph gesetzt. Er zeigt den Wegfall eines unbetonten Vokals am Ende eines Wortes an und wird nur im Singular und vor allem in den folgenden Fällen verwendet:

a) bei den Artikeln lo, la, una	l'amico der Freund, l'amica die Freundin, un'amica eine Freundin
b) bei den Demonstrativa questo dieser und quello jener	quest'amica diese Freundin, quell'amico jener Freund
c) bei Präpositionen mit Artikel	dell'amico / amica des Freundes / der Freundin, all'amico / amica dem Freund / der Freundin

Aussprache und Schreibung

d) bei der Präposition di **Aber:** Die Präposition da wird nicht apostrophiert, um Verwechslungen mit di zu vermeiden.	d'inverno im Winter, d'estate im Sommer Vado da Anna. Ich gehe zu Anna.
e) bei den direkten Pronomen lo und la **Aber:** Die direkten Pronomen im Plural li und le werden nicht apostrophiert.	l'ho visto ich habe ihn gesehen l'ho vista ich habe sie gesehen li ho visti, le ho viste ich habe sie gesehen
f) bei bello und santo	un bell'amico ein schöner Freund una bell'amica eine schöne Freundin Sant'Antonio Heiliger Antonius

Beachten Sie
Ein Vokal kann am Ende des Wortes ausfallen, auch wenn das nächste Wort nicht mit einem Vokal beginnt. Dies tritt ein, wenn dem Endvokal ein *l, m, n,* oder *r* vorausgeht. In solchen Fällen setzt man keinen Apostroph. Dieses Phänomen nennt man im Italienischen *troncamento*. Es kommt vor
– bei Titeln wie: signor Bianchi Herr Bianchi, dottor Carini Doktor Carini, professor Magris Professor Magris
– bei buono gut, quale welcher, male schlecht, nessuno niemand:
  buon giorno guten Tag, qual è la strada giusta? welcher ist der richtige Weg?
Bei den folgenden Wörtern fehlt die letzte Silbe: bello schön, quello jener, santo[2] heilig, grande groß.
che bel cane! was für ein schöner Hund!, una gran folla eine große Menschenmenge.

---

[2] Zu den Formen von bello, buono und santo ➨ Kap. 4, 4.3

Aussprache und Schreibung

5 Die Silbentrennung

Sie werden feststellen, dass die italienische Silbentrennung in vielen Fällen der deutschen entspricht. Die Trennung erfolgt:

a) vor einfachen Konsonanten: a-mo-re Liebe, ca-sa Haus, mi-nu-to Minute	aber	Doppelkonsonanten werden getrennt: cas-sa Kiste, not-te Nacht, tor-re Turm Ebenso wird die Verbindung *cqu* getrennt: ac-qua Wasser, ac-quisto Erwerb, nac-que er wurde geboren
b) vor Gruppen von zwei oder drei Konsonanten: li-bro Buch, pa-dre Vater, di-spia-cere Kummer		Ist jedoch der erste Buchstabe einer Konsonantenfolge ein *l*, *m*, *n*, oder *r*, so wird nach einem dieser Buchstaben getrennt: al-bero Baum, tem-po Zeit, por-ta Tür
c) nach zwei oder drei zusammengesprochenen Vokalen (Diphthongen und Triphthongen): cie-lo Himmel, gio-co Spiel, por-zio-ne Portion **Aber:** Monophthonge und Diphthonge werden nicht getrennt: già schon, miei meine		Werden zwei Vokale getrennt gesprochen (Hiatus), so wird entsprechend der Sprechweise getrennt: a-e-re-o Flugzeug, le-o-ne Löwe, pa-u-ra Angst
d) Der Apostroph kann am Zeilenende stehen: sull' / acqua auf dem Wasser Das apostrophierte Wort kann aber auch getrennt werden: sul-l'acqua		

Test 8

Trennen Sie die folgenden Wörter:

andare gehen
cambio Wechsel
Giovanni Johannes
mamma Mama
poeta Poet

anno Jahr
capire verstehen
lavoro Arbeit
mare Meer
posta Post

bambino Kind
finestra Fenster
macchina Auto
pensione Pension
punto Punkt

baule Truhe
forte stark
madre Mutter
pizza Pizza
stazione Bahnhof

Aussprache und Schreibung

6 Groß- und Kleinschreibung

Im Gegensatz zum Deutschen werden im Italienischen Substantive kleingeschrieben. Hier sind die wichtigsten Fälle, bei denen Großschreibung erfolgt:

a) am Satzanfang, nach einem Punkt, einem Ausrufe- bzw. Fragezeichen	Io sono qui. E tu dove sei? Vieni! Ich bin hier. Und wo bist du? Komm!
b) nach einem Doppelpunkt nur, wenn eine wörtliche Rede folgt. Sonst wird nach dem Doppelpunkt mit kleinem Anfangsbuchstaben weitergeschrieben.	Maria dice: „Buona sera!" Maria sagt: „Guten Abend!" Devo comprare alcune cose: pane, vino .... Ich muss einige Sachen kaufen: Brot, Wein ....
c) bei Eigennamen (Namen von Personen, Ländern, Regionen, Städten, Flüssen, Bergen usw.)	Enrico Caruso, l'Italia, la Toscana, Napoli, il Po usw.
d) bei Amtsbezeichnungen, wenn kein Eigenname folgt, und bei Namen, die Institutionen oder Unternehmen bezeichnen **Aber:** L'Italia è uno stato. Italien ist ein Staat. Questa chiesa è antica. Diese Kirche ist alt.	il Ministro der Minister, **aber:** il ministro Rossi Minister Rossi il Presidente della Repubblica der Präsident der Republik, lo Stato der Staat, la Chiesa die Kirche
e) bei den Bezeichnungen von Jahrhunderten und Epochen	il Cinquecento das sechzehnte Jahrhundert, il Rinascimento die Renaissance
f) bei Namen von Festen **Aber:** Monate und Wochentage werden immer kleingeschrieben.	Natale Weihnachten, Pasqua Ostern, Capodanno Neujahr Sono nata in agosto. Ich bin im August geboren.
g) In Briefen an eine Person, die man siezt, können die Pronomen großgeschrieben werden. **Aber:** Wenn man eine Person duzt, werden die Pronomen kleingeschrieben.	Cara signora Morelli, La ringrazio, ... la Sua lettera ... Liebe Frau M., ich danke Ihnen, ... Ihr Brief ... Caro Sandro, ti ringrazio, ... la tua lettera ... Lieber Sandro, ich danke dir, ... dein Brief ...

Aussprache und Schreibung

Test 9
Markieren Sie die richtige Schreibweise.
a) Cara Antonella, io sto bene e (tu / Tu)?
   Liebe Antonella, mir geht es gut und dir?
b) Caro signor Bortoli, io sto bene e (lei / Lei)?
   Lieber Herr Bortoli, mir geht es gut und Ihnen?
c) Il (presidente / Presidente) arriva domani. Der Präsident kommt morgen.
d) In (agosto / Agosto) andiamo al mare. Im August fahren wir ans Meer.
e) Ogni (domenica / Domenica) andiamo dalla zia Elina.
   Jeden Sonntag gehen wir zu Tante Elina.
f) Questa (chiesa / Chiesa) è molto bella! Diese Kirche ist sehr schön!

7 Die Satzzeichen

7.1 Überblick

Im Italienischen gelten die folgenden Satzzeichen:

. il punto
, la virgola
; il punto e virgola
: i due punti
? il punto interrogativo
* l'asterisco
/ la sbarretta

! il punto esclamativo
... i puntini (di sospensione)
– la lineetta / - il trattino
„ " le virgolette
« » le virgolette
( ) le parentesi tonde
[ ] le parentesi quadre

Die Interpunktion entspricht weitgehend der deutschen, nur bei der Kommasetzung sind einige Besonderheiten zu beachten.

7.2 Gebrauch des Kommas

Was Sie vorab wissen sollten
Im Deutschen ist eine der wichtigsten Funktionen des Kommas, Haur'
Nebensätze zu trennen. Hinzu kommt, dass das Komma Sprechr
bezeichnen kann.
Im Italienischen ist die wichtigste Funktion des Kommas, Spr
markieren. Kommata kommen als Grenzzeichen zwischen H
satz hingegen seltener vor.

Aussprache und Schreibung

7.2.1 Das Komma wird gesetzt
a) wie im Deutschen

– bei Aufzählungen	Compro pane, vino, salame e caffè. Ich kaufe Brot, Wein, Salami und Kaffee.
– vor Konjunktionen wie ma aber, però aber, tuttavia dennoch, oppure oder	Non è intelligente, ma lavora molto. Er ist nicht intelligent, aber er arbeitet viel.
– vor einigen Konjunktionen wie poiché weil / da, quando wenn / als, mentre während, se wenn / falls, benché obwohl, anche se auch / wenn, wenn sie einen längeren Nebensatz einleiten	Elena passa ogni giorno da noi, quando la mattina va a fare la spesa. Elena kommt jeden Tag bei uns vorbei, wenn sie morgens einkaufen geht.
– wenn eine Person mit Namen bzw. mit Titel angesprochen wird	Come stai, Antonio? Wie geht es dir, Antonio?
– wenn ein Satzgefüge mit einem Nebensatz (statt mit einem Hauptsatz) beginnt	Poiché ero a Roma, ho deciso di chiamare Enzo. Da ich in Rom war, habe ich beschlossen, Enzo anzurufen.

b) im Gegensatz zum Deutschen

– vor und nach einem Einschub	Questo problema, nella maggior parte dei casi, è risolvibile. Dieses Problem ist in den meisten Fällen lösbar.

7.2.2 Das Komma wird *nicht* gesetzt
a) wie im Deutschen

– zwischen zwei Hauptsätzen, die durch e (und) verbunden sind.	Silvio suona il piano e Teresa canta. Silvio spielt auf dem Klavier und Teresa singt dazu.

Aussprache und Schreibung

b) im Gegensatz zum Deutschen

– vor den meisten Konjunktionen wie z. B. che dass, se ob, perché weil	Luca dice che Willy arriva domani. Luca sagt, dass Willy morgen kommt.
– vor allen indirekten Fragesätzen	Mi chiedo perché non vai a piedi. Ich frage mich, warum du nicht zu Fuß gehst.
– vor den meisten Relativsätzen **Aber:** Bei längeren erläuternden Relativsätzen, die eine Art Einschub sind, kann das Komma gesetzt werden.	Questo è un libro che mi piace. Das ist ein Buch, das mir gefällt. Il libro, che Martina mi ha regalato per il mio compleanno, mi piace molto. Das Buch, das mir Martina zu meinem Geburtstag geschenkt hat, gefällt mir sehr.

Auf den Punkt gebracht

Nun können Sie überprüfen, ob Sie die wichtigsten Regeln in diesem Kapitel behalten haben. Beantworten Sie die folgenden Kontrollfragen oder markieren Sie die richtige(n) Möglichkeit(en).

1. (➡ 1.1)
Zur Schreibung italienischer Wörter benutzt man (21 / 24 / 26) Buchstaben.

2. (➡ 1.1)
Welche Buchstaben kommen nur in Fremdwörtern vor? _____

3. (➡ 2.1)
Wie wird es geschrieben?

Aussprache	Schreibung			
c = [k] wie in **K**ind:	ca ☐	cia ☐	chi ☐	ci ☐
g = [g] wie in **G**arten:	ga ☐	gia ☐	ghi ☐	ge ☐
c = [tʃ] wie in **Cha**-cha-cha:	ca ☐	cia ☐	chi ☐	ci ☐
g = [dʒ] wie in **D**schungel:	ga ☐	gia ☐	ghi ☐	ge ☐
sc = [sk] wie in **Sk**onto:	sca ☐	scia ☐	schi ☐	sci ☐
sc = [ʃ] wie in **sch**ön:	sca ☐	scia ☐	schi ☐	sci ☐

Aussprache und Schreibung

4. (⟹ 2.2.1)
Das *s* wird   stimmlos / stimmhaft gesprochen
a) als Doppelkonsonant *ss*:   ☐   ☐
    passare vorbeigehen
b) am Wortanfang, wenn ein Vokal folgt: ☐   ☐
    sera Abend
c) vor stimmlosen Konsonanten (*c, f, p, q, t*): ☐   ☐
    presto schnell
d) meist zwischen zwei Vokalen: cosa Sache ☐   ☐
e) vor den Konsonanten *b, d, g, l, m, n, r, v*: ☐   ☐
    sdraiarsi sich hinlegen.

5. (⟹ 2.2.2)
Das *z* wird   stimmlos / stimmhaft gesprochen
a) im Wortinnern vor mehreren Vokalen: ☐   ☐
    paziente Patient
b) nach einem *l, n, r*: partenza Abfahrt   ☐   ☐
c) am Wortanfang, wenn zwei Vokale folgen: ☐   ☐
    zoom Zoom
d) zwischen zwei Vokalen: ozono Ozon.   ☐   ☐

6. (⟹ 2.3)
Wie werden die folgenden Konsonanten ausgesprochen?
a) *gl + i* (wie in figlio Sohn) wird
    ausgesprochen wie [ʎ] (lj in **Mi**ll**i**on) ☐ oder [gl] (in **Gl**obus) ☐
b) *gn* (wie in lasagne Lasagne) wird
    ausgesprochen wie [ɲ] (in Kompa**gn**on) ☐ oder [gn] (in **Gn**om) ☐
c) *qu* (wie in **qu**ando wann) wird
    ausgesprochen wie [ku]   ☐ oder [kw]   ☐
d) *v* (wie in **v**ino Wein) wird
    ausgesprochen wie [w] (in **W**agon) ☐ oder [f] (in **V**ogel) ☐
e) *h* (wie in **h**otel Hotel) wird
    nicht ausgesprochen   ☐ oder ausgesprochen ☐

7. (⟹ 3)
Im Italienischen   ja   nein
a) werden die meisten Wörter auf der vorletzten Silbe betont. ☐   ☐
b) zählt man die Silben, indem man bei der ersten beginnt.   ☐   ☐
c) wird die Betonung immer durch einen graphischen Akzent
    angezeigt.   ☐   ☐

Aussprache und Schreibung

8. (➡ 4)
Der Apostroph zeigt an, dass   ja   nein
a) ein unbetonter Vokal am Ende eines Wortes weggefallen ist. ☐ ☐
b) das Wort auf der letzten Silbe betont ist. ☐ ☐

9. (➡ 5)
Stimmen die Regeln zur Silbentrennung?   ja   nein
a) Vor einfachen Konsonanten wird getrennt: casa Haus ☐ ☐
b) Nach einfachen Konsonanten wird getrennt: casa Haus ☐ ☐
c) Doppelkonsonanten werden nie getrennt: cassa Kiste ☐ ☐
d) Doppelkonsonanten werden getrennt: cassa Kiste ☐ ☐

10. (➡ 6)
Wie werden die folgenden Wörter geschrieben?   groß   klein
Substantive ☐ ☐
Eigennamen ☐ ☐
Wochentage ☐ ☐
Monatsnamen ☐ ☐

11. (➡ 7.2)
Im Italienischen ist die wichtigste Funktion des Kommas,   ja   nein
a) Sprechpausen zu markieren. ☐ ☐
b) Haupt- und Nebensätze zu trennen. ☐ ☐

Auf den Punkt gebracht

Das Substantiv und seine Begleiter

2   Das Substantiv

3   Der Artikel

4   Das Adjektiv

5   Die Possessiva

6   Die Demonstrativa

7   Die Indefinita

8   Die Relativpronomen

9   Die Interrogativa

10   Die Personalpronomen

2 Das Substantiv

Auf Entdeckung
Hier sind einige italienische Vornamen:
Adriana, Adriano, Anna, Carlo, Franca, Franco, Maria, Mario.
1. Welche dieser Namen gehören Ihrer Meinung nach zu einer weiblichen und welche zu einer männlichen Person?
   männlich: _____
   weiblich: _____
2. Woraus schließen Sie das?

Was Sie vorab wissen sollten
Substantive sind im Italienischen entweder maskulin oder feminin; im Gegensatz zum Deutschen gibt es kein Neutrum. Es leuchtet daher ein, dass das grammatische Geschlecht (Genus) eines italienischen Substantivs oft nicht mit dem seiner deutschen Entsprechung übereinstimmt. So ist z. B. macchina (Auto) im Italienischen feminin, das deutsche Wort „Auto" aber sächlich oder lavoro (Arbeit) im Italienischen maskulin, im Deutschen dagegen feminin. Wie erkennen Sie nun, ob ein Substantiv maskulin oder feminin ist? Da gibt es, wie im Deutschen, verschiedene Möglichkeiten:
– die Unterscheidung durch das natürliche Geschlecht: signora Frau, signore Herr / Mann
– die Kennzeichnung durch den Artikel (➡ Kap. 3)
– und, anders als im Deutschen, die Kennzeichnung durch die Endung. Im Italienischen wird oft aus der Endung ersichtlich, ob ein Substantiv maskulin oder feminin ist und ob es im Singular oder Plural steht.

1 Grundregeln

1.1 Die Endungen der Substantive im Singular

Italienische Substantive haben im Singular in der Regel folgende Endungen:
- **o**: für maskuline Substantive
    giorno Tag, tempo Zeit / Wetter, libro Buch
- **a**: für feminine Substantive
    casa Haus, piazza Piazza / Platz, macchina Auto
- **e**: für maskuline oder feminine Substantive
    maskulin: mare Meer, pane Brot, sole Sonne
    feminin: moglie Ehefrau, torre Turm, notte Nacht

Bei einer Reihe von Substantiven auf -e muss man das grammatische Geschlecht zusammen mit dem betreffenden Wort lernen. Bei einigen anderen gibt die Endsilbe Auskunft darüber, ob es sich um ein maskulines oder feminines Substantiv handelt (➡ 2.1).

Das Substantiv

Test 1
Überlegen Sie, welche der folgenden Substantive maskulin bzw. feminin sind und ordnen Sie sie der entsprechenden Kategorie zu.

anno Jahr	finestra Fenster	fratello Bruder	madre Mutter
minuto Minute	padre Vater	porta Tür	ragazza Mädchen
ragazzo Junge	letto Bett	sorella Schwester	strada Straße

maskulin: _____
feminin: _____

1.2 Die Pluralbildung der Substantive

Die Pluralbildung der Substantive erfolgt im Italienischen nach folgenden Grundregeln:

	Singular		Plural
– Die Singularendung *-o* wird im Plural zu *-i*: giorno → giorni, libro → libri	-o	→	-i
– Die Singularendung *-a* wird im Plural zu *-e*: casa → case, piazza → piazze	-a	→	-e
– Die Singularendung *-e* wird im Plural zu *-i* und zwar unabhängig davon, ob das Substantiv maskulin oder feminin ist: mare → mari, notte → notti	-e	→	-i

Test 2
Setzen Sie die Substantive aus Test 1 in den Plural.

TIPP

Dies sind die wichtigsten Informationen über die italienischen Substantive. Es gibt aber Ausnahmen und Besonderheiten, die wir in den folgenden Abschnitten behandeln.

Wenn Sie erst angefangen haben, Italienisch zu lernen, könnten diese Sonderfälle Sie verwirren. Wir empfehlen Ihnen deshalb, diesen Teil des Kapitels *Das Substantiv* zunächst zu überschlagen und zu einem späteren Zeitpunkt durchzuarbeiten. Wenn Sie möchten, können Sie gleich weiter zu Kapitel 3, *Der Artikel* gehen.

Das Substantiv

2 Besonderheiten im Genus

2.1 Substantive auf -e

Sie haben bereits gelernt, dass Substantive auf -e maskulin oder feminin sein können und dass ihr Plural immer auf -i endet. Aber woher weiß man, welche Substantive maskulin und welche feminin sind? Es gibt einige Anhaltspunkte:

2.1.1 Maskulin sind in der Regel Substantive auf
- **-one** (Vorsicht!: nicht -ione):   melone Melone, padrone Chef
- **-ore:**   favore Gefälligkeit, colore Farbe
- **-ale:**   segnale Signal, canale Kanal
- **-ile:**   campanile Glockenturm, sedile Sitz
- **-me:**   nome Name, volume Volumen

2.1.2 Feminin sind in der Regel Substantive auf
- **-ione:** pensione Pension, stazione Bahnhof
- **-ice:**   appendice Anhang, lavatrice Waschmaschine

Beachten Sie
Maskulin können Substantive auf -ice dagegen vor allem dann sein, wenn sie auf der ersten Silbe betont sind: indice Index, anice Anis, codice Kodex, giudice Richter, salice Trauerweide.

Test 3
a) Welche der folgenden Substantive sind maskulin und welche sind feminin?

amore	Liebe	calcolatrice	Rechner	carnevale	Karneval
cartone	Karton	esame	Prüfung	giornale	Zeitung
lezione	Lektion	locale	Lokal	mobile	Möbelstück
motore	Motor	radice	Wurzel	regione	Region
salame	Wurst	salone	Salon	stile	Stil

maskulin: _____
feminin: _____

b) Wie lautet der Plural dieser Substantive?

2.2 Substantive auf -a

Einige Substantive sind maskulin, obwohl sie auf -a enden, z. B.

2.2.1 Substantive auf -a, die eine männliche Person bezeichnen
pilota Pilot, papa Papst, despota Despot

Das Substantiv 2

Die Pluralbildung erfolgt mit der regulären maskulinen Endung -*i*:
pilota → piloti, papa → papi, despota → despoti

2.2.2 Substantive auf -*ma*, die meist griechischen Ursprungs sind
telegramma Telegramm, tema Thema, schema Schema
Auch hier wird der Plural mit der regulären maskulinen Endung -*i* gebildet.
telegramma → telegrammi, tema → temi, schema → schemi

2.2.3 Substantive auf -*ista*
können sowohl maskulin als auch feminin sein, je nachdem, ob von einer männlichen oder von einer weiblichen Person die Rede ist.
dentista Zahnarzt / Zahnärztin, regista Regisseur / Regisseurin, tassista Taxifahrer / Taxifahrerin
Ob es sich um eine männliche oder weibliche Person handelt, zeigt entweder der entsprechende Artikel oder – falls vorhanden – das dazugehörige Adjektiv (➠ Kap. 4) an oder es geht aus dem Zusammenhang hervor.

Beachten Sie
Bei Substantiven auf -*ista* ist die Pluralform vom jeweils gemeinten Geschlecht abhängig:
– Der Plural der maskulinen Substantive wird mit der maskulinen Endung -*i* gebildet: dentista → dentisti, regista → registi, tassista → tassisti
– Der feminine Plural wird mit der regulären femininen Endung -*e* gebildet: dentista → dentiste, regista → registe, tassista → tassiste

Test 4

a) Geben Sie an, ob die folgenden Substantive maskulin oder feminin sind oder für beide Geschlechter stehen können. Versuchen Sie zunächst die Bedeutung der Substantive zu erraten. Wenn Sie den Test abgeschlossen haben, kontrollieren Sie Ihre Ergebnisse im Lösungsschlüssel; dort finden Sie auch die Übersetzung.

artista: m ☐ / f ☐   clima: m ☐ / f ☐   giornalista: m ☐ / f ☐
pianista: m ☐ / f ☐   programma: m ☐ / f ☐   sistema: m ☐ / f ☐

b) Wie lautet der Plural dieser Substantive? Welche Substantive haben zwei Pluralformen?

2.3 Substantive auf -*i*

Substantive auf -*i* sind überwiegend feminin. Sie sind meist griechischen Ursprungs: crisi Krise, metropoli Metropole, tesi These

2 Besonderheiten im Genus

2 Das Substantiv

Beachten Sie
Einige wenige Ausnahmen bestätigen die Regel, z. B. sind folgende Substantive maskulin: brindisi Trinkspruch, alibi Alibi
Alle Substantive auf -i – gleichgültig ob sie maskulin oder feminin sind – bleiben im Plural -i.
feminin: crisi → crisi, metropoli → metropoli, tesi → tesi
maskulin: brindisi → brindisi, alibi → alibi

2.4 Substantive, die mit einem Konsonanten enden

Substantive, die auf Konsonant enden, sind maskulin. Es handelt sich dabei in der Regel um Fremdwörter oder Lehnwörter, meist aus dem Englischen: film Film, sport Sport, gas Gas. Diese Wörter haben keine weitere Form für den Plural.

TIPP

Vielleicht denken Sie jetzt, dass Sie diese Menge von Regeln nicht behalten können. Sie müssen sich auch nicht alles auf einmal merken. Wenn Sie besser mit der italienischen Sprache vertraut sind, wird vieles selbstverständlicher werden. Sollten Sie Zweifel über das Geschlecht eines Substantivs haben, gibt auch jedes gute Wörterbuch darüber Auskunft.

---

3 Das Geschlecht bei belebten Substantiven

3.1 Kennzeichnung des Geschlechts durch die Endung

3.1.1 Die Endungspaare -o / -a bzw. -e / -a
Wie Sie zu Beginn des Kapitels gesehen haben, ist die Endung -a Kennzeichnung für das Femininum. Einige Bezeichnungen für Personen oder Tiere bilden die feminine Form mit der Endung -a. Dazu gehören:
a) maskuline Substantive auf -o
figlio Sohn → figlia Tochter   lupo Wolf → lupa Wölfin
maestro Lehrer → maestra Lehrerin   ragazzo Junge → ragazza Mädchen

Beachten Sie
Wenn man die Gattung bezeichnet, wird für die meisten Tiere nur eine Form benutzt: gatto Katze, lupo Wolf, cane Hund.

b) eine Reihe maskuliner Substantive auf -e
cameriere Kellner → cameriera Kellnerin, padrone Chef → padrona Chefin, infermiere Krankenpfleger → infermiera Krankenschwester, signore Herr → signora Dame

Das Substantiv

3.1.2 Die Endungspaare -tore / -trice
Maskuline Substantive auf -tore haben die feminine Entsprechung auf -trice.
at**tore** Schauspieler → at**trice** Schauspielerin   au**tore** Autor → au**trice** Autorin
impera**tore** Kaiser → impera**trice** Kaiserin   let**tore** Leser → let**trice** Leserin

3.1.3 Die Endungspaare -e / -essa
Die Bildung des Femininums durch die Endung -essa erfolgt:
a) bei einigen maskulinen Substantiven auf -e
cont**e** Graf → cont**essa** Gräfin   dottor**e** Doktor → dottor**essa** Doktorin
leon**e** Löwe → leon**essa** Löwin   professor**e** Professor → professor**essa** Professorin

b) bei maskulinen Substantiven auf -a
duc**a** Fürst → duch**essa** Fürstin   poet**a** Dichter → poet**essa** Dichterin

3.1.4 Besonderheiten
Einige Bezeichnungen für männliche oder weibliche Lebewesen weisen Besonderheiten im Wortstamm auf z. B.:
cane Hund → cagna Hündin   dio Gott → dea Göttin
gallo Hahn → gallina Henne   re König → regina Königin

3.2 Unterschiedliche Wortstämme für maskuline und feminine Substantive

Wie im Deutschen können männliche und weibliche Lebewesen durch völlig verschiedene Wörter bezeichnet werden. Diese Substantive können Sie in jedem Wörterbuch nachschlagen.

fratello Bruder → sorella Schwester   marito Ehemann → moglie Ehefrau
padre Vater → madre Mutter   papà Papa → mamma Mama
toro Stier → mucca Kuh   uomo Mann → donna Frau

3.3 Substantive, die im Maskulinum und Femininum dieselbe Form haben

Wie Sie bei den Substantiven auf -ista gesehen haben, gibt es einige Substantive, die nur eine Form für die Bezeichnung beider Geschlechter haben. Auch in diesen Fällen gibt entweder der entsprechende Artikel, das Adjektiv oder der Zusammenhang an, ob es sich um eine männliche oder weibliche Person handelt wie:
a) Substantive auf -ante oder -ente
cant**ante** Sänger / Sängerin, par**ente** Verwandter / Verwandte

3 Das Geschlecht bei belebten Substantiven

2 Das Substantiv

b) Substantive auf *-ese*. In der Regel bezeichnen sie Bewohner einer Stadt oder eines Landes.
ingl**ese** Engländer / Engländerin, vienn**ese** Wiener / Wienerin

c) Weitere Substantive dieser Kategorie sind z. B.:
atleta Athlet / Athletin, collega Kollege / Kollegin, erede Erbe / Erbin, nipote Neffe / Nichte.

Test 5
Wie lautet die weibliche Form von:
amico Freund
cliente Kunde
francese Franzose
insegnante Lehrer
traduttore Übersetzer

berlinese Berliner
direttore Direktor
gatto Kater
paziente Patient
vicino Nachbar

4 Besonderheiten bei der Pluralbildung

Einige der folgenden Pluralbildungen werden für Sie neu sein, andere werden Sie aus dem Abschnitt 2 bereits kennen. Wir fassen hier alle noch einmal zusammen.

4.1 Substantive, die im Plural unverändert bleiben

Wie Sie bereits im Abschnitt 2 gesehen haben, gibt es Substantive, die für Singular und Plural nur eine Form haben. Ob das betreffende Substantiv in der Einzahl oder in der Mehrzahl steht, zeigt entweder der entsprechende Artikel oder das dazugehörige Adjektiv an oder es geht aus dem Zusammenhang hervor. Zu dieser Gruppe gehören Substantive

	Singular	Plural
– die mit einem Konsonanten enden	fil**m** Film, spor**t** Sport	film, sport Sportarten
– mit Betonung auf dem letzten Vokal	citt**à** Stadt, virt**ù** Tugend	città, virtù
– die auf *-i* enden	cris**i** Krise, tes**i** These	crisi, tesi
– die einsilbig sind	t**è** Tee, gr**u** Kran	tè, gru

Das Substantiv

4.2 Die Pluralbildung bei Substantiven auf *-a* bzw. *-ista*

Auch in diesem Fall ist Ihnen die Pluralbildung aus Abschnitt 2.2 bekannt. Hier eine Übersicht. Es geht um Substantive auf

	Singular	Plural
-a, die eine männliche Person bezeichnen	**-a:** pap**a** Papst, despot**a** Despot	**-i:** pap**i**, despot**i**
-ma	**-a:** tem**a** Thema, schem**a** Schema	**-i:** tem**i**, schem**i**
-ista, wenn maskulin bzw. wenn eine männliche Person bezeichnet wird	**-ista:** dent**ista** Zahnarzt, reg**ista** Regisseur	**-isti:** dent**isti**, reg**isti**
-ista, wenn feminin bzw. wenn eine weibliche Person bezeichnet wird	**-ista:** dent**ista** Zahnärztin, reg**ista** Regisseurin	**-iste:** dent**iste**, reg**iste**

Test 6

a) Lesen Sie die folgenden Substantive. Versuchen Sie zunächst ihre Bedeutung zu erschließen oder zu erraten. Kontrollieren Sie Ihre Ergebnisse in den Lösungen, dort finden Sie auch die Übersetzung.

analisi, autista, autobus, babysitter, bar, caffè, diploma, dramma, paralisi, problema, re, star, tabù, té, turista, sci, socialista, università.

b) In welche Gruppe gehören diese Substantive? Ordnen Sie zu:
Substantive, die mit einem Konsonanten enden _____
Substantive mit Betonung auf dem letzten Vokal _____
Substantive, die auf *-i* enden _____
Substantive, die einsilbig sind _____
Substantive auf *-ma* _____
Substantive auf *-ista* _____

c) Wie lautet ihr Plural?

4.3 Die Pluralbildung bei Besonderheiten in der Aussprache und Schreibung

Substantive, die auf *-co* / *-go* bzw. auf *-ca* / *-ga* oder auf *-cia* / *-gia* enden, weisen Besonderheiten in der Pluralbildung auf: Es verändert sich im Plural entweder die Schreibung oder die Aussprache von *c* bzw. *g*.

2 Das Substantiv

> **TIPP**
>
> Bevor Sie den nachfolgenden Abschnitt durcharbeiten, sollten Ihnen die Ausspracheregeln zu *c* und *g* in Kapitel 1, Abschnitt 2.1 präsent sein.

4.3.1 Substantive auf *-co*

Es gibt Substantive, die auf der vorletzten Silbe betont werden wie te-de-sco (Deutscher) und Substantive, die auf der drittletzten Silbe betont werden wie me-di-co (Arzt). In diesen Fällen entscheidet die Betonung über die Pluralbildung.

– Ist die vorletzte Silbe betont wie bei te-de-sco, lautet der Plural *-chi*. Die Aussprache *c* = [k] bleibt erhalten; es ändert sich aber die Schreibung.

– Ist die drittletzte Silbe betont wie bei me-di-co, lautet der Plural *-ci*. Die Schreibung bleibt erhalten; es ändert sich aber die Aussprache: *c* = [tʃ].

	Singular *-co*	Plural *-chi* oder *-ci*	Ausnahmen
vorletzte Silbe	tedesco Deutscher parco Park	tedeschi parchi	amico Freund, nemico Feind und greco Grieche enden im Plural auf *-ci*.
drittletzte Silbe	medico Arzt tecnico Techniker	medici tecnici	carico (Last) endet im Plural auf *-chi*.

Test 7

Setzen Sie die entsprechenden Pluralendungen ein.

antibiotico	Antibiotikum	→ antibiotic__	bosco	Wald	→ bosc__
critico	Kritiker	→ critic__	fuoco	Feuer	→ fuoc__
arco	Bogen	→ arc__	monaco	Mönch	→ monac__

4.3.2 Substantive auf *-ca / -ga* und *-go*

Bei Substantiven auf *-ca / -ga* und *-go* lautet der Plural *-che / -ghe* und *-ghi*. Die Aussprache bleibt erhalten und die Schreibung ändert sich. Vergleiche:

	Singular	Plural
Substantive auf *-ca*	amica Freundin, domenica Sonntag	amiche, domeniche
Substantive auf *-ga*	collega Kollege / Kollegin, riga Reihe	colleghe / colleghi, righe
Substantive auf *-go*	albergo Hotel, obbligo Verpflichtung	alberghi, obblighi

4 Besonderheiten bei der Pluralbildung

Das Substantiv

4.3.3 Substantive auf *-logo*

Substantive auf *-logo* stammen aus dem Griechischen und können eine Person sociologo (Soziologe) oder eine Sache dialogo (Dialog) bezeichnen. Bei der Pluralbildung ist entscheidend, ob eine Person oder eine Sache gemeint ist. Vergleiche:

	Singular	Plural
Person	sociologo Soziologe, archeologo Archäologe	sociologi, archeologi
Sache	dialogo Dialog, epilogo Epilog, Nachwort	dialoghi, epiloghi

Test 8

Setzen Sie die entsprechenden Pluralendungen ein.

austriaco	Österreicher	→ austriac__	biologo	Biologe	→ biolog__
blocco	Block	→ blocc__	bocca	Mund	→ bocc__
catalogo	Katalog	→ catalog__	drago	Drache	→ drag__
fungo	Pilz	→ fung__	idraulico	Klempner	→ idraulic__
lago	See	→ lag__	mago	Zauberer	→ mag__
pacco	Paket	→ pacc__	prologo	Vorwort	→ prolog__
psicologo	Psychologe	→ psicolog__	sega	Säge	→ seg__
sindaco	Bürgermeister	→ sindac__	strega	Hexe	→ streg__
sugo	Soße	→ sug__	tabacco	Tabak	→ tabacc__
tedesca	Deutsche	→ tedesc__	teologo	Theologe	→ teolog__

4.4 Substantive mit unregelmäßigem Plural

Einige Substantive weisen Unregelmäßigkeiten in der Pluralbildung auf. Im Folgenden werden nur die gängigsten Formen angeführt; jedes gute Wörterbuch gibt aber über unregelmäßige Pluralformen Auskunft.

ala Flügel → ali
mano Hand → mani
tempio Tempel → templi

bue Ochse → buoi
miglio Meile → miglia
uomo Mann → uomini

dio Gott → dei
paio Paar → paia
uovo Ei → uova

4.5 Substantive, die nur im Plural verwendet werden

Einige Substantive werden im Italienischen nur im Plural verwendet, im Deutschen dagegen stehen sie im Singular. Dazu gehören u. a.:

dintorni Umgebung
occhiali Brille
soldi Geld

forbici Schere
pantaloni Hose
spiccioli Kleingeld

nozze Hochzeit
posate Besteck
stoviglie Geschirr

4 Besonderheiten bei der Pluralbildung

2 Das Substantiv

Beachten Sie
Es gibt aber auch Substantive, die nur im Singular stehen wie z. B.:
gente Leute, roba Zeug, Sachen.

4.6 Substantive mit zwei Pluralformen

Einige maskuline Substantive auf -o haben zwei Pluralformen: eine maskuline auf -i und eine feminine auf -a. Jede Pluralform hat ihre eigene Bedeutung.

braccio Arm	bracci Arme z. B. Flussarme	braccia Arme des Menschen
ciglio Wimper, Rand	cigli Ränder z. B. Straßenränder	ciglia Wimpern
fondamento Fundament	fondamenti Grundlagen	fondamenta Grundmauern
membro Glied	membri Mitglieder	membra Gliedmaßen
muro Mauer	muri Mauern z. B. eines Hauses	mura Mauern z. B. einer Stadt
osso Knochen	ossi Knochen, einzelne Knochen	ossa Knochen, Knochengerüst

Beachten Sie
frutto Frucht / frutti Früchte / frutta Obst. Frutta ist feminin Singular.

4.7 Pluralbildung bei zusammengesetzten Substantiven

Wie im Deutschen gibt es auch im Italienischen Zusammensetzungen von zwei Substantiven, die ohne Verbindung nebeneinander stehen: banconota Banknote. Dies ist aber nicht so üblich wie im Deutschen. Im Italienischen werden Substantive in den meisten Fällen mit einer Präposition (di, da, a) verbunden, z. B. camera da letto Schlafzimmer.

4.7.1 Grundregel

In der Regel bilden zusammengesetzte Substantive ihren Plural wie einfache Substantive.

ferrovia Eisenbahn → ferrovie
apriscatola Dosenöffner → apriscatole
pianoforte Klavier → pianoforti

manoscritto Manuskript → manoscritti
grattacielo Wolkenkratzer → grattacieli
sordomuto Taubstummer → sordomuti

Das Substantiv

4.7.2 Besonderheiten
a) Unveränderlich sind folgende Zusammensetzungen:

Verb	Singular	Plural
+ feminines Substantiv im Singular	portafortuna Glücksbringer salvagente Rettungsring	portafortuna salvagente
+ Substantiv im Plural	paracadute Fallschirm stuzzicadenti Zahnstocher	paracadute stuzzicadenti
+ Verb	andirivieni Hin und Her	andirivieni

b) Nur der erste Teil wird verändert bei Zusammensetzungen von:

Substantiv	Singular	Plural
+ Substantiv bei getrennter Schreibweise	vagone ristorante Speisewagen busta paga Lohntüte	vagoni ristorante buste paga
+ verbindender Präposition	macchina da scrivere Schreibmaschine cavallo di razza Rassepferd freno a mano Handbremse	macchine da scrivere cavalli di razza freni a mano

c) Beide Teile werden verändert bei der Zusammensetzung Substantiv + Adjektiv
cassaforte Tresor → casseforti, terracotta Terrakotta → terrecotte

Auf den Punkt gebracht
Nun können Sie wieder überprüfen, ob Sie die wichtigsten Regeln in diesem Kapitel behalten haben. Füllen Sie bei den folgenden Kontrollaufgaben die Lücken aus oder markieren Sie die richtige(n) Möglichkeit(en).

1. (⟹ *1.1, 1.2*)
Die Grundregel besagt, dass
a) maskuline Substantive in der Regel die Endung ____ haben.
   Ihre Pluralendung lautet ____.
b) feminine Substantive in der Regel die Endung ____ haben.
   Ihre Pluralendung lautet ____.
c) Substantive auf -e maskulin ☐ / feminin ☐ sind.
   Ihre Pluralendung lautet ____.

Auf den Punkt gebracht

Das Substantiv

2. (➡ *1.2, 2.1.2*)
Substantive auf *-ione* (stazione) sind maskulin ☐ / feminin ☐.
Die Pluralendung lautet ____: stazion____.

3. (➡ *2.2.2, 4.2*)
Substantive auf *-ma* (telegramma) sind maskulin ☐ / feminin ☐.
Die Pluralendung lautet ____: telegramm____.

4. (➡ *2.2.3, 4.2*)
Substantive auf *-ista* (dentista) sind maskulin ☐ / feminin ☐.
Die Pluralendungen lauten ____ und ____.

5. (➡ *2.4, 4.1*)
Substantive, die auf Konsonant enden (film) sind maskulin ☐ / feminin ☐.
Der Plural von film lautet ____.

6. (➡ *3.1*)
Die Endungen *-ice* und *-essa* geben an, dass es sich um eine maskuline ☐ / feminine ☐ Person handelt.

Und wenn Sie noch neugierig sind ...
Zu Beginn dieses Kapitels haben Sie gesehen, dass in der Regel die Endungen angeben, ob ein Substantiv maskulin oder feminin ist. Hier sind einige Substantive, die sich nur in ihren Endungen bzw. in ihrem Geschlecht unterscheiden. Dieser kleine Unterschied aber verändert ihre Bedeutung völlig. Wenn Sie ein Wörterbuch zur Hand haben, schlagen Sie diese Wörter nach.

banco / banca	caso / casa	colpo / colpa	filo / fila
mostro / mostra	modo / moda	partito / partita	porto / porta
posto / posta	punto / punta	testo / testa	visto / vista

Der Artikel 3

Bevor Sie dieses Kapitel durcharbeiten, sollte Ihnen das Kapitel 2, *Das Substantiv* vertraut sein.

Was Sie vorab wissen sollten
Der Artikel steht vor dem Substantiv und bezeichnet dessen Geschlecht sowie Singular und Plural. Wie die Substantive sind im Italienischen auch die Artikel entweder männlich oder weiblich.

Im Deutschen gibt es zwei Artikel: den unbestimmten (ein, eine) und den bestimmten (der, die, das). Auch das Italienische kennt bestimmte und unbestimmte Artikel. Ihre Funktion und ihr Gebrauch decken sich in vielen Fällen mit dem Deutschen.

Im Gegensatz zum Deutschen hat das Italienische allerdings einen weiteren Artikel, nämlich den Teilungsartikel, der bei der Angabe von unbestimmten Mengen benutzt wird. Näheres dazu erfahren Sie weiter unten im Abschnitt 3, *Der Teilungsartikel*. Die Artikel haben verschiedene Formen, die jeweils vom Anfangsbuchstaben des darauf folgenden Wortes abhängig sind.

1 Der bestimmte Artikel

1.1 Formen

1.1.1 Der bestimmte Artikel vor maskulinen Substantiven

vor Wörtern, die mit folgenden Buchstaben beginnen:	Sing.	Pl.	Beispiele
Konsonant	il	i	il giorno der Tag → i giorni il libro das Buch → i libri
Vokal	l'	gli	l'anno das Jahr → gli anni l'amico der Freund → gli amici
s+Konsonant z gn, ps, x oder y[1]	lo	gli	lo studente der Student → gli studenti lo zio der Onkel → gli zii lo psicologo der Psychologe → gli psicologi lo yacht die Yacht → gli yacht

---

[1] Diese Regel trifft grundsätzlich nur für männliche Substantive, nicht aber für die weiblichen zu. Es gibt übrigens im Italienischen nur ganz wenige Substantive, die mit gn, ps, x oder y beginnen.

3 Der Artikel

1.1.2 Der bestimmte Artikel vor femininen Substantiven

vor Wörtern, die mit folgenden Buchstaben beginnen:	Sing.	Pl.	Beispiele
Konsonant	la	le	la signora die Dame → le signore la stazione der Bahnhof → le stazioni
Vokal	l'	le	l'amica die Freundin → le amiche l'idea die Idee → le[2] idee

1.1.3 Der bestimmte Artikel im Überblick

Wie Sie gesehen haben, hängt die Wahl des Artikels davon ab, ob das dazugehörige Substantiv maskulin bzw. feminin ist, ob es im Singular oder im Plural steht und welche seine Anfangsbuchstaben sind.

	Singular	Plural
maskulin	il libro → i libri lo studente → gli studenti l'anno → gli anni	
feminin	la signora → le signore l'idea → le idee	

Test 1

a) Überlegen Sie, welche der folgenden Substantive männlich und welche weiblich sind. Ordnen Sie jedem Substantiv den bestimmten Artikel im Singular zu.

____ abito das Gewand
____ economia die Wirtschaft
____ energia die Energie
____ industria die Industrie
____ oceano der Ozean
____ organismo der Organismus
____ scarpa der Schuh
____ scolaro der Schüler
____ stato der Staat
____ treno der Zug
____ zia die Tante

____ aereo das Flugzeug
____ effetto die Wirkung
____ impresa das Unternehmen
____ madre die Mutter
____ ora die Stunde / Uhrzeit
____ sbaglio der Fehler
____ sciopero der Streik
____ stanza das Zimmer
____ strada die Straße
____ zaino der Rucksack
____ zio der Onkel

b) Setzen Sie nun Artikel und Substantive in den Plural.

---

[2] Im Plural gibt es keine apostrophierte Form des Artikels.

Der Artikel 3

1.2 Besonderheiten bei der Wahl des bestimmten Artikels

Sie haben gesehen, dass die Wahl des Artikels u. a. auch vom Anfangsbuchstaben des darauf folgenden Wortes abhängt. Wenn also nach einem Artikel bzw. vor einem Substantiv ein Adjektiv oder ein Possessivum steht, so richtet sich der Artikel nach den Anfangsbuchstaben des Adjektivs oder des Possessivums. Dies gilt sowohl im Singular

il treno	aber:	l'ultimo treno der letzte Zug	weil *ultimo* mit einem Vokal beginnt.
l'amico		il mio amico mein Freund³	weil *mio* mit einem Konsonanten beginnt
il gruppo		lo stesso gruppo die gleiche Gruppe	weil *stesso* mit s + Konsonant beginnt.
la strada		l'altra strada die andere Straße	weil *altra* mit einem Vokal beginnt.
l'idea		la nuova idea die neue Idee	weil *nuova* mit einem Konsonanten beginnt.

als auch im Plural

i treni	aber:	gli ultimi treni die letzten Züge
gli amici		i miei amici meine Freunde
i gruppi		gli stessi gruppi die gleichen Gruppen
le strade	bleibt (!):	le altre strade die anderen Straßen
le idee		le nuove idee die neuen Ideen

Test 2

a) Setzen Sie den bestimmten Artikel ein.

____ vecchio abito das alte Kleid   ____ stesso treno der gleiche Zug
____ mia impresa mein Unternehmen   ____ altra stanza das andere Zimmer
____ nuovo aereo das neue Flugzeug   ____ altro sbaglio der andere Fehler
____ stesso effetto die gleiche Wirkung ____ stessa ora die gleiche Stunde
____ nostro stato unser Staat   ____ ultima strada die letzte Straße
____ altra scarpa der andere Schuh   ____ nuovo zaino der neue Rucksack

---

³ Näheres zu den Possessiva ➠ Kap. 5.

3 Der Artikel

 b) Setzen Sie nun den Artikel und die Pluralendung des Substantivs ein.

___ vecchi abit__ ___ stessi tren__ ___ mie impres__ ___ altre stanz__
___ nuovi aere__ ___ altri sbagl__ ___ stessi effett__ ___ stesse or__
___ nostri stat__ ___ ultime strad__ ___ altre scarp__ ___ nuovi zain__

> **TIPP**
>
> Dies sind die wichtigsten formalen Informationen über den bestimmten Artikel. Was den Gebrauch angeht, gibt es, neben vielen Parallelen, auch einige Abweichungen zum Deutschen. Diese werden in dem folgenden Abschnitt behandelt. Wenn Sie erst angefangen haben, Italienisch zu lernen, könnten diese Abweichungen Sie verwirren. Sie können daher den nächsten Abschnitt zunächst überschlagen und zu einem späteren Zeitpunkt durcharbeiten. Wir empfehlen Ihnen, gleich weiter zu Abschnitt 2, *Der unbestimmte Artikel* zu gehen.

1.3 Gebrauch des bestimmten Artikels im Gegensatz zum Deutschen

Im Italienischen wie im Deutschen wird der bestimmte Artikel dann verwendet, wenn man sich auf etwas bezieht, das dem Zuhörer oder Leser bereits bekannt ist.

Der bestimmte Artikel steht im Italienischen darüber hinaus auch

a) bei Personennamen nur		
– bei signorina, signora, signor	La signora Trainito abita a Pisa. Frau Trainito wohnt in Pisa.	
– vor einem Titel	Il professor Rossi lavora a Roma. Professor Rossi arbeitet in Rom.	
– vor einer Berufsbezeichnung	L'ingegner Brosi arriva subito. (Herr) Ingenieur Brosi kommt sofort.	
b) vor Possessivpronomen	il mio amico mein Freund la mia macchina mein Auto	
c) bei geografischen Bezeichnungen:		
– Kontinenten	l'Europa Europa	
– Staaten und Ländern	gli Stati Uniti die Vereinigten Staaten l'Italia Italien, l'Austria Österreich	
– Regionen	il Piemonte Piemont, la Baviera Bayern	

Der Artikel 3

d) bei Interessensgebieten
 – Lehrfächern   Non capisco la matematica.
                            Ich verstehe nichts von Mathematik.
 – Sprachen   Il tedesco è difficile. Deutsch ist schwierig.
 – Sportarten und Ähnlichem Il calcio mi piace. Ich mag Fußball.

e) bei Körperteilen   Alberta ha gli occhi verdi.
                            Alberta hat grüne Augen.

f) bei Krankheiten   Gigi ha la tosse. Gigi hat Husten.

g) bei Stoffnamen wie   L'oro costa molto. Gold ist teuer.
 oro Gold, birra Bier   Mi piace la birra.
                            Ich mag (trinke gern) Bier.

h) bei Abstrakta wie
 la giustizia die Gerechtigkeit   La giustizia esiste? Gibt es Gerechtigkeit?
 la pazienza die Geduld   La pazienza è una virtù.
                                  Geduld ist eine Tugend.

i) bei bestimmten Zahlenangaben[4] wie
 – Prozentangaben   Il 10 % della popolazione. 10 % der Bevölkerung.
 – Uhrzeit   Sono le tre. Es ist drei Uhr.
 – Datum   Arrivo il due settembre.
                            Ich komme am 2. September an.

l) bei Farben   Il nero ti sta bene. Schwarz steht dir gut.

m) nach tutto alles, ganz   tutto il mondo die ganze Welt, tutta la vita
                            das ganze Leben, tutti i giorni alle Tage,
                            tutte le regioni alle Regionen

Beachten Sie
zu a) Der Artikel entfällt
 – bei Vornamen: Marco abita a Venezia. Marco wohnt in Venedig.
 – bei der direkten Anrede: Lei abita a Venezia, signor Tani? Wohnen Sie in Venedig, Herr Tani?
zu b) Bei der Bezeichnung von Familienangehörigen im Singular entfällt der Artikel: mia moglie meine Frau, suo padre sein Vater.
 Dies gilt aber nicht für den Plural[5]: i nostri fratelli unsere Brüder.

---
[4] ➡ Kap. 25
[5] Näheres dazu ➡ Kap. 5.

3 Der Artikel

zu c) Steht bei Kontinenten, Staaten und Regionen die Präposition in, so entfällt der Artikel.
in America in Amerika, in Svizzera in der Schweiz, in Lombardia in der Lombardei

zu d) Aber: In Verbindung mit parlare und studiare steht das Substantiv in der Regel ohne Artikel.
Parlo italiano. Ich spreche Italienisch.
Studio matematica. Ich studiere Mathematik.

Test 3
Stellen Sie in den Sätzen fest, ob der bestimme Artikel verwendet wird oder nicht.
a) (Il / Ø[6]?) signor Schiffer arriva subito. Herr Schiffer kommt sofort.
b) (L' / Ø?) Anna studia (la / Ø?) matematica. Anna studiert Mathematik.
c) (Il / Ø?) professor Rossi parte (il / Ø?) due marzo.
Professor Rossi fährt am 2. März ab.
d) (L' / Ø?) Australia è lontana. Australien ist weit weg.
e) Ho (l' / Ø?) influenza. Ich habe Grippe.
f) (La / Ø?) mia amica è tedesca. Meine Freundin ist Deutsche.
g) Buon giorno (il / Ø?) professore! Guten Tag, Herr Professor!
h) (Il / Ø?) Rocco ha (i / Ø?) capelli lunghi. Rocco hat lange Haare.
i) Parli (l' / Ø?) italiano? Sprichst du Italienisch?
l) (Il / Ø?) rosso mi piace. Rot gefällt mir.
m) (Il / Ø?) Gianni lavora in (la / Ø?) Germania. Gianni arbeitet in Deutschland.
n) Come sta, (la / Ø?) signora Brunetta? Wie geht es Ihnen, Frau Brunetta?
o) Sono già (le / Ø?) tre. Es ist schon drei Uhr.
p) (La / Ø?) Sardegna è una bella regione. Sardinien ist eine schöne Region.
q) Andiamo sempre in (la / Ø?) Toscana. Wir fahren immer in die Toskana.
r) Mi piace (il / Ø?) vino. Ich mag Wein.

2 Der unbestimmte Artikel

2.1 Formen

Auf Entdeckung
Der unbestimmte Artikel hat im Italienischen vier Formen: un, uno für männliche und un', una für weibliche Substantive.
Versuchen Sie, soweit Sie es erraten oder kombinieren können, den unbestimmten Artikel in die folgenden Tabellen einzusetzen. Die Lösung finden Sie im Überblick unter 2.1.3.

---
[6] Das Zeichen Ø bedeutet: kein Artikel

Der Artikel 3

2.1.1 Der unbestimmte Artikel vor maskulinen Substantiven

vor Wörtern, die mit folgenden Buchstaben beginnen:	Artikel	Beispiele
Konsonant oder Vokal	____	____ giorno ein Tag, ____ libro ein Buch ____ anno ein Jahr, ____ amico ein Freund
s + Konsonant		____ studente ein Student
z		____ zio ein Onkel
gn, ps, x oder y	____	____ psicologo ein Psychologe, ____ yacht eine Yacht

2.1.2 Der unbestimmte Artikel vor femininen Substantiven

vor Wörtern, die mit folgenden Buchstaben beginnen:	Artikel	Beispiele
Konsonant	____	____ signora eine Dame ____ stazione ein Bahnhof
Vokal	____	____ amica eine Freundin, ____ idea eine Idee

TIPP

Wenn Sie meinen, dass Ihnen die Lösung nicht auf Anhieb gelingt, können Sie zuerst die Formen eintragen, bei denen Sie sich sicher sind und dann schauen, welche übrig bleiben. Vielleicht helfen Ihnen die Formen des bestimmten Artikels. Der folgende Überblick bringt Ihnen Gewissheit.

2.1.3 Der unbestimmte Artikel im Überblick

bei Substantiven, die mit	maskulin	feminin
– Konsonant beginnen	un libro	una signora
– Vokal beginnen	un anno	un'idea
– s + Konsonant und z oder gn, ps, x oder y beginnen.	uno studente	

2 Der unbestimmte Artikel

3 Der Artikel

Beachten Sie
Die apostrophierte Form un' vor Vokal gilt nur für Substantive im Femininum. Es handelt sich um die – aus Gründen der Aussprache – verkürzte Variante der weiblichen Form una.
un inglese ein Engländer – un'inglese eine Engländerin
un insegnante ein Lehrer – un'insegnante eine Lehrerin

 Test 4

Setzen Sie den unbestimmten Artikel ein.

____ abito ein Kleid ____ aereo ein Flugzeug
____ effetto eine Wirkung ____ impresa ein Unternehmen
____ industria eine Industrie ____ madre eine Mutter
____ oceano ein Ozean ____ ora eine Stunde
____ organismo ein Organismus ____ sbaglio ein Fehler
____ scarpa ein Schuh ____ sciopero ein Streik
____ scolaro ein Schüler ____ spiaggia ein Strand
____ stanza ein Zimmer ____ stato ein Staat
____ strada eine Straße ____ treno ein Zug
____ università eine Universität ____ yogurt ein Joghurt
____ zaino ein Rucksack ____ artista eine Künstlerin

2.2 Besonderheiten bei der Wahl des unbestimmten Artikels

Auch für den unbestimmten Artikel gilt: Wenn vor einem Substantiv ein Adjektiv oder ein Possessivum steht, dann richtet sich der Artikel nach dem Anfangsbuchstaben des Adjektivs oder des Possessivums.

un treno		bleibt	un ultimo treno ein letzter Zug	weil *ultimo* mit einem Vokal beginnt.
un amico			un mio amico ein Freund von mir	weil *mio* mit einem Konsonanten beginnt.
un gruppo	aber		uno strano gruppo eine merkwürdige Gruppe	weil *strano* mit s+Konsonant beginnt.
una strada			un'altra strada eine andere Straße	weil *altra* mit einem Vokal beginnt.
un'idea			una nuova idea eine neue Idee	weil *nuova* mit einem Konsonanten beginnt.

2 Der unbestimmte Artikel

Der Artikel 3

Test 5

Setzen Sie den unbestimmten Artikel ein.

a) ____ vecchio abito ein altes Gewand b) ____ stesso treno ein gleicher Zug
c) ____ nuova impresa ein neues Unternehmen d) ____ altra stanza ein anderes Zimmer
e) ____ nuovo aereo ein neues Flugzeug f) ____ ultimo sbaglio ein letzter Fehler
g) ____ stesso effetto eine gleiche Wirkung h) ____ strana ora eine merkwürdige Stunde / Uhrzeit
i) ____ nuovo stato ein neuer Staat l) ____ ultima strada eine letzte Straße
m) ____ altra scarpa ein anderer Schuh n) ____ nuovo zaino ein neuer Rucksack

2.3 Gebrauch

a) Im Deutschen wie im Italienischen wird der unbestimmte Artikel dann verwendet, wenn Personen, Dinge oder Sachverhalte zum ersten Mal erwähnt werden und nicht als bekannt vorausgesetzt werden können.	C'era una volta un re e una regina. Es war einmal ein König und eine Königin.
b) Wie im Deutschen wird auch im Italienischen der unbestimmte Artikel nur im Singular und bei zählbaren Substantiven[7] verwendet.	un amico ein Freund un treno ein Zug una strada eine Straße un'ora eine Stunde usw.
c) Will man eine unbestimmte Anzahl ausdrücken, so kann man wie im Deutschen auch den Artikel weglassen. Eine andere Möglichkeit ist die Verwendung des Teilungsartikels. Siehe hierzu den folgenden Abschnitt.	un treno ein Zug → treni / dei treni Züge un amico ein Freund → amici / degli amici Freunde una strada eine Straße → strade / delle strade Straßen un' ora eine Stunde → ore / delle ore Stunden

---

[7] Wie schon der Name sagt, kann man zählbare Substantive zählen, z. B. ein Freund, zwei Freunde usw. Luft, Wasser oder Brot beispielsweise sind nicht zählbar; also kann man auch nicht eine Luft oder zwei Lüfte sagen. Wenn man ein Wasser oder ein Brot sagt, dann meint man automatisch eine bestimmte Menge; je nach Kontext kann es ein Glas oder eine Flasche Wasser bzw. ein Stück oder ein Kilo Brot sein.

3 Der Artikel

3 Der Teilungsartikel

> **TIPP**
>
> Sollte Ihnen der Teilungsartikel aus dem Französischen bekannt sein, können Sie sofort zum Abschnitt 3.1 *Formen* übergehen.
> Wenn Sie aber erst angefangen haben, Italienisch zu lernen, könnte Ihnen dieser Abschnitt etwas schwierig vorkommen, zumal es im Deutschen keine Entsprechung für den Teilungsartikel gibt. In diesem Fall empfehlen wir Ihnen, den folgenden Abschnitt zunächst zu überschlagen und zu einem späteren Zeitpunkt durchzuarbeiten. Sie können gleich weiter zu Kapitel 4, *Das Adjektiv* gehen.

Was Sie vorab wissen sollten

a) Um eine unbestimmte Menge oder Anzahl auszudrücken, steht im Italienischen vor dem Substantiv ein Teilungsartikel. Im Deutschen verzichtet man in solchen Fällen ganz auf einen Artikel. z. B.
   – bei einer unbestimmten Menge: Compro del vino. Ich kaufe Wein.
   – bei einer unbestimmten Anzahl: Invito degli amici. Ich lade Freunde ein.
   Der Teilungsartikel ist aber nicht obligatorisch und kann auch weggelassen werden. So kann man sagen: Compro vino. bzw. Invito amici.

b) Bei nicht zählbaren Substantiven kann der Teilungsartikel durch un po' di (ein wenig) ersetzt werden.
   Un po' di vino etwas / ein wenig Wein, un po' di pane etwas / ein wenig Brot.

c) Bei zählbaren Substantiven kann der Teilungsartikel durch alcuni / qualche[8] (einige) ersetzt werden.
   alcuni amici / qualche amico einige Freunde, alcune amiche / qualche amica einige Freundinnen.

3.1 Formen

3.1.1 Die Formen des Teilungsartikels setzen sich zusammen aus der Präposition di und dem bestimmten Artikel. Bei diesen Kombinationen wird di zu de.

	maskulin Singular			Plural		feminin Singular		Plural
di + wird zu:	il del	lo dello	l' dell'	i dei	gli degli	la della	l' dell'	le delle

---

[8] Qualche steht immer in der Einzahl (→ Kap. 7).

Der Artikel 3

3.1.2 Für nicht zählbare Substantive wird der Teilungsartikel in der Einzahl verwendet:

maskulin	Compro del pane. Ich kaufe Brot.	(il pane = das Brot)
	Compro dello zucchero. Ich kaufe Zucker.	(lo zucchero = der Zucker)
	Compro dell'olio. Ich kaufe Öl.	(l'olio = das Öl)
feminin	Compro della carne. Ich kaufe Fleisch.	(la carne = das Fleisch)
	Compro dell'aranciata Ich kaufe Orangensaft.	(l'aranciata = der Orangensaft)

3.1.3 Für zählbare Substantive wird di + Artikel in der Mehrzahl verwendet:

maskulin	Leggo dei giornali. Ich lese Zeitungen.	(i giornali = die Zeitungen)
	Incontro degli studenti. Ich treffe Studenten.	(gli studenti = die Studenten)
	Sono passati degli anni. Es sind Jahre vergangen.	(gli anni = die Jahre)
feminin	Ho delle sorelle. Ich habe Schwestern.	(le sorelle = die Schwestern)
	Invito delle amiche. Ich lade Freundinnen ein.	(le amiche = die Freundinnen)

Test 6

Setzen Sie den passenden Teilungsartikel ein.
a) Conosco ____ psicologi. Ich kenne Psychologen.
b) Mangio ____ frutta. Ich esse Obst.
c) A Roma ho ____ zii. Ich habe in Rom Onkel.
d) Compro ____ zafferano. Ich kaufe Safran.
e) Incontro sempre ____ scolari. Ich treffe immer Schüler.
f) Invito ____ amici. Ich lade Freunde ein.
g) Porto ____ scarpe italiane. Ich trage italienische Schuhe.
h) Compro ____ vino. Ich kaufe Wein.

3 Der Artikel

i) Uso sempre ___ aglio. Ich verwende immer Knoblauch.
l) Leggo ___ libri. Ich lese Bücher.
m) Bevo ___ aranciata. Ich trinke Orangensaft.
n) Passano ___ ore. Es vergehen Stunden.
o) Compro ___ marmellata. Ich kaufe Marmelade.
p) Vedo ___ sbagli. Ich sehe Fehler.
q) Ho sempre ___ idee. Ich habe immer Ideen.
r) Bevo ___ birra. Ich trinke Bier.

3.2 Gebrauch

3.2.1 Wie bereits erwähnt, ist der Teilungsartikel nicht obligatorisch. Er **muss** entfallen bei

a) adjektivischen[9] Mengenangaben wie: poco wenig, tanto viel, molto viel.	Ho **poco** tempo. Ich habe wenig Zeit. Passano **molti** anni. Es vergehen viele Jahre.
b) der Verneinung	**Non** abbiamo pane. Wir haben kein Brot. **Non** ho tempo. Ich habe keine Zeit.
c) Präpositionen	Vado **da** amici. Ich gehe zu Freunden Un tè **con** / **senza** zucchero. Ein Tee mit / ohne Zucker.
d) Aufzählungen	Compro pane, zucchero, acqua e vino. Ich kaufe Brot, Zucker, Wasser und Wein.

3.2.2 Ist die Menge näher bestimmt, bzw. handelt es sich um eine substantivische Mengenangabe (z. B. ein Kilo, ein halbes Kilo, ein Glas, eine Stunde), wird sie durch di ohne Artikel ausgedrückt:
un chilo **di** pane ein Kilo Brot, un bicchiere **di** vino ein Glas Wein, un'ora **di** strada eine Stunde Weg.
Das gilt auch für Mengenangaben wie z. B. un litro ein Liter, mezzo litro ein halber Liter, un chilo e mezzo 1½ Kilo, un grammo ein Gramm, un etto 100 g, un poco ein wenig usw.

---

[9] Bei adjektivischen Mengenangaben steht ein Adjektiv (wie: wenig, viel, zu viel, zu wenig usw.) vor dem Substantiv und gibt in diesen Fällen eine nicht genau bestimmte Menge an.

Der Artikel 3

Test 7
Steht in den folgenden Sätzen di, der Teilungsartikel (di + Artikel) oder nichts?
a) Compro ____ zucchero. Ich kaufe Zucker.
b) Compro ____ libri e ____ giornali. Ich kaufe Bücher und Zeitungen.
c) Compro un chilo ____ zucchero. Ich kaufe ein Kilo Zucker.
d) Ho ____ molto tempo. Ich habe viel Zeit.
e) Non abbiamo ____ tempo. Wir haben keine Zeit.
f) Linda ha ____ molti libri. Linda hat viele Bücher.
g) Prendo una bottiglia ____ vino. Ich nehme eine Flasche Wein.
h) Non ho ____ molto caffè. Ich habe nicht viel Kaffee da.
i) Ho solo un po' ____ caffè. Ich habe nur wenig Kaffee da.
l) Bevo ____ caffè. Ich trinke Kaffee.
m) Leggo ____ molti libri. Ich lese viele Bücher.
n) Leggo ____ giornali. Ich lese Zeitungen.

Auf den Punkt gebracht
Nun können Sie überprüfen, ob Sie die wichtigsten Regeln in diesem Kapitel behalten haben. Füllen Sie die folgenden Kontrollfragen aus oder markieren Sie die richtige Möglichkeit.

1. (➠ *1. Was Sie vorab wissen sollten*)

	ja	nein
a) Im Italienischen gibt es Artikel im Maskulinum, Femininum und Neutrum.	☐	☐
b) Die Wahl des Artikels hängt u. a. von dem Anfangsbuchstaben des nachfolgenden Wortes ab.	☐	☐

2. (➠ *1.1*)
Die Formen des bestimmten Artikels lauten:

	Singular		Plural
maskulin	____ libro	→	____ libri
	____ studente	→	____ studenti
	____ anno	→	____ anni
feminin	____ signora	→	____ signore
	____ idea	→	____ idee

3. (➠ *1.3*)
Der bestimmte Artikel steht:

	ja	nein
a) bei Personennamen vor einem Titel	☐	☐

(Il oder Ø?) professor Simone lavora a Roma.
Professor Simone arbeitet in Rom.

3 Der Artikel

	ja	nein
b) vor Vornamen (Il oder Ø?) Marco abita a Venezia. **Marco wohnt in Venedig.**	☐	☐
c) vor einer Berufsbezeichnung (L' oder Ø?) ingegnere Rossi arriva subito. **Herr Ingenieur Rossi kommt sofort.**	☐	☐
d) bei der direkten Anrede Lei abita qui, (il oder Ø?) signor Trainito? **Wohnen Sie hier, Herr Trainito?**	☐	☐
e) vor Possessivpronomen (Il oder Ø?) mio amico **mein Freund**	☐	☐
f) vor Staaten und Ländern (La oder Ø?) Baviera è bella. **Bayern ist schön.**	☐	☐
g) bei Staaten und Ländern mit der Präposition in Abito in (la oder Ø?) America. **Ich wohne in Amerika.**	☐	☐
h) nach tutto tutta (la oder Ø?) vita **das ganze Leben**	☐	☐

4. (➞ *2.1.3*)
Die Formen des unbestimmten Artikels lauten:

maskulin	feminin	bei Substantiven, die mit
a) ____ libro	____ signora	(Konsonant / Vokal / s + Konsonant / z , gn, ps, x, y) beginnen
b) ____ anno	____ idea	(Konsonant / Vokal / s + Konsonant / z , gn, ps, x, y) beginnen
c) ____ studente		(Konsonant / Vokal / s + Konsonant / z , gn, ps, x, y) beginnen

5. (➞ *3. Was Sie vorab wissen sollten*)
Der Teilungsartikel

	ja	nein
a) steht, um eine unbestimmte Menge oder Anzahl auszudrücken	☐	☐
b) ist obligatorisch.	☐	☐

Der Artikel 3

6. (➡ *3.1.1*)
Die Formen des Teilungsartikels lauten:

	maskulin			feminin	
	Singular		Plural	Singular	Plural
di + wird zu:	il ___	lo ___	l' ___	i ___ gli ___	la ___ l' ___	le ___

7. (➡ *3.2.2*)
Ist die Menge näher bestimmt, bzw. handelt es sich um eine substantivische Mengenangabe (wie ein Kilo usw.), wird sie durch (di / di + Artikel / Ø) ausgedrückt:
un chilo ____ pane ein Kilo Brot, un litro ____ vino ein Liter Wein.

Und wenn Sie noch neugierig sind …
Manchmal kann die Wahl des Artikels die Bedeutung eines Substantivs völlig verändern. Wenn Sie ein Wörterbuch zur Hand haben, schlagen Sie die folgenden Wörter nach und achten Sie darauf, ob sie männlich oder weiblich sind, ob man il oder la benutzen muss.
il / la capitale, il / la fine, il / la fronte.

Auf den Punkt gebracht

4 Das Adjektiv

Bevor Sie dieses Kapitel durcharbeiten, sollten Ihnen die Kapitel 2, *Das Substantiv* und 3, *Der Artikel* vertraut sein.

Was Sie vorab wissen sollten
Im Gegensatz zum Deutschen hat jedes Adjektiv eine Endung, die sich nach dem dazugehörigen Substantiv richtet:

cara Teresa liebe Teresa   caro Piero lieber Piero
Teresa è cara Teresa ist lieb   Piero è caro Piero ist lieb

1 Grundregeln

1.1 Die Endungen des Adjektivs im Singular

Im Italienischen gibt es zwei Klassen von Adjektiven, die sich durch ihre Endungen voneinander unterscheiden.

1.1.1 Die Adjektive auf *-o* / *-a*
Diese Adjektive haben im Singular zwei Endungen.
Die Endung *-o* wird für männliche Substantive, die Endung *-a* für weibliche Substantive verwendet:
il vino (m) italiano der italienische Wein
la cucina (f) italiana die italienische Küche
il nome (m) italiano der italienische Name
la regione (f) italiana die italienische Region
Die meisten italienischen Adjektive enden auf *-o* bzw. auf *-a*.

 Test 1
a) Überlegen Sie, welche der folgenden Substantive männlich und welche weiblich sind und ordnen Sie sie der entsprechenden Kategorie zu.

| amica | amico | fratello | ragazzo |
| signora | sorella | studentessa | vicino |

b) Kombinieren Sie jetzt die Substantive unter a) mit den folgenden Adjektiven nach dem Muster:

	männlich	weiblich
biondo / -a blond	amico biondo	amica bionda
onesto / -a ehrlich	_____	_____
piccolo / -a klein	_____	_____
allegro / -a lustig	_____	_____
carino / -a hübsch	_____	_____

Das Adjektiv 4

1.1.2 Die Adjektive auf -e
Die Adjektive auf -e haben eine einzige Endung im Singular, die sowohl für Maskulinum als auch für Femininum gilt:
il vino francese der französische Wein   il vestito elegante das elegante Kleid
la cucina francese die französische Küche la moda elegante die elegante Mode

Viele sehr verbreitete Adjektive enden auf -e. Hier die wichtigsten:
debole schwach, dolce süß, eccezionale außergewöhnlich, facile einfach,
felice froh, forte stark, gentile nett, freundlich, giovane jung, grande groß,
semplice einfach, simile ähnlich, veloce schnell, verde grün.

Beachten Sie
Zu der Klasse auf -e gehören auch die Adjektive mit den folgenden Nachsilben:
-ale: sociale sozial   -ante: elegante elegant
-ente: intelligente intelligent   -are: popolare populär
-ile: stabile stabil

Test 2

Kombinieren Sie zwei Adjektive mit dem Substantiv nach dem Muster.
interessante, allegro / -a: un ragazzo interessante e allegro
ein interessanter und fröhlicher Junge
a) giovane, moderno / -a: una zia   eine junge und moderne Tante
b) elegante, carino / -a: una ragazza   ein elegantes und hübsches Mädchen
c) forte, carino / -a: un ragazzo   ein starker und hübscher Junge
d) giovane, biondo / -a: uno studente   ein junger und blonder Student
e) intelligente, onesto / -a: un signore   ein intelligenter und ehrlicher Herr
f) gentile, onesto / -a: una signora   eine freundliche und ehrliche Dame

1.2 Die Pluralbildung der Adjektive
Auf Entdeckung

Sie kennen die Formen des Substantivs im Plural. Versuchen Sie nun, die Pluralformen des Adjektivs einzusetzen.

Die Singularendung -o wird im Plural zu -__.	caro lieb italiano italienisch	→ car__ → italian__
Die Singularendung -a wird im Plural zu -__.	buona gut allegra lustig	→ buon__ → allegr__
Die Singularendung -e wird im Plural zu -__.	gentile freundlich elegante elegant	→ gentil__ → elegant__

1 Grundregeln **65**

4 Das Adjektiv

Die richtige Lösung finden Sie in der folgenden Zusammenfassung:

Singular		Plural	Es gibt zwei Gruppen von Adjektiven: diejenige, die über **vier** Formen verfügt wie caro, cara, cari, care und diejenige, die über **zwei** Formen verfügt wie gentile, gentili.
-o	→	-i	
-a	→	-e	
-e	→	-i	

Test 3

Setzen Sie die Substantive und die Adjektive aus **Test 2** in den Plural.
un ragazzo interessante e allegro → ragazzi interessanti e allegri

2 Übereinstimmung des Adjektivs mit dem Substantiv

2.1 Das Adjektiv als Attribut und als Prädikat

a) Im Italienischen richtet sich das Adjektiv in Geschlecht und Zahl nach dem Substantiv, auf das es sich bezieht. Dies geschieht immer, wenn das Adjektiv in direkter Verbindung mit dem Substantiv – d. h. umittelbar vor oder nach dem Substantiv – steht. In diesem Fall sprechen wir vom Adjektiv als **Attribut:**
una ragazza bionda ein blondes Mädchen

b) Anders als im Deutschen richtet sich im Italienischen das Adjektiv auch dann nach Geschlecht und Zahl des Substantivs, wenn es nach einer Form von essere (sein) vorkommt. In diesem Fall sprechen wir vom Adjektiv als **Prädikat:**
la ragazza è bionda das Mädchen ist blond

Hier einige weitere Beispiele, bei denen Adjektive als Attribut bzw. als Prädikat vorkommen:

Als Attribut	Als Prädikat
il ragazzo biondo der blonde Junge	Il ragazzo è biondo. Der Junge ist blond.
la ragazza bionda das blonde Mädchen	La ragazza è bionda. Das Mädchen ist blond.
i ragazzi biondi die blonden Jungen	I ragazzi sono biondi. Die Jungen sind blond.
le ragazze bionde die blonden Mädchen	Le ragazze sono bionde. Die Mädchen sind blond.

Das Adjektiv 4

Test 4
Setzen Sie die richtige Endung ein.

Prädikat	Attribut
a) La casa è carin__.	Che casa carin__!
Das Haus ist hübsch.	Was für ein hübsches Haus!
b) Il cane è piccol__.	Che cane piccol__!
Der Hund ist klein.	Was für ein kleiner Hund
c) Il caffè è fort__.	Che caffè fort__!
Der Kaffee ist stark.	Was für ein starker Kaffee!
d) Le ragazze sono felic__.	Che ragazze felic __!
Die Mädchen sind froh.	Was für frohe Mädchen!
e) Gli amici sono allegr __.	Che amici allegr __!
Die Freunde sind lustig.	Was für lustige Freunde!

2.2 Übereinstimmung bei mehreren Adjektiven

Wie Sie im Abschnitt 2.1 gesehen haben, richtet sich das Adjektiv in Zahl und Geschlecht nach dem Substantiv, auf das es sich bezieht. Dasselbe gilt, wenn mehrere Adjektive im Satz sich auf ein Substantiv beziehen. Jedes Adjektiv wird angeglichen, und zwar nach den Regeln seiner eigenen Gruppe.

Singular	Plural
Il ragazzo danese è allegro e intelligente. Der dänische Junge ist lustig und intelligent.	I ragazzi danesi sono allegri e intelligenti. Die dänischen Jungen sind lustig und intelligent.
La ragazza danese è allegra e intelligente. Das dänische Mädchen ist lustig und intelligent.	Le ragazze danesi sono allegre e intelligenti. Die dänischen Mädchen sind lustig und intelligent.

Wenn Sie mehrere Adjektive mit einem Substantiv in Beziehung setzen, sollten Sie sich folgende Fragen stellen: Ist das Substantiv *männlich* oder *weiblich*? Steht das Substantiv im *Singular* oder im *Plural*? *Wie viele* Endungen hat *jedes Adjektiv*? (Vier? Zwei?)

Test 5
a) Stellen Sie fest, welche der folgenden Adjektive vier und welche zwei Formen haben und ordnen Sie sie der entsprechenden Rubrik zu.

allegro lustig, caldo warm, dolce süß, felice froh, forte stark, freddo kalt, grande groß, intelligente intelligent, naturale natürlich, piccolo klein

vier Formen _____
zwei Formen _____

2 Übereinstimmung des Adjektivs mit dem Substantiv

4 Das Adjektiv

b) Setzen Sie die fehlenden Endungen ein.
  1. Un'aranciata natural __ dolc__ e fredd__.
     Ein natürlicher, süßer und kalter Orangensaft.
  2. Una donna intelligent__, felic__ e allegr__.
     Eine intelligente, frohe und lustige Frau.
  3. Il cappuccino è grand__, fort__ e cald__.
     Der Cappuccino ist groß, stark und warm.
  4. Due aranciate natural __, dolc__ e fredd__.
     Zwei natürliche, süße und kalte Limonaden.
  5. Sono donne intelligent__, felic__ e allegr__.
     Sie sind intelligente, frohe und lustige Frauen.
  6. Due cappuccini grand__, fort__ e cald__.
     Zwei große, starke und heiße Cappuccinos.

2.3 Übereinstimmung bei mehreren Substantiven

Im Italienischen kann sich ein Adjektiv auf mehrere Substantive beziehen.
Il padre e il figlio sono biondi. Der Vater und der Sohn sind blond.
La madre e la figlia sono bionde. Die Mutter und die Tochter sind blond.
In jedem Fall übernimmt das Adjektiv die Pluralendung und zwar:
a) Bei Substantiven gleichen Geschlechts richtet sich das Adjektiv nach dem gemeinsamen Geschlecht:
   La pasta e la pizza sono buone. Die Pasta und die Pizza sind gut.
   Il padre e il figlio sono allegri. Der Vater und der Sohn sind lustig.
b) Bei Substantiven verschiedenen Geschlechts steht das Adjektiv im Maskulinum Plural:
   Uno studente e una studentessa russi. Ein russischer Student und eine russische Studentin.
   Il vino e la pizza sono buoni. Der Wein und die Pizza sind gut.

Test 6
Stellen Sie fest, ob die Adjektive allegro, biondo, caldo, dolce, elegante, freddo vier oder zwei Formen haben und setzen Sie die Endungen ein.
a) Un espresso e un cappuccino cald__.
   Ein heißer Espresso und ein heißer Cappuccino.
b) Un'aranciata e una limonata fredd__.
   Eine kalte Orangen- und eine kalte Zitronenlimonade.
c) Un'aranciata e una limonata dolc__.
   Eine süße Orangen- und eine süße Zitronenlimonade.
d) L'amico e l'amica sono biond__. Der Freund und die Freundin sind blond.
e) La ragazza e il padre sono allegr__. Das Mädchen und der Vater sind lustig.
f) La madre e la figlia sono elegant__. Die Mutter und die Tochter sind elegant.

Das Adjektiv 4

2.4 Übereinstimmung bei einem unbestimmten Subjekt

Ist das Subjekt einer Aussage unbestimmt, so steht das dazugehörige Adjektiv im Maskulinum Plural:
È importante essere sani e vivere a lungo.
Es ist wichtig, gesund zu sein und lange zu leben.
Quando si è giovani non si pensa al futuro.
Wenn man jung ist, denkt man nicht an die Zukunft.

2.5 Molto als Adjektiv und als Adverb

a) molto, molta, molti und molte als Adjektiv
Molto als Adjektiv stimmt mit dem Substantiv in Zahl und Geschlecht überein:
Molti studenti stranieri sono americani. Viele ausländische Studenten sind Amerikaner.
Ho molte amiche in Italia. Ich habe viele Freundinnen in Italien.

b) molto als Adverb
Molto kann in der Bedeutung von „sehr" oder „viel" als Adverb vorkommen, d. h. es bezieht sich auf ein Verb, auf ein Adjektiv oder auf ein anderes Adverb. In diesem Fall wird molto nicht angeglichen.[1]
Laura lavora **molto**. Laura arbeitet viel.
È **molto** bello. Es ist sehr schön.
Livia è **molto** contenta. Livia ist sehr froh.

Test 7

a) Setzen Sie die fehlenden Endungen ein.
1. Un uomo molto intelligent__ e brav__.
   Ein sehr intelligenter, tüchtiger Mann.
2. Una ragazza biond__, alt__, molto interessant__.
   Ein blondes, großes, sehr interessantes Mädchen.
3. Un problema social__ molto grav__. Ein sehr schweres soziales Problem.

b) Bilden Sie die Pluralformen.
1. Molt__ uomini molto intelligent__ e brav__.
2. Molt__ ragazze biond__ alt__, molto interessant__.
3. Molt__ problemi social__ molto grav__.

---
[1] Zur Unterscheidung von Adjektiv und Adverb ➠ Kap. 21, *Was Sie vorab wissen sollten* und 1.4.2.

Das Adjektiv

3 Stellung des Adjektivs

Was Sie vorab wissen sollten
Im Italienischen kann das Adjektiv vor oder nach dem Substantiv stehen:
Buone vacanze! Schöne Ferien!
la cucina toscana die toskanische Küche
Im Italienischen stehen relativ wenige Adjektive vor dem dazugehörigen Substantiv.

3.1 Vorangestellte Adjektive

Immer vorangestellt werden nur folgende Adjektive:

a) il mio mein, il tuo dein und alle Possessiva[2]	la mia vita mein Leben il tuo amico dein Freund
b) questo dieser, quello jener und alle Demonstrativa	Questa ragazza è russa, quelle ragazze sono spagnole. Dieses Mädchen ist Russin, jene Mädchen sind Spanierinnen.
c) molto viel, poco wenig und alle Indefinita	molti amici viele Freunde poca pazienza wenig Geduld
d) il primo der Erste und alle Ordnungszahlen	il primo amore die erste Liebe l'ultimo autobus der letzte Bus

3.2 Nachgestellte Adjektive

Nachgestellt werden:

a) Farben	la giacca rossa die rote Jacke
b) Formen	la pianta quadrata der viereckige Umriss
c) nationale / regionale Zugehörigkeit	i vini francesi die französischen Weine
d) politische Zugehörigkeit	il partito socialista die sozialistische Partei
e) religiöse Zugehörigkeit	il pastore protestante der evangelische Pfarrer
f) adjektivisch gebrauchte Partizipien	il prosciutto cotto der gekochte Schinken

---

[2] Possessiva, Demonstrativa, Indefinita und Ordinalzahlen lernen Sie in den gleichnamigen Kapiteln (5, 6, 7 und 25.2) kennen.

Das Adjektiv 4

g) mehrere Adjektive hintereinander	case grandi e piccole große und kleine Häuser
h) näher bestimmte Adjektive	tipi proprio strani echt komische Typen

Test 8
Ordnen Sie Substantiv + Adjektiv den in 3.2 genannten Kategorien a) bis h) zu.
Beispiel: la birra tedesca   c)
1) la morale cattolica   ____
   die katholische Moral
2) una ragazza alta e bella   ____
   ein großes und schönes Mädchen
3) il tempo perso   ____
   die verlorene Zeit
4) una donna molto importante   ____
   eine sehr wichtige Frau
5) le città russe   ____
   die russichen Städte
6) l'olio toscano   ____
   das toskanische Öl
7) le bandiere gialle   ____
   die gelben Fahnen
8) la tavola rotonda   ____
   der runde Tisch

3.3 Adjektive, die vor- oder nachgestellt werden

Einige Adjektive können sowohl vor- als auch nachgestellt werden. Wenn sie nachgestellt sind, haben sie eine stärker unterscheidende Bedeutung.

Das Adjektiv steht **vor** dem Substantiv, wenn es eine beschreibende Funktion hat.	Martina è una bella ragazza. Martina ist ein schönes Mädchen.
Das Adjektiv steht **nach** dem Substantiv, wenn es eine unterscheidende, betonende Funktion hat.	Martina è una ragazza bella. Martina ist ein **schönes** Mädchen.[3] In diesem Fall möchte man besonders den Unterschied z. B. zu „hässlich" betonen. Der Satz könnte auch weitergeführt werden: Martina è una ragazza bella e non brutta come pensavi tu. Martina ist ein **schönes** Mädchen, kein hässliches, wie du gedacht hast.

Wie bello schön / brutto hässlich verhalten sich auch die folgenden Adjektive:
buono gut – cattivo böse
lungo lang – breve / corto kurz
vecchio alt – nuovo neu
grande groß – piccolo klein
vecchio alt – giovane jung

---
[3] Was hier im Deutschen durch die Betonung ausgedrückt wird, erreichen Sie im Italienischen durch die Stellung des Adjektivs.

4 Das Adjektiv

> **TIPP**
>
> Dies sind die wichtigsten Informationen über die italienischen Adjektive. Es gibt aber Ausnahmen und Besonderheiten, die wir in Abschnitt 4 behandeln. Wenn Sie erst angefangen haben, Italienisch zu lernen, empfehlen wir Ihnen, gleich weiter in diesem Kapitel zu Abschnitt 5, *Steigerung des Adjektivs* oder direkt zum Kapitel 5, *Die Possessiva* überzugehen.

4 Besonderheiten der Adjektive

4.1 Besonderheiten in Laut und Schrift

Bevor Sie diesen Abschnitt durcharbeiten, sollten Ihnen die Ausspracheregeln zu *c* und *g* sowie die Regeln zur Betonung der Silben in Kapitel 1, *Aussprache und Schreibung*, 2.1 und 3 vertraut sein.

4.1.1 Adjektive auf *-go* / *-ga*

Alle Adjektive auf *-go* / *-ga* behalten im Plural den Laut [g] (wie in deutsch „Garten") bei. Zu diesem Zweck wird vor den Endungen *-i* und *-e* ein *h* eingefügt.

	Singular		Plural
maskulin	lungo lang	→	lunghi
feminin	lunga	→	lunghe

4.1.2 Adjektive auf *-co* / *-ca*

a) Parallel zu den Adjektiven auf *-go* / *-ga* verhalten sich die Adjektive auf *-co* / *-ca*, wenn sie auf der vorletzten Silbe betont sind. Sie behalten den Laut [k] (wie in deutsch „Kind") bei. Zu diesem Zweck wird vor den Endungen *-i* und *-e* ein *h* eingefügt:

	Singular		Plural
maskulin	bianco weiß	→	bianchi
feminin	bianca	→	bianche

b) Adjektive auf *-co* / *-ca*, die auf der drittletzten Silbe betont sind wie z. B. simpatico sympathisch, logico logisch, behalten im Übergang vom Singular zum Plural den Laut [k] nur für das Femininum Plural bei.

Das Adjektiv 4

	Singular		Plural
maskulin	pr<u>a</u>tico praktisch	→	pr<u>a</u>tici
feminin	pr<u>a</u>tica	→	pr<u>a</u>tiche

Test 9
Setzen Sie die fehlenden Endungen ein.
Singular
a) il lung__ viaggio die lange Reise
b) l'acqua fresc__ das frische Wasser
c) l'amico simp<u>a</u>tic__ der sympathische Freund
d) la soluzione l<u>o</u>gic__ die logische Lösung
e) il vag__ ricordo die vage Erinnerung
f) il problema pr<u>a</u>tic__ das praktische Problem

Plural
i lung __ viaggi
le acque fresc__
gli amici simp<u>a</u>tic__
le soluzioni l<u>o</u>gic__
i vag __ ricordi
i problemi pratic__

4.2 Besonderheiten in der Angleichung

4.2.1 Adjektive auf -ista
Wie die Substantive auf -ista haben auch die Adjektive, wie z. B. ottimista optimistisch, progressista progressiv, comunista kommunistisch und fascista faschistisch nur im Plural unterschiedliche Formen für Maskulinum und Femininum:

Singular	Plural
un uomo ottim**ista** ein optimistischer Mann una donna ottim**ista** ein optimistische Frau	uomini ottim**isti** optimistische Männer donne ottim**iste** optimistische Frauen

Test 10
a) Setzen Sie die fehlenden Endungen ein.
Un nuov__ partito progressist__ internazional__
eine neue internationale progressive Partei
Una donna molto ego<u>i</u>st__ eine sehr egoistische Frau
b) Setzen Sie die Beispiele aus a) in den Plural.

4.2.2 Zusammengesetzte Adjektive
Bei zusammengesetzten Adjektiven, – d. h. solchen, die aus zwei Adjektiven bestehen wie z. B im Deutschen „taubstumm" oder „süßsauer" – wird in der Regel im Plural nur das zweite Adjektiv an das Substantiv angeglichen.
la ragazza sordomut**a** das taubstumme Mädchen
parole sacrosant**e** hochheilige / unantastbare Worte

4 Das Adjektiv

Dies gilt auch für Doppeladjektive, die zwei Nationalitäten ausdrücken, wie z. B. italo-tedesco deutsch-italienisch, anglo-americano anglo-amerikanisch, franco-canadese franko-kanadisch usw.:
l'amicizia italo-tedesca die deutsch-italienische Freundschaft
la letteratura anglo-americana die anglo-amerikanische Literatur.

4.2.3 Unveränderliche Adjektive

Drei Gruppen von Adjektiven haben eine einzige Endung für Maskulinum, Femininum, Singular und Plural. Dazu zählen:

a) Adjektive, die aus dem Griechischen, aus dem Lateinischen oder aus anderen Sprachen übernommen wurden, wie z. B. pari gerade, dispari ungerade, super super, und die international bekannten wie snob, chic, kitsch usw.

	Singular	Plural
maskulin	un ragazzo super ein toller Junge	ragazzi super tolle Jungen
feminin	una ragazza super ein tolles Mädchen	ragazze super tolle Mädchen

b) folgende Farbadjektive:
arancio orange, blu dunkelblau, lilla lila, marrone braun, rosa rosa, viola violett

	Singular	Plural
maskulin	il vestito rosa das rosa Kleid	i vestiti rosa die rosa Kleider
feminin	la maglia rosa das rosa Trikot	le maglie rosa die rosa Trikots

c) Farbadjektive, die durch ein weiteres Adjektiv oder Substantiv bestimmt werden, wie z. B. rosso scuro dunkelrot, verde chiaro hellgrün, rosso corallo korallenrot usw.

	Singular	Plural
maskulin	il vestito rosso corallo das korallenrote Kleid	vestiti rosso corallo korallenrote Kleider
feminin	una maglietta rosso corallo ein korallenrotes T-Shirt	magliette rosso corallo korallenrote T-Shirts

Das Adjektiv 4

4.3 Besonderheiten in der Form: bello, buono, santo

4.3.1 Bello als Attribut

Bello (schön) als Attribut, d. h. direkt vor dem Substantiv, bildet die Formen im Singular und Plural in Anlehnung an den bestimmten Artikel.

	maskulin		feminin	
Singular	il tempo → **bel** tempo	Zeit	la casa → **bella** casa	Haus
	l'anno → **bell'**anno	Jahr	l'amica → **bell'** amica	Freundin
	lo stadio → **bello** stadio	Stadion		
	lo zaino → **bello** zaino	Rucksack		
Plural	i tempi → **bei** tempi	Zeiten	le cose → **belle** cose	Sachen
	gli amici → **begli** amici	Freunde		
	gli zaini → **begli** zaini	Rucksäcke		

Beachten Sie

Steht bello nicht direkt vor dem Substantiv, werden die vollen Formen bello, bella, belli, belle benutzt.

L'amico è bello. Der Freund ist schön. Gli amici sono belli. Die Freunde sind schön.

L'amica è bella. Die Freundin ist schön. Le amiche sono belle. Die Freundinnen sind schön.

4.3.2 Buono als Attribut

Buono (gut) als Attribut, d. h. direkt vor dem Substantiv, bildet die Formen im Singular (und nur im Singular) in Anlehnung an den unbestimmten Artikel.

Auf Entdeckung

Versuchen Sie, die Formen von buono als Attribut zu erschließen.

un viaggio eine Reise	un buon viaggio eine gute Reise
un amico ein Freund	un _____ ein guter Freund
uno stile ein Stil	un _____ ein guter Stil
una segretaria eine Sekretärin	una _____ eine gute Sekretärin
un'amica eine Freundin	una _____ eine gute Freundin

Die folgende Zusammenfassung gibt Ihnen wieder die Lösung.

	Singular	Plural
maskulin	buon buono	buoni
feminin	buona buon'	buone

4 Besonderheiten der Adjektive **75**

4 Das Adjektiv

Steht buono im Singular nicht direkt vor dem Substantiv, werden die vollen Formen buono, buona benutzt.
L'amico è buono. Der Freund ist gut.   L'amica è buona. Die Freundin ist gut.

4.3.3 Santo vor Eigennamen

Das Adjektiv santo, santa, santi, sante (heilig) ändert sich vor Eigennamen.

	vor Konsonant	vor s + Konsonant	vor Vokal
maskulin	San Pietro	Santo Stefano	Sant'Antonio
feminin	Santa Teresa	Santa Speranza	Sant'Agnese

Test 11

Vervollständigen Sie die nächsten Beispiele mit san, santo, santa, sant'.
a) ____ Paolo   b) ____ Francesco   c) ____ Zeno
d) ____ Spirito   e) ____ Osvaldo   f) ____ Caterina
g) ____ Scolastica   h) ____ Agata

4.4 Besonderheiten in der Stellung

In Verbindung mit bestimmten Substantiven ändern einige Adjektive wie semplice (einfach), povero (arm), vecchio (alt), proprio (eigen) sowohl die eigene Bedeutung als auch die Bedeutung des Substantivs, wenn sie ihre Stellung ändern.

una semplice spiegazione nur eine Erklärung	una spiegazione semplice eine einfache Erklärung
una povera famiglia eine bedauernswerte Familie	una famiglia povera eine arme Familie
il proprio nome der eigene Name	il nome proprio der Eigenname
un vecchio amico ein langjähriger Freund	un amico vecchio ein alter, betagter Freund

5 Steigerung des Adjektivs

Was Sie vorab wissen sollten

Durch die Steigerungsformen eines Adjektivs (z. B.: groß, größer, am größten) können Personen, Sachen oder Begriffe miteinander verglichen werden.
Auch gesteigerte Adjektive werden im Italienischen immer dem Substantiv angeglichen.

Das Adjektiv 4

5.1 Der Komparativ

5.1.1 Formen des Komparativs
Der Komparativ wird gebildet mit

più mehr + Adjektiv	Oggi Teo è più tranquillo. Heute ist Teo ruhiger. Oggi Tea è più tranquilla. Heute ist Tea ruhiger.
meno weniger + Adjektiv	Oggi Teo è meno nervoso. Heute ist Teo weniger nervös. Oggi Tea è meno nervosa. Heute ist Tea weniger nervös.

Beachten Sie
Wenn das Adjektiv nicht wieder aufgegriffen wird, verwendet man di più bzw. di meno:
Carla è simpatica, ma Teresa di più. Carla ist nett, Teresa aber noch mehr.
Carla è simpatica, ma Teresa di meno. Carla ist nett, Teresa aber weniger.

Test 12

Formulieren Sie Vergleiche nach dem Muster:
    Carlo / alto / Giovanni / + Carlo è alto, ma Giovanni è più alto.
                                     Carlo è alto, ma Giovanni di più.
                                       Carlo ist groß, aber Giovanni ist größer.
a) Teresa / simpatica / Diana / –
    _____ Teresa ist sympathisch, Diana weniger.
b) Cora / carina / Petra / +
    _____ Cora ist hübsch, Petra mehr (d. h. hübscher).
c) Rocco / intelligente / Renzo / –
    _____ Rocco ist intelligent, Renzo weniger
d) Tito / sportivo / Berto / +
    _____ Tito ist sportlich, Berto mehr (d. h. sportlicher).

5.1.2 Wiedergabe von „als" beim Vergleich
Für das deutsche „als" nach einem Adjektiv im Komparativ gibt es im Italienischen zwei Möglichkeiten: di und che. Die Wahl des Vergleichswortes ist von der Art des nachfolgenden Wortes abhängig.

a) di wird verwendet

unmittelbar vor Eigennamen.	Roberto è più biondo di Bruno. Roberto ist blonder **als** Bruno. Alma è più sportiva di Franco. Alma ist sportlicher **als** Franco.

5 Steigerung des Adjektivs

4 Das Adjektiv

vor einem näher bestimmten Substantiv.	Mia zia è più alta **di** mia madre. Meine Tante ist größer **als** meine Mutter.
vor einem Substantiv mit unbestimmtem Artikel. Wenn nach di ein Substantiv mit einem bestimmten Artikel folgt, verschmilzt di mit dem nachfolgenden Artikel. Die Formen sind dieselben wie beim Teilungsartikel (⟹ Kap. 3, 3.1.1).	Un fax è più veloce **di una lettera**. Ein Fax ist schneller als ein Brief. La bici è più pratica **della macchina**. Das Fahrrad ist praktischer **als** das Auto.
vor einem Pronomen	Questo studente è più intelligente **di** quello. Dieser Student ist intelligenter **als** jener. La tua casa è meno grande **della mia**. Dein Haus ist weniger groß **als** meins.
unmittelbar vor einem Personalpronomen. In diesen Fällen werden immer die betonten Objektformen verwendet.[4]	Gino è più grande **di** me. Gino ist größer **als** ich. Claudio è meno alto **di** te. Claudio ist weniger groß **als** du.

b) che wird verwendet

wenn zwei Adjektive verglichen werden.	Questo esercizio è più facile **che** difficile. Diese Übung ist eher leicht **als** schwer. Manuela è più simpatica **che** bella. Manuela ist eher sympathisch **als** schön.
vor Präpositionen.	È più interessante vivere qui **che** in città. Es ist interessanter hier **als** in der Stadt zu leben. È più bello lavorare con te **che** con lui. Es ist schöner mit dir **als** mit ihm zu arbeiten.

---

[4] ⟹ Kap. 10, 4.1.1

Das Adjektiv

vor einem Adverb.	È più bello mangiare fuori **che** dentro. Es ist schöner draußen **als** drinnen zu essen.
Aber: bei kurzen Zeit- oder Ortsadverbien wie qui hier, lì dort, adesso jetzt, ora jetzt, ieri gestern, oggi heute, domani morgen, prima früher, una volta früher / damals ist **di** geläufiger.	Oggi l'aria è più fredda **di** ieri. Heute ist die Luft kälter **als** gestern. A Roma le scarpe sono più care **di** qui. In Rom sind die Schuhe teurer **als** hier.
vor einem Verb im Infinitiv.	È più bello dormire **che** lavorare. Es ist schöner zu schlafen **als** zu arbeiten. È più comodo prendere il treno **che** prendere l'aereo. Es ist bequemer mit dem Zug zu fahren als das Flugzeug zu nehmen.
Beachten Sie Wird der Satz verkürzt, wird weiterhin **che** verwendet, weil auch in diesem Fall zwei Tätigkeiten verglichen werden.	È più comodo prendere il treno **che** l'aereo. Es ist bequemer, den Zug zu nehmen als das Flugzeug.

Beachten Sie
Leitet das Vergleichswort „als" im Deutschen einen Nebensatz ein, wird im Italienischen di quel che verwendet.
È più facile **di quel che** pensavo. Es ist einfacher als ich dachte.
Cinzia è meno simpatica **di quel che** credevi.
Cinzia ist weniger sympathisch als du dachtest.
In der geschriebenen Sprache werden diese Sätze eher mit di quanto + Konjunktiv[5] ausgedrückt.
È più facile **di quanto** io pensassi. Es ist einfacher als ich dachte.
Cinzia è più simpatica **di quanto** tu credessi.
Cinzia ist sympathischer als du dachtest.

Test 13
Markieren Sie die richtige Lösung.
a) Questa regola è più facile (di / della / che) quella.
   Diese Regel ist einfacher als jene.
b) Ora la vita è più cara (di / del / che) trent'anni fa.
   Jetzt ist das Leben teurer als vor 30 Jahren.

---
[5] ➡ Kap. 12, 1.2.1 d und Kap. 11.6

Das Adjektiv

c) È più facile ridere (di quel che / che / del) piangere.
   Es ist einfacher zu lachen als zu weinen.
d) Dina è meno giovane (di quel che / che / del) pensavo.
   Dina ist weniger jung als ich dachte.
e) Lui è più contento qui (di quel che / che / del) a Pisa.
   Hier ist er glücklicher als in Pisa.

5.1.3 Wiedergabe von „so … wie"
Die Gleichheitsstufe des Adjektivs wird gebildet mit

| Adjektiv + come | Tu sei alta **come** Nina. Du bist so groß wie Nina. |
| Adjektiv + quanto | Tu sei alta **quanto** Nina. Du bist so groß wie Nina. |

Man kann ohne Bedeutungsunterschied sowohl come als auch quanto verwenden.
Die Verwendung von come und quanto ist regional und teilweise stilistisch bedingt.
Die Gleichheitsstufe kann auch verstärkt werden durch

| così + Adjektiv + come / quanto | Tu sei **così** alta come / quanto Ina. Du bist ebenso groß wie Ina. |
| tanto + Adjektiv + come / quanto | Tu sei **tanto** alta come / quanto Ina. Du bist ebenso groß wie Ina. |

Test 14
Formulieren Sie die Vergleiche nach dem Muster.

Nina è più bella di Sara.   Nina è bella come / quanto Sara.
Nina ist schöner als Sara.   Nina ist so schön wie Sara.

a) Vito è meno forte di te.
   Vito ist weniger stark als du.   Vito ist so stark wie du.

b) Andare in bici è più bello che andare
   a piedi. Radfahren ist schöner als   Radfahren ist so schön wie zu Fuß
   zu Fuß zu gehen.   zu gehen.

c) Qui la vita è meno cara che in
   America. Hier ist das Leben weniger   Hier ist das Leben so teuer wie in
   teuer als in den USA.   den USA.

d) Questa regola è più facile di quella.
   Diese Regel ist einfacher als jene.   Diese Regel ist so einfach wie jene.

e) Lui è più contento qui che
   a Londra. Er ist hier glücklicher als   Hier ist er so glücklich wie in
   in London.   London.

Das Adjektiv 4

5.2 Der Superlativ

Das Italienische unterscheidet zwischen dem relativen Superlativ (z. B. der Größte) und dem absoluten Superlativ (sehr groß).

5.2.1 Der relative Superlativ
Der relative Superlativ wird mit dem Komparativ und einem vorangestellten bestimmten Artikel gebildet.
il più grande der Größte   il meno brutto der am wenigsten Hässliche
Dadurch drückt man den höchsten bzw. den niedrigsten Grad einer Eigenschaft in Bezug auf eine Gruppe von Gegenständen oder Personen aus. Dieser Bezug wird von den Präpositionen di (von) oder tra / fra (unter) hergestellt.
Berlino è la più bella città della Germania. Berlin ist die schönste Stadt Deutschlands.
Il più allegro / il meno allegro tra i miei amici è Brando. Der lustigste / der am wenigsten lustige unter meinen Freunden ist Brando.
Livio è il più simpatico di tutti. Livio ist der sympathischste von allen.

Test 15
Bilden Sie den Superlativ nach dem Muster.
Martina / + intelligente / le colleghe
Martina è la più intelligente delle / tra le colleghe.
Martina ist die klügste unter den Kolleginnen.
a) Gioia / + allegra / tutti
   Gioia è ____ di tutti. Gioia ist die lustigste von allen.
b) Vito / – bravo / famiglia
   Vito è ____ della famiglia. Vito ist der am wenigsten tüchtige der Familie.
c) Gina / + gentile / delle vicine
   Gina è ____ delle vicine. Gina ist die netteste der Nachbarinnen.
d) Bruno / – alto / degli studenti
   Bruno è ____ degli studenti. Bruno ist der am wenigsten große von den Studenten.
e) Carlo / + bello / dei ragazzi)
   Carlo è ____ dei ragazzi. Carlo ist der schönste unter den jungen Männern.

5.2.2 Der absolute Superlativ
Der absolute Superlativ entspricht dem Deutschen „sehr + Adjektiv" und wird gebildet, indem man an den Stamm die Endung -issimo anhängt. Er bezeichnet den sehr hohen Grad einer Eigenschaft, ohne jeglichen Bezug auf andere Gegenstände oder Personen.
brutto hässlich → brutt-issimo; bello schön → bell-issimo;
veloce schnell → veloc-issimo

4 Das Adjektiv

un uomo brutt**issimo** ein sehr hässlicher Mann
una giornata bell**issima** ein sehr schöner Tag
una macchina veloc**issima** ein sehr schnelles Auto

Ein sehr hoher Grad einer Eigenschaft kann auch ausgedrückt werden durch
- molto + Adjektiv: una giornata molto bella ein sehr schöner Tag
- assai + Adjektiv: un caffè assai forte ein sehr starker Kaffee
- Vorsilben wie super- oder iper-: superattivo, iperattivo super-, hyperaktiv
- die Wiederholung des Adjektivs: un caffè forte forte ein sehr starker Kaffee.

 Test 16

Ersetzen Sie die unterstrichenen Superlative durch den absoluten Superlativ auf -issimo.

Ein sehr schönes Mädchen.	Una ragazza molto bella è una ragazza bellissima.
a) Ein sehr teueres Auto.	Una macchina molto cara è una macchina ____.
b) Eine sehr schwierige Arbeit.	Un lavoro assai difficile è un lavoro ____.
c) Ein pechschwarzer Hund.	Un cane nero nero è un cane ____.
d) Ein sehr sensibler Mensch.	Una persona ipersensibile è una persona ____.
e) Eine sehr intelligente Idee.	Un'idea superintelligente è un' idea ____.
f) Ein sehr schneller Zug.	Un treno ultraveloce è un treno ____.
g) Ein sehr kleines Haus.	Una casa piccola piccola è una casa ____.

5.3 Unregelmäßige Formen des Komparativs und des Superlativs

Einige Adjektive haben für die Steigerung sowohl eine regelmäßige als auch eine unregelmäßige Form.

5.3.1 Regelmäßige Formen

buono / -a	più buono / -a	il / la più buono / -a	buonissimo / -a
buoni / -e	più buoni / -e	i / le più buoni / -e	buonissimi / -e

Qui la pizza è buona. Hier ist die Pizza gut.
Quella di ieri però era più buona. Die gestrige aber war besser.
Ma la più buona è quella di Dora: è buonissima!
Die beste ist jedoch die von Dora: Die ist sehr gut!
Diese Formen werden eher für konkrete Gegenstände (weniger für abstrakte Begriffe), mehr in der gesprochenen Sprache und öfter in einer informellen Situation verwendet.

Das Adjektiv 4

5.3.2 Unregelmäßige Formen

| buono / a | migliore | il / la migliore | ottimo / -a |
| buoni / -e | migliori | i / le migliori | ottimi / -e |

La proposta di Fabio è buona. Fabios Vorschlag ist gut.
La tua mi sembra tecnicamente migliore. Deiner scheint mir technisch besser.
Ma la migliore di tutte è quella di Ada: è ottima.
Der beste von allen ist der von Ada: er ist ausgezeichnet.

Diese Formen werden eher für abstrakte Begriffe, mehr in der Schriftsprache und öfter in einer formellen Situation verwendet. Das selbe gilt für cattivo, grande, piccolo, die, neben den regelmäßigen Formen, auch die folgenden Formen anbieten:

cattivo schlecht, böse	peggiore	il / la peggiore	pessimo
grande groß	maggiore	il / la maggiore	massimo
piccolo klein	minore	il / la minore	minimo

Test 17

Welcher der drei Superlative entspricht dem unterstrichenen Begriff?
a) Questo hotel è ottimo.   (cattivissimo / piccolissimo / buonissimo)
   Dieses Hotel ist sehr gut.
b) La differenza è minima.   (piccolissima / grandissima / cattivissima)
   Der Unterschied ist sehr klein.
c) Le condizioni sono peggiori.   (più grandi / più buone / più cattive)
   Die Umstände sind schlechter.
d) Isa è la mia sorella maggiore.   (più piccola / più buona / più grande).
   Isa ist meine größere Schwester

Auf den Punkt gebracht

Nun können Sie wieder überprüfen, ob Sie die wichtigsten Regeln in diesem Kapitel behalten haben. Füllen Sie die folgenden Kontrollaufgaben aus oder markieren Sie die richtige(n) Möglichkeit(en).

1. (➝ 1.1)
Im Italienischen gibt es zwei Klassen von Adjektiven:
a) Adjektive auf ____ / ____.
b) Adjektive auf ____.

4 Das Adjektiv

2. (➞ 1.2)
Beim Übergang vom Singular in den Plural gelten folgende Endungen:
a) Die Singularendung -o wird im Plural zu -__.
b) Die Singularendung -a wird im Plural zu -__.
c) Die Singularendung -e wird im Plural zu -__.

3. (➞ 2.1)
Im Italienischen richtet sich das Adjektiv   ja   nein
a) nur nach dem Geschlecht des Substantivs,
   auf das es sich bezieht.   ☐   ☐
b) nach Geschlecht und Zahl des Substantivs,
   auf das es sich bezieht.   ☐   ☐

4. (➞ 2.1)
Angeglichen wird ein Adjektiv   ja   nein
a) in direkter Verbindung mit dem Substantiv (Adjektiv als   ☐   ☐
   Attribut).
la studentessa (simpatica / simpatico) **die sympathische Studentin**
b) nach einer Form von essere (Adjektiv als Prädikat).   ☐   ☐
La studentessa è (simpatica / simpatico). **Die Studentin ist sympathisch.**

5. (➞ 2.2)
Bei mehreren Adjektiven im Satz, die sich alle auf ein Substantiv beziehen;

                                                                                                         ja   nein
a) haben alle Adjektive nur eine Endung.   ☐   ☐
b) wird jedes Adjektiv an das Substantiv angeglichen.   ☐   ☐
Le amiche american__ di Fabio sono intelligent__ e allegr__.
Fabios amerikanische Freundinnen sind intelligent und lustig.

6. (➞ 2.3)
Bei mehreren Substantiven gilt für die Angleichung des Adjektivs Folgendes:
                                                                                                         ja   nein
a) Das Adjektiv steht in jedem Fall im Maskulinum Plural.   ☐   ☐
b) Bei Substantiven gleichen Geschlechts richtet sich das
   Adjektiv nach dem gemeinsamen Geschlecht.   ☐   ☐
c) Bei Substantiven verschiedenen Geschlechts steht
   das Adjektiv im Maskulinum Plural.   ☐   ☐
La pasta e la pizza sono buon__. **Die Pasta und die Pizza sind gut.**
Il vino e la pizza sono buon__. **Der Wein und die Pizza sind gut.**

Das Adjektiv 4

7. (➡ 2.5)
Molto wird nur als (Adjektiv / Adverb) angeglichen
Sandra ha molt__ amici. Sandra hat viele Freunde.

8. (➡ 3)
Im Italienischen kann das Adjektiv   ja   nein
a) nur vor dem Substantiv stehen.   ☐   ☐
b) nur nach dem Substantiv stehen.   ☐   ☐
c) vor oder nach dem Substantiv stehen.   ☐   ☐

9. (➡ 5.1.1)
a) Der Komparativ wird gebildet mit ____ (mehr) + Adjektiv und mit ____ (weniger) + Adjektiv.
b) Gesteigerte Adjektive werden an das dazugehörige Substantiv (angeglichen / nicht angeglichen).

10. (➡ 5.1.2)
Für das deutsche „als" nach einem Adjektiv im Komparativ gilt im Italienischen die folgende Regelung:
a) (che / di) wird vor einem Verb im Infinitiv verwendet.
È più bello leggere (che / di) guardare la TV.
Es ist schöner zu lesen als Fernsehen zu schauen.
b) (che / di) wird bei einem Vergleich zwischen zwei Adjektiven verwendet.
Giacomo è più simpatico (che / di) intelligente.
Giacomo ist eher sympathisch als intelligent.
c) (che / di) wird vor einem Promomen verwendet.
La mia macchina è molto più vecchia (che la / della) tua.
Mein Auto ist viel älter als deins.
d) (che / di) wird vor einer Präposition verwendet.
In treno mi sento più sicura (che / di) in macchina.
Im Zug fühle ich mich sicherer als im Auto.

11. (➡ 5.1.3)
Die Gleichheitsstufe des Adjektivs wird wie folgt gebildet:
Adjektiv + ____ oder Adjektiv + ____.
Tu sei alta ____ / ____ Nina. Du bist so groß wie Nina.

12. (➡ 5.2.1)
Der relative Superlativ wird gebildet mit dem Komparativ und einem vorangestellten (unbestimmten / bestimmten) Artikel
____ ____ grande der Größte   ____ ____ brutto der am wenigsten Hässliche

Auf den Punkt gebracht **85**

4 Das Adjektiv

13. (➨ *5.2.2*)
Der absolute Superlativ im Italienischen
a) entspricht dem Deutschen (mehr / sehr) + Adjektiv.
b) wird mit der Endung ____ gebildet.
bello schön   Bianca è una ragazza ____.
                Bianca ist ein sehr schönes Mädchen.
veloce schnell Il treno è ____. Der Zug ist sehr schnell.

14. (➨ *5.3*)
Die regelmäßigen und unregelmäßigen Formen von buono lauten:

	Komparativ	relativer Superlativ	absoluter Superlativ
regelmäßig	_____	_____	_____
unregelmäßig	_____	_____	_____

Die Possessiva 5

Bevor Sie dieses Kapitel durcharbeiten, sollten Ihnen die Kapitel 2, *Das Substantiv* und Kapitel 4, *Das Adjektiv* vertraut sein. Außerdem ist es hilfreich, wenn Ihnen aus dem Kapitel 10, *Die Personalpronomen,* die Formen der Subjektpronomen (10,1) bekannt sind.

Was Sie vorab wissen sollten

Die Possessiva (mein, dein usw.) geben den Besitz an. Im Italienischen unterscheidet man wie im Deutschen zwischen dem adjektivischen und dem pronominalen Gebrauch des Possessivums.

Als Adjektiv   La **mia** famiglia abita qui. **Meine** Familie wohnt hier.
Als Pronomen   La mia famiglia abita qui. E la **tua**?
                Meine Familie wohnt hier. Und **deine**?

Für die Anwendung ist diese Unterscheidung insofern nicht problematisch, als für beide Funktionen die gleichen Formen gelten. Näheres erfahren Sie weiter unten im Abschnitt 2.1.

1 Formen

Auf Entdeckung

Im Kapitel zum Adjektiv (➡ Kap. 4, 1) haben Sie in der Grundregel die Endungen der Adjektive gelernt. Die Possessiva verhalten sich wie Adjektive, die vier Formen aufweisen (-o → -i; -a → -e), d. h. sie gleichen sich dem Substantiv bzw. dem Besitzobjekt an.
Versuchen Sie nun, die folgende Tabelle durch die fehlenden Endungen zu ergänzen. Damit erhalten Sie eine komplette Übersicht über die Possessiva.

Besitzer/Person	Singular maskulin	feminin	Plural maskulin	feminin
1. (io)	il mio libro mein Buch	la mia casa mein Haus	i miei libri meine Bücher	le mie case meine Häuser
2. (tu)	il tu__ libro dein Buch	la tua casa dein Haus	i tuoi libri deine Bücher	le tu__ case deine Häuser
3. (lui/lei)	il suo libro sein/ihr Buch	la su__ casa sein/ihr Haus	i suoi libri seine/ihre Bücher	le su__ case seine/ihre Häuser
Höflichkeits- form	il Su__ libro Ihr Buch	la Su__ casa Ihr Haus	i Suoi libri Ihre Bücher	le Su__ case Ihre Häuser

5 Die Possessiva

Besitzer/Person	Singular maskulin	feminin	Plural maskulin	feminin
1. (noi)	il nostro libro unser Buch	la nostr__ casa unser Haus	i nostri libri unsere Bücher	le nostr__ case unsere Häuser
2. (voi)	il vostr__ libro euer Buch	la vostr__ casa euer Haus	i vostr__ libri eure Bücher	le vostr__ case eure Häuser
3. (loro)	il loro libro ihr Buch	la loro casa ihr Haus	i loro libri ihre Bücher	le loro case ihre Häuser
Höflichkeits- form	il Loro libro Ihr Buch	la Loro casa Ihr Haus	i Loro libri Ihre Bücher	le Loro case Ihre Häuser

 Test 1

a) Setzen Sie das entsprechende Possessivum mit Artikel ein. Das Personalpronomen in der vorangestellten Klammer zeigt Ihnen an, welche Person als Besitzer gemeint ist.
 Beispiel: (lui) _il_ _suo_ amico sein Freund

(io) ____ ____ amico mein Freund
(lei) ____ ____ bambino ihr Kind
(voi) ____ ____ casa euer Haus
(tu) ____ ____ libro dein Buch
(noi) ____ ____ macchina unser Auto
(lui) ____ ____ scarpa sein Schuh
(loro) ____ ____ strada ihre Straße
(io) ____ ____ vino mein Wein
(noi) ____ ____ vita unser Leben

(io) ____ ____ amica meine Freundin
(lui) ____ ____ bambino sein Kind
(noi) ____ ____ casa unser Haus
(io) ____ ____ libro mein Buch
(loro) ____ ____ macchina ihr Auto
(lei) ____ ____ scarpa ihr Schuh
(noi) ____ ____ strada unsere Straße
(tu) ____ ____ vino dein Wein
(voi) ____ ____ vita euer Leben

b) Setzen Sie nun die obigen Beispiele in den Plural:
 (lui) _i_ _suoi_ amici seine Freunde; (io) _i_ _miei_ amici meine Freunde etc.

Beachten Sie

a) Zum Gebrauch der Artikel
 Außer in einigen wenigen Fällen (➡ Abschnitt 2.2) werden die Possessiva im Italienischen immer mit dem Artikel benutzt.

b) Zur Höflichkeitsform
 – Possessivpronomen in der höflichen Anrede können groß oder klein geschrieben werden.
 – In der Geschäftskorrespondenz (wenn z. B. eine Firma oder mehrere Personen angesprochen werden) wird üblicherweise Vostro, Vostra, Vostri, Vostre statt Loro verwendet. Wenn man sich aber an eine Person wendet, gebraucht man Suo, Sua, Suoi, Sue.

Die Possessiva **5**

c) Zur 3. Person
  – Das Italienische unterscheidet in der 3. Person Singular nicht zwischen
    sein Freund – il suo amico und ihr Freund – il suo amico,
    seine Freunde – i suoi amici und ihre Freunde – i suoi amici.
    Dies könnte zu Missverständnissen führen:
    Mara viene con il suo amico e la sua famiglia. Mara kommt mit ihrem
    Freund und seiner / ihrer Familie.
    Hier ist nicht klar, ob la sua famiglia die Familie von Mara oder die ihres
    Freundes ist. Zur besseren Unterscheidung kann man la sua famiglia
    ersetzen durch: la famiglia di lui oder la famiglia di lei, je nachdem, um
    wessen Familie es sich handelt.
    Mara viene con il suo amico e la famiglia di lei.... mit der Familie von ihr.
    Mara viene con il suo amico e la famiglia di lui.... mit der Familie von ihm.
    In solchen Fällen könnte man auch proprio (eigene) einsetzen
    (➡ Kap. 5, 2.5).
  – Für die 3. Person Plural gibt es nur die Form loro. Loro ist immer unverän-
    derlich. Allerdings kann man am Artikel das grammatische Geschlecht
    und die Zahl der Besitzobjekte erkennen:
    il loro libro, i loro libri, la loro casa, le loro case.

Test 2

Vervollständigen Sie mit suo, sua, suoi, sue bzw. mit loro. Achten Sie darauf,
ob es sich um einen oder mehrere Besitzer handelt.

	Nino	Laura	Ugo e Franco	Eva e Nina
il libro das Buch	il suo libro			
la casa das Haus				
i libri die Bücher				
le case die Häuser				

2 Gebrauch der Possessiva

2.1 Das Possessivadjektiv und das Possessivpronomen

Wie bereits am Anfang des Kapitels erwähnt, unterscheidet man zwischen
einem pronominalen und einem adjektivischen Gebrauch des Possessivums.

2.1.1 Das Possessivpronomen

Als besitzanzeigendes Fürwort ersetzt das Possessivum das Substantiv,
d. h. das Besitzobjekt.

5 Die Possessiva

Mi dai la tua macchina? **La mia** non funziona.
Gibst du mir dein Auto? **Meins** geht nicht.
Stattdessen könnte man auch sagen: Mi dai la tua macchina? La mia macchina non funziona. Gibst du mir dein Auto? Mein Auto geht nicht.
Durch das Pronomen, das wie ein Substantiv verwendet wird, kann man eine Wiederholung des Substantivs (in diesem Fall macchina) vermeiden.

2.1.2 Das Possessivadjektiv
Wie jedes Adjektiv dient auch das Possessivadjektiv der näheren Bestimmung des Substantivs und gleicht sich in Geschlecht und Zahl dem Substantiv (d. h. in diesem Fall dem Besitzobjekt) an.
Antonio vende la sua casa. Antonio verkauft **sein** Haus.
Hier ist es la sua, das näher das Besitzobjekt (das Haus) bestimmt: Antonio verkauft nicht irgend ein Haus, sondern ein Haus, das ihm gehört, **sein** Haus.

Test 3
Kreuzen Sie an, ob es sich bei den fett gedruckten Possessiva in den folgenden Sätzen um einen adjektivischen (A) oder pronominalen (P) Gebrauch handelt.

		A	P
a)	Dov'è **il mio** giornale? Wo ist meine Zeitung?	☐	☐
b)	Questo è il mio libro, e dov'è **il tuo**? Das ist mein Buch und wo ist deins?	☐	☐
c)	Bella questa casa; ma **la nostra** è più bella. Das ist ein schönes Haus; aber unseres ist schöner.	☐	☐
d)	Il **mio** amico è svizzero. Mein Freund ist Schweizer.	☐	☐
e)	Roberto vende **la sua** macchina. Roberto verkauft sein Auto.	☐	☐
f)	Dove sono le mie scarpe? **Le tue** sono qui. Wo sind meine Schuhe? Deine sind hier.	☐	☐

2.2 Fehlen des bestimmten Artikels beim Possessivadjektiv

2.2.1 In einigen Fällen fehlt der bestimmte Artikel. Er fehlt u. a.

a) bei Verwandtschaftsbezeichnungen im Singular	mio padre mein Vater mia madre meine Mutter
b) bei einer Anrede	Mio caro amico! Mein lieber Freund! Mia cara Anna! Meine liebe Anna! Mie care sorelle! Meine lieben Schwestern!
c) bei Ausrufen	Mamma mia! Meine Güte!

Die Possessiva 5

Beachten Sie
zu a) Der bestimmte Artikel steht aber
- im Plural: i miei fratelli meine Brüder, le tue sorelle deine Schwestern
- immer bei loro: il loro padre ihr Vater, la loro madre ihre Mutter
- bei Koseformen: il mio papà mein Papa, la mia mamma meine Mama
- bei Verkleinerungsformen: la mia sorellina mein Schwesterchen, il tuo fratellino dein Brüderchen
- bei näher bestimmten Verwandtschaftsbezeichnungen: il mio cugino di Padova mein Cousin aus Padua / il mio fratello maggiore mein älterer/ältester Bruder
- bei Bezeichnungen wie: la mia fidanzata meine Verlobte, il mio bambino mein Kind, weil sie keinen Verwandtschaftsgrad angeben: So gibt der Begriff fidanzato/fidanzata an, in welcher Beziehung zwei Menschen zueinander stehen, er sagt aber nichts über die Verwandtschaft aus. Ebenso gibt bambino nicht den Grad der Verwandtschaft an: ein mit bambino bezeichnetes Kind kann Sohn, Neffe, Cousin, Enkel oder das Kind der Nachbarn sein.

Test 4

Stellen Sie in den Sätzen fest, ob der bestimmte Artikel verwendet wird oder nicht. Wenn ja, dann setzen Sie den entsprechenden Artikel ein.
a) Questo è ____ mio marito. Das ist mein Mann.
b) Questi sono ____ miei fratelli. Das sind meine Brüder.
c) ____ mia cara Silvia. Meine liebe Silvia.
d) ____ mia sorella lavora a Berlino. Meine Schwester arbeitet in Berlin.
e) ____ nostro bambino ha tre anni. Unser Kind ist drei Jahre alt.
f) ____ mia mamma è italiana. Meine Mama ist Italienerin.
g) ____ miei cari fratelli, vi scrivo perché ... Meine lieben Brüder, ich schreibe euch, weil ...
h) Questo è ____ mio papà. Das ist mein Papa.
i) Oggi è nata ____ mia sorellina. Heute ist mein Schwesterchen geboren.
l) ____ loro zia arriva domani. Ihre Tante kommt morgen an.
m) ____ Dio mio! Mein Gott!
n) Scrivo a ____ mia moglie. Ich schreibe an meine Frau.
o) Dove sono ____ tue sorelle? Wo sind deine Schwestern?
p) Vendo ____ mia macchina. Ich verkaufe mein Auto.
q) Conosci ____ mio fidanzato? Kennst du meinen Verlobten?
r) ____ mio zio abita qui. Mein Onkel wohnt hier.

5 Die Possessiva

2.2.2 Auch bei einigen feststehenden Wendungen entfällt der bestimmte Artikel:

a) bei Wendungen mit vorangestelltem Possessivadjektiv, z. B.	a mio parere meiner Meinung nach a tuo favore zu deinen Gunsten in mio nome in meinem Namen in vostro onore euch zu Ehren a nostra disposizione zu unserer Verfügung
b) immer nach Wendungen mit nachgestelltem Possessivadjektiv, z. B.	per colpa sua seinetwegen/ihretwegen a casa mia bei mir zu Hause da parte nostra unsererseits per amor vostro euch zuliebe in vita mia in meinem Leben è roba tua das sind deine Sachen

Test 5

Setzen Sie das passende Possessivadjektiv ein.
a) Clara ha parlato a ____ favore. Clara hat zu **seinen** Gunsten gesprochen.
b) Sono subito a ____ disposizione. Ich stehe sofort zu **eurer** Verfügung.
c) È una festa in ____ onore. Es ist ein Fest **dir** zu Ehren.
d) Scrivo la lettera in nome ____. Ich schreibe den Brief in **deinem** Namen.
e) A ____ parere non è giusto così. **Unserer** Meinung nach ist es so nicht richtig.
f) Lo faccio per amor ____. Ich tue es **dir** zuliebe.
g) Per colpa ____ perdiamo il treno. **Seine**twegen verpassen wir den Zug.
h) Tanti saluti da parte ____! Viele Grüße **unserer**seits!
i) Andiamo a casa ____! Gehen wir zu **euch** nach Hause!
l) In vita ____ ha sempre lavorato. In **seinem** Leben hat er immer gearbeitet.

2.3 Statt des bestimmten Artikels

Der bestimmte Artikel kann auch ersetzt werden z. B. durch

a) einen unbestimmten Artikel	Carlo è **un** suo studente. Carlo ist einer seiner Studenten. Questa è **una** mia amica. Das ist eine Freundin von mir.
b) ein Demonstrativum	**Questo** tuo sbaglio è grave. Dieser Fehler von dir ist schlimm. **Questi** vostri amici sono strani. Diese Freunde von euch sind merkwürdig.
c) ein Zahlwort	Ti presento **due** miei fratelli. Ich stelle dir zwei meiner Brüder vor. Bruno arriva con **tre** suoi amici. Bruno kommt mit drei seiner Freunde.

d) ein Indefinitum	Non conosco **nessuna** tua amica. Ich kenne keine Freundin von dir. Sono qui con **alcuni** miei amici. Ich bin hier mit einigen meiner Freunde.
Aber: Bei tutto, tutta, tutti, tutte (ganz / alle) bleibt der Artikel erhalten.	Tutta la mia famiglia. Meine ganze Familie Tutti i miei amici. Alle meine Freunde.

2.4 Wegfall des Possessivadjektivs

Im Gegensatz zum Deutschen kann das Possessivadjektiv in den folgenden Fällen entfallen:

a) wenn der Sinn bzw. der Besitzer eindeutig aus dem Zusammenhang hervorgeht	Antonella abita dai genitori. Antonella wohnt bei ihren Eltern. Mi metto le scarpe. Ich ziehe meine Schuhe an.
b) in einigen Wendungen, bei denen der Besitzer eindeutig ist.	cambiare idea seine Meinung ändern: Ada cambia sempre idea. Ada ändert immer ihre Meinung. tentare la fortuna sein Glück versuchen: Voglio tentare la fortuna. Ich will mein Glück versuchen.

2.5 Der Gebrauch von proprio

Proprio – propria (eigene, -r) / propri – proprie kann in bestimmten Fällen suo, sua, suoi, sue ersetzen. Es ist ein Adjektiv und gleicht sich daher dem dazugehörigen Substantiv an. Proprio wird verwendet:

a) um Missverständnisse zu vermeiden, wenn der „Besitzer" nicht eindeutig ist. Zum besseren Verständnis kann man dann proprio einsetzen.	Mara viene con il suo amico e la sua famiglia. Mara kommt mit ihrem Freund und seiner/ihrer Familie.[1] Mara viene con il suo amico e la propria famiglia. Mara kommt mit ihrem Freund und der eigenen (d. h. mit Maras) Familie.

---

[1] Vgl. dazu auch S. 89.

5 Die Possessiva

b) wenn das Subjekt nicht näher definiert ist wie	
– bei unpersönlichen Ausdrücken wie z. B. bisogna man muss, è difficile es ist schwer, si deve man muss.[2]	È difficile conoscere i propri limiti. Es ist schwer, die eigenen Grenzen zu kennen. Bisogna fare il proprio lavoro. Man muss seine (eigene) Arbeit machen.
– wenn das Subjekt ein Indefinitpronomen ist, z. B. tutti alle, ognuno jeder, nessuno niemand. (Weitere Indefinitpronomen ➞ Kap. 7)	Tutti possono fare la propria fortuna. Alle können ihr (eigenes) Glück machen. Qui ognuno esprime le proprie idee. Hier drückt jeder seine (eigenen) Ideen aus.
c) zur Verstärkung des Possessivums.	L'ho visto con i miei propri occhi. Ich habe es mit (meinen) eigenen Augen gesehen. L'ha fatto con le sue proprie mani. Er hat es mit (seinen) eigenen Händen gemacht.

Auf den Punkt gebracht

Nun können Sie wieder überprüfen, ob Sie die wichtigsten Regeln in diesem Kapitel behalten haben. Tragen Sie die richtigen Formen in die Lücken ein oder kreuzen Sie die richtige Möglichkeit an.

1. (➞ Was Sie vorab wissen sollten)
Das Possessivum   ja   nein
a) kann adjektivisch oder pronominal gebraucht werden. ☐ ☐
b) richtet sich in Geschlecht und Zahl nach dem Besitzer. ☐ ☐
c) richtet sich in Geschlecht und Zahl nach dem Besitzobjekt. ☐ ☐

2. (➞ 1, Auf Entdeckung)
Die Formen der Possessiva lauten:

Person	maskulin	feminin	maskulin	feminin
1.	il mio libro	la ___ casa	i ___ libri	le mi__ case
2.	il ___ libro	la tua casa	i ___ libri	le ___ case
3.	il ___ libro	la ___ casa	i ___ libri	le sue case
Anrede	il ___ libro	la ___ casa	i ___ libri	le ___ case

---
[2] ➞ Kap. 19 und Kap. 20, 1.

Die Possessiva 5

1.	il nostr__ libro	la ____ casa	i ____ libri	le ____ case
2.	il ____ libro	la ____ casa	i vostr__ libri	le ____ case
3.	il ____ libro	la ____ casa	i loro libri	le ____ case
Anrede	il ____ libro	la ____ casa	i ____ libri	le ____ case

3. (⟹ 2.1)

		ja	nein
a)	Im folgenden Satz liegt ein pronominaler Gebrauch des Possessivums vor. Questa è la mia macchina. Das ist mein Auto	☐	☐
b)	Im folgenden Satz liegt ein pronominaler Gebrauch des Possessivums vor. Che bella macchina! Ma la mia è più bella. Was für ein schönes Auto! Meins ist aber schöner.	☐	☐
c)	Im folgenden Satz liegt ein adjektivischer Gebrauch des Possessivums vor. La mia macchina non funziona. Mein Auto geht nicht.	☐	☐
d)	Die Formen des Possessivums für den adjektivischen und den pronominalen Gebrauch sind gleich.	☐	☐

4. (⟹ 2.2.1)
Beim Possessivadjektiv fehlt der bestimmte Artikel

		ja	nein
a)	bei Verwandschaftbezeichnungen im Singular. (il oder Ø?) ____ mio padre **mein Vater**	☐	☐
b)	bei Verwandschaftbezeichnungen im Plural. (i oder Ø?) ____ miei fratelli **meine Brüder**	☐	☐
c)	immer bei loro (la oder Ø?) ____ loro madre **ihre Mutter**	☐	☐
d)	bei Koseformen (il oder Ø?) ____ mio papà **mein Papa**	☐	☐
e)	bei einer Anrede (la oder Ø?) ____ mia cara amica **meine liebe Freundin**	☐	☐

5. (⟹ 2.5)
Proprio *eigener*

		ja	nein
a)	kann immer das Possessivum ersetzen.	☐	☐
b)	kann nur in bestimmten Fällen das Possessivum ersetzen.	☐	☐
c)	wird verwendet, um Missverständnisse zu vermeiden.	☐	☐

Auf den Punkt gebracht

6 Die Demonstrativa

Bevor Sie dieses Kapitel durcharbeiten, sollten Ihnen die Kapitel 2, *Das Substantiv*, Kapitel 3, *Der Artikel* und Kapitel 4, *Das Adjektiv* vertraut sein.

Was Sie vorab wissen sollten

Die Demonstrativa questo (dieser) bzw. quello (jener) können unmittelbar vor dem Substantiv oder ohne Substantiv stehen. Es handelt sich auch hier um einen adjektivischen bzw. pronominalen Gebrauch, wie Sie ihn im Kapitel 5, *Die Possessiva* kennen gelernt haben.

vor dem Substantiv: Antonio vende **questa** casa. Antonio verkauft dieses Haus.
(adjektivisch) Antonio vende **quella** casa. Antonio verkauft das Haus dort / jenes Haus.

ohne Substantiv: Vedi **questo**? Siehst du diesen hier / das hier?
(pronominal) Vedi **quello**? Siehst du den dort / das da / jenen? oder:
Questo è mio fratello. Dieser / Das hier ist mein Bruder.
Quella è la mia casa. Das da ist mein Haus.

1 *questo*

1.1 Formen

Ob questo (dieser) vor einem Substantiv (adjektivischer Gebrauch) oder ohne Substantiv (pronominaler Gebrauch) steht, ist für die Formen unerheblich, da für beide Funktionen die gleichen Formen gelten.

Auf Entdeckung

Im Kapitel zum Adjektiv (➡ Kap. 4, 1) haben Sie in der Grundregel die Endungen der Adjektive gelernt. Questo gleicht sich wie ein Adjektiv seinem Bezugswort an. Versuchen Sie nun, die fehlenden Endungen in der folgenden Tabelle einzutragen. (➡ *Lösungen*)

	Singular	Plural
maskulin	quest__ libro dieses Buch	quest__ libri diese Bücher
feminin	quest__ casa dieses Haus	quest__ case diese Häuser

Beachten Sie

Questo bzw. questa kann (muss aber nicht) vor einem Vokal zu quest' werden. Die Pluralformen questi bzw. queste werden nicht apostrophiert.
quest' amico dieser Freund → questi amici
quest' amica diese Freundin → queste amiche.

Die Demonstrativa 6

Test 1

a) Setzen Sie die entsprechenden Formen von questo im Singular ein:

____ aereo	____ effetto	____ impresa
dieses Flugzeug	diese Wirkung	dieses Unternehmen
____ industria	____ ragazza	____ ragazzo
diese Industrie	dieses Mädchen	dieser Junge
____ sbaglio	____ scarpa	____ sciopero
dieser Fehler	dieser Schuh	dieser Streik
____ strada	____ treno	____ zaino
diese Straße	dieser Zug	dieser Rucksack

b) Setzen Sie die entsprechenden Formen von questo im Plural ein:

____ aerei	____ effetti	____ imprese
diese Flugzeuge	diese Wirkungen	diese Unternehmen
____ industrie	____ ragazze	____ ragazzi
diese Industrien	diese Mädchen	diese Jungen
____ sbagli	____ scarpe	____ scioperi
diese Fehler	diese Schuhe	diese Streiks
____ strade	____ treni	____ zaini
diese Straßen	diese Züge	diese Rucksäcke

1.2 Zur Stellung von questo

1.2.1 Unmittelbar vor dem Substantiv

Wie jedes Adjektiv, dient auch questo als Demonstrativadjektiv der näheren Bestimmung des Substantivs. Es kann also unmittelbar vor dem Substantiv stehen und gleicht sich in Geschlecht und Zahl dem Bezugswort an.
Questo dizionario è molto buono. Dieses Wörterbuch ist sehr gut.
Antonio abita in **questa** casa. Antonio wohnt in diesem Haus.

1.2.2 Ohne Substantiv

Questo als Demonstrativpronomen kann ein Substantiv ersetzen.
– Vedi questo? Siehst du diesen hier? Stattdessen könnte man auch sagen: Vedi questo signore / ragazzo / uomo? usw. Siehst du diesen Herrn / Jungen / Mann, je nachdem, auf wen sich questo bezieht.
– Questo è mio fratello. Dieser ist mein Bruder. Stattdessen könnte man z. B. auch sagen: Questo signore / ragazzo / giornalista è mio fratello. Dieser Mann / Junge / Journalist ist mein Bruder.
– Auf die Frage Quale macchina prendo? Welches Auto nehme ich? könnte man antworten: Prendi **questa**. Nimm **das hier**. Oder: Prendi **questa macchina**. Nimm **dieses Auto**.
Durch questo kann also eine Wiederholung des Substantivs vermieden werden.

6 Die Demonstrativa

2 quello

2.1 Formen

Die Formen von quello (jener / das dort) sind unterschiedlich, je nachdem, ob sie vor einem Substantiv (adjektivischer Gebrauch) oder ohne Substantiv (pronominaler Gebrauch) verwendet werden.

Auf Entdeckung

2.1.1 Die Formen von quello vor dem Substantiv

Versuchen Sie, die Formen von quello abzuleiten, indem Sie an den Wortstamm (an quel__ bzw. que__) den entsprechenden bestimmten Artikel fügen, ähnlich wie Sie es bei bello (➧ Kap. 4, 4.3.1) kennen gelernt haben. (➧ *Lösungen*)

	Singular	Plural
maskulin	quel libro jenes Buch quel__ studente jener Student quel__ amico jener Freund	quei libri jene Bücher quegli studenti jene Studenten que__ amici jene Freunde
feminin	quel__ casa jenes Haus quel__ amica jene Freundin	quel__ case jene Häuser quel__ amiche jene Freundinnen

Test 2

a) Setzen Sie die entsprechende Form von quello im Singular ein:

____ aereo Flugzeug   ____ effetto Wirkung   ____ impresa Unternehmen
____ industria Industrie   ____ ragazza Mädchen   ____ ragazzo Junge
____ sbaglio Fehler   ____ scarpa Schuh   ____ sciopero Streik
____ strada Straße   ____ treno Zug   ____ zaino Rucksack

b) Setzen Sie die entsprechende Form von quello im Plural ein:

____ aerei Flugzeuge   ____ effetti Wirkungen   ____ imprese Unternehmen
____ industrie Industrien   ____ ragazze Mädchen   ____ ragazzi Jungen
____ sbagli Fehler   ____ scarpe Schuhe   ____ scioperi Streiks
____ strade Straßen   ____ treni Züge   ____ zaini Rucksäcke

Auf Entdeckung

2.1.2 Die Formen von quello ohne Substantiv

Quello ohne Substantiv übernimmt die Endungen nach Geschlecht und Zahl des Substantivs, das es ersetzt. Es sind die gleichen Endungen, die Sie bei questo kennen gelernt haben. Setzen Sie in der folgenden Übersicht die fehlenden Endungen ein. (➧ *Lösungen*)

Die Demonstrativa 6

	Singular	Plural
maskulin	Quell__ è Teo. Jener ist Teo.	Quell__ sono Teo e Nino. Jene sind Teo und Nino.
feminin	Quell__ è Eva. Jene ist Eva.	Quell__ sono Eva e Anna. Jene sind Eva und Anna.

Test 3
Setzen Sie die entsprechenden Endungen von quello ein.
a) Quell__ è il professore di matematica. Jener ist der Mathematikprofessor.
b) Quell__ rossa è la macchina di Leo. Das rote dort ist das Auto von Leo.
c) Quell__ sono mia madre e mia zia. Jene sind meine Mutter und meine Tante.
d) Quell__ sono i miei amici. Jene sind meine Freunde.
e) Quell__ bionda è mia sorella. Die blonde dort ist meine Schwester.
f) Quell__ sono le mie colleghe. Jene sind meine Kolleginnen.
g) Quell__ sono i miei nonni. Jene sind meine Großeltern.
h) Quell__ è mio zio Luciano. Jener ist mein Onkel Luciano.
i) Quell__ rosse sono le scarpe di Lia. Die roten da sind die Schuhe von Lia.
l) Quell__ sono gli amici di Bianca. Jene sind die Freunde von Bianca.
m) Quell__ sul tavolo è il dizionario. Das auf dem Tisch dort ist das Wörterbuch.
n) Quell__ è la fidanzata di Marco. Jene ist die Verlobte von Marco.

2.2 Zur Stellung von quello

2.2.1 Unmittelbar vor dem Substantiv
Wie jedes Adjektiv, dient auch quello als Demonstrativadjektiv der näheren Bestimmung des Substantivs. Es steht unmittelbar vor dem Substantiv und gleicht sich in Geschlecht und Zahl dem Bezugswort an.
Quel dizionario è molto buono. Jenes Wörterbuch ist sehr gut.
Antonio abita in **quella** casa. Antonio wohnt in jenem Haus.

2.2.2 Ohne Substantiv
Wie wir bei questo gesehen haben, kann auch quello als Demonstrativpronomen ein Substantiv ersetzen.
– Vedi quello? Siehst du den dort? Stattdessen könnte man auch sagen:
  Vedi quel signore / ragazzo? usw. Siehst du den Herrn / Jungen dort?
– Quello è mio fratello. Jener ist mein Bruder. Stattdessen könnte man auch sagen: Quel signore / ragazzo è mio fratello. Jener Mann / Junge ist mein Bruder.

6 Die Demonstrativa

– Quale dizionario prendo? Welches Wörterbuch soll ich nehmen? – Prendi **quello**. Nimm **jenes** dort. Statt: Prendi quel dizionario. Nimm **das Wörterbuch da**.
Auch durch das Demonstrativpronomen quello kann man eine Wiederholung des Substantivs vermeiden.

 Test 4

Setzen Sie die entsprechende Form von quello ein.
a) ____ è il mio gatto. Das da ist meine Katze.
b) ____ signore è mio zio. Jener Herr ist mein Onkel.
c) ____ è mio zio. Jener ist mein Onkel.
d) ____ è la mia nuova collega. Jene ist meine neue Kollegin.
e) ____ studenti abitano qui. Jene Studenten wohnen hier.
f) ____ libro mi piace molto. Jenes Buch gefällt mir sehr.
g) ____ è il libro che mi piace molto. Das dort ist das Buch, das mir sehr gefällt.
h) ____ è l'amica di mia madre. Jene ist die Freundin meiner Mutter.
i) ____ aereo va in America. Jenes Flugzeug fliegt nach Amerika.
l) ____ armadio è troppo grande. Jener Schrank ist zu groß.
m) ____ scarpe sono di Toni. Jene Schuhe gehören Toni.
n) ____ sono i bambini di Elisa. Jene sind die Kinder von Elisa.
o) ____ sono i miei cugini. Jene sind meine Cousins.
p) ____ sbagli erano molto gravi. Jene Fehler waren sehr schlimm.
q) ____ sono le figlie di Enrico. Jene sind die Töchter von Enrico.
r) Belli questi zaini; ____ però sono più belli.
Das sind schöne Rucksäcke; jene sind aber schöner.

3 Gebrauch von *questo* und *quello*

Im Gegensatz zum Deutschen unterscheidet das Italienische auch in der Umgangssprache deutlich im Gebrauch von questo und quello.

3.1 Questo und quello bei Gegenüberstellungen

Bei Gegenüberstellungen verwendet man abwechselnd questo und quello.
Quale dizionario vuoi? Questo o quello? Welches Wörterbuch willst du? Dieses hier oder das da?
Quale borsa prendo? Questa è più bella, quella però è meno cara.
Welche Tasche nehme ich? Diese hier ist schöner, die da ist aber nicht so teuer.
Questa macchina mi piace più di quella.
Dieses Auto gefällt mir besser als das da.

Die Demonstrativa

3.2 questo

a) wird räumlich verwendet bei Personen oder Sachen, die sich in der Nähe des Sprechers befinden.	Questa ragazza è simpatica. Dieses Mädchen ist sympathisch. Questo libro mi piace molto. Dieses Buch gefällt mir sehr.
b) wird zeitlich verwendet bei Situationen, die die Gegenwart oder die nahe Zukunft betreffen.	Quest'anno vogliamo andare a Cuba. Dieses Jahr wollen wir nach Kuba fahren.
c) kann sich auf eine Äußerung beziehen, die gerade gemacht worden ist oder die unmittelbar bevorsteht.	Questa idea è geniale! Das ist eine geniale Idee.
d) gibt das deutsche neutrale Subjekt „das" wieder.	Questo è il mio fidanzato. Das ist mein Verlobter. Questo non è vero. Das ist nicht wahr.

3.3 quello

a) wird räumlich verwendet bei Personen oder Sachen, die vom Sprecher weiter entfernt sind.	Quella è mia madre. Jene dort ist meine Mutter.
b) wird zeitlich verwendet bei Situationen, die die Vergangenheit betreffen.	Quella sera faceva molto freddo. An jenem Abend war es sehr kalt.
c) wird verwendet, um die Wiederholung eines Substantivs zu vermeiden. Mit diesem pronominalen quello wird das Substantiv näher bestimmt (wie in den Beispielen: das Kleid oder die Freunde); questo kann in diesen Fällen nicht gebraucht werden.	Quale vestito compro? Quello rosso? Welches Kleid soll ich kaufen? Das rote? Ieri ho incontrato i miei amici e quelli di Enzo. Gestern habe ich meine und Enzos Freunde getroffen.

6 Die Demonstrativa

d) In Relativsätzen wird quello verwendet, wenn es das Bezugswort ist.	Fai quello che vuoi. Mach [das,] was du willst.[1] Ti ricordi di quella cantante che abbiamo conosciuto ieri? Erinnerst du dich an die Sängerin, die wir gestern kennen gelernt haben? Ho invitato tutti quelli che conosco. Ich habe all diejenigen eingeladen, die ich kenne.

Test 5

Questo oder quello? Markieren Sie die richtige Möglichkeit.
a) (Questi / Quelli) sono i miei amici di Salerno.
   Jene dort sind meine Freunde aus Salerno.
b) (Questa / Quella) settimana ho molto lavoro.
   Diese Woche habe ich viel Arbeit.
c) (Quest' / Quell') anno era molto difficile per noi tutti.
   Jenes Jahr war sehr schwierig für uns alle.
d) (Questo / Quello) è molto complicato. Das ist sehr kompliziert.
e) Quale casa ti piace? – (Questa / Quella) rossa.
   Welches Haus gefällt dir? – Das rote.
f) (Questa / Quella) musica è molto bella. Diese Musik ist sehr schön.
g) Non è vero (questo / quello) che dice! Es ist nicht wahr, was er sagt.
h) Tutti (questi / quelli) che incontro mi salutano.
   Alle, die ich treffe, grüßen mich.
i) In (questi / quei) giorni ho poco tempo. In diesen Tagen habe ich wenig Zeit.
l) È proprio (questa / quella) macchina che volevo.
   Es ist genau das Auto, das ich wollte.

4 Weitere Demonstrativa

4.1 Das neutrale Demonstrativpronomen ciò

– Ciò (das) ist unveränderlich, d. h. es trägt keine Informationen über Geschlecht und Zahl. Es nimmt bereits Genanntes oder Besprochenes wieder auf und kann sich auf eine ganze Aussage, einen ganzen Satz oder einen Satzteil beziehen. Es kann statt questo oder quello verwendet werden.
Oggi è una bella giornata e **ciò** mi rende felice. / Oggi è una bella giornata e **questo** mi rende felice. Heute ist ein schöner Tag, und das macht mich froh.
Ciò non mi interessa. / **Questo** non mi interessa. Das interessiert mich nicht.

---
[1] ➡ auch Kap. 8, 5. Das Deutsche „das, was" wird immer nur mit quello che ausgedrückt. In diesem Fall kann quello auch zu quel verkürzt werden: Fai quel che vuoi.

Die Demonstrativa **6**

- Ciò kann auch das neutrale quello che (das, was) ersetzen.
  Fai **quello** che vuoi. → Fai **ciò** che vuoi. Mach [das], was du willst.
  Dice sempre **quello** che pensa. → Dice sempre **ciò** che pensa.
  Er sagt immer [das], was er denkt.

Beachten Sie
Das neutrale deutsche „das ist" bzw. „das sind" mit nachfolgendem Substantiv kann nicht mit ciò, sondern muss mit questo wiedergegeben werden.
Das ist ein interessantes Buch. **Questo** è un libro interessante.

4.2 stesso / medesimo

4.2.1 Formen
Stesso und medesimo (derselbe[2]) stehen mit dem bestimmten Artikel.

a) stesso

	Singular	Plural
maskulin	lo stesso libro dasselbe Buch	gli stessi libri dieselben Bücher
feminin	la stessa casa dasselbe Haus	le stesse case dieselben Häuser

b) medesimo

	Singular	Plural
maskulin	il medesimo libro dasselbe Buch	i medesimi libri dieselben Bücher
feminin	la medesima casa dasselbe Haus	le medesime case dieselben Häuser

4.2.2 Gebrauch
- Lo stesso und il medesimo haben die gleiche Bedeutung. Die in der Umgangssprache häufiger verwendete Form ist lo stesso, während man il medesimo eher in literarischen Texten findet.
- Wie questo und quello können lo stesso und il medesimo sowohl als Adjektiv als auch als Pronomen gebraucht werden. Die Formen sind jeweils identisch.
  Als Adjektiv:
  Ho comprato due volte **lo stesso** libro. Ich habe zweimal das gleiche Buch gekauft.

---
[2] Im Italienischen unterscheidet man nicht zwischen „dasselbe" und „das Gleiche".

6 Die Demonstrativa

Anna e Marco hanno **la stessa** età. Anna und Marco sind gleich alt / haben dasselbe Alter.
Vediamo sempre **gli stessi** amici e **le stesse** amiche. Wir sehen immer dieselben Freunde und Freundinnen.
Als Pronomen:
Il libro per questo corso è **lo stesso** dell'anno scorso. Das Buch für diesen Kurs ist das gleiche wie im vergangenen Jahr.
Sei sempre **la stessa**. Du bist immer dieselbe.
Sono sempre **gli stessi**. Sie sind immer dieselben.

– Stesso (seltener medesimo) wird in der Bedeutung von „selbst" gebraucht. In diesem Fall wird es ohne Artikel und nach dem Substantiv oder dem Pronomen verwendet.
Nach einem Substantiv:
La mia amica **stessa** non lo sa. Meine Freundin selbst weiß es nicht.
Nach einem Pronomen:
Loro **stessi** hanno costruito questa casa. Sie selbst haben dieses Haus gebaut.

4.3 codesto

4.3.1 Formen

	Singular	Plural
maskulin	codesto libro dieses Buch da	codesti libri diese Bücher da
feminin	codesta casa dieses Haus da	codeste case diese Häuser da

4.3.2 Gebrauch

Codesto (dieser da) steht für Personen oder Sachen, die sich in der Nähe des Gesprächspartners befinden.
Codesto vestito ti sta molto bene. Das Kleid da [das du anhast] steht dir sehr gut.
Dove vai con codesta borsa? Wohin gehst du mit der Tasche da [die du trägst]?
Heute gilt codesto als veraltet; der Gebrauch beschränkt sich auf die Toskana und auf die Schriftsprache. In anderen Regionen wird codesto in der Regel durch quello ersetzt.

Die Demonstrativa

4.4 costui

4.4.1 Formen

	Singular	Plural
maskulin	costui der da	costoro die da
feminin	costei die da	costoro die da

4.4.2 Gebrauch
Das Demonstrativpronomen costui (der da) kann questo und quello ersetzen. Es bezieht sich nur auf Personen und hat eine abschätzige Bedeutung. Heutzutage kommt es nur noch in der Schriftsprache vor.
Chi ha detto a costui di parlare? Wer hat dem da gesagt, dass er reden soll?
Che cosa vogliono costoro? Was wollen die da?

Auf den Punkt gebracht
Nun können Sie wieder überprüfen, ob Sie die wichtigsten Regeln in diesem Kapitel behalten haben. Füllen Sie bei den folgenden Kontrollaufgaben die Lücken aus oder markieren Sie die richtige Möglichkeit.

1. (➥ *Was Sie vorab wissen sollten*)
Questo und quello   ja   nein
a) müssen immer vor einem Substantiv stehen.   ☐   ☐
b) können auch ohne Substantiv stehen.   ☐   ☐

2. (➥ *Auf Entdeckung, 1.1*)
Die Formen von questo lauten:

	Singular	Plural
maskulin	quest__ libro dieses Buch	quest__ libri diese Bücher
feminin	quest__ casa dieses Haus	quest__ case diese Häuser

Auf den Punkt gebracht **105**

6 Die Demonstrativa

3. (⟹ Auf Entdeckung, 2.1.1)
Die Formen von quello vor dem Substantiv lauten:

	Singular	Plural
maskulin	que__ libro jenes Buch quel__ studente jener Student quel__ amico jener Freund	que__ libri jene Bücher que__ studenti jene Studenten que__ amici jene Freunde
feminin	quel__ casa jenes Haus quel__ amica jene Freundin	quel__ case jene Häuser quel__ amiche jene Freundinnen

4. (⟹ 2. Auf Entdeckung, 2.1.2)
Die Formen von quello ohne Substantiv lauten:

	Singular	Plural
maskulin	Quell__ è Teo. Jener ist Theo.	Quell__ sono Teo e Nino. Jene sind Theo und Nino.
feminin	Quell__ è Eva. Jene ist Eva.	Quell__ sono Eva e Anna. Jene sind Eva und Anna.

5. (⟹ 1.2; 2.1)   ja   nein
a) Ob questo vor einem Substantiv oder ohne Substantiv steht,   ☐   ☐
   ist für die Formen unerheblich, da für beide Funktionen die
   gleichen Formen gelten.
b) Ob quello vor einem Substantiv oder ohne Substantiv steht,   ☐   ☐
   ist für die Formen unerheblich, da für beide Funktionen die
   gleichen Formen gelten.
   Quest__ libro è molto buono. Dieses Buch ist sehr gut.
   Vedi quest__? Siehst du dieses hier?
   Que__ libro è molto buono. Jenes Buch ist sehr gut.
   Vedi quel__? Siehst Du jenes?

6. (⟹ 3)
a) Das Italienische (unterscheidet deutlich / unterscheidet nicht) im Gebrauch von questo und quello.
b) (Questo / Quello) wird räumlich verwendet bei Personen oder Sachen, die sich in der Nähe des Sprechers befinden.
   (Questo / Quel) libro mi piace molto. Dieses Buch gefällt mir sehr.

Die Demonstrativa

c) (Questo / Quello) wird zeitlich verwendet bei Situationen, die die Gegenwart oder die nahe Zukunft betreffen.
(Quest' / Quell') anno vogliamo andare a Cuba. Dieses Jahr wollen wir nach Kuba fahren.
d) (Questo / Quello) kann sich auf eine Äußerung beziehen, die gerade gemacht worden ist.
(Questa / Quell') idea è geniale! Das ist eine geniale Idee.
e) (Questo / Quello) gibt das deutsche neutrale Subjekt „das" wieder.
(Questo / Quello) non è vero. Das ist nicht wahr.
f) (Questo / Quello) wird räumlich verwendet bei Personen oder Sachen, die vom Sprecher weiter entfernt sind.
(Questa / Quella) è mia madre. Jene dort ist meine Mutter.
g) (Questo / Quello) wird zeitlich verwendet, bei Situationen, die die Vergangenheit betreffen.
(Questa / Quella) sera faceva molto freddo. An jenem Abend war es sehr kalt.
h) (Questo / Quello) wird verwendet, um die Wiederholung eines näher bestimmten Substantivs zu vermeiden.
Quale vestito compro? (Questo / Quello) rosso? Welches Kleid soll ich kaufen? Das rote?
i) (Questo / Quello) wird in Relativsätzen verwendet.
Fai (questo / quello) che vuoi. Mach [das], was du willst.

7. (➡ 4.1) ja nein
a) Ciò gleicht sich seinem Bezugswort an. ☐ ☐
b) Ciò ist unveränderlich. ☐ ☐
c) Das neutrale deutsche „das ist" mit nachfolgendem Substantiv kann mit ciò wiedergegeben werden. ☐ ☐
d) Das neutrale deutsche „das ist" mit nachfolgendem Substantiv kann nur mit questo wiedergegeben werden. ☐ ☐

(Ciò / Questo) è un libro interessante. Das ist ein interessantes Buch.

8. (➡ 4.2)
Die Formen von stesso lauten:

	Singular	Plural
Maskulinum	___ stess__ libro dasselbe Buch	___ stess__ libri dieselben Bücher
Femininum	___ stess__ casa dasselbe Haus	___ stess__ case dieselben Häuser

Auf den Punkt gebracht **107**

7 Die Indefinita

Was Sie vorab wissen sollten

Indefinita (wie „jeder", „etwas", „viele" usw.) bezeichnen Personen, Sachen oder Mengen, die nicht genau bestimmt sind.
Man unterscheidet im Italienischen zwischen folgenden Indefinita:
a) Indefinita, die nur adjektivisch verwendet werden. Sie stehen in Verbindung mit einem Substantiv, das sie näher bestimmt.
   Ogni giorno è un nuovo giorno. **Jeder** Tag ist ein neuer Tag.
b) Indefinita, die nur pronominal verwendet werden. Sie ersetzen ein Nomen und stehen allein.
   Hai trovato **qualcosa**? Hast du **etwas** gefunden?
   Ognuna di noi ragazze ha una stanza per sé.
   Jedes von uns Mädchen hat ein Zimmer für sich.
c) Indefinita, die sowohl adjektivisch als auch pronominal verwendet werden.
   adjektivisch: Ho **molti** libri. Ich habe **viele** Bücher.
   pronominal: **Molti** sono arrivati tardi. **Viele** sind spät angekommen.

1 Indefinita, die nur adjektivisch verwendet werden

Indefinita, die nur adjektivisch verwendet werden, bestimmen näher Personen, Sachen oder Mengen. Diese Indefinita haben nur eine Singularform entweder auf -i oder auf -e, die für Maskulin und Feminin gilt; das dazugehörige Substantiv steht auch im Singular.

ogni jede(r)	**Ogni** anno vado in Italia. **Jedes** Jahr fahre ich nach Italien. Trovi il libro in **ogni** libreria. Du findest das Buch in **jeder** Buchhandlung.
qualche einige	Anna abita a **qualche** chilometro da qui. Anna wohnt **einige** Kilometer von hier. Vado **qualche** settimana in vacanza. Ich fahre **einige** Wochen in Ferien.
qualsiasi / qualunque jede(r) beliebige	Potete venire a **qualsiasi** ora. Ihr könnt zu **jeder beliebigen** Zeit kommen. Posso partire **qualunque** giorno. Ich kann **jeden beliebigen** Tag wegfahren.

Die Indefinita 7

Beachten Sie
a) Ogni + Grundzahl + Substantiv im Plural hat die Bedeutung von „alle" im distributiven Sinn:
   ogni tre giorni alle drei Tage, **ogni dieci** minuti alle zehn Minuten
b) zu qualsiasi / qualunque
   – Steht qualsiasi / qualunque nach dem Substantiv, hat es die Bedeutung von „irgendein" bzw. „x-beliebig". In diesem Fall kann das Substantiv auch im Plural stehen.
   Ho comprato due vestiti **qualsiasi / qualunque**.
   Ich habe zwei x-beliebige Kleider gekauft.
   Ho preso un libro **qualsiasi / qualunque**.
   Ich habe irgendein Buch genommen.
   – Qualunque / qualsiasi können auch einen Nebensatz einleiten, sie erhalten dann die Bedeutung „welcher auch immer".
   Qualunque / Qualsiasi sia la tua proposta, noi siamo d'accordo.
   Welcher auch immer dein Vorschlag ist, wir sind einverstanden.
In Nebensätzen, die durch Indefinita eingeleitet werden, steht der *congiuntivo* (➡ Kap. 12, 1.2 d).

Test 1
Ergänzen Sie die Sätze mit den passenden Indefinitadjektiven.
a) Ho preso una borsa ____. Ich habe irgendeine Tasche genommen.
b) Vado a nuotare____ giorno. Ich gehe jeden Tag schwimmen.
c) Ho incontrato ____ amico. Ich habe einige Freunde getroffen.
d) Prendi la medicina ____ sei ore. Nimm die Medizin alle sechs Stunden.
e) Potete portare ____ bottiglia di vino?
   Könnt ihr einige Flaschen Wein mitbringen?
f) Olga sa rispondere a ____ domanda.
   Olga kann auf jede beliebige Frage antworten.

Test 2
Markieren Sie die richtige Möglichkeit.
a) Andiamo ogni (settimana / settimane) a ballare.
   Wir gehen jede Woche tanzen.
b) Puoi telefonarmi a qualunque (ora / ore).
   Du kannst mich zu jeder Zeit anrufen.
c) Devi prendere la medicina ogni (giorno / giorni).
   Du musst die Medizin jeden Tag nehmen.
d) Ho incontrato qualche (amica / amiche).
   Ich habe einige Freundinnen getroffen.
e) Abbiamo comprato qualche (libri / libro). Wir haben einige Bücher gekauft.
f) Questo medico viene con qualsiasi (tempo / tempi).
   Dieser Arzt kommt bei jedem Wetter.

1 Indefinita, die nur adjektivisch verwendet werden **109**

7 Die Indefinita

2 Indefinita, die nur pronominal verwendet werden

Pronominal verwendete Indefinita können für Personen, Sachen oder Mengen stehen. Einige sind unveränderlich, andere, die veränderlich sind, übernehmen die Endung des Nomens, für das sie stehen.

unverändert: Non voglio **niente**. Ich will **nichts**.
verändert: **Qualcuna** di voi mi può aiutare? Kann mir **eine** von euch helfen?
bzw. **Qualcuno** di voi mi può aiutare? Kann mir **einer** von euch helfen?

Die folgende Tabelle gibt Ihnen einen Überblick über die gängigsten nur pronominal verwendeten Indefinita.

	steht für	Pronomen	Beispiel
unveränderlich	Sachen	qualcosa etwas niente / nulla nichts	Mi hai portato **qualcosa**? Hast du mir **etwas** mitgebracht? Non vi ho portato **niente**. Ich habe euch **nichts** mitgebracht.
	Personen	chiunque jedermann	**Chiunque** avrebbe fatto la stessa cosa. **Jedermann** hätte das Gleiche getan.
veränderlich	Personen	ognuno / -a jede(r) einzelne	**Ognuna** di noi ragazze aveva una stanza per sé. **Jedes** von uns Mädchen hatte ein Zimmer für sich.
		qualcuno / -a jemand uno / -a eine(r)	Ha telefonato **qualcuno**? Hat **jemand** angerufen? È venuto **una** a domandare di te. Es ist **eine** gekommen und hat nach dir gefragt.

Beachten Sie
a) Niente / nulla wird mit der doppelten Verneinung verwendet (➡ Kap. 23, 1.2).
   Non capisco **niente / nulla.** Ich verstehe **nichts**.
b) Zu chiunque
   – Steht chiunque am Ende des Satzes, hat es die Bedeutung von „jeder Beliebige".
   Puoi domandare a **chiunque**. Du kannst **jeden Beliebigen** fragen.

Die Indefinita 7

- Chiunque kann auch einen Nebensatz einleiten, es erhält dann die Bedeutung „wer auch immer".
  Chiunque venga da noi è benvenuto. **Wer auch immer** zu uns kommt, ist willkommen.
c) Zu uno / -a
  - Uno / -a kennt auch eine Pluralform uni / une, die nur wie folgt verwendet wird: gli uni ... gli altri / le une ... le altre die einen ... die anderen.
  Gli **uni** vanno a casa gli **altri** restano. Die **einen** gehen nach Hause, die **anderen** bleiben.
  - Die männliche Form uno nimmt in bestimmten Kontexten die Bedeutung von „man" an (➡ Kap. 19, 8.1).
  In estate **uno** va al mare. Im Sommer fährt **man** ans Meer.

Test 3
Ergänzen Sie die Sätze mit den passenden Indefinitpronomen: chiunque, niente / nulla, ognuno, qualcosa, qualcuno, uno.
a) C'è ____ che ti vuole parlare. Da ist einer, der mit dir sprechen will.
b) Ho detto ____ che non va? Habe ich etwas gesagt, das nicht richtig ist?
c) Non ho detto ____. Ich habe nichts gesagt.
d) ____ di loro lo voleva conoscere. Jeder von ihnen wollte ihn kennen lernen.
e) Perché non hai chiamato ____? Warum hast du nicht jemanden gerufen?
f) ____ direbbe la stessa cosa. Jedermann würde das Gleiche sagen.

Test 4
Indefinitadjektiv oder Indefinitpronomen? Markieren Sie die richtige Möglichkeit.
a) C'è (ognuno / qualcuno / qualche) per te. Da ist jemand für dich.
b) Ti porto (qualcosa / qualsiasi / qualche) da mangiare.
   Ich bringe dir etwas zu Essen.
c) Ho (ogni / ognuno / qualche) giorno di vacanza.
   Ich habe einige Tage Ferien.
d) (Qualcuno / Ognuno / Qualcosa) ha i suoi problemi.
   Jeder hat seine Probleme.
e) (Ogni / Ognuno / qualche) giorno vado in centro.
   Jeden Tag gehe ich ins Zentrum.
f) Potete parlare con (chiunque / ogni / qualunque).
   Ihr könnt mit jedermann sprechen.

2 Indefinita, die nur pronominal verwendet werden

Die Indefinita

3 Indefinita, die sowohl adjektivisch als auch pronominal verwendet werden

Die folgenden Indefinita können für Personen, Sachen oder Mengen stehen.

3.1 Überblick über die gängigsten adjektivisch und pronominal verwendeten Indefinita

Indefinita	adjektivisch	pronominal
alcuni / -e einige	Alcune settimane dopo … Einige Wochen später …	Alcuni sono sempre in ritardo. Einige kommen immer zu spät.
altrettanto / -a / -i / -e ebenso viel(e)	Hanno 5 cani e altrettanti gatti. Sie haben fünf Hunde und ebenso viele Katzen.	Ho scritto venti pagine e ne devo scrivere altrettante. Ich habe zwanzig Seiten geschrieben und muss noch einmal so viele schreiben.
altro / -a / -i / -e andere(r)	Perché non metti le altre scarpe? Warum ziehst du nicht die anderen Schuhe an?	Dove sono gli altri? Wo sind die anderen?
certo / -a / -i / -e gewisse(r), manche	Ho conosciuto un certo signor Rossi. Ich habe einen gewissen Herrn Rossi kennen gelernt.	Certi dicono che non è così. Manche sagen, dass es nicht so ist.
ciascuno / -a jede(r) Einzelne	A ciascun bambino ho portato un regalo. Jedem (einzelnen) Kind habe ich ein Geschenk gebracht.	Il direttore ha parlato con ciascuna delle segretarie. Der Direktor hat mit jeder der Sekretärinnen gesprochen.
diverso / -a / -i / -e etliche, verschiedene, mehrere	C'erano diversi amici. Es waren etliche / mehrere Freunde da.	Siamo in diversi a voler partecipare a questo progetto. Wir sind mehrere, die an diesem Projekt teilnehmen wollen.
molto / -a / -i / -e viele(e)	Piero ha molta pazienza. Piero hat viel Geduld.	Molti non sono venuti. Viele sind nicht gekommen.

Die Indefinita 7

Indefinita	adjektivisch	pronominal
nessuno / -a kein(e), niemand	Non vedo nessuna possibilità. Ich sehe keine Möglichkeit.	Non c'è nessuno. Es ist niemand da.
parecchio / -a / -i / -e ziemlich viel(e)	Ho parecchia fame. Ich habe ziemlich viel Hunger.	Parecchi non sono d'accordo. Ziemlich viele sind nicht einverstanden.
poco / -a / -i / -e wenig(e)	Ho pochi soldi. Ich habe wenig Geld.	Pochi sanno quello che vogliono. Wenige wissen, was sie wollen.
quanto / -a / -i / -e so viel(e) wie	Puoi mangiare quanti dolci vuoi. Du kannst so viele Süßigkeiten essen, wie du willst.	Ho preso dei dolci, mangiane quanti ne vuoi! Ich habe Süßigkeiten gekauft, iss davon so viele du willst.
tale / -i solche(s), jemand, ein gewisser	Non dire tali cose! Sag nicht solche Sachen!	Un tale ha chiesto di te. Jemand hat nach dir gefragt.
tanto / -a / -i / -e (so) viel(e)	Ieri c'erano tante persone. Gestern waren (so) viele Leute da.	Tanti arrivano più tardi. Viele kommen später.
troppo / -a / -i / -e zu viel(e)	Hai mangiato troppa pasta. Du hast zu viele Nudeln gegessen.	Troppi non dicono la verità. Zu viele sagen nicht die Wahrheit.
tutto / -a / -i / -e ganz, alle(s)	Ho visto tutti gli amici e tutti i colleghi. Ich habe alle Freunde und alle Kollegen gesehen.	Le mie amiche non ci sono più, sono partite tutte. Meine Freundinnen sind nicht mehr da; sie sind alle abgefahren.
vario / -a / -i / -e verschiedene, mehrere	Devo comprare varie cose. Ich muss verschiedene Sachen kaufen.	Vari dicono che non è così. Mehrere sagen, dass es nicht so ist.

3 Indefinita, die sowohl adjektivisch als auch pronominal verwendet werden

7 Die Indefinita

 Test 5

Markieren Sie die richtige(n) Möglichkeit(en).
a) Francesca ha (tutto / troppo / alcuno) lavoro. Francesca hat zu viel Arbeit.
b) Abbiamo (parecchi / altrettanti / altri) problemi.
   Wir haben ziemlich viele Probleme.
c) Ho (molta / varia / tanta) fretta. Ich habe es sehr eilig.
d) Prendete (quanto / altro / altrettanto) caffè volete.
   Nehmt so viel Kaffee wie ihr möchtet.
e) Bea e Silvio hanno (molti / altrettanto / altri) interessi.
   Bea und Silvio haben andere Interessen.
f) Luigi non vede (tanta / tale / nessuna) soluzione. Luigi sieht keine Lösung.
g) Abbiamo (varie / poche / diverse) proposte.
   Wir haben verschiedene Vorschläge.
h) Elena deve capire che non può fare (tali / certe / alcune) cose.
   Elena muss verstehen, dass sie gewisse Sachen nicht machen kann.

3.2 Besonderheiten in der Verwendung und in der Bedeutung

Wie Sie an den Beispielen gesehen haben, sind alle diese Indefinita veränderlich.
– Adjektivisch benutzte Indefinita verhalten sich wie Adjektive, d. h. sie richten sich in Geschlecht und Zahl nach dem Substantiv, auf das sie sich beziehen.
– Das Nomen, für das ein Indefinitpronomen steht, bestimmt ob die Endung des Indefinitums maskulin oder feminin bzw. Singular oder Plural ist.

3.2.1 alcuni

Alcuni wird adjektivisch wie auch pronominal in der Regel im Plural verwendet. Beim adjektivischen Gebrauch ist Folgendes zu beachten:
a) Die Singularform alcuno wird nur mit non oder mit senza verwendet und hat dann die Bedeutung von „kein" bzw. „jeder" oder „irgendein".
   Non posso dare **alcuna** informazione. Ich kann **keine** Information geben.
   senza **alcun** motivo ohne **jeden / irgendeinen** Grund.
b) Alcuno bildet im Singular Formen in Anlehnung an den unbestimmten Artikel (➡ Kap. 3, 2.1.3)
   alcun motivo kein Grund, alcuna informazione keine Information, alcun'idea keine Idee.
c) Alcuni / -e im Plural hat oft die gleiche Bedeutung wie qualche.
   – Bei alcuno steht das folgende Substantiv im Plural:
     alcuni giorni einige Tage, alcune ore einige Stunden.
   – Bei qualche steht das folgende Substantiv im Singular:
     qualche giorno einige Tage, qualche ora einige Stunden.

Die Indefinita

3.2.2 ciascuno
Ciascuno wird adjektivisch wie auch pronominal nur im Singular gebraucht.
a) Adjektivischer Gebrauch
   - Ciascuno bildet die Formen in Anlehnung an den unbestimmten Artikel.
     ciascun bambino jedes Kind, ciascuno studente jeder Student,
     ciascuna ragazza jedes Mädchen.
   - Ciascuno wird seltener gebraucht als das bedeutungsgleiche ogni:
     ciascun bambino = ogni bambino jedes Kind.
b) Pronominaler Gebrauch
   - Ciascuno ist bedeutungsgleich mit ognuno:
     ciascuno di noi = ognuno di noi jeder von uns.

3.2.3 nessuno
Nessuno wird adjektivisch wie auch pronominal nur im Singular gebraucht. In Verbindung mit einem Verb wird es mit der doppelten Verneinung verwendet (➡ Kap. 23, 1.2).
Adjektivisch: **Non** ho fatto **nessuno** sbaglio. Ich habe **keinen** Fehler gemacht.
Pronominal: **Non** viene **nessuno**. Es kommt **niemand**.
a) Adjektivischer Gebrauch
   - Als Adjektiv hat nessuno die Bedeutung von „kein".
   - Nessuno vor einem Substantiv bildet die Formen in Anlehnung an den unbestimmten Artikel:
     nessun libro kein Buch, nessuno sbaglio kein Fehler, nessuna possibilità keine Möglichkeit, nessun'amica keine Freundin.
b) Pronominaler Gebrauch
   Als Pronomen hat nessuno die Bedeutung von „keiner, keine, keines" und „niemand".
   Dove sono le ragazze? Non ne vedo nessuna. Wo sind die Mädchen? Ich sehe keines (von ihnen).
   Enrico non parla con nessuno. Enrico spricht mit niemandem.

3.2.4 tutto
a) Adjektivischer Gebrauch
   - Tutto wird mit dem bestimmten Artikel verwendet. Es kann auch mit einem Demonstrativadjektiv angeschlossen werden.
     Clara ha studiato tutto il giorno. Clara hat den ganzen Tag gelernt.
     Rispondo a tutte le domande. Ich antworte auf alle Fragen.
     È tua tutta **questa** roba? Ist dieses ganze Zeug von dir?
   - Tutto + Artikel + Substantiv im Singular bedeutet „ganz":
     tutto il vino der ganze Wein, tutta la situazione die ganze Situation, tutto il paese das ganze Land.

3 Indefinita, die sowohl adjektivisch als auch pronominal verwendet werden

7 Die Indefinita

- Tutti / -e + Artikel + Substantiv im Plural bedeutet „alle":
  tutti gli amici alle Freunde, tutte le situazioni alle Situationen, tutti i paesi alle Länder.
- Tutti / -e + Zeitangabe im Plural ist bedeutungsgleich mit ogni:
  tutti i giorni jeden Tag, tutte le domeniche jeden Sonntag, tutti gli anni jedes Jahr.
- „Alle zwei", „alle drei" usw. wird im Italienischen ausgedrückt durch tutti / -e + e (und) + Grundzahl:
  Sono venuti tutti e tre. Sie sind alle drei gekommen.

b) Pronominaler Gebrauch
- Als Pronomen wird tutto normalerweise im Plural verwendet und bedeutet „alle":
  Lo dicono tutti. Das sagen alle.
- Tutto (im Maskulinum Singular) bedeutet „alles":
  Ho comprato tutto. Ich habe alles gekauft.

3.2.5 molto, parecchio, poco, tanto, troppo, tutto

a) Adjektivischer Gebrauch
Diese Indefinita verhalten sich wie Adjektive, die vier Formen aufweisen (➡ Kap. 4, 2.5).
Abbiamo molta pazienza. Wir haben viel Geduld.
Ho parecchio tempo. Ich habe ziemlich viel Zeit.
Abbiamo solo pochi giorni. Wir haben nur wenige Tage.

b) Pronominaler Gebrauch
Als Indefinitpronomen kommen sie nur im Plural vor.
Tanti non vengono. Viele kommen nicht.
Tutti sono contenti. Alle sind zufrieden.

Beachten Sie

- Molto, poco, tanto haben sowohl für den adjektivischen wie auch für den pronominalen Gebrauch einen Superlativ: moltissimo sehr viel, pochissimo sehr wenig, tantissimo sehr viel (➡ Kap. 4, 5.2.2). Auch die Formen des Superlativs sind veränderlich.
  Adjektivisch: Ho moltissime amiche. Ich habe sehr viele Freundinnen.
  Pronominal: Pochissimi hanno detto di sì. Sehr wenige haben ja gesagt.
- Molto, parecchio, poco, tanto, troppo, tutto können auch als Adverbien verwendet werden und sind dann unveränderlich (➡ Kap. 21, 1.4.2).
  Francesco non parla **molto**. Francesco spricht nicht **viel**.
  Carlo mangia **poco**. Carlo isst **wenig**.
  Sei **troppo** curioso. Du bist **zu** neugierig.

Die Indefinita 7

Test 6
Setzen Sie die fehlenden Endungen ein.
a) Devo prendere alcun__ libri. Ich muss einige Bücher holen.
b) Alcun__ delle mie amiche non possono venire.
   Einige von meinen Freundinnen können nicht kommen.
c) Abbiamo bevuto un litro di vino e altrettant__ acqua.
   Wir haben einen Liter Wein getrunken und ebenso viel Wasser.
d) Dove sono le altr__ colleghe? Wo sind die anderen Kolleginnen?
e) Una cert__ persona mi ha dato questa informazione.
   Eine gewisse Person hat mir diese Information gegeben.
f) Il professore ha parlato con ciascun__ studente.
   Der Professor hat mit jedem (einzelnen) Studenten gesprochen.
g) Abbiamo divers__ possibilità. Wir haben verschiedene Möglichkeiten.
h) Non abbiamo più molt__ pasta. Wir haben nicht mehr viele Nudeln.
i) Oggi non viene nessun__. Heute kommt niemand.
l) Abbiamo parecchi__ domande. Wir haben ziemlich viele Fragen.
m) Linda ha poc__ tempo. Linda hat wenig Zeit.
n) Ho tant__ amici. Ich habe viele Freunde.
o) Piero ha tropp__ problemi. Piero hat zu viele Probleme.
p) Abbiamo lavorato tutt__ la settimana.
   Wir haben die ganze Woche gearbeitet.
q) Ho parlato con vari__ persone.
   Ich habe mit verschiedenen Personen gesprochen.

Auf den Punkt gebracht
Nun können Sie wieder überprüfen, ob Sie die wichtigsten Regeln in diesem Kapitel behalten haben. Füllen Sie bei den folgenden Kontrollaufgaben die Lücken aus oder markieren Sie die richtige(n) Möglichkeit(en).

1. (➡ *Was Sie vorab wissen sollten*)
Die Indefinita bezeichnen Personen, Sachen oder Mengen, die (genau bestimmt / nicht genau bestimmt) sind.

2. (➡ *1*)
a) Die Indefinita, die nur adjektivisch verwendet werden lauten:
   _____ jede(r), _____ einige, _____ / _____ jede(r) beliebige.
b) Indefinita, die nur adjektivisch verwendet werden haben nur eine (Pluralform / Singularform) auf (-o / -i / -a / -e).
c) Das dazugehörige Substantiv steht im (Singular / Plural).

7 Die Indefinita

3. (➥ 2)
Für Indefinita, die nur pronominal verwendet werden gilt: ja   nein
a) Alle sind veränderlich.   ☐ ☐
b) Alle sind unveränderlich.   ☐ ☐
c) Einige sind unveränderlich, andere sind veränderlich.   ☐ ☐

4. (➥ 2)
Die nur pronominal verwendeten Indefinita,
a) die unveränderlich sind, lauten: _____ etwas, _____ / _____ nichts, _____ jedermann
b) die veränderlich sind, lauten: _____ jede(r) einzelne, _____ jemand, _____ eine(r).

5. (➥ 3)
Hier die gängigsten Indefinita, die sowohl adjektivisch als auch pronominal verwendet werden. Kombinieren Sie die italienischen Formen mit ihren deutschen Entsprechungen.

a) alcuni / -e   1) wenig(e)
b) altro / -a / -i / -e   2) zu viel(e)
c) ciascuno / -a   3) viele(e)
d) molto / -a / -i / -e   4) ganz, alle(s)
e) nessuno / -a   5) (so) viel(e)
f) parecchio / -a / -i / -e   6) ziemlich viel(e)
g) poco / -a / -i / -e   7) einige
h) tanto / -a / -i / -e   8) jede(r) Einzelne
i) troppo / -a / -i / -e   9) kein(e), niemand
l) tutto / -a / -i / -e   10) andere(r)

6. (➥ 3.2)
Für die gängigsten Indefinita, die sowohl adjektivisch als auch pronominal verwendet werden gilt:
a) Sie sind alle (unveränderlich / veränderlich).
b) (Pronominal / Adjektivisch) benutzte Indefinita verhalten sich wie Adjektive, d. h. sie richten sich in Geschlecht und Zahl nach dem Substantiv, auf das sie sich beziehen.
c) Das Nomen, für das ein (Indefinitadjektiv / Indefinitpronomen) steht, bestimmt, ob die Endung des Indefinitum maskulin oder feminin bzw. Singular oder Plural ist.

Die Relativpronomen 8

Was Sie vorab wissen sollten
- Die Relativpronomen erfüllen sowohl im Italienischen als auch im Deutschen gleichzeitig zwei Funktionen: sie ersetzen ein Substantiv und verbinden zwei Sätze miteinander.
- Fast alle Relativpronomen sind im Italienischen unveränderlich, die wenigen veränderlichen Formen werden hauptsächlich in der Schriftsprache verwendet.

1 che

Das Relativpronomen che ist unveränderlich. Es kann für Personen, Gegenstände und abstrakte Begriffe stehen und sowohl Subjekt als auch direktes Objekt sein.

1.1 che als Subjekt

Wie die folgenden Beispiele zeigen, ist das che im Nebensatz Subjekt.
Questi sono i miei amici che sono arrivati ieri.
Diese sind meine Freunde, **die** gestern angekommen sind.
Questo è un film che ha vinto un premio.
Das ist ein Film, **der** einen Preis gewonnen hat.
I ragazzi che studiano l'italiano sono molto bravi.
Die jungen Leute, **die** Italienisch lernen, sind sehr gut.

1.2 che als Objekt

In den folgenden Beispielen ist das che im Nebensatz ein direktes Objekt.
Il film che voglio vedere deve essere molto bello.
Der Film, **den** ich sehen will, muss sehr schön sein.
Questa è la studentessa che ho conosciuto al corso.
Das ist die Studentin, **die** ich im Kurs kennen gelernt habe.
Sono le foto che ha fatto mio nonno.
Das sind die Fotos, **die** mein Großvater gemacht hat.

Beachten Sie
a) Vor den meisten Relativsätzen wird kein Komma gesetzt (➡ Kap. 1, 7.2).
b) Ist das che direktes Objekt, dann kann das Partizip in einem Relativsatz dem Subjekt des Hauptsatzes angeglichen werden. Allerdings ist die Angleichung in diesem Fall eine relativ selten verwendete Konstruktion.
Questa è la studentessa che ho conosciut**a** al corso.
Das ist die Studentin, **die** ich im Kurs kennen gelernt habe.

8 Die Relativpronomen

Test 1
Stellen Sie fest, ob in den folgenden Sätzen das che Subjekt (S) oder Objekt (O) ist.

	S	O
a) Vico è il ragazzo che vado a trovare. Vico ist der Junge, den ich besuche.	☐	☐
b) Questo è il collega che studia italiano con me. Das ist der Kollege, der mit mir Italienisch lernt.	☐	☐
c) È un amico che non vediamo da molto. Es ist ein Freund, den wir lange nicht gesehen haben.	☐	☐
d) Antonio è l'uomo che amo. Antonio ist der Mann, den ich liebe.	☐	☐
e) Questo è un libro che leggo volentieri. Das ist ein Buch, das ich gerne lese.	☐	☐
f) Luisa è la collega che ama la musica classica. Luisa ist die Kollegin, die klassische Musik liebt.	☐	☐
g) Questo è il vino che compro sempre. Das ist der Wein, den ich immer kaufe.	☐	☐
h) Pia è la studentessa che viene con noi in Italia. Pia ist die Studentin, die mit uns nach Italien kommt.	☐	☐

1.3 il che
Wenn sich das Relativpronomen auf einen Sachverhalt oder auf einen ganzen Satz bezieht, wird das unveränderliche il che (was) verwendet.
Ho sentito che Claudio sta meglio, **il che** mi fa molto piacere.
Ich habe gehört, dass es Claudio besser geht, **was** mich sehr freut.
Dicono che Ada va via, **il che** ci dispiace molto.
Man sagt, dass Ada weggeht, **was** uns sehr Leid tut.

Beachten Sie
Il che kann auch durch e ciò / e questo (und das) bzw. durch cosa che (was) ersetzt werden.
Ho sentito che Claudio sta meglio **e ciò** mi fa molto piacere. = Ho sentito che Claudio sta meglio **e questo** mi fa molto piacere.
Ich habe gehört, dass es Claudio besser geht, **und das** freut mich sehr.
Oder: Ho sentito che Claudio sta meglio, **cosa che** mi fa molto piacere.
Ich habe gehört, dass es Claudio besser geht, **was** mich sehr freut.

Test 2
Setzen Sie che oder il che ein.
a) Sandro ha un nuovo lavoro, ____ mi fa molto piacere.
   Sandro hat eine neue Arbeit, was mich sehr freut.

Die Relativpronomen 8

b) Sandro ha un nuovo lavoro ____ gli piace molto.
   Sandro hat eine neue Arbeit, die ihm sehr gefällt.
c) Molti turisti ____ vanno in Italia non parlano l'italiano.
   Viele Touristen, die nach Italien fahren, sprechen nicht Italienisch.
d) Anche oggi arrivo in ritardo, ____ mi dispiace.
   Auch heute komme ich zu spät, und das tut mir sehr Leid.
e) Non hanno accettato l'invito, ____ mi sembra molto grave.
   Sie haben die Einladung nicht angenommen, was ich sehr schlimm finde.
f) Non ho accettato un invito ____ non mi sembrava importante.
   Ich habe eine Einladung nicht angenommen, die ich nicht wichtig fand.

2   cui

Das Relativpronomen cui ist unveränderlich und kann für Personen, Gegenstände und abstrakte Begriffe stehen. Im Gegensatz zu che wird cui nach einer Präposition verwendet.
Questi sono i ragazzi **con cui** studio.
Das sind die Jungen, **mit denen** ich studiere.
Questa è la ragazza **di cui** ti ho parlato.
Das ist das Mädchen, **von dem** ich dir erzählt habe.

Beachten Sie
Die Präposition a kann bei cui entfallen.
gli amici **(a) cui** scrivo die Freunde, **an die** ich schreibe.

Test 3
Setzen Sie che oder cui ein.
a) Ho una collega ____ parla sei lingue.
   Ich habe eine Kollegin, die sechs Sprachen spricht.
b) Ho conosciuto la collega di ____ mi hai parlato.
   Ich habe die Kollegin kennen gelernt, von der du mir erzählt hast.
c) Questo è la persona da ____ ho ricevuto quella lettera.
   Das ist die Person, von der ich jenen Brief bekommen habe.
d) Hai visto il libro ____ ho regalato a Luca?
   Hast du das Buch gesehen, das ich Luca geschenkt habe?
e) È la ragazza con ____ vado a ballare.
   Es ist das Mädchen, mit dem ich tanzen gehe.
f) È la ragazza ____ balla con me. Es ist das Mädchen, das mit mir tanzt.
g) È l'amico ____ mi scrive sempre. Es ist der Freund, der mir immer schreibt.
h) È l'amico a ____ scrivo sempre. Es ist der Freund, dem ich immer schreibe.
i) Il libro ____ cerchi è qui. Das Buch, das du suchst, ist hier.

Die Relativpronomen

3 il quale

3.1 Formen

Das Relativpronomen il quale kann sowohl für Personen als auch für Sachen verwendet werden. Es kann als Subjekt anstelle von che stehen oder in Verbindung mit einer Präposition cui ersetzen. Il quale wird eher in der Schriftsprache verwendet.
Il quale ist veränderlich. Je nachdem, ob es sich auf eine männliche bzw. weibliche oder eine Singular- bzw. Pluralform bezieht, verändert sich:
– der Artikel und
– die Endung von quale.

Auf Entdeckung
Versuchen Sie die Übersicht der Formen von il quale auszufüllen, indem Sie die fehlenden Artikel und Endungen einsetzen. (➡ *Lösungen*)

	Maskulinum	Femininum
Singular	il quale	____ quale
Plural	____ qual__	____ qual__

Test 4
Setzen Sie il quale, i quali, la quale bzw. le quali ein.
a) Questa è una cara amica dei miei genitori, __ ____ è arrivata ieri.
   Das ist eine gute Freundin von meinen Eltern, die gestern angekommen ist.
b) È un'amica per __ ____ ho molta stima.
   Es ist eine Freundin, vor der ich sehr viel Achtung habe.
c) Qui lavorano i colleghi __ ____ si occupano dei computer.
   Hier arbeiten die Kollegen, die sich mit Computern beschäftigen.
d) Questo è un problema per __ ____ bisogna trovare subito una soluzione.
   Das ist ein Problem, für das man sofort eine Lösung finden muss.
e) Ho visto le sorelle di Enzo, __ ____ sono ritornate in Italia. Ich habe die Schwestern von Enzo gesehen, die wieder nach Italien zurückgefahren sind.
f) Domani arrivano gli studenti con __ ____ siamo stati in Italia.
   Morgen kommen die Studenten an, mit denen wir in Italien waren.

3.1.1 il quale ohne Präposition

Wird il quale ohne Präposition verwendet, dann entspricht es dem che.
Questa è l'amica **la quale** è arrivata ieri. = Questa è l'amica **che** è arrivata ieri.
Das ist die Freundin, **die** gestern angekommen ist.

Die Relativpronomen

3.1.2 il quale mit Präposition
Wird il quale mit Präposition verwendet, dann entspricht es dem cui mit Präposition.
Questo è il ragazzo del quale ti ho parlato. = Questo è il ragazzo di cui ti ho parlato. Das ist der Junge, **von dem** ich dir erzählt habe.

Test 5

Stellen Sie fest, ob Sie in den folgenden Beispielen neben einer Form von il quale auch che oder cui einsetzen könnten und markieren Sie die zwei richtigen Möglichkeiten.
a) È una persona per (la quale / che / cui) farei tutto.
   Es ist eine Person, für die ich alles tun würde.
b) Ho visto il film russo (il quale / che / cui) ha vinto quest'anno un importantissimo premio internazionale. Ich habe den russischen Film gesehen, der dieses Jahr einen sehr wichtigen internationalen Preis gewonnen hat.
c) È l'amica con (la quale / che / cui) vado in Messico.
   Es ist die Freundin, mit der ich nach Mexiko fahre.
d) Le spedisco i documenti (i quali / che / cui) ci sono arrivati pochi minuti fa per fax. Ich schicke Ihnen die Unterlagen, die bei uns vor einigen Minuten per Fax angekommen sind.
e) Queste lettere di Thomas Mann, (le quali / che / cui) per anni sono rimaste sconosciute anche agli studiosi, sono ora a disposizione del grande pubblico. Diese Briefe Thomas Manns, die jahrelang auch den Wissenschaftlern unbekannt waren, sind jetzt dem breiten Publikum zugänglich.

3.2 Gebrauch

Neben der bereits genannten Verwendung in der Schriftsprache wird il quale auch gebraucht
a) wenn die Relativpronomen che bzw. cui keinen eindeutigen Bezug herstellen können.
   Der folgende Satz ist zweideutig, da man nicht weiß, ob sich das che auf die Schwester oder auf Gino bezieht:
   La sorella di Gino che studia inglese, arriva domani.
   Die Schwester von Gino, **der / die** Englisch lernt, kommt morgen.
   Durch il quale bzw. la quale wird die Aussage eindeutig:
   La sorella di Gino, la quale studia inglese con me, arriva domani.
   Die Schwester von Gino, **die** mit mir Englisch lernt, kommt morgen.
   Vergleiche dagegen:
   La sorella di Gino, il quale studia inglese con me, arriva domani.
   Die Schwester von Gino, **der** mit mir Englisch lernt, kommt morgen.

8 Die Relativpronomen

b) aus stilistischen Gründen, wenn mehrere che aufeinanderfolgen.
Gino mi ha detto che sua sorella, la quale vive in America, arriva la settimana prossima. Gino hat mir gesagt, **dass** seine Schwester, **die** in Amerika wohnt, nächste Woche kommt.
Statt: Gino mi ha detto che sua sorella che vive in America arriva la settimana prossima. Gino hat mir gesagt, **dass** seine Schwester, **die** in Amerika wohnt, nächste Woche kommt.

4 Wiedergabe der deutschen deklinierten Relativpronomen im Italienischen

4.1 Übersicht

Das Italienische kennt zwar im Gegensatz zum Deutschen keine Deklination, es hat aber bei den Relativpronomen für alle vier Fälle eine Entsprechung.

Nominativ	che	il quale
Genitiv	il cui / di cui	del quale
Dativ	a cui	al quale
Akkusativ	che	il quale

4.2 Die Wiedergabe des deutschen „dessen / deren" im Italienischen

Das deutsche „dessen" bzw. „deren" wird in der Regel durch il cui / i cui / la cui / le cui wiedergegeben. Der Artikel bei cui bezieht sich auf das darauffolgende Substantiv, d. h. auf das Objekt des Nebensatzes.[1]
È una cantante **il cui** nome non ricordo.
Es ist eine Sängerin, **deren** Name mir entfallen ist.
È un autore **i cui** libri leggo volentieri.
Es ist ein Autor, **dessen** Bücher ich gerne lese.
Sono studenti **la cui** intelligenza è eccezionale.
Es sind Studenten, **deren** Intelligenz hervorragend ist.
È la ragazza **le cui** sorelle abitano a Roma.
Es ist das Mädchen, **dessen** Schwestern in Rom leben.

---
[1] in den Beispielen unterstrichen

Die Relativpronomen 8

Beachten Sie
In diesen Fällen kann auch del quale / dei quali / della quale / delle quali oder das unveränderliche di cui verwendet werden.
È un autore **del quale** leggo volentieri i libri. = È un autore **di cui** leggo volentieri i libri.
È una cantante **della quale** non ricordo il nome. = È una cantante **di cui** non ricordo il nome.

Test 6

Setzen Sie die entsprechenden Formen von il cui / i cui / la cui / le cui ein.
a) Quel regista, __ ____ nome non ricordo, ha fatto un nuovo film. Jener Regisseur, dessen Name mir entfallen ist, hat einen neuen Film gemacht.
b) Ho trovato una casa __ ____ posizione è molto centrale.
Ich habe ein Haus gefunden, dessen Lage sehr zentral ist.
c) Ho conosciuto una ragazza __ ____ fratelli studiano italiano.
Ich habe ein Mädchen kennen gelernt, dessen Brüder Italienisch lernen.
d) Udo è il collega __ ____ computer non funziona.
Udo ist der Kollege, dessen Computer nicht funktioniert.
e) Marina, __ ____ figli sono già grandi, ha ripreso a lavorare.
Marina, deren Kinder schon groß sind, hat wieder angefangen zu arbeiten.
f) Ho comprato una macchina __ ____ prezzo è molto buono.
Ich habe ein Auto gekauft, dessen Preis sehr gut ist.
g) La signora Rossi, __ ____ figlie studiano con me, sta poco bene.
Frau Rossi, deren Töchter mit mir studieren, geht es nicht gut.
h) Nino, __ ____ fidanzata è andata a studiare in America, è molto triste.
Nino, dessen Verlobte zum Studieren nach Amerika gegangen ist, ist sehr traurig.

5 quello che

Quello che[2] kann zwei Bedeutungen haben:
a) Wenn das Subjekt im Nebensatz ein Demonstrativpronomen ist, wird als Relativpronomen quello che verwendet. In diesem Fall bedeutet es „der(jenige), der" und gleicht sich dem Bezugswort in Geschlecht und Zahl an.
Quello che è appena entrato è il mio professore.
Derjenige, der gerade hereingekommen ist, ist mein Lehrer.
Quella che vedi è mia sorella. **Diejenige, die** du siehst, ist meine Schwester.
Ho invitato tutti **quelli che** conosco.
Ich habe all **die(jenigen)** eingeladen, **die** ich kenne.

---
[2] ⟹ Kap. 6, 2.1, 3.3 und 4.1

Die Relativpronomen

b) Das Deutsche „(das), was" wird immer nur mit quello che ausgedrückt. Es bezieht sich nicht auf ein bestimmtes Wort, sondern auf einen Sachverhalt. In diesem Fall ist quello unverändert.
Fai **quello che** vuoi. Mach (**das**), **was** du willst.
Non capisco **quello che** dici. Ich verstehe nicht (**das**), **was** du sagst.

Beachten Sie
Quello che im Sinne von „(das), was" kann durch ciò che ersetzt werden.
Fai **quello** che vuoi. → Fai **ciò** che vuoi. Mach (**das**), **was** du willst.
Dice sempre tutto **quello** che pensa. → Dice sempre tutto **ciò** che pensa.
Er sagt immer alles (**das**), **was** er denkt.

Test 7
Stellen Sie fest, ob in den folgenden Sätzen quello che veränderlich ist oder nicht und setzen Sie die entsprechenden Formen ein.
a) Quell__ che abbiamo incontrato è la mia amica.
   Die(jenige), die wir getroffen haben, ist meine Freundin.
b) Non è vero quell__ che dici. Das, was du sagst, ist nicht wahr.
c) Non so quell__ che vuoi. Ich weiß nicht, was du willst.
d) Quell__ che hanno scritto sono i miei amici.
   Die(jenigen), die geschrieben haben, sind meine Freunde.
e) Non sono d'accordo su quell__ che fai.
   Ich bin mit dem, was du tust, nicht einverstanden.
f) Chi sono quell__ che aspettano? Wer sind die(jenigen), die warten?
g) Quell__ che vedi sulla foto sono le mie sorelle.
   Die(jenigen), die du auf dem Foto siehst, sind meine Schwestern.

6 chi

Neben seiner Funktion als Fragewort, kann chi (wer / derjenige, der) auch die Funktion eines Relativpronomens übernehmen. Es wird nur bei Personen verwendet und ist unveränderlich; das Verb steht dabei immer im Singular.
Chi ha bisogno di aiuto può telefonarmi.
Wer Hilfe braucht, kann mich anrufen.
C'è chi va in America e chi preferisce restare a casa. Es gibt **diejenigen**, die nach Amerika fahren und **diejenigen**, die lieber zu Hause bleiben.
Chi kann auch mit einer Präposition verwendet werden.
Parla con chi ti può aiutare. Sprich mit **demjenigen**, der dir helfen kann.

Beachten Sie
Das Relativpronomen chi kann auch durch das veränderliche colui che (derjenige, der) ersetzt werden.

Die Relativpronomen 8

7 colui che

7.1 Formen

	maskulin	feminin
Singular	colui che derjenige	colei che diejenige
Plural	coloro che diejenigen	coloro che diejenigen

7.2 Gebrauch

Colui che (derjenige, welcher) kann chi ersetzen. Colui che bezieht sich nur auf Personen und kommt hauptsächlich in der Schriftsprache vor. Im Gegensatz zu chi wird es verwendet, wenn die Unterscheidung des Geschlechts oder der Zahl von Bedeutung ist. Vergleichen Sie:
Coloro che vogliono frequentare il corso si devono iscrivere.
Diejenigen, die am Kurs teilnehmen wollen, müssen sich einschreiben.
Chi vuole frequentare il corso si deve iscrivere. **Derjenige, der / Diejenigen, die** den Kurs besuchen will / wollen, muss / müssen sich einschreiben.

Auf den Punkt gebracht

Nun können Sie wieder überprüfen, ob Sie die wichtigsten Regeln in diesem Kapitel behalten haben. Füllen Sie die Lücken in den Kontrollaufgaben aus oder markieren Sie die richtige(n) Möglichkeit(en).

1. (➨ *Was Sie vorab wissen sollten*)
Relativpronomen   ja   nein
a) ersetzen auch ein Substantiv.   ☐   ☐
b) verbinden zwei Sätze miteinander.   ☐   ☐
c) sind immer unveränderlich.   ☐   ☐

2. (➨ *1*)
Das Relativpronomen che   ja   nein
a) kann Subjekt sein.   ☐   ☐
b) kann direktes Objekt sein.   ☐   ☐
c) steht nur für Personen.   ☐   ☐
d) kann für Personen, Gegenstände und abstrakte Begriffe stehen. ☐ ☐
e) muss immer angeglichen werden.   ☐   ☐
f) ist unveränderlich.   ☐   ☐

8 Die Relativpronomen

3. (➞ 2)
Das Relativpronomen cui   ja   nein
a) steht immer ohne Präposition.   ☐   ☐
b) wird nach einer Präposition verwendet.   ☐   ☐
c) steht nur für Personen.   ☐   ☐
d) kann für Personen, Gegenstände und abstrakte Begriffe stehen. ☐ ☐
e) muss immer angeglichen werden.   ☐   ☐
f) ist unveränderlich.   ☐   ☐

4. (➞ 3.1)
Die Formen von il quale lauten:
	Maskulinum	Femininum
Singular	____ qual__	____ qual__
Plural	____ qual__	____ qual__

5. (➞ 3.1)
a) Wird il quale ohne Präposition verwendet, dann entspricht es dem (che / cui).
b) Wird il quale mit Präposition verwendet, dann entspricht es dem (che / cui) mit Präposition.
   Questa è l'amica la quale è arrivata ieri. = Questa è l'amica (che / cui) è arrivata ieri. Das ist die Freundin, die gestern angekommen ist .
   Questo è il ragazzo del quale ti ho parlato. = Questo è il ragazzo di (che / cui) ti ho parlato. Das ist der Junge, von dem ich dir erzählt habe.

6. (➞ 3.1, 3.2)
Das Relativpronomen il quale   ja   nein
a) steht nur für Personen.   ☐   ☐
b) wird viel häufiger verwendet als che oder cui.   ☐   ☐
c) wird eher in der Schriftsprache verwendet.   ☐   ☐
d) wird verwendet, wenn che bzw. cui keinen eindeutigen
   Bezug herstellen können.   ☐   ☐
e) wird verwendet, wenn mehrere che aufeinander folgen.   ☐   ☐

7. (➞ 5)
a) Das Deutsche „(das), was" wird mit (quello che / questo) ausgedrückt.
b) Quello che in der Bedeutung von „der(jenige), welcher" (ist unveränderlich / gleicht sich dem Bezugswort in Geschlecht und Zahl an).
c) Quello che in der Bedeutung von „(das), was" (ist unveränderlich / gleicht sich dem Bezugswort in Geschlecht und Zahl an.)

Die Relativpronomen 8

d) Quello che im Sinne von „(das), was" kann auch durch (cui / ciò che) ersetzt werden.

8. *(⟹ 7.1)*
Die Formen von colui che lauten:

	Maskulinum	Femininum
Singular	_____	_____
Plural	_____	_____

Auf den Punkt gebracht

9 Die Interrogativa

Was Sie vorab wissen sollten

Ähnlich wie im Deutschen leiten auch im Italienischen Fragewörter (Interrogativa) sowohl direkte als auch indirekte Fragen ein.

1 Das Fragewort *chi*

1.1 Chi mit der Bedeutung „wer" bzw. „wen"

Das Fragewort *chi* wird nur bei Personen verwendet. Es ist unveränderlich und fragt sowohl nach dem Subjekt (wer) als auch nach dem direkten Objekt (wen).

Subjekt	Chi viene con noi? **Wer** kommt mit uns? Chi telefona a Gianni? **Wer** ruft Gianni an? Non so chi viene con noi. Ich weiß nicht, **wer** mit uns kommt.
direktes Objekt	Chi aspetti? **Wen** erwartest Du? Chi conosci qui? **Wen** kennst Du hier? Si può sapere chi aspettiamo? Kann man erfahren, auf **wen** wir eigentlich warten?

1.2 Chi mit der Bedeutung „wessen" bzw. „wem"

Da *chi* unveränderlich ist und das Italienische keine Fälle wie das Deutsche kennt, können die Fragewörter im Genitiv (wessen) und im Dativ (wem) nur mit der Präposition *di* bzw. *a* vor *chi* ausgedrückt werden.

Genitiv	Di chi è il libro? **Wessen** Buch ist das? / **Wem** gehört das Buch? Di chi è la colpa? **Wessen** Schuld ist es? Non so di chi è la colpa. Ich weiß nicht, **wessen** Schuld es ist.
Dativ	A chi scrivi questa lettera? **Wem** schreibst du diesen Brief? A chi racconto tutto questo? **Wem** erzähle ich das alles? Non so a chi dobbiamo mandare questa lettera. Ich weiß nicht, **wem** wir diesen Brief schicken sollen.

1.3 Chi mit weiteren Präpositionen

Chi kann auch mit anderen Präpositionen (➞ Kap. 24) verwendet werden, z. B.:
Da chi andate? **Zu wem** geht ihr?
Di chi parli? **Von wem** redest du?
Per chi compri questo libro? **Für wen** kaufst du dieses Buch?
Con chi hai parlato? **Mit wem** hast du gesprochen?
Non so da chi dobbiamo andare. Ich weiß nicht, **zu wem** wir gehen sollen.

Die Interrogativa 9

Test 1
Setzen Sie das richtige Fragewort ein (chi, di chi, a chi, da chi, per chi, con chi).
a) ____ vuoi invitare? Wen willst du einladen?
b) ____ lavori? Mit wem arbeitest du?
c) ____ hai visto? Wen hast du gesehen?
d) ____ scrivi? Wem schreibst du?
e) ____ è questo dizionario? Wessen Wörterbuch ist das?
f) ____ arriva domani? Wer kommt morgen?
g) ____ mi capisce? Wer versteht mich?
h) ____ vai? Zu wem gehst du?
i) ____ vai a teatro? Mit wem gehst du ins Theater?
l) ____ è questo regalo? Für wen ist dieses Geschenk?

2 Das Fragewort *che cosa*

Das Fragewort che cosa (was?) ist unveränderlich und fragt nach Sachen oder Sachverhalten.
Che cosa vuoi? **Was** willst du?
Che cosa ti piace? **Was** gefällt dir?
Che cosa è successo a Cecilia? **Was** ist Cecilia passiert?
Auch che cosa kann mit einer Präposition verwendet werden. Es ergeben sich u. a. folgende Kombinationen:
A che cosa pensi? **Woran** / **An was** denkst du?
Da che cosa l'hai riconosciuto? **Woran** hast du ihn / es erkannt?
Di che cosa parla? **Wovon** / **worüber** spricht er / sie?
Con che cosa l'hai fatto? **Womit** hast du das gemacht?

Beachten Sie
In der Umgangssprache wird statt che cosa auch nur cosa oder nur che verwendet.
Cosa fai domani? **Was** machst du morgen?
Che ne dici? **Was** sagst du dazu?

3 Das Fragewort *che*

Das Fragewort che (welche / -r, was für ein / -e) in Verbindung mit einem Substantiv fragt nach der Eigenschaft von Personen oder Sachen.
Che libro è questo? **Welches** / **Was für ein** Buch ist das?
Che libri leggi di solito? **Welche** / **Was für** Bücher liest du im Allgemeinen?
Il professore ha domandato **che** libri leggiamo di solito. Der Professor hat gefragt, **welche** / **was für** Bücher wir im Allgemeinen lesen.

9 Die Interrogativa

Che kann auch mit einer Präposition verwendet werden. Es ergeben sich u. a. folgende Kombinationen:
A che piano abiti? **In welchem** Stock wohnst du?
Di che colore è il tuo nuovo vestito? **Welche** Farbe hat dein neues Kleid?
Da che parte andiamo? **In welche** Richtung gehen wir?
In che anno è nato Alessandro? **In welchem** Jahr ist Alexander geboren?

Test 2
Entscheiden Sie, ob Sie chi, che cosa oder che einsetzen.
a) ____ arriva domani? Wer kommt morgen an?
b) ____ musica ti piace? Welche Musik gefällt dir?
c) ____ ti piace? Was gefällt dir?
d) A ____ scrivi? Wem schreibst du?
e) ____ fai stasera? Was machst du heute Abend?
f) ____ dizionario usi? Welches Wörterbuch benutzt du?
g) Di ____ colore è la tua nuova macchina? Welche Farbe hat dein neues Auto?
h) ____ ne pensi? Was denkst du darüber?
i) Di ____ film parlate? Über welchen Film redet ihr?
l) Con ____ andate al cinema? Mit wem geht ihr ins Kino?

4 Das Fragewort *quale*

4.1 Formen

Quale (welche / -r, was für ein / -e) hat je eine Form für Singular und Plural.

Singular	quale	Quale treno prendi? Welchen Zug nimmst du? Quale libro mi consigli? Welches Buch empfiehlst du mir? Mi domanda quale libro leggiamo. Er fragt mich, welches Buch wir lesen.
Plural	quali	Quali libri mi consigli? Welche Bücher empfiehlst du mir? Quali macchine ti piacciono? Welche Autos gefallen dir? Mi domanda quali libri leggiamo. Er fragt mich, welche Bücher wir lesen.

In Verbindung mit einer Präposition ergeben sich u. a. folgende Kombinationen:
A quale indirizzo ti scrivo? **An welche** Adresse schreibe ich dir?
Di quale film parli? **Von welchem** Film sprichst du?
In quale parcheggio hai lasciato la machina?
Auf welchem Parkplatz hast du das Auto gelassen?

Die Interrogativa

Con quale treno arriva lo zio domani?
Mit welchem Zug kommt der Onkel morgen an?
Per quale motivo non rispondi?
Aus welchem Grund antwortest du nicht?

Beachten Sie
Im Singular wird quale vor è (er / sie ist) zu qual verkürzt.
Qual è il tuo parere? Was ist deine Meinung?
Qual è la tua proposta? Was für einen Vorschlag hast du?

4.2 Gebrauch

Quale fragt nach Personen, Lebewesen oder Sachen. Es fragt nach Eigenschaften oder steht bei Fragen nach einer Auswahl aus einer bestimmten Menge. Es kann adjektivisch oder pronominal verwendet werden (➡ siehe auch Kap. 5 und 6). Für beide Funktionen gelten dieselben Formen, die Sie im Abschnitt 4.1 kennen gelernt haben.

4.2.1 Adjektivischer Gebrauch
Quale kann unmittelbar vor einem Substantiv stehen; in diesem Fall handelt es sich um einen adjektivischen Gebrauch.
Quale pizza prendi? Welche Pizza nimmst du?
Quali città conosci? Welche Städte kennst du?

Beachten Sie
Adjektivisch gebrauchtes quale kann auch – besonders in der gesprochenen Sprache – durch che ersetzt werden.
Quale treno prendi? → **Che** treno prendi? Welchen Zug nimmst du?
Quali libri mi consigli? → **Che** libri mi consigli?
Welche Bücher empfiehlst du mir?

4.2.2 Pronominaler Gebrauch
Quale kann ein Substantiv ersetzen; in diesem Fall handelt es sich um einen pronominalen Gebrauch.
Qui ci sono molti bei vestiti. **Quale** prendo?
Hier sind viele schöne Kleider. Welches nehme ich?
Qual è la tua proposta? Was für einen Vorschlag hast du?
Quale dei tuoi amici abita in Italia?
Welcher von deinen Freunden wohnt in Italien?
Dei libri che hai letto **quali** sono i più belli?
Von den Büchern, die du gelesen hast, welche sind die schönsten?

4 Das Fragewort quale

9 Die Interrogativa

Test 3
Entscheiden Sie, ob Sie quale, quali oder qual einsetzen müssen.
a) ____ dei due è tuo fratello? Welcher von beiden ist dein Bruder?
b) ____ è il tuo problema? Welches ist dein Problem?
c) ____ autobus devo prendere? Welchen Bus muss ich nehmen?
d) ____ è la tua fidanzata? Welche ist deine Verlobte?
e) ____ amici incontri stasera? Welche Freunde triffst du heute Abend?
f) ____ è il tuo progetto? Welches ist dein Projekt?
g) In ____ casa abiti? In welchem Haus wohnst du?
h) Non so ____ vestito prendere. Ich weiß nicht, welches Kleid ich nehmen soll.
i) Allora, ____ sono i risultati? Also, was für Ergebnisse gibt es?
l) ____ è la tua opinione? Was / Welche ist deine Meinung?
m) ____ capitoli devo leggere? Welche Kapitel soll ich lesen?

5 Das Fragewort *quanto*

5.1 Formen

Auf Entdeckung
Im Kapitel 4, *Das Adjektiv*, haben Sie in der Grundregel die Endungen für die Adjektive gelernt. Quanto (wie viel) gleicht sich wie ein Adjektiv seinem Bezugswort an. Versuchen Sie nun, die fehlenden Endungen in der folgenden Tabelle zu ergänzen. (➡ *Lösungen*)

	maskulin	feminin
Singular	quant__ tempo wie viel Zeit	quant__ frutta wie viel Obst
Plural	quant__ libri wie viele Bücher	quant__ case wie viele Häuser

In Verbindung mit einer Präposition ergeben sich u. a. folgende Kombinationen:
A quanti amici hai dato questo indirizzo?
Wie vielen Freunden hast du diese Adresse gegeben?
Da quanto tempo aspetti? Seit wann / wie lange wartest du?
Di quanti soldi si tratta? Um wie viel Geld handelt es sich?
Per quante persone è questa cena?
Für wie viele Personen ist dieses Abendessen?
In quanti paesi sei stato? In wie vielen Ländern bist du gewesen?

Die Interrogativa

5.2 Gebrauch

Mit quanto fragt man nach der Menge oder Anzahl von Personen, Lebewesen oder Sachen. Es kann adjektivisch oder pronominal verwendet werden.

5.2.1 Adjektivischer Gebrauch
Quanto kann unmittelbar vor einem Substantiv stehen; in desem Fall handelt es sich um einen adjektivischen Gebrauch.
Quanto tempo hai? Wie viel Zeit hast du?
Quanti libri hai letto? Wie viele Bücher hast du gelesen?

5.2.2 Pronominaler Gebrauch
Quanto kann ein Substantiv ersetzen; in diesem Fall handelt es sich um einen pronominalen Gebrauch.
Quanti dei tuoi amici sono venuti?
Wie viele von deinen Freunden sind gekommen?
Quante delle tue amiche lavorano e quante studiano?
Wie viele von deinen Freundinnen arbeiten und wie viele studieren?
È proprio un bel vestito! **Quanto** costa?
Das ist wirklich ein schönes Kleid! Wie viel kostet es?

Test 4
Setzen Sie die richtige Endung ein.[1]
a) Quant__ lingue parli? Wie viele Sprachen sprichst du?
b) Quant__ costa questa macchina? Wie viel kostet dieses Auto?
c) Ecco le mele! Quant__ ne vuoi? Hier sind die Äpfel! Wie viele willst du?
d) Quant__ anni hai? Wie alt bist du?
e) Quant__ farina devo comprare? Wie viel Mehl soll ich kaufen?
f) Quant__ sorelle hai? Wie viele Schwestern hast du?
g) Quant__ treni ci sono oggi per Pisa? Wie viele Züge fahren heute nach Pisa?
h) Per quant__ persone è questa camera?
   Für wie viele Personen ist dieses Zimmer?
i) Quant__ pasta vuoi? Wie viel Pasta willst du?
l) Quant__ tempo avete? Wie viel Zeit habt ihr?
m) Quant__ giorni restate in Italia? Wie viele Tage bleibt ihr in Italien?
n) Quant__ vino porto? Wie viel Wein bringe ich?

---

[1] Um diese Aufgabe zu lösen, sollte Ihnen Kapitel 2, *Das Substantiv*, präsent sein.

9 Die Interrogativa

6 Weitere Fragewörter

perché warum	**Perché** non vieni con noi?
	Warum kommst du nicht mit uns?
come² wie	**Come** stai? Wie geht es dir?
dove wo	**Dove** abiti? Wo wohnst du?
di dove von wo	**Di dove** sei? Von wo / Woher stammst du?
da dove von wo	**Da dove** viene tutta questa gente?
	Woher kommen all diese Leute?
quando wann	**Quando** arrivi? Wann kommst du an?
da quando seit wann	**Da quando** abiti qui? Seit wann wohnst du hier?
fino a quando bis wann	**Fino a quando** hai tempo? Bis wann hast du Zeit?
per quando für wann	**Per quando** prenotiamo la camera?
	Für wann bestellen wir das Zimmer?

Test 5
Setzen Sie das richtige Fragewort ein.
a) ____ partite? Wann fahrt ihr weg?
b) ____ sono i tuoi amici? Woher stammen deine Freunde?
c) ____ vuoi aspettare? Bis wann willst du warten?
d) ____ lavori tanto? Warum arbeitest du so viel?
e) ____ studi l'italiano? Wo lernst du Italienisch?
f) ____ vivi in Italia? Seit wann lebst du in Italien?
g) ____ sono i nuovi colleghi? Wie sind die neuen Kollegen?

Auf den Punkt gebracht
Nun können Sie wieder überprüfen, ob Sie die wichtigsten Regeln in diesem Kapitel behalten haben. Kreuzen Sie die richtige(n) Möglichkeit(en) an oder füllen Sie die folgenden Lücken aus.

1. (➟ 1)

Das Fragewort chi	ja	nein
a) wird nur bei Personen verwendet.	☐	☐
b) wird bei Personen und bei Sachen verwendet.	☐	☐
c) ist unveränderlich.	☐	☐
d) fragt nur nach dem Subjekt.	☐	☐
e) fragt nach dem Subjekt und nach dem direkten Objekt.	☐	☐
f) kann mit einer Präposition verwendet werden.	☐	☐

---

² Ausnahme: Das Deutsche „wie gefällt dir" kann nicht mit come übersetzt werden: Ti piace la mia casa? heißt sowohl „Gefällt dir mein Haus?" als auch „Wie gefällt dir mein Haus?"

Die Interrogativa 9

2. (⟹ 2)
Das Fragewort che cosa   ja   nein
a) fragt nach Personen.   ☐   ☐
b) fragt nach Sachen oder Sachverhalten.   ☐   ☐
c) ist veränderlich.   ☐   ☐
d) ist unveränderlich.   ☐   ☐
e) kann mit einer Präposition verwendet werden.   ☐   ☐

3. (⟹ 3)
Das Fragewort che in Verbindung mit einem Substantiv   ja   nein
a) fragt nur nach der Eigenschaft von Sachen.   ☐   ☐
b) fragt nach der Eigenschaft von Personen oder Sachen.   ☐   ☐
c) kann mit einer Präposition verwendet werden.   ☐   ☐

4. (⟹ 4)
Das Fragewort quale   ja   nein
a) fragt nur nach Personen.   ☐   ☐
b) fragt nach Personen, Lebewesen oder Sachen   ☐   ☐
c) ist unveränderlich.   ☐   ☐
d) hat im Plural nur eine Form.   ☐   ☐
e) kann mit einer Präposition verwendet werden.   ☐   ☐

5. (⟹ 4.1)
Die Formen von quale lauten: _____

6. (⟹ 5)
Das Fragewort quanto   ja   nein
a) fragt nach Eigenschaften von Personen, Lebewesen oder Sachen.   ☐   ☐
b) fragt nach Menge oder Anzahl von Personen, Lebewesen oder
   Sachen.   ☐   ☐
c) ist unveränderlich.   ☐   ☐
d) hat vier Formen.   ☐   ☐
e) kann mit einer Präposition verwendet werden.   ☐   ☐

7. (⟹ 5.1)
Die Formen von quanto lauten:

	maskulin	feminin
Singular	quant__ tempo wie viel Zeit	quant__ frutta wie viel Obst
Plural	quant__ libri wie viele Bücher	quant__ case wie viele Häuser

8. (⟹ 6)
Weitere Fragewörter sind:
_____ warum   _____ wie   _____ wo   _____ wann

10 Die Personalpronomen

Im Deutschen wie auch im Italienischen dienen die Personalpronomen dazu, Wiederholungen zu vermeiden und Bezüge innerhalb eines gesprochenen oder geschriebenen Textes zu schaffen.

1 Die Subjektpronomen

Bevor Sie dieses Kapitel durcharbeiten, sollten Sie einen Blick auf den Abschnitt 2.1 des Einführungskapitels zu den Verben (S. 162) werfen.

Was Sie vorab wissen sollten

Anders als im Deutschen geben im Italienischen nicht die Subjektpronomen (io ich, tu du usw.), sondern die Endungen des Verbs die Person an, daher steht das Verb in der Regel ohne Subjektpronomen.
Wie bei den Substantiven und Artikeln, gibt es auch bei allen Pronomen nur weibliche (sie) oder männliche (er) Formen, aber kein Neutrum (es).

1.1 Formen

Die Formen der Subjektpronomen lauten:

	Singular	Plural
1. Person	io ich	noi wir
2. Person	tu du	voi ihr
3. Person	lui / lei er / sie	loro sie
Höflichkeitsform	Lei Sie	Loro Sie

Beachten Sie

a) zur Höflichkeitsform
– Die Höflichkeitsform (Sie) lautet für den Singular Lei und für den Plural Loro. Im heutigen Italienisch wird allerdings für die höfliche Anrede im Plural statt der 3. Person Plural (Loro) die 2. Person Plural (Voi) benutzt:
(Lei) Parla l'inglese, signora Barelli? Sprechen Sie Englisch, Frau Barelli?
Signora Busse, Signor Lück (voi) dove abitate?
Frau Busse, Herr Lück, wo wohnen Sie?
– In Süditalien wird das Voi auch für die Höflichkeitsform im Singular benutzt.

Die Personalpronomen 10

b) zur dritten Person
Neben den üblichen Formen der dritten Person lui, lei und loro könnte es sein, dass Ihnen die Formen ella, egli, esso, essa, essi, esse begegnen.
– Egli für lui und essi für loro finden sich nur in der geschriebenen Sprache.
– Esso / essa / essi / esse werden selten für Personen benutzt. In der Regel werden sie für Sachen oder Tiere verwendet. Als Bezeichnung für Personen findet man sie vor allem in älteren literarischen Texten.
– Ella gilt als veraltete Form für lei.
– Für das deutsche Subjektpronomen „es" in unpersönlichen Ausdrücken gibt es im Italienischen keine Entsprechung, es bleibt also unübersetzt.
Piove. Es regnet. Non è vero! Es ist nicht wahr!

1.2 Gebrauch

Da die Kennzeichnung der Personen durch die Endung des Verbs erfolgt, werden die Personalpronomen im Nominativ seltener gebraucht. Verwendet werden sie nur in den folgenden Fällen:

a) Wenn man eine oder mehrere Personen besonders hervorheben möchte.	Io lavoro qui, e voi? Ich arbeite hier, und ihr? Io sì, ma lui no. Ich ja, aber er nicht.
b) Zur Vermeidung von Missverständnissen, wenn man sonst nicht wüsste, von wem die Rede ist.	Eva e Ugo lavorano insieme, ma lui lavora poco. Eva und Ugo arbeiten zusammen, aber er arbeitet wenig.
c) Nach Ausdrücken wie: anche / pure auch, nemmeno / neppure nicht einmal.	Io lavoro qui, e tu? – Anch'io. Ich arbeite hier, und du? – Ich auch.
d) Zur Betonung kann das Pronomen auch am Ende stehen.	Su questa foto siamo al mare e qui sono io. Auf diesem Foto sind wir am Meer und das bin ich.

Test 1

Stellen Sie fest, ob in den folgenden Sätzen ein Subjektpronomen erforderlich ist und markieren Sie die richtige Lösung.
a) (Io / Ø[1]) sono austriaco e (io / Ø) lavoro in Italia.
   Ich bin Österreicher und arbeite in Italien.
b) Anche (tu / Ø) studi italiano? Lernst auch du Italienisch?
c) (Io / Ø) sono di Roma, ma (lui / Ø) è di Napoli.
   Ich bin aus Rom, aber er kommt aus Neapel.

---
[1] Das Zeichen Ø bedeutet: kein Pronomen.

10 Die Personalpronomen

d) (Noi / Ø) abitiamo a Zurigo. Wir wohnen in Zürich.
e) (Io / Ø) abito a Vienna e (voi / Ø)? Ich wohne in Wien und ihr?
f) Franco e (io / Ø) studiamo insieme. Franco und ich studieren zusammen.
g) Carla e (io / Ø) abitiamo insieme, ma (lei / Ø) non è mai a casa.
Carla und ich wohnen zusammen, aber sie ist nie zu Hause.
h) Pure (voi / Ø) andate in vacanza? Fahrt auch ihr in Urlaub?
i) (Noi / Ø) andiamo a Roma, ma (loro / Ø) restano qui.
Wir fahren nach Rom, aber sie bleiben hier.
l) (Io / Ø) studio italiano e (Lei / Ø) signor Senft?
Ich lerne Italienisch und Sie Herr Senft?

2 Die Reflexivpronomen

Die Formen der Reflexivpronomen lauten:

	Singular	Plural	Beispiele
1. Person	mi mich	ci uns	Lorenzo si veste bene.
			Lorenzo zieht sich gut an.
2. Person	ti dich	vi euch	Ci alziamo subito.
			Wir stehen sofort auf.
3. Person	si sich	si sich	Vi divertite? Amüsiert ihr euch?
Höflichkeitsform	si sich	si sich	

Reflexivpronomen werden ähnlich wie im Deutschen in Verbindung mit bestimmten Verben benutzt wie z. B.: vestirsi sich anziehen, lavarsi sich waschen, divertirsi sich amüsieren, alzarsi sich erheben, aufstehen.[2]

Test 2
Setzen Sie die entsprechenden Reflexivpronomen ein.
a) Perché non ____ vesti? Warum ziehst du dich nicht an?
b) Claudio e Manuela non ____ parlano più. Claudio und Manuela sprechen sich nicht mehr / sprechen nicht mehr miteinander.
c) ____ alzo subito. Ich erhebe mich sofort. / Ich stehe sofort auf.
d) E Bruno? Non ____ meraviglia? Und Bruno? Wundert er sich nicht?
e) Perché non ____ scusate? Warum entschuldigt ihr euch nicht?
f) ____ vediamo domani? Sehen wir uns morgen?
g) Quando ____ vedete? Wann seht ihr euch?
h) Signora Risi, ____ ricorda di me? Frau Risi, erinnern Sie sich an mich?
i) ____ diverti? Amüsierst du dich?

---

[2] Zur Stellung der Reflexivpronomen vgl. in diesem Kapitel Abschnitt 8. Wenn Sie nähere Informationen zu den reflexiven Verben haben wollen: ➡ Kap. 17.

Die Personalpronomen 10

l) Non ____ capiamo. Wir verstehen uns nicht.
m) Aldo e Mara ____ conoscono da molto tempo.
   Aldo und Mara kennen sich seit langem.
n) ____ scuso, non lo sapevo. Ich entschuldige mich, ich wusste es nicht.

3 Unbetonte Objektpronomen

Unbetonte Objektpronomen treten immer in direkter Verbindung mit einem Verb auf.

3.1 Unbetonte direkte Objektpronomen

3.1.1 Formen
Die Formen der direkten Objektpronomen (Akkusativpronomen) lauten:

	Singular	Plural	Beispiele
1. Person	mi mich	ci uns	Mi capisci? Verstehst du **mich**?
2. Person	ti dich	vi euch	Ti amo. Ich liebe **dich**.
3. Person	lo / la ihn / sie	li / le sie	Enzo? Lo conosco. Enzo? Ich kenne **ihn**.
Höflichkeitsform	La Sie	Li / Le Sie	La disturbo, professore? Störe ich **Sie**, Herr Professor? La disturbo, signora Dardi? Störe ich **Sie**, Frau Dardi?

Beachten Sie
a) Die Höflichkeitsform im Plural (Li, Le) wird besonders in der Umgangssprache durch das weniger formelle Vi ersetzt.
   Signori, Li aspetto domani. / Signori, Vi aspetto domani.
   Meine Herren, ich erwarte Sie morgen.
b) Lo und la werden vor Wörtern, die mit einem Vokal oder mit einem h beginnen, meist apostrophiert.
   Alfredo? L'invito volentieri. Alfredo? Ich lade ihn gerne ein.
   Maria? L'invito volentieri. Maria? Ich lade sie gerne ein.
   Aber: Die Pluralformen li und le werden nie apostrophiert, da es in der Mehrzahl keine apostrophierten Formen gibt.
   Luca e Ciro? Li invito volentieri.
   Luca und Ciro? Ich lade sie [m. / Pl.] gerne ein.
   Silvia e Maria? Le invito volentieri.
   Silvia und Maria? Ich lade sie [f. / Pl.] gerne ein.

10 Die Personalpronomen

3.1.2 Gebrauch

a) Die direkten Personalpronomen werden verwendet bei Verben, die ein direktes Objekt zulassen.	Mi senti? Hörst du mich? La vedo. Ich sehe sie.
b) lo, la, li, le stehen für Substantive, die Personen, andere Lebewesen oder Sachen bezeichnen.	Quando compri il pane? Wann kaufst du das Brot? – Lo compro dopo. Ich kaufe es später. Quando vedi Clara? Wann siehst du Clara? – La vedo domani. Ich sehe sie morgen.
c) Das deutsche Objektpronomen „es" wird im Italienischen mit lo wiedergegeben.	Non lo so. Ich weiß es nicht. Hans fa un lungo viaggio; lo desiderava da sempre. Hans macht eine lange Reise; er hat es sich schon immer gewünscht.
d) Beginnt ein Satz mit einem direktem Objekt (in den Beispielen unterstrichen) statt mit dem Subjekt, so muss das Objekt in Form des Pronomens wieder aufgegriffen werden.	E il vino, dove lo compri? Und den Wein, wo kaufst du ihn? E la pasta, dove la compri? Und die Pasta, wo kaufst du sie?

 Test 3

Setzen Sie die entsprechenden direkten Objektpronomen ein.
a) Non ____ capisco. Ich verstehe dich nicht.
b) E il caffè? Perché non ____ bevi? Und den Kaffee? Warum trinkst du ihn nicht?
c) Questo libro dove ____ hai trovato? Dieses Buch, wo hast du es gefunden?
d) ____ senti? Hörst Du mich?
e) Elisabetta ____ aspetta. Elisabetta erwartet uns.
f) ____ vedo ogni giorno. Ich sehe euch jeden Tag.
g) Professore, ____ chiamo domani. Herr Professor, ich rufe Sie morgen an.
h) I tuoi fratelli? ____ accompagno subito a casa.
   Deine Brüder? Ich bringe sie sofort nach Hause.
i) Come mai non ____ conosce più? Wieso kennt er uns nicht mehr?
l) ____ invito alla mia festa. Ich lade dich zu meinem Fest ein.
m) ____ disturbo? Störe ich euch?
n) Roberto ____ conosce bene. Roberto kennt mich gut.
o) E Maria? Non ____ inviti? Und Maria? Lädst du sie nicht ein?
p) I libri, dove ____ compri di solito?
   Die Bücher, wo kaufst du sie normalerweise?

Die Personalpronomen

3.2 Unbetonte indirekte Objektpronomen

3.2.1 Formen
Die Formen der indirekten Objektpronomen (Dativpronomen) lauten:

	Singular	Plural	Beispiele
1. Person	mi mir	ci uns	Mi telefoni? Rufst du mich an?
2. Person	ti dir	vi euch	Ti piace Firenze? Gefällt dir Florenz?
3. Person	gli / le ihm / ihr	loro ihnen	Gli scrivo domani. Ich schreibe ihm morgen.
Höflichkeitsform	Le Ihnen	Loro Ihnen	

Beachten Sie
a) Statt loro wird in der Umgangssprache immer häufiger auch für den Plural gli benutzt.
   Domani porto **loro** i libri. / Domani **gli** porto i libri.
   Morgen bringe ich ihnen die Bücher.
b) Die Höflichkeitsform im Plural (Loro) wird heute – auch in der Schriftsprache – immer häufiger durch das weniger formelle Vi ersetzt.
   Signori, rispondo **Loro** subito. / Signori, **Vi** rispondo subito.
   Meine Herren, ich antworte Ihnen sofort.
c) Die indirekten Objektpronomen werden nie apostrophiert.
   Gli abbiamo scritto ieri. Wir haben ihm gestern geschrieben.
   Le ho scritto ieri. Ich habe ihr gestern geschrieben.

3.2.2 Gebrauch

a) Die indirekten Personalpronomen werden bei Verben verwendet, die ein indirektes Objekt zulassen.[3]	Gli scrivo domani. Ich schreibe ihm morgen. Le preparo un caffè, signora? Soll ich Ihnen einen Kaffee machen, Signora?
b) Gli, le und loro stehen für Substantive, die Personen, andere Lebewesen oder Sachen bezeichnen.	Se vedo Rosa le dico di venire domani. Wenn ich Rosa sehe, sage ich ihr, dass sie morgen kommen soll. Questo cappotto l'ho portato dalla sarta e gli ho fatto accorciare le maniche. Diesen Mantel habe ich zur Schneiderin gebracht und ich habe <u>ihm</u> [dem Mantel] die Ärmel kürzen lassen.

---
[3] Das indirekte Objekt wird mit der Präposition a angeschlossen: Scrivo a Gino. Ich schreibe (an) Gino.

10 Die Personalpronomen

Test 4
Setzen Sie die entsprechenden indirekten Objektpronomen ein.
a) Ho parlato con Gino; il lavoro ____ piace.
   Ich habe mit Gino gesprochen, die Arbeit gefällt ihm.
b) ____ dispiace, ma non lo sapevo. Es tut mir Leid, ich wusste es nicht.
c) Quando vai da Rosa che cosa ____ porti?
   Wenn du zu Rosa gehst, was bringst du ihr mit?
d) Che cosa ____ regalo? Was schenke ich ihm?
e) Enrico non ____ risponde. Enrico antwortet mir nicht.
f) ____ dai il tuo indirizzo? Gibst du ihr deine Adresse?
g) Che cosa ____ dico domani? Was sage ich ihm morgen?
h) Professore, domani ____ do una risposta.
   Herr Professor, morgen gebe ich Ihnen eine Antwort.
i) Quando ____ scrivi? Wann schreibst du uns?
l) Se volete ____ vendo la macchina. Wenn ihr wollt, verkaufe ich euch das Auto.
m) ____ spieghi come funziona? Erklärst du mir, wie das funktioniert?
n) ____ scrivo appena so qualcosa. Ich schreibe dir, sobald ich etwas weiß.
o) Quando ____ mandi la lettera? Wann schickst du uns den Brief.

4 Betonte Objektpronomen

Was Sie vorab wissen sollten

Im Italienischen gibt es neben den bereits erwähnten unbetonten Formen auch betonte Objektpronomen. Sie werden z. B. verwendet, wenn das Objekt besonders betont oder hervorgehoben werden soll. Im Deutschen wird die Hervorhebung hingegen durch die Stellung des Pronomens ausgedrückt. Vergleiche:
unbetont: Ti amo. Ich liebe dich.
betont: Amo te. Dich liebe ich. (Und keine /-n andere /-n.)

4.1 Formen

Auch bei den betonten Objektpronomen unterscheidet man zwischen direkten und indirekten Pronomen.

4.1.1 Betonte direkte Objektpronomen

	Singular	Plural
1. Person	me mich	noi uns
2. Person	te dich	voi euch
3. Person	lui / lei ihn / sie	loro sie
Höflichkeitsform	Lei Sie	Loro Sie

Die Personalpronomen 10

4.1.2 Betonte indirekte Objektpronomen

	Singular	Plural
1. Person	a me mir	a noi uns
2. Person	a te dir	a voi euch
3. Person	a lui / a lei ihm / ihr	a loro ihnen
Höflichkeitsform	a Lei Ihnen	a Loro Ihnen

4.2 Gebrauch

4.2.1 Die betonten Objektpronomen werden verwendet

a) um das Objekt besonders hervorzuheben.	Cercano **noi**. **Uns** suchen sie. Chiamo **te**. **Dich** rufe ich. A **lui** però non porto niente. **Ihm** aber bringe ich nichts mit.
b) bei Gegenüberstellungen.	Amo **lui** e non **te**. **Ihn** liebe ich und nicht **dich**. Cercano **me** e non **voi**. **Mich** suchen sie und nicht **euch**. A **loro** scrivo, ma non **a lei**. **Ihnen** schreibe ich, aber nicht **ihr**.
c) nach Präpositionen[4].	Vado <u>con</u> **loro**. Ich gehe mit ihnen. <u>Secondo</u> **me** è vero. Meiner Meinung nach ist es wahr. (Tu) parli solo <u>di</u> **te**. Du sprichst nur von dir. Antonio ha conosciuto mio nonno e adesso parla sempre <u>di</u> **lui**. Antonio hat meinen Großvater kennen gelernt und jetzt spricht er immer über ihn.
d) wenn ein weiteres Objekt folgt.	Vado con **lei** e <u>i suoi colleghi</u>. Ich gehe mit ihr und ihren Kollegen. Ho visto **te** e <u>tua madre</u>. Ich habe dich und deine Mutter gesehen.

---

[4] Näheres zu den Präpositionen ➡ Kap. 24. Die Präpositionen sind in den Beispielen unterstrichen. Auch weiter unten sind die entsprechenden Satzteile oder Wörter in den Beispielen unterstrichen.

10 Die Personalpronomen

e) Im Gegensatz zu den unbetonten Objektpronomen müssen die betonten Formen nicht unbedingt in direkter Verbindung mit einem Verb stehen.	Chi ha visto? **Me**? Non è possibile! Wen hat er / sie gesehen? **Mich**? Das ist nicht möglich! Chi vuoi invitare? – **Lui**. Wen willst du einladen? – **Ihn**. A chi scrivi? – **A lei**. Wem schreibst du? – **Ihr**.

Beachten Sie

zu a) Vergleichen Sie im Gegensatz dazu die unbetonten Formen:
Ci cercano. Sie suchen uns. / Ti chiamo. Ich rufe dich.

zu c) Für die dritte Person gibt es – in Verbindung mit Präpositionen – auch die Form sé; sie entspricht dem deutschen „sich". Diese Form bezieht sich auf das Subjekt und gilt für Maskulinum und Femininum wie auch für Singular und Plural.
Antonio parla sempre di **sé**. Antonio spricht immer über sich.
Eva e Pia parlano sempre di **sé**. Eva und Pia sprechen immer über sich.
Dies ist nicht zu verwechseln mit:
Alessandra parla sempre di **lei**. Alessandra spricht immer über sie.
In diesem Fall spricht Alessandra nicht über sich, sondern über eine andere weibliche Person.

4.2.2 Anstelle der deutschen Subjektpronomen werden im Italienischen in den folgenden Fällen betonte Objektformen verwendet:

a) beim Komparativ nach di, quanto und come[5].	Mia sorella è più giovane di **me**. Meine Schwester ist jünger als ich. Riccardo è alto come / quanto **te**. Riccardo ist so groß wie du.
b) als prädikative Ergänzung.	Tu non sei **me**. Du bist nicht ich. Se fossi (in) **lui** non lo farei. Wenn ich er wäre / an seiner Stelle würde ich es nicht tun.
c) in Ausrufesätzen nach beato / felice glücklich und povero arm.	Beati **voi**! Ihr Glücklichen! Povero **te**! Du Armer!

---

[5] ➡ Kap. 4, 5.1.2 und 5.1.3.

Die Personalpronomen 10

Test 5
Setzen Sie die entsprechenden betonten Formen ein.
a) Parliamo spesso di ____. Wir sprechen oft über euch.
b) Andiamo da ____ Wir gehen zu ihm.
c) E che cosa dai a ____? Und was gibst du ihnen?
d) Enrico è più grande di ____. Enrico ist größer als du.
e) Incontro sempre ____ e non ____. Ich treffe immer ihn und nicht sie.
f) Questo è per ____. Das ist für uns.
g) Perché parli sempre di ____? Warum sprichst du immer von dir?
h) Massimo racconta di ____. Massimo erzählt von sich.
i) Massimo racconta di ____. Massimo erzählt von ihr.
l) Massimo racconta di ____. Massimo erzählt von ihm.

Test 6
Betontes oder unbetontes Pronomen? Markieren Sie die richtige Möglichkeit.
a) Vieni con (mi / me)? Kommst du mit mir?
b) (Mi / me) scuso. Ich entschuldige mich.
c) Beato (ti / te)! Du Glücklicher!
d) (Vi / A voi) scrivo. Ich schreibe euch.
e) Vedo (lo / lei) e non (la / lui). Ich sehe sie und nicht ihn.
f) Invito (ti / te) e i tuoi colleghi. Ich lade dich und deine Kollegen ein.
g) (Ci / noi) senti? Hörst du uns?
h) (Gli / A lui) però non voglio dare la macchina.
Ihm will ich das Auto aber nicht geben.
i) Roberto ama solo (la / lei). Roberto liebt nur sie.
l) Domani andiamo da (lo / lui). Morgen gehen wir zu ihm.

5 Das Pronominaladverb *ci*

Das Pronominaladverb ci wird in den folgenden Fällen verwendet:

a) in Ausdrücken mit esserci[6] da sein / es gibt.	C'è Graziella? – No, non c'è. Ist Graziella da? – Nein, sie ist nicht da. Ci sono Roberto e Marco? – No, non ci sono. Sind Roberto und Marco da? – Nein, sie sind nicht da. Qui c'è molta neve. Hier gibt es viel Schnee. Ci sono ancora delle mele? Sind noch Äpfel da?

---

[6] Esserci wird (anders als das deutsche „es gibt") im Singular und Plural verwendet.

10 Die Personalpronomen

b) Ci im Sinne von „dort / dahin" ersetzt eine genannte Ortsangabe mit a / in (nach / in), da (zu), su (auf) und per (nach).	Vai spesso <u>in Italia</u>? – Sì, **ci** vado ogni anno. Fährst du oft nach Italien? – Ja, ich fahre jedes Jahr dahin. Statt: Vai spesso <u>in Italia</u>? – Sì, vado ogni anno in Italia. Quando vai <u>da Aldo</u>? **Ci** vado domani. Wann gehst du zu Aldo? – Ich gehe morgen dahin.
c) Ci im Sinne von „daran / darauf / damit" usw. ersetzt eine Ergänzung mit a (und seltener mit su), die sich auf eine Sache oder einen Sachverhalt bezieht (➠ Kap. 20, 3.1).	Hai pensato <u>al regalo</u>? – Sì, **ci** ho pensato. Hast du an das Geschenk gedacht? – Ja, ich habe daran gedacht. Statt: Hai pensato <u>al regalo</u>. – Sì, ho pensato al regalo. Hai pensato <u>a portargli le chiavi</u>? – No, non **ci** ho pensato. Hast du daran gedacht, ihm die Schlüssel zu bringen? – Nein, ich habe nicht daran gedacht. Posso contare <u>sul tuo aiuto</u>? – Sì, **ci** puoi contare. Kann ich auf deine Hilfe zählen? – Ja, du kannst darauf zählen / damit rechnen.
d) Beginnt ein Aussagesatz mit einer Ortsangabe oder mit einer Ergänzung mit a (statt mit dem Subjekt), so muss die Ortsangabe bzw. die Ergänzung durch das ci wieder aufgegriffen werden.[7]	<u>In Italia</u> ci vado sempre in macchina. Nach Italien fahre ich immer mit dem Auto. <u>Al regalo</u> non ci ho pensato. An das Geschenk habe ich nicht gedacht.

Beachten Sie
- In der Schriftsprache kann das ci durch das weniger gebräuchliche vi ersetzt werden.
  Su questo tema **ci** sono molte teorie. = Su questo tema **vi** sono molte teorie.
  Über dieses Thema gibt es viele Theorien.
- zu b) Auf die Frage: Quando vai <u>da Aldo</u>? kann man auf zwei Arten antworten:
  Ci vado domani. Ich gehe morgen <u>dahin</u>. Aber auch: Vado **da lui** domani. Ich gehe morgen <u>zu ihm</u>.

---

[7] Die Ortsangabe bzw. die Ergänzung ist in den Beispielen unterstrichen. Ein ähnliches Phänomen haben Sie bereits bei vorangestelltem direktem Objekt kennen gelernt (➠ Kap. 10, 3.1.2 d).

Die Personalpronomen **10**

6 Das Pronominaladverb *ne*

Das Pronominaladverb ne wird in den folgenden Fällen verwendet:

a) Ne im Sinne von „davon" ersetzt (oft in Verbindung mit Mengenangaben) einen zuvor genannten Begriff und erfüllt damit eine partitive Funktion. Das ne (davon) bleibt im Deutschen unübersetzt.	Ho del buon vino. **Ne** vuoi? Ich habe guten Wein. Willst du etwas davon? Statt: Ho del buon vino. Vuoi del buon vino? Lui ha tre sorelle e io **ne** ho solo una. Er hat drei Schwestern und ich habe nur eine. Ho visto delle buone mele e **ne** ho comprate[8] un paio. Ich habe schöne Äpfel gesehen und einige (davon) gekauft.
b) Ne im Sinn von „dazu / darüber / damit / darunter" usw. ersetzt eine Ergänzung mit di, die sich auf genannte Sachen oder Sachverhalte bezieht (➡ Kap. 20, 3.2).	Sei contento di questa soluzione? – Sì, **ne** sono molto contento. Freust du dich über diese Lösung? – Ja, ich freue mich sehr darüber. Statt: Sei contento di questa soluzione? – Sì, sono molto contento di questa soluzione. Penso di invitare i Rossi. Tu che **ne** dici? Ich denke, dass ich die Rossis einlade. Was sagst du dazu? Hai voglia di andare con loro? – No, non **ne** ho voglia. Hast du Lust, mit ihnen zu gehen? – Nein ich habe dazu keine Lust.
c) Ne kann eine genannte Ortsangabe ersetzen. Im Gegensatz zu ci bedeutet hier ne „von dort".	Sei stato in ufficio? – Sì, **ne** torno proprio adesso. Warst du im Büro? – Ja, ich komme gerade von dort. Statt: Sei stato in ufficio? – Sì, torno proprio adesso dall'ufficio. Vieni dalla festa? – Sì, **ne** vengo proprio adesso. Kommst du von dem Fest? – Ja, ich komme gerade daher.
d) Ne kann auch eine Zugehörigkeit oder einen Besitz ausdrücken; man vermeidet dadurch eine Wiederholung.	Ho un'amico; e da molto non **ne** ho notizie. Ich habe einen Freund; und seit langem habe ich keine Nachricht von ihm. Stattdessen könnte man sagen: … e da molto non ho notizie di questo amico. … e da molto non ho sue notizie.

---

[8] Bei ne wird in zusammengesetzten Zeiten das Partizip Perfekt angeglichen. ➡ auch Kap. 11, 3.1.3.

10 Die Personalpronomen

Test 7
Entscheiden Sie, ob Sie ci oder ne einsetzen müssen.
a) Ho comprato del salame, ____ volete?
   Ich habe Wurst gekauft, wollt ihr etwas davon?
b) Quando vai a Roma? – ____ vado la settimana prossima.
   Wann fährst du nach Rom? – Ich fahre nächste Woche dorthin.
c) Che bella frutta! ____ compriamo un chilo?
   Was für schönes Obst! Sollen wir ein Kilo (davon) kaufen?
d) Sei contento del viaggio? – Sì, ____ sono molto contento.
   Bist du mit der Reise zufrieden? – Ja, ich bin sehr damit zufrieden.
e) Buona questa pizza, ____ vuoi un po'?
   Diese Pizza ist lecker, willst du ein Stück (davon)?
f) Adesso vado in ufficio e ____ resto fino a tardi.
   Jetzt gehe ich ins Büro und bleibe bis spät dort.
g) Hai parlato di questo problema? – Sì, ____ ho parlato ieri. Hast du über dieses Problem gesprochen? – Ja, ich habe gestern darüber gesprochen.
h) Credi a quello che ha detto Federico? – No, non ____ credo proprio.
   Glaubst du an das, was Federico gesagt hat? – Nein, ich glaube überhaupt nicht daran.
i) ____ sono ancora delle mele? Gibt es noch Äpfel?
l) Hai voglia di uscire? – No, non ____ ho proprio voglia.
   Hast du Lust auszugehen? – Nein, ich habe dazu überhaupt keine Lust.

7 Zusammengesetzte Pronomen

Wie im Deutschen gibt es auch im Italienischen die Möglichkeit, Pronomen miteinander zu kombinieren z. B.: **Glielo** dico domani. Ich sage **es ihm** morgen.

7.1 Formen

Auf Entdeckung
Versuchen Sie, die folgende Tabelle auszufüllen, indem Sie sich an den bereits angegebenen Formen orientieren und die fehlenden davon ableiten.

	mi	ti	gli / le / Le	ci	vi	si
lo	me lo					se lo
la		te la				
li			glieli			se li
le				ce le		
ne			gliene		ve ne	

Die Personalpronomen

Beachten Sie
a) Treffen zwei Pronomen aufeinander, so werden mi / ti / gli / si / ci / vi zu me / te / se / ce / ve. Es entstehen Kombinationen wie me lo / te lo usw.
b) Stehen die Kombinationen me lo / te lo usw. vor dem Verb, so werden sie auseinander geschrieben. Werden sie allerdings an ein Verb angehängt, so werden sie zusammengeschrieben.[9]
   Me lo racconti domani? Erzählst du es mir morgen?
   Devi raccontar**melo**. Du musst es mir erzählen.
c) Kombinationen mit gli werden immer zusammengeschrieben.
   Glielo racconti? Erzählst du es ihm?
   Devi raccontar**glielo**. Du musst es ihm erzählen.

7.2 Reihenfolge der Pronomen

7.2.1 Grundregel

Stehen bei einem Verb zwei Pronomen, so gilt die Reihenfolge:

mi		lo	**mi:** La borsa **me la** porti domani?
			Die Tasche, bringst du sie mir morgen?
ti	stehen	la	**ti:** Non **te lo** do. Ich gebe es dir nicht.
gli / le	vor	li	**gli / le: Glielo** porto subito.
			Ich bringe es ihm / ihr sofort.
ci		le	**ci:** Perché non **ce lo** dici? Warum sagst du es uns nicht?
vi		ne	**Ce ne** parla sempre. Er spricht mit uns immer darüber.
si			**vi: Ve ne** ha parlato? Hat er mit euch darüber gesprochen?
			si: Ieri Aldo ha visto una bella macchina e oggi **se la** vuole comprare. Gestern hat Aldo ein schönes Auto gesehen und heute will er es sich kaufen.

Beachten Sie
Loro ist unveränderlich und verbindet sich nicht mit anderen Pronomen.
Lo dirò **loro** domani. Ich werde es ihnen morgen sagen.
Ne parlo **loro** stasera. Ich werde mit Ihnen heute Abend darüber reden.

---

[9] Näheres zur Stellung der Pronomen erfahren Sie weiter unten im Abschnitt 8.

10 Die Personalpronomen

 Test 8

Setzen Sie in den Antworten die zusammengesetzten direkten und indirekten Pronomen ein.

a) Quando scrivi la lettera a Olga? – ____ scrivo domani.
   Wann schreibst du Olga den Brief? Ich schreibe ihn ihr morgen.
b) Quando mi dai le chiavi? – ____ dò domani.
   Wann gibst du mir die Schlüssel? Ich gebe sie dir morgen.
c) Quando porti i libri a Enzo? – ____ porto domani.
   Wann bringst du Enzo die Bücher? Ich bringe sie ihm morgen.
d) Quando ci presti la macchina? – ____ presto domani.
   Wann leihst du uns das Auto? Ich leihe es euch morgen.
e) Quando vi racconta la sua storia Ugo? – ____ racconta domani.
   Wann erzählt euch Ugo seine Geschichte? Er erzählt sie uns morgen.

7.2.2 Besonderheiten beim Pronominaladverb ci

Bei der Stellung des Pronominaladverbs ci ist Folgendes zu beachten:

mi ti vi	stehen vor	ci	steht vor	lo / la li / le ne si	Ce lo lascio. Ich lasse ihn / es dort. Ti ci sei abituato? Hast du dich daran gewöhnt? Non ce ne sono più. Es gibt keine mehr davon. Carlo vive a Roma e ci si trova bene. Carlo lebt in Rom und er fühlt sich dort gut.

Beachten Sie

a) ci in Verbindung mit einem Reflexivpronomen
   In der Regel stehen Reflexivpronomen vor dem Pronominaladverb ci.
   Mi ci sono abituato. Ich habe mich daran gewöhnt.
   Nur bei der 3. Person Singular und Plural steht das si nach dem ci.
   Ci si è abituato. Er hat sich daran gewöhnt.
   Ci si sono abituati. Sie haben sich daran gewöhnt.
   Stehen Reflexivpronomen in Verbindung mit dem Pronominaladverb ci, bleiben alle Formen unverändert: mi ci / ti ci / ci si usw.
b) ci in Verbindung mit einem direkten Personalpronomen
   Normalerweise stehen die direkten Personalpronomen vor dem Pronominaladverb ci. (Allerdings ist diese Kombination nicht sehr häufig.)
   Chi ti porta alla stazione? – **Mi ci** porta lui.
   Wer bringt dich zum Bahnhof? – Er bringt mich (dorthin).
   Nur bei den Pronomen der 3. Person steht das direkte Personalpronomen nach dem ci. In diesen Fällen wird ci zu ce:
   Hai le chiavi? – Sì, **ce le** ho qui.
   Hast du die Schlüssel? – Ja, ich habe sie hier.

7 Zusammengesetzte Pronomen

Die Personalpronomen 10

Test 9
Vervollständigen Sie die Sätze mit den zusammengesetzten Pronomen. Achten Sie dabei auch auf die Reihenfolge der Pronomen.
a) Mi / ci: Come ti trovi a Roma? ____ trovo molto bene.
   Wie fühlst du dich in Rom? – Ich fühle mich dort sehr wohl.
b) Mi / lo: Che bel libro!____ regali?
   Was für ein schönes Buch! Schenkst du es mir?
c) Ne / ci: Che buon pane! ____ dai un pezzo?
   Was für leckeres Brot! Gibst du uns ein Stück (davon)?
d) Ne / ci: ____ sono molti. Es gibt dort viele davon.
e) Si / ci: Come si trovano in quella pensione? – ____ trovano molto bene.
   Wie fühlen sie sich in dieser Pension? – Sie fühlen sich dort sehr wohl.
f) Ti / ci: ____ sei abituato? Hast du dich daran gewöhnt?
g) Ne / ci: ____ parla sempre. Er spricht mit uns immer darüber.

8 Stellung von Pronomen und Pronominaladverbien

Die folgenden Regeln gelten sowohl für einfache als auch für zusammengesetzte Pronomen.

8.1 Voranstellung

Im Gegensatz zum Deutschen werden die Pronomen in folgenden Fällen vorangestellt:

a) Die Pronomen stehen unmittelbar vor dem konjugierten Verb (in den Beispielen unterstrichen).	Ti amo. Ich liebe dich. Questo ristorante non mi piace. Dieses Restaurant gefällt mir nicht. Mi vesto. Ich ziehe mich an. Non ci vado domani. Ich gehe morgen nicht hin. Gliene parlerò domani. Ich werde morgen mit ihm darüber sprechen.
b) Auch in zusammengesetzten Zeiten stehen die Pronomen unmittelbar vor dem konjugierten Verb, d. h. vor essere bzw. avere.	Il film non ci è piaciuto. Der Film hat uns nicht gefallen. Le ho detto di venire domenica. Ich habe ihr gesagt, sie solle am Sonntag kommen. Mi sono vestito / -a. Ich habe mich angezogen.

10 Die Personalpronomen

c) Die Pronomen stehen vor dem Imperativ[10] der Höflichkeitsform (3. Person Singular und Plural).

Mi scusi! Entschuldigen Sie mich!
Lo lasci parlare! Lassen Sie ihn sprechen!
Me lo dica, per favore! Sagen Sie es mir bitte!
Non me ne parli! Sprechen Sie mir nicht davon!
Non ne parlino! Sprechen Sie nicht davon!

Beachten Sie

zu a) Nur loro steht immer nach dem konjugierten Verb.
Domani porto loro i libri. = Domani gli porto i libri.
Morgen bringe ich ihnen die Bücher.
Ieri ho portato loro i libri. = Ieri gli ho portato i libri.
Gestern habe ich ihnen die Bücher gebracht.

8.2 Nachstellung

Pronomen werden angehängt:

a) an den Infinitiv; dabei entfällt das -e der Endung.	Arrivederci / arrivederLa! Auf Wiedersehen![11] Sono qui per parlarti. Ich bin hier, um dich zu sprechen. Sono contento di andarci. Ich bin froh, dorthin zu gehen. Mi dispiace dirtelo. Es tut mir Leid, es dir zu sagen.
b) an den bejahten Imperativ der 2. Person Singular (tu) und Plural (voi) und der 1. Person Plural (noi).	Oh, mi dispiace, scusami! Oh, es tut mir Leid, entschuldige [mich]! Vestiti! Zieh dich an! Lasciamolo parlare! Lassen wir ihn sprechen / reden! Andateci subito! Geht sofort dahin! Diteglielo! Sagt es ihm!
c) an das Gerundium.	Me lo disse, prendendomi per mano. Er sagte es mir, und nahm mich bei der Hand. Vestendomi ascoltavo la radio. Während ich mich anzog, hörte ich Radio.
d) an Partizipialkonstruktionen.	Salutatolo andammo a casa. Nachdem wir ihn gegrüßt hatten, gingen wir nach Hause.

---

[10] Die Regeln zur Stellung der Pronomen beim Imperativ und die entsprechenden Kontrollaufgaben am Ende können Sie zurückstellen, bis Sie mit den Formen des Imperativs (Kap. 14,2) vertraut sind.
[11] Wörtlich übersetzt: Auf dass wir uns wiedersehen / ich Sie wiedersehe.

Die Personalpronomen

e) an ecco hier ist.	**Ecco**mi! Hier bin ich! Dov'è la tua macchina? – Ecco**la**! Wo ist dein Auto? – Hier ist es!

Beachten Sie

zu a) Steht vor dem Infinitiv aber ein Verb der Wahrnehmung (wie z. B. sentire hören / fühlen, vedere sehen, guardare schauen, fare veranlassen, lasciare zulassen), so werden die Pronomen nicht an den Infinitiv angehängt, sondern stehen immer vor dem konjugierten Verb.
Li vedo arrivare. Ich sehe sie ankommen.
Lo lascio parlare. Ich lasse ihn sprechen.
Non **ne** ho sentito parlare. Ich habe nicht davon sprechen hören.

8.3 Voran- oder Nachstellung

In folgenden Fällen können Pronomen vor- oder nachgestellt werden:

Steht vor dem Infinitiv ein Modalverb[12] oder andare (gehen), venire (kommen), kann das Pronomen sowohl vor dem konjugierten Verb stehen als auch an den Infinitiv angehängt werden.	Devo veder**ti**. / **Ti** devo vedere. Ich muss dich sehen. Non **ne** voglio parlare. / Non voglio parlar**ne**. Ich will nicht darüber / davon sprechen. Non **te lo** posso dire. / Non posso dir**telo**. Ich kann es dir nicht sagen. Enzo **si** sa vestire bene. / Enzo sa vestir**si** bene. Enzo weiß sich gut zu kleiden. Vado a prender**lo**. / **Lo** vado a prendere. Ich gehe ihn / es holen. Viene a trovar**ci** sabato. / **Ci** viene a trovare sabato. Er kommt uns am Samstag besuchen.
Beim verneinten Imperativ der 2. Person Singular (tu) und Plural (voi) und der 1. Person Plural (noi) kann das Pronomen sowohl vor dem Infinitiv stehen als auch an den Infinitiv angehängt werden.	Non **glielo** dire! / Non dir**glielo**! Sag es ihm / ihr nicht! Non **ci** andate! / Non andate**ci**! Geht nicht dorthin! Non **glielo** diciamo! / Non diciamo**glielo**! Sagen wir es ihm / ihr nicht!

---

[12] Modalverben sind: dovere müssen, potere können, volere wollen, sapere wissen.

10 Die Personalpronomen

Test 10
Entscheiden Sie, wo die unbetonten Pronomen stehen müssen und setzen Sie das entsprechende Pronomen an die richtige Stelle.
a) le: Domani ____ porto ____ il libro. Morgen bringe ich ihr das Buch.
b) mi: ____ vendi ____ la tua macchina? Verkaufst du mir dein Auto?
c) lo: ____ non ____ ho ____ visto ____. Ich habe ihn nicht gesehen.
d) la: ____ vedo ____ ogni giorno. Ich sehe sie jeden Tag.
e) ti: ____ non ____ sento ____. Ich höre dich nicht.
f) ci: ____ andiamo ____ ogni giorno. Wir gehen jeden Tag dahin.
g) gli: ____ non ____ ho ____ scritto ____. Ich habe ihm nicht geschrieben.
h) ne: ____ parliamo ____ sempre ____. Wir sprechen immer davon.
i) vi: ____ non ____ capisco ____. Ich verstehe euch nicht.

Test 11
Setzen Sie die entsprechenden unbetonten Pronomen an die richtige Stelle. Sollte ein Pronomen nicht an den Infinitiv angehängt werden, denken Sie daran, das Endungs-e des Infinitivs einzusetzen.
a) ti: Sono contenta di ____ veder ____. Ich bin froh, dich zu sehen.
b) le: ____ voglio scriver ____ subito. Ich will ihr sofort schreiben.
c) ci: ____ non ____ vuole veder ____. Er will uns nicht sehen.
d) ne: ____ devo parlar ____ con Leo. Ich muss darüber mit Leo sprechen.
e) li: ____ vedo partir ____. Ich sehe sie wegfahren.
f) gli: ____ posso scriver ____ domani. Ich kann ihm morgen schreiben.
g) lo: Ho paura di ____ perder ____. Ich habe Angst ihn zu verlieren.
h) vi: Spero di ____ trovar ____. Ich hoffe euch zu finden.
i) ti: ____ sento uscir ____. Ich höre dich weggehen.
l) mi: ____ lasci andar ____? Lässt du mich gehen?
m) lo: È qui per ____ dir ____ a tutti. Er / sie ist hier, um es allen zu sagen.

9 Redewendungen

Das Italienische kennt eine Reihe von Wendungen, in denen Pronomen bzw. ci oder ne ohne erkennbare Beziehung zu einem Substantiv stehen. Hier einige der gängigsten:
farla finita ein Ende machen: La faccio finita. Ich mache dem ein Ende.
finirla / smetterla / piantarla aufhören: Finiscila! / Smettila! / Piantala! Hör damit auf!
scamparla mit einem blauen Auge davonkommen: L'abbiamo scampata bella! Wir sind mit einem blauen Auge davongekommen.
cavarsela zurechtkommen: Me la cavo. Ich komme zurecht.

Die Personalpronomen 10

prender**sela** con qn jmdm. die Schuld geben: **Se la** prende sempre con te. Er gibt immer dir die Schuld.
sentir**sela** sich nach etwas fühlen: Non **me la** sento. Mir ist nicht danach.
aver**cela** con qn auf jmdn. böse sein: **Ce l'**ho con lui. Ich bin auf ihn böse.
far**cela** es schaffen: **Ce la** faccio. Ich schaffe es.
metter**cela** etwas daransetzen: **Ce l'**ho messa tutta. Ich habe alles darangesetzt.
andar**sene** weggehen: **Me ne** vado. Ich gehe weg.

Auf den Punkt gebracht

Nun können Sie wieder überprüfen, ob Sie die wichtigsten Regeln in diesem Kapitel behalten haben. Füllen Sie die folgenden Kontrollaufgaben aus oder markieren Sie die richtige(n) Möglichkeit(en).

1. (⟹ 1.2)
Die Subjektpronomen werden verwendet   ja   nein
a) immer, wenn ein Verb folgt.   ☐   ☐
b) wie im Deutschen.   ☐   ☐
c) wenn man eine oder mehrere Personen besonders
   hervorheben möchte.   ☐   ☐
d) zur Vermeidung von Missverständnissen.   ☐   ☐

2. (⟹ 1.1; 2; 3.1.1; 3.2.1; 4.1)
a) Tragen Sie in die Tabelle zunächst nur die Subjektpronomen ein.

		Subjekt-pronomen	indirekte Pronomen	direkte Pronomen	Reflexiv-pronomen	betonte Objekt-pronomen
Sg.	1.					
	2.					
	3.					
Pl.	1.					
	2.					
	3.					

b) Tragen Sie in die Tabelle nur die Formen ein, die für die indirekten und direkten Pronomen sowie für die Reflexivpronomen identisch sind.
c) Tragen Sie jetzt in die Tabelle alle fehlenden Formen ein.

10 Die Personalpronomen

3. (➡ 4.2.1)
Die betonten Objektpronomen werden verwendet ja nein
a) wie im Deutschen. ☐ ☐
b) um das Objekt besonders hervorzuheben. ☐ ☐
c) nach Präpositionen. ☐ ☐

4. (➡ 5)
Das Pronominaladverb ci wird verwendet ja nein
a) in Ausdrücken mit esserci da sein / es gibt. ☐ ☐
b) um eine Menge anzugeben. ☐ ☐
c) um eine genannte Ortsangabe zu ersetzen. ☐ ☐
d) um eine Ergänzung mit a zu ersetzen. ☐ ☐
e) um eine Ergänzung mit di zu ersetzen. ☐ ☐

5. (➡ 6)
Das Pronominaladverb ne wird verwendet ja nein
a) in Verbindung mit Mengenangaben. ☐ ☐
b) um eine Ergänzung mit a zu ersetzen. ☐ ☐
c) um eine Ergänzung mit di zu ersetzen. ☐ ☐

6. (➡ 7.1)
Folgende Kombinationen können sich bei zusammengesetzten Pronomen ergeben:

	mi	ti	gli / le / Le	ci	vi	si
lo						
la						
li						
le						
ne						

7. (➡ 8)
Die Personalpronomen sowie ci und ne stehen
a) unmittelbar (vor / nach) dem konjugierten Verb.
b) bei einer Verneinung (vor / nach) dem non.
c) in zusammengesetzten Zeiten (vor / nach) dem Hilfsverb.

Die Personalpronomen

8. *(⟹ 8)*
Die Personalpronomen sowie ci und ne ja nein
a) werden in der Regel an den Infinitiv angehängt. ☐ ☐
b) stehen immer vor dem Infinitiv. ☐ ☐
c) werden – wenn vor dem Infinitiv ein Verb der Wahrnehmung steht – an den Infinitiv angehängt. ☐ ☐
d) stehen – wenn vor dem Infinitiv ein Verb der Wahrnehmung steht – immer vor dem konjugierten Verb. ☐ ☐

9. *(⟹ 8)*   ja nein
a) Beim bejahten Imperativ der 2. Person Singular werden die Pronomen immer angehängt. ☐ ☐
b) Beim bejahten Imperativ der 2. Person Singular stehen die Pronomen immer vor dem Verb. ☐ ☐
c) Beim verneinten Imperativ der 2. Person Singular können die Pronomen entweder vor oder nach dem Infinitiv stehen. ☐ ☐
d) Beim Imperativ der Höflichkeitsform stehen die Pronomen immer vor der Imperativform. ☐ ☐
e) Beim Imperativ der Höflichkeitsform werden die Pronomen immer angehängt. ☐ ☐

Auf den Punkt gebracht

Das Verb und seine Ergänzungen

    Einführung

11 Der Indikativ

12 Der *congiuntivo*

13 Der *condizionale*

14 Der Imperativ

15 Infinite Verbformen

16 Gebrauch der Zeiten und Modi

17 Die reflexiven Verben

18 Das Passiv

19 Die unpersönliche Form si

20 Besonderheiten der Verben

21 Das Adverb

Einführung

Was Sie vorab wissen sollten

1 Die Verbklassen

Im Italienischen gibt es drei Klassen von Verben, die sich in der Konjugation unterscheiden. Es gibt Verben auf:
-**are**: parl-**are** sprechen
-**ere**: ved-**ere** sehen
-**ire**: part-**ire** abfahren
Die meisten Verben enden auf -are.

2 Die Endungen

Alle Formen des Verbs werden aus dem Infinitiv abgeleitet und bestehen aus Stamm und Endung.

Deutsch		Italienisch		
Stamm	Endung	Stamm	Endung	
sprech	-en	parl	-are	
ich sprech	-e	parl	-o	usw.

Der Stamm trägt die Bedeutung des Verbs. Aus der Endung entnehmen wir Informationen über Person und Zeit.

2.1 Informationen zur Person

Aus den Endungen können wir ersehen, **wer** handelt. Die Subjektpronomen (io, tu usw.) sind deshalb im Italienischen in der Regel nicht erforderlich (➡ Kap. 10, 1.2). Beispiel: Präsens Indikativ.

Person	Singular		Plural	
1.	(io)	parl-**o**	(noi)	parl-**iamo**
2.	(tu)	parl-**i**	(voi / Voi)	parl-**ate**
3.	(lui/lei/Lei)	parl-**a**	(loro)	parl-**ano**

2.2 Informationen zur Zeit

Jeder Verbform ist auch zu entnehmen, **wann** und in welchem zeitlichen Rahmen etwas geschieht, z. B.:
parl-**o** ich spreche
parl-**er-ò** ich werde sprechen
parl-**av-o** ich sprach
se parl-**assi** wenn ich spräche usw.

Einführung

2.3 Die Höflichkeitsform

Im Italienischen wird die Höflichkeitsform im Singular durch die Endungen der 3. Person (Lei) und im Plural durch die Endungen der 2. Person (Voi) ausgedrückt (➡ Kap. 10, 1).
(Lei) Parl**a** l'inglese, signora Barelli? Sprech**en Sie** Englisch, Frau Barelli?
Signora Busse, Signor Lück (Voi) dove abit**ate**?
Frau Busse, Herr Lück, wo wohn**en Sie**?

3 Zeiten und Modi

3.1 Übersicht der Zeiten und Modi[1]

Die folgende Tabelle gibt Ihnen einen ersten Einblick, welche Zeiten und Modi Ihnen im Italienischen zur Verfügung stehen. Sie finden die Formen von **parlare** (sprechen) nur in der ersten Person Singular (die Formen von **ich** spreche, **ich** sprach, **ich** werde sprechen usw.). Nur für den Imperativ haben wir als Beispiel die Du- und die Sie-Form eingefügt: Sprich! Sprechen Sie!

Indicativo **Indikativ**		*Congiuntivo* **Konjunktiv**	
Presente Präsens parlo	*Passato prossimo* Perfekt ho parlato	*Presente* Präsens parli	*Passato* Perfekt abbia parlato
Imperfetto Imperfekt parlavo	*Trapassato prossimo* Plusquamperfekt avevo parlato	*Imperfetto* Imperfekt parlassi	*Trapassato* Plusquamperfekt avessi parlato
Passato remoto parlai	*Trapassato remoto* ebbi parlato	*Imperativo* **Imperativ**	
		parla! parli!	
Futuro semplice Futur I parlerò	*Futuro anteriore* Futur II avrò parlato	*Condizionale* **Konditional**	
		Condizionale I Konditional I parlerei	*Condizionale II* Konditional II avrei parlato

---

[1] Eine Übersicht über die Verbformen in allen Zeiten und Modi finden Sie im Tabellenteil S. 460 ff.

Einführung

Infinito **Infinitiv**	
Presente Präsens parlare	*Passato* Perfekt aver(e) parlato

Gerundio **Gerundium**	
Presente Präsens parlando	*Passato* Vergangenheit avendo parlato

Participio **Partizip**	
Presente Präsens parlante	*Passato* Perfekt parlato

Einige der hier aufgeführten grammatikalischen Begriffe werden Ihnen aus dem Deutschen bekannt sein (z. B. Indikativ *indicativo*, Imperativ *imperativo*, Partizip *participio*, Infinitiv *infinito*). Andere sind, sozusagen, eine italienische Spezialität wie *condizionale* und *gerundio*. Näheres darüber erfahren Sie in den entsprechenden Kapiteln.

3.2 Einfache und zusammengesetzte Zeiten

Wie im Deutschen gibt es auch im Italienischen einfache und zusammengesetzte Zeiten.
a) Einfache Zeiten sind z. B.: *presente, imperfetto, passato remoto, futuro semplice, condizionale I*. Es handelt sich dabei um Zeiten, die aus nur einer konjugierten Form bestehen.
b) Zusammengesetzte Zeiten sind z. B.: *passato prossimo, trapassato prossimo, trapassato remoto, futuro anteriore, condizionale II*. Es handelt sich dabei um Zeiten, die zusammengesetzt werden aus einem konjugierten Hilfsverb (essere sein bzw. avere haben) und einem Partizip Perfekt.

3.3 Zu den Zeiten der Vergangenheit

Vielleicht haben Sie in der Tabelle gesehen, dass es im Italienischen mehr Zeiten der Vergangenheit im *indicativo* gibt, als im deutschen Indikativ und zwar:

im Deutschen: 3 Zeiten	im Italienischen: 5 Zeiten
Imperfekt, Perfekt Plusquamperfekt	*imperfetto, passato prossimo, passato remoto.* *trapassato prossimo, trapassato remoto.*

Wir werden Schritt für Schritt in den folgenden Kapiteln die einzelnen Zeiten besprechen.

Einführung

4 Das Passiv

Wie im Deutschen gibt es auch im Italienischen neben den aktiven Formen des Verbs (ich liebe, ich liebte usw.) die entsprechenden passiven Formen (ich werde geliebt, ich wurde geliebt usw.). Diese Formen werden hier in der Tabelle nicht aufgeführt. Sie können sie später im Kapitel 18, *Das Passiv* nachschlagen.

Auf den Punkt gebracht

Nun können Sie wieder überprüfen, ob Sie die wichtigsten Regeln in diesem Kapitel behalten haben. Füllen Sie die folgenden Kontrollaufgaben aus oder markieren Sie die richtige Möglichkeit.

1. (➔ 1)
Im Italienischen gibt es drei Klassen von Verben, die sich in der Konjugation unterscheiden. Es gibt Verben auf _____, _____, _____.

2. (➔ 1)
Die meisten Verben sind auf _____.

3. (➔ 2)
Alle Formen des Verbs werden aus dem Infinitiv abgeleitet und bestehen aus Stamm und _____.

4. (➔ 2)
Einer Verbform entnehmen wir Informationen über die Bedeutung des Verbs (aus dem Stamm / aus der Endung).

5. (➔ 2)
Einer Verbform entnehmen wir Informationen über Person und Zeit (aus dem Stamm / aus der Endung).

6. (➔ 2.1)
Da die Endungen für jede Person unterschiedlich sind, braucht man im Italienischen in der Regel (ein / kein) Subjektpronomen zur Bezeichnung der Person.

7. (➔ 2.3)
Die Höflichkeitsform wird im Singular durch die Endungen der (2. / 3.) Person Singular ausgedrückt.

Einführung

8. *(⟹ 3.2)*
Zusammengesetzte Zeiten werden mit dem Partizip Perfekt des Verbs und mit den einfachen Zeiten der Hilfsverben _____ oder _____ gebildet.

9. *(⟹ 3.3)*
Im Indikativ gibt es für die Vergangenheit 5 Zeiten. Das gilt
für das Deutsche und das Italienische ☐
nur für das Italienische ☐
nur für das Deutsche ☐

10. *(⟹ 4)*
Neben den aktiven Formen des Verbs gibt es auch die entsprechenden passiven Formen. Das gilt
für das Deutsche und das Italienische ☐
nur für das Italienische ☐
nur für das Deutsche ☐

Der Indikativ 11

1 Das Präsens

Was Sie vorab wissen sollten
Das Präsens drückt Handlungen aus, die sich in der Gegenwart abspielen. Der Gebrauch dieser Zeit ist ähnlich wie im Deutschen. Die Formen des Präsens werden vom Infinitiv abgeleitet und bestehen aus Stamm und Endung.

1.1 Formen

1.1.1 Die Verben auf -are, -ere, -ire
Die Formen des *indicativo presente* werden unterschieden nach den drei Klassen der Verben auf -are wie parl-**are**, -ere wie ved-**ere** und -ire wie part-**ire**

		parl-**are** sprechen	ved-**ere** sehen	part-**ire** abfahren
Singular	1. (io) 2. (tu) 3. (lei/lui/Lei)	parl-**o** parl-**i** parl-**a**	ved-**o** ved-**i** ved-**e**	part-**o** part-**i** part-**e**
Plural	1. (noi) 2. (voi) 3. (loro)	parl-**iamo** parl-**ate** parl-**ano**	ved-**iamo** ved-**ete** ved-**ono**	part-**iamo** part-**ite** part-**ono**

Test 1
a) Tragen Sie in die Tabelle nur die Endungen ein, die für alle drei Klassen identisch sind.

		-are	-ere	-ire
Singular	1.			
	2.			
	3.			
Plural	1.			
	2.			
	3.			

b) Tragen Sie jetzt in die Tabelle alle Endungen ein, die in allen drei Klassen unterschiedlich sind.

11 Der Indikativ

Beachten Sie
Die Betonung der Verben im Indikativ Präsens liegt generell auf der vorletzten Silbe.
Singular: p_a_rl-o, p_a_rl-i, p_a_rl-a
Plural: parl-**i_a_mo**, parl-**_a_te**
Eine Ausnahme bildet die dritte Person Plural, die auf der drittletzten Silbe betont ist: p_a_rl-**ano**, v_e_d-**ono**, p_a_rt-**ono**

Test 2
a) Tragen Sie die fehlenden Formen ein.

		cantare singen	sentire hören	prendere nehmen	guardare anschauen	dormire schlafen	vendere verkaufen
	1.		sento				
Sg.	2.			prendi			
	3.	canta					
	1.			prendiamo			
Pl.	2.						
	3.	cantano			guardano		

b) Stellen Sie fest, wo in den Formen, die Sie gerade eingetragen haben, die Betonung liegt. Kennzeichnen Sie jeweils die betonte Silbe.

Test 3
Vervollständigen Sie die Tabelle nach dem vorgegebenen Muster. Verwenden Sie dabei die Stichworte in der ersten Spalte.

	Fragen Sie eine Person, die Sie duzen	Fragen Sie eine Person, die Sie siezen	Fragen Sie mehrere Personen, die Sie duzen oder siezen
a) cantare una canzone ein Lied singen	Canti una canzone?		
b) partire per Roma nach Rom fahren			Partite per Roma?
c) prendere un caffè einen Kaffee trinken		Prende un caffè?	
d) guardare la TV fernsehen			

Der Indikativ 11

	Fragen Sie eine Person, die Sie duzen	Fragen Sie eine Person, die Sie siezen	Fragen Sie mehrere Personen, die Sie duzen oder siezen
e) vendere la macchina das Auto verkaufen			
f) parlare francese Französisch sprechen			

1.1.2 Verben mit Stammerweiterung

Bei einer großen Gruppe von Verben auf -ire wird im Singular Präsens und in der 3. Person Plural der Stamm durch -isc erweitert. Die 1. und 2. Person Plural bleiben regelmäßig.

Auf Entdeckung

Versuchen Sie, die Tabelle von cap-ire zu vervollständigen. Denken Sie daran, dass auch für diese Verben die Endungen der dritten Klasse (-ire) gelten.
(⇒ *Lösungen*)

		cap-ire verstehen
Singular	1.	cap-**isc**-
	2.	cap-**isc**-
	3.	cap-**isc**-
Plural	1.	cap-
	2.	cap-
	3	cap-**isc**-

Die Formen mit -isc werden auf der Stammerweiterung -isc- betont. Die 1. und 2. Person Plural bleiben regelmäßig auch in der Betonung. Hier sind, neben capire, einige gängige Verben mit Stammerweiterung:
chiarire erklären → chiarisco, preferire vorziehen → preferisco, finire beenden → finisco, reagire reagieren → reagisco, guarire heilen / genesen → guarisco, spedire senden → spedisco.

Beachten Sie

Eine ähnlich große Gruppe von Verben auf -ire, wie z. B. dormire (schlafen) und partire (abfahren) haben keine Stammerweiterung. Hier die gängigsten Verben auf -ire ohne Stammerweiterung.
coprire zudecken → copro; sentire hören → sento; fuggire fliehen → fuggo; seguire folgen → seguo; offrire anbieten → offro; vestire kleiden → vesto.

1 Das Präsens **169**

11 Der Indikativ

Test 4
a) Tragen Sie die fehlenden Formen ein. Beachten Sie: Einige der hier aufgeführten Verben auf -ire sind Verben mit Stammerweiterung, andere aber nicht.

		pulire reinigen	aprire aufmachen	divertire amüsieren	costruire bauen	tossire husten	riferire berichten
Sg.	1.	pulisco					
	2.		apri				
	3.			diverte	costruisce		
Pl.	1.						
	2.						
	3.					tossiscono	riferiscono

b) Kennzeichnen Sie jeweils die betonte Silbe.

1.1.3 Unregelmäßige Verben
Auch im Italienischen gibt es unregelmäßige Verben. Eine Übersicht finden Sie in den Tabellen auf S. 465 ff. Hier nur einige gängige unregelmäßige Formen:

essere sein	**avere** haben	**dire** sagen	**fare** machen	**bere** trinken	**andare** gehen	**venire** kommen
sono	ho	dico	faccio	bevo	vado	vengo
sei	hai	dici	fai	bevi	vai	vieni
è	ha	dice	fa	beve	va	viene
siamo	abbiamo	diciamo	facciamo	beviamo	andiamo	veniamo
siete	avete	dite	fate	bevete	andate	venite
sono	hanno	dicono	fanno	bevono	vanno	vengono

Test 5
Stellen Sie fest, um welche Person es sich in der zweiten Spalte handelt, und unterstreichen Sie in der dritten Spalte die richtige Lösung. Formulieren Sie anschließend den Satz für die andere Person. Beispiel:

andare a Roma   Va a Roma   tu / <u>lei</u>   <u>Vai a Roma</u>
nach Rom fahren

a) andare al bar   Vanno al bar.   io / loro   _____
   in die Bar gehen
b) fare un corso   Fate un corso?   Lei / voi   _____
   einen Kurs besuchen
c) dire la verità   Dici la verità.   noi / tu   _____
   die Wahrheit sagen

170 *Das Präsens*

Der Indikativ 11

d) venire in treno   Veniamo in treno.   noi / lui   _____
mit dem Zug kommen

e) bere un cappuccino   Bevi un cappuccino?   loro / tu   _____
einen Cappuccino trinken

1.2 Gebrauch

Das Präsens dient dazu, Handlungen oder Zustände der unmittelbaren Gegenwart auszudrücken. Außerdem benutzt man das Präsens, wie im Deutschen,

a) bei sich wiederholenden und gewohnheitsmäßigen Handlungen.	Ogni mercoledì **vado** in piscina. Jeden Mittwoch gehe ich ins Schwimmbad.
b) bei Handlungen oder Zuständen in der nahen Zukunft.	Dopodomani **vado** da Franca. Übermorgen gehe ich zu Franca.
c) bei Handlungen oder Zuständen, die bereits vergangen sind.[1]	Ieri sono andata in centro e chi **vedo**, pensa un po' ... Nanda! Gestern bin ich ins Zentrum gegangen und stell dir vor, wen sehe ich da? Nanda!
d) in der Erzählung historischer Fakten (historisches Präsens).	Dante Alighieri **nasce** e **cresce** a Firenze. Dante Alighieri wird in Florenz geboren und wächst dort auf.
e) als Ausdruck einer realen Bedingung.	Se **vieni** da me, ci facciamo un caffè. Wenn du zu mir kommst, machen wir uns einen Kaffee.
f) statt Imperativ als Ausdruck eines Befehls.	Adesso tu ti **siedi** e mi **racconti** tutto! Jetzt setzt du dich hin und erzählst mir alles!

> **TIPP**
>
> Dies sind die wichtigsten Informationen über das Präsens. Es gibt aber noch einige Besonderheiten, die wir im folgenden Abschnitt (1.3) behandeln. Sollten Sie sich zunächst noch auf die Grundregeln konzentrieren wollen, empfehlen wir Ihnen, gleich zum Unterkapitel 2, *Das imperfetto* weiter zu gehen und zu einem späteren Zeitpunkt auf die Besonderheiten zurückzukommen.

---

[1] Das Präsens verwendet man in diesen Fällen meist in der gesprochenen Sprache, um der Erzählung eine besondere Lebendigkeit zu verleihen.

11 Der Indikativ

1.3 Besonderheiten

1.3.1 Besonderheiten in den Formen

Bevor Sie dieses Kapitel durcharbeiten, sollte Ihnen im Kapitel 1 der Abschnitt 2.1.1 vertraut sein.

a) Aussprache und Schreibung der Verben auf -care und -gare
   Diese Verben behalten in allen Formen des Indikativ Präsens die Aussprache von c und g, wie sie im Infinitiv ist, bei. Dies bedingt eine Änderung der Schreibweise.

mancare fehlen		pagare bezahlen	
manco	manchiamo	pago	paghiamo
manchi	mancate	paghi	pagate
manca	mancano	paga	pagano

Beachten Sie:
In den folgenden konjugierten Formen bleibt die Aussprache des Konsonanten des jeweiligen Infinitivs ebenfalls erhalten:
baciare küssen: bacio, baci, bacia, baciamo, baciate, baciano
mangiare essen: mangio, mangi, mangia, mangiamo, mangiate, mangiano.

b) Aussprache und Schreibung der Verben auf -cere, -gere und -gire
   Bei diesen Verben ändert sich die Aussprache und die Schreibweise bleibt erhalten.

vincere gewinnen		piangere weinen		fuggire flüchten	
vinco	vinciamo	piango	piangiamo	fuggo	fuggiamo
vinci	vincete	piangi	piangete	fuggi	fuggite
vince	vincono	piange	piangono	fugge	fuggono

Test 6

Füllen Sie die Tabelle aus.

		dimenticare vergessen	vagare umherirren	incominciare anfangen	passeggiare spazieren	leggere lesen
	1.					
Sg.	2.					
	3.					

172 *1 Das Präsens*

Der Indikativ 11

		dimenticare vergessen	vagare umherirren	incominciare anfangen	passeggiare spazieren	leggere lesen
	1.					
Pl.	2.					
	3.					

1.3.2 Besonderheiten bei der Betonung

Bevor Sie dieses Kapitel durcharbeiten, sollte Ihnen im Kapitel 1 der Abschnitt 3.1 vertraut sein.

Für alle Verben auf -are, die im Infinitiv vier oder mehr Silben haben wie a-bi-ta-re (wohnen) oder te-le-fo-na-re (anrufen) gilt Folgendes:

a) Die Betonung aller Formen im Singular liegt auf der drittletzten Silbe: telefono, telefoni, telefona
b) Die erste und zweite Person Plural sind auf der vorletzten Silbe betont: telefoniamo, telefonate
c) Die dritte Person Plural ist auf der viertletzten Silbe betont: telefonano

Test 7

Vervollständigen Sie die Tabelle und kennzeichnen Sie die betonten Silben.

		desiderare wünschen	liberare befreien	ordinare bestellen	visitare besuchen	dubitare zweifeln	abitare wohnen
	1.	desidero					
Singular	2.				visiti		
	3.						abita
	1.					dubitiamo	
Plural	2.			ordinate			
	3.		liberano				

1 Das Präsens

11 Der Indikativ

Auf den Punkt gebracht

Nun können Sie wieder überprüfen, ob Sie die wichtigsten Regeln in diesem Kapitel behalten haben. Füllen Sie bei den folgenden Kontrollaufgaben die Lücken aus oder markieren Sie die richtige(n) Möglichkeit(en).

1. (➡ 1.1.1)
Die Formen des *presente indicativo* werden unterschieden nach den drei Klassen der Verben auf _____, _____, _____.

2. (➡ 1.1.1)
a) Die folgenden Endungen gelten für alle Verben auf -are, -ere und -ire:
_____, _____, _____.
b) Sie bezeichnen die folgenden Personen: im Singular (1. / 2. / 3.); im Plural (1. / 2. / 3.).

3. (➡ 1.1.1)
Setzen Sie die Verbformen ein. Kennzeichnen Sie jeweils die betonte Silbe.

	cantare	vedere	dormire	finire
3. Person Singular				
3. Person Plural				

4. (➡ 1.1.2)
a) Die Stammerweiterung -isc gilt nur für die Verben auf (-are / -ere / -ire).
b) Sie gilt für die (1. / 2. / 3.) Person Singular und für die (1. / 2. / 3.) Person Plural.

5. (➡ 1.1.3)
Bei den unregelmäßigen Verben im Präsens (ändert / ändern) sich in der Regel (der Stamm / die Endungen).

6. (➡ 1.3.1)
Die Verben auf -care und -gare behalten in allen Formen des Indikativ Präsens die (Aussprache / Schreibweise) des Infinitivs bei.

7. (➡ 1.3.1)
Die Verben auf -cere, -gere und -gire behalten in allen Formen des Indikativ Präsens die (Aussprache / Schreibweise) des Infinitivs bei.

Der Indikativ 11

2 Das *imperfetto*

Das *imperfetto* ist eine Zeit der Vergangenheit.

2.1 Formen

2.1.1 Regelmäßige Formen

Auf Entdeckung

Versuchen Sie, die Tabelle mit den fehlenden Formen des *imperfetto* auszufüllen. Beachten Sie dabei, dass die Endungen des *imperfetto* für alle Verben (auch für die unregelmäßigen Formen) gelten. (➡ *Lösungen*)

		parl-**a**re sprechen	ved-**e**re sehen	part-**i**re abfahren
Singular	1. (io) 2. (tu) 3. (lei / lui / Lei)	parl-**a**-vo parl-**a**-vi parl-**a**-va	ved-**e**-vo ved-**e**-____ ved-**e**-____	part-**i**-vo part-**i**-____ part-**i**-____
Plural	1. (noi) 2. (voi) 3. (loro)	parl-**a**-v**a**mo parl-**a**–v**a**te parl-**a**-vano	ved-**e**-____ ved-**e**-v**a**te ved-**e**-____	part-**i**-____ part-**i**-____ part-**i**-vano

Beachten Sie

Die Betonung im *imperfetto* liegt – wie auch im *indicativo presente* – auf der vorletzten Silbe. Eine Ausnahme bildet die dritte Person Plural, die auf der drittletzten Silbe betont wird.

Test 1

a) Bilden Sie das *imperfetto* der folgenden Verben.

		andare gehen	avere haben	venire kommen	dovere müssen	dare geben
Sg.	1.	and-**a**-vo	_____	_____	_____	_____
	2.	_____	_____	ven-**i**-vi	_____	_____
	3.	_____	_____	_____	_____	d-**a**-va
Pl.	1.	_____	av-e-v**a**mo	_____	_____	_____
	2.	_____	_____	_____	_____	_____
	3.	_____	_____	_____	_____	_____

b) Tragen Sie nun die noch fehlenden Betonungszeichen ein.

Der Indikativ

2.1.2 Unregelmäßige Formen

Es gibt wenige Verben, die im *imperfetto* Unregelmäßigkeiten aufweisen. Die Unregelmäßigkeiten betreffen den Stamm, während die Endungen immer erhalten bleiben. Auch die Betonung bleibt wie bei den regelmäßigen Formen erhalten.

	essere sein		
Singular	1. ero 2. eri 3. era	Plural	1. eravamo 2. eravate 3. erano

Auf Entdeckung

a) Versuchen Sie, die Tabelle mit den Formen von dire (sagen), fare (machen), bere (trinken), condurre (führen), porre (stellen, setzen) auszufüllen. Diese Verben leiten den Stamm des *imperfetto* aus veralteten Infinitivformen ab wie dicere, facere, bevere, conducere, ponere. (➡ *Lösungen*)

		dire	fare	bere	condurre	porre
Sg.	1. 2. 3.	dic-e-vo _____ dic-e-____	_____ _____ fac-e-va	bev-ev-o _____ _____	_____ conduc-ev-i _____	_____ _____ pon-ev-a
Pl.	1. 2. 3.	dic-e-vamo dic-e-____ dic- e-____	_____ _____ _____	_____ _____ bev-ev-ano	_____ _____ _____	_____ _____ _____

b) Stellen Sie fest, wo in den Formen, die Sie gerade eingetragen haben, die Betonung liegt.

2.2 Gebrauch

Was Sie vorab wissen sollten

Die Verwendung des *imperfetto* stimmt nicht mit der des deutschen Imperfekts überein. Dies wird schon daraus deutlich, dass es im Italienischen drei Zeiten der Vergangenheit gibt, die parallel zum deutschen Perfekt (ich bin gegangen) und Imperfekt (ich ging) benutzt werden.

im Deutschen (zwei Zeiten) ↔ im Italienischen (drei Zeiten)
Imperfekt, Perfekt *imperfetto, passato prossimo, passato remoto*

Über den Gebrauch und das Verhältnis dieser drei Zeiten untereinander erfahren Sie Näheres in diesem und in den nächsten Abschnitten.

Der Indikativ 11

2.2.1 Grundregel

a) Das *imperfetto* wird verwendet für Beschreibungen (z. B. von Landschaften, Wetter, Eigenschaften von Dingen oder Personen).	Era un bell'uomo, aveva 35 anni. Era alto, aveva i capelli neri, camminava lentamente, parlava poco. Er war ein gut aussehender Mann, er war 35. Er war groß, er hatte schwarze Haare, er ging langsam, er sprach wenig.
b) Im *imperfetto* werden Gewohnheiten oder Zustände beschrieben, die sich mit einer gewissen Regelmäßigkeit in der Vergangenheit wiederholen.	Quando ero a Londra andavo (quasi sempre) in un ristorante cinese. Als ich in London war, ging ich (fast immer) in ein chinesisches Restaurant. Quando ero piccola andavo (ogni giorno) a scuola e poi giocavo con i miei amici. Als ich klein war, ging ich (jeden Tag) in die Schule und spielte dann mit meinen Freunden.
c) Das *imperfetto* drückt gleichzeitig verlaufende Handlungen in der Vergangenheit aus.	Carla era in cucina, preparava la cena e ascoltava la radio. Carla war in der Küche, bereitete das Abendessen vor und hörte Radio.
d) Das *imperfetto* bezeichnet Vorgänge, die zum Zeitpunkt des Geschehens in der Vergangenheit noch nicht abgeschlossen, sondern im Verlauf waren.	Il cinque aprile Ciro era a Pisa e frequentava un corso d'italiano. Am 5. April war Ciro in Pisa und besuchte einen Italienischkurs. – Ieri alle dieci non eri a casa. Ma dov'eri? Gestern um 10 warst du nicht zu Hause. Wo warst du denn? – Ero dal medico. Ich war beim Arzt.

Man kann sagen, dass das *imperfetto* auf die Frage „**was war?**" antwortet.

Test 2

Formen Sie die Sätze nach dem folgenden Muster um. Benutzen Sie das *imperfetto*.

È una bella giornata e **ho** tempo. Es ist ein schöner Tag und ich habe Zeit.	**Era** una bella giornata, e **avevo** tempo. essere sein / avere haben
a) **Fa** freddo, **nevica**. Es ist kalt, es schneit.	____ freddo, ____. fare freddo kalt sein / nevicare schneien

2 Das imperfetto **177**

11 Der Indikativ

b) **Fa** caldo, **piove**. Es ist warm, es regnet.	___ caldo, ___. fare caldo warm sein / piovere regnen
c) **Ha** dodici anni ed **è** bionda. Sie ist zwölf und blond.	___ dodici anni ed ___ bionda. avere ... anni ... Jahre alt sein / essere sein
d) **Ha** trent'anni e **porta** la barba. Er ist dreißig und trägt einen Bart.	___ trent'anni e ___ la barba. avere [haben] / portare tragen
e) Pia **è** seduta vicino a Leo e **fuma**. Pia sitzt bei Leo und raucht.	Pia ___ seduta vicino a Leo e ___. essere seduti sitzen / fumare rauchen.

Test 3
Vervollständigen Sie den Text mit den Formen des *imperfetto*.

a) Nel 1998 Paola (vivere) ___ Como.	1998 lebte Paola in Como.
b) (Abitare) ___ con la sua famiglia.	Sie wohnte bei ihrer Familie.
c) (Fare) ___ molto sport.	Sie trieb viel Sport.
d) (Andare) ___ ancora a scuola.	Sie ging noch zur Schule.
e) La sera (uscire) ___ poco.	Abends ging sie wenig aus.
f) Qualche volta (andare) ___ in discoteca.	Manchmal ging sie in die Disko.
g) (Essere) ___ contenta di vivere a Como.	Sie war froh, in Como zu leben.
h) Ma (sognare) ___ la grande città. Adesso vive e lavora a Roma.	Aber sie träumte von der Großstadt. Jetzt lebt und arbeitet sie in Rom.

2.2.2 Sonderfälle bei der Verwendung des *imperfetto*
a) In der gesprochenen Sprache
  – Das *imperfetto* kann eine Bitte bzw. ein Anliegen abschwächen.
    Volevo domandarti un favore. Ich wollte dich um einen Gefallen bitten.
  – Das *imperfetto* kann eine irreale Bedingung[1] in der Vergangenheit ausdrücken.
    Se lo sapevo, non venivo. Hätte ich es gewusst, wäre ich nicht gekommen.
b) In der geschriebenen Sprache
  Das *imperfetto* wird in der journalistischen Berichterstattung auch zur Erzählung einer Reihe einmaliger Handlungen eingesetzt.
  L'automobilista non vedeva il semaforo, proseguiva in direzione della stazione ed andava a scontrarsi contro una motocicletta.
  Der Autofahrer sah die Ampel nicht, fuhr in Richtung Bahnhof weiter und stieß mit einem Motorrad zusammen.

---
[1] Kap. 16, 4.

Der Indikativ 11

Auf den Punkt gebracht

Nun können Sie wieder überprüfen, ob Sie die wichtigsten Regeln in diesem Kapitel behalten haben. Füllen Sie die folgenden Kontrollaufgaben aus oder kreuzen Sie die richtige Möglichkeit an.

1. (➡ 2.1)
Für die Formen des *imperfetto* gilt folgendes Schema:

Infinitiv	*imperfetto* 1. Person Singular
parl-**a**re	parl-____-o
ved-**e**re	ved-____-o
part-**i**re	part-____-o

2. (➡ 2.1)
Im *imperfetto* gelten für alle Verben die folgenden Endungen:

	1. Person	-o		1. Person	-o
Singular	2. Person	____	Plural	2. Person	____
	3. Person	____		3. Person	____

3. (➡ 2.2)
Die Verwendung des *imperfetto* stimmt mit der des deutschen Imperfekts (überein / nicht überein).

Der Indikativ

3 Das *passato prossimo*

Was Sie vorab wissen sollten
Das *passato prossimo* ist eine weitere Zeit der Vergangenheit.
a) Das *passato prossimo* ist eine zusammengesetzte Zeit und besteht – ähnlich wie das Perfekt im Deutschen – aus zwei Teilen:
 – dem Präsens der Hilfsverben essere oder avere und
 – dem Partizip Perfekt des entsprechenden Verbs.
 Sono arrivato. Ich bin angekommen.
 Ho capito. Ich habe verstanden
b) Auch im Italienischen gibt es im Partizip Perfekt Formen, die regelmäßig, und Formen, die unregelmäßig sind:
 – regelmäßige Formen sind z. B.: arrivato angekommen, capito verstanden
 – unregelmäßige Formen sind z. B.: aperto geöffnet und chiuso geschlossen.
c) Trotz der Ähnlichkeit in der Bildung entspricht der Gebrauch des *passato prossimo* nicht dem des Perfekts im Deutschen.

3.1 Bildung des *passato prossimo*

Wie bereits erwähnt, wird das *passato prossimo* ähnlich wie das deutsche Perfekt mit dem Präsens von essere bzw. avere und dem Partizip Perfekt gebildet.
sono arrivato / -a ich bin angekommen
ho capito ich habe verstanden
Die Formen von essere bzw. avere geben an, wer handelt und das Partizip Perfekt (arrivato angekommen bzw. capito verstanden) trägt die Hauptbedeutung des Verbs.

Auf Entdeckung
Setzen Sie die fehlenden Formen des Indikativ Präsens von essere und avere[1] ein. Sie erhalten so einen Überblick über das *passato prossimo*. (➡ *Lösungen*)

		arrivare ankommen	capire verstehen
Singular	1. Person	sono arrivato / -a	ho capito
	2. Person	_____ arrivato / -a	_____ capito
	3. Person	_____ arrivato / -a	_____ capito
Plural	1. Person	_____ arrivati / -e	_____ capito
	2. Person	_____ arrivati / -e	_____ capito
	3. Person	_____ arrivati / -e	_____ capito

---
[1] Siehe Kap. 11, 1.1.3.

Der Indikativ 11

Beachten Sie
a) Anders als beim Perfekt im Deutschen stehen im *passato prossimo*, wie in allen zusammengesetzten Zeiten, Hilfsverb und Partizip zusammen.
Livio non **è arrivato** con il treno. Livio **ist** nicht mit dem Zug **gekommen**.
Ho capito il tuo problema. Ich **habe** dein Problem **verstanden**.
Non **hanno aperto** la porta. Sie **haben** die Tür nicht **aufgemacht**.
b) Bei den Formen des *passato prossimo* die mit essere zusammengesetzt werden, verhält sich das Partizip wie ein Adjektiv mit vier Endungen.
Adjektiv   Partizip
bello / -a / -i /-e schön   arrivato / -a / -i / -e angekommen.
Zur Angleichung des Partizips siehe auch Abschnitt 3.1.3.

3.1.1 Bildung des Partizip Perfekt[2]

a) Die regelmäßigen Verben auf -are, -ere, -ire
Die regelmäßigen Verben auf -are, -ere, -ire bilden das Partizip Perfekt wie folgt:

am-**are**	vend-**ere**	cap-**ire**
am-**ato**	vend-**uto**	cap-**ito**

Alle Formen des Partizip Perfekt der Verben auf -are sind regelmäßig. Dasselbe gilt für die meisten Verben auf -ire.

Beachten Sie
– Verben auf -ere wie tacere (schweigen) und piacere (gefallen) behalten im Partizip Perfekt die Aussprache des Konsonanten des Infinitivs [tʃ] bei (wie in „**Ch**a-cha-cha"). Entsprechend ändert sich die Schreibweise:
ta**ce**re → ta**ciu**to, pia**ce**re → pia**ciu**to
– Verben wie conoscere (kennen / kennen lernen) und crescere (wachsen) behalten die Aussprache [ʃ] (wie in „**sch**ön") bei und entsprechend ändert sich die Schreibweise (vgl. Kap. 1, 2):
cono**sce**re → cono**sciu**to, cre**sce**re → cre**sciu**to

Test 1

Setzen Sie die entsprechenden Formen des Partizip Perfekt ein.
a) amare lieben   ho _____   b) andare gehen   sono _____
c) avere haben   ho _____   d) cantare singen   ho _____
e) capire verstehen   ho _____   f) crescere wachsen   sono _____

---

[2] Die Regeln in 3.1.1 bis 3.1.3 betreffen nicht nur das *passato prossimo*, sondern gelten für alle zusammengesetzten Zeiten.

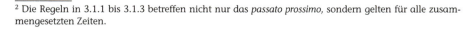

11 Der Indikativ

g) dormire schlafen   ho _____
i) partire abfahren   sono _____
m) uscire ausgehen   sono _____

h) parlare sprechen   ho _____
l) potere können   ho _____
n) vendere verkaufen   ho _____

b) Unregelmäßige Formen des Partizip Perfekt

Unregelmäßigkeiten finden sich bei einigen Verben auf -ire und den meisten Verben auf -ere.

	Infinitiv		Partizip
Verben auf -ere	esprimere ausdrücken	→	espresso
	chiudere schließen	→	chiuso
Verben auf -ire	dire sagen	→	detto
	aprire aufmachen	→	aperto

Im Folgenden werden zunächst die gängigsten unregelmäßigen Formen des Partizip Perfekt aufgeführt. Sie wurden hier in verschiedene Gruppen, nach den ähnlich klingenden Endsilben, eingeordnet.
Für weitere unregelmäßige Formen des Partizips ➡ *Tabellenteil, S. 465 ff.*

-ato, -uto		
essere sein	→	stato
nascere geboren werden	→	nato
venire kommen	→	venuto
vivere leben	→	vissuto

-anto, -into		
piangere weinen	→	pianto
spingere schieben	→	spinto
vincere gewinnen	→	vinto

-erso, -orso		
perdere verlieren	→	perso
correre laufen	→	corso

-erto, -orto		
aprire aufmachen	→	aperto
offrire anbieten	→	offerto
coprire bedecken	→	coperto
morire sterben	→	morto

-eso, -iso, -uso		
prendere nehmen	→	preso
rendere zurückgeben	→	reso
ridere lachen	→	riso
chiudere schließen	→	chiuso

-esto, -isto, -osto		
chiedere fragen	→	chiesto
vedere sehen	→	visto
rispondere antworten	→	risposto
proporre vorschlagen	→	proposto

-esso, -osso		
esprimere ausdrücken	→	espresso
mettere legen, stellen	→	messo
succedere passieren	→	successo
muovere bewegen	→	mosso

-atto, -etto, -itto, -otto		
fare machen	→	fatto
dire sagen	→	detto
leggere lesen	→	letto
scrivere schreiben	→	scritto
produrre produzieren	→	prodotto

3 Das passato prossimo

Der Indikativ 11

Test 2
Vervollständigen Sie die Sätze mit den unregelmäßigen Formen des Partizip Perfekt.

a) fare machen — Tea ha ____ la pizza. — Tea hat eine Pizza gemacht.
b) nascere geboren werden — Luigi è ____ a Lodi. — Luigi ist in Lodi geboren.
c) morire sterben — Suo zio è ____ a cent'anni. — Sein / Ihr Onkel ist mit 100 Jahren gestorben.
d) essere sein — Sono ____ da Silvia. — Ich bin bei Silvia gewesen.
e) dire sagen — Che cosa hai ____? — Was hast du gesagt?
f) scrivere schreiben — Ho ____ due fax. — Ich habe zwei Faxe geschrieben.
g) leggere lesen — Abbiamo ____ il giornale. — Wir haben die Zeitung gelesen.
h) mettere stellen, legen — Dove hai ____ il libro? — Wo hast du das Buch hingelegt?

3.1.2 Gebrauch von essere bzw. avere
Der Gebrauch von essere und avere im *passato prossimo* und in allen zusammengesetzten Zeiten stimmt in den meisten Fällen mit dem Gebrauch von „sein" und „haben" überein.

Anne **ha** visto Franca. Anne **hat** Franca gesehen.
Abbiamo mangiato. Wir **haben** gegessen.
Antonio **è** arrivato alle nove. Antonio **ist** um neun angekommen.
È restato fino alle dodici. Er **ist** bis zwölf Uhr geblieben.

Test 3
Markieren Sie die entsprechenden Formen von essere bzw. avere.
a) Cosa (sono / hanno) detto? Was haben sie gesagt?
b) Dove (sei / hai) andato? Wohin bist du gegangen?
c) Che cosa (sei / hai) fatto ieri? Was hast du gestern gemacht?
d) Ieri Ugo (è / ha) andato al cinema. Gestern ist Ugo ins Kino gegangen.
e) Carlo (è / ha) letto poco. Carlo hat wenig gelesen.
f) Teo e Anna (sono / hanno) conosciuto Tito.
Teo und Anna haben Tito kennen gelernt.
g) Nino (ha / è) venuto alle tre. Nino ist um drei Uhr angekommen.
h) (Sei / hai) capito? Hast du verstanden?
i) (Sono / ho) stato dal medico. Ich bin beim Arzt gewesen.

3 Das passato prossimo

11 Der Indikativ

a) Gebrauch von essere

Essere wird bei Verben verwendet, die kein direktes Objekt zulassen (d. h. bei sog. intransitiven Verben).[3]
Wie im Deutschen gehören dazu:

Verben, die einen Ortswechsel bzw. eine Zielrichtung ausdrücken wie z. B.: andare gehen, venire kommen, arrivare ankommen, partire abfahren, ritornare zurückkommen.	Bianca è arrivata a Roma. Bianca **ist** in Rom angekommen Bruno è venuto da noi. Bruno **ist** zu uns gekommen.
Verben, die das Beibehalten eines Zustandes ausdrücken, wie z. B.: restare / stare / rimanere bleiben.	I Rossi sono restati in Italia. Die Rossis **sind** in Italien geblieben. Siamo stati due giorni da Luisa. Wir **sind** drei Tage bei Luisa geblieben / gewesen.
Verben, die den Wechsel eines Zustandes ausdrücken, wie z. B.: diventare werden, dimagrire abnehmen, ingrassare dick werden, nascere geboren werden, morire sterben, riuscire gelingen.	Teresa è diventata grande ed è dimagrita. Teresa **ist** groß und schlank geworden. Vito è riuscito a passare l'esame. Vito **ist** es gelungen, die Prüfung zu bestehen.

Anders als im Deutschen werden einige Verben mit essere verbunden und zwar:

alle reflexiven Verben[4] wie z. B.: lavarsi sich waschen, sentirsi sich fühlen, vestirsi sich anziehen, alzarsi sich erheben / aufstehen.	Luigi non si è sentito bene. Luigi **hat** sich nicht wohl gefühlt. Livia si è vestita. Livia **hat** sich angezogen. I bambini si sono lavati. Die Kinder **haben** sich gewaschen.
unpersönliche Verben und Ausdrücke[5] wie z. B: basta es genügt, es reicht → è bastato accade es geschieht → è accaduto capita es geschieht → è capitato	Per avere tutte le informazioni è bastato guardare su internet. Um alle Informationen zu bekommen, genügte es, ins Internet zu schauen.

---

[3] Alle intransitiven Verben sind im Wörterbuch mit *itr.* oder *intr.*, alle transitiven Verben mit *tr.* gekennzeichnet.
[4] Näheres dazu → Kap. 17.
[5] Näheres dazu → Kap. 20.

3 *Das passato prossimo*

Der Indikativ 11

conviene es ist angebracht → è convenuto
occorre es ist nötig → è occorso
pare / sembra es scheint → è parso / è sembrato
serve es ist nötig → è servito
succede es geschieht → è successo.

Mi è **capitato** di arrivare tardi.
Es ist mir passiert, zu spät zu kommen.
Per trovare una soluzione è **occorso** molto tempo. Um eine Lösung zu finden, war viel Zeit nötig.
Non è **servito** a niente.
Es hat nichts genützt.
Che cosa è **successo**?
Was ist passiert / geschehen?

Diese Verben können auch mit einem Subjekt verwendet werden. Auch in diesen Fällen wird das *passato prossimo* mit essere gebildet und die Endung des Partizip Perfekt richtet sich nach dem Subjekt. (➡ Kap. 20, 1)

I soldi mi sono bastati.
Das Geld hat mir gereicht.
Gli sono capitate molte cose.
Ihm sind viele schöne Dinge / ist viel Schönes passiert.
I tuoi consigli mi sono serviti molto.
Deine Ratschläge haben mir viel genützt.

weitere Verben wie:
costare kosten → è costato
durare dauern → è durato
esistere existieren → è esistito
piacere gefallen → è piaciuto
dispiace Leid tun → è dispiaciuto

La macchina di Vera è costata molto.
Veras Auto hat viel gekostet.
La festa è durata tutta la notte.
Das Fest hat die ganze Nacht gedauert.
Il film ci è piaciuto molto.
Der Film hat uns sehr gefallen.
Ci è dispiaciuto di non poter venire.
Es hat uns Leid getan, dass wir nicht kommen konnten.

b) Gebrauch von avere
Wie im Deutschen verwendet man avere

bei allen Verben, die ein direktes Objekt zulassen (d. h. bei so genannten transitiven Verben).

Tea e Laura **hanno** visto il film?
Haben Tea und Laura den Film gesehen?
Hai venduto la macchina?
Hast du dein Auto verkauft?
Ho finito il lavoro.
Ich habe die Arbeit beendet.

11 Der Indikativ

bei einigen intransitiven Verben wie: parlare sprechen, gridare schreien, dormire schlafen, ridere lachen, piangere weinen.	Non **ho** parlato con lui. Ich habe nicht mit ihm gesprochen. Con lei **abbiamo** riso tantissimo. Mit ihr haben wir sehr viel gelacht. **Avete** dormito bene? Habt ihr gut geschlafen?

Im Gegensatz zum Deutschen verwendet man avere

bei allen Verben der Bewegung, die keine Zielrichtung, sondern die Art und Weise der Bewegung ausdrücken wie: girare herumgehen, -fahren, camminare gehen, nuotare schwimmen, vagare umherirren, volare fliegen, sciare Ski laufen.	**Abbiamo** girato per tutta la Toscana. Wir **sind** durch die ganze Toskana gefahren. In piscina **ho** nuotato per dieci minuti. Im Schwimmbad **bin** ich zehn Minuten geschwommen. Ugo **ha** sciato tutto il giorno. Ugo **ist** den ganzen Tag Ski gelaufen.

Test 4

Essere oder avere? Markieren Sie die richtige Möglichkeit.
a) Tea e Ugo (sono / hanno) detto che non vengono.
   Tea und Ugo haben gesagt, dass sie nicht kommen.
b) Dove (sei / hai) andato? Wohin bist du gegangen?
c) Mina (è / ha) fatto la pizza. Mina hat die Pizza gemacht.
d) Udo (è / ha) partito per Roma. Udo ist nach Rom gefahren.
e) Pino (è / ha) venduto la casa. Pino hat das Haus verkauft.
f) Come ti (hai / sei) vestito? Wie hast du dich angezogen?
g) Suo padre (ha / è) nato in America. Ihr Vater ist in Amerika geboren.
h) Che cosa (ha / è) successo? Was ist passiert?
i) Tino (ha / è) uscito alle sei. Tino ist um 6 ausgegangen.
l) Il film mi (è / ha) piaciuto. Der Film hat mir gefallen.
m) Nina (è / ha) sciato tutto il giorno. Nina ist den ganzen Tag Ski gefahren.
n) Leo ed io (siamo / abbiamo) letto il libro.
   Leo und ich haben das Buch gelesen.

TIPP

Im folgenden Abschnitt werden einige Besonderheiten in der Verwendung von essere und avere in allen zusammengesetzten Zeiten behandelt. Sie können diesen Abschnitt auch zu einem späteren Zeitpunkt durcharbeiten und jetzt gleich weiter zum Abschnitt 3.1.3, *Angleichung des Partizips* gehen.

Der Indikativ 11

c) Besonderheiten im Gebrauch von essere und avere
Essere oder avere werden wie folgt verwendet:

– Die Modalverben
Die Modalverben potere (können), volere (wollen), dovere (müssen) und sapere (können/wissen) bilden das *passato prossimo* und alle zusammengesetzten Zeiten mit avere.
Abbiamo dovuto riparare il computer.
Wir **haben** den Computer reparieren müssen.
Ho potuto chiamare Antonella in ufficio.
Ich **habe** Antonella im Büro anrufen können.

Beachten Sie
Wenn aber nach einem Modalverb ein intransitives Verb – z. B. ein Verb der Bewegung – folgt, können das *passato prossimo* und alle zusammengesetzten Zeiten auch mit essere gebildet werden:
Sandro **è** voluto partire / Sandro **ha** voluto partire. Sandro **hat** abreisen wollen
Cesare **è** dovuto ritornare a casa / Cesare **ha** dovuto ritornare a casa.
Cesare **hat** nach Hause zurückfahren müssen.

– Weitere Verben
Folgende Verben können das *passato prossimo* sowohl mit essere als auch mit avere bilden je nachdem, ob sie ein direktes Objekt haben oder nicht (d. h. je nachdem, ob sie transitiv oder intransitiv verwendet werden):
cominciare anfangen / beginnen, continuare fortsetzen, finire beenden, cambiare (ver)ändern, aumentare steigern / zunehmen, diminuire vermindern / abnehmen, salire besteigen / hochsteigen, scendere hinabsteigen, saltare überspringen / springen.

Mit direktem Objekt[6]	Ohne direktes Objekt
Leo **ha cominciato** il corso il 14 luglio.	Il corso **è cominciato** il 14 luglio.
Leo hat den Kurs am 14. Juli begonnen.	Der Kurs hat am 14. Juli begonnen.
Xenia **ha cambiato** la vita di Piero.	La vita di Piero **è cambiata**.
Xenia hat Pieros Leben verändert.	Pieros Leben hat sich verändert.
Il governo **ha diminuito** i prezzi.	I prezzi **sono diminuiti**.
Die Regierung hat die Preise gesenkt.	Die Preise sind gefallen.
Leo **ha salito** le scale.	Leo **è** appena **salito**.
Leo **ist** die Treppe **hinaufgegangen**.	Leo **ist** gerade **raufgegangen**.
Il ladro **ha saltato** il muro.	Il ragazzo **è saltato** giù dal muro.
Der Dieb hat die Mauer übersprungen.	Der Junge ist von der Mauer heruntergesprungen.

---

[6] In den Beispielen unterstrichen.

11 Der Indikativ

 Test 5

Essere oder avere? Markieren Sie die richtige Möglichkeit.
a) Ciro (è / ha) salito un'ora fa. Ciro ist vor einer Stunde weggegangen.
b) Carlo (è / ha) finito il lavoro. Carlo hat seine Arbeit abgeschlossen.
c) Bruno (ha / è) cambiato molto. Bruno hat sich sehr verändert.
d) Nino (è / ha) voluto partire. Nino hat wegfahren wollen.
e) Mario (ha / è) salito cinquecento scalini. Mario ist 500 Stufen hinaufgestiegen.
f) Mara (è / ha) dovuto vendere l'appartamento.
    Mara hat die Wohnung verkaufen müssen.
g) La festa di Piero (è / ha) finita a mezzanotte.
    Pieros Fest ist um Mitternacht zu Ende gegangen.
h) L'automobilista (ha / è) diminuito la velocità.
    Der Fahrer hat die Geschwindigkeit verringert.
i) Vito non (ha / è) potuto venire al corso.
    Vito hat nicht zum Unterricht kommen können.
l) Fulvio (ha / è) cambiato indirizzo. Fulvio hat seine Adresse geändert.

3.1.3 Angleichung des Partizips
a) Verben mit essere
Wird das *passato prossimo* mit essere gebildet, verhält sich das Partizip wie ein Adjektiv (➡ Kap. 4, 1) und richtet sich nach der Person, auf die es sich bezieht.

Adjektiv	Partizip
Franco è contento. Franco ist froh.	Franco è arrivato. Franco ist angekommen.
Tea è contenta. Tea ist froh.	Tea è arrivata. Tea ist angekommen.
I Loi sono contenti. Die Lois sind froh.	I Loi sono arrivati. Die Lois sind angekommen.
Le zie sono contente. Die Tanten sind froh.	Le zie sono arrivate. Die Tanten sind angekommen.

 Test 6

Setzen Sie die entsprechende Endung des Partizip Perfekt ein.
a) Giacomo non è partit__. Giacomo ist nicht abgefahren.
b) Ieri Vera e Dina sono ritornat__.
    Gestern sind Vera und Dina zurückgekommen.
c) I Rossi sono restat__ in Italia. Die Rossis sind in Italien geblieben.
d) Teresa è diventat__ grande ed è dimagrit__.
    Teresa ist groß und schlank geworden.

Der Indikativ

e) Roberto è riuscit__ a passare l'esame.
   Roberto hat es geschafft, die Prüfung zu bestehen.
f) Le bambine si sono lavat__. Die Mädchen haben sich gewaschen.
g) Luisa non si è sentit__ bene. Luisa hat sich nicht wohl gefühlt.
h) Il libro mi è servit__ per l'esame.
   Das Buch ist mir für die Prüfung nützlich gewesen.
i) Gina è dovut__ partire da sola. Gina hat allein abfahren müssen.

b) Verben mit avere

– Wird das *passato prossimo* mit *avere* gebildet, findet keine Angleichung statt.
  Franco **ha** comprat**o** nuovi mobili. Franco hat neue Möbel gekauft.
  Tea **ha** comprat**o** un nuovo libro. Tea hat ein neues Buch gekauft.
– Das Partizip wird bei einem vorangestellten direkten Objekt in der dritten Person immer verändert und gleicht sich diesem an. Das gilt sowohl für die einfachen Pronomen lo, la, li, le (➡ Kap. 10, 3.1) als auch für die kombinierten Pronomen me lo, te lo, glielo (➡ Kap. 10, 7).
  I Müller? **Li** ho vist**i** ieri. Müllers? Ich habe sie gestern gesehen.
  Dina voleva la macchina e **gliel**'ho dat**a**.
  Dina wollte mein Auto und ich habe es ihr gegeben.
– Bei den direkten Objekten mi, ti, ci, vi (mich, dich, uns, euch) und bei dem Pronominaladverb ne (➡ Kap. 10, 6) ist die Angleichung nicht obligatorisch.
  Enrico ci ha vist**o** / ci ha vist**i**. Enrico hat uns gesehen.
  Ho provato molte camicette ma poi ne ho comprat**o** / ne ho comprat**a** solo una. Ich habe viele Blusen anprobiert und dann habe ich nur eine gekauft.

Test 7

Setzen Sie die entsprechenden Endungen des Partizip Perfekt ein.
a) Eva ha conosciut__ Maura al corso d'italiano.
   Eva hat Maura im Italienischkurs kennen gelernt.
b) Eva? L'ho conosciut__ al corso d'italiano.
   Eva? Ich habe sie im Italienischkurs kennen gelernt.
c) Lino ha regalat__ i libri a Marco. Lino hat Marco die Bücher geschenkt.
d) Che bei libri! Chi te li ha regalat__?
   Was für schöne Bücher! Wer hat sie dir geschenkt?
e) Maria? L'ho vist__ ieri in città.
   Maria? Ich habe sie gestern in der Stadt gesehen.
f) Erica ha vist__ Maria ieri in città.
   Erica hat Maria gestern in der Stadt gesehen.
g) Valeria ha comprat__ le scarpe in centro.
   Valeria hat die Schuhe im Zentrum gekauft.
h) Queste scarpe le ho comprat__ in Italia.
   Diese Schuhe habe ich in Italien gekauft.

11 Der Indikativ

Test 8

Essere oder avere? Markieren Sie jeweils die passende Form und setzen Sie die Endungen des Partizip Perfekt ein.
a) Dove (siete / avete) andat__? Wohin seid ihr gegangen?
b) Che cosa (è / ha) dett__ Livio? Was hat Livio gesagt?
c) E i libri? Dove li (avete / siete) mess__?
   Und die Bücher? Wo habt ihr sie hingelegt?
d) Teresa? L' (ho / è) conosciut__a Roma.
   Teresa? Ich habe sie in Rom kennen gelernt.
e) Nina (è / ha) pres__ l'autobus. Nina hat den Bus genommen.
f) Quando (è / ha) mort__ tua nonna? Wann ist deine Oma gestorben?
g) Lina ed Eva si (hanno / sono) vestit__. Lina und Eva haben sich angezogen.
h) (Avete / siete) lett__ il giornale? Habt ihr die Zeitung gelesen?
i) Teo voleva soldi e io glieli (sono / ho) dat __. Teo wollte Geld und ich habe es ihm gegeben.

3.2 Gebrauch des *passato prossimo*

Wie bereits erwähnt, stimmt die Verwendung des *passato prossimo* nicht mit der des deutschen Perfekts überein.
Das *passato prossimo* wird mehr im Norden als im Süden Italiens und eher in der gesprochenen als in der geschriebenen Sprache verwendet. Es drückt Handlungen aus, die sich in einer näheren Vergangenheit abgespielt haben.
Das *passato prossimo* wird verwendet:

a) bei einmaligen Handlungen.	Due anni fa ho fatto un viaggio in India. Vor zwei Jahren habe ich eine Reise nach Indien gemacht.
b) bei aufeinander folgenden Handlungen.	Ho preso la macchina, sono andato in ufficio e ho lavorato fino a tardi. Ich habe mein Auto genommen, bin ins Büro gefahren und habe bis spät gearbeitet.
c) bei punktuellen bzw. abgeschlossenen Handlungen.	Ho aspettato (cinque minuti / due ore / tre giorni) e poi sono partita. Ich habe (fünf Minuten / zwei Stunden / drei Tage) gewartet und dann bin ich abgefahren.

Man kann sagen, dass das *passato prossimo* auf die Frage „**was geschah?**" antwortet.

Test 9

Wie lauten die richtigen Formen des *passato prossimo*?
a) Quando eravamo a Londra una sera (sentire) un concerto jazz. Als wir in London waren, haben wir an einem Abend ein Jazz-Konzert gehört.

Der Indikativ 11

b) A Roma Claudia andava spesso al cinema. Una volta (andare) anche a teatro.
   In Rom ging Claudia oft ins Kino. Einmal ging sie auch ins Theater.
c) Berto (arrivare) e (telefonare) subito a Carla ma lei non era a casa.
   Berto ist angekommen und hat Carla sofort angerufen, aber sie war nicht zu Hause.
d) Quando (noi / ritornare) a casa ieri sera, voi dormivate già.
   Als wir gestern Abend zurückgekommen sind, habt ihr schon geschlafen.

3.3 Gebrauch von *imperfetto – passato prossimo*

Um diesen Abschnitt besser verstehen zu können, sollte Ihnen der Abschnitt 2.2, *Der Gebrauch des imperfetto* präsent sein.

3.3.1 Gegenüberstellung von *imperfetto* und *passato prossimo*

Das *imperfetto* wird verwendet:	Das *passato prossimo* wird verwendet:
a) bei gewohnheitsmäßigen Handlungen. Quando ero a Londra andavo spesso / sempre in un ristorante indiano. Als ich in London war, ging ich oft / immer in ein indisches Restaurant.	a) bei einmaligen Handlungen. L'ultimo giorno a Londra sono andato in un ristorante inglese. Am letzten Tag in London ging ich in ein indisches Restaurant.
b) bei wiederholten Handlungen. Lui mi telefonava spesso / qualche volta / ogni giorno. Er rief mich oft / manchmal / jeden Tag an.	b) bei wiederholten Handlungen, die aber gezählt werden können. Ti ho telefonato molte / tre / cento volte. Ich habe dich vielmals / drei- / hundertmal angerufen.
c) bei Handlungen, die zu einem bestimmten Zeitpunkt gleichzeitig ablaufen. Alle sette ero a casa, ascoltavo musica e leggevo. Um sieben war ich zu Hause, ich hörte Musik und las.	c) bei aufeinander folgenden Handlungen. Ieri sera sono arrivato a casa, prima ho ascoltato un po' di musica e poi ho letto. Gestern bin ich nach Hause gekommen, habe etwas Musik gehört und dann habe ich gelesen.

3 Das passato prossimo **191**

11 Der Indikativ

Das *imperfetto* wird verwendet:	Das *passato prossimo* wird verwendet:
d) bei Vorgängen, die zum Zeitpunkt des Geschehens in der Vergangenheit noch nicht abgeschlossen waren. Ieri mattina ero alla stazione e aspettavo il treno. Il treno era in ritardo e non arrivava. Gestern Morgen war ich am Bahnhof und wartete auf den Zug. Der Zug hatte Verspätung und kam und kam nicht.	d) bei abgeschlossenen Handlungen. Ieri mattina il treno è arrivato in ritardo. Abbiamo aspettato quasi venti minuti. Gestern Morgen ist der Zug mit Verspätung angekommen. Wir haben fast zwanzig Minuten gewartet.
e) bei der Beschreibung von Zuständen. Ieri alla festa di Franca c'erano molti amici e l'atmosfera era molto simpatica. Gestern bei Francas Party waren viele Freunde da und die Stimmung war gut.	e) beim Erzählen von Geschehnissen. Sono andato alla festa, ho incontrato molti amici e ho ballato. Ich bin zur Party gegangen, ich habe viele Freunde getroffen und habe getanzt.
Das *imperfetto* antwortet auf die Frage: „was war"?	Das *passato prossimo* antwortet auf die Frage: **„was geschah"?**

3.3.2 Verzahnung der Zeiten

Im Abschnitt 3.3.1 haben Sie gesehen, dass das *imperfetto* und das *passato prossimo* unterschiedliche Funktionen haben. In einem mündlichen oder schriftlichen Text kommen beide Zeiten vor. *Imperfetto* und *passato prossimo* sind eng miteinander verzahnt, sodass wir von einem Zeitsystem *imperfetto* / *passato prossimo* sprechen können. Es ergeben sich mehrere Kombinationen (das *imperfetto* ist im Text unterstrichen und das *passato prossimo* fett gedruckt.):

a) Beschreibung von Atmosphäre, Landschaft, Wetter, Personen, kombiniert mit **neu einsetzenden Handlungen.**	Domenica, faceva caldo e io **sono andato** al mare. Am Sonntag war es warm und ich fuhr ans Meer. Ero a casa, leggevo ed ascoltavo musica. All'improvviso **ha suonato** il telefono. Era Bianca. Ich war zu Hause, las und hörte Musik. Plötzlich ging das Telefon. Es war Bianca.

3 Das *passato prossimo*

Der Indikativ 11

b) Beschreibung von <u>Atmosphäre</u>, <u>Landschaft</u>, usw., kombiniert mit **Ergebnissen, Schlussfolgerungen**.	Ieri alla festa di Franca <u>c'erano</u> molti amici, la gente <u>era</u> simpatica <u>c'era</u> un ottimo buffet. **Ho mangiato** bene e **mi sono divertita** molto. Gestern bei Francas Party waren viele Freunde, die Leute waren nett, es gab ein gutes Buffet. Ich habe gut gegessen und habe mich sehr amüsiert.
c) Eine <u>noch nicht abgeschlossene</u> Handlung kombiniert mit einer **neu einsetzenden Handlung**.	Ieri, mentre <u>andavo</u> in centro, **ho incontrato** Gudrun. Gestern, als ich ins Zentrum ging, habe ich Gudrun getroffen.
d) <u>Rahmenbeschreibung</u> (Hintergrund) kombiniert mit der **Fokussierung auf eine Szene (Haupthandlung)**.	<u>Era</u> lunedì mattina, la piazza <u>era</u> piena, i tram <u>arrivavano</u> e <u>partivano</u>. La gente <u>andava</u> e <u>veniva</u>. <u>C'era</u> molto movimento. Alle otto e trentacinque **è arrivato** il tram numero sei. Rosa **è scesa** ed **è venuta** verso di me. <u>Era</u> allegra e <u>portava</u> un abito rosso. Mi **ha sorriso** e mi **ha salutato**. Es war Montagmorgen, der Platz war voll, Straßenbahnen kamen an und fuhren ab. Leute kamen und gingen. Es war viel los. Um 8 Uhr 35 kam die Straßenbahn Nummer 6. Rosa stieg aus und kam auf mich zu. Sie war fröhlich und trug ein rotes Kleid. Sie lächelte mich an und begrüßte mich.

Test 10

Passato prossimo oder *imperfetto?* Markieren Sie die richtige Möglichkeit.

a) In vacanza di solito (mi sono alzato / mi alzavo) alle 10, (ho fatto / facevo) colazione e poi (andavo / sono andato) al mare. L'ultimo giorno, invece, (mi alzavo / mi sono alzato) presto, (ho bevuto / bevevo) un espresso e (andavo / sono andato) in centro.

Im Urlaub stand ich gewöhnlich um 10 Uhr auf, frühstückte und dann ging ich ans Meer.

Am letzten Tag hingegen stand ich früh auf, trank einen Espresso und ging ins Zentrum.

b) Quando (studiavo / ho studiato) a Firenze, (sono andato / andavo) all'università a piedi. Solo un paio di volte (sono andato / andavo) in bicicletta.

Als ich in Florenz studierte, ging ich zu Fuß zur Universität. Nur ein paar Mal bin ich mit dem Fahrrad gefahren.

3 Das passato prossimo

11 Der Indikativ

c) Stamattina Paolo (era / è stato) in tram e (è andato / andava) al lavoro. Il tram (era / è stato) pieno e fuori (pioveva / ha piovuto). Alla stazione (saliva / è salito) Bruno.

Heute früh war Paolo in der Straßenbahn und fuhr zur Arbeit. Die Straßenbahn war voll und draußen regnete es. Am Bahnhof stieg Bruno ein.

d) Ieri, mentre (ho preparato / preparavo) la cena (ha suonato / suonava) il telefono. (È stata / Era) Paola che (voleva / ha voluto) parlare con Dario. Ma lui (ha dormito / dormiva) e allora le (ho detto / dicevo) di richiamare domani.

Gestern, während ich das Abendessen vorbereitete, klingelte das Telefon. Es war Paola, die mit Dario sprechen wollte. Aber er schlief gerade und ich bat sie, morgen wieder anzurufen.

3.3.3 Besonderheiten
Einige Verben erhalten eine andere Bedeutung, wenn sie im *passato prossimo* oder im *imperfetto* verwendet werden:

Esther **aveva** una figlia.
Esther hatte eine Tochter.
Ugo si **sentiva** male.
Ugo fühlte sich schlecht.
Clara **aveva** paura.
Clara hatte Angst.
La **conoscevo** già.
Ich kannte sie schon.
Non lo **sapevi**?
Wusstest du es nicht?

Esther **ha avuto** una figlia.
Esther hat eine Tochter bekommen.
Ugo si **è sentito** male.
Ugo wurde es schlecht.
Clara **ha avuto** paura.
Clara bekam Angst.
L'**ho conosciuta** al mare.
Ich habe sie am Meer kennen gelernt.
Come l'**hai saputo**?
Wie hast du es erfahren?

Auf den Punkt gebracht
Nun können Sie wieder überprüfen, ob Sie die wichtigsten Regeln in diesem Kapitel behalten haben. Füllen Sie die folgenden Kontrollaufgaben aus oder markieren die richtige Möglichkeit.

1. (➡ *Was Sie vorab wissen sollten*)
   a) Das *passato prossimo* ist eine (einfache / zusammengesetzte) Zeit.
   b) Es besteht aus dem Präsens der Hilfsverben _____ (haben) oder _____ (sein) und dem (Infinitiv / Partizip Perfekt) des entsprechenden Verbs.

Der Indikativ 11

2. (⟹ 3.1)
Die Formen des *passato prossimo* lauten:

Singular	1. Person	_____ arrivato / -a	_____ capito
	2. Person	_____ arrivato / -a	_____ capito
	3. Person	_____ arrivato / -a	_____ capito
Plural	1. Person	_____ arrivati / -e	_____ capito
	2. Person	_____ arrivati / -e	_____ capito
	3. Person	_____ arrivati / -e	_____ capito

3. (⟹ 3.1.1)
Das Partizip Perfekt der regelmäßigen Verben auf -are, -ere, -ire lautet:
am-**are**   vend-**ere**   cap-**ire**
am-____   vend-____   cap-____

4. (⟹ 3.1.1)
Für das Partizip Perfekt gilt Folgendes: ja   nein
a) Alle Formen des Partizip Perfekt der Verben auf -are sind
   regelmäßig.   ☐   ☐
b) Alle Formen des Partizip Perfekt der Verben auf -ere sind
   regelmäßig.   ☐   ☐
c) Alle Formen des Partizip Perfekt der Verben auf -ire sind
   regelmäßig.   ☐   ☐

5. (⟹ 3.1.2)
Der Gebrauch von essere und avere im *passato prossimo* (stimmt / stimmt nicht) immer mit dem Gebrauch von „sein" und „haben" im Deutschen überein.

6. (⟹ 3.1.2)
Das *passato prossimo* wird in den folgenden Fällen entweder nur mit essere oder nur mit avere gebildet.   essere avere
a) Bei Verben, die einen Ortswechsel bzw. eine Zielrichtung
   ausdrücken.   ☐   ☐
   Dino (ha / è) andato a Roma.
   Dino ist nach Rom gefahren.
b) Bei Verben, die ein direktes Objekt zulassen.   ☐   ☐
   (Sono / Ho) comprato il giornale.
   Ich habe die Zeitung gekauft.
c) Bei reflexiven Verben.   ☐   ☐
   Vera si (ha / è) vestita. Vera hat sich angezogen.

Auf den Punkt gebracht

11 Der Indikativ

		essere	avere
d)	Bei Verben, die keine Zielrichtung, sondern die Art und Weise der Bewegung ausdrücken. (Ho / Sono) camminato per un'ora. Ich bin eine Stunde gelaufen.	☐	☐
e)	Bei Verben, die unpersönlich verwendet werden können. Che cosa (ha / è) successo? Was ist passiert?	☐	☐

7. (⟶ 3.1.3)

		ja	nein
a)	Wird das *passato prossimo* mit essere gebildet, findet eine Angleichung des Partizips statt. Eva è arrivat__. Eva ist angekommen.	☐	☐
b)	Wird das *passato prossimo* mit avere gebildet, findet normalerweise keine Angleichung statt. Gina ha comprat__ la macchina. Gina hat das Auto gekauft.	☐	☐
c)	Wird das *passato prossimo* mit avere gebildet, findet bei vorangestelltem direkten Objekt eine Angleichung des Partizip Perfekt statt. I Rossi? Li ho vist__ ieri. Rossis? Ich habe sie gestern gesehen.	☐	☐

8. (⟶ 3.2)

		ja	nein
a)	Die Verwendung des *passato prossimo* stimmt mit der des deutschen Perfekts überein.	☐	☐
b)	Das *passato prossimo* kommt sehr selten zusammen mit dem *imperfetto* vor.	☐	☐
c)	Das *passato prossimo* kommt in vielen Kombinationen mit dem *imperfetto* vor.	☐	☐
d)	Das *passato prossimo* wird mehr im Norden als im Süden Italiens verwendet.	☐	☐
e)	Das *passato prossimo* wird eher in der gesprochenen als in der geschriebenen Sprache verwendet.	☐	☐

Der Indikativ 11

4 Das *passato remoto*

Bevor Sie diesen Abschnitt durcharbeiten, sollten Ihnen die Abschnitte 2, *Das imperfetto* und 3, *Das passato prossimo* vertraut sein.

Was Sie vorab wissen sollten

Das *passato remoto* ist eine weitere Zeit der Vergangenheit. Wie das *passato prossimo* antwortet es auf die Frage „**was geschah**"? und kann daher unter gewissen Umständen das *passato prossimo* ersetzen.

4.1 Formen

4.1.1 Regelmäßige Formen

		arriv-are ankommen	dov-ere müssen	fin-ire (be)enden
Singular	1. Person 2. Person 3. Person	arriv-a-i arriv-a-sti arriv-ò	dov-e-i / dov-etti dov-e-sti dov-è / dov-ette	fin-i-i fin-i-sti fin-ì
Plural	1. Person 2. Person 3. Person	arriv-a-mmo arriv-a-ste arriv-a-rono	dov-e-mmo dov-e-ste dov-e-rono / dov-ettero	fin-i-mmo fin-i-ste fin-i-rono

Beachten Sie
a) Bei Verben auf -ere, wie dovere gibt es in der 1. und 3. Person Singular und in der 3. Person Plural je zwei Formen.
b) Wie Sie in der Tabelle gesehen haben, liegt die Betonung der regelmäßigen Verben im *passato remoto* generell auf dem Stammvokal -a-, -e-, -i-. Nur in der 3. Person Singular liegt die Betonung auf der letzten Silbe.

Test 1

a) Bilden Sie das *passato remoto* der folgenden Verben.

		am-are lieben	vend-ere verkaufen	part-ire abfahren	parl-are sprechen	dorm-ire schlafen
	1. Person	am-a-i	____/____	_____	_____	_____
Sg.	2. Person	_____	_____	_____	parl-asti	_____
	3. Person	_____	____/____	part-ì	_____	_____
	1. Person	_____	vend-emmo	_____	_____	_____
Pl.	2. Person	_____	_____	part-iste	_____	_____
	3. Person	_____	____/____	_____	_____	dorm-irono

11 Der Indikativ

 b) Tragen Sie nun die noch fehlenden Betonungszeichen ein.

4.1.2 Unregelmäßige Formen
Die meisten unregelmäßigen Formen finden sich bei den Verben auf -ere. Hier als Beispiel das Verb prendere (nehmen):

Singular	1. Person	pres-i	Plural	1. Person	prend-emmo
	2. Person	prend-esti		2. Person	prend-este
	3. Person	pres-e		3. Person	pres-ero

Die Formen der Hilfsverben essere (sein) und avere (haben) lauten:
essere: fui, fosti, fu, fummo, foste, furono
avere: ebbi, avesti, ebbe, avemmo, aveste, ebbero
Bei Verben mit unregelmäßigem Stamm muss man die Form der 1. Person Singular auswendig lernen. Im Folgenden werden die Formen einiger häufig gebrauchter Verben aufgeführt. Für weitere unregelmäßige Verben ➡ *Tabellenteil*, S. 465 ff.

leggere lesen → lessi   mettere stellen, legen → misi   scrivere schreiben → scrissi
ridere lachen → risi   vedere sehen → vidi   vivere leben → vissi
dire sagen → dissi   fare machen → feci   produrre produzieren → produssi

Beachten Sie
a) Die Formen für die 2. Person Singular und für die 1. und 2. Person Plural sind immer regelmäßig, d. h. sie werden – wie bei den regelmäßigen Formen – mit dem Stamm des Infinitivs zusammengesetzt:
prend-ere nehmen: prend-**esti**, prend-**emmo**, prend-**este**
viv-ere leben: viv-**esti**, viv-**emmo**, viv-**este**.
Für dire, fare, bere, produrre und porre gelten – ähnlich wie beim *imperfetto* – die Stämme dic-, fac-, bev-, produc-, pon- (➡ Kap. 11, 2.1.2).
dire sagen: dic-**esti**, dic-**emmo**, dic-**este**.
tradurre übersetzen: traduc-**esti**, traduc-**emmo**, traduc-**este**.
b) Die 1. und 3. Person Singular und die 3. Person Plural aller unregelmäßigen Verben haben im *passato remoto* eine vom Infinitiv abweichende Stammform und spezielle Endungen:
prendere nehmen: pre**si**, pre**se**, pre**sero**.
vivere leben: vi**ssi**, vi**sse**, vi**ssero**.
dire sagen: di**ssi**, di**sse**, di**ssero**.
tradurre übersetzen: tradu**ssi**, tradu**sse**, tradu**ssero**.
Diese Endungen gelten für alle unregelmäßigen Verben.
c) Alle unregelmäßigen Formen werden auf der vorletzten Silbe betont, nur die 3. Person Plural auf der drittletzten: risi, ridesti, rise, ridemmo, rideste, risero.

Der Indikativ 11

Test 2

a) Bilden Sie das *passato remoto* von scrivere, vedere und leggere.

		mettere setzen	scrivere schreiben	vedere sehen	leggere lesen
Singular	1. Person	mis-i	_____	_____	_____
	2. Person	mett-esti	_____	_____	_____
	3. Person	mis-e	_____	_____	_____
Plural	1. Person	mett-emmo	_____	_____	_____
	2. Person	mett-este	_____	_____	_____
	3. Person	mis-ero	_____	_____	_____

b) Tragen Sie nun die fehlenden Betonungszeichen ein.

Test 3

Schreiben Sie für jede Form des *passato remoto* die Infinitivform und markieren Sie in der dritten Spalte die entsprechende Form des *passato prossimo*:

passato remoto	Infinitiv	*passato prossimo*
fecero	fare	abbiamo fatto / avete fatto / hanno fatto
a) andasti	_____	sei andato / siete andati / sono andato
b) avemmo	_____	hai avuto / abbiamo avuto / ho avuto
c) partii	_____	è partito / sono partito / sei partito
d) foste	_____	sono stato / sono stati / siete stati
e) vendettero	_____	ho venduto / hanno venduto / ha venduto
f) aprì	_____	ha aperto / ho aperto / hanno aperto

4.2 Gebrauch des *passato remoto*

a) Das *passato remoto* wird in Norditalien nur in der gehobenen geschriebenen Sprache verwendet und nur, um Handlungen auszudrücken, die in der Zeit weit zurück liegen. Generell benutzt man dort aber das *passato prossimo*. In Mittel- und Süditalien wird das *passato remoto* sowohl in der geschriebenen als auch in der gesprochenen Sprache verwendet.
In Süditalien benutzt man auch in der mündlichen Kommunikation fast ausschließlich *passato remoto*.

b) Das *passato remoto* wird – ähnlich wie das *passato prossimo* – in den folgenden Fällen verwendet:

a) bei einmaligen Handlungen.	Sei anni fa feci un viaggio a Cuba. Vor sechs Jahren unternahm ich eine Reise nach Kuba.

4 Das passato remoto **199**

11 Der Indikativ

b) bei aufeinander folgenden Handlungen.	Presi la macchina, andai in ufficio e lavorai fino a tardi. Ich nahm mein Auto, fuhr ins Büro und arbeitete bis spät.
c) bei punktuellen bzw. abgeschlossenen Handlungen.	La donna aspettò (cinque minuti / due ore) e poi partì. Die Frau wartete (fünf Minuten / zwei Stunden) und fuhr dann ab.

Das *passato remoto* kann das *imperfetto* **nicht** ersetzen. *Imperfetto* und *passato remoto* bilden vielmehr zusammen ein Zeitsystem der Vergangenheit.

4.3 Gebrauch der Zeitsysteme in der Vergangenheit

imperfetto – passato prossimo bzw. *imperfetto – passato remoto*:
Im Abschnitt 3, *Das passato prossimo* haben Sie den Gebrauch von *imperfetto* und *passato prossimo* kennen gelernt. Sie haben erfahren, wie diese beiden Zeiten miteinander verzahnt sind und wie jede von ihnen eine bestimmte Funktion („Was war?" bzw. „Was geschah?") übernimmt. In dem Zusammenhang sprachen wir von einem Zeitsystem *imperfetto – passato prossimo*, das für die gesprochene Sprache gilt (➡ Kap. 11, 3.3.2).
In der geschriebenen (und teilweise in der gesprochenen) Sprache finden Sie ein anderes Zeitsystem: das System *imperfetto – passato remoto*. Hier ersetzt das *passato remoto* das *passato prossimo*.

Test 4

Entscheiden Sie, ob in den folgenden Sätzen das *imperfetto* oder das *passato remoto* verwendet wird und markieren Sie die richtige Möglichkeit.
a) La sera del 15 aprile, quando i genitori (ritornavano / ritornarono) a casa, i bambini (dormivano / dormirono) già. Am Abend des 15. April, als die Eltern zurückkamen, schliefen die Kinder schon.
b) Quando i miei nonni (erano / furono) a Londra nel 1938 una sera (andavano / andarono) a un concerto jazz. Als meine Großeltern 1938 in London waren, gingen sie an einem Abend zu einem Jazz-Konzert.
c) Quando zia Franca (era / è stata) giovane, (andava / andò) spesso al cinema. Una volta (andava / andò) anche a teatro e (sentiva / sentì) un'opera con Beniamino Gigli. Als Tante Franca jung war, ging sie oft ins Kino. Einmal ging sie auch ins Theater und hörte eine Oper mit Beniamino Gigli.
d) Di solito Berto (arrivava / arrivò) a Siena alle 22. Quel giorno (arrivava / arrivò) già alle 20, e (telefonava / telefonò) subito a Carla, ma lei non (era / è stata) a casa. Berto kam normalerweise um 22 Uhr in Siena an. An diesem Tag kam er um 20 Uhr an und rief sofort Carla an, aber sie war nicht zu Hause.

Der Indikativ 11

> **TIPP**
>
> Vielleicht sind Sie immer noch unsicher, wann Sie *passato prossimo* und wann *passato remoto* verwenden sollen. Machen Sie sich deshalb noch einmal bewusst, dass Sie zunächst sowohl in der gesprochenen als auch in der geschriebenen Sprache immer das Zeitsystem *imperfetto – passato prossimo* verwenden können, auch wenn Ihnen in vielen geschriebenen Texten oder im Gespräch mit Personen aus den Regionen Mittel- und Süditaliens mit großer Wahrscheinlichkeit das Zeitsystem *imperfetto – passato remoto* begegnet. Setzen Sie sich als erstes Lernziel, in der Verwendung des Zeitsystems *imperfetto – passato prossimo* eine gewisse Sicherheit zu erlangen. Bis dahin sollten Sie das Zeitsystem *imperfetto – passato remoto* zwar erkennen, Sie brauchen es aber aktiv noch nicht zu benutzen. Je besser Sie mit dem Gebrauch der Zeiten vertraut werden, desto transparenter wird Ihnen dann im Laufe der Zeit auch die Verwendung der beiden Zeitsysteme in der Vergangenheit werden.

Test 5

Die Texte in der linken Spalte sind im Zeitsystem *imperfetto – passato prossimo* geschrieben. Setzen Sie sie ins System *imperfetto – passato remoto,* indem Sie in der mittleren Spalte die richtige Lösung markieren.

a) In vacanza di solito mi alzavo alle 10, facevo colazione e poi andavo al mare. Quel giorno, invece, mi sono alzata presto, ho bevuto solo un caffè e sono andata in centro.	In vacanza di solito mi (alzavo / alzai) alle 10 (facevo / feci) colazione e poi (andavo / andai) al mare. Quel giorno, invece, mi (alzavo / alzai) presto, (bevevo / bevei) solo un caffè e (andavo / andai) in centro.	Im Urlaub stand ich gewöhnlich um 10 Uhr auf, frühstückte und dann ging ich ans Meer. An jenem Tag hingegen stand ich früh auf, trank nur einen Kaffee und dann ging ich ins Zentrum.
b) Quando studiavo a Firenze andavo all'università a piedi. Solo un paio di volte ci sono andato in bicicletta.	Quando (studiavo / studiai) a Firenze, (andavo / andai) all'università a piedi. Solo un paio di volte ci (andavo / andai) in bicicletta.	Als ich in Florenz studierte, ging ich zu Fuß zur Uni. Nur ein paar Mal bin ich dahin mit dem Fahrrad gefahren.

4 Das passato remoto **201**

11 Der Indikativ

c) Quella mattina Paolo era in tram e andava al lavoro. Il tram era pieno e fuori pioveva. Alla stazione è salito Bruno.	Quella mattina Paolo (era / fu) in tram e (andava / andò) al lavoro. Il tram (era / fu) pieno e fuori (pioveva / piovve). Alla stazione (saliva / salì) Bruno.	An jenem Morgen war Paolo in der Straßenbahn und fuhr zur Arbeit. Die Straßenbahn war voll und draußen regnete es. Am Bahnhof stieg Bruno ein.
d) Quella sera, mentre preparavo la cena, ha suonato il telefono. Era Paola che voleva parlare con Dario. Ma lui dormiva e allora le ho detto di richiamare il giorno dopo.	Quella sera, mentre (preparavo / preparai) la cena, (suonava / suonò) il telefono. (È stata / Era) Paola che (voleva / volle) parlare con Dario. Ma lui (dormiva / dormì) e allora le (dicevo / dissi) di richiamare il giorno dopo.	An jenem Abend, während ich das Abendessen vorbereitete, klingelte das Telefon. Es war Paola, die mit Dario sprechen wollte. Aber er schlief gerade und ich sagte ihr, sie solle am nächsten Tag anrufen.

4.3.1 Stilistische und geographische Kriterien im Gebrauch der Zeitsysteme

	imperfetto – passato prossimo	imperfetto – passato remoto	
in Norditalien	gesprochen und geschrieben	*) fast nur geschrieben	*) zur Beschreibung von Handlungen, die weit zurück liegen (z. B. in einem historischer Text), oder in der Literatur (z. B. in Romanen), um eine stilistische Distanz herzustellen.
in Mittelitalien	**) gesprochen und geschrieben	***) gesprochen und geschrieben	**) zur Beschreibung von Handlungen, die zwar in der Vergangenheit liegen, die man dennoch zeitlich nahe fühlt. ***) zur Beschreibung von Handlungen, die subjektiv als weit entfernt empfunden werden (psychologische Distanz).
in Süditalien	gesprochen (manchmal)	gesprochen und geschrieben	

4 Das passato remoto

Der Indikativ 11

Test 6
Entscheiden Sie zuerst, welches Zeitsystem in den folgenden Texten in Frage kommt. Markieren Sie dann in den Beispielen die jeweils einzig richtige Möglichkeit:

a) Ein Gespräch zwischen zwei Personen aus der Toskana (Mittelitalien), die über weit zurückliegende Ereignisse sprechen. Welches Zeitsystem wird verwendet?

imperfetto – passato remoto ☐ oder *imperfetto – passato prossimo* ☐

„Molti anni fa (facevo / ho fatto / feci) un viaggio in Francia e lì (incontravo / ho incontrato / incontrai) molti studenti che (facevano / hanno fatto / fecero) l'università a Parigi." „E come (andavi / sei andato / andasti) allora in Francia?" „Mio padre mi (dava / ha dato /diede) la macchina e (arrivavo / sono arrivato / arrivai) fino a Parigi."	„Vor vielen Jahren habe ich eine Reise nach Frankreich gemacht und viele Studenten getroffen, die die Univerisität in Paris besuchten." „Und wie bist du damals nach Frankreich gefahren?" „Mein Vater hat mir sein Auto gegeben und ich bin bis nach Paris gekommen."

b) Ein Gespräch zwischen zwei Personen aus Venedig (Norditalien) die über nahe liegende Ereignisse sprechen. Welches Zeitsystem wird verwendet?

imperfetto – passato remoto ☐ oder *imperfetto – passato prossimo* ☐

„Due settimane fa (facevo / ho fatto / feci) un viaggio in Francia e lì (incontravo / ho incontrato / incontrai) molti studenti che (facevano / hanno fatto / fecero) l'università a Parigi." „E come (andavi / sei andato / andasti) allora in Francia?" „Mio padre mi (dava / ha dato /diede) la macchina e (arrivavo / sono arrivato / arrivai) fino a Parigi."	„Vor zwei Wochen habe ich eine Reise nach Frankreich gemacht und viele Studenten getroffen, die die Universität in Paris besuchten." „Und wie bist du damals nach Frankreich gefahren?" „Mein Vater hat mir sein Auto gegeben und ich bin bis nach Paris gekommen."

c) Ein literarischer Text: Die Beschreibung einer Bar an einem bestimmten Abend. Welches Zeitsystem wird verwendet?

imperfetto – passato remoto ☐ oder *imperfetto – passato prossimo* ☐

Quella sera nel bar (c'era / c'è stata / ci fu) molta gente e (faceva / ha fatto / fece) molto caldo.	An diesem Abend waren viele Leute in der Bar, es war sehr warm.

4 Das passato remoto

11 Der Indikativ

| (Entrava / È entrato / Entrò) un uomo. (Era / È stato / Fu) alto e (aveva / ha avuto / ebbe) gli occhi scuri. (Andava / È andato /Andò) al bancone e (ordinava / ha ordinato / ordinò) una birra. | Ein Mann kam herein. Er war groß und hatte dunkle Augen. Er ging zur Theke und bestellte ein Bier. |

d) Ein historischer geschriebener Text: Der Autor will die Ereignisse als weit entfernt beschreiben. Welches Zeitsystem wird verwendet?
imperfetto – passato remoto ☐ oder *imperfetto – passato prossimo* ☐

| Suo nonno Carlo (nasceva / è nato / nacque) nel 1875 e nel 1900 (sposava / ha sposato / sposò) Antonia che (conosceva / ha conosciuto / conobbe) da quando (era / è stato / fu) piccolo. (Avevano / Hanno avuto / Ebbero) quattro figli. Antonia (moriva / è morta / morì) già nel 1919, quando suo figlio Giovanni (aveva / ebbe / ha avuto) solo tre anni. | Sein Großvater Carlo wurde 1875 geboren und 1900 heiratete er Antonia, die er kannte, seitdem er klein war. Sie bekamen vier Kinder. Antonia starb schon 1919, als ihr Sohn Giovanni erst drei war. |

Und wenn Sie noch neugierig sind ...
a) Die meisten literarischen Texte, die Ereignisse in der Vergangenheit beschreiben, werden im System *imperfetto – passato remoto* geschrieben. Einige Autoren verwenden jedoch eher das *imperfetto – passato prossimo*, andere ausschließlich den Indikativ Präsens.

imperfetto – passato remoto	Era una meravigliosa giornata d'autunno. Uscii di casa. Il sole era dolce e luminoso. Tutto ad un tratto mi sentii felice, perché ero bella, giovane e innamorata. Es war ein wunderschöner Herbsttag. Ich ging aus dem Haus. Die Sonne war sanft und hell. Plötzlich fühlte ich mich glücklich, weil ich schön, jung und verliebt war.
imperfetto – passato prossimo	Era una meravigliosa giornata d'autunno. Sono uscita di casa. Il sole era dolce e luminoso. Tutto ad un tratto mi sono sentita felice, perchè ero bella, giovane ...
presente	È una meravigliosa giornata d'autunno. Esco di casa. Il sole è dolce e luminoso. Tutto ad un tratto mi sento felice, perché sono bella, giovane e innamorata. aus: A. Moravia, Un'altra vita.

b) Die gleiche Verwendung dieser Zeitsysteme gilt auch für wissenschaftliche Texte.

Der Indikativ 11

c) Es gibt weiterhin Texte, in denen der Autor alle diese stilistischen Möglichkeiten nutzt und zwei Zeitsysteme verwendet, nämlich *imperfetto – passato prossimo* bzw. *imperfetto – passato remoto*.

Test 7
Versuchen Sie, die Verwendung der <u>zwei Zeitsysteme</u> nachzuvollziehen und zu erklären.

Il 21 maggio 1999 è morto a Trieste – dove viveva dalla fine della guerra – lo scrittore Fulvio Tomizza che è stato uno degli scrittori più importanti del secondo Novecento italiano.	Am 21. Mai 1999 ist in Triest – wo er seit Kriegsende wohnte – der Schriftsteller Fulvio Tomizza gestorben, der einer der wichtigsten italienischen Schriftsteller der zweiten Hälfte des 20. Jahrhunderts gewesen ist.
Nacque in Istria a Giurizzani (ora Croazia). Dopo gli studi a Gorizia e a Belgrado si trasferì a Trieste, dove lavorò come giornalista.	Geboren wurde er in Istrien, in Giurizzani (im heutigen Kroatien). Nach seinem Studium in Görz und Belgrad zog er nach Triest um, wo er als Journalist arbeitete.
Nel 1960 uscì il suo primo romanzo *Materada*. Ne seguirono altri, ma solo con *La miglior vita* (1977), tradotto in diverse lingue (la traduzione tedesca *Eine bessere Welt* è del 1979) raggiunse il pubblico internazionale.	1960 kam sein erster Roman *Materada* heraus. Es folgten andere, aber erst mit *La miglior vita* (1977), der in mehrere Sprachen (die deutsche Ausgabe *Eine bessere Welt* erschien 1979) übersetzt wurde, erreichte der Autor ein internationales Publikum.
Nei decenni successivi pubblicò molti romanzi che riprendevano la tematica della frontiera.	In den darauf folgenden Jahrzehnten veröffentlichte er verschiedene Romane, die die Grenzproblematik aufgriffen.
Tomizza ha vissuto intensamente la realtà di frontiera tra due paesi, l'Italia e la (Ex)-Yugoslavia. L'ha vissuta come dice il critico Elvio Guagnini, „/ . . ./ direttamente e indirettamente e l'ha espressa nei suoi romanzi in tutti i possibili sensi: materiale, ideale, ideologico, antropologico e anche psicologico / . . ./."	Tomizza hat selbst die Wirklichkeit der Grenzgebiete zwischen Italien und dem ehemaligen Jugoslawien erlebt. Wie der Literaturkritiker Elvio Guagnini sagt, hat er sie „direkt und indirekt erlebt und er hat sie in seinen Romanen in jeder möglichen Art und Weise ausgedrückt: materiell, ideell, ideologisch, anthropologisch, und auch psychologisch".

11 Der Indikativ

Auf den Punkt gebracht

Nun können Sie wieder überprüfen, ob Sie die wichtigsten Regeln in diesem Kapitel behalten haben. Füllen Sie die folgenden Kontrollaufgaben aus oder markieren Sie die richtige Möglichkeit.

1. (➡ 4.1.1)
Die regelmäßigen Formen des *passato remoto* lauten:

		arriv-are ankommen	dov-ere müssen	fin-ire (be)enden
Singular	1. Person 2. Person 3. Person	arriv-____ arriv-____ arriv-____	dov-____ / dov-____ dov-____ dov-____ / dov-____	fin-____ fin-____ fin-____
Plural	1. Person 2. Person 3. Person	arriv-____ arriv-____ arriv-____	dov-____ dov-____ dov-____ / dov-____	fin-____ fin-____ fin-____

2. (➡ 4.1.2)   ja   nein
a) Die meisten Formen des *passato remoto* der Verben auf -are sind regelmäßig.   ☐ ☐
b) Alle Formen des *passato remoto* der Verben auf -ere sind regelmäßig.   ☐ ☐

3. (➡ 4.1.2)
Die unregelmäßigen Formen des *passato remoto* von leggere (lesen), vedere (sehen) und prendere (nehmen) lauten:

		leggere (less-)	vedere (vid-)	prendere (pres-)
Singular	1. Person 2. Person 3. Person	_____ _____ _____	_____ _____ _____	_____ _____ _____
Plural	1. Person 2. Person 3. Person	_____ _____ _____	_____ _____ _____	_____ _____ _____

4. (➡ 4.2 / 4.3)   ja   nein
a) Die Verwendung des *passato remoto* stimmt mit der des deutschen Perfekts überein.   ☐ ☐
b) Das *passato remoto* kommt sehr selten zusammen mit dem *imperfetto* vor.   ☐ ☐

Der Indikativ 11

	ja	nein
c) Das *passato remoto* kommt in vielen Kombinationen mit dem *imperfetto* vor.	☐	☐
d) Das *passato remoto* wird mehr im Norden als im Süden Italiens verwendet.	☐	☐
e) Das *passato remoto* wird mehr im Süden als im Norden Italiens verwendet.	☐	☐
f) Das *passato remoto* wird im Süden auch in der gesprochenen Sprache verwendet.	☐	☐

Auf den Punkt gebracht

11 Der Indikativ

5 Das *trapassato prossimo*

5.1 Formen des *trapassato prossimo*

Das *trapassato prossimo* ist eine zusammengesetzte Zeit der Vergangenheit. Es wird – ähnlich wie das deutsche Plusquamperfekt – mit den Formen des *imperfetto* von essere (sein) bzw. avere (haben) und dem Partizip Perfekt zusammengesetzt.

ero arrivato / -a ich war angekommen   avevo capito ich hatte verstanden

Auf Entdeckung

Sie kennen die Formen des *passato prossimo* (➡ Kap. 11.3) und des *imperfetto* (➡ Kap. 11.2) Versuchen Sie, die Tabelle mit den entsprechenden Formen von essere und avere auszufüllen. Sie erhalten damit einen Überblick über die Formen des *trapassato prossimo*. (➡ *Lösungen*)

		arrivare ankommen	capire verstehen
Singular	1. Person	ero arrivato / -a	_____ capito
Singular	2. Person	_____ arrivato / -a	_____ capito
Singular	3. Person	_____ arrivato / -a	_____ capito
Plural	1. Person	_____ arrivati / -e	_____ capito
Plural	2. Person	_____ arrivati / -e	_____ capito
Plural	3. Person	_____ arrivati / -e	_____ capito

Beachten Sie

Für diese Zeit, wie für alle zusammengesetzten Zeiten, gelten die Regeln, die Sie im Abschnitt 3.1 kennen gelernt haben.

Test 1

Setzen Sie in die zweite Spalte die Formen des *trapassato prossimo* ein.
Beispiel: Bianca *ha guardato* un film. → Bianca *aveva guardato* un film.
          Bianca hat einen Film gesehen.   Bianca hatte einen Film gesehen.

a) Nina *è andata* via. → Nina ____ ____ via.
    Nina ist weggegangen.   Nina war weggegangen.
b) I ragazzi si *sono detti* tutto. → I ragazzi si ____ ____tutto.
    Die Jungen haben sich alles gesagt.   Die Jungen hatten sich alles gesagt.
c) Benedetta *è stata* al mare. → Benedetta ____ ____al mare.
    Benedetta ist am Meer gewesen.   Benedetta war am Meer gewesen.
d) Nora *ha dato* una festa. → Nora ____ ____ una festa.
    Nora hat ein Fest gegeben.   Nora hatte ein Fest gegeben.
e) La lezione *è cominciata* alle 8. → La lezione ____ ____alle 8.
    Der Unterricht hat um 8 begonnen.   Der Unterricht hatte um 8 begonnen.

f) *Ho già letto la notizia.*
Ich habe die Nachricht schon gelesen.
g) *Non li ho più visti.*
Ich habe sie nicht mehr gesehen.
h) *Clelia non gli ha mai scritto.*
Clelia hat ihm nie geschrieben.

→ ____ già ____ la notizia.
Ich hatte die Nachricht schon gelesen.
→ Non li ____ più ____.
Ich hatte sie nicht mehr gesehen.
→ Clelia non gli ____ mai ____.
Clelia hatte ihm nie geschrieben.

5.2 Gebrauch

Das *trapassato prossimo* bezeichnet – ähnlich wie das Plusquamperfekt im Deutschen – Handlungen bzw. Zustände in der Vergangenheit, die sich vor anderen Vorgängen in der Vergangenheit vollzogen haben und gegenüber letzteren abgeschlossen sind. Diese Vorgänge spielen sich in einer so genannten Vorvergangenheit ab.

Marisa mi **aveva chiamato** la settimana scorsa e ieri, finalmente, abbiamo parlato quasi un'ora. Marisa hatte mich vorige Woche angerufen und gestern haben wir endlich mal fast eine Stunde gesprochen.

Luigi era di buon umore perché **aveva finito** la traduzione. Luigi war gut gelaunt, weil er die Übersetzung beendet hatte.

Das *trapassato prossimo* drückt also eine Vorvergangenheit für Handlungen oder Zustände aus, die im Zeitsystem *imperfetto – passato prossimo* bzw. *imperfetto – passato remoto* wiedergegeben werden.

Vorvergangenheit (trapassato prossimo)	Vergangenheit (imperfetto – passato prossimo)
Lino aveva finito il lavoro, Lino hatte die Arbeit beendet,	aveva tempo e perciò è andato al cinema. er hatte Zeit und deswegen ist er ins Kino gegangen.

Vorvergangenheit (trapassato prossimo)	Vergangenheit (imperfetto – passato remoto)
Lino aveva finito il lavoro, Lino hatte die Arbeit beendet,	aveva tempo e perciò andò al cinema. er hatte Zeit und deswegen ist er ins Kino gegangen.

11 Der Indikativ

Test 2
Setzen Sie die Formen des *trapassato prossimo* ein, um eine Vorvergangenheit auszudrücken.

a) Claudia quella sera (andare) ____ ____ a letto alle 10. Quando, verso mezzanotte, suonò il telefono dormiva già. An jenem Abend war Claudia um 10 Uhr ins Bett gegangen. Als das Telefon gegen Mitternacht klingelte, schlief sie schon.

b) Giovedì Vera (fare) ____ ____ un'ora di jogging e quando alle sette è arrivata a casa ha fatto subito la doccia. Vera hatte Donnerstag eine Stunde gejoggt und als sie um sieben nach Hause kam, hat sie sofort geduscht.

c) Andrea mi ha regalato un CD che (io / comprare) ____ già ____ la settimana scorsa. Andrea hat mir eine CD geschenkt, die ich vorige Woche schon gekauft hatte.

d) Nino (andare) ____ ____ via nel 1999 e da allora viveva in un'altra città. Nino war 1999 weggezogen und seitdem lebte er in einer anderen Stadt.

e) Per strada (noi / trovare) ____ ____ molto traffico, ma poi siamo arrivati puntuali. Unterwegs hatten wir dichten Verkehr vorgefunden, aber dann sind wir pünktlich angekommen.

f) Bruno (dormire) ____ ____ male e si alzò di cattivo umore. Bruno hatte schlecht geschlafen und ist mit schlechter Laune aufgestanden.

g) I ragazzi mi (dire) ____ ____ tutto e per questo ero tranquillo. Die Jungen hatten mir alles gesagt und deswegen war ich ruhig.

h) Clara (essere) ____ ____ al mare ed era abbronzata. Clara war am Meer gewesen und war gebräunt.

Auf den Punkt gebracht
Nun können Sie wieder überprüfen, ob Sie die wichtigsten Regeln in diesem Kapitel behalten haben. Füllen Sie die folgenden Kontrollaufgaben aus oder markieren Sie die richtige Möglichkeit.

1. (⇒ 5.1)
Die Formen des *trapassato prossimo* lauten:

Singular	1. Person	____ arrivato / -a	____ capito
	2. Person	____ arrivato / -a	____ capito
	3. Person	____ arrivato / -a	____ capito
Plural	1. Person	____ arrivati / -e	____ capito
	2. Person	____ arrivati / -e	____ capito
	3. Person	____ arrivati / -e	____ capito

Der Indikativ 11

2. (⇒ 5.2)

	ja	nein
Das *trapassato prossimo*		
a) entspricht dem deutschen Plusquamperfekt.	☐	☐
b) bezeichnet Vorgänge, Zustände und Handlungen in der Vergangenheit, die sich vor einem anderen Vorgang der Vergangenheit vollzogen haben.	☐	☐

Marisa mi (chiamare) ____ ____ la settimana scorsa e ieri, finalmente, ci siamo incontrati. Marisa hatte mich vorige Woche angerufen und gestern haben wir uns endlich mal getroffen.

	ja	nein
c) drückt die Vorvergangenheit nur für das Zeitsystem *imperfetto – passato prossimo* aus.	☐	☐
d) drückt eine Vorvergangenheit für Handlungen oder Zustände aus, die sowohl im Zeitsystem *imperfetto – passato prossimo* als auch *imperfetto – passato remoto* wiedergegeben werden.	☐	☐

Auf den Punkt gebracht

Der Indikativ

6 Das *trapassato remoto*

6.1 Formen des *trapassato remoto*

Das *trapassato remoto* ist eine zusammengesetzte Zeit der Vergangenheit. Es wird mit dem *passato remoto* von *essere* (sein) bzw. *avere* (haben) und dem Partizip Perfekt gebildet.

fui arrivato / -a ich war angekommen   ebbi capito ich hatte verstanden

Auf Entdeckung
Sie kennen die Formen des *passato remoto* (➡ Kap. 11, 4.1). Versuchen Sie, die Tabelle mit den entsprechenden Formen von *essere* und *avere* auszufüllen. Sie erhalten damit einen Überblick über die Formen des *trapassato remoto* (➡ *Lösungen*).

		arrivare ankommen	capire verstehen
Singular	1. Person	fui arrivato / -a	ebbi capito
	2. Person	_____ arrivato / -a	_____ capito
	3. Person	_____ arrivato / -a	_____ capito
Plural	1. Person	_____ arrivati / -e	_____ capito
	2. Person	_____ arrivati / -e	_____ capito
	3. Person	_____ arrivati / -e	_____ capito

Beachten Sie
Für diese Zeit, wie für alle zusammengesetzten Zeiten, gelten die Regeln, die Sie im Kap. 11, 3.1 kennen gelernt haben.

Test 1
Schreiben Sie neben den Formen des *passato prossimo* die entsprechenden Formen des *trapassato remoto*.

a) ha guardato er / sie hat geschaut   ebbe guardato er / sie hatte geschaut
b) è andata sie ist gegangen   ____ ____ sie war gegangen
c) si sono alzati sie sind aufgestanden   si ____ ____ sie waren aufgestanden
d) è stata sie ist gewesen   ____ ____ sie war gewesen
e) ha fatto er / sie hat gemacht   ____ ____ er / sie hatte gemacht
f) li ho visti ich habe sie (Pl.) gesehen   ____ ____ ich hatte sie (Pl.) gesehen
g) le ho lette ich habe sie (Pl.) gelesen   ____ ____ ich hatte sie (Pl.) gelesen

6.2 Gebrauch

- Wie das *trapassato prossimo* bezeichnet das *trapassato remoto* Vorgänge in der Vergangenheit, die sich vor anderen Vorgängen in der Vergangenheit vollzogen haben.
- Anders als das *trapassato prossimo* wird das *trapassato remoto* nur in Nebensätzen verwendet, die von dopo che (nachdem), quando (als), appena / (non) appena (sobald) eingeleitet werden.
- Das *trapassato remoto* wird hauptsächlich in der gehobenen Sprache und eher geschrieben, als gesprochen verwendet.
  Enzo telefonò a sua madre dopo che gli amici **furono partiti**.
  Enzo rief seine Mutter an, nachdem die Freunde abgefahren waren.
  Quando **ebbi parlato** con lui, capii che aveva ragione.
  Als ich mit ihm gesprochen hatte, verstand ich, dass er Recht hatte.

Beachten Sie

a) Das *trapassato remoto* wird in der gesprochenen Sprache durch das *trapassato prossimo* ersetzt.
   Appena Rosaria **ebbe saputo** dell'arrivo di Silvio, andò da lui. → Appena Rosaria **aveva saputo** dell'arrivo di Silvio, andò da lui.
   Sobald Rosaria von Silvios Ankunft erfahren hatte, ging sie zu ihm.

b) Wenn Nebensätze, die mit dopo che (nachdem) + *trapassato remoto* eingeleitet werden, im Haupt- und Nebensatz das gleiche Subjekt haben, kann man diese durch folgende Konstruktion ersetzen: dopo + Hilfsverb im Infinitiv + Partizip Perfekt (➞ Kap.15, 1.3.2 c).
   Dopo che Mara **fu arrivata**, chiamò Ugo.
   Nachdem Mara angekommen war, rief sie Ugo an.
   Dopo **essere arrivata**, Mara chiamò Ugo.
   Nachdem sie angekommen war, rief Mara Ugo an.

c) Wenn Nebensätze, die mit appena (che) (sobald) + *trapassato remoto* eingeleitet werden, im Haupt- und Nebensatz das gleiche Subjekt haben, kann man diese durch folgende Konstruktion ersetzen:
   appena + Partizip Perfekt (➞ Kap.15, 2.2.2 c).
   Appena Claudio **fu arrivato**, andò da Kathi.
   Sobald Claudio angekommen war, ging er zu Kathi.
   Appena **arrivato**, Claudio andò da Kathi.
   Sobald er angekommen war, ging Claudio zu Kathi.

Test 2

Ersetzen Sie die Formen des *trapassato remoto* durch die entsprechenden Formen des *trapassato prossimo*.

a) Quando Antonietta e Carlo si (furono sposati), si trasferirono in città.
   Nachdem Antonietta und Carlo geheiratet hatten, zogen sie in die Stadt.

11 Der Indikativ

b) Dopo che Silvia (ebbe scritto) la lettera, si sentì meglio.
   Nachdem Silvia den Brief geschrieben hatte, fühlte sie sich besser.
c) Non appena (ebbi saputo) la notizia, chiamai mia madre.
   Sobald ich die Nachricht erfahren hatte, rief ich meine Mutter an.
d) Dopo che il treno (fu arrivato), tutti i passeggeri scesero.
   Nachdem der Zug angekommen war, stiegen alle Fahrgäste aus.
e) Appena Veronica e Teo (ebbero finito) gli studi, cercarono un lavoro.
   Sobald Veronica und Teo das Studium abgeschlossen hatten, suchten sie eine Arbeit.
f) Quando (fummo partiti), cominciammo a chiacchierare.
   Als wir abgefahren waren, fingen wir an zu plaudern.

Auf den Punkt gebracht
Nun können Sie wieder überprüfen, ob Sie die wichtigsten Regeln in diesem Kapitel behalten haben.

1. (➡ 6.1)
Die Formen des *trapassato remoto* lauten:

		arrivare ankommen	capire verstehen
Singular	1. Person	_____ arrivato / -a	_____ capito
	2. Person	_____ arrivato / -a	_____ capito
	3. Person	_____ arrivato / -a	_____ capito
Plural	1. Person	_____ arrivati / -e	_____ capito
	2. Person	_____ arrivati / -e	_____ capito
	3. Person	_____ arrivati / -e	_____ capito

2. (➡ 6.2)
Das *trapassato remoto*   ja   nein
a) drückt Vorgänge in der Vergangenheit aus, die sich vor
   anderen Vorgängen in der Vergangenheit vollzogen haben.   ☐   ☐
b) wird nur in der gesprochenen Alltagssprache verwendet.   ☐   ☐
c) kommt nur in Nebensätzen vor.   ☐   ☐
d) wird durch alle Konjunktionen eingeleitet.   ☐   ☐
e) kann in der gesprochenen Sprache durch das *trapassato
   prossimo* ersetzt werden.   ☐   ☐
f) kann bei Subjektgleichheit durch andere Konstruktionen
   ersetzt werden.   ☐   ☐

Der Indikativ 11

7 Das Futur I

Was Sie vorab wissen sollten
Das Futur I drückt Handlungen aus, die sich in der Zukunft abspielen. Der Gebrauch dieser Zeit ist ähnlich wie im Deutschen.

7.1 Formen

Die Formen des Futur I werden aus dem Infinitiv abgeleitet und bestehen aus dem Stamm, der Stammerweiterung und der Endung.

7.1.1 Regelmäßige Formen

		parl-**are** sprechen	scriv-**ere** schreiben	fin-**ire** beenden
Singular	1. Person	parl-**er**-ò	scriv-**er**-ò	fin-**ir**-ò
	2. Person	parl-**er**-ai	scriv-**er**-ai	fin-**ir**-ai
	3. Person	parl-**er**-à	scriv-**er**-à	fin-**ir**-à
Plural	1. Person	parl-**er**-emo	scriv-**er**-emo	fin-**ir**-emo
	2. Person	parl-**er**-ete	scriv-**er**-ete	fin-**ir**-ete
	3. Person	parl-**er**-anno	scriv-**er**-anno	fin-**ir**-anno

Beachten Sie
Das Futur hat folgende Stammerweiterungen:
– für die Verben auf -are und -ere: -er-
– für die Verben auf -ire: -ir-
Die Endungen sind bei allen drei Klassen identisch.

Test 1

Vervollständigen Sie mit den Formen des Futur I.
a) Domani (io / prendere) ____ l'autobus e (arrivare) ____ puntuale in ufficio.
   Morgen werde ich den Bus nehmen und pünktlich im Büro ankommen.
b) Stasera (noi / mangiare) ____ qualcosa e dopo (giocare) ____ a carte.
   Heute Abend werden wir etwas essen und dann Karten spielen.
c) Se giovedì (tu / partire) ____ alle 7 (arrivare) ____ a Venezia verso le 10.
   Wenn du am Donnerstag um 7 abfahren wirst, wirst du gegen 10 in Venedig ankommen.
d) Da ottobre dell'anno prossimo Sveva (studiare) ____ a Roma e (abitare) ____ con alcune amiche. Ab Oktober nächsten Jahres wird Sveva in Rom studieren und mit einigen Freundinnen zusammenwohnen.

11 Der Indikativ

e) Patrizia e Franco (uscire) ____ dall'ufficio alle 8 e subito dopo (partire) ____ per le vacanze. Patrizia und Franco werden um 8 Uhr aus dem Büro kommen und sofort danach in Urlaub fahren.

f) Prima (voi / finire) ____ il lavoro, poi (telefonare) ____ agli amici e dopo (passare) ____ da loro! Zuerst werdet ihr die Arbeit beenden, dann die Freunde anrufen und anschließend bei ihnen vorbeigehen!

7.1.2 Besonderheiten
Viele gängige Verben weisen Besonderheiten beim Stamm auf.

a) **Verben auf -ere mit betonter Infinitivendung**
Bei Verben auf -ere, die eine betonte Infinitivendung haben wie z. B. avere haben, potere können, sapere wissen, dovere müssen, vedere sehen usw. entfällt in der Futurform das -e der Stammerweiterung. Die Endungen sind dieselben wie bei den regelmäßigen Formen.

Auf Entdeckung
Setzen Sie die fehlenden unregelmäßigen Formen des Futurs ein. (➡ *Lösungen*)

		avere	potere	sapere	dovere	vedere
Sg.	1. Person	av-r-ò	____	____	____	____
	2. Person	____	____	____	____	ved-r-ai
	3. Person	____	pot-r-à	____	____	____
Pl.	1. Person	____	____	____	dov-r-emo	____
	2. Person	____	____	____	____	____
	3. Person	____	____	sap-r-anno	____	____

Beachten Sie
Ähnlich verhalten sich auch andare (gehen) und vivere (leben).
andare: andrò, andrai, andrà, andremo, andrete, andranno
vivere: vivró, vivrai, vivrá, vivremo, vivrete, vivranno

b) **Weitere unregelmäßige Formen des Futurs**
Viele gängige Verben haben im Futur unregelmäßige Stämme. Die Endungen sind dieselben wie bei den regelmäßigen Formen. Weitere unregelmäßige Formen finden Sie in den Tabellen auf S. 465 ff.

essere sein	→ sarò	bere trinken	→ berrò
stare sich befinden	→ starò	rimanere bleiben	→ rimarrò
dare geben	→ darò	tenere halten	→ terrò
fare machen	→ farò	venire kommen	→ verrò
		volere wollen	→ vorrò

Der Indikativ 11

Test 2
Setzen Sie die fehlenden Formen ein.

		essere	dare	fare	venire	volere
Sg.	1. Person	sarò				
	2. Person				verrai	
	3. Person					
Pl.	1. Person		daremo			vorremo
	2. Person					
	3. Person			faranno		

7.2 Gebrauch

Wie bereits erwähnt, ist der der Gebrauch des Futur I ähnlich wie im Deutschen.

Das Futur I bezeichnet Vorgänge in der Zukunft.	Che cosa **farai** domani? Was wirst du morgen machen? Dove **andrai** in vacanza il prossimo anno? Wohin wirst du nächstes Jahr in Urlaub fahren?
Aber: Das Futur I kann durch das Präsens ersetzt werden, wenn aus dem Zusammenhang deutlich wird, dass es sich um Vorgänge handelt, die sich in der Zukunft abspielen.	Il mese prossimo **comincio / comincerò** un corso di inglese. Nächsten Monat fange ich einen Englischkurs an / werde ich einen Englischkurs anfangen.
Das Futur kann bei Vermutungen verwendet werden.	**Sarà** come dici tu. Es wird wohl so sein wie du sagst. Mara **avrà** 20 anni. Mara wird etwa 20 Jahre alt sein.
Das Futur kann den Imperativ bei nachdrücklichen Aufforderungen und Geboten ersetzen.	Non lo **farai**! Das wirst du nicht tun! Domani **andrete** dal medico! Morgen werdet ihr zum Arzt gehen!

Beachten Sie
Will man Vorgänge oder Handlungen beschreiben, die in unmittelbarer Zukunft stattfinden werden, so benutzt man stare per + Infinitiv.
Le vacanze **stanno per** finire. Die Ferien gehen zu Ende.
Il treno **sta per** partire. Der Zug wird jeden Augenblick abfahren.

11 Der Indikativ

Test 3

Stellen Sie in den folgenden Fällen fest, ob das Futur eine Handlung in der Zukunft (Z), eine Vermutung (V) oder eine Aufforderung (A) ausdrückt und markieren Sie die richtige Lösung.

          Z V A

a) Dina arriverà domani. ☐ ☐ ☐
    Dina wird morgen ankommen.
b) Dove sono i ragazzi? – Saranno al computer! ☐ ☐ ☐
    Wo sind die Kinder? – Sie werden am Computer sitzen.
c) Adesso andrai da lui e gli dirai tutto. ☐ ☐ ☐
    Jetzt wirst du zu ihm gehen und ihm alles sagen.
d) Adesso voi resterete qui e mi aiuterete! ☐ ☐ ☐
    Jetzt werdet ihr hier bleiben und mir helfen!
e) Oggi non prenderò l'autobus e andrò a piedi. ☐ ☐ ☐
    Heute werde ich nicht den Bus nehmen und zu Fuß gehen.
f) Che ora è? – Saranno le dodici. ☐ ☐ ☐
    Wie spät ist es? – Es wird 12 Uhr sein.

Test 4

Ersetzen Sie die Formen von stare per + Infinitiv mit einer Form des Futurs nach dem Muster:

Stai per finire gli studi. → Finirai gli studi tra due mesi.
Du wirst das Studium in zwei Monaten abschließen.

a) Sto per cambiare casa. → ____ casa tra pochi giorni.
    Ich werde in wenigen Tagen umziehen.
b) Julia sta per sposarsi. → Julia si ____ tra tre settimane.
    Julia wird in drei Wochen heiraten.
c) Stai per uscire? → ____ tra pochi minuti?
    Wirst du in wenigen Minuten ausgehen?
d) Daria sta per arrivare. → Daria ____ tra poche ore.
    Daria wird in wenigen Stunden ankommen.

Der Indikativ 11

Auf den Punkt gebracht
Nun können Sie wieder überprüfen, ob Sie die wichtigsten Regeln in diesem Kapitel behalten haben. Füllen Sie die folgenden Kontrollaufgaben aus oder markieren Sie die richtige Möglichkeit.

1. (7.1.1)
Die regelmäßigen Futurformen der Verben auf -are, -ere, -ire lauten:

		parl-are sprechen	scriv-ere schreiben	fin-ire beenden
Singular	1. Person 2. Person 3. Person	_____ _____ _____	_____ _____ _____	_____ _____ _____
Plural	1. Person 2. Person 3. Person	_____ _____ _____	_____ _____ _____	_____ _____ _____

2. (7.1)
Die Formen des Futurs   ja   nein
a) werden aus dem Präsens abgeleitet.   ☐   ☐
b) werden aus dem Infinitiv abgeleitet.   ☐   ☐
c) bestehen aus Stamm, Stammerweiterung und Endung.   ☐   ☐
d) haben für die Verben auf -are und -ere die Stamm-
   erweiterung -er-.   ☐   ☐
e) haben für die Verben auf -ire die Stammerweiterung -ir-.   ☐   ☐
f) haben verschiedene Endungen für die Verben auf -are,
   -ere und -ire.   ☐   ☐
g) haben dieselben Endungen für die Verben auf -are, -ere
   und -ire.   ☐   ☐

3. (7.1.2)
Viele gängige Verben weisen Besonderheiten bei (dem Stamm / der Endung) auf.

4. (7.1.2 a)
Bei den Verben auf -ere mit betontem Infinitiv entfällt das ____ der Stammerweiterung.
vedere sehen → ____ ich werde sehen, sapere wissen → ____ ich werde wissen

11 Der Indikativ

5. (⟹ 7.1.2 b)
Viele gängige Verben weisen Besonderheiten im Futur auf: Sie haben einen (regelmäßigen / unregelmäßigen) Stamm und (regelmäßige / unregelmäßige) Endungen.
dare geben → _____
venire kommen → _____

6. (⟹ 7.2)
Der Gebrauch des Futurs im Italienischen ist (ähnlich / nicht ähnlich) wie im Deutschen.

Der Indikativ 11

8 Das Futur II

8.1 Formen

Das Futur II ist die zusammengesetzte Zeit der Zukunft. Ähnlich wie das deutsche Futur II wird es im Italienischen mit den Futurformen von essere (sein) bzw. avere (haben) und dem Partizip Perfekt gebildet.
sarò arrivato ich werde angekommen sein
avrò capito ich werde verstanden haben

Auf Entdeckung

Sie kennen die Formen des Futur I. Füllen Sie die Tabelle mit den entsprechenden Formen von essere und avere aus. Sie erhalten damit einen Überblick über die Formen des Futur II (➡ *Lösungen*).

		arrivare ankommen	sapere wissen	capire verstehen
Sg.	1. Person	sarò arrivato / -a	avrò saputo	avrò capito
	2. Person	_____ arrivato / -a	_____ saputo	_____ capito
	3. Person	_____ arrivato / -a	_____ saputo	_____ capito
Pl.	1. Person	saremo arrivati / -e	_____ saputo	_____ capito
	2. Person	_____ arrivati / -e	_____ saputo	_____ capito
	3. Person	_____ arrivati / -e	avranno saputo	_____ capito

Beachten Sie

Wie für alle zusammengesetzten Zeiten, gelten auch für das Futur II die Regeln, die Sie im Kapitel 11, 3.1.1–3.1.3 kennen gelernt haben.

Test 1

1. Setzen Sie in die zweite Spalte die Formen des Futur II ein.
2. Schreiben Sie in die zweite Spalte die Übersetzung der Sätze im Futur II.

Beispiel: Lia **ha visto** il film. → Lia **avrà visto** il film.
        Lia hat den Film gesehen.   Lia **wird** den Film **gesehen haben**.

a) Ada **è andata** via. → Ada _____ via.
    Ada ist weggegangen.   Ada _____.
b) Gina e Teo si **sono visti**. → Gina e Teo si _____.
    Gina und Teo haben sich gesehen.   Gina und Teo _____.
c) Nora **è stata** qui. → Nora _____ qui.
    Nora ist hier gewesen.   Nora _____.
d) Marino **ha fatto** la doccia. → Marino _____ la doccia.
    Marino hat geduscht.   Marino _____.

11 Der Indikativ

e) Pino **ha** già **mangiato**. → Pino _____ già _____.
   Pino hat schon gegessen. Pino _____.
f) Le ferie **sono cominciate**. → Le ferie _____.
   Die Ferien haben angefangen. Die Ferien _____.
g) Questo film **l'hai** già **visto**. → Questo film l' _____ già _____.
   Du hast diesen Film schon gesehen. Du _____.
h) Pino non li **ha chiamati**. → Pino non li _____.
   Pino hat sie nicht angerufen. Pino _____.
i) Gina **è restata** a casa. → Gina _____ a casa.
   Gina ist zu Hause geblieben. Gina _____.
l) Ciro **ha trovato** amici. → Ciro _____ amici.
   Ciro hat Freunde getroffen. Ciro _____.

8.2 Gebrauch

Der Gebrauch des Futur II entspricht weitgehend dem Deutschen, auch wenn es im Deutschen nicht so häufig benutzt wird.

8.2.1
Das Futur II bezeichnet eine Handlung, die vor einem bestimmten in der Zukunft liegenden Zeitpunkt abgeschlossen ist. Im Deutschen kann in diesen Fällen auch das Perfekt verwendet werden.
Domani a quest'ora Piero **avrà** già **fatto** l'esame.
Morgen um diese Zeit wird Piero die Prüfung schon gemacht haben. / Morgen um diese Zeit hat Piero die Prüfung schon gemacht.

8.2.2
Wenn im Hauptsatz das Futur I steht, wird im Italienischen als Bezeichnung der Vorzeitigkeit im Nebensatz das Futur II verwendet.
Luigi andrà via quando **avrà chiarito** la situazione.
Luigi wird abfahren, wenn er die Lage geklärt hat.

8.2.3
Das Futur II kann Zweifel, Unsicherheiten oder Vermutungen über zurückliegende Vorgänge ausdrücken.
Carolina **sarà stata** anche sincera, ma non mi pareva.
Carolina mag auch ehrlich gewesen sein, aber so schien es mir nicht.
A che ora sono partiti gli amici? – **Saranno state** le 10.
Wann sind die Freunde abgefahren? Es wird etwa um 10 gewesen sein.

Der Indikativ 11

Test 2
Stellen Sie in den folgenden Fällen fest, ob das Futur II eine in der Zukunft abgeschlossene Handlung (Z), eine Vorzeitigkeit gegenüber dem Hauptsatz (V) oder Unsicherheit (U) ausdrückt und kreuzen Sie die richtige Lösung an.

		Z	V	U
a)	Dina probabilmente sarà già arrivata. Dina wird vermutlich schon angekommen sein.	☐	☐	☐
b)	Ti manderò il libro quando avrò finito di leggerlo. Ich werde dir das Buch schicken, wenn ich es zu Ende gelesen habe.	☐	☐	☐
c)	Tra alcune settimane Jole e Clara avranno finito il lavoro. In einigen Wochen werden Jole und Clara die Arbeit beendet haben.	☐	☐	☐
d)	Bruna non c'è ancora. Forse avrà trovato traffico. Bruna ist noch nicht da. Vielleicht hat sie viel Verkehr vorgefunden.	☐	☐	☐
e)	Domani a quest'ora saremo già arrivati al mare. Morgen um diese Zeit werden wir schon am Meer angekommen sein.	☐	☐	☐
f)	Federico ti telefonerà quando avrà saputo qualcosa. Federico wird dich anrufen, wenn er etwas erfahren hat.	☐	☐	☐

Test 3
Setzen Sie die Formen des Futur I bzw. Futur II ein.
Beispiel: (Dormire) *Dormirò* quando (mangiare) *avrò mangiato*.
         Ich werde schlafen, wenn ich gegessen habe.
a) Tania (uscire) ____ quando (chiamare) ____ ____ Lea.
   Tania wird ausgehen, wenn sie Lea angerufen hat.
b) I Rossi (partire) ____ quando (vedere) ____ ____ Lia.
   Die Rossis werden fahren, wenn sie Lia gesehen haben.
c) (Tu / telefonare) ____ agli amici quando (fare) ____ ____ i compiti.
   Du wirst die Freunde anrufen, wenn du die Hausaufgaben gemacht hast.
d) (Voi / andare) ____ in vacanza quando (finire) ____ ____ gli esami.
   Ihr werdet in die Ferien fahren, wenn ihr die Prüfung gemacht habt.
e) (Noi / rispondere) ____ alla lettera quando (ritornare) ____ ____ dall'Italia.
   Wir werden auf den Brief antworten, wenn wir aus Italien zurückgekommen sind.

8 Das Futur II

11 Der Indikativ

Auf den Punkt gebracht
Nun können Sie wieder überprüfen, ob Sie die wichtigsten Regeln in diesem Kapitel behalten haben. Füllen Sie bei den folgenden Kontrollaufgaben die Lücken aus oder markieren Sie die richtige Möglichkeit.

1. (⟹ 1)
Die Formen des Futur II lauten:

Singular	1. Person	___ arrivato / -a	___ capito
	2. Person	___ arrivato / -a	___ capito
	3. Person	___ arrivato / -a	___ capito
Plural	1. Person	___ arrivati / -e	___ capito
	2. Person	___ arrivati / -e	___ capito
	3. Person	___ arrivati / -e	___ capito

2. (⟹ 2)
a) Der Gebrauch des Futur II (entspricht weitgehend dem Deutschen / entspricht nicht dem Deutschen).
b) Dem italienischen Futur II (kann / kann nicht) in bestimmten Fällen ein deutsches Perfekt entsprechen.
   Luigi andrà via quando avrà chiarito la situazione.
   Luigi wird abfahren, wenn er die Lage _____.
c) Das Futur II kann Vermutungen über (zurückliegende / zukünftige) Vorgänge ausdrücken.
   A che ora sono partiti gli amici? – (Essere) _____ le 10.
   Wann sind die Freunde abgefahren? Es wird etwa um 10 gewesen sein.

Der congiuntivo 12

Was Sie vorab wissen sollten
a) Der Gebrauch des *congiuntivo* entspricht nicht dem des deutschen Konjunktivs.
b) Der *congiuntivo* hat vier Zeiten:
   congiuntivo presente   *congiuntivo imperfetto*
   congiuntivo passato   *congiuntivo trapassato*
c) Alle Zeiten des *congiuntivo* werden hauptsächlich im Nebensatz verwendet.
d) Ob der *congiuntivo* verwendet wird oder nicht, hängt von Elementen ab (z. B. bestimmten Verben oder Konjunktionen), die sich normalerweise im Hauptsatz befinden und Konjunktivauslöser genannt werden.
   – Verb als Konjunktivauslöser:
   Gino **crede che** tu parta domani. Gino glaubt, dass du morgen fährst.
   – Konjunktion als Konjunktivauslöser:
   Ti voglio parlare **prima che** tu parta. Ich will mit dir sprechen bevor du fährst.

1 Der *congiuntivo presente*

1.1 Formen

1.1.1 Die regelmäßigen Formen

		parl-**are** sprechen	ved-**ere** sehen	part-**ire** abfahren	cap-**ire** verstehen
Sg.	1. Person	parl-i	ved-a	part-a	cap-isc-a
	2. Person	parl-i	ved-a	part-a	cap-isc-a
	3. Person	parl-i	ved-a	part-a	cap-isc-a
Pl.	1. Person	parl-iamo	ved-iamo	part-iamo	cap-iamo
	2. Person	parl-iate	ved-iate	part-iate	cap-iate
	3. Person	parl-ino	ved-ano	part-ano	cap-isc-ano

Beachten Sie
Die folgenden Regeln gelten für alle Verben im *congiuntivo presente*.
a) Die Formen für die 1., 2. und 3. Person Singular der Verben auf -are, -ere und -ire sind identisch.
   In diesem Fall ist zur Unterscheidung der Person der Gebrauch der Subjektpronomen erforderlich.
   Credo che **lui** parli bene il francese.
   Ich glaube, dass er gut Französisch spricht.
   Credo che **tu** parli bene il francese.
   Ich glaube, dass du gut Französisch sprichst.

12 Der congiuntivo

b) Die Betonung ist wie im Indikativ Präsens.
c) Verben auf -ire mit Stammerweiterung wie capire verstehen (➡ Kap. 11, 1.1.2) behalten auch im *congiuntivo* die Erweiterung -isc- bei.

 Test 1

Setzen Sie die Formen des *congiuntivo presente* ein. Das Subjekt im Nebensatz ist unterstrichen.
a) Susi crede che Fabio (abitare) ____ ancora qui.
   Susi glaubt, dass Fabio noch hier wohnt.
b) Penso che Gea e Pino (vendere) ____ la casa.
   Ich denke, dass Gea und Pino das Haus verkaufen.
c) Spero che tu (restare) ____ da noi. Ich hoffe, dass du bei uns bleibst.
d) Non so se voi (capire) ____ la mia situazione.
   Ich weiß nicht, ob ihr meine Situation versteht.
e) Gino è contento che gli ospiti finalmente (partire) ____.
   Gino ist froh, dass die Gäste endlich abfahren.
f) Pare che Ugo e Tina (preferire) ____ restare a casa.
   Es scheint, dass Ugo und Tina es vorziehen, zu Hause zu bleiben.

1.1.2 Unregelmäßige Verben

Alle Verben, die im Indikativ Präsens unregelmäßig sind, sind auch im *congiuntivo presente* unregelmäßig.

		essere sein	avere haben	andare gehen
Singular	1. Person	sia	abbia	vada
	2. Person	sia	abbia	vada
	3. Person	sia	abbia	vada
Plural	1. Person	siamo	abbiamo	andiamo
	2. Person	siate	abbiate	andiate
	3. Person	siano	abbiano	vadano

 Auf Entdeckung

Sie kennen die Endungen des *congiuntivo presente* der regelmäßigen Verben. Versuchen Sie nun – in Anlehnung an die Formen des Indikativ Präsens – die fehlenden unregelmäßigen Formen einzusetzen. Für weitere unregelmäßige Formen ➡ *Tabellenteil* S. 465 ff.

Der congiuntivo 12

		fare machen	bere trinken	stare bleiben	venire kommen	dire sagen
Sg.	1. Person	faccia	beva	stia	venga	dica
	2. Person	_____	_____	_____	_____	_____
	3. Person	_____	_____	_____	_____	_____
Pl.	1. Person	_____	_____	_____	_____	_____
	2. Person	facciate	_____	_____	_____	diciate
	3. Person	_____	_____	_____	_____	_____

Test 2

Wie lauten die Formen des *congiuntivo presente* der in Klammern gesetzten Verben? Das Subjekt im Nebensatz ist unterstrichen.
a) Spero che tu (essere) contenta. Ich hoffe, dass du zufrieden bist.
b) Gina è contenta che Leo (avere) tempo. Gina ist froh, dass Leo Zeit hat.
c) Ci dispiace che i ragazzi non (venire).
   Es tut uns Leid, dass die Kinder nicht kommen.
d) Non so se lui (dire) la verità. Ich weiß nicht, ob er die Wahrheit sagt.
e) Federica crede che voi (stare) ancora qui.
   Federica glaubt, dass ihr noch hier bleibt.
f) Non penso che Iris (bere) troppo caffè.
   Ich denke nicht, dass Iris zu viel Kaffee trinkt.
g) Credo che Bianca e Leo (fare) molte cose interessanti.
   Ich glaube, dass Bianca und Leo viele interessante Dinge machen.

1.2 Gebrauch

1.2.1 Der Gebrauch des *congiuntivo* im Nebensatz

– Wie Sie an den vorangegangenen Beispielen feststellen konnten, steht der *congiuntivo* im Nebensatz. Es gibt bestimmte (Satz-)Elemente, die sich im Hauptsatz befinden und den *congiuntivo* erforderlich machen. Diese Elemente nennt man Konjunktivauslöser. Auslöser des *congiuntivo* können Verben oder bestimmte Konjunktionen sein. Hinzu kommen einige Konstruktionen, bei denen der Gebrauch des *congiuntivo* verbindlich ist.
– Alle Zeiten des *congiuntivo* werden in der gehobenen gesprochenen Sprache und in der Schriftsprache verwendet. In der Umgangssprache kann der *congiuntivo* teilweise durch den Indikativ ersetzt werden (➥ 1.2.2).

Die Regeln in 1.2.1 und 1.2.2 betreffen nicht nur den *congiuntivo presente*, sondern gelten für alle Zeiten des *congiuntivo*.

12 Der congiuntivo

a) Der *congiuntivo* nach Verben, die Subjektivität ausdrücken

Konjunktivauslöser sind Verben, die Subjektivität ausdrücken. Sie leiten in der Regel einen Nebensatz mit che (dass) ein. Es handelt sich dabei um:

Verben und Ausdrücke der Meinungsäußerung, wie: credere glauben, pensare denken, parere / sembrare scheinen / den Eindruck haben, ritenere meinen, essere dell' opinione /del parere der Meinung sein, essere convinto / persuaso überzeugt sein, immaginare vermuten / vorstellen.	Credo / penso che Lucia sia stanca. Ich glaube / denke, dass Lucia müde ist. Non ti pare che Vito esageri? Hast du nicht den Eindruck, dass Vito übertreibt? Il direttore immagina che voi lavoriate bene. Der Direktor vermutet, dass ihr gut arbeitet.
Aber: – Nach pensare in der Bedeutung von „einfallen" steht der Indikativ. – Wird eine Meinung durch secondo me, a mio avviso meiner Meinung nach, per me für mich, eingeleitet, steht der Indikativ.	Quando ho visto Rita ho pensato che era proprio una bella donna. Als ich Rita sah, fiel mir ein, dass sie wirklich eine schöne Frau war. Secondo me lui è intelligente. Meiner Meinung nach ist er intelligent.
Verben und Wendungen der subjektiven Wahrnehmung bzw. des Gefühlsausdrucks wie: avere l'impressione / la sensazione den Eindruck / das Gefühl haben, avere paura Angst haben, temere fürchten, essere contento froh sein, essere felice glücklich sein, essere deluso enttäuscht sein, dispiacere Leid tun, rallegrarsi sich freuen, vergognarsi sich schämen, preoccuparsi sich Sorgen machen / sich kümmern.	Ho l'impressione che qui faccia freddo. Ich habe den Eindruck / das Gefühl, dass es hier kalt ist. Ho paura che Nino non arrivi. Ich habe Angst, dass Nino nicht ankommt. Temo che adesso i negozi siano già chiusi. Ich befürchte, dass die Geschäfte jetzt schon geschlossen sind. Sono felice che / Mi rallegro che siate qui. Ich bin froh / Ich freue mich, dass ihr hier seid.
Aber: Nach Verben der reinen Sinneswahrnehmung wie vedere sehen, sentire hören / fühlen steht der Indikativ.	Vedo che non stai bene. Ich sehe, dass es dir nicht gut geht. Non sento quello che dice Michele. Ich höre nicht, was Michele sagt.

1 Der congiuntivo presente

Der congiuntivo 12

Verben und Wendungen der Erwartung, des Wünschens und des Wollens, wie: aspettarsi erwarten, sperare hoffen, non vedere l'ora es nicht erwarten können, desiderare wünschen, augurarsi sich wünschen, volere wollen, preferire vorziehen usw.	Vittorio **si aspetta** sempre che gli altri lo **capiscano**. Vittorio erwartet immer, dass die anderen ihn verstehen. **Spero** che Fiora e Aldo **riparino** il computer. Ich hoffe, dass Fiora und Aldo den Rechner reparieren. Giorgio **non vuole** che tu **abbia** problemi. Giorgio will nicht, dass du Probleme hast.
Verben, die Unsicherheit oder Zweifel ausdrücken wie: dubitare bezweifeln, non sapere se nicht wissen ob, non essere sicuro se nicht sicher sein ob usw. **Aber:** Nach Verben und Wendungen, die Sicherheit und Gewissheit ausdrücken, wie: essere sicuro sicher sein, sapere wissen, erfahren, essere vero wahr sein, essere chiaro klar sein steht der Indikativ.	Non so se / **dubito** che ci **siano** ancora biglietti per il concerto. Ich weiß nicht, ob es / Ich bezweifle, dass es noch Karten für das Konzert gibt. So che / **È sicuro** che ci **sono** ancora biglietti per il concerto. Ich weiß, dass / Es ist sicher, dass es noch Karten für das Konzert gibt.

Beachten Sie
a) Nach Verben des Sagens, wie dire (sagen), affermare (behaupten), rispondere (antworten), comunicare (mitteilen) steht im Italienischen der Indikativ.
   Il signor Cesari **ha risposto** che **arriva** domani.
   Herr Cesari hat geantwortet, dass er morgen kommt.
   Rino **dice** che da loro **piove**. Rino sagt, dass es bei ihnen regnet.
   Wenn dire allerdings eine Aufforderung oder einen Befehl an einen Dritten einleitet, steht im Nebensatz der *congiuntivo*.
   Se vedi Bruno **puoi dirgli** che **venga**.
   Wenn du Bruno siehst, kannst du ihm sagen, er soll kommen.
b) Wenn Haupt- und Nebensatz das gleiche Subjekt haben, wird der *congiuntivo* durch eine Infinitivkonstruktion ersetzt (➡ Kap. 15, 1.1.3).
   Oggi credo di non **avere** tempo. Ich glaube, dass ich heute keine Zeit habe.
   Gina non sa se **partire** o no. Gina weiß nicht, ob sie fahren soll oder nicht.

12 Der congiuntivo

Test 3
Stellen Sie fest, ob in den folgenden Sätzen der *congiuntivo* erforderlich ist und markieren Sie die richtige Möglichkeit.

a) Ritengo che tu (sei / sia) una persona intelligente.
   Ich denke, dass du ein intelligenter Mensch bist.
b) Immagino che Lea ora non (ha / abbia) tempo.
   Ich kann mir vorstellen, dass Lea jetzt keine Zeit hat.
c) Mara non è convinta che Nino la (ami / ama).
   Mara ist nicht überzeugt, dass Nino sie liebt.
d) Mi dispiace che tu (devi / deva) restare a casa.
   Es tut mir Leid, dass du zu Hause bleiben musst.
e) Papà ed io vogliamo che tu (sei / sia) felice.
   Dein Vater und ich wollen, dass du glücklich bist.
f) Mi aspetto che (organizzate / organizziate) la festa.
   Ich erwarte, dass ihr das Fest organisiert.
g) Non so se Daria (è / sia) la persona adatta.
   Ich weiß nicht, ob Daria der geeignete Mensch ist.
h) È chiaro che qui tutti ti (vogliono / vogliano) bene.
   Es ist klar, dass dich hier alle gern haben.
i) Tonio mi ha detto che (ha / abbia) l'influenza.
   Tonio hat mir gesagt, dass er Grippe hat.
l) Non è chiaro se gli esami (sono / siano) difficili.
   Es ist nicht klar, ob die Prüfungen schwierig sind.
m) Secondo me Tonio (ha / abbia) l'influenza.
   Meiner Meinung nach hat Tonio Grippe.
n) Vito sente che Gina non lo (ama / ami) più.
   Vito fühlt, dass Gina ihn nicht mehr liebt.
o) Ho saputo che Lorenzo (ha / abbia) l'influenza.
   Ich habe erfahren, dass Lorenzo Grippe hat.
p) Gina teme che Vito non la (ama / ami) più.
   Gina fürchtet, dass Vito sie nicht mehr liebt.
q) Noi crediamo che tu (sia / sei) una cara amica.
   Wir glauben, dass du eine gute Freundin bist.
r) Noi sappiamo che (sia / sei) una buona amica.
   Wir wissen, dass du eine gute Freundin bist.

b) Der *congiuntivo* nach unpersönlichen Verben und Ausdrücken
Weitere Konjunktivauslöser sind folgende unpersönliche Verben und Ausdrücke, wenn sie einen Nebensatz mit *che* (dass) einleiten:

1 Der congiuntivo presente

Der congiuntivo 12

unpersönliche Verben wie: basta es genügt, bisogna man muss, succede es passiert (➡ Kap. 20, 1.1).	**Basta** che Frida mi **telefoni** domani. Es genügt, dass Frida mich morgen anruft. **Bisogna** che Federico **trovi** una soluzione. Es ist nötig, dass Federico eine Lösung findet.
unpersönliche Ausdrücke, die gebildet werden mit essere + Substantiv wie: è una fortuna es ist ein Glück, è (un) peccato es ist schade, è un problema es ist ein Problem (➡ Kap. 20, 1.2).	**È una sfortuna** che adesso **chiudano** la fabbrica. Es ist Pech, dass jetzt die Fabrik zugemacht wird. **È un peccato** che Franco non **riesca** a finire gli studi. Es ist schade, dass Franco es nicht schafft, das Studium abzuschließen.
unpersönliche Ausdrücke, die gebildet werden mit – essere + Adjektiv wie: è bello es ist schön, è importante es ist wichtig, è difficile es ist schwer, è facile es ist leicht, è giusto es ist richtig. – essere + Adverb: è bene / male es ist gut / schlecht, è meglio / peggio es ist besser / schlechter (➡ Kap. 20, 1.2).	**È terribile** che Peter si **comporti** così! Es ist schrecklich, dass Peter sich so verhält. **È stupido** che tu ti **faccia** tanti problemi. Es ist dumm, dass du dir so viele Probleme machst. **È bene** che tu **vada** subito dal medico. Es ist gut, dass du sofort zum Arzt gehst. **È meglio** che Giulia **vada** a piedi. Es ist besser, wenn Giulia zu Fuß geht.

Beachten Sie
a) Ist das Subjekt im Haupt- und Nebensatz unbestimmt, kann man den Nebensatz durch einen verkürzenden Infinitivsatz ersetzen (➡ Kap. 15, 1.1.3).
Per informarsi basta **telefonare**.
Um sich zu informieren, genügt es anzurufen.
È stupido **farsi** tanti problemi.
Es ist dumm, sich so viele Probleme zu machen.
b) Wenn dire (sagen) unpersönlich – im Sinne von „man sagt" verwendet wird, steht im Nebensatz der *congiuntivo*.
Si dice che Berlino **sia** una metropoli internazionale.
Man sagt, dass Berlin eine internationale Metropole ist / sei.

12 Der congiuntivo

Test 4

Indikativ oder *congiuntivo*? Markieren Sie die richtige Möglichkeit.
a) So che Leo oggi non (ha / abbia) voglia di uscire.
   Ich weiß, dass Leo heute keine Lust hat auszugehen.
b) Bisogna che voi (mandate / mandiate) il fax subito.
   Es ist nötig, dass ihr das Fax sofort schickt.
c) Sono convinta che la tua proposta (funziona / funzioni).
   Ich bin überzeugt, dass dein Vorschlag funktioniert.
d) È una fortuna che tu non (devi / deva) partire.
   Es ist ein Glück, dass du nicht fahren musst.
e) È bello che tu (sei / sia) felice. Es ist schön, dass du glücklich bist.
f) Ritengo che una soluzione si (può / possa) trovare.
   Ich denke, dass man eine Lösung finden kann.
g) So che Daria (è / sia) la persona adatta.
   Ich weiß, dass Daria der richtige Mensch ist.
h) È chiaro che qui tutti ti (vogliono / vogliano) bene.
   Es ist klar, dass dich hier alle lieben.
i) Claudio mi ha detto che (ha / abbia) una nuova ragazza.
   Claudio hat mir gesagt, dass er eine neue Freundin hat.
l) Si dice che questa influenza (è / sia) molto pericolosa.
   Man sagt, dass diese Grippe sehr gefährlich ist.
m) È meglio che (partite / partiate) domani.
   Es ist besser, dass ihr morgen abfahrt.

c) **Der *congiuntivo* nach Konjunktionen**
Weitere Konjunktivauslöser sind die folgenden Konjunktionen (➡ Kap. 22, 2):

sebbene / benché / nonostante (che) / per quanto / malgrado (che) obwohl	**Sebbene / Benché / Nonostante (che) / Per quanto** qui ci **siano** molti alberghi, non abbiamo trovato una camera. Obwohl es hier viele Hotels gibt, haben wir kein Zimmer gefunden.
nel caso (che) im Falle, dass ammesso che vorausgesetzt, dass supposto che angenommen, dass qualora falls	Ti posso dare la mia macchina, **nel caso (che)** tu ne **abbia** bisogno. Ich kann dir mein Auto geben, falls du es brauchst. Quello che Dino mi ha raccontato, **ammesso che sia** vero, è veramente interessante. Was Dino mir erzählt hat, vorausgesetzt es stimmt, ist wirklich interessant. **Qualora** non ci **siano** abbastanza partecipanti, il corso non avrà luogo. Wenn es nicht genügend Teilnehmer gibt, wird der Kurs nicht stattfinden.

Der congiuntivo 12

a condizione che / a patto che unter der Bedingung, dass purché nur, wenn	Possiamo realizzare il progetto **a condizione che** ci **siano** i finanziamenti. Wir können das Projekt realisieren, unter der Bedingung, dass es eine Finanzierung gibt. Potete andare al cinema **purché** non **torniate** a casa troppo tardi. Ihr dürft ins Kino gehen, unter der Bedingung, dass ihr nicht zu spät nach Hause kommt.
a meno che / salvo che es sei denn	Vado io a prendere la zia Silva, **a meno che / salvo che** non ci **voglia** andare tu. Ich hole Tante Silva ab, es sei denn du willst hingehen.
senza che ohne dass	Farò gli esami **senza che** nessuno lo **sappia**. Ich werde die Prüfung machen, ohne dass jemand das erfährt.
in modo che, perché, affinché, cosicché damit	Farò di tutto **perché / affinché / in modo che** Luciano **venga** alla mia festa. Ich werde alles tun, damit Luciano zu meinem Fest kommt.
prima che bevor	Ti voglio parlare **prima che** tu **parta**. Ich möchte mit dir sprechen, bevor du fährst.

Test 5

Markieren Sie die richtige(n) Möglichkeit(en).
a) Ti posso dare l'indirizzo di Carmen, (senza che / nel caso che / qualora) tu ne abbia bisogno.
   Ich kann dir die Adresse von Carmen geben, falls du sie brauchst.
b) Potete andare in discoteca, (a condizione che / cosicché / purché) non torniate troppo tardi.
   Ihr könnt in die Disko gehen, unter der Voraussetzung, dass ihr nicht zu spät zurückkommt.
c) Nino continua a bere molto caffè (nonostante che / affinché / perché) abbia la pressione alta.
   Nino trinkt weiter viel Kaffee, obwohl er Bluthochdruck hat.
d) Parlo io con Walter (a meno che / malgrado che / dopo che) non voglia farlo tu personalmente.
   Ich spreche mit Walter, es sei denn du willst es persönlich machen.

12 Der congiuntivo

e) Quando arrivi, telefonami (affinché / a meno che / a condizione che) ti venga a prendere.
Wenn du ankommst, ruf an, damit ich dich abholen komme.

f) Vorrei avere finito tutto (prima che / a condizione che / senza che) arrivino gli ospiti. Ich möchte alles fertig haben, bevor die Gäste kommen.

d) Der *congiuntivo* bei bestimmten Konstruktionen
Der *congiuntivo* steht in den folgenden Fällen:

– In Relativsätzen, wenn das Verb des Hauptsatzes eine Forderung, einen Wunsch, eine Bedingung ausdrückt.	**Voglio** una casa che **sia** bella. Ich will ein Haus, das schön sein soll. **Cerco** una segretaria che **sappia** tre lingue. Ich suche eine Sekretärin, die drei Sprachen sprechen soll.
– In Relativsätzen, wenn der vorausgehende Hauptsatz eine doppelte Verneinung enthält wie: non c'è niente che es gibt nichts, was non conosco nessuno che ich kenne niemanden, der (➡ Kap. 23, 1.2.3).	**Non** c'è **niente** che mi **dia** più fastidio della stupidità. Es gibt nichts, was mich mehr stört als die Dummheit. **Non** conosco **nessuno** che mi **possa** aiutare. Ich kenne niemanden, der mir helfen kann.
– In Relativsätzen, wenn der vorausgehende Hauptsatz einen relativen Superlativ enthält (➡ Kap. 4, 5.2.1).	Roma è la città **più bella** che io **abbia** mai visitato. Rom ist die schönste Stadt, die ich je besucht habe.
Nach einem Komparativ in einem Nebensatz, der durch di quanto (als) eingeleitet wird (➡ Kap. 4, 5.1.2).	È più facile **di quanto** tu **pensi**. Es ist einfacher als du denkst. Maria è più giovane **di quanto** tu **creda**. Maria ist jünger, als du glaubst.
In Nebensätzen, die durch Indefinita eingeleitet werden wie: chiunque wer auch immer, qualunque jede(r) beliebige, dovunque wo / wohin auch immer, comunque wie auch immer (➡ Kap. 7, 1).	**Chiunque abbia** preso il tuo libro te lo riporterà. Wer auch immer dein Buch mitgenommen hat, er wird es dir zurückbringen. **Dovunque** tu **vada**, incontrerai persone simpatiche. Wohin du auch immer gehst, wirst du nette Leute treffen. **Comunque sia**, questa storia non mi piace. Wie dem auch sei, diese Geschichte gefällt mir nicht.

Der congiuntivo 12

Wenn dem Hauptsatz ein Nebensatz mit che vorangeht.

Che Laura **sia** una bella donna lo sanno tutti. Dass Laura eine schöne Frau ist, weiß jeder.
Che i tempi **siano** difficili, l'ho sempre detto. Dass die Zeiten schwer sind, habe ich immer gesagt.

Beachten Sie
Bei den indirekten Fragen, kann im Nebensatz sowohl Indikativ als auch *congiuntivo* stehen.
Sai **chi è** quella ragazza? = Sai **chi sia** quella ragazza?
Weißt du, wer dieses Mädchen ist?
Non so **chi sei** e che cosa **fai**. = Non so **chi** tu **sia** e che cosa **faccia**.
Ich weiß nicht, wer du bist und was du machst.

Test 6

Indikativ oder *congiuntivo*? Markieren Sie die richtige Möglichkeit.
a) Cerco una macchina che (consuma / consumi) poco.
   Ich suche ein Auto, das wenig verbraucht.
b) Dora è contenta della sua macchina nuova che non (consuma / consumi) molta benzina.
   Dora ist froh über ihr neues Auto, das wenig Benzin verbraucht.
c) Eva è una donna che (conosco / conosca) da due anni.
   Eva ist eine Frau, die ich seit zwei Jahren kenne.
d) Che Sergio (ha /abbia) pochi soldi lo sanno tutti.
   Dass Sergio wenig Geld hat, weiß jeder.
e) Non so se Franco (fa / faccia) molto sport.
   Ich weiß nicht, ob Franco viel Sport treibt.
f) Non so chi (abita / abiti) in quella casa.
   Ich weiß nicht, wer in jenem Haus wohnt.
g) Dovunque (viva / vive), Franca si sente bene.
   Wo auch immer Franca lebt, fühlt sie sich gut.
h) Questa storia è più bella di quanto (pensate / pensiate).
   Diese Geschichte ist schöner als ihr denkt.
i) Vanna è la ragazza più simpatica che (conosco / conosca).
   Vanna ist die sympathischste junge Frau, die ich kenne.

12 Der congiuntivo

1.2.2 Es muss nicht immer Konjunktiv sein
In den vorangehenden Abschnitten haben Sie gesehen, wie der *congiuntivo* verwendet wird. In vielen Fällen kann er aber entfallen oder durch den Indikativ bzw. eine Infinitivkonstruktion ersetzt werden.

a) Im Gegensatz zum Deutschen gibt es **keinen** *congiuntivo* in der indirekten Rede.
   Tiziana **disse che aveva** fatto l'esame e che era molto soddisfatta.
   Tiziana sagte, sie habe die Prüfung gemacht und sie sei sehr zufrieden.

b) Wenn Haupt- und Nebensatz das gleiche Subjekt haben, wird generell eine Infinitivkonstruktion benutzt.
   Statt credo che + *congiuntivo* verwendet man credo di + Infinitiv.
   Statt **Credo che io sia** una persona tranquilla. Ich glaube, dass ich ein ruhiger Mensch bin.
   verwendet man **Credo di essere** una persona tranquilla. Ich glaube, dass ich ein ruhiger Mensch bin. / Ich glaube ein ruhiger Mensch zu sein.

c) In der Umgangssprache gibt es Fälle, in denen der *congiuntivo* durch den Indikativ ersetzt werden kann, z. B.:
   – Nach Verben, die Subjektivität ausdrücken, kann man in einer weniger formellen Situation auch den Indikativ verwenden.
   Lucia **pensa che** tu **abbia** ragione. → Lucia **pensa che hai** ragione.
   Lucia denkt, dass du Recht hast.
   – In der Umgangssprache sind mit den Verben der Meinung wie spero (ich hoffe), credo (ich glaube), mi pare (mir scheint), trovo (ich finde) die folgenden Wendungen ohne den *congiuntivo* möglich:
   Carla **lavora** in negozio, **credo**.
   Carla arbeitet in einem Geschäft, glaube ich.
   Qui **fa freddo, mi pare**. Hier ist es kalt, finde ich.

1.2.3 Gebrauch des *congiuntivo* im Hauptsatz
Wie erwähnt, steht der *congiuntivo* im Nebensatz. In vereinzelten Fällen kommt er auch im Hauptsatz vor. Er wird verwendet

a) in einigen formelhaften Wendungen wie:
   Viva la libertà! Es lebe die Freiheit!, Dio vi aiuti! Gott möge euch helfen.
   Sia benedetto! Es sei gesegnet! Che ti piaccia o no. Ob es dir gefällt oder nicht. Costi quel che costi. Koste es was es wolle.

b) als Aufforderung an Dritte.
   Che Piero venga qui! Piero soll hierher kommen!
   Che provino a dire qualcosa! Die sollen nur etwas sagen!

c) bei Überlegungen, die einen Zweifel ausdrücken, wie:
   Che Gianni sia malato? Ob Gianni krank ist?
   Che sia successo qualcosa? Ob was passiert ist?

Der congiuntivo **12**

1.3 Gebrauch des *congiuntivo presente* im Zeitgefüge

Der *congiuntivo presente* im Zeitgefüge wird verwendet,
- wenn sich das Verb des Hauptsatzes im Präsens befindet und
- wenn die Handlungen im Haupt- und Nebensatz gleichzeitig sind.

Spero (adesso) **che** Giacomo (adesso) **sia** a Roma.
Ich hoffe (jetzt), dass Giacomo (jetzt) in Rom ist.

Im Kapitel 16, 3 finden Sie weitere Informationen über den Gebrauch des *congiuntivo presente* im Zeitgefüge.

Beachten Sie
Wenn der Hauptsatz im Präsens steht und der Nebensatz sich auf etwas Zukünftiges bezieht, kann ebenfalls der *congiuntivo presente* verwendet werden.
Spero che fra un anno Giacomo **andrà** in America.
Ich hoffe, dass Giacomo in einem Jahr nach Amerika fahren wird.
Spero che tra un'ora Bianca **parta** / partirà.
Ich hoffe, dass Bianca in einer Stunde fährt.

Auf den Punkt gebracht
Nun können Sie wieder überprüfen, ob Sie die wichtigsten Regeln in diesem Kapitel behalten haben.
Füllen Sie bei den folgenden Kontrollaufgaben die Lücken aus oder markieren Sie die richtige(n) Möglichkeit(en).

1. (➡ *Was Sie vorab wissen sollten*)
a) Der *congiuntivo* hat (zwei / vier) Zeiten.
b) Alle Zeiten des *congiuntivo* werden hauptsächlich im (Hauptsatz / Nebensatz) verwendet.
c) Der Gebrauch des *congiuntivo* (entspricht / entspricht nicht) dem Gebrauch des deutschen Konjunktivs.

12 Der congiuntivo

2. (→ 1.1.1)
Die regelmäßigen Formen des *congiuntivo presente* lauten:

		parl-are sprechen	ved-ere sehen	part-ire abfahren	cap-ire verstehen
Sg.	1. Person 2. Person 3. Person	parl-_____ parl-_____ parl-_____	ved-_____ ved-_____ ved-_____	part-_____ part-_____ part-_____	cap-_____ cap-_____ cap-_____
Pl.	1. Person 2. Person 3. Person	parl-_____ parl-_____ parl-_____	ved-_____ ved-_____ ved-_____	part-_____ part-_____ part-_____	cap-_____ cap-_____ cap-_____

3. (→ 1.1.2)
a) Auch im *congiuntivo presente* gibt es unregelmäßige Verben, und zwar sind es die gleichen Verben, die auch im (Präsens Indikativ / *imperfetto*) unregelmäßig sind.
b) Die Unregelmäßigkeit betrifft (nur den Stamm / nur die Endungen).
c) Die Formen von essere und avere lauten:
essere: _____
avere: _____

4. (→ 1.2.1)
Was die Verwendung aller Zeiten des *congiuntivo* betrifft, gilt Folgendes:

	ja	nein
a) Auslöser des *congiuntivo* können Verben oder bestimmte Konjunktionen sein.	☐	☐
b) Bei einigen Konstruktionen ist der Gebrauch des *congiuntivo* verbindlich.	☐	☐
c) Alle Zeiten des *congiuntivo* werden nur in der Umgangssprache verwendet.	☐	☐
d) In der Umgangssprache wird der *congiuntivo* teilweise durch den Indikativ ersetzt.	☐	☐

5. (→ 1.2)
Der *congiuntivo* im Nebensatz steht

	ja	nein
a) nach Verben und Ausdrücken der Meinungsäußerung (wie credo, mi pare).	☐	☐
b) nach Verben und Wendungen des Gefühlsausdrucks (wie ho paura, sono felice).	☐	☐

Der congiuntivo 12

	ja	nein
c) nach Verben der reinen Sinneswahrnehmung (wie sentire oder vedere).	☐	☐
d) nach Verben und Wendungen der Hoffnung und der Erwartung (wie aspetto, spero).	☐	☐
e) nach Verben und Wendungen, die Sicherheit, Gewissheit ausdrücken (wie so, è sicuro).	☐	☐
f) nach Verben des Wünschens und des Wollens (wie desidero, voglio).	☐	☐
g) nach Verben, die Unsicherheit oder Zweifel ausdrücken (wie non so, dubito).	☐	☐
h) nach Verben des Sagens (wie dico, affermo).	☐	☐
i) nach allen Konjunktionen.	☐	☐
l) nach bestimmten Konjunktionen, die einen Nebensatz einleiten.	☐	☐
m) nach Wendungen mit secondo me.	☐	☐
n) in allen Relativsätzen.	☐	☐
o) bei allen Vergleichen.	☐	☐

6. (➡ 1.2.1 c)
Konjunktionen können Auslöser sein von *congiuntivo* oder Indikativ.
Markieren Sie jeweils die richtige Lösung.
a) Nach per quanto (obwohl) steht der (*congiuntivo* / Indikativ).
b) Nach anche se (obwohl, auch wenn) steht der (*congiuntivo* / Indikativ).
c) Nach nel caso che (falls) steht der (*congiuntivo* / Indikativ).
d) Nach purché (nur wenn) steht der (*congiuntivo* / Indikativ).
e) Nach affinché (damit) steht der (*congiuntivo* / Indikativ).

7. (➡ 1.2.1 d)

Der *congiuntivo* steht	ja	nein
a) in allen Relativsätzen. Helga è una ragazza che Bianca (conosce / conosca) da molti anni. Helga ist ein Mädchen, das Bianca seit vielen Jahren kennt.	☐	☐
b) in Relativsätzen, die eine Forderung, einen Wunsch, eine Bedingung enthalten. Voglio una casa che (è / sia) grande. Ich will ein Haus, das groß ist.	☐	☐
c) nach einem Komparativ in einem Nebensatz, der durch di quanto (als) eingeleitet wird. È più facile di quanto Gino (pensa / pensi). Es ist einfacher als Gino denkt.	☐	☐

Auf den Punkt gebracht

12 Der congiuntivo

2 Der *congiuntivo passato*

2.1 Formen

Der *congiuntivo passato* ist eine zusammengesetzte Zeit und besteht aus zwei Teilen: dem *congiuntivo presente* der Hilfsverben essere (sein) oder avere (haben) und dem Partizip Perfekt des entsprechenden Verbs.

Auf Entdeckung

Sie kennen die Formen des *congiuntivo presente*. Versuchen Sie, die Tabelle mit den entsprechenden Formen von essere und avere auszufüllen. Sie erhalten so einen Überblick über die Formen des *congiuntivo passato*.

		arrivare ankommen	capire verstehen
Singular	1. Person	sia arrivato / -a	_____ capito
	2. Person	_____ arrivato / -a	_____ capito
	3. Person	_____ arrivato / -a	_____ capito
Plural	1. Person	_____ arrivati / -e	_____ capito
	2. Person	_____ arrivati / -e	_____ capito
	3. Person	_____ arrivati / -e	_____ capito

Beachten Sie
Für diese Zeit, wie für alle zusammengesetzten Zeiten, gelten alle Regeln, die Sie im Kapitel 11, 3.1 kennen gelernt haben.

Test 1

Vervollständigen Sie die Sätze in der zweiten Spalte mit den Formen des *congiuntivo passato*. Beispiel:

Lia ha visto il film. → Credo che Lia *abbia visto* il film.
Lia hat den Film gesehen. Ich glaube, dass Lia den Film gesehen hat.

a) Ada è andata via. → Temo che Ada ____ ____ via.
   Ada ist weggegangen. Ich befürchte, dass Ada weggegangen ist.

b) Gina e Teo si sono visti. → Non so se Gina e Teo si ____ ____.
   Gina und Teo haben sich gesehen. Ich weiß nicht, ob sich Gina und Teo gesehen haben.

c) Nora è stata qui. → È possibile che Nora ____ ____ qui.
   Nora ist hier gewesen. Es ist möglich, dass Nora hier gewesen ist.

d) Marino ha fatto gli esami. → È una fortuna che Marino ____ ____ gli esami.
   Marino hat die Prüfung gemacht. Es ist ein Glück, dass Marino die Prüfung gemacht hat.

e) La festa è finita. → Vuoi andare via prima che la festa ____ ____?
   Das Fest ist beendet. Willst du weggehen, bevor das Fest beendet ist?

f) Ciro ha trovato amici. → È bello che Ciro ___ ___ amici.
Ciro hat Freunde getroffen. Es ist schön, dass Ciro Freunde getroffen hat.

2.2 Gebrauch

Der *congiuntivo passato* wird im Nebensatz verwendet. Konjunktivauslöser sind auch für diese Zeit dieselben Verben, Ausdrücke, Konjunktionen und Konstruktionen, die für die anderen Zeiten des *congiuntivo* gelten. (➨ Kap. 12, 1.2.1)

Test 2

Indikativ oder *congiuntivo*? Markieren Sie die richtige Möglichkeit.
a) Molti studiosi ritengono che questo problema (sia / è) ormai risolto.
   Viele Wissenschaftler meinen, dass diese Frage schon gelöst ist.
b) So che Grazia oggi non (ha / abbia) avuto tempo per telefonarmi.
   Ich weiß, dass Grazia heute keine Zeit gehabt hat, um mich anzurufen.
c) È una sfortuna che tu (sei / sia) restato a casa.
   Es ist Pech, dass du zu Hause geblieben bist.
d) Toni ha detto che Tina (ha / abbia) avuto l'influenza.
   Toni hat gesagt, dass Tina Grippe gehabt hat.
e) Sebbene (è / sia) andata spesso al mare, Dina non sa nuotare.
   Obwohl Dina oft ans Meer gefahren ist, kann sie nicht schwimmen.
f) Secondo alcuni studiosi questo problema (sia / è) stato ormai risolto.
   Nach Aussage einiger Wissenschaftler ist diese Frage schon gelöst.
g) Posso dare a Franco il mio pullover, se (ha / abbia) dimenticato il suo.
   Ich kann Franco meinen Pulli geben, wenn er seinen vergessen hat.
h) Possiamo realizzare il progetto a condizione che i soldi (sono / siano) arrivati. Wir können das Projekt realisieren unter der Bedingung, dass das Geld angekommen ist.
i) Vorrei avere finito tutto prima che Bianca (è / sia) partita.
   Ich möchte alles fertig haben, bevor Bianca abgefahren ist.

2.3 Gebrauch des *congiuntivo passato* im Zeitgefüge

Der *congiuntivo passato* im Zeitgefüge wird verwendet
– wenn das Verb des Hauptsatzes im Präsens steht und
– wenn die Handlung im Nebensatz abgeschlossen ist und sich vor der Handlung im Hauptsatz abgespielt hat.
   Spero che Giacomo ieri **sia partito** per Roma.
   Ich hoffe, dass Giacomo gestern nach Rom gefahren ist.
   Oggi non sono stanco, **malgrado** ieri **abbia lavorato** fino a tardi.
   Heute bin ich nicht müde, obwohl ich gestern bis spät gearbeitet habe.
Weitere Informationen über den Gebrauch des *congiuntivo* im Zeitgefüge
➨ Kap. 16, 3.

12 Der congiuntivo

Test 3
Markieren Sie die passende Lösung.
a) Ho l'impressione che Lino ieri non (capisca / abbia capito) quello che gli abbiamo detto. Ich habe den Eindruck, dass Lino gestern nicht verstanden hat, was wir ihm gesagt haben.
b) Mi sembra che Lino non (capisca / abbia capito) mai quello che gli diciamo.
Ich habe den Eindruck, dass Lino nie versteht, was wir ihm sagen.
c) Mi rallegro che ieri sera (arriviate / siate arrivati) senza problemi.
Ich freue mich, dass ihr gestern Abend ohne Probleme angekommen seid.
d) Spero che tu adesso (parli / abbia parlato) con noi.
Ich hoffe, dass du jetzt mit uns sprichst.
e) Mi rallegro che la prossima settimana (veniate / siate venuti) da noi.
Ich freue mich, dass ihr nächste Woche zu uns kommt.
f) È meglio che Veronica non (faccia / abbia fatto) l'esame la settimana scorsa.
Es ist besser, dass Veronica vorige Woche die Prüfung nicht gemacht hat.
g) È bene che Veronica non (faccia / abbia fatto) l'esame la settimana prossima. Es ist gut, dass Veronica die Prüfung nächste Woche nicht macht.
h) Cerchiamo un collaboratore che negli ultimi anni (lavori / abbia lavorato) all'estero. Wir suchen einen Mitarbeiter, der in den vergangenen Jahren im Ausland gearbeitet hat.
i) Vogliamo trovare un collaboratore che in futuro (voglia / abbia voluto) lavorare all'estero. Wir wollen einen Mitarbeiter finden, der in der Zukunft im Ausland arbeiten will.

Auf den Punkt gebracht
Nun können Sie wieder überprüfen, ob Sie die wichtigsten Regeln in diesem Kapitel behalten haben. Füllen Sie bei den folgenden Kontrollaufgaben die Lücken aus oder markieren Sie die richtige Möglichkeit.

1. (⇒ 2.1)
Die Formen des *congiuntivo passato* lauten:

Singular	1. Person	_____ arrivato / -a	_____ capito
	2. Person	_____ arrivato / -a	_____ capito
	3. Person	_____ arrivato / -a	_____ capito
Plural	1. Person	_____ arrivati / -e	_____ capito
	2. Person	_____ arrivati / -e	_____ capito
	3. Person	_____ arrivati / -e	_____ capito

Der congiuntivo 12

2. (⟹ 2.2)
Der *congiuntivo passato*   ja nein
a) wird hauptsächlich im Hauptsatz verwendet.   ☐ ☐
b) Als Konjunktivauslöser gelten für diese Zeit dieselben
   Verben, Ausdrücke, Konjunktionen und Konstruktionen,
   die für alle Zeiten des *congiuntivo* gelten.   ☐ ☐

3. (⟹ 2.3)
Der *congiuntivo passato* wird im Zeitgefüge verwendet
a) wenn das Verb des Hauptsatzes im (Präsens / in der Vergangenheit) steht.
b) wenn die Handlung im Nebensatz abgeschlossen ist und sich (vor / nach)
   der Handlung im Hauptsatz abgespielt hat.

Auf den Punkt gebracht

Der congiuntivo

3 Der *congiuntivo imperfetto*

Der *congiuntivo imperfetto* ist eine einfache Zeit der Vergangenheit.

3.1 Formen

3.1.1 Regelmäßige Formen

Auf Entdeckung

Versuchen Sie, die Tabelle mit den Formen des *congiuntivo imperfetto* zu vervollständigen. Beachten Sie dabei, dass die Endungen des *congiuntivo imperfetto* für alle Verben gelten. (➡ *Lösungen*)

		parl-are sprechen	ved-ere sehen	part-ire abfahren
Singular	1. Person 2. Person 3. Person	parl-a-ssi parl-a-ssi parl-a-sse	ved-e-ssi ved-e-ssi ved-e-	part-i- part-i- part-i-
Plural	1. Person 2. Person 3. Person	parl-a-ssimo parl-a-ste parl-a-ssero	ved-e- ved-e-ste ved-e-	part-i- part-i- part-i-

Test 1

Bilden Sie den *congiuntivo imperfetto* der folgenden Verben:

		andare gehen	avere haben	venire kommen	dovere müssen
Singular	1. Person 2. Person 3. Person	and-a-ssi ___ ___	av-e- ___ ___	ven- ___ ___	dov- ___ ___
Plural	1. Person 2. Person 3. Person	___ ___ ___	___ ___ ___	___ ___ ___	___ ___ ___

3.1.2 Unregelmäßige Formen

a) Essere (sein), dare (geben) und stare (bleiben) sind im *congiuntivo imperfetto* unregelmäßig was den Stamm betrifft.

Der congiuntivo 12

Auf Entdeckung
Versuchen Sie, die Tabelle mit den Formen von essere (sein), stare (bleiben), dare (geben) auszufüllen. (➟ *Lösungen*)

		essere sein	stare bleiben	dare geben
Singular	1. Person 2. Person 3. Person	fossi	stessi	dessi
Plural	1. Person 2. Person 3. Person			

b) Es gibt wenige Verben, die im *imperfetto congiuntivo* – parallel zum *imperfetto* Indikativ – Unregelmäßigkeiten aufweisen. (➟ Kap. 11, 2.1.2) Die Unregelmäßigkeiten betreffen den Stamm, während die Endungen immer erhalten bleiben.

Auf Entdeckung
Versuchen Sie, die Tabelle mit den Formen von dire, fare, bere, condurre und porre auszufüllen. (➟ *Lösungen*)

		dire sagen	fare machen	bere trinken	condurre führen	porre stellen
Sg.	1. Person 2. Person 3. Person	dic-e-ssi	fac-e-ssi	bev-	conduc-	pon-
Pl.	1. Person 2. Person 3. Person	dic-e-ssimo dic-e- dic-e-				

3.2 Gebrauch

Auch der *congiuntivo imperfetto* wird im Nebensatz verwendet. Konjunktivauslöser sind auch für diese Zeit dieselben Verben, Ausdrücke, Konjunktionen und Konstruktionen, die für die anderen Zeiten des *congiuntivo* gelten. (➟ Kap. 12, 1.2.1)

12 Der congiuntivo

Test 2
Markieren Sie die richtige Möglichkeit.
a) Molti studiosi ritenevano che quel problema non (fosse / era) più attuale.
   Viele Wissenschaftler meinten, dass diese Frage nicht mehr aktuell war.
b) Sapevo che Grazia non (aveva / avesse) tempo.
   Ich wusste, dass Grazia keine Zeit hatte.
c) Non sapevo che tu (restavi / restassi) a casa.
   Ich wusste nicht, dass du zu Hause bliebst.
d) Toni mi disse che (aveva / avesse) l'influenza.
   Toni sagte mir, dass er Grippe hatte.
e) Sebbene Dina (passava / passasse) ogni anno le vacanze al mare, non sapeva nuotare.
   Obwohl Dina jedes Jahr den Urlaub am Meer verbrachte, konnte sie nicht schwimmen.
f) Secondo molti studiosi quel problema non (era / fosse) più attuale.
   Nach Meinung vieler Wissenschaftler war dieses Problem nicht mehr aktuell.
g) Nino continuava a bere molto caffè anche se (aveva / avesse) la pressione alta. Nino trank weiter viel Kaffee, obwohl er hohen Blutdruck hatte.
h) Potevamo realizzare il progetto a condizione che i soldi (arrivavano / arrivassero).
   Wir konnten das Projekt realisieren, unter der Bedingung dass das Geld kam.
i) Volevo preparare tutto prima che Bianca (partiva / partisse).
   Ich wollte alles vorbereiten, bevor Bianca wegfuhr.

3.3 Gebrauch des *congiuntivo imperfetto* im Zeitgefüge

a) Der *congiuntivo imperfetto* im Zeitgefüge wird verwendet
   – wenn das Verb des Hauptsatzes in der Vergangenheit steht und
   – wenn die Handlungen im Haupt- und Nebensatz gleichzeitig sind.
   Im Kapitel 16, 3 finden Sie weitere Informationen über den Gebrauch aller Zeiten des *congiuntivo* im Zeitgefüge.
   Il 15 marzo **speravo** che Giacomo quel giorno stesso **partisse** per Roma.
   Am 15. März hoffte ich, dass Giacomo am selben Tag nach Rom führe.
   Venerdì scorso non **ero** stanco, malgrado in ufficio ci **fosse** molto lavoro.
   Vorigen Freitag war ich nicht müde, obwohl es im Büro viel Arbeit gab.
b) Enthält der wenn-Satz (d. h. der Bedingungssatz) eine irreale Bedingungung im Präsens, steht dort der *congiuntivo imperfetto*. (➠ Kap. 16, 4)
   Se **avessi** soldi! Wenn ich Geld hätte!
   Se tu **fossi** qui. Wenn du da wärest ...

Der congiuntivo 12

Auf den Punkt gebracht

Nun können Sie wieder überprüfen, ob Sie die wichtigsten Regeln in diesem Kapitel behalten haben. Füllen Sie bei den folgenden Kontrollaufgaben die Lücken aus oder markieren Sie die richtige Möglichkeit.

1. (⟹ 3.1)
Die Formen des *congiuntivo imperfetto* lauten:

		parl-are sprechen	ved-ere sehen	part-ire abfahren
Singular	1. Person 2. Person 3. Person	_____	_____	_____
Plural	1. Person 2. Person 3. Person	_____	_____	_____

2. (⟹ 3.2)
Der *congiuntivo imperfetto*   ja   nein
a) wird hauptsächlich im Hauptsatzsatz verwendet.   ☐   ☐
b) Als Konjunktivauslöser gelten für diese Zeit dieselben
   Verben, Ausdrücke, Konjunktionen und Konstruktionen,
   die für alle Zeiten des *congiuntivo* gelten.   ☐   ☐

3. (⟹ 3.3)
Der *congiuntivo imperfetto* im Zeitgefüge wird verwendet
a) wenn das Verb des Hauptsatzes (im Präsens / in der Vergangenheit) steht.
b) wenn die Handlungen im Haupt- und Nebensatz (gleichzeitig / nicht gleichzeitig) sind.

12 Der congiuntivo

4 Der congiuntivo trapassato

4.1 Formen

Der *congiuntivo trapassato* ist eine zusammengesetzte Zeit der Vergangenheit und besteht aus zwei Teilen: dem *congiuntivo imperfetto* der Hilfsverben essere (sein) oder avere (haben) und dem Partizip Perfekt des entsprechenden Verbs.

Auf Entdeckung
Sie kennen die Formen des *congiuntivo imperfetto*. Versuchen Sie, die Tabelle mit den entsprechenden Formen von essere oder avere auszufüllen. Sie erhalten so einen Überblick über die Formen des *congiuntivo trapassato*. (➡ *Lösungen*)

		arrivare ankommen	capire verstehen
Singular	1. Person	fossi arrivato / -a	_____ capito
	2. Person	_____ arrivato / -a	_____ capito
	3. Person	_____ arrivato / -a	_____ capito
Plural	1. Person	_____ arrivati / -e	_____ capito
	2. Person	_____ arrivati / -e	_____ capito
	3. Person	_____ arrivati / -e	_____ capito

Beachten Sie
Für diese, wie für alle zusammengesetzten Zeiten, gelten alle Regeln, die Sie im Kapitel 11, 3.1, kennen gelernt haben.

Test 1
Vervollständigen Sie die Sätze in der zweiten Spalte mit den Formen des *congiuntivo trapassato*. Beispiel:

Lia aveva visto il film. → Credevo che Lia *avesse visto* il film.
Lia hatte den Film gesehen. Ich glaubte, dass L. den Film gesehen hatte.

a) Ada era andata via. → Temevo che Ada ____ ____ via.
Ada war weggegangen. Ich befürchtete, dass Ada weggegangen war.

b) Gina e Teo si erano visti. → Non sapevo se Gina e Teo si ____ ____.
Gina und Teo hatten sich gesehen. Ich wusste nicht ob sich Gina und Teo gesehen hatten.

c) Nora era stata qui. → Era possibile che Nora ____ ____ qui.
Nora war hier gewesen. Es war möglich, dass Nora hier gewesen war.

d) Elisa aveva fatto gli esami. → Era una fortuna che Elisa ____ ____ gli esami.
Elisa hatte die Prüfung gemacht. Es war ein Glück, dass Elisa die Prüfung gemacht hatte.

e) La festa era finita. → Olga andò via prima che la festa ____ ____.
Das Fest war zu Ende. Olga ging weg, bevor das Fest zu Ende war.

248   *4 Der congiuntivo trapassato*

Der congiuntivo

f) Gina era restata a casa. → Era un peccato che Gina ___ ___ a casa.
   Gina war zu Hause geblieben. Es war schade, dass Gina zu Hause geblieben war.
g) Ciro ha trovato amici. → Eravamo felici che Ciro ___ ___ amici.
   Ciro hat Freunde getroffen. Wir waren froh, dass Ciro Freunde getroffen hatte.

4.2 Gebrauch

Auch der *congiuntivo trapassato* wird im Nebensatz verwendet. Konjunktivauslöser sind auch für diese Zeit dieselben Verben, Ausdrücke, Konjunktionen und Konstruktionen, die für die anderen Zeiten des *congiuntivo* gelten (➟ Kap. 12, 1.2.1).

Test 2
Markieren Sie die richtige Möglichkeit.
a) Pensavo che Emilio (avesse / aveva) ormai risolto i suoi problemi.
   Ich dachte, dass Emilio seine Probleme gelöst hatte.
b) Sapevo che Grazia il giorno prima non (aveva / avesse) avuto tempo.
   Ich wusste, dass Grazia am Tag davor keine Zeit hatte.
c) Era una fortuna che tu (eri / fossi) restato a casa.
   Es war ein Glück, dass du zu Hause geblieben warst.
d) Tonio mi disse che (aveva / avesse) avuto l'influenza.
   Tonio sagte mir, dass er Grippe gehabt hatte.
e) Sebbene (era / fosse) andata spesso al mare, Dina non sapeva nuotare.
   Obwohl Dina oft ans Meer gefahren war, konnte sie nicht schwimmen.
f) Secondo me Emilio (avesse / aveva) risolto i suoi problemi.
   Meiner Meinung nach hatte Emilio seine Probleme gelöst.
g) Nino continuava a bere molto caffè malgrado (aveva / avesse) avuto la pressione alta.
   Nino trank weiter viel Kaffee, obwohl er hohen Blutdruck gehabt hatte.
h) Potevamo realizzare il progetto a condizione che i soldi (erano / fossero) arrivati. Wir konnten das Projekt realisieren, unter der Bedingung dass das Geld gekommen war.
i) Volevo preparare tutto prima che Bianca (era / fosse) partita.
   Ich wollte alles vorbereiten, bevor Bianca abgefahren war.

4.3 Gebrauch des *congiuntivo trapassato* im Zeitgefüge

a) Der *congiuntivo trapassato* im Zeitgefüge wird verwendet
   – wenn das Verb des Hauptsatzes in der Vergangenheit steht und

12 Der congiuntivo

   – wenn sich die Handlung im Nebensatz vor der Handlung im Hauptsatz abgespielt hat.

   Im Kapitel 16, 3 finden Sie weitere Informationen über den Gebrauch aller Zeiten des *congiuntivo* im Zeitgefüge.

   Allora **speravo** che Giacomo il giorno prima **fosse partito** per Roma.
   Damals hoffte ich, dass Giacomo am Tag davor nach Rom gefahren wäre.
   Quel giorno non **ero** stanco, malgrado il giorno prima **avessi lavorato** fino a tardi. An jenem Tag war ich nicht müde, obwohl ich am Tag davor bis spät gearbeitet hatte.

b) Enthält der *wenn*-Satz (d. h. der Bedingungssatz) eine irreale Bedingung in der Vergangenheit, steht dort der *congiuntivo trapassato* (➡ Kap. 16, 4).
   Se **avessi avuto** soldi! Wenn ich Geld gehabt hätte!
   Se tu **fossi stato** qui ... Wenn du da gewesen wärst ...

Test 3
Markieren Sie die richtige Lösung.
a) Pensavo che Gina (arrivasse / fosse arrivata) già la settimana prima.
   Ich dachte, dass Gina schon die Woche davor angekommen war.
b) Non sapevo se in quel momento Oscar (pensasse / avesse pensato) ancora a me. Ich wusste nicht, ob Oskar in dem Moment noch an mich dachte.
c) Cercavamo un collaboratore che negli ultimi anni (lavorasse / avesse lavorato) all'estero. Wir suchten einen Mitarbeiter, der in den letzten Jahren im Ausland gearbeitet hatte.
d) Cercavamo un collaboratore che l'anno dopo (volesse / avesse voluto) andare in Italia. Wir suchten einen Mitarbeiter, der das Jahr danach nach Italien gehen wollte.
e) Temevo che Francesca (vedesse già / avesse già visto) quel film.
   Ich fürchtete, dass Francesca diesen Film schon gesehen hatte.

Der congiuntivo 12

Auf den Punkt gebracht

Nun können Sie wieder überprüfen, ob Sie die wichtigsten Regeln in diesem Kapitel behalten haben. Füllen Sie die folgenden Kontrollaufgaben aus oder markieren Sie die richtige Möglichkeit.

1. (➟ 3.1)
Die Formen des *congiuntivo trapassato* lauten:

		arrivare ankommen	capire verstehen
Singular	1. Person	_____ arrivato / -a	_____ capito
	2. Person	_____ arrivato / -a	_____ capito
	3. Person	_____ arrivato / -a	_____ capito
Plural	1. Person	_____ arrivati / -e	_____ capito
	2. Person	_____ arrivati / -e	_____ capito
	3. Person	_____ arrivati / -e	_____ capito

2. (➟ 3.2)
Der *congiuntivo trapassato*   ja   nein
a) wird hauptsächlich im Hauptsatzsatz verwendet.   ☐   ☐
b) Als Konjunktivauslöser gelten für diese Zeit dieselben Verben,
   Ausdrücke, Konjunktionen und Konstruktionen, die für alle
   Zeiten des *congiuntivo* gelten.   ☐   ☐

3. (➟ 3.3)
Der *congiuntivo trapassato* im Zeitgefüge wird verwendet
a) wenn das Verb des Hauptsatzes (im Präsens / in der Vergangenheit) steht.
b) wenn die Handlung des Nebensatzes abgeschlossen ist und sich (vor / nach) der Handlung des Hauptsatzes abgespielt hat.

13 Der condizionale

Was Sie vorab wissen sollten

Das Italienische besitzt neben dem Indikativ und dem *congiuntivo* einen dritten Modus, den *condizionale* mit zwei Zeiten, dem *condizionale I* und dem *condizionale II*.
Der *condizionale* drückt aus, was unter Umständen sein oder geschehen könnte.
Stasera resterei a casa perché sono stanco.
Heute Abend würde ich zu Hause bleiben, weil ich müde bin.

1 Der *condizionale I*

Bevor Sie dieses Kapitel bearbeiten, sollte Ihnen Kapitel 11, 7 vertraut sein.

1.1 Formen

Die Formen des *condizionale I* werden aus dem Infinitiv abgeleitet und bestehen aus Stamm, Stammerweiterung und Endungen. Der Stamm wird wie im Futur I durch -er bzw. -ir erweitert. Die spezifischen Endungen des *condizionale* sind für alle drei Klassen von Verben identisch.

1.1.1 Regelmäßige Formen

Auf Entdeckung
Versuchen Sie, die Tabelle mit den fehlenden Endungen des *condizionale I* zu ergänzen. Sie erhalten so einen Überblick über die regelmäßigen Formen.
(➡ *Lösungen*)

		parl-**are** sprechen	scriv-**ere** schreiben	fin-**ire** beenden
Singular	1. Person 2. Person 3. Person	parl-er-**ei** parl-er-**esti** parl-er-**ebbe**	scriv-er- scriv-er- scriv-er-	fin-ir- fin-ir- fin-ir-
Plural	1. Person 2. Person 3. Person	parl-er-**emmo** parl-er-**este** parl-er-**ebbero**	scriv-er- scriv-er- scriv-er-	fin-ir- fin-ir- fin-ir-

Test 1
Vervollständigen Sie mit den Formen des *condizionale I*.
a) Senza macchina (tu / prendere) ____ l'autobus e (tu / arrivare) ____ in ogni caso puntuale in ufficio. Ohne Auto würdest du den Bus nehmen und auf jeden Fall pünktlich im Büro ankommen.
b) Stasera non (noi / mangiare) ____ niente perché siamo a dieta.
Heute Abend würden wir nichts essen, weil wir eine Diät machen.

Der condizionale

c) (Io / telefonare) ____ a Daria o le (io / mandare) ____ un fax, ma non ho con me il suo numero. Ich würde Daria anrufen oder ihr ein Fax schicken, aber ich habe ihre Nummer nicht dabei.
d) Con un lavoro a part-time (tu / guadagnare) ____ di meno, ma (tu / pagare) ____ meno tasse. Mit einem Halbtagsjob würdest du weniger verdienen, aber weniger Steuer bezahlen.

1.1.2 Besonderheiten
Viele gängige Verben weisen im *condizionale I* Besonderheiten im Stamm auf.

a) Verben auf -ere mit betonter Infinitivendung
Bei Verben auf -ere, die eine betonte Infinitivendung haben wie z. B. av<u>e</u>re (haben), pot<u>e</u>re (können), sap<u>e</u>re (wissen), dov<u>e</u>re (müssen), ved<u>e</u>re (sehen) usw. entfällt im *condizionale I* – wie auch im Futur I – das e der Stammerweiterung. Die Endungen sind dieselben wie bei den regelmäßigen Formen.

Auf Entdeckung
Versuchen Sie, die fehlenden unregelmäßigen Formen des *condizionale I* einzusetzen und sich auf diese Weise einen Überblick zu verschaffen. (➡ *Lösungen*)

		av<u>e</u>re	pot<u>e</u>re	sap<u>e</u>re	dov<u>e</u>re	ved<u>e</u>re
Singular	1. Person	av-r-ei	pot-r-ei	____	____	____
	2. Person	____	____	____	____	____
	3. Person	____	____	____	____	____
Plural	1. Person	____	____	____	____	____
	2. Person	____	____	____	____	____
	3. Person	____	____	____	____	____

Beachten Sie
Ähnlich verhalten sich auch andare gehen und vivere leben.

Auf Entdeckung
Können Sie nach obigem Muster auch den *condizionale I* von andare und vivere bilden? (➡ *Lösungen*)
andare: andrei, _____, _____, _____, _____, _____.
vivere: vivrei, _____, _____, _____, _____, _____.

b) Weitere unregelmäßige Formen des *condizionale I*
Viele gängige Verben haben im *condizionale I* denselben unregelmäßigen Stamm wie im Futur I. Die Endungen sind dieselben wie bei den regelmäßigen Formen.

13 Der condizionale

Auf Entdeckung
Versuchen Sie, die fehlenden unregelmäßigen Formen der 1. Person Singular des *condizionale I* in Anlehnung an die Formen des Futurs einzusetzen.
(➠ *Lösungen*)

essere sein	→ sarei	bere trinken	→ berrei
stare sich befinden	→ ___	rimanere bleiben	→ ___
dare geben	→ ___	tenere halten	→ ___
fare machen	→ ___	venire kommen	→ ___
		volere wollen	→ ___

Test 2
Setzen Sie die fehlenden Formen des *condizionale I* ein.

	essere sein	dare geben	fare machen	venire kommen	volere wollen
1.	sarei	darei	farei	verrei	vorrei
2.	saresti				
3.	___	darebbe			
1.			faremmo		
2.				verreste	
3.					vorrebbero

1.2 Gebrauch

1.2.1 Der *condizionale I* im Hauptsatz

Der *condizionale I* wird hauptsächlich im Hauptsatz verwendet und zwar für Vorgänge, die sich in der Gegenwart abspielen.

a) Er drückt eine Möglichkeit aus oder das, was unter Umständen geschehen könnte.	Domani **andrei** per un paio di ore in piscina. Morgen würde ich für ein paar Stunden ins Schwimmbad gehen. Con una macchina nuova mi **sentirei** più sicuro. Mit einem neuen Auto würde ich mich sicherer fühlen.
b) In Verbindung mit Modalverben wird er verwendet, um einen Wunsch, einen Ratschlag, eine Aufforderung, eine Vorschrift usw. höflich bzw. abschwächend zu formulieren.	**Vorrei** chiederti un favore. Ich möchte dich um einen Gefallen bitten. Daria **vorrebbe** partire domani. Daria möchte morgen abfahren. **Potresti** prendere l'autobus. Du könntest den Bus nehmen.

Der condizionale 13

	Non **dovresti** mangiare tanto. Du solltest nicht so viel essen. Signora, **dovrebbe** pagare il conto entro il 15. Signora, Sie sollten die Rechnung bis zum 15. bezahlen.
c) Er wird verwendet, um eine Vermutung, eine Meinung auszudrücken, die ohne Gewähr ist oder von der sich der Sprecher distanzieren will.	Secondo Franca Ilaria **sarebbe** molto colta. Nach Francas Meinung soll Ilaria sehr gebildet sein. Secondo i medici il gran caldo **causerebbe** molti problemi. Nach Meinung der Ärzte soll die große Hitze große Schwierigkeiten verursachen.
d) Er wird in Verbindung mit dem *congiuntivo imperfetto* zum Ausdruck einer irrealen Bedingung verwendet (➡ Kap. 16, 4.1)	Se avessi tempo, **verrei**. Hätte ich Zeit, würde ich kommen. Se Carlo fosse un vero amico, **mi aiuterebbe**. Wenn Carlo ein echter Freund wäre, würde er mir helfen.

Test 3

Stellen Sie fest, ob der *condizionale I* eine Möglichkeit (M), einen Wunsch (W), eine Aufforderung (A), oder eine gewisse Distanzierung des Sprechers (D) ausdrückt und markieren Sie die richtige Lösung.

	M W A D
a) Con l'aiuto di Franco potrei trovare casa a Roma. Mit Francos Hilfe könnte ich in Rom eine Wohnung finden.	☐ ☐ ☐ ☐
b) Secondo le ultime notizie Antonio sarebbe in America. Nach den letzen Informationen wäre Antonio in Amerika.	☐ ☐ ☐ ☐
c) Mi presteresti la tua macchina domani? Würdest du mir dein Auto morgen leihen?	☐ ☐ ☐ ☐
d) Con due giorni di vacanza in più potremmo andare anche in Sicilia. Mit zwei Tagen Urlaub mehr könnten wir auch nach Sizilien fahren.	☐ ☐ ☐ ☐
e) Mi piacerebbe avere un paio di giorni tutti per me. Ich würde gerne ein paar Tage ganz für mich haben.	☐ ☐ ☐ ☐
f) Secondo Gabriella Nino avrebbe un nuovo lavoro. Nach Gabriellas Meinung hätte Nino eine neue Arbeit.	☐ ☐ ☐ ☐
g) Se non ti dispiace, adesso andrei a casa. Wenn es dir nichts ausmacht, würde ich jetzt nach Hause gehen.	☐ ☐ ☐ ☐
h) Dovrebbe lavorare di meno, cara signora Alessi! Sie sollten weniger arbeiten, liebe Frau Alessi!	☐ ☐ ☐ ☐

1 Der condizionale I **255**

13 Der condizionale

1.2.2 Der *condizionale I* im Nebensatz

In einzelnen Fällen kann der *condizionale I* auch in Nebensätzen vorkommen. Hier wird er eher aus stilistischen Gründen verwendet, um eine Ausssage vorsichtig oder abgeschwächt auszudrücken, wie in den folgenden Beispielen:

	condizionale I	Indikativ
nach Verben des Sagens wie dire sagen, affermare behaupten, usw.	Roberto dice sempre che **dovrebbe** fare un corso di Francese. Roberto sagt immer, dass er einen Französischkurs machen sollte.	Roberto dice sempre che **deve** fare un corso di Francese. Roberto sagt immer, dass er einen Französischkurs machen soll.
nach non sapere nicht wissen, pensare denken, credere glauben, dubitare bezweifeln.	Bruno è un bravo ragazzo, ma non so se lo **sposerei**. Bruno ist ein lieber Kerl, aber ich weiß nicht, ob ich ihn heiraten würde.	Bruno è un bravo ragazzo, ma non so se lo **sposerò**. Bruno ist ein lieber Kerl, aber ich weiß nicht, ob ich ihn heiraten werde.
nach Konjunktionen, die mit dem Indikativ stehen (➠ Kap. 22).	Linda lavora, mentre **preferirebbe** andare in vacanza. Linda arbeitet, obwohl sie lieber in Urlaub fahren würde.	Linda lavora, mentre **preferisce** andare in vacanza. Linda arbeitet, obwohl sie lieber in Urlaub fährt.

Auf den Punkt gebracht

Nun können Sie wieder überprüfen, ob Sie die wichtigsten Regeln in diesem Kapitel behalten haben. Füllen Sie die folgenden Kontrollaufgaben aus oder markieren Sie die richtige Möglichkeit.

1. (➠ *1.1*)
Die regelmäßigen Formen des *condizionale I* der Verben auf -are, -ere, -ire lauten:

		parl-are sprechen	scriv-ere schreiben	fin-ire beenden
	1. Person	_____	_____	_____
Singular	2. Person	_____	_____	_____
	3. Person	_____	_____	_____

Der condizionale 13

		parl-are sprechen	scriv-ere schreiben	fin-ire beenden
Plural	1. Person	_____	_____	_____
	2. Person	_____	_____	_____
	3. Person	_____	_____	_____

2. (⟶ *1.1*)
Die Formen des *condizionale I*   ja   nein
a) werden aus dem Präsens abgeleitet.   ☐ ☐
b) werden aus dem Infinitiv abgeleitet.   ☐ ☐
c) bestehen aus Stamm, Stammerweiterung und Endung.   ☐ ☐
d) haben für die Verben auf -are und -ere die Stamm-
    erweiterung -er-.   ☐ ☐
e) haben für die Verben auf -ire die Stammerweiterung -ir-.   ☐ ☐
f) haben verschiedene Endungen für die Verben auf -are, -ere
    und -ire.   ☐ ☐
g) haben dieselben Endungen für die Verben auf -are, -ere
    und -ire.   ☐ ☐

3. (⟶ *1.2.1*)
Bei den Verben auf -ere mit betontem Infinitiv entfällt das ____ der Stammerweiterung.
vedere sehen → _____ ich würde sehen
sapere wissen → _____ ich würde wissen

4. (⟶ *1.2.2*)
Viele gängige Verben weisen Besonderheiten im *condizionale I* auf: Sie haben einen (regelmäßigen / unregelmäßigen) Stamm und (regelmäßige / unregelmäßige) Endungen.
dare geben → _____
venire kommen → _____

5. (⟶ *1.3*)
Der *condizionale I* wird verwendet   ja   nein
a) um eine Aufforderung höflich bzw. abschwächend zu
    formulieren.   ☐ ☐
b) in Verbindung mit dem *congiuntivo imperfetto* zum
    Ausdruck einer irrealen Bedingung.   ☐ ☐
c) hauptsächlich im Nebensatz.   ☐ ☐

Auf den Punkt gebracht

Der condizionale

2 Der *condizionale II*

2.1 Formen

Der *condizionale II* ist die zusammengesetzte Zeit des *condizionale*. Diese Zeit wird im Italienischen mit den Formen des *condizionale I* von essere (sein) bzw. avere (haben) und dem Partizip Perfekt gebildet.
sarei arrivato ich würde angekommen sein
avrei capito ich würde verstanden haben

Auf Entdeckung
Sie kennen die Formen des *condizionale I*. Füllen Sie die Tabelle mit den entsprechenden Formen des *condizionale I* von essere und avere aus. Sie bekommen so einen Überblick über die Formen des *condizionale II*. (➡ *Lösungen*)

		arrivare ankommen	capire verstehen
Singular	1. Person	sarei arrivato / -a	_____ capito
	2. Person	_____ arrivato / -a	_____ capito
	3. Person	_____ arrivato / -a	_____ capito
Plural	1. Person	_____ arrivati / -e	_____ capito
	2. Person	_____ arrivati / -e	_____ capito
	3. Person	_____ arrivati / -e	_____ capito

Beachten Sie
Wie für alle zusammengesetzten Zeiten, gelten auch für den *condizionale II* die Regeln, die Sie im Kapitel 11, 3.1 kennen gelernt haben.

Test 1
Schreiben Sie neben die Formen des *passato prossimo* die entsprechenden Formen des *condizionale II*.
Beispiel: *ha guardato* er / sie hat geschaut: *avrebbe guardato* er / sie hätte geschaut
a) è andato er ist gegangen: ____ ____ er wäre gegangen
b) si sono alzati sie sind aufgestanden: si ____ ____ sie wären aufgestanden
c) è stata sie ist gewesen: ____ ____ sie wäre gewesen
d) ha fatto sie hat gemacht: ____ ____ sie hätte gemacht
e) li ho visti ich habe sie gesehen: li ____ ____ ich hätte sie gesehen
f) le ho lette ich habe sie gelesen: le ____ ____ ich hätte sie gelesen

2.2 Gebrauch

Der *condizionale II* kann sowohl im Haupt- als auch im Nebensatz verwendet werden.

2.2.1 Der *condizionale II* im Hauptsatz

Der *condizionale II* im Hauptsatz bezieht sich auf Vorgänge, die in der Vergangenheit hätten stattfinden können oder sollen, aber nicht eingetreten sind.

a) Er drückt eine Möglichkeit in der Vergangenheit aus oder das, was unter Umständen hätte geschehen können.	Ieri **sarei andato** in piscina. Gestern wäre ich ins Schwimmbad gegangen. Con una macchina nuova mi **sarei sentito** più sicuro. Mit einem neuen Auto hätte ich mich sicherer gefühlt.
b) In Verbindung mit Modalverben wird er verwendet, um einen Wunsch, einen Ratschlag, eine Aufforderung, eine Vorschrift usw. höflich bzw. abschwächend zu formulieren.	Non **avresti dovuto** mangiare tanto. Du hättest nicht so viel essen sollen. Signora, **avrebbe dovuto** pagare il conto entro il 15. Signora, Sie hätten die Rechnung bis zum 15. bezahlen müssen. **Avresti potuto** prendere l'autobus. Du hättest den Bus nehmen können.
c) Er wird verwendet, um eine Vermutung, eine Meinung auszudrücken, die ohne Gewähr ist oder von der sich der Sprecher distanzieren will.	Secondo Franca Ilaria **sarebbe partita** alle 8. Nach Meinung von Franca ist Ilaria (angeblich) um acht abgefahren. Il maltempo **avrebbe causato** molti incidenti. Das Unwetter hat (angeblich) viele Unfälle verursacht.
d) Er wird in Verbindung mit dem *congiuntivo trapassato* zum Ausdruck einer irrealen Bedingung der Vergangenheit verwendet. (➡ Kap. 16, 4.2.2)	Se avessi avuto tempo, **sarei venuto**. Wenn ich Zeit gehabt hätte, wäre ich gekommen. Se Carlo fosse stato un vero amico, mi **avrebbe aiutato**. Wenn Carlo ein echter Freund gewesen wäre, hätte er mir geholfen.

13 *Der condizionale*

Test 2
Stellen Sie fest, ob der *condizionale II* eine Möglichkeit (M), einen Wunsch (W), eine Aufforderung (A) oder eine gewisse Distanzierung des Sprechers (D) ausdrückt und markieren Sie die richtige Lösung.

	M	W	A	D
a) Con l'aiuto di Franco avrei potuto trovare casa. Mit Francos Hilfe hätte ich eine Wohnung finden können.	☐	☐	☐	☐
b) Secondo quanto diceva sua madre Leo sarebbe stato a Roma. Nach Aussage seiner Mutter war Leo in Rom.	☐	☐	☐	☐
c) Con due giorni liberi in più avremmo potuto andare anche in Sicilia. Mit zwei freien Tagen mehr hätten wir auch nach Sizilien fahren können.	☐	☐	☐	☐
d) Mi sarebbe piaciuto avere un paio di giorni tutti per me. Ich hätte gerne ein paar Tage ganz für mich gehabt.	☐	☐	☐	☐
e) Secondo Gabriella Nino avrebbe avuto un nuovo lavoro. Nach Gabriellas Meinung hatte Nino eine neue Arbeit.	☐	☐	☐	☐
f) Avrebbe dovuto lavorare di meno, cara signora Alessi! Sie hätten weniger arbeiten sollen, liebe Frau Alessi!	☐	☐	☐	☐

2.2.2 Der *condizionale II* im Nebensatz

a) Der *condizionale II* tritt im Nebensatz hauptsächlich als sogenanntes Futur der Vergangenheit auf. In diesen Fällen steht das Verb des Hauptsatzes in der Vergangenheit. Die Handlung im Nebensatz ist zukünftig gegenüber der Handlung des Hauptsatzes (➡ Kap. 16, 2 und 3).

Quando Mario **era** piccolo sua madre **diceva** che lui **avrebbe fatto carriera**. Als Mario klein war, sagte seine Mutter, dass er Karriere machen würde.
Anna **sperava** che Vito le **avrebbe telefonato**. Anna hoffte, dass Vito sie anrufen würde.

b) Der *condizionale II* wird auch verwendet nach Verben des Sagens, des Zweifels oder des Denkens wie dire sagen, affermare behaupten, non sapere nicht wissen, dubitare bezweifeln, pensare denken, credere glauben. Hier drückt er eine Handlung aus, die in der Vergangenheit hätte stattfinden können oder sollen, aber nicht eingetreten ist.

Roberto **diceva** sempre che **avrebbe dovuto** fare un corso di francese. Roberto sagte immer, dass er einen Französischkurs hätte machen sollen.
Bruno **era** un bravo ragazzo, ma non so se lo **avrei sposato**. Bruno war ein lieber Kerl, aber ich weiß nicht, ob ich ihn geheiratet hätte.

Der condizionale 13

Auf den Punkt gebracht
Nun können Sie wieder überprüfen, ob Sie die wichtigsten Regeln in diesem Kapitel behalten haben. Füllen Sie die folgenden Kontrollaufgaben aus oder markieren Sie die richtige Möglichkeit.

1. (➠ 1.1)
Die Formen des *condizionale II* lauten:

		arrivare ankommen	*capire* verstehen
Singular	1. Person	_____ arrivato / -a	_____ capito
	2. Person	_____ arrivato / -a	_____ capito
	3. Person	_____ arrivato / -a	_____ capito
Plural	1. Person	_____ arrivati / -e	_____ capito
	2. Person	_____ arrivati / -e	_____ capito
	3. Person	_____ arrivati / -e	_____ capito

2. (➠ 2.2.1)
Der *condizionale II* im Hauptsatz   ja   nein
a) drückt eine Möglichkeit in der Gegenwart aus.   ☐   ☐
b) drückt Handlungen aus, die in der Vergangenheit hätten
stattfinden können, aber nicht eingetreten sind.   ☐   ☐
c) Er wird in Verbindung mit dem *congiuntivo trapassato* zum
Ausdruck einer irrealen Bedingung verwendet.   ☐   ☐

3. (➠ 2.2.2)
Der *condizionale II* im Nebensatz   ja   nein
a) drückt Handlungen in der Gegenwart aus.   ☐   ☐
b) drückt das so genannte Futur in der Vergangenheit aus.   ☐   ☐
c) drückt Handlungen aus, die in der Vergangenheit hätten
stattfinden können, aber nicht eingetreten sind.   ☐   ☐

14 Der Imperativ

Was Sie vorab wissen sollten
Der Imperativ (z. B. „sprich" oder „sprechen Sie!") drückt sowohl im Deutschen als auch im Italienischen einen Befehl bzw. eine Aufforderung aus.
Es gibt im Singular Formen für die 2. und die 3. Person („du" und höfliche Anrede); im Plural gibt es Formen für die 1., 2. und 3. Person („wir, ihr" und höfliche Anrede).

1 Formen

1.1 Der Imperativ der 2. Person Singular

1.1.1 Regelmäßige Formen
Die regelmäßigen Formen lauten:

scus-are verzeihen	ved-ere sehen	apr-ire öffnen	cap-ire verstehen
scus-a verzeih!	ved-i sieh!	apr-i öffne!	cap-isc-i versteh!

Beachten Sie
Verben auf -ire mit Stammerweiterung (➡ Kap 11, 1.1.2) behalten auch im Imperativ die Erweiterung -isc- bei.

Test 1
Vervollständigen Sie die Sätze mit den regelmäßigen Formen der 2. Person Singular des Imperativs.
a) (Prendere) ____ un caffè! Nimm einen Kaffee!
b) (Telefonare) ____ a Vera! Ruf Vera an!
c) (Sentire) ____, che ora è? Hör mal, wie spät ist es?
d) (Chiamare) ____ Francesca! Ruf Francesca an!
e) (Finire) ____ presto il lavoro! Beende schnell die Arbeit!
f) (Scrivere) ____ una lettera a Lino! Schreib Lino einen Brief!

1.1.2 Unregelmäßige Formen
Alle Verben, die im Indikativ Präsens unregelmäßig sind, sind auch im Imperativ unregelmäßig. Hier die gängigsten Formen (für weitere unregelmäßige Formen ➡ *Tabellenteil* S. 465 ff.):

avere haben	→	abbi!	dire sagen	→ di'!
essere sein	→	sii!	andare gehen	→ vai! / va'!
bere trinken	→	bevi!	dare geben	→ dai! / da'!
sapere wissen	→	sappi!	fare machen	→ fai! / fa'!
venire kommen	→	vieni!	stare sein, bleiben	→ stai! / sta'!

Der Imperativ 14

Beachten Sie
Andare, fare, dare und stare haben jeweils zwei Formen, die man ohne Bedeutungsunterschied verwenden kann.

Test 2
Vervollständigen Sie die Sätze mit den unregelmäßigen Formen der 2. Person Singular des Imperativs.
a) (Essere) ____ gentile, (fare) ____ un tè, per favore!
   Sei so nett, mach bitte einen Tee!
b) (Stare) ____ calmo! Bleib ruhig!
c) (Avere) ____ pazienza! Hab Geduld!
d) (Dire) ____ a Sandra che la chiamo domani!
   Sag Sandra, dass ich sie morgen anrufe!
e) (Sapere) ____ che per me sei come una sorella!
   Wisse, dass du für mich wie eine Schwester bist!
f) (Dare) ____ a Enzo il tuo numero di telefono!
   Gib Enzo deine Telefonnummer!
g) Oggi fa bel tempo: (andare) ____ un po' fuori!
   Heute ist schönes Wetter: gehe etwas raus!
h) (Venire) ____ qui e (bere) ____ qualcosa con noi!
   Komm her und trinke etwas mit uns!

1.1.3 Der verneinte Imperativ der 2. Person Singular
Bei der Verneinung weist nur die 2. Person Singular eine Besonderheit auf. Hier wird die Verneinung des Imperativs mit non + Infinitiv gebildet.
Non **partire** oggi! Fahr heute nicht ab!
Non **mangiare** troppo! Iss nicht zu viel!
Non **essere** triste! Sei nicht traurig!
Non **avere** paura! Hab keine Angst!

Test 3
Setzen Sie die fehlenden Formen des Imperativs ein.

	Bejahter Imperativ	Verneinter Imperativ
a) cantare singen	canta!	____!
b) partire abfahren	____!	____!
c) bere trinken	____!	____!
d) prendere nehmen	____!	____!
e) finire beenden	____!	____!
f) vendere verkaufen	____!	____!
g) andare gehen	____!	____!
h) scrivere schreiben	____!	____!

1 Formen

14 Der Imperativ

1.2 Der Imperativ der 1. und 2. Person Plural

Die Formen der 1. und 2. Person Plural des Imperativs (wir- bzw. ihr-Formen) sind identisch mit den entsprechenden Formen des Indikativ Präsens (➡ Kap. 11, 1).

Auf Entdeckung
Versuchen Sie, die Tabelle mit den Formen des Imperativs der 1. und 2. Person Plural zu vervollständigen. (➡ *Lösungen*)

scus-**are**	ved-**ere**	apr-**ire**	cap-**ire**
verzeihen	sehen	öffnen	verstehen
scus-*iamo*	ved-_____	apr-_____	cap-_____
verzeihen wir	sehen wir	öffnen wir	verstehen wir
scus-_____	ved-_____	apr-_____	cap-_____
verzeiht	seht	öffnet	versteht

Beachten Sie
a) Im Allgemeinen sind auch die unregelmäßigen Formen des Imperativs der 1. und 2. Person Plural identisch mit denen des Indikativ Präsens.
Ausnahmen:
avere haben → abbiate, essere sein → siate, sapere wissen → sappiate.
Non **abbiate** paura! Habt keine Angst! **Siate** felici! Seid glücklich!
b) Wie im Präsens, so kann auch im Imperativ die Höflichkeitsform im Plural durch die Endungen der zweiten Person Plural (Voi) ausgedrückt werden.
Signore e signori, **scusate** il ritardo!
Meine Damen und Herren, entschuldigen Sie die Verspätung!
Signore e signori, non **aprite** la porta, per favore.
Meine Damen und Herren, bitte öffnen Sie die Tür nicht!

Test 4
Vervollständigen Sie die Sätze mit den Formen der 2. und 3. Person Singular des Imperativs nach dem Muster:
(Comprare / noi): Non *compriamo* il giornale! Kaufen wir die Zeitung nicht!
(Prendere / voi): *Prendete* un taxi! Nehmt ein Taxi!
a) (Prendere / noi): _____ un caffè! Nehmen wir einen Kaffee!
b) (Telefonare / voi): Non _____ a Vera! Ruft Vera nicht an!
c) (Sentire / voi): _____! Hört mal!
d) (Avere / voi): Non _____ paura! Habt keine Angst!
e) (Telefonare / noi): _____ a Vera! Rufen wir Vera an!
f) (Finire / voi): _____ il lavoro! Beendet die Arbeit!

Der Imperativ 14

g) (Essere / voi): Non ____ nervosi! Seid nicht nervös!
h) (Andare / noi): ____ da Giuliana! Gehen wir zu Giuliana!
i) (Scrivere / voi): ____ una lettera a Dario! Schreibt Dario einen Brief!

1.3 Der Imperativ der 3. Person Singular

Die Formen des Imperativs der Höflichkeitsform im Singular (Sie-Form) sind identisch mit denen des Konjunktiv Präsens im Singular. (➡ Kap. 12, 1.1)

1.3.1 Regelmäßige Formen der 3. Person Singular

Auf Entdeckung

Versuchen Sie, die Tabelle mit den Formen des Imperativs der 3. Person Plural zu vervollständigen. (➡ *Lösungen*)

scus-**are**	ved-**ere**	apr-**ire**	cap-**ire**
verzeihen	sehen	öffnen	verstehen
scus-_____	ved-_____	apr-_____	cap-isc-_____
verzeihen Sie	sehen Sie	öffnen Sie	verstehen Sie

Test 5

a) Stellen Sie in der Spalte „Imperativ" fest, um welche Person es sich handelt und markieren Sie in der dritten Spalte die entsprechende Form.
b) Formulieren Sie nun in der Spalte „Lösungen" den Satz für die andere Person.

Infinitiv	Imperativ	tu / Lei	Lösungen
Beispiel: parlare con Vito mit Vito sprechen	Parli con Vito!	☐ ☒	Parla con Vito!
a) scrivere a Sonia Sonia schreiben	Scriva a Sonia!	☐ ☐	_____ a Sonia!
b) guarire presto bald gesund werden	Guarisci presto!	☐ ☐	_____ presto!
c) vendere la casa das Haus verkaufen	Venda la casa!	☐ ☐	_____ la casa!
d) sentire hören	Senta!	☐ ☐	_____!
e) scusare verzeihen	Scusa!	☐ ☐	_____!
f) prendere il treno den Zug nehmen	Non prendere il treno!	☐ ☐	_____ il treno!
g) perdere tempo Zeit verlieren	Non perda tempo!	☐ ☐	_____ tempo!

14 Der Imperativ

1.3.2 Unregelmäßige Formen der 3. Person Singular

Wie bereits erwähnt, ist der Imperativ der Höflichkeitsform identisch mit dem Konjunktiv Präsens im Singular. Das gilt auch für alle unregelmäßigen Verben. (➡ Kap. 12, 1.1.2)

Auf Entdeckung

Versuchen Sie, die Tabelle mit den unregelmäßigen Formen des Imperativs der 3. Person Singular zu vervollständigen. (➡ *Lösungen*)

andare gehen _____	essere sein _____	fare machen _____
bere trinken _____	dare geben _____	avere haben _____
dire sagen _____	stare bleiben _____	sapere wissen _____
venire kommen _____		

Test 6

Vervollständigen Sie die Sätze mit den Formen der 3. Person Singular des Imperativs.

a) (Essere) ____ gentile, (fare) ____ un tè per tutti!
   Seien Sie so nett, machen Sie einen Tee für alle!
b) (Stare) ____ calmo, per favore! Bleiben Sie bitte ruhig!
c) (Avere) ____ pazienza! Haben Sie Geduld!
d) (Dire) ____ a Sandra che la chiamo domani!
   Sagen Sie Sandra, dass ich sie morgen anrufe!
e) (Dare) ____ a Enzo il Suo numero di telefono!
   Geben Sie Enzo Ihre Telefonnummer!
f) Oggi fa bel tempo: (andare) ____ un po' fuori!
   Heute ist schönes Wetter: Gehen Sie etwas raus!
g) (Venire) ____ qui e (bere) ____ qualcosa con noi!
   Kommen Sie und trinken Sie etwas mit uns!
h) (Sapere) ____ che per me Lei è come una sorella!
   Sie sollen wissen, dass Sie für mich wie eine Schwester sind!

Test 7

a) Setzen Sie die entsprechenden Formen des Imperativs ein.

Infinitiv	2. Person Singular	3. Person Singular	2. Person Plural
	(tu)	(Lei)	(voi / Voi)
partire abfahren	_____!	_____!	_____!
guardare schauen	_____!	_____!	_____!
leggere lesen	_____!	_____!	_____!

Der Imperativ 14

Infinitiv	2. Person Singular	3. Person Singular	2. Person Plural
	(tu)	(Lei)	(voi / Voi)
finire beenden	_____ !	_____ !	_____ !
essere sein	_____ !	_____ !	_____ !
venire kommen	_____ !	_____ !	_____ !
parlare sprechen	_____ !	_____ !	_____ !
avere haben	_____ !	_____ !	_____ !
dire sagen	_____ !	_____ !	_____ !

b) Setzen Sie die entsprechenden Formen des verneinten Imperativs ein.

Infinitiv	2. Person Singular	3. Person Singular	2. Person Plural
	(tu)	(Lei)	(voi / Voi)
partire abfahren	_____ !	_____ !	_____ !
guardare schauen	_____ !	_____ !	_____ !
leggere lesen	_____ !	_____ !	_____ !
finire beenden	_____ !	_____ !	_____ !
essere sein	_____ !	_____ !	_____ !
venire kommen	_____ !	_____ !	_____ !
parlare sprechen	_____ !	_____ !	_____ !
avere haben	_____ !	_____ !	_____ !
dire sagen	_____ !	_____ !	_____ !

1.4 Der Imperativ der 3. Person Plural

Die Formen des Imperativs der 3. Person Plural (Sie-Form) sind identisch mit denen der 3. Person Plural des Konjunktiv Präsens. (➧ Kap. 12, 1.1)

Auf Entdeckung

a) Versuchen Sie, die Tabelle mit den regelmäßigen Formen des Imperativs der 3. Person Plural zu vervollständigen. (➧ *Lösungen*)

scus- **are**	ved-**ere**	aprire	cap-**ire**
verzeihen	sehen	öffnen	verstehen
scus-_____	ved-_____	apr-_____	cap-isc-_____
verzeihen Sie	sehen Sie	öffnen Sie	verstehen Sie

1 Formen

14 Der Imperativ

b) Die gängigsten unregelmäßigen Formen lauten: (➠ *Lösungen*)

andare gehen	_____	essere sein	_____
fare machen	_____	bere trinken	_____
dare geben	_____	avere haben	_____
dire sagen	_____	stare bleiben	_____
sapere wissen	_____	venire kommen	_____

Beachten Sie
Die Höflichkeitsform der 3. Person Plural (Loro) klingt sehr formal und wird selten benutzt; sie wird meistens durch die 2. Person Plural (Voi) ersetzt.
(➠ *1.2 Beachten Sie, b)*
Signore e Signori, **abbiano** pazienza! = Signore e Signori, **abbiate** pazienza!
Meine Damen und Herren, haben Sie Geduld!

Test 8
Ersetzen Sie die formalere Form der höflichen Anrede (3. Person Plural) mit der 2. Person Plural.

Infinitiv	3. Person Plural	2. Person Plural
a) guardare	Guardino la TV! Sehen Sie fern!	_____!
b) partire	Partino domani! Fahren Sie morgen ab!	_____!
c) cenare	Cenino da noi! Essen Sie bei uns zu Abend!	_____!
d) finire	Finiscano il lavoro! Beenden Sie die Arbeit!	_____!
e) stare	Stiano calmi! Bleiben Sie ruhig!	_____!
f) venire	Vengano con noi! Kommen Sie mit uns!	_____!
g) prendere	Prendano una pizza! Nehmen Sie eine Pizza!	_____!

Der Imperativ **14**

2 Stellung der Pronomen beim Imperativ

Bevor Sie diesen Abschnitt durcharbeiten, sollte Ihnen das Kapitel 10, *Die Personalpronomen*, präsent sein.

2.1 Stellung der Pronomen beim bejahten Imperativ

Für die Stellung der einfachen und der zusammengesetzen Pronomen beim bejahten Imperativ gelten die folgenden Regeln:

	Die Pronomen werden **angehängt** bei	Die Pronomen werden **vorangestellt** bei der Höflichkeitsform
Singular	der 2. Person Singular (du) Scusami! Verzeih mir! Diglielo! Sag es ihm / ihr! Parlane! Sprich darüber!	der 3. Person Singular (Sie) Mi scusi! Verzeihen Sie mir! Glielo dica! Sagen Sie es ihm/ihr! Ne parli! Sprechen Sie darüber!
Plural	der 2. und 3. Person Plural (wir, ihr) Scusiamolo! Verzeihen wir ihm! Scusatemi! Verzeiht mir! Diciamoglielo! Sagen wir es ihm / ihr! Diteglielo! Sagt es ihm / ihr! Parliamone! Sprechen wir darüber! Parlatene! Sprecht darüber!	der 3. Person Plural (Sie) Lo scusino! Verzeihen Sie ihm! Glielo dicano! Sagen Sie es ihm/ihr! Ne parlino! Sprechen Sie darüber!

Beachten Sie
a) Wenn unbetonte Personalpronomen (außer gli) an einsilbige Imperative der 2. Person Singular (wie z. B. da', di', fa', sta' und va') angehängt werden, wird der Konsonant des Pronomens verdoppelt.
Dillo! Sag es!, Dimmi! Sag mir!
Dallo! Gib es!, Dammi! Gib mir!
Vacci! Gehe hin!, Danne a tutti! Gib allen davon!
Das gilt auch für zusammengesetzte Pronomen.
Dammelo! Gib es mir!, Dammene un pezzo! Gib mir ein Stück davon!,
Dimmelo! Sag es mir!
b) Werden an eine Form des Imperativs ein oder mehr Pronomen angehängt, bleibt die Betonung der Ausgangsform (z. B. manda, mandi, mandiamo usw.) erhalten, auch wenn durch die Pronomen die Verbform mehr Silben erhält.
Manda! Schick!, Mandami! Schick mir!, Mandamelo! Schick es mir!
Mandate! Schickt!, Mandatemi! Schickt mir!, Mandatemelo! Schickt es mir!

14 Der Imperativ

c) Im Gegensatz zu anderen Pronomen steht loro <u>immer</u> nach dem Imperativ, gleichgültig, ob es sich dabei um den Imperativ der 2. oder 3. Person Singular oder Plural handelt.
Mandagli un fax! Schick ihm ein Fax!
Manda loro un fax! Schick ihnen ein Fax!
Gli mandi un fax! Schicken Sie ihm ein Fax!
Mandi loro un fax! Schicken Sie ihnen ein Fax!

Test 9
Tragen Sie die fehlenden Betonungszeichen ein und versuchen Sie anschließend, die Formen laut zu lesen.

scrivere schreiben	parlare sprechen	prendere nehmen
scrivi → scrivigliélo	parla → parlagliene	prendi → prendigliélo
scriviamo → scriviamolo	parliamo → parliamogli	prendiamo → prendiamoglielo
scrivete → scriveteglielo	parlate → parlategliene	prendete → prendetene

Test 10
a) Stellen Sie in der Spalte „Imperativ" fest, um welche Person es sich handelt und markieren Sie in der dritten Spalte die entsprechende Form.
b) Formulieren Sie nun in der Spalte „Lösungen" den Satz für die andere Person.

Infinitiv	Imperativ	tu / Lei	Lösungen
Beispiel:			
parlare sprechen	Parlagli!	☒ ☐	Gli parli!
a) scrivere schreiben	Scrivigli!	☐ ☐	_____!
b) prendere nehmen	Ne prenda!	☐ ☐	_____!
c) scusare verzeihen	Scusami!	☐ ☐	_____!
d) mandare schicken	Glielo mandi!	☐ ☐	_____!
e) dire sagen	Diglielo!	☐ ☐	_____!
f) parlare sprechen	Parlamene!	☐ ☐	_____!
g) spiegare erklären	Glielo spieghi!	☐ ☐	_____!

2.2 Stellung der Pronomen beim verneinten Imperativ

Für die Stellung der Pronomen beim verneinten Imperativ gilt Folgendes:

2.2.1 Bei der 2. Person Singular
Wie Sie wissen, werden die Pronomen an den Infinitiv angehängt (➡ Kap. 10, 8.2). Dies gilt auch für den verneinten Imperativ der 2. Person Singular.

Der Imperativ 14

Non dir**glielo**! Sag es ihm nicht!
Non parlar**mene**! Sprich mit mir nicht darüber!

Beachten Sie
Bei dieser Form des verneinten Imperativs können die Pronomen auch vor dem Infinitiv stehen.
Non **glielo** dire! Sag es ihm nicht!
Non **me ne** parlare! Sprich mit mir nicht darüber!

2.2.2 Bei allen anderen Formen
Beim verneinten Imperativ aller anderen Formen ist die Stellung der Pronomen identisch mit der der bejahten Formen.
Ci pensi, signora! → Non **ci** pensi, signora! Denken Sie nicht daran, Signora!
Parliam**ogli**! → Non parliam**ogli**! Sprechen wir nicht mit ihm!
Mandate**lo**! → Non mandate**lo**! Schickt ihn nicht!

Beachten Sie
Für die 1. und 2. Person Plural ist auch die folgende weniger übliche Stellung der Pronomen möglich:
Non **gli** parliamo! Sprechen wir nicht mit ihm!
Non **lo** mandate! Schickt ihn nicht!

Test 11

Setzen Sie die entsprechenden Pronomen an die richtige Stelle.
a) la: ____ ascolta__! Hör ihr zu!
b) lo: ____ non ____ ascoltar__! Hör nicht auf ihn!
c) li: ____ lascia__! Lass sie (Pl.)!
d) mi: ____ scusa__! Entschuldige mich!
e) loro: ____ manda__ la lettera! Schick ihnen den Brief!
f) glielo: ____ raccontiamo__! Erzählen wir es ihm!
g) mi: ____ scriva__! Schreiben Sie mir!
h) ti: ____ diverti__! Amüsier dich!
i) gli: ____ non ____ scriva__! Schreiben Sie ihm nicht!
l) lo: ____ non ____ comprate__! Kauft es nicht!
m) vi: ____ alzate__! Steht auf!
n) le ____ scrivi__! Schreib ihr!

14 Der Imperativ

3 Weitere Möglichkeiten, einen Befehl auszudrücken

Anweisungen, Aufforderungen bzw. Befehle können im Italienischen wie im Deutschen auch anders als nur durch den Imperativ ausgedrückt werden.

a) Eine Aufforderung bzw. ein Befehl kann auch durch eine Frage (im Indikativ oder im Konditional) ausgedrückt werden.	Mi **apre** la porta, per favore? Öffnen Sie mir bitte die Tür? Mi **aprirebbe** la porta? Würden Sie mir die Tür öffnen? Mi **può** aprire la porta? Können Sie mir die Tür öffnen? Mi **potrebbe** aprire la porta? Könnten Sie mir die Tür öffnen?
b) In der gesprochenen Sprache kann der Imperativ durch den Indikativ ersetzt werden.	Lei **va** sempre diritto, poi **gira** a sinistra. Sie gehen immer gerade aus, dann biegen Sie links ab. Per fare il sugo prima **tagli** i pomodori, poi li **metti** in una pentola. Um die Sauce zuzubereiten, schneidest du zuerst die Tomaten, dann gibst du sie in einen Topf.
c) In der gesprochenen Sprache kann man das Futur Indikativ verwenden, um einer Aufforderung eine besondere Prägnanz zu geben.	Adesso **andrete** da lui e gli **direte** tutto! Jetzt werdet ihr zu ihm gehen und ihm alles sagen!

Auf den Punkt gebracht

Nun können Sie wieder überprüfen, ob Sie die wichtigsten Regeln in diesem Kapitel behalten haben. Füllen Sie bei den folgenden Kontrollaufgaben die Lücken aus oder markieren Sie die richtige Möglichkeit.

1. (➡ 1.1)
Die Formen der 2. Person Singular des Imperativs lauten:
scus-**are** verzeihen   ved-**ere** sehen   apr-**ire** öffnen   cap-**ire** verstehen
scus-_____!   ved-_____!   apr-_____!   cap-isc-_____!

Der Imperativ 14

2. (➠ *1.1.2*)
a) Alle Verben, die im Indikativ Präsens unregelmäßig sind, sind im Imperativ in der 2. Person Singular (regelmäßig / auch unregelmäßig).
b) Die Formen der folgenden unregelmäßigen Verben lauten:
avere   essere   dire   dare   fare   stare
_____!   _____!   _____!   _____!   _____!   _____!

3. (➠ *1.1.3*)
a) Bei der Verneinung weist die 2. Person Singular (eine / keine) Besonderheit auf.
b) Die Verneinung des Imperativs der 2. Person wird gebildet mit non + ____.
scus-**are** verzeihen   ved-**ere** sehen   aprire öffnen   cap-ire verstehen
Non _____!   Non _____!   Non _____!   Non _____!

4. (➠ *1.2*)
Die Formen der 1. und 2. Person Plural des Imperativs sind identisch mit den entsprechenden Formen des (Indikativ / Konjunktiv) Präsens.

5. (➠ *1.3*)
Die Formen des Imperativs der 3. Person Singular (höfliche Anrede) sind identisch mit denen des (Indikativ / Konjunktiv) Präsens.

6. (➠ *1*)
Die Formen des Imperativs der regelmäßigen Verben lauten:

	scus-**are** verzeihen	ved-**ere** sehen	apr-**ire** öffnen	cap-**ire** verstehen
(tu)	scus-___!	ved-___!	apr-___!	cap-isc-___!
(Lei)	scus-___!	ved-___!	apr-___!	cap-isc-___!
(noi)	scus-___!	ved-___!	apr-___!	cap-___!
(voi / Voi)	scus-___!	ved-___!	apr-___!	cap-___!
(Loro)	scus-___!	ved-___!	apr-___!	cap-isc-___!

7. (➠ *2.1*)
Für die Stellung der Pronomen beim bejahten Imperativ gelten die folgenden Regeln:
a) Bei der 2. Person Singular (werden die Pronomen an den Imperativ angehängt / stehen die Pronomen vor dem Imperativ):
mi: … scusa … ! Verzeih mir!

Auf den Punkt gebracht

14 Der Imperativ

b) Bei der 3. Person Singular (werden die Pronomen an den Imperativ angehängt / stehen die Pronomen vor dem Imperativ):
 mi: ... scusi ...! Verzeihen Sie mir!
c) Bei der 1. und 2. Person Plural (werden die Pronomen an den Imperativ angehängt / stehen die Pronomen vor dem Imperativ):
 lo: ... scusiamo ...! Verzeihen wir ihm!
 ci: ... scusate ...! Verzeiht uns!
d) Bei der 3. Person Plural (werden die Pronomen an den Imperativ angehängt / stehen die Pronomen vor dem Imperativ):
 ci: ... scusino ... ! Verzeihen Sie uns!

8. (➡ 2.2)
Die Stellung der Pronomen beim verneinten Imperativ: ja   nein
a) Für die 2. Person Singular gelten die beiden folgenden Möglichkeiten Non dirglielo!, Non glielo dire! Sag es ihm nicht! ☐ ☐
b) Bei allen anderen Formen behalten die Pronomen die gleiche Stellung wie beim Infinitiv. ☐ ☐
c) Bei allen anderen Formen behalten die Pronomen die gleiche Stellung wie beim bejahten Imperativ. ☐ ☐

Infinite Verbformen 15

Was Sie vorab wissen sollten

a) Der Infinitiv, das *gerundio* und das Partizip sind so genannte infinite Formen des Verbs. Anders als die finiten Formen des Indikativs, des *congiuntivo,* des *condizionale* und des Imperativs werden die infiniten Formen nicht konjugiert, das heißt, sie haben keine spezifische Form für jede Person im Singular und Plural.
b) Während das Deutsche den Infinitiv und das Partizip kennt, gibt es für das *gerundio* im Deutschen keine Entsprechung.
c) Infinitiv-, Gerundial- und Partizipialkonstruktionen können die Verknüpfung von zwei Sätzen verkürzen. Dies soll an einer Partizipialkonstruktion verdeutlicht werden.

Verknüpfung von Haupt- und Nebensatz:	Quando Susi è arrivata a casa ha telefonato a Pino. Als Susi zu Hause angekommen war, hat sie Pino angerufen.
Partizipialkonstruktion:	Arrivata a casa Susi ha telefonato a Pino. Zu Hause angekommen, hat Susi Pino angerufen.

d) Da der Infinitiv, das *gerundio* und das Partizip keine konjugierten Formen haben, sind diese Verkürzungen generell nur dann möglich, wenn beide Sätze das gleiche Subjekt haben. Das Subjekt wird dann nur im Hauptsatz genannt und im Nebensatz nicht ausdrücklich erwähnt; es ist implizit. Diese Konstruktionen nennt man implizite Konstruktionen.

1 Der Infinitiv

Wie im Deutschen gibt es auch im Italienischen zwei Formen des Infinitivs, den Infinitiv Präsens und den Infinitiv Perfekt.

1.1 Formen

Infinitiv Präsens:	parlare sprechen	vendere verkaufen	partire abfahren
Infinitiv Perfekt:	aver parlato gesprochen haben	aver venduto verkauft haben	esser partito abgefahren sein

Beachten Sie

a) Auch für den Infinitiv der Vergangenheit gelten alle Regeln der zusammengesetzten Zeiten (➠ Kap. 11, 3.1).
b) Im Infinitiv Perfekt entfällt das Endungs-*e* des Infinitivs: aver fatto gemacht haben, esser stato gewesen sein (statt: avere fatto, essere stato).

15 Infinite Verbformen

Test 1
Finden Sie für jede der konjugierten Formen die entsprechenden Formen des Infinitiv Präsens oder des Infinitiv Perfekt.

		Infinitiv Präsens	Infinitiv Perfekt
a)	andate ihr geht	andare	___ ___
b)	cantiamo wir singen	___	aver cantato
c)	prendeva er nahm	___	___ ___
d)	parti du fährst ab	___	___ ___
e)	ho letto ich habe gelesen	___	___ ___
f)	preferiscono sie ziehen vor	___	___ ___

1.2 Gebrauch von Infinitiv Präsens und Infinitiv Perfekt

Ob der Infinitiv Präsens oder der Infinitiv Perfekt verwendet wird, hängt – wie im Deutschen – vom Zeitverhältnis zwischen der Handlung im Haupt- und im Nebensatz ab.
Sind die beiden Handlungen gleichzeitig, verwendet man Infinitiv Präsens.
Sono / Ero contento di **partire**. Ich bin / war froh abzureisen.
Ist die Handlung im Infinitivsatz schon vollzogen, verwendet man Infinitiv Perfekt.
Sono / Ero contento di **esser partito**. Ich bin / war froh abgereist zu sein.

Test 2
Markieren Sie die richtige Möglichkeit.
a) È molto bello (essere / essere stati) qui da voi.
   Es ist sehr schön, hier bei euch zu sein.
b) Gianni e Pina sono contenti di (nascere / esser nati) in Italia.
   Gianni und Pina sind froh, in Italien geboren zu sein.
c) Mi piace (ballare / aver ballato) la salsa. Ich tanze gerne Salsa.
d) Linda pensa di (restare / esser restata). Linda gedenkt / hat vor zu bleiben.
e) Vado alla stazione a (prendere / aver preso) Franco.
   Ich gehe zum Bahnhof, um Franco abzuholen.
f) Ammetto di (sbagliare / aver sbagliato) tutto.
   Ich gebe zu, alles falsch gemacht zu haben.
g) Siamo felici di (incontrarlo / averlo incontrato) quando eravamo a Roma.
   Wir sind froh, ihn getroffen zu haben, als wir in Rom waren.
h) Ogni volta che andiamo a Roma siamo felici di (incontrarlo / averlo incontrato).
   Jedes Mal, wenn wir nach Rom fahren, sind wir froh, ihn zu treffen.

1.3 Infinitivkonstruktionen

Folgt einem Verb ein Infinitiv, so kann die Verbindung mit oder ohne Präposition erfolgen. Im folgenden Abschnitt werden nur die gängigsten Konstruktionen erwähnt. Sollten Sie trotzdem Zweifel über die Wahl der Präposition haben, gibt auch jedes gute Wörterbuch darüber Auskunft.

– Ohne Präposition: La nonna non può uscire.
Die Großmutter kann nicht ausgehen.
A Cinzia piace ballare. Cinzia tanzt gerne.
– Mit Präposition: Abbiamo da fare. Wir haben zu tun.
Pensi di restare? Hast du vor zu bleiben?

1.3.1 Infinitiv ohne Präposition
Der Infinitiv ohne Präposition steht

nach Modalverben.	**Devo** andarci. Ich muss hingehen. **Voglio** vederti. Ich will dich sehen. **Sai** cantare? Kannst du singen? Marco **può** aiutarti. Marco kann dir helfen.
nach Verben der Wahrnehmung (wie vedere sehen, guardare schauen, sentire hören usw.) als Ersatz für einen Relativsatz.	Lo **vedo** arrivare. Ich sehe ihn kommen. = Lo vedo che arriva. Ich sehe, dass er kommt. La **sento** parlare. Ich höre sie sprechen. = La sento che parla. Ich höre, dass sie spricht.
nach Verben wie fare lassen / veranlassen und lasciare lassen / zulassen.	**Fai** guidare tua moglie! Lass deine Frau fahren! **Lascia** parlare anche gli altri. Lass auch die anderen zu Wort kommen!
nach Verben des Wünschens wie desiderare wünschen, preferire vorziehen.	Gioia **preferisce** restare a casa. Gioia möchte lieber zu Hause bleiben.
Beachten Sie Nach Verben des Wünschens steht im Nebensatz der *congiuntivo* (➡ Kap. 12, 1.2.1 a).	Gioia preferisce che tu resti a casa. Gioia möchte lieber, dass du zu Hause bleibst.

15 Infinite Verbformen

Wenn Haupt- und Nebensatz das gleiche Subjekt haben, muss eine Infinitivkonstruktion ohne Präposition den Nebensatz mit *congiuntivo* ersetzen.	
nach unpersönlichen Ausdrücken (➡ Kap. 20). **Beachten Sie** Auch in diesem Fall ersetzt der Infinitiv den *congiuntivo*, wenn beide, Haupt- und Nebensatz, kein genau definiertes Subjekt haben.	**Basta** dire la verità. Es genügt, die Wahrheit zu sagen. **Bisogna** aver pazienza. Man muss Geduld haben. **È bello** andare al cinema. Es ist schön, ins Kino zu gehen. **È una fortuna** conoscerti. Es ist ein Glück, dich zu kennen.
bei indirekten Fragesätzen, mit den Interrogativa **chi** wer, **che cosa** was, **dove** wo, **quando** wann usw. (➡ Kap. 9) **Beachten Sie** Auch in diesem Fall ersetzt der Infinitiv den *congiuntivo*, wenn Haupt- und Nebensatz dasselbe Subjekt haben.	Mi hanno chiesto **che cosa** fare. Sie haben mich gefragt, was sie machen sollen. Non so **chi** invitare. Ich weiß nicht, wen ich einladen soll. Mi ha chiesto **dove** andare. Er /sie hat mich gefragt, wo er /sie hingehen soll. Non so ancora **quando** partire. Ich weiß noch nicht, wann ich abfahren soll.

Test 3

Stellen Sie fest, welche der folgenden Kategorien für den Gebrauch des Infinitivs zutrifft: Modalverben (Mod.), Verben der Wahrnehmung (Wahrn.), Verben des Wünschens (Wunsch), unpersöhnliche Ausdrücke (unp. A.) oder indirekte Fragesätze (indir. F.) und markieren Sie die entsprechende Spalte.

	Mod.	Wahrn.	Wunsch	unp. A.	indir. F.
a) Dobbiamo andare? Müssen wir gehen?					
b) È giusto protestare. Es ist richtig, zu protestieren.					
c) Nino l'ha visto arrivare. Nino hat ihn ankommen sehen.					
d) Mi domando che cosa fare. Ich frage mich, was ich machen soll.					

1 Der Infinitiv

Infinite Verbformen 15

	Mod.	Wahrn.	Wunsch	unp. A.	indir. F.
e) Desidero andare a casa. Ich möchte nach Hause gehen.					
f) Che fortuna avere amici! Was für ein Glück, Freunde zu haben!					
g) Gianni preferisce andare al cinema. Gianni zieht es vor, ins Kino zu gehen.					

1.3.2 Infinitiv mit Präposition

Der Infinitiv kann mit den Präpositionen di, a, da, per und senza stehen.

a) Der Infinitiv mit di steht

nach Verben mit direktem Objekt wie: pregare / domandare bitten, incaricare beauftragen, scongiurare / supplicare beschwören, accusare anklagen, sospettare verdächtigen, ringraziare sich bedanken.	Ti **prego di** telefonare. Ich bitte dich, anzurufen. Giacomo mi **domanda di** aiutarlo. Giacomo bittet mich, ihm zu helfen. Ti **ringrazio di** esser venuto. Ich danke dir, dass du gekommen bist.
nach Verben mit indirektem Objekt wie: ordinare befehlen, consigliare raten, offrire anbieten, permettere erlauben, proibire verbieten, promettere versprechen, augurare wünschen.	Franco mi **ha consigliato di** vendere la macchina. Franco hat mir geraten, das Auto zu verkaufen. Tina **promette** sempre **di** venire a trovarmi. Tina verspricht mir immer, mich zu besuchen.

nach Verben
– des Sagens wie:
  dire sagen, affermare behaupten.
– des Fragens wie:
  domandare / chiedere fragen, bitten.
– der Erinnerung wie:
  ricordare sich erinnern, dimenticare vergessen.
Weitere häufig verwendete Verben mit di sind:
mostrare zeigen, sapere wissen, decidere entscheiden, cercare versuchen, smettere / finire aufhören, temere fürchten.
	Sara **afferma di** non credere a niente. Sara behauptet, an nichts zu glauben. Mi ha chiesto di incontrarci domani. Er hat mich gefragt, ob wir uns morgen treffen. Ti **ricordi di** chiamarlo? Denkst du daran, ihn anzurufen?
	
	So di aver ragione. Ich weiß, dass ich Recht habe. Tullia **ha smesso di** fumare. Tullia hat aufgehört zu rauchen.

15 Infinite Verbformen

nach Verben
– der Meinungsäußerung wie:
  credere glauben, pensare denken / vorhaben.
 	
– des Hoffens wie:
  sperare hoffen,
  sognare träumen.
 	
– des Wartens wie:
  aspettare erwarten, non vedere l'ora es nicht erwarten können.
Beachten Sie
Auch in diesem Fall ersetzt der Infinitiv den *congiuntivo,* wenn Haupt- und Nebensatz dasselbe Subjekt haben.
	Berta ed io **pensiamo di** potervi aiutare. Berta und ich denken, euch helfen zu können.
	Linda **pensa di** restare. Linda hat vor zu bleiben.
	Giorgia e Sara **sperano di** partire domani. Giorgia und Sara hoffen, morgen abzufahren.
	Nina **sogna di** andare in America. Nina träumt davon, nach Amerika zu fahren.
	Non vediamo l'ora di vederti. Wir können es kaum erwarten, dich zu sehen.

nach einigen unpersönlichen Ausdrücken (➡ Kap. 20) wie: succede, capita es passiert. **Beachten Sie** Auch in diesem Fall ersetzt der Infinitiv den *congiuntivo,* wenn Haupt- und Nebensatz dasselbe Subjekt haben.	Ai nostri tempi **succede di** perdere il lavoro. In unserer Zeit passiert es, dass man die Arbeit verliert.
nach Ausdrücken mit avere + Substantiv, wie z. B.: avere bisogno brauchen, avere voglia Lust haben, avere paura Angst haben. **Beachten Sie** Auch in diesem Fall ersetzt der Infinitiv den *congiuntivo,* wenn Haupt- und Nebensatz dasselbe Subjekt haben.	Giuseppe **ha bisogno di** fare una bella vacanza. Giuseppe braucht einen schönen Urlaub. **Ho** proprio **voglia di** andare al cinema. Ich habe richtig Lust, ins Kino zu gehen.

Infinite Verbformen 15

- nach *avere* + Artikel + Substantiv, wie z. B.:
  avere il coraggio den Mut haben,
  avere il diritto das Recht haben,
  avere il dovere die Pflicht haben,
  avere la possibilità die Möglichkeit haben.
- nach *essere in grado / in condizione* im Stande sein.

Valeria **ha avuto il coraggio di** dire tutto. Valeria hat den Mut gehabt, alles zu sagen.
Tu non **hai il diritto di** trattarmi così! Du hast kein Recht, mich so zu behandeln!

Lena **non è in grado di** risolvere questo problema. Lena ist nicht im Stande, dieses Problem zu lösen.

nach Adjektiven, die eine Gemütsbewegung ausdrücken wie:
contento froh, *soddisfatto* zufrieden,
felice glücklich, *triste* traurig,
stanco müde, *curioso* neugierig,
impaziente ungeduldig.

Beachten Sie
Auch in diesem Fall ersetzt der Infinitiv den *congiuntivo*, wenn Haupt- und Nebensatz dasselbe Subjekt haben.

- nach Adjektiven, die Sicherheit ausdrücken wie: *certo / sicuro* sicher, *convinto* überzeugt.

Sono molto **contento di** vederti. Ich bin sehr froh, dich zu sehen.
Fabrizio è molto **soddisfatto di** aver trovato una nuova casa. Fabrizio ist sehr zufrieden, eine neue Wohnung gefunden zu haben.

Elisa è **convinta di** essere bella. Elisa ist überzeugt, schön zu sein.

- zusammen mit anderen Präpositionen:
  invece di statt
  prima di vor

Invece di guardare la TV, leggi! Statt fernzusehen lies!
Prima di partire Ugo controlla la macchina. Bevor Ugo abfährt, überprüft er das Auto.

Test 4

Stellen Sie in den folgenden Sätzen fest, ob keine Präposition (Ø) oder die Präposition *di* verwendet wird.
a) Ti prego ____ chiamare. Ich bitte dich anzurufen.
b) Devo ____ pensarci. Ich muss daran denken.
c) Carlo? L'ho visto ____ parlare con Giusi.
   Carlo? Ich habe ihn mit Giusi sprechen sehen.
d) Franco mi ha consigliato ____ vendere la macchina.
   Franco hat mir geraten, das Auto zu verkaufen.

15 Infinite Verbformen

e) I giovani affermano ____ non credere a niente.
   Die junge Leute behaupten, an nichts zu glauben.
f) Fa' ____ lavorare gli altri! Lass die anderen arbeiten!
g) Orietta sa ____ avere torto. Orietta weiß, dass sie im Unrecht ist.
h) Gioia preferisce ____ restare a casa. Gioia zieht es vor, zu Hause zu bleiben.
i) Non vediamo l'ora ____ partire.
   Wir können es kaum erwarten, abzufahren.
l) Per parlare con Walter, bisogna ____ telefonargli dopo le otto.
   Um mit Walter zu sprechen, muss man ihn nach acht Uhr anrufen.
m) Ai nostri tempi succede ____ cambiare spesso il lavoro.
   In unserer Zeit passiert es, dass man den Beruf oft wechselt.
n) Qui non è divertente ____ uscire la sera.
   Hier ist es nicht unterhaltsam, abends auszugehen.
o) Non ho proprio voglia ____ andare al cinema.
   Ich habe überhaupt keine Lust, ins Kino zu gehen.
p) Lei non ha il diritto ____ parlare così!
   Sie haben kein Recht, so zu sprechen!
q) Flora mi ha chiesto ____ che cosa fare.
   Flora hat mich gefragt, was sie machen soll.
r) Sono molto contento ____ vederti. Ich bin sehr froh, dich zu sehen.
s) Perché non esci, invece ____ stare a casa?
   Warum gehst du nicht aus, statt zu Hause zu bleiben?

Test 5

Infinitiv, Indikativ oder *congiuntivo*? Markieren Sie die richtige Möglichkeit.
a) Sono contento che Lucia (arrivare / arrivi) domani.
   Ich bin froh, dass Lucia morgen ankommt.
b) Siamo contenti di (arrivare / arriviamo). Wir sind froh, anzukommen.
c) Sono certo che tu (essere / sei) una cara amica.
   Ich bin sicher, dass du eine liebe Freundin bist.
d) Sono certo di (essere / sono) per te un buon amico.
   Ich bin sicher, dass ich für dich ein guter Freund bin.
e) Prima di (partire / parta) Valerio andrà da Claudia.
   Bevor er fährt, wird Valerio zu Claudia gehen.
f) Prima che Valerio (partire / parta), Claudia andrà da lui.
   Bevor Valerio fährt, wird Claudia zu ihm gehen.
g) Livia dice di (essere / sono) molto sensibile.
   Livia sagt, dass sie sehr sensibel sei.
h) Livia dice che io (essere / sono) molto nervoso.
   Livia sagt, dass ich sehr nervös sei.
i) È bello (essere / siamo) tutti insieme. Es ist schön, dass alle zusammen sind.
l) È bello che tu (sia / essere) qui. Es ist schön, dass du hier bist.

Infinite Verbformen

b) Der Infinitiv mit a steht

– nach Verben der Bewegung wie: andare gehen / fahren, venire kommen, passare vorbeigehen, salire besteigen / hochsteigen, scendere hinabsteigen, uscire ausgehen. – nach Verben des Bleibens und Zögerns wie: rimanere / restare / stare bleiben, esitare zögern. **Aber:** Wenn bei Verben der Bewegung bzw. des Bleibens und Zögerns der Zweck hervorgehoben werden soll, wird statt a die Präposition per (um zu) verwendet.	Vado a comprare il giornale. Ich gehe die Zeitung kaufen. Vieni a prendere un caffè da noi? Kommst du zu uns Kaffee trinken? Gabriella è **restata** qui **ad** aspettarti. Gabriella ist hier geblieben und hat auf dich gewartet. Vado in città **per** prendere il giornale. Ich gehe in die Stadt, um die Zeitung zu holen. Gabriella è restata qui **per** aspettarti. Gabriella ist hier geblieben, um auf dich zu warten.
nach riuscire / farcela es schaffen.	Clara è **riuscita a** fare l'esame. Clara hat es geschafft, die Prüfung zu bestehen. **Ce la fai a** preparare tutto? Schaffst du es, alles vorzubreiten?
nach einigen Verben, die ein direktes Objekt zulassen wie: cominciare / iniziare / mettersi anfangen, continuare fortfahren, imparare lernen, insegnare beibringen, provare versuchen.	Gino **ha cominciato a** studiare l'inglese. Gino hat angefangen, Englisch zu lernen. **Hai provato a** parlare con lui? Hast du versucht, mit ihm zu sprechen? Da bambino **ho imparato a** sciare. Als ich ein Kind war, habe ich Ski fahren gelernt.
nach Verben wie: abituarsi sich gewöhnen, adattarsi sich anpassen, badare Acht geben, limitarsi sich beschränken, prepararsi sich vorbereiten, rinunciare verzichten, contribuire beitragen usw.	Gianni si è **abituato ad** andare a lavorare in autobus. Gianni hat sich daran gewöhnt, mit dem Bus zur Arbeit zu fahren. Ada **ha rinunciato a** fare il lungo viaggio in treno. Ada hat darauf verzichtet, die lange Reise mit der Bahn zu machen.

15 Infinite Verbformen

nach einigen Adjektiven wie:
abituato gewöhnt, attento aufmerksam, adatto geeignet, disposto / pronto bereit, buono / bravo gut / fähig usw.

Riccardo è **adatto a** fare questo lavoro. Riccardo ist geeignet, diese Arbeit zu machen.

 Test 6

Stellen Sie in den folgenden Sätzen fest, ob keine Präposition (Ø) oder die Präposition di bzw. a verwendet wird.
a) Vieni ____ prendere un gelato con noi? Kommst du mit uns Eis essen?
b) Ho visto Gianni ____ lavorare in giardino.
   Ich habe Gianni im Garten arbeiten gesehen.
c) Riccardo si è abituato ____ lavorare la sera.
   Riccardo hat sich daran gewöhnt, abends zu arbeiten.
d) Riccardo non ha voglia ____ fare questo lavoro.
   Riccardo hat keine Lust, diese Arbeit zu machen.
e) Per parlare con Helga basta ____ telefonarle a casa.
   Um mit Helga zu sprechen genügt es, sie zu Hause anzurufen.
f) Lascia ____ parlare anche gli altri!
   Lass auch die anderen zu Wort kommen!
g) Gino ha cominciato ____ giocare a tennis.
   Gino hat angefangen, Tennis zu spielen.
h) Nora ha finito ____ studiare due mesi fa.
   Nora hat vor zwei Monaten das Studium beendet.
i) Bruno si prepara ____ cambiare casa. Bruno bereitet sich vor, umzuziehen.
l) Franca è abituata ____ lavorare all'aria aperta.
   Franca ist gewöhnt, im Freien zu arbeiten.
m) Franca preferisce ____ lavorare all'aria aperta.
   Franca zieht es vor, im Freien zu arbeiten.
n) Clara è riuscita ____ prendere il treno.
   Clara hat es geschafft, den Zug zu bekommen.
o) Clara è contenta ____ aver preso il treno.
   Clara ist froh, den Zug bekommen zu haben.
p) Clara oggi non può ____ prendere il treno.
   Clara kann heute den Zug nicht nehmen.
q) Avete provato ____ parlare con lui?
   Habt ihr versucht, mit ihm zu sprechen?
r) È bello ____ parlare con lui! Es ist schön, mit ihm zu sprechen!
s) Quando si ha fretta può succedere ____ dimenticare molte cose.
   Wenn man es eilig hat, kann es passieren, dass man viel vergisst.

Infinite Verbformen

c) Der Infinitiv mit da steht

nach che cosa (was) und nach Mengenangaben wie: poco wenig, niente nichts, molto viel, qualcosa etwas, tutto alles usw.	Che cosa vuoi da leggere? Was willst du (zu) lesen? Ho molto da fare. Ich habe viel zu tun. C'è poco da ridere. Es gibt wenig zu lachen.
in den Konstruktionen Substantiv + da + Infinitiv. Diese Konstruktionen ersetzen oft einen Relativsatz mit dovere müssen, sollen.	È un problema da risolvere. = È un problema che si deve risolvere. Es ist ein Problem, das man lösen muss. Non sono cose da farsi. = Non sono cose che si devono fare. Es sind Dinge, die man nicht machen darf / soll. Ho da spedire questo pacco. = Devo spedire questo pacco. Ich muss dieses Paket abschicken.
zur Angabe der Folge nach così so und tanto so viel.	Tullio è stato così gentile da accompagnarmi alla stazione. Tullio war so nett, mich zum Bahnhof zu begleiten = Tullio war so nett, dass er mich (sogar) zum Bahnhof begleitete. Teo ha parlato così bene da meritare un applauso. Teo hat so gut gesprochen, dass er einen Applaus verdient hat.
zur Angabe einer Einschränkung nach Adjektiven.	Queste mele sono belle da vedere, ma non buone da mangiare. Diese Äpfel sehen gut aus, aber schmecken nicht.
nach einigen Verben wie: guardarsi sich hüten vor, trattenersi sich zurückhalten.	Patrizia si è trattenuta dal rispondere alla sua collega. Patrizia hat sich davor gehütet, ihrer Kollegin zu antworten.

Test 7

Stellen Sie in den folgenden Sätzen fest, ob keine Präposition (Ø) oder die Präposition di, a bzw. da verwendet wird.
a) Ho bisogno ____ bere qualcosa. Ich brauche etwas zu trinken.
b) Hai qualcosa di fresco ____ bere? Hast du etwas Frisches zu trinken?
c) Vera mi ha detto ____ aver molto ____ fare in questi giorni.
   Vera hat mir gesagt, dass sie in diesen Tagen viel zu tun hat.
d) Questo è un libro ____ leggere. Das ist ein Buch, das man lesen sollte.
e) È bello ____ leggere questo libro. Es ist schön, dieses Buch zu lesen.
f) Vado ____ prendere la macchina. Ich gehe das Auto holen.

15 Infinite Verbformen

g) Lio è così gentile ____ prestarmi la macchina.
Lio ist so nett, mir das Auto zu leihen.

h) Clara è riuscita ____ trovare un parcheggio.
Clara hat es geschafft, einen Parkplatz zu finden.

i) Giorgio è felice ____ essere qui. Giorgio ist froh, hier zu sein.

l) Questa è una questione ancora ____ discutere.
Das ist eine Frage, die man noch diskutieren muss.

m) Dove hai imparato ____ parlare il russo?
Wo hast du Russisch sprechen gelernt?

n) Tullia ha smesso ____ fumare. Tullia hat aufgehört zu rauchen.

o) Ti ringrazio ____ esser venuto. Ich danke dir, dass du gekommen bist.

p) Jole preferisce ____ restare a casa. Jole zieht es vor, zu Hause zu bleiben.

d) Sonstige Präpositionen
Der Infinitiv steht nach weiteren Präpositionen wie

per um zu	Vado in centro **per** fare alcune commissioni. Ich fahre ins Zentrum, um einige Besorgungen zu machen.
senza ohne dass	Sono andato a Budapest **senza** sapere l'ungherese. Ich bin nach Budapest gefahren, ohne Ungarisch zu können.
invece di statt	**Invece di** guardare la TV potresti fare una passeggiata. Statt fernzusehen, könntest du einen Spaziergang machen.
prima di bevor **Beachten Sie** Konjunktivsätze, die mit prima che eingeleitet werden, werden bei Subjektgleichheit bevorzugt durch eine Infinitivkonstruktion (prima di + Infinitiv) ersetzt. (➠ Kap. 12, 1.2.1 c und Kap. 22, 2.3.1)	**Prima di** partire Ugo ha fatto controllare la macchina. = **Prima che Ugo** partisse, ha fatto controllare la macchina. Bevor Ugo abgefahren ist, hat er das Auto überprüfen lassen.
dopo nachdem **Beachten Sie:** Nach dopo kann nur der Infinitiv Perfekt stehen.	**Dopo** esser partito Filippo ha visto che non aveva benzina. Nachdem Filippo abgefahren war, hat er festgestellt, dass er kein Benzin hatte.

Infinite Verbformen

Test 8
Markieren Sie die richtige Lösung.
a) (Dopo / Prima di) partire Giacomo era molto nervoso.
   Bevor Giacomo abfuhr, war er sehr nervös.
b) Mio nonno ha cominciato (a / di) lavorare a quindici anni.
   Mein Großvater hat mit fünfzehn Jahren angefangen zu arbeiten.
c) Mio nonno ha smesso (a / di) lavorare a settant'anni.
   Mein Großvater hat mit siebzig Jahren aufgehört zu arbeiten.
d) Daria oggi è andata in tram (senza / da) pagare il biglietto.
   Daria ist heute mit der Tram gefahren, ohne eine Fahrkarte zu lösen.
e) La reazione di Fabio è difficile (da / Ø) capire.
   Fabios Reaktion ist schwer zu verstehen.
f) Non è difficile (da / Ø) capire questa regola.
   Es ist nicht schwer, diese Regel zu verstehen.
g) Lorenza va (a / per) comprare il pane. Lorenza geht Brot kaufen.
h) Perché vai in città? – (A / Per) fare la spesa.
   Wieso fährst du in die Stadt? – Um einzukaufen.
i) La sera, invece di restare a casa, preferisco (di / Ø) uscire.
   Abends gehe ich lieber aus statt zu Hause zu bleiben.
l) La sera ho voglia (di / Ø) uscire. Abends habe ich Lust auszugehen.
m) Luigi voleva finire il lavoro (prima di / invece di) andare a casa.
   Luigi wollte die Arbeit beenden, bevor er nach Hause ging.

1.4 Der Infinitiv als satzverkürzende Konstruktion

Wie Sie in den vorangehenden Abschnitten erfahren haben, kann eine Infinitivkonstruktion mit oder ohne Präposition einen Nebensatz mit Indikativ oder *congiuntivo* ersetzen und verkürzen.
In folgenden Fällen wird bei Subjektgleichheit in Haupt- und Nebensatz der Infinitiv als satzverkürzende Konstruktion verwendet:

a) in der indirekten Rede bzw.	Eugenio dice che ha un nuovo computer. = Eugenio dice di avere un nuovo computer. Eugenio sagt, dass er einen neuen Computer hat. **Aber:** Eugenio dice che Bianca ha un nuovo computer. Eugenio sagt, dass Bianca einen neuen Computer hat.
in der indirekten Frage.	Eugenio si domanda se deva fare l'esame. = Eugenio si domanda se fare l'esame. Eugenio fragt sich, ob er die Prüfung machen soll. **Aber:** Eugenio si domanda se Bianca deva fare l'esame o no. Eugenio fragt sich ob Bianca die Prüfung machen soll oder nicht.

1 Der Infinitiv **287**

15 Infinite Verbformen

b) in Sätzen mit Indikativ.	Tea sa di essere simpatica. Tea weiß, dass sie sympathisch ist. **Aber:** Tea sa che Rosa è simpatica. Tea weiß, dass Rosa sympathisch ist.
c) in Sätzen mit *congiuntivo*.	Ho paura di non trovare i biglietti. Ich befürchte, die Karten nicht zu finden. **Aber:** Ho paura che Guido non trovi i biglietti. Ich befürchte, dass Guido die Karten nicht findet.

Weitere Informationen ➡ Kap. 16, 22 und 23.

Beachten Sie
Während es sich bei der indirekten Rede bzw. der indirekten Frage (vgl. a) um eine Kannbestimmung handelt, ist in Sätzen mit Indikativ (vgl. b) oder mit *congiuntivo* (vgl. c) der Infinitiv unbedingt erforderlich.

Test 9
Indikativ, Konjunktiv oder Infinitiv? Markieren Sie die richtige Lösung.
a) Ariella dice di (ha / avere) tempo. Ariella sagt, dass sie Zeit habe.
b) Ariella dice che Filippo non (ha / avere) tempo.
   Ariella sagt, dass Filippo keine Zeit hat.
c) È una fortuna che tu (sia / essere) qui. Es ist ein Glück, dass du da bist.
d) È una fortuna (sia / essere) qui. Es ist ein Glück hier zu sein.
e) Linda pensa di (resti / restare). Linda hat vor zu bleiben.
f) Linda pensa che Augusto (resti / restare). Linda denkt, dass Augusto bleibt.
g) Bisogna (avere / abbia) pazienza. Man muss Geduld haben.
h) Basta che tu (avere / abbia) pazienza. Es genügt, dass du Geduld hast.
i) Elisabetta verrà qui prima che tu (parta / partire).
   Elisabetta wird hierher kommen, bevor du abreist.
l) Elisabetta passerà qui prima di (parti / partire).
   Elisabetta wird hier vorbeikommen, bevor sie abreist.
m) È bello che Valentina (vada / andare) al cinema.
   Es ist schön, dass Valentina ins Kino geht.
n) È bello (vada / andare) al cinema con Valentina.
   Es ist schön, mit Valentina ins Kino zu gehen.
o) Giorgia spera di (partire / parta) domani. Giorgia hofft, morgen abzufahren.
p) Nina sogna di (vada / andare) in Italia.
   Nina träumt davon, nach Italien zu fahren.
q) Daniela è contenta di (andare / vada) in America con sua figlia.
   Daniela ist froh, mit ihrer Tochter nach Amerika zu fliegen.
r) Daniela è contenta che sua figlia (andare / vada) in America.
   Daniela ist froh, dass ihre Tochter nach Amerika fährt.

Infinite Verbformen 15

1.5 Der substantivierte Infinitiv

In einigen Fällen wird der Infinitiv, ähnlich wie im Deutschen, wie ein Substantiv verwendet.
Il suo **parlare** continuo mi dà fastidio. Sein ständiges Reden stört mich.
Einige Infinitive sind zu richtigen Substantiven mit einer entsprechenden Pluralform geworden.
l'essere das Sein → gli esseri die Wesen
il piacere die Freude → i piaceri die Freuden

Auf den Punkt gebracht

Nun können Sie wieder überprüfen, ob Sie die wichtigsten Regeln in diesem Kapitel behalten haben. Füllen Sie bei den folgenden Kontrollaufgaben die Lücken aus oder markieren Sie die richtige(n) Möglichkeit(en).

1. (➡ 1.1)
Die Formen des Infinitivs lauten:
Präsens: parl__ sprechen   Infinitiv Perfekt: ____ ____ gesprochen haben
           vend__ verkaufen   ____ ____ verkauft haben
           part__ abfahren   ____ ____ abgefahren sein

2. (➡ 1.2)
Ob der Infinitiv Präsens oder der Infinitiv Perfekt verwendet wird, hängt vom Zeitverhältnis zwischen der Handlung im Hauptsatz und (der Handlung im Nebensatz / dem Subjekt im Nebensatz) ab.

3. (➡ 1.3)
Folgt einem Verb ein Infinitiv,   ja   nein
a) kann die Verbindung ausschließlich mit Präposition erfolgen.   ☐   ☐
b) kann die Verbindung ausschließlich ohne Präposition erfolgen.   ☐   ☐
c) kann die Verbindung mit oder ohne Präposition erfolgen.   ☐   ☐

4 (➡ 1.3)
Erfolgt die Verbindung mit Präposition, kommen die folgenden Präpositionen in Frage:

15 Infinite Verbformen

5. (⟹ 1.3.1)
Der Infinitiv ohne Präposition steht   ja   nein
a) nach Modalverben   ☐ ☐
b) nach Verben des Sagens   ☐ ☐
c) nach Verben der Wahrnehmung   ☐ ☐
d) nach Verben der Bewegung   ☐ ☐
e) nach Verben des Wünschens   ☐ ☐
f) generell nach unpersönlichen Ausdrücken   ☐ ☐
g) bei indirekten Fragesätzen   ☐ ☐

6. (⟹ 1.3.2)

a) Der Infinitiv mit (a / di / da) steht	nach einer Reihe von Verben mit direktem Objekt nach einer Reihe von Verben mit indirektem Objekt nach Verben des Sagens, des Fragens und des Erinnerns nach Verben der Meinungsäußerung, des Hoffens, des Wartens nach einigen unpersönlichen Ausdrücken nach Ausdrücken mit avere + Substantiv nach Adjektiven, die eine Gemütsbewegung ausdrücken zusammen mit anderen Präpositionen
b) Der Infinitiv mit (a / di / da) steht	nach Verben der Bewegung nach Verben des Bleibens und Zögerns
c) Der Infinitiv mit (a / di / da) steht	nach che cosa nach Mengenangaben in Konstruktionen, die einen Relativsatz mit dovere ersetzen zur Angabe einer Einschränkung nach Adjektiven

7. (⟹ 1.4)
Der Infinitiv als satzverkürzende Konstruktion kann in der Regel verwendet werden   ja   nein
a) wenn Haupt- und Nebensatz zwei verschiedene Subjekte haben. ☐ ☐
b) bei Subjektgleichheit in Haupt- und Nebensatz. ☐ ☐

Infinite Verbformen 15

2 Das Partizip

2.1 Das Partizip Präsens

Obwohl sowohl das Deutsche als auch das Italienische ein Partizip Präsens kennt, unterscheidet sich der Gebrauch in den beiden Sprachen erheblich.

2.1.1 Formen

Infinitiv: cant-are singen   piang-ere weinen   segu-ire folgen
Partizip: cant-ante singend   piang-ente weinend   segu-ente folgend

Die Formen des Partizip Präsens sind veränderlich. Sie verhalten sich wie die Adjektive auf -e.
il giorno seguente der folgende Tag
i giorni seguenti die folgenden Tage
la settimana seguente die folgende Woche
le settimane seguenti die folgenden Wochen

Beachten Sie
a) Einige Verben auf -ire wie ubbidire gehorchen, dormire schlafen, venire kommen haben eine Form auf -iente:
   ubbidiente gehorchend, dormiente schlafend, veniente kommend.
b) Dire sagen, fare machen, bere trinken, condurre führen, porre setzen bilden das Partizip Präsens wie das *imperfetto* Indikativ und das *imperfetto congiuntivo* (➠ Kap 11,2 bzw. Kap 12,3) mit den Stämmen dic-, fac-, bev-, conduc-, pon-:
   dic-ente sagend, fac-ente machend, bev-ente trinkend, conduc-ente führend, pon-ente setzend.

Test 1

Setzen Sie die Formen des Partizip Präsens ein.
    Infinitiv   Partizip Präsens
a) insegnare unterrichten   _____
b) cantare singen   _____
c) perdere verlieren   _____
d) morire sterben   _____
e) piacere gefallen   _____
f) nascere geboren werden   _____
g) vincere gewinnen   _____
h) amare lieben   _____

15 Infinite Verbformen

Test 2
Setzen Sie die fehlenden Endungen ein.
a) la squadra perdent__ die verlierende Mannschaft
b) i numeri vincent__ die Gewinnzahlen
c) le pagine seguent__ die folgenden Seiten
d) uomini affascinant__ faszinierende Männer
e) due stelle nascent__ zwei aufgehende Sterne
f) una donna seducent__ eine verführerische Frau

2.1.2 Gebrauch
Das Partizip Präsens wird relativ selten gebraucht.
a) In der gehobenen geschriebenen Sprache (z. B. in der literarischen, wissenschaftlichen und in der Amtssprache) kann das Partizip Präsens einen Relativsatz verkürzen.
I medici raccomandano cibi contenenti vitamine. = I medici raccomandano cibi che contengono vitamine.
Die Ärzte empfehlen Nahrungsmittel, die Vitamine enthalten.
Gli studenti partecipanti al corso hanno concluso gli esami. = Gli studenti che partecipano al corso hanno concluso gli esami. Die Studenten, die am Kurs teilgenommen haben (teilnehmen), haben die Prüfungen abgeschlossen.
b) Einige Formen des Partizip Präsens werden als Adjektive, Substantive oder Präpositionen verwendet.
Adjektive: affascinante faszinierend, esigente anspruchsvoll, competente fachkundig, kompetent
Substantive: il dirigente der leitende Angestellte, il rappresentante der Vertreter, il colorante der Farbstoff
Präpositionen: durante während, mediante durch / mit, nonostante trotz

2.1.3 Wiedergabe des deutschen Partizip Präsens im Italienischen
Für das deutsche Partizip Präsens stehen im Italienischen meist andere Konstruktionen wie:

a) ein Relativsatz.	eine singende Frau = una donna che canta (eine Frau, die singt) spielende Kinder = bambini che giocano (Kinder, die spielen)
b) ein präpositionaler Ausdruck.	steigende Preise = prezzi in aumento (l'aumento = die Erhöhung) sinkende Temperaturen = temperature in diminuzione (la diminuzione = die Abnahme / Verringerung)

Infinite Verbformen 15

c) das Partizip Perfekt
(➡ Kap. 15, 2.2).

ein blühender Baum = un albero fiorito (fiorito = in Blüte)

d) ein *gerundio* (➡ Kap 15,3).
Ein deutsches Partizip Präsens kann nur dann durch ein *gerundio* wiedergegeben werden, wenn es sich um eine satzverkürzende Konstruktion handelt und das Subjekt des Haupt- und des Nebensatzes identisch ist.

Berto guarda la donna sorridendo.
Berto sieht lächelnd die Frau an. =
Berto sieht die Frau und Berto lächelt sie an.

Aber:

Berto guarda la donna che sorride.
Berto sieht die lächelnde Frau an. =
Berto sieht die Frau und die Frau lächelt ihn an.

e) da + Infinitiv.
Dieser Konstruktion entspricht im Deutschen „zu + Partizip Präsens".
(➡ Kap. 15.1)

il problema da risolvere
= das zu lösende Problem

Test 3

Ersetzen Sie das Partizip Präsens durch einen Relativsatz.
Beispiel:
In questo articolo trovi informazioni riguardanti il tuo lavoro.
In diesem Artikel findest du Informationen, die deine Arbeit betreffen.
→ In questo articolo trovi informazioni che riguardano il tuo lavoro.

a) È arrivata una lettera contenente notizie importanti.
Es ist ein Brief angekommen, der wichtige Nachrichten enthält.
→ È arrivata una lettera ____ ____ notizie importanti.

b) In questo appartamento vivono persone facenti parte della stessa famiglia.
In dieser Wohnung wohnen Personen, die zur selben Familie gehören.
→ In questo appartamento vivono persone ____ ____ parte della stessa famiglia.

c) Alla mostra c'è un quadro di Tiziano raffigurante Carlo V (Quinto).
In der Ausstellung gibt es ein Bild von Tizian, das Karl V. zeigt.
→ Alla mostra c'è un quadro di Tiziano ____ ____ Carlo V.

d) Oggi è arrivata una delegazione rappresentante diversi paesi asiatici.
Heute ist eine Delegation eingetroffen, die verschiedene asiatische Länder vertritt.
→ Oggi è arrivata una delegazione ____ ____ diversi paesi asiatici.

15 Infinite Verbformen

2.2 Das Partizip Perfekt

Bevor Sie diesen Abschnitt bearbeiten, sollte Ihnen im Kapitel 11 der Abschnitt 3.1.1, „Bildung des Partizip Perfekt", präsent sein.

2.2.1 Formen

Auf Entdeckung

a) Regelmäßige Formen
Im Kapitel zum *passato prossimo* (➡ Kap. 11, 3.1.1) haben Sie die regelmäßigen Formen des Partizip Perfekt kennen gelernt. Versuchen Sie, die entsprechenden Formen in die Übersicht einzusetzen.

am-**are**	vend-**ere**	cap-**ire**
lieben	verkaufen	verstehen
am-____	vend-____	cap-____

b) Unregelmäßige Formen
Im Kapitel zum *passato prossimo* (➡ Kap. 11, 3.1.1) haben Sie die unregelmäßigen Formen des Partizip Perfekt kennen gelernt. Versuchen Sie, die entsprechenden Formen in die Übersicht einzusetzen.

Infinitiv		Partizip
esprimere ausdrücken	→	_____
chiudere schließen	→	_____
dire sagen	→	_____
aprire öffnen	→	_____

Weitere unregelmäßige Formen des Partizips finden Sie in den Tabellen S. 465 ff.
Alle Formen sind veränderlich und verhalten sich wie Adjektive auf -o / -a. Ob ein Partizip angeglichen wird oder nicht, hängt vom Gebrauch ab. (➡ Kap. 15, 2.2.2)

2.2.2 Gebrauch

a) Das Partizip Perfekt zur Bildung der zusammengesetzten Zeiten

Auf Entdeckung

Wie Sie in den Kapiteln 11–13 gesehen haben, dient das Partizip Perfekt zur Bildung aller zusammengesetzten Zeiten. Setzen Sie die fehlenden Formen des Partizip Perfekt ein.

Infinite Verbformen 15

	mit essere
Passato prossimo	Bianca è arrivata. Bianca ist angekommen.
Trapassato prossimo	Bianca _____. Bianca war angekommen.
Futur II	Bianca _____. Bianca wird angekommen sein.
Condizionale II	Bianca _____. Bianca wäre angekommen.
	mit avere
Passato prossimo	Bianca ha fatto l'esame. Bianca hat die Prüfung gemacht.
Trapassato prossimo	Bianca _____ l'esame. Bianca hatte die Prüfung gemacht
Futur II	Bianca _____ l'esame. Bianca wird die Prüfung gemacht haben.
Condizionale II	Bianca _____ l'esame. Bianca hätte die Prüfung gemacht.

Im Kapitel zum *passato prossimo* (➟ Kap. 11, 3.1.3) haben Sie die Regeln zur Angleichung des Partizip Perfekt kennen gelernt. Markieren Sie in der folgenden Tabelle die jeweils einzig richtige Möglichkeit. Damit erhalten Sie eine komplette Übersicht über die Angleichung des Partizip Perfekt.

Wird eine zusammengesetzte Zeit mit essere gebildet, findet (eine / keine) Angleichung des Partizips statt.	Eva era arrivat __. Eva war angekommen.
Wird eine zusammengesetzte Zeit mit avere gebildet, findet normalerweise (eine / keine) Angleichung des Partizips statt.	Gino avrà comprat __ la macchina. Gino wird das Auto gekauft haben.
Wird eine zusammengesetzte Zeit mit avere gebildet, findet bei vorangestelltem (direktem / indirektem) Objekt eine Angleichung des Partizip Perfekt statt.	I Rossi? Li avevo vist__ il giorno prima. Rossis? Ich hatte sie am Tag davor gesehen. I Rossi? Gli ho mandat__ una lettera ieri. Rossis? Ich habe ihnen gestern einen Brief geschickt.

2 Das Partizip

15 Infinite Verbformen

b) Das Partizip Perfekt als Adjektiv oder Substantiv
Einige Formen des Partizip Perfekt werden als Adjektive oder als Substantive verwendet.

Adjektiv	inventato erfunden, preparato vorbereitet, meritato verdient, venduto verkauft, aperto offen, chiuso geschlossen, morto gestorben, nato geboren, ferito verletzt, pulito sauber	Martina è una persona molto aperta. Martina ist ein sehr offener Mensch. Qui le strade sono molto pulite. Hier sind die Straßen sehr sauber.
Substantiv	l'offerta das Angebot, la scoperta die Entdeckung, la risposta die Antwort, la sorpresa die Überraschung, il comunicato die Meldung, il parlato die gesprochene Sprache, l'erudito der Gelehrte	Luciano non mi ha dato ancora una risposta. Luciano hat mir noch keine Antwort gegeben. Che bella sorpresa! Was für eine schöne Überraschung!

c) Das Partizip Perfekt in Partizipialkonstruktionen
Das Partizip Perfekt dient zur Bildung von satzverkürzenden Konstruktionen. Diese Konstruktionen können nur dann verwendet werden, wenn die Handlung zeitlich vor der Handlung des Hauptsatzes liegt.
Partizipialsätze können folgende Nebensätze verkürzen:

Ursprüngliche Konstruktion	Verkürzung durch Partizipialkonstruktion
a) Temporalsätze und zwar – Temporalsätze, die durch die Konjunktion dopo che (nachdem) eingeleitet werden. **Dopo che era arrivato** a Roma, Giacomo ha preso il treno per Perugia. Nachdem Giacomo in Rom angekommen war, hat er den Zug nach Perugia genommen.	**Arrivato** a Roma, Giacomo ha preso il treno per Perugia. In Rom angekommen, hat Giacomo den Zug nach Perugia genommen.
– Temporalsätze mit dopo + Infinitiv Perfekt (➟ 15, 1.3.2). **Dopo essere arrivato** a Roma, Giacomo ha preso il treno per Perugia. Nachdem Giacomo in Rom angekommen war, hat er den Zug nach Perugia genommen.	**Arrivato** a Roma, Giacomo ha preso il treno per Perugia. In Rom angekommen, hat Giacomo den Zug nach Perugia genommen.

Infinite Verbformen **15**

b) Kausalsätze, die durch Konjunktionen wie perché, poiché, siccome (weil, da) eingeleitet werden.
Poiché erano restati a casa Pia e Leo hanno giocato a carte. Da Pia und Leo zu Hause geblieben waren, haben sie Karten gespielt.

Restati a casa, Pia e Leo hanno giocato a carte. Da Pia und Leo zu Hause geblieben waren, haben sie Karten gespielt.

c) Konzessivsätze, die durch benché / sebbene (obwohl) eingeleitet werden bzw. Bedingungssätze, mit se (wenn / falls).
La pizza, **se è ben cotta**, è buonissima. Die Pizza, wenn sie gut gebacken ist, schmeckt sehr gut.

La pizza, **ben cotta**, è buonissima. Die Pizza, wenn sie gut gebacken ist, schmeckt sehr gut.

Die Konjunktion kann auch im Partizipialsatz beibehalten werden.
Ieri sera, **benché fossero raffreddati**, i miei fratelli sono andati dalla nonna. Gestern Abend sind meine Brüder, obwohl sie erkältet waren, zur Oma gefahren.

Ieri sera, **benché raffreddati**, i miei fratelli sono andati dalla nonna. Gestern Abend sind meine Brüder, obwohl sie erkältet waren, zur Oma gefahren.

d) Relativsätze.
Il treno **che è partito** in ritardo non è ancora arrivato. Der Zug, der mit Verspätung abgefahren ist, ist noch nicht angekommen.
La lettera **che è stata spedita** ieri, è arrivata già oggi. Der Brief, der gestern abgeschickt worden ist, ist schon heute angekommen.

Il treno **partito** in ritardo non è ancora arrivato. Der Zug, der mit Verspätung abgefahren ist, ist noch nicht angekommen.
La lettera **spedita** ieri, è arrivata già oggi. Der Brief, der gestern abgeschickt worden ist, ist schon heute angekommen.

e) Temporal- und Kausalsätze, deren Subjekt nicht identisch ist mit dem Subjekt des Hauptsatzes. Das Subjekt des verkürzten Satz muss ausdrücklich erwähnt werden. Es steht direkt nach dem Partizip.
Poiché Francesco era partito, la sua stanza restò libera. Da Francesco abgereist war, blieb sein Zimmer frei.

Partito Francesco, la sua stanza restò libera. Da Francesco abgereist war, blieb sein Zimmer frei.

2 Das Partizip

15 Infinite Verbformen

> **Dopo che è nata la bambina**, Dina ha smesso di lavorare. Nachdem die Tochter geboren war, hat Dina aufgehört zu arbeiten.
>
> **Nata la bambina**, Dina ha smesso di lavorare. Nachdem die Tochter geboren war, hat Dina aufgehört zu arbeiten.

Beachten Sie
a) Wenn Haupt- und Nebensatz das gleiche Subjekt haben, richtet sich die Endung des Partizips nach dem gemeinsamen Subjekt (in den Beispielen unterstrichen).
   Arriva**ta** a Reggio, Pia si sentì meglio.
   In Reggio angekommen, fühlte sich Pia besser.
b) Wenn Haupt- und Nebensatz unterschiedliche Subjekte haben, richtet sich die Endung des Partizips nach dem Subjekt des Nebensatzes.
   Arriva**ta** Pia a Reggio, Bruno si sentì meglio.
   Nachdem Pia in Reggio angekommen war, fühlte sich Bruno besser.
c) Tritt ein direktes Objekt zum Partizip, richtet sich das Partizip nach dem Objekt (in den Beispielen unterstrichen).
   Fini**ta** la lezione, il professore andò via.
   Nachdem der Professor die Vorlesung beendet hatte, ging er weg.
   Fat**te** alcune spese, Luisa è ritornata a casa. Nachdem Luisa einige Besorgungen gemacht hatte, ging sie nach Hause zurück.

Test 4
Verwandeln Sie die ursprünglichen Sätze in Partizipialkonstruktionen.
Beispiel: Dopo che il film sarà finito, i bambini andranno a dormire. = Finito il film, i bambini andranno a dormire.
Nachdem der Film beendet sein wird, werden die Kinder schlafen gehen.

a) Dopo che era arrivata a casa, Daria ha preparato la cena = ____ a casa, Daria ha preparato la cena. Nachdem Daria zu Hause angekommen war, hat sie das Abendessen zubereitet.
b) Dopo aver fatto quella telefonata, Gianni e Carlo sono usciti = ____ quella telefonata, Gianni e Carlo sono usciti. Nachdem Gianni und Carlo dieses Telefongespräch geführt hatten, sind sie ausgegangen.
c) Dopo esser uscite di casa Francesca e Olga hanno comprato alcuni giornali. = ____ di casa, Francesca e Olga hanno comprato alcuni giornali. Nachdem Francesca und Olga aus dem Haus gegangen waren, kauften sie einige Zeitungen.
d) Poiché Brunella è partita, Giovanni è restato solo. = ____ Brunella, Giovanni è restato solo. Da Brunella abgereist ist, ist Giovanni allein geblieben.
e) Betty è un'amica che ho conosciuto al mare. = Betty è un'amica ____ al mare. Betty ist eine Freundin, die ich am Meer kennen gelernt habe.

Infinite Verbformen 15

f) Poiché i nonni erano morti, la famiglia si è trasferita in città. = ____ i nonni, la famiglia si è trasferita in città.
Da die Großeltern gestorben waren, ist die Familie in die Stadt gezogen.

g) Siccome avevamo finito la cena abbiamo ordinato un caffè. = ____ la cena abbiamo ordinato un caffè.
Da wir das Abendessen beendet hatten, haben wir einen Kaffee bestellt.

Auf den Punkt gebracht

Nun können Sie wieder überprüfen, ob Sie die wichtigsten Regeln in diesem Kapitel behalten haben. Füllen Sie bei den folgenden Kontrollaufgaben die Lücken aus oder markieren Sie die richtige(n) Möglichkeit(en).

1. (➞ 2.1 1)
a) Die regelmäßigen Formen des Partizip Präsens lauten:
cant-are singen   piang-ere weinen   segu-ire folgen
cant-____ singend piang-____ weinend segu-____ folgend

b) Die Formen des Partizip Präsens sind veränderlich. Sie verhalten sich wie die Adjektive auf -__.
la settimana seguent__ die folgende Woche
le settimane seguent__ die folgenden Wochen

2. (➞ 2.1.2)   ja nein
a) Der Gebrauch des Partizip Präsens im Deutschen und im
   Italienischen ist weitgehend identisch.   ☐   ☐
b) Der Gebrauch des Partizip Präsens im Deutschen und im
   Italienischen unterscheidet sich erheblich.   ☐   ☐
c) Einige Formen des Partizip Präsens werden als Adjektive,
   Substantive oder Präpositionen verwendet.   ☐   ☐
d) Das deutsche Partizip Präsens kann im Italienischen durch
   einen Relativsatz ersetzt werden.   ☐   ☐

3. (➞ 2.2.1)
a) Die regelmäßigen Formen des Partizip Perfekt lauten:
am-are lieben   vend-ere verkaufen   cap-ire verstehen
am- ____   vend-____   cap-____

b) Die unregelmäßigen Formen des Partizip Perfekt der folgenden Verben lauten:
esprimere ausdrücken → _____   chiudere schließen → _____
dire sagen →_____   aprire aufmachen → _____

Infinite Verbformen

4. *(⇒ 2.2.2)*
Für den Gebrauch des Partizip Perfekt gilt Folgendes:
a) Es dient zur Bildung aller (einfachen / zusammengesetzten) Zeiten.
b) Einige Formen des Partizip Perfekt werden als (Adjektive / Substantive / Präpositionen) verwendet.
c) Das Partizip Perfekt (kann / kann nicht) zur Bildung von satzverkürzenden Konstruktionen dienen.

5. *(⇒ 2.2.2 c)*
Satzverkürzende Partizipialkonstruktionen können verwendet werden

	ja	nein
a) nur wenn die Handlung des Partizipialsatzes vor der Handlung des Hauptsatzes liegt.	☐	☐
b) nur wenn Haupt- und Nebensatz dasselbe Subjekt haben.	☐	☐
c) auch wenn Haupt- und Nebensatz verschiedene Subjekte haben.	☐	☐

Infinite Verbformen 15

3 Das *gerundio*

Was Sie vorab wissen sollten
Das *gerundio* ist eine infinite Form, für die das Deutsche keine Entsprechung kennt.
Andando a casa Clara ha incontrato Piero.
Während Clara nach Hause ging, traf sie Piero.
Es gibt ein *gerundio* der Gegenwart auch *gerundio presente* bzw. *gerundio semplice* genannt und ein *gerundio* der Vergangenheit, das *gerundio passato* bzw. *gerundio composto*. Die Formen des *gerundio* sind unveränderlich.

3.1 Das *gerundio presente*

3.1.1 Formen
Die Formen des *gerundio presente* lauten:
arriv-**are** ankommen   dov-**ere** müssen   fin-**ire** (be)enden
arriv-**ando**   dov-**endo**   fin-**endo**

Auf Entdeckung
Dire sagen, fare machen, bere trinken, porre setzen / stellen / legen und alle Verben auf -urre (wie: tradurre übersetzen, produrre produzieren, condurre leiten) bilden die Formen des *gerundio presente* parallel zum Indikativ *imperfetto* und *congiuntivo imperfetto*.
Versuchen Sie, die Tabelle mit den fehlenden Formen auszufüllen.

Infinitiv	Indikativ *imperfetto*	*congiuntivo imperfetto*	*gerundio presente*
dire			dic-endo
fare		facessi	
bere	bevevo		
tradurre		traducessi	
porre	ponevo		

Beachten Sie
Wie bei allen infiniten Formen werden auch beim *gerundio* die Pronomen an die Verbform angehängt (➭ Kap. 10, 8.2).
Parlando**gli** ho capito molte cose.
Als ich mit ihm sprach, habe ich viele Dinge verstanden.

3 Das gerundio **301**

15 Infinite Verbformen

Test 1

Setzen Sie die Formen des *gerundio presente* ein.
a) Ieri, (andare) ____ in città, ho visto Susi.
   Gestern, als ich in die Stadt ging, sah ich Susi.
b) (Parlare) ____ con te, Rosa è riuscita a capire la situazione.
   Dadurch, dass Rosa mit dir gesprochen hat, hat sie die Situation verstanden.
c) (Uscire) ____ di casa, Gianna ha dimenticato le chiavi.
   Als Gianna aus dem Haus ging, vergaß sie die Schlüssel.
d) (Vivere) ____ da sola, Giulia adesso è diventata più indipendente.
   Dadurch, dass Giulia allein lebt, ist sie jetzt selbstständiger geworden.
e) Nina ha imparato molte cose (fare) ____ un corso di informatica.
   Nina hat viele Dinge gelernt, da sie einen Informatikkurs besucht hat.
f) Laura entrò (salutare) ____ tutti. Laura kam rein und grüßte alle.

3.1.2 Grundregel für den Gebrauch des *gerundio presente*

Das *gerundio presente* dient dazu, zwei Hauptsätze oder einen Hauptsatz und einen Nebensatz in verkürzter Form miteinander zu verbinden. Für diese Konstruktionen müssen folgende Voraussetzungen erfüllt sein:
– das Subjekt der beiden Sätze muss identisch sein.
– die Handlungen in den beiden Sätzen müssen sich auf der gleichen Zeitstufe befinden.

Verbindung zweier Hauptsätze	Verbindung von Haupt- und Nebensatz
Ugo studia. Ugo ascolta musica. Ugo lernt. Ugo hört Musik. → Ugo studia **ascoltando** musica. (temporal) Ugo lernt, während er Musik hört.	Ugo non parla perché ha paura. Ugo spricht nicht, weil er Angst hat. → **Avendo** paura Ugo non parla. (kausal) Ugo spricht nicht, weil er Angst hat.
Bei der Verbindung von zwei Hauptsätzen hat das *gerundio* eine temporale und modale bzw. kausale Funktion. Es kann übersetzt werden mit „während", „als", „wenn", „indem", „weil" usw. (➡ 15, 3.1.4, a)	Bei der Verbindung von Haupt- und Nebensatz kann das *gerundio* mehrere Funktionen (z. B. temporale, kausale) übernehmen. Es kann durch „wenn", „weil", „da" usw. (➡ 15, 3.1.4, b) übersetzt werden.

3.1.3 Das *gerundio* in den Zeiten (Gegenwart / Vergangenheit / Zukunft)

Da die Formen des *gerundio* unveränderlich sind, ist es das Verb des Hauptsatzes, das anzeigt, auf welche Person und auf welche Zeit sich die Form des *gerundio* bezieht.

Infinite Verbformen

Auf Entdeckung

a) Das *gerundio,* bezogen auf die Gegenwart
Versuchen Sie, die fehlenden Formen des Präsens einzusetzen. Die Tabelle verdeutlicht den Einsatz des *gerundio* in der Gegenwart.

1.		incontro Lia. Wenn ich in die Stadt gehe, treffe ich Lia.
2. Sg.		incontri Lia. Wenn du in die Stadt gehst, triffst du Lia.
3.	Andando in città,	incontra Lia. Wenn er / sie in die Stadt geht, trifft er / sie Lia.
1.		incontr_____ Lia. Wenn wir in die Stadt gehen, treffen wir Lia.
2. Pl.		incontr_____ Lia. Wenn ihr in die Stadt geht, trefft ihr Lia.
3.		incontr_____ Lia. Wenn sie in die Stadt gehen, treffen sie Lia.

b) Das *gerundio,* bezogen auf die Vergangenheit
Versuchen Sie, die fehlenden Formen des *imperfetto* einzusetzen. Die Tabelle verdeutlicht den Einsatz des *gerundio* in der Vergangenheit.

1.		incontravo Lia. Jedes Mal wenn ich in die Stadt ging, traf ich Lia.
2. Sg.		incontravi Lia. Jedes Mal wenn du in die Stadt gingst, trafst du Lia.
3.	Andando in città,	incontrav_____ Lia. Jedes Mal wenn er / sie in die Stadt ging, traf er / sie Lia.
1.		incontrav_____ Lia. Jedes Mal wenn wir in die Stadt gingen, trafen wir Lia.
2. Pl.		incontrav_____ Lia. Jedes Mal wenn ihr in die Stadt gingt, traft ihr Lia.
3.		incontrav_____ Lia. Jedes Mal wenn sie in die Stadt gingen, trafen sie Lia.

Beachten Sie
Für die anderen Zeiten der Vergangenheit gilt parallel für alle Personen:
Andando in città **ho incontrato** Lia.
Als ich in die Stadt gegangen bin, habe ich Lia getroffen.
Andando in città **incontrai** Lia. Als ich in die Stadt ging, traf ich Lia.
Andando in città **avevo incontrato** Lia.
Als ich in die Stadt gegangen war, hatte ich Lia getroffen.

15 Infinite Verbformen

c) Das *gerundio*, bezogen auf die Zukunft

Versuchen Sie, die fehlenden Formen des Futur I einzusetzen. Die Tabelle verdeutlicht den Einsatz des *gerundio* in der Zukunft.

1.		incontrerò Lia. Wenn ich in die Stadt gehen werde, werde ich Lia treffen.
2. Sg.		incontrer____ Lia. Wenn du in die Stadt gehen wirst, wirst du Lia treffen.
3.		incontrer____ Lia. Wenn er / sie in die Stadt gehen wird, wird er / sie Lia treffen.
1.	Andando in città,	incontrer____ Lia. Wenn wir in die Stadt gehen werden, werden wir Lia treffen.
2. Pl.		incontrer____ Lia. Wenn ihr in die Stadt gehen werdet, werdet ihr Lia treffen.
3.		incontrer____ Lia. Wenn sie in die Stadt gehen werden, werden sie Lia treffen.

Test 2

a) Stellen Sie fest, wer in den folgenden Sätzen Subjekt ist und tragen Sie das Subjekt in die entsprechende Spalte ein.

b) In welcher Zeit stehen die Sätze (Gegenwart = G / Vergangenheit = V / Zukunft = Z)? Markieren Sie die richtige Lösung in der dritten Spalte.

	Subjekt	G	V	Z
a) Ho preparato la cena guardando la TV. Während ich ferngesehen habe, habe ich das Abendessen zubereitet.	_____	☐	☐	☐
b) Avendo tempo, andremo a trovare gli amici. Wenn wir Zeit haben, werden wir die Freunde besuchen.	_____	☐	☐	☐
c) Avendo fame, adesso Andrea mangia qualcosa. Da Andrea hungrig ist, isst er jetzt etwas.	_____	☐	☐	☐
d) Rileggendo il testo, ho trovato molti errori. Als ich den Text wieder gelesen habe, habe ich viele Fehler gefunden.	_____	☐	☐	☐
e) Passeggiando per il parco, pensavo al mio amore. Während ich im Park spazieren ging, dachte ich an meine Liebe.	_____	☐	☐	☐
f) Prendendo l'autobus, Linda arriva puntuale. Wenn Linda den Bus nimmt, kommt sie pünktlich an.	_____	☐	☐	☐

Infinite Verbformen

3.1.4 Das *gerundio* als satzverkürzende Konstruktion
Wie bereits erwähnt, verknüpft das *gerundio semplice* Sätze miteinander, die dasselbe Subjekt haben.

a) Das *gerundio* zur Verknüpfung von zwei Hauptsätzen
Um das *gerundio* bei der Verbindung zweier Hauptsätze verwenden zu können, müssen folgende Voraussetzungen erfüllt sein:
– das Subjekt in Haupt- und Nebensatz muss identisch sein.
– das Verhältnis zwischen den beiden Sätzen muss ein temporales, modales oder ein kausales sein.
   Temporales Verhältnis:
   Franco entrò e disse: „Buongiorno!" = Franco entrò **dicendo**: „Buongiorno!"
   Franco kam rein und sagte (gleichzeitig): „Guten Tag!"
   Modales Verhältnis:
   Eva mi salutò e fece un gesto con la mano. = Eva mi salutò **facendo** un gesto con la mano.
   Eva grüßte mich, indem sie eine Handbewegung machte.
   Kausales Verhältnis:
   Caterina aveva freddo e perciò si è messa il golf. = **Avendo** freddo Caterina si è messa il golf.
   Caterina war es kalt, und deswegen zog sie einen Pulli an.

Beachten Sie
Nicht jeder Hauptsatz ist durch ein *gerundio* ersetzbar:
Antonio è arrivato e io dormivo. Antonio ist angekommen und ich habe geschlafen.
Begründung: Zwei verschiedene Subjekte.
Teresa è simpatica e suona il pianoforte. Teresa ist nett und spielt Klavier.
Begründung: Kein ausgesprochen temporales, kausales oder modales Verhältnis zwischen den beiden Hauptsätzen.

Test 3
Stellen Sie fest, ob die folgenden Sätze durch eine Konstruktion mit *gerundio* verknüpft werden können und kreuzen Sie entsprechend an.   ja   nein
a) Gina non ha tempo e non viene.
   Gina hat keine Zeit und kommt nicht.   ☐   ☐
b) Tino legge e io cucino. Tino liest und ich koche.   ☐   ☐
c) Paolo è entrato e rideva. Paolo kam rein und lachte.   ☐   ☐
d) Hélène è francese e abita a Roma.
   Hélène ist Französin und wohnt in Rom.   ☐   ☐
e) Lisa aspetta il tram e legge il giornale.
   Lisa wartet auf den Bus und liest die Zeitung.   ☐   ☐

15 Infinite Verbformen

b) Das *gerundio* zur Verknüpfung von Haupt- und Nebensatz

Das *gerundio* kann auch einen Hauptsatz mit einem Nebensatz verbinden. Dabei kann das *gerundio* nur dazu verwendet werden, um den Nebensatz (nicht den Hauptsatz!) zu verkürzen. Folgende Nebensätze können verkürzt werden:

Temporalsätze (im Deutschen eingeleitet u. a. durch „jedes Mal wenn", „indem", „als", oder „während")	Ogni volta che Anna andava a scuola, passava sempre da me. = **Andando** a scuola, Anna passava sempre da me. Jedes Mal wenn Anna zur Schule ging, kam sie bei mir vorbei. Ieri quando Anna è andata a scuola, è passata da me. = Ieri **andando** a scuola, Anna è passata da me. Gestern, als Anna zur Schule ging, ist sie bei mir vorbeigekommen.
Kausalsätze (im Deutschen eingeleitet u. a. durch „da" oder „weil")	Poiché Anna andava a scuola tutto il giorno, non poteva giocare. = **Andando** a scuola tutto il giorno, Anna non poteva giocare. Da Anna den ganzen Tag in der Schule war, konnte sie nicht spielen. Domani Anna non potrà giocare perché andrà a scuola tutto il giorno. = **Andando** a scuola tutto il giorno, Anna domani non potrà giocare. Da Anna morgen den ganzen Tag in der Schule sein wird, wird sie nicht spielen können.
Konditionalsätze (im Deutschen eingeleitet u. a. durch: „wenn" oder „falls")	Se Anna andrà a scuola in autobus, arriverrà puntuale. = **Andando** a scuola in autobus, Anna arriverrà puntuale. Wenn Anna mit dem Bus in die Schule fahren wird, wird sie pünktlich ankommen. Se Anna andasse a scuola, imparerebbe molte cose. = **Andando** a scuola, Anna imparerebbe molte cose. Wenn Anna in die Schule gehen würde, würde sie viele Dinge lernen.
Konzessivsätze (im Deutschen eingeleitet z. B. durch „auch wenn", „obwohl" oder „obgleich", im Italienischen durch pur (auch) + *gerundio*)	Anche se Anna andrà a scuola in autobus, non arriverà puntuale. = **Pur andando** a scuola in autobus, Anna non arriverà puntuale. Auch wenn Anna mit dem Bus in die Schule fahren wird, wird sie nicht pünktlich ankommen. Benché Anna vada a scuola in autobus, non arriva mai puntuale. = **Pur andando** a scuola in autobus, Anna non arriva mai puntuale. Obwohl Anna mit dem Bus in die Schule fährt, kommt sie nie pünktlich an.

Infinite Verbformen 15

Beachten Sie
a) Ein Nebensatz mit modaler Funktion, der im Deutschen durch „indem" bzw. „dadurch" verbunden wird, kann im Italienischen nur durch eine Konstruktion mit *gerundio* wiedergegeben werden.
Andando a scuola, Anna imparava molte cose.
Indem Anna in die Schule ging, lernte sie viele Dinge.
Andando a scuola Anna è riuscita a fare il diploma. Dadurch, dass Anna in die Schule gegangen ist, hat sie es geschafft, einen Abschluss zu machen.
b) Es gibt Fälle, in denen es nicht eindeutig ist, welche Funktion das *gerundio* übernimmt. Erst der Zusammenhang macht dies deutlich. So kann z. B. „Mangiando molto sto male." folgende Funktionen und Bedeutungen haben:
konditional: Se mangio molto sto male.
Wenn / Falls ich viel esse, geht es mir schlecht.
temporal: Quando mangio molto sto male.
Wenn / Jedes Mal wenn ich viel esse, geht es mir schlecht.
kausal: Poiché mangio molto sto male.
Da ich viel esse, geht es mir schlecht.

Test 4

Stellen Sie fest, ob die folgenden Sätze durch eine Konstruktion mit *gerundio* verknüpft werden können und kreuzen Sie entsprechend an.

	ja	nein
a) Gina non viene perché non ha tempo. Gina kommt nicht, weil sie keine Zeit hat.	☐	☐
b) Mentre Giovanni legge, io cucino. Während Giovanni liest, koche ich.	☐	☐
c) Poiché Giorgio aveva fame, Carla ha fatto la pizza. Da Giorgio Hunger hatte, hat Carla eine Pizza gemacht.	☐	☐
d) Se tu guidassi con prudenza, rischieresti di meno. Wenn du vorsichtig fahren würdest, würdest du weniger riskieren.	☐	☐
e) Se tu guidassi con prudenza, io sarei più tranquilla. Wenn du vorsichtig fahren würdest, wäre ich ruhiger.	☐	☐
f) Mentre tornavo a casa, ho incontrato Giulia. Während ich nach Hause ging, traf ich Giulia.	☐	☐
g) Quando sono ritornato a casa, i miei genitori dormivano già. Als ich nach Hause kam, schliefen meine Eltern bereits.	☐	☐
h) Mentre ritornavo a casa dormivo già in piedi. Als ich nach Hause zurückkam, schlief ich bereits im Stehen.	☐	☐
i) Quando le ragazze passavano davanti al bar, Berto le guardava. Als die Mädchen an der Bar vorbeikamen, schaute Berto ihnen nach.	☐	☐
l) Quando passava davanti al bar, Berto salutava il cameriere. Wenn Berto an der Bar vorbeiging, grüßte er den Kellner.	☐	☐

Infinite Verbformen

3.1.5 Stare + *gerundio presente*

Die Form stare + *gerundio presente* kann innerhalb eines Haupt- oder Nebensatzes als Verlaufsform verwendet werden. Dadurch wird besonders betont, dass sich eine Handlung gerade vollzieht.

Nino **sta leggendo**, lascialo in pace! Nino liest gerade, lass ihn in Ruhe!
Quando Carlo ha telefonato, Lea si **stava riposando**.
Als Carlo angerufen hat, ruhte sich Lea gerade aus.
Non ho sentito il telefono perché **stavo ascoltando** la radio.
Ich habe das Telefon nicht gehört, weil ich gerade Radio gehört habe.

Beachten Sie
a) In den Verbindungen mit stare + *gerundio presente* können die Pronomen sowohl vor der konjugierten Form von stare stehen als auch nach dem *gerundio*.
Lea **si stava riposando**. = Lea **stava riposandosi**.
Lea hat sich gerade ausgeruht.
b) Die Anwendung von stare + *gerundio presente* ist nur mit den einfachen Zeiten von stare möglich.
c) Andare kann stare in einer Verbindung + *gerundio presente* ersetzen. Diese Wendung wird in der Regel in der Schriftsprache gebraucht und bezieht sich nur auf Sachen oder Sachverhalte.
I prezzi **vanno aumentando**. Die Preise steigen ständig.

Test 5
Gerundio oder stare + *gerundio*? Markieren Sie die richtige Lösung.
a) Claudio ha visto Giuseppina (aspettando / stava aspettando) l'autobus.
Claudio hat Giuseppina gesehen, als er auf den Bus gewartet hat.
b) Claudio ha visto Giuseppina che (stava aspettando / aspettando) l'autobus. Claudio hat Giuseppina gesehen, als sie gerade auf den Bus wartete.
c) Non ho sentito il telefono perché (facendo / stavo facendo) la doccia.
Ich habe das Telefon nicht gehört, weil ich gerade geduscht habe.
d) Marisa era a casa e (preparando / stava preparando) le valige, quando è arrivato Zeno. Marisa war zu Hause und packte gerade, als Zeno kam.
e) (Preparando / Stavo preparando) le valige in una borsa ho trovato una vecchia foto.
Als ich packte, habe ich in einer Tasche ein altes Foto gefunden.

3.1.6 Besonderheiten im Gebrauch
a) Ein Fall, in dem keine Subjektgleichheit gegeben ist und dennoch ein *gerundio* verwendet werden kann, findet sich bei unpersönlichen Ausdrücken.
Essendo ancora presto, aspetto qui. Da es noch früh ist, warte ich hier.

Infinite Verbformen

b) Vereinzelt und eher in der geschriebenen Sprache kann ein *gerundio* mit eigenem Subjekt auftreten. Dies ist nur dann der Fall, wenn in den Sätzen verschiedene Subjekte sind.
Essendoci i ragazzi, non ho avuto il tempo di telefonarti.
Da die Kinder da waren, habe ich keine Zeit gehabt, dich anzurufen.

3.2 Das *gerundio passato*

3.2.1 Formen
Das *gerundio passato* ist eine zusammengesetzte Zeit und besteht aus zwei Teilen:
– dem *gerundio presente* der Hilfsverben avere (haben) oder essere (sein) und
– dem Partizip Perfekt des entsprechenden Verbs.

Auf Entdeckung
Versuchen Sie, die entsprechenden Formen des *gerundio presente* von essere bzw. avere einzusetzen. Sie erhalten so einen Überblick über die Formen des *gerundio passato*.

arriv-**a**re ankommen   dov-**e**re müssen   fin-**i**re (be)enden
_____ arrivato   _____ dovuto   _____ finito

Beachten Sie
Wie beim *passato prossimo* werden auch beim *gerundio passato* die Formen, die mit essere gebildet werden, angeglichen.
Essendo arriv**a**ta tardi, Francesca andò subito a letto.
Da Francesca spät angekommen war, ging sie sofort ins Bett.

3.2.2 Gebrauch
Auch das *gerundio passato* dient dazu, Sätze miteinander zu verknüpfen. Für die Verwendung des *gerundio passato* müssen folgende Voraussetzungen erfüllt sein:
– das Subjekt der beiden Sätze muss identisch sein.
– die Handlung im Hauptsatz liegt zeitlich nach der Handlung im Nebensatz.
   Avendo finito il lavoro, ci sentiamo meglio.
   Da wir die Arbeit beendet haben, fühlen wir uns besser.

Beachten Sie
In diesen Fällen kann das *gerundio passato* auch durch eine Partizipialkonstruktion ersetzt werden.
Finito il lavoro ci sentiamo meglio.
Da wir die Arbeit beendet haben, fühlen wir uns besser.

15 Infinite Verbformen

 Test 6

Setzen Sie die entsprechenden Formen des *gerundio passato* ein.
Beispiel: Avevo concluso un buon affare ed ero di buon umore.
Ich hatte ein gutes Geschäft gemacht und war guter Laune.
→ Avendo concluso un buon affare ero di buon umore.

a) Se avessi saputo che arrivavi, sarei venuto alla stazione.
   Wenn ich gewusst hätte, dass du kämest, wäre ich zum Bahnhof gekommen.
   → ____ ____ che arrivavi, sarei venuto alla stazione.

b) Se Alice fosse partita prima, sarebbe riuscita a prendere l'aereo. Wenn Alice früher abgefahren wäre, hätte sie das Flugzeug noch bekommen.
   → ____ ____ prima, Alice sarebbe riuscita a prendere l'aereo.

c) Quando avevo ricevuto notizie di Alessio, telefonavo subito a Andrea.
   Jedes Mal wenn ich Nachrichten von Alessio erhalten hatte, rief ich sofort Andrea an.
   → ____ ____ notizie di Alessio, telefonavo subito a Andrea.

d) Siccome ero stato dal medico, mi sentivo più tranquillo.
   Da ich beim Arzt gewesen war, fühlte ich mich beruhigt.
   → ____ ____ dal medico, mi sentivo più tranquillo.

e) Poiché abbiamo superato gli esami, vorremmo fare una festa.
   Da wir die Prüfung bestanden haben, möchten wir ein Fest machen.
   → ____ ____ gli esami, vorremmo fare una festa.

Auf den Punkt gebracht

Nun können Sie wieder überprüfen, ob Sie die wichtigsten Regeln in diesem Kapitel behalten haben. Füllen Sie die Lücken in den folgenden Kontrollaufgaben aus oder markieren Sie die richtige(n) Möglichkeit(en).

1. (➡ *3.1.1*)
Die regelmäßigen Formen des *gerundio presente* lauten:
arriv-**are** ankommen   dov-**ere** müssen   fin-**ire** (be)enden
arriv-_____   dov-_____   fin-_____

2. (➡ *3.1.1*)
Die folgenden unregelmäßigen Formen des *gerundio presente* lauten:
dire sagen   fare machen   bere trinken
_____   _____   _____

tradurre übersetzen   porre setzen, stellen, legen
_____   _____

Infinite Verbformen 15

3. (➞ 3.1.2)

	ja	nein
a) Das *gerundio* ist eine infinite Form, für die das Deutsche eine Entsprechung kennt.	☐	☐
b) Das *gerundio* ist eine infinite Form, für die das Deutsche keine Entsprechung kennt.	☐	☐
c) Das *gerundio* dient dazu, ausschließlich zwei Hauptsätze in verkürzter Form miteinander zu verbinden.	☐	☐
d) Das *gerundio* dient dazu, nur einen Hauptsatz und einen Nebensatz in verkürzter Form miteinander zu verbinden.	☐	☐
e) Das *gerundio* dient dazu, zwei Hauptsätze oder einen Hauptsatz und einen Nebensatz in verkürzter Form miteinander zu verbinden.	☐	☐

4. (➞ 3.1.2)
Für Konstruktionen mit dem *gerundio presente* müssen folgende Voraussetzungen erfüllt sein:
a) das Subjekt der beiden Sätze (muss identisch sein / darf nicht identisch sein).
b) die Handlungen in den beiden Sätzen müssen sich auf (der gleichen Zeitstufe / zwei verschiedenen Zeitstufen) befinden.

5. (➞ 3.1.4)
a) Das *gerundio* kann verwendet werden, um zwei Hauptsätze miteinander zu verbinden, wenn das Verhältnis zwischen den beiden Sätzen ein (temporales / modales / kausales / konditionales / konzessives) ist.
b) Das *gerundio* kann auch einen Hauptsatz mit einem Nebensatz verbinden, wenn das Verhältnis zwischen den beiden Sätzen ein (temporales / modales / kausales / konditionales / konzessives) ist.

6. (➞ 3.1.5)
a) Die Konstruktion stare + *gerundio* drückt (eine gerade im Verlauf befindliche Handlung / eine gerade abgeschlossene Handlung) aus.
b) Sie ist nur mit den (zusammengesetzten / einfachen) Zeiten von stare möglich.

7. (➞ 3.2)
Die Formen des *gerundio passato* lauten:
arriv-are ankommen   dov-ere müssen   fin-ire (be)enden

_____   _____   _____

Auf den Punkt gebracht **311**

Infinite Verbformen

8. (⟹ *3.2.2*)
a) Das *gerundio passato* (verknüpft Sätze miteinander / kann nur sehr selten Sätze miteinander verknüpfen).
b) Das Subjekt der beiden Sätze (muss identisch sein / darf nicht identisch sein).
c) Die Handlungen in den beiden Sätzen müssen sich auf (der gleichen Zeitstufe / zwei verschiedenen Zeitstufen) befinden.
d) Die Handlung im Hauptsatz liegt zeitlich (vor / nach) der Handlung im Nebensatz.

Gebrauch der Zeiten und Modi 16

Was Sie vorab wissen sollten

Haupt- und Nebensatz stehen in einem engen Verhältnis zueinander, was sowohl die Wahl der Zeiten als auch die Wahl der Modi im Nebensatz (Indikativ oder *congiuntivo*) beeinflusst. (➡ Kap. 12, 1.2)

1 Kriterien zur Auswahl der Zeiten und Modi im Nebensatz

Welche Modi und welche Zeiten im Nebensatz stehen, hängt im Italienischen von folgenden drei Faktoren ab:
1) ob im Hauptsatz Auslöser für den Indikativ oder für den *congiuntivo* stehen.
2) von der Zeit des Verbs im Hauptsatz.
3) vom Zeitverhältnis zwischen Haupt- und Nebensatz.

1.1 Wahl des Modus im Nebensatz

Wie Sie wissen, gibt es Nebensätze, in denen der Indikativ steht, und Nebensätze, die den *congiuntivo* erfordern. Im Kapitel 12 haben Sie Konjunktivauslöser kennen gelernt. Diese zu (er)kennen, ist die Voraussetzung, um zu entscheiden, ob im Nebensatz der Indikativ oder der *congiuntivo* stehen muss.

Test 1

Stellen Sie fest, ob im Nebensatz der Indikativ oder der *congiuntivo* stehen muss und markieren Sie die richtige Lösung.

		Indikativ	*congiuntivo*
a)	Vera vede che	☐ fuori c'è il sole.	☐ fuori ci sia il sole.
	Vera sieht, dass draußen die Sonne scheint.		
b)	È importante che Marta	☐ si rilassa.	☐ si rilassi.
	Es ist wichtig, dass sich Marta entspannt.		
c)	Marina sperava che al mare	☐ faceva bel tempo.	☐ facesse bel tempo.
	Marina hoffte, dass es am Meer schönes Wetter gäbe.		
d)	Gianni sapeva che la storia	☐ non era vera.	☐ non fosse vera.
	Gianni wusste, dass die Geschichte nicht wahr war.		
e)	Carlotta ha l'impressione che	☐ Tullio non la ama.	☐ Tullio non la ami.
	Carlotta hat den Eindruck, dass Tullio sie nicht liebt.		
f)	Bianca non vede l'ora che	☐ finisce la lezione.	☐ finisca la lezione.
	Bianca kann es kaum erwarten, dass der Unterricht zu Ende ist.		

16 Gebrauch der Zeiten und Modi

1.2 Wahl der Zeiten im Nebensatz

Die Wahl der Zeiten im Nebensatz ist abhängig von der Zeit im Hauptsatz und vom Zeitverhältnis zwischen Haupt- und Nebensatz.

1.2.1 Zeit des Verbs im Hauptsatz

Für das Zeitverhältnis zwischen Haupt- und Nebensatz ist die Zeit im Hauptsatz ausschlaggebend. Man unterscheidet zwischen
– Zeiten der **Gegenwartsgruppe** (wie: Präsens, Futur I oder Futur II) und
– Zeiten der **Vergangenheitsgruppe** (wie: *imperfetto, passato prossimo, trapassato prossimo.*)

Beachten Sie
Imperfetto und *passato prossimo* im Hauptsatz können als Zeiten der Gegenwartsgruppe angesehen werden, wenn sie eine unmittelbare Vergangenheit ausdrücken, die in die Gegenwart hineinreicht.
Ho appena saputo che Mauro è partito.
Ich habe gerade erfahren, dass Mauro abgefahren ist.

Test 2

Stellen Sie fest, ob die Zeit des Hauptsatzes (unterstrichen) zu der Gegenwarts- (G) oder Vergangenheitsgruppe (V) gehört.

		G	V
a)	So che sei partito ieri. Ich weiß, dass du gestern abgefahren bist.	☐	☐
b)	Vera da giovane diceva sempre che era contenta. Als sie jung war, sagte Vera immer, dass sie zufrieden sei.	☐	☐
c)	Valeria spera che Silva arrivi domani. Valeria hofft, dass Silva morgen ankommt.	☐	☐
d)	Carlo mi comunicherà domani se verrà. Carlo wird mir morgen mitteilen, ob er kommt.	☐	☐
e)	Avevo avuto l'impressione che tu fossi arrabbiata. Ich hatte den Eindruck, dass du verärgert wärest.	☐	☐
f)	Carlo due settimane fa mi ha detto che sarebbe venuto ieri. Carlo hat mir vor zwei Wochen gesagt, dass er gestern kommen würde.	☐	☐
g)	Pia avrà pensato che siamo un po' matti. Pia hat vermutlich gedacht, dass wir ein bisschen verrückt sind.	☐	☐
h)	Sandro vuole che io vada da lui. Sandro möchte, dass ich zu ihm gehe.	☐	☐

1.2.2 Zeitverhältnis zwischen Haupt- und Nebensatz

Zur Bestimmung des Zeitverhältnisses zwischen Haupt- und Nebensatz muss man feststellen, ob die Handlung im Nebensatz vor-, gleich- oder nachzeitig gegenüber der Handlung im Hauptsatz ist.

Gebrauch der Zeiten und Modi 16

- **Vor**zeitigkeit bedeutet, dass die Handlung im Nebensatz zeitlich **vor** der Handlung des Hauptsatzes liegt.
- **Gleich**zeitigkeit bedeutet, dass die Handlungen im Haupt- und Nebensatz auf der **gleichen** Zeitstufe liegen.
- **Nach**zeitigkeit bedeutet, dass die Handlung im Nebensatz zeitlich **nach** der Handlung des Hauptsatzes liegt.

Zeitverhältnis	Hauptsatz	Nebensatz	Zeit im Nebensatz
vorzeitig		il treno è **partito**. der Zug abgefahren ist.	Vergangenheit
gleichzeitig	Mario sa che Mario weiß, dass	il treno **parte**. der Zug abfährt.	Gegenwart
nachzeitig		il treno **partirà**. der Zug abfahren wird.	Zukunft

Test 3

Stellen Sie fest, ob die Handlung des Nebensatzes (unterstrichen) vorzeitig (v), gleichzeitig (g) oder nachzeitig (n) gegenüber der des Hauptsatzes ist.

                                                                              v g n

a) Rita sa che Vera adesso <u>abita</u> a Parma.   ☐ ☐ ☐
    Rita weiß, dass Vera jetzt in Parma wohnt.
b) Mauro vede che Sonia <u>ha</u> già <u>finito</u> il lavoro.   ☐ ☐ ☐
    Mauro sieht, dass Sonia die Arbeit schon beendet hat.
c) Zeno dice che <u>ritornerà</u> domani.   ☐ ☐ ☐
    Zeno sagt, dass er morgen zurückkommen wird.
d) Anna ieri sapeva che Marco <u>sarebbe venuto</u> oggi.   ☐ ☐ ☐
    Gestern wusste Anna, dass Marco heute kommen würde.
e) Tempo fa Lea mi diceva che alcuni mesi prima <u>era stata</u> in Giamaica. Vor einiger Zeit sagte mir Lea, dass sie einige Monate zuvor in Jamaika gewesen war.   ☐ ☐ ☐
f) Quando Claudio era giovane <u>aveva</u> molti amici.   ☐ ☐ ☐
    Als Claudio jung war, hatte er viele Freunde.

1.3 Zusammenfassung

Es gibt also drei Kriterien für die Entscheidung, welcher Modus und welche Zeit im Nebensatz stehen müssen:
1) ob im Hauptsatz ein Auslöser des Indikativs oder des *congiuntivo* steht.
2) zu welcher Zeitgruppe die Zeit im Hauptsatz gehört (Gegenwarts- oder Vergangenheitsgruppe).
3) welches Zeitverhältnis zwischen Haupt- und Nebensatz besteht (Vorzeitigkeit, Gleichzeitigkeit oder Nachzeitigkeit).

16 Gebrauch der Zeiten und Modi

Test 4

Beantworten Sie die drei folgenden Fragen und markieren Sie in der jeweiligen Spalte neben den Beispielen die richtige Lösung.
1) Welcher Modus müsste im Nebensatz stehen? Indikativ (Ind.) oder *congiuntivo* (*cong.*)?
2) Welche Zeit steht im Hauptsatz? Eine Zeit der Gegenwart (G) / Vergangenheit (V)?
3) Welches Zeitverhältnis besteht zwischen Haupt- und Nebensatz? vorzeitig (v) / gleichzeitig (g) / nachzeitig (n)?

	1) Ind. *cong.*	2) G V	3) v g n
a) Gianni pensava che Bianca la settimana prima … Gianni dachte, dass Bianca die Woche zuvor …	☐ ☐	☐ ☐	☐ ☐ ☐
b) Veronica dice che fra alcuni anni … Veronica sagt, dass sie in einigen Jahren …	☐ ☐	☐ ☐	☐ ☐ ☐
c) Sono molto felice che tu oggi … Ich bin sehr froh, dass du heute …	☐ ☐	☐ ☐	☐ ☐ ☐
d) È bello che voi ieri … Es ist schön, dass ihr gestern …	☐ ☐	☐ ☐	☐ ☐ ☐
e) So che Manuela domani … Ich weiß, dass Manuela morgen …	☐ ☐	☐ ☐	☐ ☐ ☐
f) Volevo avere una macchina che in futuro … Ich wollte ein Auto haben, das in der Zukunft …	☐ ☐	☐ ☐	☐ ☐ ☐

1.4 Zeiten und Zeitangaben

Auch das Italienische kennt eine Reihe von Zeitangaben, deren Verwendung davon abhängt, ob die Perspektive des Sprechers in der Gegenwart oder in der Vergangenheit liegt.

Die Perspektive des Sprechers liegt in der Gegenwart.	Die Perspektive des Sprechers liegt in der Vergangenheit.
ora jetzt / in questo momento in diesem Moment	in quel[1] momento zu dem Zeitpunkt
adesso jetzt	allora damals
oggi heute	quel giorno an diesem / jenem Tag
quest'anno dieses Jahr	quell'anno in jenem / diesem / dem Jahr

[1] Für die Verwendung von questo und quello ➠ Kap. 6, 3.

Gebrauch der Zeiten und Modi 16

ieri gestern	il giorno prima am Tag zuvor
l'altro ieri vorgestern	due giorni prima zwei Tage vorher
dieci giorni fa vor zehn Tagen	dieci giorni prima zehn Tage vorher
l'altra settimana vorige Woche	la settimana prima die Woche zuvor
l'anno scorso / lo scorso anno voriges Jahr	l'anno prima / precedente das Jahr zuvor
due anni fa vor zwei Jahren	due anni prima zwei Jahre vorher
domani morgen	il giorno dopo / l'indomani am Tag danach / darauf
dopodomani übermorgen	due giorni dopo / più tardi zwei Tage darauf
fra dieci mesi in zehn Monaten	dieci mesi dopo / più tardi zehn Monate später
l'anno prossimo nächstes Jahr	l'anno dopo / seguente das Jahr danach
fra due anni in zwei Jahren	due anni dopo / più tardi nach zwei Jahren

Beispiele

Bruno sa che Bianca **oggi** è andata al mare. Bruno weiß, dass Bianca heute ans Meer gefahren ist.	Bruno sapeva che Bianca **quel giorno** era andata al mare. Bruno wusste, dass Bianca an jenem Tag ans Meer gefahren war.
Nico dice che **domani** andrà al cinema. Nico sagt, dass er morgen ins Kino gehen wird.	Nico aveva detto che **il giorno dopo** sarebbe andato al cinema. Nico hatte gesagt, dass er am nächsten Tag ins Kino gehen würde.

Test 5

Setzen Sie die entsprechenden Zeitangaben ein.

Die Perspektive des Sprechers liegt in der Gegenwart	Die Perspektive des Sprechers liegt in der Vergangenheit
a) Nino ha chiamato e si è scusato perché <u>ieri</u> non è venuto. Ha detto che verrà <u>domani</u>. Heute hat Nino angerufen und sich entschuldigt, dass er gestern nicht gekommen ist. Er hat gesagt, dass er morgen kommen wird.	Nino chiamò e si scusò perché il giorno ____ non era venuto. Disse che sarebbe venuto il giorno ____. Nino rief an und entschuldigte sich, dass er am Tag zuvor nicht gekommen war. Er sagte, dass er am nächsten Tag kommen würde.

1 Kriterien zur Auswahl der Zeiten und Modi im Nebensatz

16 Gebrauch der Zeiten und Modi

Die Perspektive des Sprechers liegt in der Gegenwart	Die Perspektive des Sprechers liegt in der Vergangenheit
b) <u>Oggi</u> Aldo non può aiutarti, ma vuole venire <u>fra una settimana</u>. Heute kann Aldo dir nicht helfen, aber er will in einer Woche kommen.	____ giorno Aldo non poteva aiutarti, ma voleva venire una settimana ____. An diesem / jenem Tag konnte Aldo dir nicht helfen, aber er wollte eine Woche später kommen.
c) <u>La settimana scorsa</u> ho telefonato a Giulio. Vorige Woche habe ich Giulio angerufen.	La settimana ____ avevo telefonato a Giulio. Eine Woche zuvor hatte ich Giulio angerufen.
d) Alice dice che <u>fra due giorni</u> partirà per l'Italia. Alice sagt, dass sie in zwei Tagen nach Italien fahren wird.	Alice disse che due giorni ____ sarebbe partita per l'Italia. Alice sagte, dass sie in zwei Tagen nach Italien fahren würde.
e) Marcello spera che suo figlio <u>quest'anno</u> vada in Francia. Marcello hofft, dass sein Sohn dieses Jahr nach Frankreich fahren wird.	Nel 2001 Marcello sperava che suo figlio ____ anno sarebbe andato in Francia. 2001 hoffte Marcello, dass sein Sohn in diesem / jenem Jahr nach Frankreich fahren würde.

TIPP

Die Kriterien unter Kap. 16, 1.1–1.2 sind relevant für den Einsatz der Zeiten und Modi. In den folgenden Abschnitten geben wir mit Hilfe dieser Kriterien einen Überblick über die Verwendung
- des Indikativs (➟ Kap. 16, 2) und des *congiuntivo* (➟ Kap. 16, 3) im Nebensatz,
- der Zeiten und Modi in der indirekten Rede (➟ Kap. 16, 2.2),
- der Zeiten und Modi in der irrealen Bedingung (irrealen Hypothese) (➟ Kap. 16, 4).

Gebrauch der Zeiten und Modi 16

2 Zeitenfolge beim Indikativ im Nebensatz

2.1 Der Indikativ im Nebensatz

Wenn fest steht, dass im Nebensatz der Indikativ zu verwenden ist, ist die nächste Frage, welche Zeiten des Indikativs im Nebensatz stehen müssen. Die Zeitauswahl richtet sich nach den Kriterien, die Sie in den Abschnitten 1.1 und 1.2 kennen gelernt haben und die miteinander gekoppelt werden müssen (➡ Kap. 16, 1.3).

2.1.1 Zeitenfolge bei Zeiten der Gegenwartsgruppe im Hauptsatz

Steht im Hauptsatz eine Zeit der Gegenwartsgruppe, so können im Nebensatz, je nach Zeitverhältnis, die folgenden Zeiten verwendet werden:

	Lea ieri **è andata** a Bari. Lea gestern nach Bari gefahren ist.	Vorzeitigkeit
Gina sa che Gina weiß, dass	Lea oggi **va** a Bari. Lea heute nach Bari fährt.	Gleichzeitigkeit
	Lea domani **andrà** a Bari. Lea morgen nach Bari fahren wird.	Nachzeitigkeit

Für die Verwendung der Zeiten im Nebensatz – nach einer Zeit der Gegenwartsgruppe – ergibt sich also folgendes Schema:

im Hauptsatz	im Nebensatz	Zeitverhältnis
Zeiten der Gegenwartsgruppe	*imperfetto – passato prossimo* Präsens Futur I / Präsens	Vorzeitigkeit Gleichzeitigkeit Nachzeitigkeit

Beachten Sie
a) *Imperfetto* und *passato prossimo* im Hauptsatz können als Zeiten der Gegenwartsgruppe angesehen werden, wenn sie eine unmittelbare Vergangenheit ausdrücken, die in die Gegenwart hineinreicht (➡ Kap. 16, 1.2.1).
Ho appena saputo che Mauro è partito.
Ich habe gerade erfahren, dass Mauro abgefahren ist.
b) Für den Ausdruck der Vorzeitigkeit im Nebensatz gelten weiterhin die Regeln der Verwendung des Zeitsystems *imperfetto – passato prossimo* (➡ Kap. 11, 3.3).
So che quando **era** giovane Paola **studiava** il tedesco e nel 1998 **è andata** a Berlino per due mesi. Ich weiß, dass Paola, als sie jung war, Deutsch lernte und 1998 für zwei Monate nach Berlin ging.
c) Das Futur I kann durch das Präsens Indikativ ersetzt werden, wenn aus dem Zusammenhang deutlich wird, dass es sich um Vorgänge handelt, die sich in der Zukunft abspielen.

16 Gebrauch der Zeiten und Modi

 Test 6
Markieren Sie die richtige Möglichkeit.
a) So che Gianni ieri (va / è andato / andrà) al lavoro.
   Ich weiß, dass Gianni gestern zur Arbeit gegangen ist.
b) Bruno vede che Marina oggi (sta / stava / starà) meglio.
   Bruno sieht, dass es Marina heute besser geht.
c) È certo che dopodomani i ragazzi non (avranno avuto / hanno avuto / avranno) scuola.
   Es ist sicher, dass die Kinder übermorgen schulfrei haben werden.
d) Carla sente che Francesco in questo momento (pensa / pensava / penserà) a lei. Carla fühlt, dass Francesco in diesem Moment an sie denkt.
e) Siamo sicuri che il signor Rossi (arriverà / arrivava / è arrivato) lunedì prossimo. Wir sind sicher, dass Herr Rossi nächsten Montag kommen wird.
f) Ho saputo che Beatrice (è arrivata / arriverà / arriva) ieri.
   Ich habe erfahren, dass Beatrice gestern angekommen ist.

2.1.2 Zeitenfolge bei Zeiten der Vergangenheitsgruppe im Hauptsatz

Steht im Hauptsatz eine Zeit der Vergangenheitsgruppe, kommen im Nebensatz je nach Zeitverhältnis die folgenden Zeiten vor:

	Lea il giorno prima **era andata** a Bari. Lea am Tag zuvor nach Bari gefahren war.	Vorzeitigkeit
Gina sapeva che Gina wusste, dass	Lea quel giorno **andava** a Bari. Lea an diesem Tag nach Bari fuhr.	Gleichzeitigkeit
	Lea il giorno dopo **sarebbe andata** a Bari. Lea am Tag darauf nach Bari fahren würde.	Nachzeitigkeit

Für die Verwendung der Zeiten im Nebensatz – nach einer Zeit der Vergangenheitsgruppe – ergibt sich also folgendes Schema:

Hauptsatz	im Nebensatz	Zeitverhältnis
Zeiten der Vergangenheitsgruppe	*trapassato prossimo* *imperfetto* *condizionale II / imperfetto*	Vorzeitigkeit Gleichzeitigkeit Nachzeitigkeit

Beachten Sie
Das *condizionale II* kann durch das *imperfetto* ersetzt werden, wenn aus dem Zusammenhang deutlich wird, dass es sich um Vorgänge handelt, die sich in der Zukunft abspielen.

Gebrauch der Zeiten und Modi 16

Test 7
Markieren Sie die richtige Möglichkeit.
a) Sapevo che Gianni il giorno prima (va / era andato / sarebbe andato) al lavoro. Ich wusste, dass Gianni am Tag davor zur Arbeit gegangen war.
b) Bruno vide che Marina quel giorno (stava / sta / starà) meglio.
   Bruno sah, dass es Marina an jenem Tag besser ging.
c) Eravamo sicuri che il signor Rossi (arriva / era arrivato / sarebbe arrivato) il giorno dopo.
   Wir waren sicher, dass Herr Rossi am Tag darauf ankommen würde.
d) Avevo saputo che Fabio (è arrivato / era arrivato / sarebbe arrivato) il giorno prima, che (sta / stava / sarebbe stato) bene e che (resterà / sarebbe restato / era restato) fino al giorno dopo.
   Ich hatte erfahren, dass Fabio am Tag davor angekommen war, dass es ihm gut ging und dass er bis zum nächsten Tag bleiben würde.

2.2 Verwendung der Zeiten und der Modi in der indirekten Rede

Was Sie vorab wissen sollten
a) In der indirekten Rede steht im Italienischen gewöhnlich der Indikativ.
b) Die Wahl der Zeiten in der indirekten Rede ist abhängig von der Zeit im Hauptsatz und vom Zeitverhältnis zwischen Haupt- und Nebensatz. Auch für die indirekte Rede gelten die Kriterien, die Sie im Abschnitt 2.1 kennen gelernt haben.

2.2.1 Zeitenfolge in der indirekten Rede bei Zeiten der Gegenwartsgruppe im Hauptsatz

Auf Entdeckung
a) Sie kennen die Verwendung der Indikativzeiten im Nebensatz (➡ Kap. 16, 2.1.1). Vervollständigen Sie die folgende Tabelle mit den entsprechenden Formen. Sie erhalten so einen Überblick über die Verwendung der Zeiten in der indirekten Rede nach einer Zeit der Gegenwartsgruppe.

	a) Lea ieri (andare) _____ a Bari. Lea gestern nach Bari gefahren ist.	Vorzeitigkeit
Gina dice che Gina sagt, dass	b) Lea oggi (andare) _____ a Bari. Lea heute nach Bari fährt.	Gleichzeitigkeit
	c) Lea domani (andare) _____ a Bari. Lea morgen nach Bari fahren wird	Nachzeitigkeit

16 Gebrauch der Zeiten und Modi

b) Für die Verwendung der Zeiten im Nebensatz – nach einer Zeit der Gegenwartsgruppe – ergibt sich also folgendes Schema, wenn Sie die fehlenden Zeiten eintragen:

Zeiten im Hauptsatz	Zeiten im Nebensatz	Zeitverhältnis
Zeiten der Gegenwartsgruppe	a) _____ b) _____ c) _____	Vorzeitigkeit Gleichzeitigkeit Nachzeitigkeit

Beachten Sie
a) Auch für die Zeiten der indirekten Rede gilt: *imperfetto* und *passato prossimo* im Hauptsatz können als Zeiten der Gegenwartsgruppe angesehen werden, wenn sie eine unmittelbare Vergangenheit ausdrücken, die in die Gegenwart hineinreicht.
   Carlo mi ha (appena) detto che Mauro è partito.
   Carlo hat mir gerade gesagt, dass Mauro abgefahren ist.
b) Für die indirekte Frage gilt dieselbe Zeitenfolge wie für die indirekte Rede.
   Carlo mi ha appena domandato se Teo è partito.
   Carlo hat mich gerade gefragt, ob Teo abgefahren ist.
c) Für den Ausdruck der Vorzeitigkeit im Nebensatz gelten weiterhin die Regeln der Verwendung des Zeitsystems *imperfetto* – *passato prossimo* (➟ Kap. 11, 3.3).
   Nina racconta che da giovane **studiava** il tedesco e che nel 1988 **è andata a Berlino per due mesi.** Nina erzählt, dass sie als junges Mädchen Deutsch lernte und 1988 für zwei Monate nach Berlin gegangen ist.
d) Einen weiteren Überblick über die Verwendung der indirekten Rede bzw. der indirekten Frage bekommen Sie in Kap. 23, 2.4.

Test 8
Markieren Sie die richtige Möglichkeit.
a) Gianni mi dice che Daria ieri (è andata / andrà) in città.
   Gianni sagt mir, dass Daria gestern in die Stadt gefahren ist.
b) Vito ci ha scritto che la zia in questi giorni (sta / starà) bene.
   Vito hat uns geschrieben, dass es der Tante in diesen Tagen gut geht.
c) A Serena hanno comunicato che il prossimo giovedì i ragazzi non (hanno avuto / avranno) scuola. Serena ist mitgeteilt worden, dass die Kinder am nächsten Donnerstag keine Schule haben (werden).
d) Carla scrive a Francesco che in questo momento (pensa / pensava) a lui.
   Carla schreibt Francesco, dass sie in diesem Moment an ihn denkt.

Gebrauch der Zeiten und Modi 16

e) La segretaria ha risposto che il signor Celentano (arriverà / è arrivato) dopodomani. Die Sekretärin hat geantwortet, dass Herr Celentano übermorgen ankommen wird.
f) Sara mi ha domandato se Pippo (è andato / andrà) in ufficio la prossima settimana. Sara hat mich gefragt, ob Pippo nächste Woche ins Büro gehen wird.

2.2.2 Zeitenfolge in der indirekten Rede bei Zeiten der Vergangenheitsgruppe im Hauptsatz

Auf Entdeckung

a) Sie kennen die Verwendung der Indikativzeiten im Nebensatz (➡ Kap. 16, 2.1). Vervollständigen Sie die folgende Tabelle mit den entsprechenden Formen. Sie erhalten so einen Überblick über die Verwendung der Zeiten in der indirekten Rede nach einer Zeit der Vergangenheitsgruppe.

Gina disse che Gina sagte, dass	a) Lea il giorno prima (andare) _____ a Bari. Lea am Tag davor nach Bari gefahren wäre.	Vorzeitigkeit
	b) Lea quel giorno (andare) _____ a Bari. Lea an diesem / jenem Tag nach Bari führe.	Gleichzeitigkeit
	c) Lea il giorno dopo (andare) _____ a Bari. Lea am Tag darauf nach Bari fahren würde.	Nachzeitigkeit

b) Für die Verwendung der Zeiten im Nebensatz – nach einer Zeit der Vergangenheitsgruppe – ergibt sich also folgendes Schema, wenn Sie die fehlenden Zeiten eintragen:

Zeiten im Hauptsatz	Zeiten im Nebensatz	Zeitverhältnis
Zeiten der Vergangenheitsgruppe	a) _____	Vorzeitigkeit
	b) _____	Gleichzeitigkeit
	c) _____	Nachzeitigkeit

Beachten Sie

In der indirekten Rede kann statt des *condizionale II* auch das *imperfetto* als Ausdruck des Futurs in der Vergangenheit verwendet werden.
Leo disse che partiva il giorno dopo.
Leo sagte, er würde am nächsten Tag abfahren.

16 Gebrauch der Zeiten und Modi

Test 9

a) Gianni mi disse che Daria il giorno prima (era andata / andrà) al lavoro.
Gianni sagte mir, dass Daria am Tag davor zur Arbeit gegangen war.
b) Vito ci comunicò che Marina quel giorno (era / è) a Roma.
Vito teilte uns mit, dass Marina an jenem Tag in Rom war.
c) A Luisa dissero che i ragazzi (stavano / staranno) bene.
Luisa wurde gesagt, dass es den Kindern gut ging.
d) Carla aveva scritto a Franco che in quel momento (pensa / pensava) a lui.
Carla schrieb Franco, dass sie in dem Moment an ihn dachte.
e) La segretaria rispose che il signor Rossi (arriverà / sarebbe arrivato) l'indomani.
Die Sekretärin antwortete, dass Herr Rossi am Tag danach kommen würde.
f) Eva mi telefonò dicendomi che Fabio (era arrivato / sarebbe arrivato) il giorno prima e che (resterà / sarebbe restato) fino all' indomani.
Eva rief mich an und sagte mir, dass Fabio am Tag zuvor angekommen sei, und dass er bis zum nächsten Tag bliebe.

3 Zeitenfolge beim *congiuntivo* im Nebensatz

Wenn fest steht, dass im Nebensatz der *congiuntivo* zu verwenden ist, ist die nächste Frage, welche Zeiten des *congiuntivo* im Nebensatz stehen müssen. Die Zeitauswahl richtet sich nach den Kriterien, die Sie im Abschnitt 1.1 und 1.2 kennen gelernt haben und die miteinander gekoppelt werden müssen (➡ Kap. 16, 1.3).

3.1 Zeitenfolge bei Zeiten der Gegenwartsgruppe im Hauptsatz

	ieri Lea **sia andata** a Bari. Lea gestern nach Bari gefahren ist.	Vorzeitigkeit
Gina **spera** che Gina hofft, dass	oggi Lea **vada** a Bari. Lea heute nach Bari fährt.	Gleichzeitigkeit
	domani Lea **andrà** a Bari. Lea morgen nach Bari fahren wird.	Nachzeitigkeit

Gebrauch der Zeiten und Modi 16

Für die Verwendung der Zeiten im Nebensatz – nach einer Zeit der Gegenwartsgruppe – ergibt sich also folgendes Schema:

Zeiten im Hauptsatz	Zeiten im Nebensatz	Zeitverhältnis
Zeiten der Gegenwartsgruppe	*congiuntivo imperfetto* – *congiuntivo passato*	Vorzeitigkeit
	congiuntivo presente	Gleichzeitigkeit
	Futur I / *congiuntivo presente*	Nachzeitigkeit

Beachten Sie
Für den Ausdruck der Vorzeitigkeit im Nebensatz kann man durch den *congiuntivo imperfetto* auf die Frage „was war?" antworten, während man durch den *congiuntivo passato* auf die Frage „was geschah?" antwortet.
Credo che da giovane Paola **studiasse** / **abbia studiato** il tedesco e che nel 1988 **sia andata** a Berlino per due mesi. Ich glaube, dass Paola als junges Mädchen Deutsch lernte und 1988 für zwei Monate nach Berlin gegangen ist.

Test 10
Markieren Sie die richtige Lösung.
a) Bruno spera che Marina oggi (stia / è stata) meglio.
   Bruno hofft, dass es Marina heute besser geht.
b) Non so se Leo ieri (sia andato / vada) al lavoro.
   Ich weiß nicht, ob Leo gestern zur Arbeit gegangen ist.
c) Basta che Frida mi (telefoni / ha telefonato) domani.
   Es genügt, dass Frida mich morgen anruft.
d) Ti voglio parlare prima che tu (parta / partivi).
   Ich möchte mit dir sprechen, bevor du fährst.
e) Voglio una casa che (sia / sia stata) luminosa.
   Ich will ein Haus, das hell sein soll.
f) Eva crede che Fabio (arriverà / sia arrivato) ieri, che adesso (sta /stia) bene e che (resterà / sia restato) fino a domani. Eva glaubt, dass Fabio gestern angekommen ist, dass es ihm gut geht und dass er bis morgen bleiben wird.
g) Bisogna che voi (mandiate / avete mandato) il fax subito.
   Es ist nötig, dass ihr das Fax sofort schickt.
h) Credo che da ragazza Bianca (avesse / abbia) i capelli lunghi.
   Ich glaube dass Claudia als junges Mädchen langes Haar hatte.

16 Gebrauch der Zeiten und Modi

3.2 Zeitenfolge bei Zeiten der Vergangenheitsgruppe im Hauptsatz

Gina **sperava** che	il giorno prima Lea **fosse andata** a Bari. Lea am Tag zuvor nach Bari gefahren ist.	Vorzeitigkeit
Gina hoffte, dass	quel giorno Lea **andasse** a Bari. Lea an diesem Tag nach Bari führe.	Gleichzeitigkeit
	Lea il giorno dopo **sarebbe andata** / **andasse** a Bari. Lea am Tag darauf nach Bari fahren würde.	Nachzeitigkeit

Für die Verwendung der Zeiten im Nebensatz – nach einer Zeit der Vergangenheitsgruppe – ergibt sich also folgendes Schema.

Zeiten im Hauptsatz	Zeiten im Nebensatz	Zeitverhältnis
Zeiten der Vergangenheitsgruppe	*congiuntivo trapassato* *congiuntivo imperfetto* *condizionale II / congiuntivo imperfetto*	Vorzeitigkeit Gleichzeitigkeit Nachzeitigkeit

Beachten Sie

a) Im Nebensatz mit *congiuntivo* kann der *condizionale II* als Ausdruck des Futurs in der Vergangenheit vom *congiuntivo imperfetto* ersetzt werden.
Leo sperava che Tino **sarebbe partito** / **partisse** il giorno dopo.
Leo hoffte, dass Tino am nächsten Tag abführe.

b) Steht im Hauptsatz der *condizionale I* von volere (wollen) vorrei, vorresti, vorrebbe usw. gilt für den Nebensatz die Zeitenfolge der Vergangenheitsgruppe.

Zeiten im Hauptsatz	Zeiten im Nebensatz	Zeitverhältnis
Vorrei che Ich möchte, dass	tu **fossi partito**. du abgefahren wärst. tu **partissi** adesso. du jetzt abfährst. tu **partissi** domani. du morgen abfährst.	Vorzeitigkeit Gleichzeitigkeit Nachzeitigkeit

Gebrauch der Zeiten und Modi 16

Test 11
Markieren Sie die richtige Lösung.
a) Non sapevo se Leo (fosse andato / vada) al lavoro.
   Ich wusste nicht, ob Leo zur Arbeit gegangen war.
b) Bruno sperava che Marina (stia / stesse) meglio.
   Bruno hoffte, dass es Marina besser ging.
c) Bastava che Frida mi (telefoni / telefonasse).
   Es genügte, dass Frida mich anrief.
d) Ti volevo parlare prima che tu (parta / partissi).
   Ich wollte mit dir sprechen, bevor du fährst.
e) Desideravo una casa che (fosse / sia stata) luminosa.
   Ich wünschte mir ein Haus, das hell sein sollte.
f) Non conoscevo nessuno che in futuro mi (avrebbe aiutato / aiuterà).
   Ich kannte niemanden, der mir in Zukunft helfen würde.
g) Eva sperava che Fabio (sia già arrivato / fosse già arrivato) e che (stesse / stia) bene.
   Eva hoffte, dass Fabio schon angekommen sei und dass es ihm gut ginge.
h) Non sapevo che (sareste venuti / verrete) proprio oggi.
   Ich wusste nicht, dass ihr gerade heute kommen würdet.
i) Non vorrei che Lucio (partisse / parte) senza telefonarci.
   Ich möchte nicht, dass Lucio fährt, ohne uns anzurufen.

Test 12
Kombinieren Sie die Ergänzungen unter 1) – 9) mit den Satzteilen a) – h).
Mehrere Lösungen sind möglich.

a) Spero che
   Ich hoffe, dass
b) Ho sentito che
   Ich habe gehört, dass
c) Sono sicura che
   Ich bin sicher, dass
d) Credevo che
   Ich dachte, dass
e) Enrico diceva che
   Enrico sagte, dass
f) Speravo che
   Ich hoffte, dass
g) Lorena disse che
   Lorena sagte, dass
h) Vera diceva che
   Vera sagte, dass

1) Bianca non fosse stanca.
   Bianca nicht müde ist.
2) Nino fosse arrivato.
   Nino angekommen sei.
3) Leo era stato in Francia.
   Leo in Frankreich gewesen war.
4) avrebbe fatto bel tempo.
   das Wetter schön sein würde.
6) Nino sia arrivato.
   Nino angekommen ist.
7) Berto ha aperto la porta.
   Berto die Tür aufgemacht hat.
8) Lea presto si sposerà.
   Lea bald heiraten wird.
9) Tiziana sarebbe partita.
   Tiziana abfahren würde.

*3 Zeitenfolge beim **congiuntivo** im Nebensatz*

16 Gebrauch der Zeiten und Modi

4 Die Bedingungssätze

Was Sie vorab wissen sollten
Bedingungssätze enthalten die Voraussetzungen, unter denen sich Handlungen oder Vorgänge vollziehen. Im Italienischen werden die Bedingungssätze meist durch die Konjunktion se (wenn) eingeleitet.

4.1 Die reale Bedingung (reale Hypothese)

Die reale Hypothese drückt sowohl eine Bedingung als auch eine Folge aus, die erfüllbar oder sehr wahrscheinlich ist. Hier steht sowohl im Haupt- als auch im Nebensatz der Indikativ.
Se ho tempo vengo domani. Wenn ich Zeit habe, komme ich morgen.
Se avrò tempo verrò domani.
Wenn ich Zeit haben werde, werde ich morgen kommen.

4.2 Die irreale Bedingung (die irreale Hypothese)

Die irreale Hypothese drückt sowohl eine Bedingung als auch eine Folge aus, die nicht erfüllbar oder sehr unwahrscheinlich ist.

4.2.1 Die irreale Bedingung im Präsens
Enthält der se-Satz eine irreale Bedingung im Präsens, steht dort der *congiuntivo imperfetto*. Im Folgesatz wird der *condizionale I* verwendet.

	Bedingung (Nebensatz)	Folge (Hauptsatz)
Beispiele	Se **avessi** soldi, Wenn ich Geld hätte, Se Carlo **andasse** a Milano, Wenn Carlo nach Mailand fahren würde,	**andrei** in America. würde ich nach Amerika fahren. **troverebbe** molti amici. würde er viele Freunde finden / treffen.
Zeiten	*congiuntivo imperfetto*	*condizionale I*

Beachten Sie
a) Diese Verteilung der Zeiten und Modi ist im Italienischen zwingend.
Se **avessi** soldi, **andrei** in America. Wenn ich Geld hätte, würde ich nach Amerika fahren. Oder: Hätte ich Geld, würde ich nach Amerika fahren.
b) Die Reihenfolge von Neben- und Hauptsatz ist allerdings je nach Kontext austauschbar.
Se avessi soldi, andrei in America. = Andrei in America, se avessi soldi.
Wenn ich Geld hätte, würde ich nach Amerika fahren. = Ich würde nach Amerika fahren, wenn ich Geld hätte.

Gebrauch der Zeiten und Modi 16

c) Der hypothetische Vergleich für die Gegenwart (als ob) wird mit dem *congiuntivo imperfetto* ausgedrückt.
Giulio spende come (se) **fosse** milionario.
Giulio gibt Geld aus, als ob er Millionär wäre.

Test 13
Markieren Sie die richtige Lösung.
a) Se Oscar (avesse / avrebbe) la macchina, ti (portasse / porterebbe) al mare.
Wenn Oskar ein Auto hätte, würde er dich ans Meer fahren.
b) Se (finissi / finirei) il lavoro entro venerdì, (fossi / sarei) molto contento.
Wenn ich die Arbeit bis Freitag abschließen würde, wäre ich sehr froh.
c) Se gli amici (partissero / partirebbero) più tardi, Rita (potesse / potrebbe) partire con loro.
Wenn die Freunde später abfahren würden, könnte Rita mit ihnen fahren.
d) Se i miei figli (fossero / sarebbero) più grandi, (potessi / potrei) andare a lavorare. Wenn meine Kinder größer wären, könnte ich arbeiten gehen.
e) (Telefonassi / Telefonerei) a Giovanni, se (avessi / avrei) il suo numero di telefono.
Ich würde Giovanni anrufen, wenn ich seine Telefonnummer hätte.

4.2.2 Die irreale Bedingung in der Vergangenheit
Enthält der *se*-Satz eine irreale Bedingungung in der Vergangenheit, steht dort der *congiuntivo trapassato*. Im Folgesatz wird der *condizionale II* verwendet. Auch diese Verteilung der Zeiten ist zwingend.

	Bedingung (Nebensatz)	Folge (Hauptsatz)
Beispiele	Se **avessi avuto** soldi, Wenn ich Geld gehabt hätte, Se Carlo **fosse andato** a Milano, Wenn Carlo nach Mailand gefahren wäre,	**sarei andato** in America. wäre ich nach Amerika gefahren. **avrebbe trovato** molti amici. hätte er viele Freunde gefunden / getroffen.
Zeiten	*congiuntivo trapassato*	*condizionale II*

Beachten Sie
a) In der gesprochenen Sprache wird die irreale Bedingung der Vergangenheit sowohl im Haupt- als auch im Nebensatz durch das *imperfetto* ausgedrückt.
Se lo **sapevo** non **venivo**.
Wenn ich das gewusst hätte, wäre ich nicht gekommen.
b) Der hypothetische Vergleich für die Vergangenheit (als ob) wird mit dem *congiuntivo trapassato* ausgedrückt.
Giulio **spendeva** come (se) **fosse** (stato) un milionario.
Giulio gab Geld aus, als ob er Millionär (gewesen) wäre.

16 Gebrauch der Zeiten und Modi

Test 14

Setzen Sie die irreale Hypothese der Gegenwart in die Vergangenheit nach dem Muster:

Se tu **fossi** un vero amico mi **aiuteresti**. Wenn du ein richtiger Freund wärst, würdest du mir helfen.	Se tu **fossi** stato un vero amico mi **avresti aiutato**. Wenn du ein richtiger Freund gewesen wärst, hättest du mir geholfen.
a) Se Gino comprasse un nuovo computer non avrebbe problemi. Wenn Gino einen neuen Rechner kaufen würde, würde er keine Probleme haben.	Se Gino ____ ____ un nuovo computer non ____ ____ problemi.
b) Sarei molto contenta se Paola si divertisse. Ich wäre sehr froh, wenn sich Paola amüsierte.	____ ____ molto contenta se Paola si ____ ____.
c) Se Rita mi scrivesse mi farebbe molto piacere. Wenn Rita mir schriebe, würde ich mich freuen.	Se Rita mi ____ ____, mi ____ ____ molto piacere.
d) Se Nino facesse l'esame, andrebbe subito in vacanza. Wenn Nino die Prüfung bestünde, würde er sofort in Urlaub fahren.	Se Nino ____ ____ l'esame, ____ ____ subito in vacanza.

Test 15

Kombinieren Sie jede der Ergänzungen unter 1) – 9) mit einem der Satzteile a) – h).

a) Ivo pensava che Pia la settimana prima ...
   Ivo dachte, dass Pia die Woche zuvor ...
b) Flavio diceva sempre che ...
   Flavio sagte immer, dass er ...
c) Sono molto felice che tu oggi ...
   Ich bin sehr froh, dass du heute ...
d) È bello che voi ieri ...,
   Es ist schön, dass ihr gestern ...
e) So che Manuela domani ...
   Ich weiß, dass Manuela morgen ...
f) Andrei in Perù se ...
   Ich würde nach Peru gehen, wenn ...
g) Alex non sarebbe venuto se ...
   Alex wäre nicht gekommen, wenn ...
h) Vorrei che Anna e Guido ...
   Ich möchte, dass Anna und Guido ...

1) ... sarebbe andato via.
   ... weggehen würde.
2) ... venissero da noi.
   ... zu uns kämen.
3) ... fosse partita.
   ... abgefahren war.
4) ... lo avesse saputo.
   ... er das gewusst hätte.
5) ... avessi soldi.
   ... ich Geld hätte.
6) ... sarà più tranquilla.
   ... ruhiger sein wird.
7) ... sia qui da noi.
   ... hier bei uns bist.
8) ... siate andati fuori.
   ... ausgegangen seid.

330   4 Die Bedingungssätze

Gebrauch der Zeiten und Modi 16

Auf den Punkt gebracht
Nun können Sie wieder überprüfen, ob Sie die wichtigsten Regeln in diesem Kapitel behalten haben. Füllen Sie die Lücken in den folgenden Kontrollaufgaben aus oder markieren Sie die richtige Möglichkeit.

1. (➡ 1)
Welche Modi und welche Zeiten im Nebensatz stehen, hängt im Italienischen von den folgenden drei Faktoren ab:
1) _____
2) _____
3) _____

2. (➡ 1.2.1)
a) Zeiten der Gegenwartsgruppe sind: _____
b) Die Zeiten der Vergangenheitsgruppe sind: _____

3. (➡ 1.2.2)
a) Vorzeitigkeit bedeutet, dass die Handlung im Nebensatz zeitlich ____ der Handlung des Hauptsatzes liegt.
b) Gleichzeitigkeit bedeutet, dass die Handlungen im Haupt- und Nebensatz auf der ____ Zeitstufe liegen.
c) Nachzeitigkeit bedeutet, dass die Handlung im Nebensatz zeitlich ____ der Handlung des Hautsatzes liegt.

4. (➡ 2.1)
Für die Verwendung der Indikativzeiten im Nebensatz ergibt sich folgendes Schema:

im Hauptsatz	im Nebensatz	Zeitverhältnis
Zeit der Gegenwartsgruppe	a) _____ b) _____ c) _____	Vorzeitigkeit Gleichzeitigkeit Nachzeitigkeit
Zeit der Vergangenheitsgruppe	d) _____ e) _____ f) _____	Vorzeitigkeit Gleichzeitigkeit Nachzeitigkeit

16 Gebrauch der Zeiten und Modi

5. (⟶ 2.2)
Für die Verwendung der Zeiten in der indirekten Rede ergibt sich folgendes Schema:

im Hauptsatz	im Nebensatz	Zeitverhältnis
Zeit der Gegenwartsgruppe	a) _____ b) _____ c) _____	Vorzeitigkeit Gleichzeitigkeit Nachzeitigkeit
Zeit der Vergangenheitsgruppe	d) _____ e) _____ f) _____	Vorzeitigkeit Gleichzeitigkeit Nachzeitigkeit

6. (⟶ 3)
Für die Verwendung der *congiuntivo*-Zeiten im Nebensatz ergibt sich folgendes Schema:

im Hauptsatz	im Nebensatz	Zeitverhältnis
Zeit der Gegenwartsgruppe	a) _____ b) _____ c) _____	Vorzeitigkeit Gleichzeitigkeit Nachzeitigkeit
Zeit der Vergangenheitsgruppe	d) _____ e) _____ f) _____	Vorzeitigkeit Gleichzeitigkeit Nachzeitigkeit

7. (⟶ 4)
Für die Verwendung der Zeiten und Modi bei der irrealen Hypothese (irreale Bedingung) ergibt sich folgendes Schema:

	Bedingung (Nebensatz)	Folge (Hauptsatz)
In der Gegenwart	a) _____	b) _____
In der Vergangenheit	c) _____	d) _____

Die reflexiven Verben 17

Bevor Sie dieses Kapitel durcharbeiten, sollten Ihnen die Kapitel 10 und 11, 1 vertraut sein.

Was Sie vorab wissen sollten
Reflexive oder rückbezügliche Verben erkennt man daran, dass das handelnde Subjekt gleichzeitig Objekt ist.

nicht reflexiv:	Clara lava il vestito.	
	Clara wäscht das Kleid.	Subjekt: Clara ≠ Objekt: das Kleid
reflexiv:	Clara si lava.	
	Clara wäscht sich.	Subjekt: Clara = Objekt: sich

1 Formen der reflexiven Verben im Präsens

Auf Entdeckung
Sie kennen die Reflexivpronomen und die Formen des Präsens. Versuchen Sie nun, die folgende Tabelle mit den Formen des reflexiven Verbs lavarsi (sich waschen) im Präsens zu vervollständigen. (➡ *Lösungen*)

	Singular		Plural	
1. Person	mi lavo	ich wasche mich	____ lav__	wir waschen uns
2. Person	___ lavi	du wäschst dich	____ lav__	ihr wascht euch
3. Person	si lav___	er / sie wäscht sich	____ lav__	sie waschen sich
Höflichkeitsf.	si lava	Sie waschen sich	si lavano	Sie waschen sich

Beachten Sie
Diese Regel gilt für alle einfachen Zeiten wie z. B. für das

Imperfetto	Filippo si lavava. Filippo wusch sich.
Futur I	Filippo si laverà. Filippo wird sich waschen.
Condizionale I	Filippo si laverebbe. Filippo würde sich waschen.

Test 1
Setzen Sie die Formen der reflexiven Verben im Präsens ein.
a) vestirsi sich anziehen: Io ____ vest__ bene. Ich ziehe mich gut an.
b) lavarsi sich waschen: I bambini ____ lav__. Die Kinder waschen sich.
c) vedersi sich sehen: ____ ved__ spesso. Wir sehen uns oft.
d) divertirsi sich amüsieren: ____ divert__? Amüsiert ihr euch?
e) prepararsi sich vorbereiten: Come ____ prepar__? Wie bereitest du dich vor?
f) innamorarsi sich verlieben: Ada ____ innamor__ spesso. Ada verliebt sich oft.
g) sentirsi sich fühlen: Ugo non ____ sent__ bene. Ugo fühlt sich nicht wohl.
h) scusarsi sich entschuldigen: Perché Ada non ____ scus__? Warum entschuldigt sich Ada nicht?

17 Die reflexiven Verben

2 Formen des reflexiven Verbs in zusammengesetzten Zeiten

Bevor Sie diesen Abschnitt durcharbeiten, sollte Ihnen das Kapitel 11, 3 vertraut sein.

2.1 Grundregel

Reflexive Verben bilden die zusammengesetzten Zeiten in der Regel mit essere (sein). Wie in allen zusammengesetzten Zeiten, die mit essere gebildet werden, richtet sich das Partizip Perfekt in Geschlecht und Zahl nach dem Subjekt, z. B.:
Isabella si è vestita. Isabella hat sich angezogen.
I bambini si sono lavati. Die Kinder haben sich gewaschen.

Auf Entdeckung
Sie wissen bereits, wie das *passato prossimo* gebildet wird. Versuchen Sie die folgende Tabelle mit den Formen des reflexiven Verbs lavarsi (sich waschen) im *passato prossimo* zu vervollständigen. (➡ *Lösungen*)

Sg.	1. Person	mi sono lavato / -a	ich habe mich gewaschen
	2. Person	____ ____ lavat__ / -__	du hast dich gewaschen
	3. Person	____ ____ lavat__ / -__	er / sie hat sich gewaschen
	Höflichkeitsform	si è lavato / -a	Sie haben sich gewaschen
Pl.	1. Person	ci ____ lavati / -e	wir haben uns gewaschen
	2. Person	____ siete lavat__ / -__	ihr habt euch gewaschen
	3. Person	____ ____ lavat__ / -__	sie haben sich gewaschen
	Höflichkeitsform	si sono lavati / -e	Sie haben sich gewaschen

Test 2
Setzen Sie die fehlenden Formen von essere ein.[1]
Präsens   Filippo si lava. Filippo wäscht sich.
Passato prossimo   Filippo si _è_ lavato. Filippo hat sich gewaschen.
Trapassato prossimo   Filippo si ____ lavato. Filippo hatte sich gewaschen.
Futur II   Filippo si ____ lavato. Filippo wird sich gewaschen haben.
Condizionale II   Filippo si ____ lavato. Filippo würde sich gewaschen haben.

---

[1] Sollten Ihnen die entsprechenden Formen von essere nicht präsent sein, so können Sie diese in der Tabelle auf S. 461 nachschlagen.

Die reflexiven Verben 17

Test 3
Setzen Sie die Formen der reflexiven Verben im *passato prossimo* ein.
a) Io ____ ____ vestit__ bene. Ich habe mich gut angezogen.
b) I bambini ____ ____ lavat__. Die Kinder haben sich gewaschen.
c) ____ ____ vist__ spesso. Wir haben uns oft gesehen.
d) ____ ____ divertit__? Habt ihr euch amüsiert?
e) Carla, quando ____ ____ preparat__ per il test?
   Carla, wann hast du dich für den Test vorbereitet?
f) Claudio ____ ____ innamorat__ di Caterina.
   Claudio hat sich in Caterina verliebt.
g) Maria non ____ ____ sentit__ bene. Maria hat sich nicht wohl gefühlt.
h) Ada non ____ ____ scusat__? Ada hat sich nicht entschuldigt?

TIPP

Im folgenden Abschnitt werden einige Besonderheiten behandelt, die Sie auch zu einem späteren Zeitpunkt durcharbeiten können. In diesem Fall empfehlen wir Ihnen, gleich zum Abschnitt 3 weiter zu gehen.

2.2 Besonderheiten

2.2.1 Reflexive Verben in Verbindung mit Modalverben
In Verbindung mit Modalverben verwendet man zur Bildung von zusammengesetzten Zeiten – je nach Stellung des Reflexivpronomens – entweder essere oder avere. Wie Sie aus dem Kapitel 10, 8.3 wissen, können Pronomen sowohl vor dem konjugierten Verb stehen als auch an den Infinitiv angehängt werden. (Die Modalverben sind in den Beispielen unterstrichen.)

essere	avere
Mit essere wird das *passato prossimo* gebildet, wenn die Reflexivpronomen vor dem Hilfsverb stehen. In diesem Fall wird das Partizip des Modalverbs angeglichen.	Mit avere wird das *passato prossimo* gebildet, wenn die Reflexivpronomen an den Infinitiv angehängt werden. In diesem Fall findet keine Angleichung des Partizips statt.
Pina si è voluta vestire. Pina hat sich anziehen wollen. Ci siamo dovuti alzare. Wir mussten aufstehen. Irma non si è potuta preparare. Irma hat sich nicht vorbereiten können. Maria, ti sei saputa difendere? Maria, hast du dich verteidigen können?	Pina ha voluto vestirsi. Pina hat sich anziehen wollen. Abbiamo dovuto alzarci. Wir mussten aufstehen. Irma non ha potuto prepararsi. Irma hat sich nicht vorbereiten können. Maria, hai saputo difenderti? Maria, hast du dich verteidigen können?

2 Formen des reflexiven Verbs in zusammengesetzten Zeiten

17 *Die reflexiven Verben*

Test 4
Essere oder **avere**? Markieren Sie die richtige Möglichkeit und setzen Sie die entsprechende Endung des Partizips ein.

a) Non ci (siamo / abbiamo) potut__ vestire bene.
   Wir haben uns nicht gut anziehen können.
b) Edoardo si (è / ha) vestit__. Edoardo hat sich angezogen.
c) Ci (abbiamo / siamo) volut_ lavare. Wir haben uns waschen wollen.
d) Clara (è / ha) dovut__ alzarsi presto. Clara hat früh aufstehen müssen.
e) I colleghi si (sono / hanno) volut__ preparare.
   Die Kollegen haben sich vorbereiten wollen.
f) I bambini si (sono / hanno) divertit__. Die Kinder haben sich amüsiert.
g) Quando si (sono / hanno) conosciut__ Ada e Eva?
   Wann haben sich Ada und Eva kennen gelernt?
h) (Siamo / Abbiamo) volut_ lavarci. Wir haben uns waschen wollen.
i) Le colleghe (sono / hanno) volut__ prepararsi. Die Kolleginnen haben sich vorbereiten wollen.
l) Franca si (è / ha) dovut__ alzare presto. Franca hat früh aufstehen müssen.
m) Non (siamo / abbiamo) potut__ vestirci bene.
   Wir haben uns nicht gut anziehen können.

2.2.2 Besonderheit bei der Veränderlichkeit des Partizips
Folgt dem reflexiven Verb ein direktes Objekt, so richtet sich die Endung des Partizips entweder
- nach dem Subjekt: Mario si è lavat**o** la faccia. Mario hat sich das Gesicht gewaschen.
- oder nach dem Objekt: Mario si è lavat**a** la faccia. Mario hat sich das Gesicht gewaschen.

Die reflexiven Verben **17**

3 Stellung der Reflexivpronomen

Für die Stellung der Reflexivpronomen gelten die gleichen Regeln, die Sie bei den Personalpronomen im Kapitel 10, 8 kennen gelernt haben.

Auf Entdeckung
Markieren Sie die richtigen Möglichkeiten. (➡ *Lösungen*)

3.1 beim konjugierten Verb

a) Die Reflexivpronomen in den einfachen Zeiten
  – stehen unmittelbar vor dem konjugierten Verb. ☐
  – stehen unmittelbar nach dem konjugierten Verb. ☐
  – werden an das konjugierte Verb angehängt. ☐

  Welche der unten stehenden Beispiele passen zur richtigen Regel?
  Beispiel: 1 / 2 / 3 / 4

b) In zusammengesetzten Zeiten
  – stehen die Reflexivpronomen unmittelbar vor dem konjugierten Verb. ☐
  – stehen die Reflexivpronomen unmittelbar nach dem konjugierten Verb. ☐
  – werden die Reflexivpronomen angehängt. ☐

  Welche der unten stehenden Beispiele passen zur richtigen Regel?
  Beispiel: 1 / 2 / 3 / 4

Beispiele:
1) Mi sono vestito / -a. Ich habe mich angezogen.
2) Mi diverto. Ich amüsiere mich.
3) Mi sono dovuto / -a vestire. Ich habe mich anziehen müssen.
4) Ci vestiamo. Wir ziehen uns an.

3.2 bei infiniten Formen

a) Die Reflexivpronomen
  – stehen unmittelbar vor dem Infinitiv. ☐
  – werden an den Infinitiv angehängt. ☐

  Welche der unten stehenden Beispiele passen zur richtigen Regel?
  Beispiel: 1 / 2 / 3 / 4 / 5 / 6 / 7 / 8

17 Die reflexiven Verben

b) Steht vor dem Infinitiv ein Modalverb oder andare (gehen), venire (kommen)
   - können die Reflexivpronomen vor dem konjugierten Verb stehen. ☐
   - können die Reflexivpronomen an den Infinitiv angehängt werden. ☐
   - können die Reflexivpronomen nach dem konjugierten Verb stehen. ☐

Welche der unten stehenden Beispiele passen zur richtigen Regel?
Beispiel: 1 / 2 / 3 / 4 / 5 / 6 / 7 / 8

Beispiele:
1) Sono contento di divertir**mi**. Ich bin froh, mich zu amüsieren.
2) **Ci** dobbiamo lavare. Wir müssen uns waschen.
3) Siamo qui per divertir**ci**. Wir sind hier, um uns zu amüsieren.
4) **Ci** sappiamo difendere. Wir wissen uns zu verteidigen.
5) Voglio vestir**mi**. Ich will mich anziehen.
6) **Mi** voglio vestire. Ich will mich anziehen.
7) **Vi** andate a vestire? Geht ihr euch anziehen?
8) Vado a divertir**mi**. Ich gehe mich amüsieren.

3.3 beim Imperativ²

a) Beim bejahten Imperativ der 2. Person Singular und Plural und der 1. Person Plural
   - stehen die Reflexivpronomen unmittelbar vor dem Imperativ. ☐
   - werden die Reflexivpronomen immer an den Imperativ angehängt. ☐

Welche der unten stehenden Beispiele passen zur richtigen Regel?
Beispiel: 1 / 2 / 3 / 4 / 5 / 6

b) Beim Imperativ der Höflichkeitsform (3. Person Singular und Plural) stehen die Pronomen
   - immer vor der Imperativform. ☐
   - immer nach der Imperativform. ☐

Welche der unten stehenden Beispiele passen zur richtigen Regel?
Beispiel: 1 / 2 / 3 / 4 / 5 / 6

Beispiele:
1) Divertiti! Amüsier dich!
2) Si divertano! Amüsieren Sie (Pl.) sich!
3) Si vesta! Ziehen Sie (Sg.) sich an!
4) Vestiamoci! Ziehen wir uns an!
5) Vestiti! Zieh dich an!
6) Vestitevi! Zieht euch an!

---
² ⇒ Kap. 14

Die reflexiven Verben **17**

Test 5
Setzen Sie das entsprechende Pronomen an die richtige Stelle. Sollte ein Pronomen nicht an den Infinitiv angehängt werden, denken Sie daran, das Endungs-e des Infinitivs einzusetzen.
a) Siamo qui per ____ divertir__. Wir sind hier, um uns zu amüsieren.
b) ____ scusa__! Entschuldige mich!
c) ____ voglio ____ preparar__. Ich will mich vorbereiten.
d) ____ sono ____ divertito__. Ich habe mich amüsiert.
e) I bambini ____ vestono__. Die Kinder ziehen sich an.
f) Alessandro ____ non ____ scusa__. Alessandro entschuldigt sich nicht.
g) Clara non ____ è ____ scusata__. Clara hat sich nicht entschuldigt.
h) I ragazzi ____ sono ____ scusati__. Die Jungen haben sich entschuldigt.
i) ____ dobbiamo alzar__ presto. Wir müssen früh aufstehen.
l) ____ scusi__! Entschuldigen Sie mich!
m) Non ____ so ____ difender__. Ich weiß mich nicht zu wehren.
n) I miei amici ____ vogliono ____ divertir__.
Meine Freunde wollen sich amüsieren.

4 Arten von reflexiven Verben

Es gibt verschiedene Arten von reflexiven Verben. Für alle gelten die Regeln, die Sie in den Abschnitten 1–3 kennen gelernt haben.

4.1 Verben, bei denen das Reflexivpronomen direktes Objekt ist

Bei den meisten reflexiven Verben ist das Reflexivpronomen ein direktes Objekt.
Carlo si lava. Carlo wäscht sich.
Frage: <u>wen</u> oder <u>was</u> wäscht Carlo? *Antwort*: sich.
Weitere Verben sind z. B.: divertirsi sich amüsieren, lavarsi sich waschen, nascondersi sich verstecken, pettinarsi sich kämmen, prepararsi sich vorbereiten, scusarsi sich entschuldigen, sentirsi sich fühlen, vestirsi sich anziehen.

4.2 Verben, bei denen das Reflexivpronomen indirektes Objekt ist

a) Wenn dem reflexiven Verb ein direktes Objekt folgt, ist das Reflexivpronomen ein indirektes Objekt.
Io mi lavo la faccia. Ich wasche mir das Gesicht.
Frage: <u>wem</u> wasche ich das Gesicht? *Antwort:* mir.

17 Die reflexiven Verben

Weitere Verben sind z. B.: comprarsi qc. sich etw. kaufen, concedersi qc. sich etw. gönnen, immaginarsi qc. sich etw. vorstellen, mettersi qc. sich etw. anziehen, permettersi qc. sich etw. erlauben, rompersi qc. sich etw. brechen.

b) Auch in dem folgenden Fall ist das Reflexivpronomen ein indirektes Objekt:
Luigi si è fatto un caffè. Luigi hat sich einen Kaffee gemacht.
Frage: wem hat Luigi einen Kaffee gemacht? *Antwort:* sich selbst.
Diese Konstruktion drückt eine verstärkte Anteilnahme des Subjekts aus und wird gerne in der gesprochenen Sprache verwendet.
Weitere Beispiele sind u. a.: bersi una birra ein Bier trinken, fumarsi una sigaretta eine Zigarette rauchen, guardarsi un film einen Film sehen / sich einen Film ansehen, mangiarsi una pizza eine Pizza essen.

4.3 Reziproke Verben

Reziproke Verben drücken eine wechselseitige Handlung zwischen zwei oder mehr Personen aus. Sie werden in der Regel nur im Plural verwendet.
Non ci salutiamo più. Wir grüßen uns nicht mehr.
Gina e Alberto si scrivono. Gina und Alberto schreiben sich.
Weitere Verben sind z. B.: aiutarsi sich helfen, baciarsi sich küssen, conoscersi sich kennen, incontrarsi sich treffen, parlarsi miteinander sprechen, salutarsi sich grüßen, scriversi sich schreiben, separarsi sich trennen, telefonarsi sich anrufen, vedersi sich sehen.

5 Wenn Sie noch mehr über reflexive Verben wissen wollen

5.1 Verben, die nur reflexiv verwendet werden

Einige Verben werden nur in der reflexiven Form gebraucht. Diese sind z. B.: addormentarsi einschlafen, ammalarsi krank werden, arrabbiarsi sich ärgern, accorgersi bemerken, arrampicarsi klettern, arrendersi sich ergeben, fidarsi trauen, pentirsi bereuen, vergognarsi sich schämen.
La mia collega si è ammalata. Meine Kollegin ist krank geworden.

5.2 Verben, die reflexiv oder nicht-reflexiv verwendet werden können

a) Einige Verben können reflexiv oder nicht-reflexiv verwendet werden, ohne dass sich ihre Bedeutung ändert. Solche Verben sind z. B.: dimenticare / dimenticarsi vergessen, gelare / gelarsi gefrieren, ricordare / ricordarsi sich

Die reflexiven Verben

erinnern, riposare / riposarsi ruhen / sich ausruhen, sbagliare / sbagliarsi irren / sich irren.
Ho dimenticato le chiavi. = Mi sono dimenticato / -a le chiavi.
Ich habe die Schlüssel vergessen,

b) Bei anderen Verben hingegen verändert sich die Bedeutung je nachdem, ob sie reflexiv oder nicht-reflexiv verwendet werden, wie z. B.:

reflexiv	nicht-reflexiv
alzarsi sich erheben / aufstehen cambiarsi sich umziehen chiamarsi sich nennen / heißen fermarsi stehen bleiben sbrigarsi sich beeilen svegliarsi aufwachen	alzare hochheben cambiare wechseln / ändern chiamare rufen fermare anhalten sbrigare qc. etw. erledigen svegliare wecken
Mi sono fermato / -a. Ich bin stehen geblieben. Mi devo sbrigare. Ich muss mich beeilen.	Ho fermato un tassì. Ich habe ein Taxi angehalten. Devo sbrigare alcune cose. Ich muss einige Sachen erledigen.

5.3 Reflexive Verben im Deutschen und Italienischen

Einige Verben werden im Italienischen reflexiv verwendet, nicht aber im Deutschen; andere wiederum sind im Deutschen reflexiv, nicht aber im Italienischen, wie z. B.:

im Italienischen reflexiv, aber nicht im Deutschen	im Deutschen reflexiv, aber nicht im Italienischen
accorgersi bemerken addormentarsi einschlafen ammalarsi krank werden arrampicarsi klettern fidarsi di jmdm. trauen rompersi kaputtgehen	accadere sich ereignen cambiare sich ändern migliorare sich bessern peggiorare sich verschlechtern ringraziare sich bedanken succedere sich ereignen
Non mi fido di lui. Ich traue ihm nicht. Si è rotto il computer. Der Computer ist kaputtgegangen.	La situazione è peggiorata. Die Situation hat sich verschlechtert. Ugo è cambiato. Ugo hat sich verändert.

17 Die reflexiven Verben

Auf den Punkt gebracht

1. (➡ 1)
Die Formen des reflexiven Verbs lavarsi (sich waschen) im Präsens lauten:

	Singular	Plural
1. Person	__ lav__ ich wasche mich	__ lav__ wir waschen uns
2. Person	__ lav__ du wäschst dich	__ lav__ ihr wascht euch
3. Person	__ lav__ er / sie wäscht sich	__ lav__ sie waschen sich
Höflichkeitsform	__ lav__ Sie waschen sich	__ lav__ Sie waschen sich

2. (➡ 2)
Reflexive Verben bilden die zusammengesetzten Zeiten i.d.R. mit _____.
Isabella si ____ vestita. Isabella hat sich angezogen.

3. (➡ 2)
Das Partizip der reflexiven Verben, die das *passato prossimo* mit essere bilden,
a) richtet sich in Geschlecht und Zahl nach dem Subjekt. ☐
b) bleibt unverändert. ☐
I bambini si sono lavat__. Die Kinder haben sich gewaschen.

4. (➡ 2)
Füllen Sie die Konjugationstabelle im *passato prossimo* aus.

Sg.	1. Person	____ _____ lav__ / -__ ich habe mich gewaschen
	2. Person	____ _____ lav__ / -__ du hast dich gewaschen
	3. Person	____ _____ lav__ / -__ er / sie hat sich gewaschen
	Höflichkeitsform	____ _____ lav__ / -__ Sie haben sich gewaschen
Pl.	1. Person	____ _____ lav__ / -__ wir haben uns gewaschen
	2. Person	____ _____ lav__ / -__ ihr habt euch gewaschen
	3. Person	____ _____ lav__ / -__ sie haben sich gewaschen
	Höflichkeitsform	____ _____ lav__ / -__ Sie haben sich gewaschen

5. (➡ 3)
Werden die Reflexivpronomen   vorangestellt oder angehängt?
a) beim konjugierten Verb   ☐   ☐
b) beim Imperativ der Höflichkeitsform   ☐   ☐
c) beim Infinitiv   ☐   ☐
d) beim bejahten Imperativ der 2. Person Singular ☐   ☐

6. (➡ 5)
Alle Verben, die im Deutschen reflexiv sind, sind auch im Italienischen reflexiv.   ja ☐ / nein ☐

Das Passiv 18

Bevor Sie dieses Kapitel durcharbeiten, sollten Ihnen alle Zeiten vertraut sein.

Was Sie vorab wissen sollten
Jedes Verb, das ein direktes Objekt hat, also jedes transitive Verb, kann neben der aktiven Form (z. B. ich liebe) auch eine passive Form (ich werde geliebt) in allen Zeiten und Modi bilden.
Das Passiv wird im Italienischen eher in der Schriftsprache verwendet.

1 Bildung des Passivs

1.1 In einfachen Zeiten

In den einfachen Zeiten (wie *presente, imperfetto,* usw.) gibt es zwei Möglichkeiten das Passiv zu bilden:
mit essere (sein) + Partizip Perfekt oder
mit venire (kommen)+ Partizip Perfekt.
Wie Sie es aus den zusammengesetzten Zeiten kennen, gibt auch hier die konjugierte Form von essere bzw. venire an, um welche Person und um welche Zeit es sich handelt. Vergleiche:
Präsens: Il ponte è costruito. / Il ponte **viene** costruito.
Die Brücke ist / wird gebaut.
Imperfetto: Il ponte **era** costruito. / Il ponte **veniva** costruito.
Die Brücke war / wurde gebaut.

Auf Entdeckung
Tragen Sie die entsprechenden Formen von essere und venire ein. Sie erhalten damit eine Übersicht über das Passiv mit den einfachen Zeiten.[1] (➜ *Lösungen*)

Indikativ	Congiuntivo
Präsens: La porta _è_ aperta / ___ aperta[2].	... che la porta ___ aperta / ___ aperta.
Imperfetto: La porta ___ aperta / ___ aperta.	... che la porta ___ aperta / _venisse_ aperta.
Passato remoto: La porta ___ aperta / ___ aperta.	
Futur I: La porta ___ aperta / ___ aperta.	
Condizionale: La porta ___ aperta / ___ aperta.	

---

[1] Sollten Ihnen die entsprechenden Formen von essere und venire nicht präsent sein, so können Sie diese auch im Tabellenteil S. 461 und S. 474 nachschlagen.

[2] Übersetzung: Die Tür ist geöffnet / offen. bzw. Die Tür wird geöffnet.

18 Das Passiv

1.2 In zusammengesetzten Zeiten

Gebildet wird das Passiv in zusammengesetzten Zeiten (wie *passato prossimo*, Futur II usw.) **nur** mit essere + Partizip Perfekt. Auch hier gibt die konjugierte Form von essere an, um welche Person und Zeit es sich handelt. Vergleiche:
Passato prossimo: La casa **è stata** costruita. Das Haus ist gebaut worden.
Futur II: La casa **sarà stata** costruita. Das Haus wird gebaut worden sein.

Auf Entdeckung
Versuchen Sie, die entsprechenden Formen von essere in die Übersicht der zusammengesetzten Zeiten einzutragen. (➠ *Lösungen*)

Indikativ	Congiuntivo
Passato prossimo: La porta ___ stata aperta.	che la porta ___ stata aperta.
Trapassato prossimo: La porta ___ stata aperta.	che la porta ___ stata aperta.
Futur II: La porta ___ stata aperta.	
Condizionale II: La porta ___ stata aperta.	

1.3 Angleichung des Partizip Perfekt

Auch in Passivkonstruktionen richtet sich das Partizip Perfekt immer in Geschlecht und Zahl nach dem Subjekt (in den Beispielen unterstrichen).
<u>Il ponte</u> è stato costruito. Die Brücke ist gebaut worden.
<u>I ponti</u> sono stati costruiti. Die Brücken sind gebaut worden.
<u>La casa</u> è stata costruita. Das Haus ist gebaut worden.
<u>Le case</u> sono state costruite. Die Häuser sind gebaut worden.

Test 1
Tragen Sie die Endungen der Partizipien ein.
a) La chiesa è stat__ costruit__ nel 1753. Die Kirche ist 1753 erbaut worden.
b) Anche gli amici verranno invitat__. Auch die Freunde werden eingeladen.
c) L'ufficio viene chius__ alle otto. Das Büro wird um 8 Uhr geschlossen.
d) Questi libri vengono lett__ volentieri. Diese Bücher werden gern gelesen.
e) La porta sarà apert__ più tardi. Die Tür wird später geöffnet werden.
f) Laura è amat__ da tutti. Laura wird von allen geliebt.
g) Il presidente è stat__ elett__. Der Präsident ist gewählt worden.

1 Bildung des Passivs

Das Passiv 18

1.4 Zum Gebrauch von essere und venire

Zwar kann man das Passiv in den einfachen Zeiten sowohl mit essere als auch mit venire bilden, es gibt einen Unterschied in der Bedeutung:
– venire + Partizip Perfekt drückt immer einen Vorgang aus.
  La porta viene aperta. Die Tür wird geöffnet.
– essere + Partizip Perfekt drückt in der Regel einen Zustand aus.
  La porta è aperta. Die Tür ist geöffnet.

1.5 Passivkonstruktion mit andare

Man kann das Passiv auch mit andare + Partizip Perfekt bilden. Allerdings hat es dann die Bedeutung von „müssen / sollen". Diese Konstruktion wird nur in den einfachen Zeiten verwendet.
Queste lettere **vanno** scritte oggi.
Diese Briefe sollen / müssen heute geschrieben werden.
La domanda **andava** presentata entro ieri.
Der Antrag sollte / musste bis gestern gestellt werden.

Test 2

Achten Sie auf die Bedeutung von essere, venire und andare und suchen Sie die richtige Übersetzung aus.
a) La cena è servita. bedeutet:
   Das Abendessen ist serviert. ☐   Das Abendessen wird serviert. ☐
b) La macchina **va** riparata.
   Das Auto wird repariert. ☐   Das Auto muss repariert werden. ☐
c) Il presidente **viene** eletto.
   Der Präsident wird gewählt. ☐   Der Präsident soll gewählt werden. ☐
d) Questa lettera **va** spedita subito.
   Dieser Brief wird sofort verschickt. ☐   Dieser Brief soll sofort verschickt werden. ☐
e) L'ufficio è chiuso.
   Das Büro wird geschlossen. ☐   Das Büro ist geschlossen. ☐
f) Gli amici **andrebbero** invitati.
   Die Freunde sollten eingeladen werden. ☐   Die Freunde werden eingeladen. ☐

Das Passiv

2 Aktivsatz und Passivsatz

Wie bereits erwähnt, können Verben mit einem direkten Objekt ein Passiv bilden. Das direkte Objekt des Aktivsatzes wird zum Subjekt des Passivsatzes. Diese Konstruktion, bei der der Urheber einer Handlung benannt wird, nennt man persönliches Passiv.
Aktiv: Il Ministero finanzia questo progetto.
Das Ministerium finanziert dieses Projekt.
Passiv: Questo progetto è / viene finanziato dal Ministero.
Dieses Projekt ist / wird vom Ministerium finanziert.
Der Urheber der Handlung bzw. das Subjekt des Aktivsatzes wird im Passivsatz immer mit da angeschlossen.

3 Verben mit direktem bzw. indirektem Objekt

3.1 Verben mit direktem Objekt

Einige Verben stehen im Gegensatz zum Deutschen mit einem direkten Objekt. Es handelt sich dabei um Verben wie: aiutare helfen, ascoltare zuhören, ringraziare danken, seguire folgen (➟ Kap. 20, 2). Diese Verben können ein persönliches Passiv bilden.
Il bambino viene aiutato dai genitori. Dem Kind wird von den Eltern geholfen.

3.2 Verben mit indirektem Objekt

Einige Verben stehen im Gegensatz zum Deutschen mit einem indirekten Objekt. Es sind Verben wie chiedere / domandare fragen, ricordare erinnern, telefonare anrufen. Bei diesen Verben muss das Passiv durch andere Konstruktionen umschrieben werden.
chiamare mit direktem Objekt:
È stato chiamato ieri. Er ist gestern (an)gerufen worden. Aber:
telefonare mit indirektem Objekt:
Gli hanno telefonato ieri. Man hat ihn gestern angerufen.

Das Passiv

4 Umschreibungen des Passivs

Passivkonstruktionen können auch ersetzt werden durch

a) das si impersonale (➠ Kap. 19, 7.b)
Urheber können bei dieser Konstruktion nicht genannt werden.
Si sono costruite molte case. Man hat / es wurden viele Häuser gebaut.

b) die 3. Person Plural (➠ Kap. 19, 8.b)
Ti hanno dato i documenti? Hat man dir die Papiere gegeben?

Beachten Sie
Während bei transitiven Verben, die eine passive Form bilden können, eine Umschreibung fakultativ ist, sind diese Konstruktionen für Verben mit indirektem Objekt, die also kein Passiv bilden können, obligatorisch.
Verb mit direktem Objekt:
chiamare → Ugo è stato chiamato. Ugo ist (an)gerufen worden.
Verb mit indirektem Objekt:
telefonare → Hanno telefonato a Ugo. Man hat Ugo angerufen.

c) Ein Relativsatz mit einem persönlichen Passiv kann durch ein Partizip Perfekt ersetzt werden (➠ Kap. 15, 2.2.2).
Il progetto **che viene / è / è stato finanziato** dal Ministero durerà tre anni.
Das Projekt, das vom Ministerium finanziert wird / ist / worden ist, wird drei Jahre dauern.
Il progetto **finanziato** dal Ministero . . . .
Das vom Ministerium finanzierte Projekt . . . .

Auf den Punkt gebracht

Nun können Sie wieder überprüfen, ob Sie die wichtigsten Regeln in diesem Kapitel behalten haben. Füllen Sie bei den folgenden Kontrollaufgaben die Lücken aus oder markieren Sie die richtige Möglichkeit.

1. (➠ *Was Sie vorab wissen sollten*)
Jedes Verb mit einem (direkten / indirekten Objekt) kann eine passive Form bilden.

2. (➠ *1.1*)
In den einfachen Zeiten wird das Passiv gebildet: ja nein
a) mit essere + Partizip Perfekt ☐ ☐
b) mit venire + Partizip Perfekt. ☐ ☐
c) mit avere + Partizip Perfekt. ☐ ☐

18 Das Passiv

3. (➠ 1.2)
In den zusammengesetzten Zeiten wird das Passiv gebildet: ja   nein
a) mit essere + Partizip Perfekt   ☐   ☐
b) mit venire + Partizip Perfekt.   ☐   ☐

4. (➠ 1.3)
In Passivkonstruktionen richtet sich das Partizip Perfekt   ja   nein
immer in Geschlecht und Zahl nach dem Subjekt.   ☐   ☐
La casa è stat__ costruit__. Das Haus ist gebaut worden.

5. (➠ 1.3)
Was drücken venire und essere in Passivkonstruktionen aus?
a) venire + Partizip Perfekt drückt einen (Vorgang / Zustand) aus.
    La porta **viene** aperta. Die Tür (wird / ist) geöffnet.
b) essere + Partizip Perfekt drückt eher einen (Vorgang / Zustand) aus.
    La porta **è** aperta. Die Tür (wird / ist) geöffnet.

6. (➠ 2)
Der Urheber der Handlung bzw. das Subjekt des Aktivsatzes wird im Passivsatz immer mit ____ angeschlossen.
Il progetto viene finanziato ____ Ministero.
Das Projekt wird vom Ministerium finanziert.

Auf den Punkt gebracht

Die unpersönliche Form si   19

Das deutsche „man" kann im Italienischen durch si wiedergegeben werden.

1 Grundregel

Wie im Deutschen nach „man" steht im Italienischen nach si die 3. Person Singular.
In questo ristorante **si** mangia bene. In diesem Restaurant isst man gut.
In estate **si** va al mare. Im Sommer fährt man ans Meer.

Beachten Sie
Anders als bei den anderen Subjektpronomina und anders als im Deutschen wird bei einer Aufzählung das si wiederholt.
Stasera si mangia, si beve, si canta e si balla.
Heute Abend isst man, trinkt, singt und tanzt.

2 Si-Konstruktionen mit einem direkten Objekt

Folgt dem Verb ein direktes Objekt, so richtet sich das Verb nach dem Objekt. Diese Konstruktion wird *si passivante* genannt. In den Beispielen sind die Objekte unterstrichen.
Per la festa si compr**a** molto vino. Für das Fest kauft man viel Wein.
In Germania si bev**e** molta birra. In Deutschland trinkt man viel Bier.
In Italia si mangi**ano** molti spaghetti. In Italien isst man viel Spaghetti.
Si costruisc**ono** molte case. Man baut viele Häuser.
Das direkte Objekt verhält sich also wie ein Subjekt: Ist das Objekt in der Einzahl, so bleibt auch das Verb in der 3. Person Singular; ist das Objekt aber in der Mehrzahl, so steht auch das Verb in der 3. Person Plural.

Test 1

Stellen Sie fest, ob das Verb in der Einzahl oder in der Mehrzahl stehen muss und markieren Sie die richtige Möglichkeit.
a) Ancora oggi si (ha / hanno) molti pregiudizi.
   Noch heute hat man viele Vorurteile.
b) Stasera si (balla / ballano) e si (ride / ridono).
   Heute Abend tanzt man und lacht.
c) In Italia si (parla / parlano) molti dialetti.
   In Italien spricht man viele Dialekte.
d) Qui si (discute / discutono) molti problemi.
   Hier diskutiert man viele Probleme.
e) Alla festa si (canta / cantano) canzoni italiane.
   Bei dem Fest singt man italienische Lieder.

19 Die unpersönliche Form si

3 Si-Konstruktion bei reflexiven Verben

Bevor Sie diesen Abschnitt durcharbeiten, sollte Ihnen das Kapitel 17 vertraut sein.

Wenn ein reflexives si (z. B. vestirsi sich anziehen) und ein unpersönliches si aufeinander treffen, verwendet man zur Vermeidung zweier aufeinander folgender gleichlautender Pronomina (*si si) ci si + das Verb in der 3. Person Singular.
Reflexiv: Carlo si veste bene. Carlo zieht sich gut an.
Si-Konstruktion: Qui ci si veste bene. (Statt: *si si veste bene.)
                              Hier zieht man sich gut an.

Test 2
Entscheiden Sie, ob in den folgenden Sätzen das reflexive si oder das unpersönliche ci si richtig ist und markieren Sie die richtige Möglichkeit.
a) Gianni e Roberto non (si / ci si) salutano più.
   Gianni und Roberto grüßen sich nicht mehr.
b) In questa società non (si / ci si) aiuta più.
   In dieser Gesellschaft hilft man sich nicht mehr.
c) Allora (si / ci si) vede stasera? Also, sieht man sich heute Abend?
d) Perché Linda non (si / ci si) scusa? Warum entschuldigt sich Linda nicht?
e) Carlo oggi non (si / ci si) sente bene. Carlo fühlt sich heute nicht wohl.
f) Qui non (si / ci si) sente bene. Hier fühlt man sich nicht gut.

4 Si-Konstruktionen mit prädikativer Ergänzung

a) Folgt dem Verb ein Substantiv oder ein Adjektiv, also eine prädikative Ergänzung (in den folgenden Beispielen unterstrichen), dann stehen das Substantiv oder das Adjektiv im Maskulinum Plural.
   Quando si è amici ci si aiuta. Wenn man befreundet ist, hilft man sich.
   Al lavoro si è spesso nervosi. Bei der Arbeit ist man oft nervös.
   Quando si è bambini non si è sempre contenti. Wenn man Kind ist, ist man nicht immer froh.

b) Wenn es sich aber explizit um weibliche Personen handelt, dann steht das Substantiv oder das Adjektiv im Femininum Plural.
   Quando si è mamme si è spesso preoccupate.
   Wenn man Mutter ist, ist man oft besorgt.
   Man könnte sagen, dass durch die Mehrzahlendung ausgedrückt werden soll, dass es sich um etwas Allgemeines handelt, das nicht nur eine Person betrifft.

Die unpersönliche Form si **19**

5 *Si*-Konstruktionen in zusammengesetzten Zeiten

Bevor Sie diesen Abschnitt durcharbeiten, sollte Ihnen das Kapitel 11,3 vertraut sein.

Bei si-Konstruktionen werden die zusammengesetzten Zeiten immer mit essere gebildet. Wir wollen es am Beispiel des *passato prossimo* veranschaulichen.

a) Wenn das Verb bei persönlicher Konstruktion das *passato prossimo* mit avere bildet, so bleibt das Partizip Perfekt unverändert.
Passato prossimo von mangiare → **ha** mangiato, daraus ergibt sich:
In questo ristorante si è sempre mangiato bene.
In diesem Restaurant hat man immer gut gegessen.
Passato prossimo von lavorare → **ha** lavorato, daraus ergibt sich:
Qui si è sempre lavorato molto. Hier hat man immer viel gearbeitet.

b) Wenn das Verb bei persönlicher Konstruktion das *passato prossimo* mit essere bildet, so steht das Partizip im Maskulinum Plural. Dies gilt natürlich auch für reflexive Verben.
Passato prossimo von andare → è andato / -a, daraus ergibt sich:
L'estate scorsa si è andati al mare. Im vergangenen Sommer ist man ans Meer gefahren.
Passato prossimo von arrivare → è arrivato / -a, daraus ergibt sich:
Come al solito si è arrivati tardi. Wie immer ist man spät angekommen.
Passato prossimo vom reflexiven vestirsi → si è vestito, daraus ergibt sich:
Per la festa **ci si** è vestit**i** bene. Für das Fest hat man sich gut angezogen.

c) Wenn allerdings ein direktes Objekt zum Verb gehört (➡ Kap. 19, 2), so richten sich essere und das Partizip Perfekt nach dem direkten Objekt.
Präsens   *passato prossimo*
Si bev**e** molta birra.   → Si è bevut**a** molta birra.
                                   Man hat viel Bier getrunken.
Si compr**a** molto vino.   → Si è comprat**o** molto vino.
                                   Man hat viel Wein gekauft.
Si mangi**ano** molti spaghetti. → Si **sono** mangiati molti spaghetti.
                                   Man hat viele Spaghetti gegessen.
Si vend**ono** molte case.   → Si **sono** vendute molte case.
                                   Man hat viele Häuser verkauft.

19 Die unpersönliche Form si

Das Objekt verhält sich also auch hier wie ein Subjekt: Ist das Objekt in der Einzahl, so bleibt essere in der 3. Person Singular; ist das Objekt aber in der Mehrzahl, so steht essere in der 3. Person Plural. Die Endung des Partizip Perfekt gleicht sich dem Objekt an und ist entweder maskulin oder feminin bzw. im Singular oder Plural.

 Test 3
Wählen Sie die richtige Möglichkeit aus und setzen Sie die fehlende Partizipendung ein.
a) In questi giorni si (è / sono) lavorat__ poco.
   In diesen Tagen hat man wenig gearbeitet.
b) Si (è / sono) partit__ troppo tardi. Man ist zu spät abgefahren.
c) In questo mese si (è / sono) vist__ molti film.
   In diesem Monat hat man viele Filme gesehen.
d) Si (è / sono) scritt__ molte lettere. Man hat viele Briefe geschrieben.
e) Ieri si (è / sono) parlat__ troppo. Gestern hat man zu viel geredet.
f) Ci si (è / sono) incontrat__ spesso. Man hat sich oft getroffen.
g) Alla festa si (è / sono) cantat__ canzoni italiane.
   Bei dem Fest hat man italienische Lieder gesungen.
h) Ieri sera si (è / sono) cantat__ molto. Gestern Abend hat man viel gesungen.
i) E come sempre non ci si (è / sono) salutat__.
   Wie immer hat man sich nicht gegrüßt.
l) Gianni e Roberto si (è / sono) salutat__.
   Gianni und Roberto haben sich begrüßt.

6 Stellung der Pronomen bei si-Konstruktionen

Zum besseren Verständnis dieses Abschnitts sollte Ihnen das Kapitel 10, *Die Personalpronomen* bekannt sein.

a) Si mit direkten und indirekten Pronomen und mit dem Pronominaladverb ci
   Direkte und indirekte Pronomen und die Ortsbestimmung ci stehen vor si.
   Lo si vede poco. Man sieht ihn selten.
   Li si conosce. Man kennt sie.
   Gli si scrive spesso. Man schreibt ihm oft.
   Ci si va a piedi. Man geht zu Fuß dorthin.

b) Si in Verbindung mit ne
   Si steht immer vor ne und aus si wird se.
   Se ne parla spesso. Man spricht oft darüber.

Die unpersönliche Form *si* 19

Test 4

Füllen Sie die folgende Tabelle aus. Sie erhalten so eine Übersicht über die Stellung der indirekten und direkten Pronomen sowie ci und ne in Verbindung mit dem unpersönlichen si.

indirekte Pronomen + si		direkte Pronomen + si		ci, ne	
mi	mi si	mi	_____	ci + si =	_____
ti	_____	ti	ti si	ne + si =	_____
gli / le	____ / ____	lo / la	____ / ____		
ci	_____	ci	_____		
vi	_____	vi	_____		
gli	_____	li / le	____ / ____		

Test 5

Setzen Sie die richtige Möglichkeit ein: gli si, lo si, li si, ci si, vi si, se ne.
a) ____ vede poco. Man sieht euch selten.
b) ____ sa. Man weiß es.
c) ____ va in autobus. Man fährt mit dem Bus dahin.
d) ____ dà tempo. Man gibt ihm Zeit.
e) ____ vede ogni giorno. Man sieht sie jeden Tag.
f) ____ discute spesso. Man diskutiert oft darüber.

7 Wenn Sie noch mehr zum Gebrauch von *si*-Konstruktionen wissen wollen

a) Oft wird anstatt der 1. Person Plural eine si-Konstruktion verwendet.
A che ora si parte? Um wie viel Uhr fährt man los?
Statt: A che ora partiamo? Um wie viel Uhr fahren wir los?
Dove si va? Wohin geht man?
Statt: Dove andiamo? Wohin gehen wir?

b) Si-Konstruktionen werden auch anstelle des Passivs verwendet.
Non si accettano carte di credito.
Es werden keine Kreditkarten angenommen.
Il festival si è aperto. Das Festival wurde eröffnet.

c) In Zeitungsanzeigen findet man in der Regel das si an das Verb angehängt.
Cercasi babysitter. Babysitter gesucht.
Vendesi appartamento. Wohnung zu verkaufen.

19 Die unpersönliche Form *si*

8 Weitere Möglichkeiten, „man" im Italienischen auszudrücken

Sie können „man" auch anders als mit *si* ausdrücken, z. B.:

a) mit dem Indefinitpronomen *uno*. In diesem Fall steht das Verb immer im Singular. Diese Konstruktion wird eher in der Umgangssprache benutzt.
In estate **si** va al mare. = In estate **uno** va al mare.
Im Sommer fährt man ans Meer.
In Italia **si** mangiano molti spaghetti. = In Italia **uno** mangia molti spaghetti.
In Italien isst man viel Spaghetti.

b) mit einigen Verben in der 3. Person Plural
In questo ristorante **si** fa una buona pizza. = In questo ristorante **fanno** una buona pizza.
In diesem Restaurant macht man eine leckere Pizza.
Al cinema **si** dà „La vita è bella" di Benigni. = Al cinema **danno** „La vita è bella".
Im Kino läuft „La vita è bella" von Benigni.
Si dice che questo locale è molto buono. = **Dicono** che questo locale è molto buono.
Man sagt, dass dieses Lokal sehr gut ist.

c) mit einigen unpersönlichen Ausdrücken wie *bisogna* man muss, *occorre* es ist nötig, *serve* man braucht (➡ Kap. 20, 1).
Qui **si** deve fare attenzione. = Qui **bisogna** fare attenzione.
Hier muss man aufpassen.
Prima del viaggio **si** devono cambiare i soldi. = Prima del viaggio **occorre** cambiare i soldi.
Vor der Reise ist es nötig, Geld zu wechseln.
Per fare la pizza **si** deve prendere della farina. = Per fare la pizza **serve** della farina.
Um eine Pizza zu machen, braucht man Mehl.

d) mit einer Passivkonstruktion (➡ Kap. 18).
Questa casa è **stata costruita** l'anno scorso.
Dieses Haus hat man / wurde im vorigen Jahr gebaut.

Die unpersönliche Form si 19

Auf den Punkt gebracht
Nun können Sie wieder überprüfen, ob Sie die wichtigsten Regeln in diesem Kapitel behalten haben.
Füllen Sie bei den folgenden Kontrollaufgaben die Lücken aus oder markieren Sie die richtige Möglichkeit.

1. (→ *1*)
Die Grundregel besagt, dass nach si die (1. / 2. / 3. Person) (Singular / Plural) steht.

2. (→ *2*)
Folgt dem Verb ein direktes Objekt, so richtet sich das Verb nach dem (Objekt / si / Subjekt).
Per la festa si (compra / comprano) molto vino.
Für das Fest kauft man viel Wein.
In Italia si (mangia / mangiano) molti spaghetti.
In Italien isst man viel Spaghetti.
Si (costruisce / costruiscono) molte case. Man baut viele Häuser.

3. (→ *3*)
Wenn ein reflexives si und ein unpersönliches si aufeinander treffen, so lauten die beiden Pronomina _____.
Das Verb steht dann in der (1. / 2. / 3. Person) (Singular / Plural).
Qui _____ veste bene. Hier zieht man sich gut an.

4. (→ *4 a*)
Folgt dem Verb ein Substantiv oder ein Adjektiv, also eine prädikative Ergänzung, dann stehen das Substantiv oder das Adjektiv im (Maskulinum / Femininum) (Singular / Plural).
Quando si è amic__ ci si aiuta. Wenn man befreundet ist, hilft man sich.
Al lavoro si è spesso nervos__. Bei der Arbeit ist man oft nervös.

5. (→ *4 b*)
Wenn es sich bei einer prädikativen Ergänzung explizit um weibliche Personen handelt, dann steht das Substantiv oder das Adjektiv im (Maskulinum / Femininum) (Singular / Plural).
Quando si è mamm__ si è spesso preoccupat__.
Wenn man Mutter ist, ist man oft besorgt.

19 Die unpersönliche Form si

6. (➡ 5)
Bei si-Konstruktionen werden die zusammengesetzten Zeiten immer mit (essere / avere) gebildet.

7. (➡ 5 a)
Wenn das Verb bei persönlicher Konstruktion das *passato prossimo* mit avere bildet, (bleibt das Partizip Perfekt unverändert / steht das Partizip im Maskulinum Plural).
Qui si (è / ha) sempre lavorat__ molto. Hier hat man immer viel gearbeitet.

8. (➡ 5 b)
Wenn das Verb bei persönlicher Konstruktion das *passato prossimo* mit essere bildet, (bleibt das Partizip Perfekt unverändert / steht das Partizip im Maskulinum Plural).
L'estate scorsa si (è / ha) andat__ al mare.
Im vergangenem Sommer ist man ans Meer gefahren.

9. (➡ 6)
Direkte und indirekte Pronomen stehen (vor / nach) dem si.

Besonderheiten bei Verben 20

1 Unpersönliche Ausdrücke und Verben

Unpersönliche Ausdrücke und Verben haben kein genau definiertes Subjekt.
Piove. Es regnet.
Basta! Jetzt reicht's / Genug!

1.1 Unpersönliche Verben

Unter den unpersönlichen Verben gibt es solche, die nur unpersönlich gebraucht werden können und andere, die sowohl unpersönlich als auch persönlich verwendet werden.

1.1.1 Verben, die nur unpersönlich verwendet werden
Verben, die nur in einer unpersönlichen Form verwendet werden sind z. B.:
bisogna man muss, importa es ist wichtig, può darsi / può essere es kann sein.
Bisogna trovare una soluzione. Man muss eine Lösung finden.
Può darsi che lui non abbia capito. Es kann sein, dass er nicht verstanden hat.
Weiterhin gehören dazu Verben, die einen meteorologischen Zustand bezeichnen:
grandina es hagelt, gela es friert, lampeggia es blitzt, nevica es schneit, piove es regnet, tuona es donnert.
Oggi **piove**. Heute regnet es.
Dicono che domani **nevicherà**. Man sagt, dass es morgen schneien wird.

1.1.2 Verben, die sowohl unpersönlich als auch persönlich verwendet werden können
Zu den Verben, die sowohl unpersönlich als auch persönlich verwendet werden gehören z. B.:
accade / capita / succede es geschieht, basta es genügt, conviene es ist angebracht / es lohnt sich, pare / sembra es scheint, serve es ist nötig / man braucht.

unpersönliche Verwendung	persönliche Verwendung
Bei den unpersönlichen Verwendungen ist das Subjekt nicht definiert. In diesen Fällen steht das Verb immer im Singular.	Bei den persönlichen Verwendungen ist das Subjekt (in den Beispielen unterstrichen) genannt. In diesen Fällen richtet sich das Verb nach dem Subjekt.
A volte **accade / capita / succede** che perdiamo il treno. Manchmal kommt es vor, dass wir den Zug verpassen.	Queste cose **accadono / capitano / succedono** spesso. Diese Dinge geschehen oft.

20 Besonderheiten bei Verben

unpersönliche Verwendung	persönliche Verwendung
Adesso **basta**! Jetzt ist Schluss! **Conviene** arrivare un po' prima. Es ist angebracht, etwas früher anzukommen. **Pare** / **Sembra** che Ugo non sia d'accordo. Es scheint, dass Ugo nicht einverstanden ist. Non **serve** andarci; non c'è nessuno. Es ist nicht nötig dahin zu gehen, es ist keiner da.	I soldi non **bastano**. Das Geld reicht nicht. Questo affare non ci **conviene**. Dieses Geschäft lohnt sich für uns nicht. Ugo non **pare** / **sembra** d'accordo. Ugo scheint nicht einverstanden zu sein. Per fare il sugo **servono** dei pomodori. Um die Soße zu machen, braucht man Tomaten.

Test 1

Entscheiden Sie, ob in den folgenden Sätzen die Verben persönlich (p) oder unpersönlich (u) verwendet werden.

                                                                                                                    p   u

a) Il tempo non basta mai. Die Zeit reicht nie aus. ☐ ☐
b) Domani mi serve la macchina. Morgen brauche ich das Auto. ☐ ☐
c) Conviene dire la verità. Es lohnt sich, die Wahrheit zu sagen. ☐ ☐
d) Basta non avere paura.
   Es genügt, keine Angst zu haben. ☐ ☐
e) Pare che non abbiate capito.
   Es scheint, dass ihr nicht verstanden habt. ☐ ☐
f) Eva sembra non aver capito la regola.
   Eva scheint die Regel nicht verstanden zu haben. ☐ ☐
g) Questo contratto non mi conviene.
   Dieser Vertrag lohnt sich nicht für mich. ☐ ☐
h) Può essere che Olga abbia tempo.
   Es kann sein, dass Olga Zeit hat. ☐ ☐

1.1.3 Besonderheiten beim Gebrauch von unpersönlichen Verben

a) Unpersönliche Verben bilden alle zusammengesetzten Zeiten mit **essere** (➡ Kap. 11, 3.1.2, a). In persönlichen Konstruktionen wird das Partizip dem Subjekt angeglichen.	Non è **servito** a niente. Es hat nichts genutzt. E poi ho visto che i soldi mi erano **bastati**. Und dann habe ich gesehen, dass mir das Geld gereicht hatte. **Sono successe** delle cose strane. Es sind merkwürdige Dinge geschehen.

358   *1 Unpersönliche Ausdrücke und Verben*

Besonderheiten bei Verben 20

Aber:
- Bei grandina, gela, lampeggia, nevica, piove, tuona kann man sowohl essere als auch avere verwenden.
- Bisogna, importa und conviene kennen keine zusammengesetzten Zeiten.

È / ha piovuto tutto il giorno.
Es hat den ganzen Tag geregnet.
Il 24 dicembre è / ha nevicato.
Am 24. Dezember hat es geschneit.
Una volta qui non c'era un bus e bisognava andare sempre a piedi.
Früher gab es hier keinen Bus und man musste zu Fuß gehen.
Non importava se era tardi.
Es machte nichts, wenn es spät war.

b) Nach unpersönlichen Verben steht der *congiuntivo* (➡ Kap. 12, 1.2.1, b).

Basta che Gigi ci dica la verità.
Es genügt, dass Gigi uns die Wahrheit sagt.
Non importa che tu non abbia tempo.
Es macht nichts, wenn du keine Zeit hast.

c) Bei unpersönlichen Verben ist auch eine Infinitivkonstruktion möglich (➡ Kap. 15, 1.3.1).
Beachten Sie
Im Gegensatz zum Deutschen wird der Infinitiv ohne Präposition angeschlossen.

Conviene andare a casa. Es ist angebracht, nach Hause zu gehen.
Carlo sembra avere fretta.
Carlo scheint es eilig zu haben.
Bisogna capirlo.
Man muss ihn verstehen.

d) Folgt einem unpersönlichen Verb eine Konstruktion mit essere bzw. stare + Adjektiv, steht das Adjektiv im Maskulinum Plural.

Basta essere onesti.
Es genügt, ehrlich zu sein.
Bisogna stare attenti.
Man muss aufpassen.
Capita di essere distratti. Es kommt vor, dass man unachtsam ist.

Test 2
Setzen Sie die richtige Form des Hilfsverbs (è bzw. sono) und die entsprechende Partizipendung ein.
a) Ci ____ success__ una storia strana.
   Es ist uns eine merkwürdige Geschichte passiert.
b) Sai che cosa ____ capitat__ a Nina? Weißt du, was Nina passiert ist?
c) La tua proposta non ____ servit__ a niente.
   Dein Vorschlag hat nichts genutzt.

20 Besonderheiten bei Verben

d) I tuoi consigli mi ____ servit__ moltissimo.
   Deine Ratschläge haben mir sehr genutzt.
e) Le tue amiche mi ____ sembrat__ strane.
   Deine Freundinnen sind mir merkwürdig vorgekommen.
f) La pasta non ____ bastat__ per tutti. Die Pasta hat nicht für alle gereicht.
g) I panini non ____ bastat__ per tutti.
   Die Brötchen haben nicht für alle gereicht.
h) Non ____ success__ niente. Es ist nichts passiert.

Test 3
Markieren Sie die richtige(n) Möglichkeit(en).
a) Bisogna che tu ci (vada / andare) subito.
   Es ist nötig, dass du sofort dahin gehst.
b) Oggi non (è / ha) piovuto. Heute hat es nicht geregnet.
c) Bisogna (risponda / rispondere) subito. Man muss sofort antworten.
d) Succede di essere (nervoso / nervosi). Es kommt vor, dass man nervös ist.
e) Capita che il treno (arrivare / arrivi) in ritardo.
   Es kommt vor, dass der Zug zu spät kommt.
f) Basta che lei (prenda / prendere) una decisione.
   Es genügt, dass sie eine Entscheidung trifft.
g) Ieri (è / ha) nevicato tutto il giorno.
   Gestern hat es den ganzen Tag geschneit.
h) Basta essere (contento / contenti). Es genügt, zufrieden zu sein.
i) Le tue informazioni ci (sono / hanno) (servite / servito).
   Deine Informationen haben uns genützt.

1.2 Unpersönliche Ausdrücke

1.2.1 Unpersönliche Ausdrücke mit essere
Ähnlich wie im Deutschen können unpersönliche Ausdrücke gebildet werden mit

a) essere + Substantiv	è una fortuna es ist ein Glück è (un) peccato es ist schade è una vergogna es ist eine Schande è un problema es ist ein Problem è ora di es ist Zeit u. a. m.	**È una fortuna** trovare bel tempo. Es ist ein Glück, schönes Wetter vorzufinden. Per molti è **un problema** arrivare in ritardo. Für viele ist es ein Problem, zu spät zu kommen. **È ora** di partire. Es ist Zeit abzufahren.

Besonderheiten bei Verben 20

b) essere + Adjektiv	è importante es ist wichtig è bello es ist schön è brutto es ist hässlich è difficile es ist schwer è facile es ist leicht è necessario es ist notwendig è triste es ist traurig è giusto es ist richtig u. a. m.		È importante che tu ci vada subito. Es ist wichtig, dass du sofort dahin gehst. Non è difficile capire la grammatica. Es ist nicht schwer, die Grammatik zu verstehen. È triste non avere amici. Es ist traurig, keine Freunde zu haben.
c) essere + Adverb	Diese Konstruktion gilt nur für Adverbien wie bene gut, male schlecht, meglio besser, peggio schlechter: è bene es ist gut è male es ist schlecht è meglio es ist besser è peggio es ist schlechter.		È bene avere pazienza. Es ist gut, Geduld zu haben. È meglio che torniate a casa. Es ist besser, dass ihr wieder nach Hause geht.

Beachten Sie
Bei unpersönlichen Ausdrücken finden sich ähnliche Konstruktionen wie bei den unpersönlichen Verben.
a) Das *passato prossimo* wird mit essere gebildet.
   È stato un peccato che Aldo non sia venuto alla festa.
   Es ist schade gewesen, dass Aldo nicht zum Fest gekommen ist.
   È stato importante andarci subito.
   Es ist wichtig gewesen, sofort dahin zu gehen.
   È stato meglio così. Es war besser so.
   Aber: è ora (es ist Zeit) wird nicht in zusammengesetzten Zeiten verwendet. In der Vergangenheit benutzt man das *imperfetto*.
   Era ora di partire. Es war Zeit, wegzufahren.
   Era ora che Franco partisse. Es war Zeit, dass Franco weggefahren ist.
b) Nach unpersönlichen Ausdrücken steht der *congiuntivo* (➡ Kap. 12, 1.2.1b).
   È una fortuna che Piero **abbia** molti amici.
   Es ist ein Glück, dass Piero viele Freunde hat.
   È importante che tu **capisca** questa regola.
   Es ist wichtig, dass du diese Regel verstehst.
c) Es sind auch Infinitivkonstruktionen möglich (➡ Kap. 15, 1.3.1).
   È una fortuna **avere** molti amici. Es ist ein Glück, viele Freunde zu haben.
   È importante **capire** questa regola. Es ist wichtig, diese Regel zu verstehen.
   Im Gegensatz zum Deutschen wird der Infinitiv ohne Präposition angeschlossen.

Besonderheiten bei Verben

Aber: è ora wird mit di angeschlossen: È ora di andare a casa. Es ist Zeit, nach Hause zu gehen.

Gegenüber den unter b) erwähnten Konstruktionen mit *congiuntivo* haben Infinitivkonstruktionen kein genau definiertes Subjekt. Dies gibt der Aussage eine gewisse Allgemeingültigkeit. Vergleiche:

È una fortuna che Piero **abbia** molti amici. Und:
È una fortuna **avere** molti amici.

d) Wenn einem unpersönlichen Ausdruck eine Konstruktion mit essere bzw. stare + Adjektiv folgt, steht das Adjektiv im Maskulinum Plural.
Quando si guida è **importante stare** attenti.
Wenn man Auto fährt, ist es wichtig, aufmerksam zu sein.
È meglio essere ricchi e sani che poveri e malati.
Es ist besser, reich und gesund zu sein, als arm und krank.

Test 4

Markieren Sie die richtige Möglichkeit.
a) È ora che Gianni (torna / torni / tornare) a casa.
   Es ist Zeit, dass Gianni nach Hause kommt.
b) È ora di (torna / torni / tornare) a casa. Es ist Zeit, nach Hause zu gehen.
c) (È / Ha / Sono) stata una fortuna che tu (sei / sia / essere) arrivato.
   Es war ein Glück, dass du gekommen bist.
d) È triste non (abbia / hai / avere) buoni amici.
   Es ist traurig, keine guten Freunde zu haben.
e) Non è importante (abbia / hai / avere) sempre ragione.
   Es ist nicht wichtig, immer Recht zu haben.
f) È bello (andare / vada / va) in vacanza. Es ist schön, in Ferien zu fahren.
g) È bello che tu (andare / vada / vai) in vacanza.
   Es ist schön, dass du in Ferien fährst.
h) È meglio essere (riposato / riposati / riposata).
   Es ist besser ausgeruht zu sein.

1.2.2 Unpersönliche Ausdrücke mit fare

Das Italienische kennt darüber hinaus eine kleine Gruppe von unpersönlichen Ausdrücken, die mit fare gebildet werden.
– Einige beziehen sich auf meteorologische Zustände wie:
   fa freddo es ist kalt, fa caldo es ist warm, fa bel tempo es ist schönes Wetter,
   fa brutto tempo es ist schlechtes Wetter.
   Speriamo che domani non **faccia** troppo **caldo**.
   Hoffen wir, dass es morgen nicht zu warm wird.
– Weitere unpersönliche Ausdrücke mit fare sind z. B.:
   fa bene es tut gut, fa male es tut weh, fa piacere es bereitet Vergnügen,
   fa pena es macht Mühe.

Besonderheiten bei Verben 20

Fa piacere sapere che tutto va bene.
Es bereitet Vergnügen zu wissen, dass alles gut geht.

Beachten Sie
Unpersönliche Ausdrücke mit fare bilden alle zusammengesetzten Zeiten mit avere:
Oggi **ha** fatto bel tempo. Heute war schönes Wetter.

2 Verben mit direktem bzw. indirektem Objekt

Es gibt Verben, die ein direktes bzw. ein indirektes Objekt haben. In den meisten Fällen gibt es eine Übereinstimmung zwischen dem Italienischen und dem Deutschen.
mit direktem Objekt: Compro un libro. Ich kaufe ein Buch.
mit indirektem Objekt: Scrivo a un amico. Ich schreibe einem Freund.

2.1 Verben mit direktem Objekt

Bei einigen Verben aber gibt es Abweichungen vom Deutschen. Hier die gebräuchlichsten Verben, die im Italienischen ein direktes Objekt nach sich ziehen, im Deutschen aber nicht.

aiutare qd jdm helfen	La aiuto sempre. Ich helfe ihr immer.
ascoltare qd jdm zuhören	Ascoltalo! Hör ihm zu!
assistere qd jdm beistehen	Li assisto volentieri. Ich stehen ihnen gerne bei.
contraddire qd jdm widersprechen	Non lo contraddico mai. Ich widerspreche ihm nie.
minacciare qd jdm drohen	La hanno minacciata. Man hat ihr gedroht.
ringraziare qd jdm danken	La ringrazio, dottore. Ich danke Ihnen, Herr Doktor.
seguire qd jdm folgen	Li ho seguiti per due ore. Ich bin ihnen zwei Stunden lang gefolgt.
servire qd jdm dienen	Lo hanno servito bene. Man hat ihm gut gedient.

Beachten Sie
Diese transitiven Verben können ein persönliches Passiv bilden (➡ Kap. 18). Jedes gute Wörterbuch gibt Auskunft darüber, welche Verben ein direktes Objekt nach sich ziehen; sie sind mit *tr.* bzw. *trans.* gekennzeichnet.

Besonderheiten bei Verben

2.2 Verben mit indirektem Objekt

Auch bei Verben mit indirektem Objekt gibt es Abweichungen. Hier die gebräuchlichsten Verben, die im Italienischen ein indirektes Objekt nach sich ziehen, im Deutschen aber nicht. Diese Verben werden mit der Präposition a angeschlossen.

chiedere / domandare a qd jdn fragen / bitten	Le ho domandato un'informazione. Ich habe sie um eine Information gebeten.
ricordare a qd jdn erinnern	Gli devo ricordare sempre tutto. Ich muss ihn an alles erinnern.
telefonare a qd jdn anrufen	Dottore, Le telefono domani. Herr Doktor, ich rufe Sie morgen an.
mentire a qd jdn anlügen	Non le ho mentito. Ich habe sie nicht angelogen.
badare a qd auf jdn achten	Ugo è uno stupido. Perché gli badi? Ugo ist doof. Warum achtest du auf ihn?
rivolgere a qd la parola jdn ansprechen	Gli rivolgo la parola. Ich spreche ihn an.

Beachten Sie
Mit intransitiven Verben ist keine Passivkonstruktion möglich (➧ Kap. 18, 3–4). Auch hier gibt jedes gute Wörterbuch Auskunft darüber, welche Verben im Italienischen ein indirektes Objekt nach sich ziehen.

Test 5
Markieren Sie das richtige Pronomen.
a) (Li / Gli) aiutiamo volentieri. Wir helfen ihnen gern.
b) Signora (La / Le) posso domandare un favore?
   Gnädige Frau, darf ich Sie um einen Gefallen bitten?
c) (Lo / Gli) telefono più tardi. Ich rufe ihn später an.
d) (Li / Gli) ascolto volentieri. Ich höre ihnen gerne zu.
e) Perché (lo / gli) contraddici? Warum widersprichst du ihm?
f) (Lo / Gli) hai ringraziato? Hast du ihm gedankt?
g) (Lo / Gli) ricordo sua sorella. Ich erinnere ihn an seine Schwester.
h) Non (la / le) chiedo mai dove va. Ich frage sie nie, wo sie hingeht.

Besonderheiten bei Verben **20**

3 Verben, die eine Ergänzung mit *a* bzw. mit *di* nach sich ziehen

Zahlreiche italienische Verben werden mit der Präposition a bzw. di[1] angeschlossen. Sie können folgende Ergänzung haben:

a) ein Substantiv oder einen Infinitiv	Mi abituo **al caldo**. Ich gewöhne mich an die Hitze. Mi abituo **ad andare** a piedi. Ich gewöhne mich daran, zu Fuß zu gehen.
b) nur einen Infinitiv	Mi metto **a leggere**. Ich beginne zu lesen.
c) nur ein Substantiv	Credo all'amicizia. Ich glaube an die Freundschaft.

3.1 Verben, die mit der Präposition a angeschlossen werden

Unter den Verben, die mit der Präposition a angeschlossen werden, gibt es solche, bei denen a Ausdruck des indirekten Objektes ist (➡ Kap. 20, 2.2). Das indirekte Objekt kann hier durch ein Pronomen ersetzt werden.
Scrivo **alla mia amica**. Le scrivo sempre a Natale.
Ich schreibe meiner Freundin. Ich schreibe ihr immer zu Weihnachten.
Bei anderen Verben leitet die Präposition a eine Ergänzung des Verbs ein. Nur in diesem letzteren Fall kann die Ergänzung durch das Pronominaladverb ci ersetzt werden (➡ Kap. 10, 5).
Riesco a capire la regola. Mir gelingt es, die Regel zu verstehen.
→ **Ci** riesco. Mir gelingt es.
Hier die gebräuchlichsten Verben, deren Ergänzung durch ci ersetzt werden kann.

Die Ergänzung erfolgt	Verben	Beispiele
– durch ein Substantiv – durch einen Infinitiv	abituare gewöhnen abituarsi sich gewöhnen adattarsi sich anpassen badare Acht geben limitarsi sich beschränken obbligare verpflichten prepararsi sich vorbereiten rinunciare verzichten contribuire beitragen	Mi adatto alla situazione Ich passe mich der Situation an. → Mi **ci** adatto. Ich passe mich (dem) an. Rinuncio a capirlo. Ich verzichte darauf, ihn zu verstehen. → **Ci** rinuncio. Ich verzichte darauf.

---
[1] Welche Präposition einem Verb folgt, können Sie in jedem guten Wörterbuch nachschlagen.

Besonderheiten bei Verben

Die Ergänzung erfolgt	Verben	Beispiele
– nur durch einen Infinitiv	divertirsi sich amüsieren esitare zögern mettersi anfangen riuscire schaffen sforzarsi sich zwingen	Esito sempre a rispondere. Ich zögere immer zu antworten. → Ci esito sempre. Ich zögere immer damit.
– nur durch ein Substantiv	credere glauben reagire reagieren	Reagisco alla richiesta. Ich reagiere auf die Nachfrage. → Ci reagisco. Ich reagiere darauf.

3.2 Verben, die mit der Präposition di angeschlossen werden

Eine Reihe von Verben werden mit der Präposition di angeschlossen. Bei einigen dieser Verben kann die Ergänzung durch das Pronominaladverb ne ersetzt werden (➜ Kap. 10, 6).
Gigi si vanta di essere bello. Gigi rühmt sich, schön zu sein.
→ Se ne vanta. Er rühmt sich damit.
Hier die gebräuchlichsten Verben, deren Ergänzung durch ne ersetzt werden kann.

Die Ergänzung erfolgt	Verben	Beispiele
– durch ein Substantiv – durch einen Infinitiv	accorgersi bemerken, avvertire benachrichtigen, dubitare zweifeln, fare a meno verzichten, fidarsi trauen, godere sich freuen, incaricare beauftragen, interessarsi sich bemühen, lagnarsi sich beklagen, meravigliarsi sich wundern, occuparsi sich kümmern, pentirsi bereuen, preoccuparsi sich sorgen, rallegrarsi sich freuen, vantarsi sich rühmen, vergognarsi sich schämen	Mi occupo dei bambini. Ich kümmere mich um die Kinder. → Me ne occupo. Ich kümmere mich darum. Mi meraviglio di trovarti ancora qui. Ich wundere mich, dich hier noch anzutreffen. → Me ne meraviglio. Ich wundere mich darüber.

Besonderheiten bei Verben 20

Die Ergänzung erfolgt	Verben	Beispiele
– nur durch einen Infinitiv	avere voglia Lust haben illudersi sich etw. vormachen pregare bitten, beten vale la pena es lohnt sich	Non ho voglia di andare a casa. Ich habe keine Lust, nach Hause zu gehen. → Non **ne** ho voglia. Ich habe keine Lust dazu.

Test 6

Markieren Sie die richtige Möglichkeit.
a) Non me (ci / ne) sono accorto. Ich habe es nicht bemerkt.
b) (Ci / Ne) dobbiamo proprio rinunciare?
   Müssen wir wirklich darauf verzichten?
c) (Ci / Ne) vale veramente la pena! Es lohnt sich wirklich!
d) Non (ci / ne) posso fare a meno. Ich kann nicht darauf verzichten.
e) Mi (ci / ne) diverto sempre. Ich amüsiere mich immer damit.
f) Non (ci / ne) credo! Ich glaube nicht daran!

Auf den Punkt gebracht

Nun können Sie wieder überprüfen, ob Sie die wichtigsten Regeln in diesem Kapitel behalten haben. Füllen Sie bei den folgenden Kontrollaufgaben die Lücken aus oder markieren Sie die richtige(n) Möglichkeit(en).

1. (➡ 1.1)   ja   nein
a) Unter den unpersönlichen Verben gibt es solche, die nur
   unpersönlich gebraucht werden können.   ☐   ☐
b) Unter den unpersönlichen Verben gibt es solche, die sowohl
   unpersönlich als auch persönlich verwendet werden können.   ☐   ☐

2. (➡ 1.1.2)
a) Bei den unpersönlichen Verwendungen ist das Subjekt (nicht definiert / genannt).
b) Bei den persönlichen Verwendungen ist das Subjekt (nicht definiert / genannt).
c) Bei den unpersönlichen Verwendungen (richtet sich das Verb nach dem Subjekt / steht das Verb immer im Singular).
d) Bei den persönlichen Verwendungen (richtet sich das Verb nach dem Subjekt / steht das Verb immer im Singular).

Besonderheiten bei Verben

3. (➠ *1.1.3*)
a) Unpersönliche Verben bilden alle zusammengesetzten Zeiten mit (essere / avere).
b) Nach unpersönlichen Verben steht (der Indikativ / der Konjunktiv / der Infinitiv).
c) Folgt einem unpersönlichen Verb eine Konstruktion mit essere bzw. stare + Adjektiv, steht das Adjektiv im Maskulinum (Singular / Plural).

4. (➠ *1.2.1*)
a) Unpersönliche Ausdrücke bilden alle zusammengesetzten Zeiten mit (essere / avere).
b) Nach einem unpersönlichen Ausdruck steht (der Indikativ / der Konjunktiv / der Infinitiv).
c) Folgt einem unpersönlichen Ausdruck eine Konstruktion mit essere bzw. stare + Adjektiv, steht das Adjektiv im Maskulinum (Singular / Plural).

5. (➠ *2*)   ja   nein
a) Bei allen Verben, die ein direktes bzw. ein indirektes Objekt haben, gibt es eine Übereinstimmung zwischen dem Italienischen und dem Deutschen.   ☐   ☐
b) Bei den meisten Verben, die ein direktes bzw. ein indirektes Objekt haben, gibt es eine Übereinstimmung zwischen dem Italienischen und dem Deutschen.   ☐   ☐

6. (➠ *3*)
a) Unter den Verben, die mit der Präposition a angeschlossen werden, gibt es solche, bei denen die Ergänzung mit a durch das Pronominaladverb (ci / ne) ersetzt werden kann.
b) Unter den Verben, die mit der Präposition di angeschlossen werden, gibt es solche, bei denen die Ergänzung mit di durch das Pronominaladverb (ci / ne) ersetzt werden kann.

Das Adverb 21

Was Sie vorab wissen sollten

Das Adverb dient dazu, Verben, Adjektive, andere Adverbien oder ganze Sätze näher zu bestimmen. Adverbien sind unveränderlich. Anders als im Deutschen, haben im Italienischen Adverbien Formen, die sich von den entsprechenden Formen der Adjektive unterscheiden.
Adjektiv: Il treno è molto **lento**. Der Zug ist sehr langsam.
Adverb: Il treno viaggia molto **lentamente**. Der Zug fährt sehr langsam.

1 Bildung des Adverbs

Es gibt Adverbien, die auf -mente enden und von einem Adjektiv abgeleitet werden und andere, die sich nicht ableiten lassen; letztere nennt man ursprüngliche Adverbien.

1.1 Adverbien auf -mente

Adverbien auf -mente werden von einem Adjektiv abgeleitet.

1.1.1 Formen, die von Adjektiven auf -o / -a abgeleitet werden

Bei Adjektiven auf -o / -a benutzt man die feminine Form und hängt die Endung -mente an.
lento / lenta → lent**a-mente** langsam
certo / certa → cert**a-mente** sicher
Aber: leggero (leicht) und violento (stark, gewaltsam) sind Ausnahmen und bilden die Formen wie folgt: leggero → legger-**mente**, violento → violente-**mente**

1.1.2 Formen, die von Adjektiven auf -e abgeleitet werden

Bei den Adjektiven auf -e wird die Endung -mente an die Singularform des Adjektivs angehängt.
felice → felice-**mente** glücklich
dolce → dolce-**mente** sanft
Aber: Endet ein Adjektiv auf -re oder -le, wird -mente an den Stamm (d. h. an das -r- bzw. -l-) angehängt.
regolare → regolar-**mente** regelmäßig, cordiale → cordial-**mente** herzlich

Test 1

Wie lauten die entsprechenden Adverbien?
a) chiaro / -a klar
b) perfetto / -a perfekt
c) curioso / -a neugierig
d) regolare regelmäßig
e) vero / -a wahr
f) tradizionale traditionell
g) breve kurz
h) stabile stabil
i) particolare besonders
l) cordiale herzlich

Das Adverb

1.2 Ursprüngliche Adverbien

Ursprüngliche Adverbien haben keine spezifische Endung und lassen sich daher von keinem anderen Wort herleiten. Dazu gehören:

Adverbien der Zeit

ieri gestern, oggi heute, domani morgen, presto früh / schnell, tardi spät, subito sofort, già schon, ora / adesso jetzt, spesso oft	Ieri sono stato a casa. Gestern war ich zu Hause. Giulio non torna subito. Giulio kommt nicht sofort zurück. Non venire tardi! Komm nicht spät! Adesso andiamo via. Jetzt gehen wir weg.

Adverbien des Ortes

qui / qua hier / hierher, lì / là dort / dorthin, davanti vorne, dietro hinten, sopra oben, sotto unten, vicino nahe, lontano weit	Qui si sta bene. Hier fühlt man sich gut. Vado lì o resto qui? Gehe ich dorthin, oder bleibe ich hier? La posta? È proprio qui vicino. Die Post? Sie ist hier ganz in der Nähe.

Adverbien der Art und Weise

forse vielleicht, quasi fast, bene gut, male schlecht, volentieri gerne usw.	Con te resto volentieri. Mit dir bleibe ich gerne. Forse Kathrin non è a casa. Vielleicht ist Kathrin nicht zu Hause.

Adverbien der Menge

molto / tanto / assai sehr / viel, poco wenig, abbastanza ziemlich, troppo zu viel, più mehr, meno weniger.	Hai molto da fare? Hast du viel zu tun? Oggi ho lavorato abbastanza. Heute habe ich genug gearbeitet. Hai capito? Più o meno! Hast du verstanden? – Mehr oder weniger.

1.3 Adverbiale Ausdrücke

Einige Adverbien auf -mente werden häufig durch adverbiale Ausdrücke ersetzt.

Adjektiv	Adverb	Adverbialer Ausdruck
improvviso	improvvisamente	all'improvviso plötzlich
indubbio	indubbiamente	senza dubbio zweifelsfrei
perfetto	perfettamente	in modo perfetto perfekt
sicuro	sicuramente	di sicuro sicher
elegante	elegantemente	in maniera elegante elegant

Das Adverb 21

Adjektiv	Adverb	Adverbialer Ausdruck
generale	generalmente	in generale / in genere generell
gentile	gentilmente	con gentilezza freundlich
regolare	regolarmente	con regolarità regelmäßig
speciale	specialmente	in modo speciale speziell

Beachten Sie
Eine Reihe adverbialer Ausdrücke werden mit in modo bzw. in maniera + Adjektiv zusammengesetzt:
in modo simpatico / intelligente / gentile / speciale bzw. in maniera / simpatica / intelligente / gentile / speciale auf sympathische, intelligente, nette, spezielle Art / Weise.

Test 2

Versuchen Sie, die entsprechende Form des Adverbs abzuleiten.

Adverbialer Ausdruck	Adjektiv	Adverb
con simpatia mit Sympathie	simpatico / -a	*simpaticamente*
a) per fortuna zum Glück	fortunato / -a	_____
b) in segreto insgeheim	segreto / -a	_____
c) di nuovo wieder	nuovo / -a	_____
d) all'improvviso plötzlich	improvviso / -a	_____
e) in modo dettagliato detailliert	dettagliato / -a	_____
f) in maniera intelligente intelligent	intelligente	_____

1.4 Unregelmäßige Adverbbildung

1.4.1
buono (gut) und cattivo (schlecht) bilden Adverbien wie folgt:

Adjektiv	Adverb		
buono / -a / -i / -e	**bene**	Qui il vino è buono e si mangia **bene**.	
		Hier ist der Wein gut und man isst gut.	
cattivo / -a / -i / -e	**male**	Qui il vino è cattivo e si mangia **male**.	
		Hier ist der Wein schlecht und man isst schlecht.	

1 Bildung des Adverbs

21 Das Adverb

1.4.2

poco (wenig), molto (sehr / viel), tanto (so sehr / so viel), parecchio (ziemlich viel), troppo (zu viel) werden sowohl als Adjektiv als auch als Adverb gebraucht (➡ Kap. 4, 2.5).

Adjektiv	Adverb
Die Formen sind veränderlich	Die Formen sind unveränderlich
Delia ha molti amici e molte amiche. Delia hat viele Freunde und viele Freundinnen. Silvia ha tante amiche. Silvia hat so viele Freundinnen.	Qui mi diverto molto. Hier amüsiere ich mich sehr. Silvia lavora tanto. Silvia arbeitet so viel.

Test 3
Markieren Sie die richtige(n) Lösung(en).
a) Gina ha telefonato (all'improvviso / improvvisamente / improvvisa).
   Gina hat plötzlich angerufen.
b) All'esame Gaia ha risposto (bene / buona / buono).
   Bei der Prüfung hat Gaia gut geantwortet.
c) Il suo esame è stato (buona / male / buono). Ihre Prüfung ist gut gewesen.
d) Si sono sposati (in segreto / segretamente / segreti).
   Sie haben heimlich geheiratet.
e) Il loro matrimonio è stato (in segreto / segretamente / segreto).
   Ihre Trauung ist geheim gewesen.
f) Ciro ha (poco / pochi / tanto) soldi. Ciro hat wenig Geld.
g) Gianni guadagna (poco / pochi / tanti). Gianni verdient wenig.

2 Stellung des Adverbs

Da das Adverb dazu dient, Verben, Adjektive, andere Adverbien oder ganze Sätze zu bestimmen, steht es generell unmittelbar bei dem Satzteil, auf den es sich bezieht (in den Beispielen unterstrichen).

Auf ein **Adjektiv** bezogen, steht das Adverb vor dem Adjektiv.	È un problema **puramente** pratico Das ist ein rein praktisches Problem.

Das Adverb

Auf ein anderes **Adverb** bezogen, steht das Adverb **vor** dem Adverb.	Nina canta **abbastanza** bene. Nina singt ziemlich gut. Rosa arriva **sistematicamente** tardi. Rosa kommt systematisch zu spät.
Auf einen ganzen **Satz** bezogen, steht das Adverb vor dem Satz.	**Probabilmente** Sergio viene in treno. Wahrscheinlich kommt Sergio mit dem Zug.
Auf ein **Verb** bezogen, verhält sich das Adverb wie folgt: Bei einer einfachen Form steht das Adverb **nach** dem Verb. Bei einer zusammengesetzten Form steht das Adverb **nach** dem Partizip Perfekt. Bei einem Infinitiv, Partizip, bzw. Gerundium steht das Adverb **nach** dem Infinitiv, Partizip, bzw. Gerundium	Tina lavora **intensamente**. Tina arbeitet intensiv. Avevo bevuto **poco**. Ich hatte wenig getrunken. Arrivati **presto** a casa, abbiamo telefonato. Nachdem wir früh zu Hause angekommen waren, haben wir angerufen. Qui potete dormire **bene**. Hier könnt ihr gut schlafen. Lavorando **tanto** non godi la vita. Wenn du so viel arbeitest, genießt du nicht das Leben.
Aber: In den zusammengesetzten Formen stehen già (schon), quasi (fast), sempre (immer), mai (nie), neanche / neppure (nicht einmal) **zwischen** Hilfsverb und Partizip.	Hanno **già** fatto tutto. Sie haben schon alles erledigt. Viola ha **quasi** finito. Viola ist fast fertig. Walter ha **sempre** fumato. Walter hat immer geraucht. Non sono **mai**[1] stato negli Stati Uniti. Ich bin nie in den Vereinigten Staaten gewesen. Lalla non mi ha **neanche** telefonato. Lalla hat mich nicht einmal angerufen.

---

[1] Weiteres über die mehrfache Verneinung (non ... mai, non ... neanche usw.) ➡ Kap. 23, 1.2.3.

21 Das Adverb

Beachten Sie
Adverbien wie anche / pure (auch), solo / solamente (nur), die sich auf ein Subjekt (ein Nomen, ein Substantiv oder ein Personalpronomen) beziehen, stehen **vor** dem Subjekt.

Pino ha chiamato.	→	**Anche** Pino ha chiamato.
Pino hat angerufen.		Auch Pino hat angerufen.
Lea canta volentieri.	→	**Pure** Lea canta volentieri.
Lea singt gerne.		Auch Lea singt gerne.
C'è la signora Loi.	→	C'è **solo** la signora Loi.
Frau Loi ist da.		Nur Frau Loi ist da.

Bezieht sich das Adverb auf ein Subjekt, das nicht ausdrücklich genannt wird, muss das Subjekt in Form eines Personalpronomens aufgegriffen werden.

Prendo il treno.	→	**Anch'io**[2] prendo il treno
Ich nehme den Zug.		Auch ich nehme den Zug.
Studi lingue.	→	**Solo tu** studi lingue.
Du studierst Sprachen.		Nur du studierst Sprachen.

Test 4

Fügen Sie in die Sätze das entsprechende Adverb ein. Achten Sie dabei auf die Satzstellung.

Piera lavora. Piera arbeitet. / intensamente intensiv.
Piera lavora **intensamente**. Piera arbeitet intensiv.

a) Vincenzo è simpatico. Vincenzo ist sympathisch. / particolarmente besonders

   Vincenzo ist besonders sympathisch.

b) Piera ha lavorato. Piera hat gearbeitet. / anche auch

   Auch Piera hat gearbeitet.

c) Viviana'arriva tardi. Viviana kommt spät. / abitualmente gewöhnlich

   Viviana kommt gewöhnlich spät.

d) Piera ha lavorato. Piera hat gearbeitet. / bene gut

   Piera hat gut gearbeitet.

e) Vado in vacanza in luglio. Ich gehe im Juli in Urlaub. / normalmente normalerweise

   Normalerweise gehe ich im Juli in Urlaub.

---

[2] Vor io wird anche apostrophiert.

Das Adverb

f) Marilena è arrivata. Marilena ist angekommen. / già schon

Marilena ist schon angekommen.

g) Hai soldi? Hast du Geld? / ancora noch

Hast du noch Geld?

h) Ugo ha dimenticato il compleanno di Lia. Ugo hat Lias Geburtstag vergessen. / quasi fast

Ugo hat Lias Geburtstag fast vergessen.

i) Lavoro in fabbrica. Ich arbeite in einer Fabrik. / anche auch

Auch ich arbeite in einer Fabrik.

3   Adverbial gebrauchte Adjektive

Es gibt Adjektive, die die Funktion eines Adverbs übernehmen können.

3.1 Unveränderliche Adjektive in der Funktion eines Adverbs

Einige Adjektive werden in Verbindung mit bestimmten Verben anstelle des Adverbs verwendet. Diese Adjektive werden in der Regel in der maskulinen Form Singular gebraucht. Hier die gängigsten Verb-Adjektiv-Kombinationen:

parlare chiaro / forte / lento / piano / veloce klar / laut / langsam / leise / schnell / sprechen	Cerca di non parlare così forte. Versuche, nicht so laut zu sprechen.
andare piano langsam gehen bzw. fahren	Siamo andati piano perchè c'era nebbia. Wir sind langsam gefahren, weil es neblig war.
guardare fisso fest anschauen	
vestire elegante / sportivo / giovane sich elegant / sportlich / jugendlich anziehen.	Gianna e Paolo vestono giovane. Gianna und Paolo ziehen sich jugendlich an.

3.2 Veränderliche Adjektive in der Funktion eines Adverbs

Wenn nicht das Verb bzw. die Art der Tätigkeit, sondern das Subjekt näher bestimmt wird, ersetzt ein Adjektiv das Adverb. In diesen Fällen steht die Aussage über das Subjekt und nicht über die Art der Tätigkeit im Vordergrund. Das Adjektiv richtet sich dann in Zahl und Geschlecht nach dem Subjekt.

21 Das Adverb

	bedeutet so viel wie
Ugo deve stare calmo. Ugo soll ruhig bleiben. Ada risponde molto calma. Ada antwortet sehr ruhig. Cino e Tito si vestono sempre eleganti. Cino und Tito ziehen sich immer elegant an. Vera e Silvia sono arrivate prime. Vera und Silvia sind als Erste angekommen.	Ugo deve essere calmo. Ugo soll ruhig sein. Ada è molto calma. Ada ist sehr ruhig. Cino e Tito sono eleganti. Cino und Tito sind elegant. Vera e Silvia erano le prime. Vera und Silvia waren die Ersten.

Beachten Sie
Bei andare dritto / lento / veloce (geradeaus, direkt / langsam / schnell gehen) gleicht sich die Endung des Adjektivs dem Subjekt an.
Eva è stanca e perciò è andata dritta a casa.
Eva ist müde und deswegen ist sie direkt nach Hause gegangen.
Da Roma a Napoli siamo andati veloci perché non c'era traffico.
Von Rom nach Neapel sind wir schnell gefahren, weil es keinen Verkehr gab.

4 Steigerung des Adverbs

Was Sie vorab wissen sollten
Bevor Sie diesen Abschnitt über den Komparativ und den Superlativ des Adverbs bearbeiten, sollten Sie die Steigerung des Adjektivs präsent haben (➠ Kap. 4, 5). Wie die Adjektive, bilden auch die Adverbien einen Komparativ sowie einen relativen und einen absoluten Superlativ.

4.1 Der Komparativ

4.1.1 Formen des Komparativs

Auf Entdeckung
Adverbien bilden den Komparativ ähnlich wie Adjektive (➠ Kap. 4, 5.1.1). Versuchen Sie, die Formen des Komparativs des Adverbs aus den entsprechenden Formen des Adjektivs abzuleiten. (➠ *Lösungen*)

Der Komparativ wird gebildet mit:

____ (mehr) + Adverb:	Lavoro ____ intensamente. Ich arbeite intensiver.
____ (weniger) + Adverb:	Lavoro ____ intensamente. Ich arbeite weniger intensiv.

Das Adverb 21

Test 5
Formulieren Sie Vergleiche nach dem Muster:
Carlo lavora con precisione, ma Livio (+) ____ velocemente.
Carlo arbeitet präzise, aber Livio schneller.
Carlo lavora con precisione, ma Livio più velocemente.

a) Tea studia con impegno, Diana (–) ____ seriamente.
   Tea lernt mit Engagement, Diana weniger ernst.
b) Lia vive con responsabilità, Pino (+) ____ allegramente.
   Lia lebt verantwortungsvoll, Pino fröhlicher.
c) Tito guida come un matto, Berto (+) ____ prudentemente.
   Tito fährt wie ein Verrückter, Berto vorsichtiger.
d) Lara nel suo lavoro è molto esatta, Lina lavora (–) ____ precisamente.
   Lara ist in ihrer Arbeit sehr genau, Lina arbeitet weniger präzise.

4.1.2 Wiedergabe von „als" beim Vergleich
Auf Entdeckung
Für das Deutsche „als" nach einem Komparativ gibt es im Italienischen zwei Möglichkeiten: di und che.
Dies gilt sowohl für Adverbien als auch für Adjektive (➡ Kap. 5, 5.1.2).
Wie bei den Adjektiven ist auch bei den Adverbien die Wahl des Vergleichswortes von der Art des nachfolgenden Wortes abhängig. Versuchen Sie, in der folgenden Tabelle die jeweils einzig mögliche Lösung zu markieren.
(➡ *Lösungen*)

a) Vor einem Eigennamen steht (di / che).	Sei arrivato più tardi (di /che) Pia. Du bist später als Pia angekommen.
b) Vor einem näher bestimmten Substantiv steht (di / che).	Sei partito più tardi (di / che) mia madre. Du bist später als meine Mutter abgefahren.
c) Vor einem Substantiv mit Artikel steht (di / che) und verschmilzt mit dem nachfolgenden Artikel.	Vera guida più prudentemente (della / che) sua amica. Vera fährt vorsichtiger als ihre Freundin.
d) Vor einem Pronomen steht (di / che).	Questo computer lavora meno velocemente (di / che) quello. Dieser Computer arbeitet weniger schnell als jener. Ciro telefona più raramente (di / che) te. Ciro ruft seltener an als du.

4 Steigerung des Adverbs

21 Das Adverb

e) Vor einem Ausdruck mit Präposition steht (di / che).

Qui la gente vive più tranquillamente (di / che) in città. Hier leben die Leute ruhiger als in der Stadt.

f) Vor einem Adverb steht (di / che). **Aber:** Bei Zeit- und Ortsadverbien und adverbialen Ausdrücken wie qui hier, lì dort, adesso jetzt, ora jetzt, ieri gestern, oggi heute, domani morgen, prima früher, una volta früher / damals, due / dieci anni fa vor 2 / 10 Jahren ist (di / che) geläufiger.

Meglio tardi (di / che) mai.
Besser spät als nie.
Oggi ho mangiato più volentieri (di /che) ieri.
Heute habe ich lieber (mit mehr Appetit) als gestern gegessen.

Beachten Sie
Leitet das Vergleichswort „als" einen Nebensatz ein, wird im Italienischen di quel che verwendet.
Sono arrivato più tardi **di quel che** pensavo.
Ich bin später angekommen als ich dachte.
Masio impara più facilmente **di quel** che mi aspettavo.
Masio lernt leichter als ich erwartete.
In der gesprochenen, eher aber in der geschriebenen Sprache, werden diese Sätze auch mit di quanto + Konjunktiv (➡ Kap.12, 1.2.1 d) ausgedrückt.
Cinzia lavora più intensamente **di quanto** tu creda.
Cinzia arbeitet intensiver als du denkst.

Test 6
Markieren Sie die richtige Lösung.
a) Bianca esce più volentieri (di /che) te. Bianca geht lieber aus als du.
b) Questo computer costa più (di / che) quello.
   Dieser Computer kostet mehr als jener.
c) Ora vado al cinema più spesso (di /che) tre anni fa.
   Jetzt gehe ich öfter ins Kino als vor drei Jahren.
d) Lea parla meno velocemente (della / che la) sua amica.
   Lea spricht weniger schnell als ihre Freundin.
e) Xenia lavora più lentamente (di / che) lui. Xenia arbeitet langsamer als er.
f) Oggi viviamo più comodamente (di / che) cento anni fa.
   Heute leben wir bequemer als vor 100 Jahren.
g) Ora Gea vede tutto più positivamente (di / che) prima.
   Jetzt sieht Gea alles positiver als früher.
h) Angela vive più volentieri in una città piccola (di / che) in una metropoli.
   Angela lebt lieber in einer kleinen Stadt als in einer Großstadt.

378 *4 Steigerung des Adverbs*

Das Adverb 21

4.1.3 Wiedergabe von „so ... wie"
Die Gleichheitsstufe des Adverbs wird gebildet mit:

Adverb + come	Tu parli correttamente **come** Nina. Du sprichst (so) richtig wie Nina.
Adverb + quanto	Tu parli correttamente **quanto** Nina. Du sprichst (so) korrekt wie Nina.

Man kann ohne Bedeutungsunterschied sowohl come als auch quanto verwenden. Der Gebrauch ist regional und teilweise stilistisch bedingt.
Die Gleichheitsstufe kann auch verstärkt werden durch:

così + Adverb + come	Qui vivo **così** volentieri **come** a Roma. Hier lebe ich so gern wie in Rom.
così + Adverb + quanto	Qui vivo **così** volentieri **quanto** a Roma.
tanto + Adverb + come	Qui vivo **tanto** volentieri **come** a Roma. Hier lebe ich so gern wie in Rom.
tanto + Adverb + quanto	Qui vivo **tanto** volentieri **quanto** a Roma.

Test 7

Formulieren Sie die Vergleiche um nach dem Muster:
Mauro è arrivato più tardi di Sara.   Mauro è arrivato tardi come /
Mauro ist später gekommen als Sara.   quanto Sara.
                                           Mauro ist so spät gekommen wie
                                           Sara.

a) Vito lavora meno regolarmente di te.   Vito lavora _____.
   Vito arbeitet weniger regelmäßig   Vito arbeitet so regelmäßig
   als du.   wie du.
b) Fabio si è alzato più presto di lei.   Fabio si è alzato_____.
   Fabio ist früher aufgestanden   Fabio ist so früh aufgestanden
   als sie.   wie sie.
c) Anna suona più professionalmente   Anna suona _____.
   di una volta.   Anna spielt so professionell
   Anna spielt professioneller als früher. wie früher.
d) Lola parla il russo meglio di Dora.   Lola parla il russo _____.
   Lola spricht Russisch besser als   Lola spricht Russisch so gut
   Dora.   wie Dora.
e) Daria lavora meno di Stefania.   Daria lavora _____.
   Daria arbeitet weniger als Stefania.   Daria arbeitet so viel wie Stefania.

4 Steigerung des Adverbs

Das Adverb

4.2 Der Superlativ

Das Italienische unterscheidet auch beim Adverb zwischen dem relativen Superlativ (am schnellsten) und dem absoluten Superlativ (sehr schnell).

4.2.1 Der relative Superlativ
Der relative Superlativ ist identisch mit dem Komparativ + dem Zusatz di tutti.
Chi corre **più** velocemente **di tutti**? Wer läuft am schnellsten von allen?
Mara si ammala **meno** spesso **di tutti**.
Mara wird von allen am wenigsten oft krank.

Beachten Sie
a) Bezieht sich der Superlativ auf weibliche Substantive, wird di tutte verwendet.
   Tra le ragazze che conosco Mimma canta meglio di tutte.
   Unter den jungen Frauen, die ich kenne, singt Mimma am schönsten von allen.
b) Superlativische Audrücke wie il più presto possibile entsprechen dem deutschen „möglichst bald" oder „so bald wie möglich".
   Partirò **il più** presto **possibile**. Ich werde so bald wie möglich abfahren.
   Franco gira in macchina **il meno** spesso **possibile**.
   Franco fährt mit dem Auto möglichst selten / so selten wie möglich.

4.2.2 Der absolute Superlativ
a) Bei ursprünglichen Adverbien fügt man -issimo an den Stamm an; dabei entfällt der Endvokal des Adverbs.

   presto   → prest-**issimo** sehr schnell
   piano   → pian-**issimo** sehr langsam
   tardi   → tard-**issimo** sehr spät
   volentieri   → volentier-**issimo** sehr gerne

b) Bei den von Adjektiven abgeleiteten Adverbien fügt man die Endung -mente an die feminine Form des absoluten Superlativs an.

Adjektiv	Absoluter Superlativ des Adjektivs	Feminine Form des Superlativs	Absoluter Superlativ des Adverbs
caro	car**issimo** / -a	car**issima**	car**issima**-**mente**
veloce	veloc**issimo** / -a	veloc**issima**	veloc**issima**-**mente**

Beachten Sie
Ein sehr hoher Grad einer Eigenschaft kann auch ausgedrückt werden durch:
molto / assai presto sehr schnell   molto / assai volentieri sehr gern
molto / assai gentilmente sehr nett   molto / assai rapidamente sehr schnell

4.3 Unregelmäßige Komparativ- und Superlativformen

bene, male, molto und poco haben folgende unregelmäßige Formen:

Adverb	Komparativ	relativer Superlativ	absoluter Superlativ
bene	meglio	meglio di tutti / di tutte	benissimo / molto bene
gut	besser	am besten	sehr gut
male	peggio	peggio di tutti / di tutte	malissimo / molto male
schlecht	schlechter	am schlechtesten	sehr schlecht
molto	più	più di tutti / di tutte	moltissimo
sehr	mehr	am meisten	sehr viel
poco	meno	meno di tutti / di tutte	pochissimo / molto poco
wenig	weniger	am wenigsten	sehr wenig

Beachten Sie
Bei der Steigerung werden di più (noch mehr) / di meno (noch weniger) verwendet, wenn der vergleichende Bezugspunkt nicht ausgedrückt wird.
Carla lavora molto, ma Teresa lavora **di più**.
Carla arbeitet viel, aber Teresa noch mehr.

Test 8

Vervollständigen Sie die Tabelle, indem Sie die fehlenden Formen des Komparativs und des Superlativs einsetzen.

Adjektiv	Adverb	Komparativ Adjektiv	Adverb	Absoluter Superlativ Adjektiv	Adverb
buono	bene	migliore più buono	_____	ottimo buonissimo	_____
cattivo	male	peggiore più cattivo	_____	pessimo cattivissimo	_____

Test 9

Setzen Sie nun die entsprechenden italienischen Formen von „gut" und „schlecht" ein:
a) I ragazzi stanno ____. Den Jungen geht es gut.
b) Gianna non sta ____, ma ____ di ieri.
   Gianna geht es nicht sehr gut, aber besser als gestern.
c) La pizza è ____. Die Pizza ist gut.
d) Il tempo non è ____. Das Wetter ist nicht sehr gut.

21 Das Adverb

e) Il film di oggi è ____ di quello di ieri.
   Der heutige Film ist besser als der gestrige.
f) In questo ristorante abbiamo mangiato ____: la cucina è ____. In diesem Restaurant haben wir schlecht gegessen; die Küche ist sehr schlecht.

Auf den Punkt gebracht

Nun können Sie wieder überprüfen, ob Sie die wichtigsten Regeln in diesem Kapitel behalten haben. Füllen Sie bei den folgenden Kontrollaufgaben die Lücken aus oder markieren Sie die richtige Möglichkeit.

1. (➞ *1*)   ja   nein
a) Alle Adverbien lassen sich von einem Adjektiv ableiten.   ☐   ☐
b) Die Adverbien auf -mente werden von einem Adjektiv abgeleitet.   ☐   ☐

2. (➞ *1.1*)
Die Formen des Adverbs werden aus dem Adjektiv wie folgt abgeleitet:
a) Bei Adjektiven auf -o / -a benutzt man die (maskuline / feminine) Form und hängt die Adverbendung _____ an.
   chiaro / chiara   → _____ klar
   comodo / comoda   → _____ bequem
b) Bei Adjektiven auf -e wird an die (Singularform / Pluralform) des Adjektivs die Adverbendung _____ angehängt.
   veloce / veloci   → _____ schnell
   intelligente / intelligenti → _____ intelligent

3. (➞ *1.4.1*)
Die Adverbien buono (gut) und cattivo (schlecht) lauten:
buono: _____   cattivo: _____

4. (➞ *1.4.2*)
Poco wenig, molto sehr / viel, tanto so sehr / so viel,
parecchio ziemlich viel und troppo zu viel   ja   nein
a) werden sowohl als Adjektiv, als auch als Adverb gebraucht.   ☐   ☐
b) werden nur als Adverb gebraucht.   ☐   ☐
c) werden nur als Adjektiv gebraucht.   ☐   ☐
Qui ci sono molt_ ragazzi e molt__ ragazze che lavorano tant__.
Hier gibt es viele Jungen und viele Mädchen die viel arbeiten.

Das Adverb 21

5. (→ 2)

		vor	hinter	
a)	Adverbien, die sich auf ein Verb beziehen stehen	☐	☐	dem konjugierten Verb.
b)	In den zusammengesetzen Zeiten steht das Adverb	☐	☐	dem Partizip.
c)	Adverbien, die sich auf ein Adjektiv beziehen stehen	☐	☐	dem Adjektiv.
d)	Adverbien, die sich auf ein Adverb beziehen stehen	☐	☐	dem Adverb.
e)	Adverbien, die sich auf einen ganzen Satz beziehen stehen	☐	☐	dem Satz.

6. (→ 4)
Der Komparativ wird gebildet mit
a) ____ (mehr) + Adverb: Lavoro ____ intensamente.
    Ich arbeite intensiver.
b) ____ (weniger) + Adverb: Lavoro ____ intensamente.
    Ich arbeite weniger intensiv.

7. (→ 4.1.2)

	Für das Deutsche „als" nach einem Komparativ beim Adverb gilt:	di	che
a)	Vor einem Eigennamen steht	☐	☐
	Sei arrivato più tardi (di / che) Franco.		
	Du bist später als Franco angekommen.		
b)	Vor einem weiter bestimmten Substantiv steht	☐	☐
	Sei arrivato più tardi (di / che) mia madre.		
	Du bist später als meine Mutter angekommen.		
c)	Vor einem Pronomen steht	☐	☐
	Ciro gioca a calcio più raramente (di / che) lui.		
	Ciro spielt Fußball seltener als er.		
d)	Vor einem Ausdruck mit Präposition steht	☐	☐
	Qui si vive più tranquillamente (di / che) da voi.		
	Hier lebt man ruhiger als bei euch.		
e)	Vor einem Adverb steht	☐	☐
	Con questo tempo si sta meglio fuori (di / che) dentro.		
	Bei diesem Wetter fühlt man sich draußen besser als drinnen.		
f)	Bei Zeit- oder Ortsadverbien wie ieri (gestern), lì (dort) steht häufiger	☐	☐
	Oggi ho mangiato più abbondantemente (di / che) ieri.		
	Heute habe ich üppiger gegessen als gestern.		

Auf den Punkt gebracht

21 Das Adverb

8. (→ 4.1.2)
Die Gleichheitsstufe des Adverbs wird gebildet mit Adverb + ____.
Renzo parla correttamente ____ Nina. Renzo spricht (so) korrekt wie Nina.

9. (→ 4.2.1)
a) Der relative Superlativ ist identisch mit dem Komparativ + dem Zusatz ____.

Roberto guida meglio ____. Robert fährt am besten (von allen).

10. (→ 4.2.2)
Der absolute Superlativ wird wie folgt gebildet:
Bei den ursprünglichen Adverbien fügt man die Endung ____ an.
presto → _____ sehr schnell   piano → _____ sehr langsam
tardi → _____ sehr spät   spesso → _____ sehr oft

11. (→ 4.3)
Die unregelmäßigen Formen des Komparativs und des Superlativs beim Adverb lauten:

	Komparativ	Relativer Superlativ	Absoluter Superlativ
a) bene gut	_____ besser	_____ am besten	_____ sehr gut _____ sehr gut
b) male schlecht	_____ schlechter	_____ am schlechtesten	_____ sehr schlecht _____ sehr schlecht
c) molto sehr	_____ mehr	_____ am meisten	_____ sehr viel
d) poco wenig	_____ weniger	_____ am wenigsten	_____ sehr wenig

Auf den Punkt gebracht

Der Satz

22 Die Konjunktionen

23 Satzbau und Satzgefüge

24 Die Präpositionen

22 Die Konjunktionen

Was Sie vorab wissen sollten

Konjunktionen verbinden Satzteile oder ganze Sätze miteinander. Man unterscheidet zwischen
- beiordnenden Konjunktionen, die gleichartige Satzteile oder Sätze verknüpfen und
- unterordnenden Konjunktionen, die Nebensätze einleiten.

Während alle beiordnenden Konjunktionen den Indikativ nach sich ziehen, gibt es bei den unterordnenden Konjunktionen solche, die den Indikativ und solche, die den *congiuntivo* verlangen.

1 Beiordnende (koordinierende) Konjunktionen

Beiordnende Konjunktionen verbinden gleichartige Sätze oder Satzglieder miteinander. Der Gebrauch entspricht weitgehend dem Deutschen. Sollten Sie dennoch Zweifel über Bedeutung oder Gebrauch haben, gibt auch jedes gute Wörterbuch darüber Auskunft.

Hier die geläufigsten beiordnenden Konjunktionen:

1.1 Anreihende (kopulative) Konjunktionen

Sie reihen gleichartige Elemente aneinander.

e / ed und	Luigi parte **e** tu resti. Luigi fährt ab und du bleibst.
anche / pure auch	Io ci vado, **anche** voi? Ich gehe dahin, ihr auch?
inoltre außerdem	Pioveva, **inoltre** si era rotta la macchina. Es regnete, außerdem war das Auto kaputtgegangen.
né und auch nicht	Non ho mangiato **né** bevuto. Ich habe nicht gegessen und auch nicht getrunken.
neanche / neppure / nemmeno auch nicht	Sara non ha voglia di studiare e **neanche** / **neppure** / **nemmeno** di uscire. Sara hat keine Lust zu lernen und auch nicht auszugehen.

1.2 Ausschließende (disjunktive) Konjunktionen

Sie verbinden zwei alternative Elemente, von denen nur eines zur Wahl steht.

o oder	Resti **o** vai a casa? Bleibst du oder gehst du nach Hause?

oppure oder / sonst altrimenti ansonsten		Mi dirai tutto **oppure / altrimenti** non ti voglio più vedere. Du sagst mir alles, sonst / ansonsten will ich dich nicht mehr sehen.

1.3 Entgegensetzende (adversative) Konjunktionen

Sie drücken einen Gegensatz oder eine Einschränkung aus.

ma aber però aber / jedoch	Carmen è arrivata ieri, **ma / però** non so quando. Carmen ist gestern angekommen, aber ich weiß nicht wann.
bensì aber / sondern	Non vengo in macchina, **bensì** in treno. Ich komme nicht mit dem Auto, sondern mit dem Zug.
tuttavia trotzdem	Ho molto da fare, **tuttavia** vengo con voi. Ich habe viel zu tun, trotzdem komme ich mit euch.
anzi / al contrario im Gegenteil	No, non disturbi, **anzi / al contrario** sono contento di vederti. Nein, du störst nicht, im Gegenteil, ich bin froh, dich zu sehen.
eppure dennoch	Non amo più Francesco, eppure mi manca. Ich liebe Francesco nicht mehr, dennoch fehlt er mir.
invece jedoch / stattdessen	Nino doveva restare a letto **invece** è uscito. Nino sollte im Bett bleiben, stattdessen ist er ausgegangen.

Test 1

Setzen Sie die passende Konjunktion ein.
a) Restate ____ dovete andare via? Bleibt ihr oder müsst ihr weggehen?
b) Prendo l'ombrello ____ mi bagno.
   Ich nehme den Schirm, sonst werde ich nass.
c) Io lavoro ____ voi andate in vacanza! Ich arbeite und ihr fahrt in Ferien!
d) Faceva freddo, ____ pioveva. Es war sehr kalt, außerdem regnete es.
e) Enzo non ci scrive e ____ telefona.
   Enzo schreibt uns nicht und er ruft uns auch nicht an.
f) Noi siamo andati al cinema, ____ Francesca è restata a casa.
   Wir sind ins Kino gegangen, Francesca ist jedoch zu Hause geblieben.
g) Non ho molto tempo, ____ ti aspetto.
   Ich habe nicht viel Zeit, aber ich warte auf dich.
h) Questo test non è difficile, ____, l'ho fatto in cinque minuti. Dieser Test ist nicht schwer, im Gegenteil, ich habe ihn in fünf Minuten gemacht.

Die Konjunktionen

1.4 Erläuternde (spezifizierende) Konjunktionen

Sie leiten einen erklärenden Zusatz ein.

cioè / vale a dire das heißt	Parto la settimana prossima, **cioè** / **vale a dire** verso il venti. Ich fahre nächste Woche, das heißt um den zwanzigsten.
infatti in der Tat / tatsächlich	Sono arrivata troppo tardi, **infatti** erano andati via tutti. Ich bin zu spät gekommen, tatsächlich waren alle weggegangen.
ossia / ovvero genauer gesagt / oder auch	Parto domani sera, **ossia** / **ovvero** il pomeriggio verso le cinque. Ich fahre morgen Abend, genauer gesagt am Nachmittag gegen fünf.

1.5 Folgernde Konjunktionen

Sie leiten Schlussfolgerungen ein.

allora / dunque / quindi also / folglich	Si è rotta la macchina **allora** / **dunque** / **quindi** ho preso il treno. Das Auto ist kaputt gegangen, also habe ich den Zug genommen.
perciò / per questo / pertanto daher / deshalb	Ho perso l'autobus **perciò** / **per questo** / **pertanto** sono arrivato tardi. Ich habe den Bus verpasst, deshalb bin ich zu spät gekommen.

1.6 Mehrteilige Konjunktionen

Es gibt eine Reihe von mehrteiligen beiordnenden Konjunktionen, deren Besonderheit darin besteht, dass die Konjunktion nicht zwischen den beiden Elementen der Reihe steht, sondern dass beide Elemente der Reihe mit einem Teil der Konjunktion eingeleitet werden. Die verschiedenen mehrteiligen Konjunktionen gehören unterschiedlichen Bedeutungsgruppen an.

– anreihend:	
e ... e / sia ... sia / sia ... che sowohl ... als / und auch	A cinque anni Elena parla **e** / **sia** / **sia** l'italiano **e** / **sia** / **che** il tedesco. Mit fünf Jahren spricht Elena sowohl Italienisch als auch Deutsch.
non solo ... ma anche nicht nur ... sondern auch	Antonio **non** è **solo** bello, **ma anche** ricco. Antonio ist nicht nur schön, sondern auch reich.
– anreihend, verneint:	
né ... né weder ... noch	**Né** l'ho sentito **né** l'ho visto arrivare. Ich habe ihn weder gehört noch kommen sehen.

Die Konjunktionen

– ausschließend:
o ... o entweder ... oder **O** andiamo alla festa **o** restiamo a casa. Entweder
così ... come so ... wie gehen wir zum Fest oder wir bleiben zu Hause.

Test 2

a) Verknüpfen Sie zwei Sätze miteinander. Welche der folgenden Konjunktionen können Sie dabei benutzen? Welche Möglichkeiten gibt es?
al contrario, anzi, dunque, e ... e, e(d), eppure, infatti, inoltre, ma, né, né ... né, non solo ... ma anche, o, o ... o, oppure, per questo, perciò, però, quindi, tuttavia
   1.) Avevo finito il lavoro. Ero contento.
       Ich hatte die Arbeit beendet. Ich war froh.
   2.) Non avevo finito il lavoro. Ero contento.
       Ich hatte die Arbeit nicht beendet. Ich war froh.
   3.) Non sono stanco. Sto bene. Ich bin nicht müde. Mir geht es gut.
   4.) Ascolto musica. Lavoro. Ich höre Musik. Ich arbeite.
b) Übersetzen Sie die Sätze, die durch die Verknüpfung entstanden sind. Haben sie immer die gleiche Bedeutung?

2 Unterordnende (subordinierende) Konjunktionen

Bevor Sie diesen und die folgenden Abschnitte durcharbeiten, sollte Ihnen das Kapitel 15, *Infinite Verbformen* vertraut sein.

Wie bereits erwähnt, leiten unterordnende Konjunktionen Nebensätze ein. Hier gibt es stärkere Unterschiede zwischen dem Deutschen und dem Italienischen. Die Unterschiede werden besonders deutlich bei Konjunktionen, die im Italienischen den Indikativ oder den *congiuntivo* verlangen. Jedes gute Wörterbuch gibt Auskunft über weitere Details zur Bedeutung und zum Gebrauch. Im Folgenden werden wir daher nur auf die gängigsten Konjunktionen eingehen.

2.1 Unterordnende Konjunktionen, die nur mit dem Indikativ stehen

2.1.1 Entgegensetzende (adversative) Konjunktionen

mentre / quando während	Marco ama la musica **mentre** / **quando** Giulia preferisce la pittura. Marco liebt die Musik, während Julia die Malerei lieber mag.

22 Die Konjunktionen

Beachten Sie
Mentre / quando können auch temporal verwendet werden (➡ Kap. 22, 2.3.1).

2.1.2 Konsekutive (einen Folgesatz einleitende) Konjunktionen

in modo che / in maniera che / cosicché so dass	Ho fatto controllare la macchina **in modo che** / **in maniera che** / **cosicché** gli amici sono partiti tranquillamente. Ich habe das Auto nachsehen lassen, so dass die Freunde ruhig abfahren konnten.
a tal punto che so sehr, dass	Mi sono arrabbiata **a tal punto che** mi è venuto il mal di testa. Ich habe mich so geärgert, dass ich Kopfschmerzen bekommen habe.
così ... che / talmente ... che so ..., dass	I bambini erano **così** / **talmente** stanchi **che** sono andati subito a letto. Die Kinder waren so müde, dass sie sofort ins Bett gegangen sind.
tale che derartig, dass	La mia delusione era **tale che** sono andata via subito. Meine Enttäuschung war derartig, dass ich sofort weggegangen bin.
tanto che so viel / sehr, dass	Ero **tanto** deluso **che** non l'ho più chiamata. Ich war so enttäuscht, dass ich sie nicht mehr angerufen habe.

Beachten Sie
Wenn die Handlung des Nebensatzes noch nicht erfolgt ist bzw. wenn sie als möglich angenommen wird, dann wird im Zusammenhang mit in modo che / in maniera che / cosicché der *congiuntivo* verwendet. In diesem Fall werden die Konjunktionen final verwendet und haben die Bedeutung von „damit".
Ho fatto controllare la macchina in modo che / in maniera che / cosicché gli amici **possano** partire tranquillamente. Ich habe das Auto nachsehen lassen, damit die Freunde beruhigt abfahren können.

Test 3
Markieren Sie die richtige(n) Möglichkeit(en).
a) Enzo ha mangiato (tanto / tale / mentre) che adesso sta male.
   Enzo hat so viel gegessen, dass ihm jetzt schlecht ist.
b) Ti spiego come funziona (di modo che / tanto che / cosicché) tu lo possa fare da solo.
   Ich erkläre dir wie es geht, damit du es alleine machen kannst.
c) Questo libro è (talmente / tale / così) interessante che l'ho letto due volte.
   Dieses Buch ist so interessant, dass ich es zwei Mal gelesen habe.
d) Mio fratello esce volentieri (mentre / allora / talmente) io preferisco restare a casa. Mein Bruder geht gerne aus, während ich lieber zu Hause bleibe.

Die Konjunktionen 22

e) Mi sono arrabbiata (mentre / a tal punto / tale) che l'ho lasciato.
   Ich habe mich so sehr geärgert, dass ich ihn verlassen habe.

2.2 Unterordnende Konjunktionen, die nur mit dem *congiuntivo* stehen

Bevor Sie diesen und den folgenden Abschnitt durcharbeiten, sollte Ihnen das Kapitel 12, *Der congiuntivo* vertraut sein.

Finale Konjunktionen

affinché / perché / in modo che / in maniera che / cosicché damit	Ti racconto tutto **affinché / perché / in modo che** tu mi capisca. Ich erzähle dir alles, damit du mich verstehst.
per paura che aus Angst, dass	Ti ho scritto tutto **per paura che** tu lo dimentichi. Ich habe dir alles aufgeschrieben aus Angst, dass du es vergisst.

Beachten Sie
a) Wenn aber perché im kausalen Sinne, mit der Bedeutung von „weil" verwendet wird, dann steht der Indikativ (➠ Kap. 22, 2.3.2).
   Vi racconto tutto ancora una volta **perché** non mi avete capito.
   Ich erzähle euch alles noch einmal, weil ihr mich nicht verstanden habt.
b) Bei Subjektgleichheit im Haupt- und Nebensatz wird der *congiuntivo* durch eine Infinitivkonstruktion (per / di / da + Infinitiv) ersetzt (➠ Kap. 15, 1.3).
   Rosa ha scritto tutto **per non dimenticare** niente.
   Rosa hat alles aufgeschrieben, um nichts zu vergessen.
   Rosa ho scritto tutto **per paura di dimenticare** qualcosa.
   Rosa hat alles aufgeschrieben aus Angst, etwas zu vergessen.

Test 4

Indikativ, *congiuntivo* oder Infinitiv? Markieren Sie die richtige Möglichkeit.
a) Aldo è stanco perché (ha / abbia / avere) lavorato molto.
   Aldo ist müde, weil er viel gearbeitet hat.
b) Sandro ti ripara il computer perché tu (puoi / possa / potere) finire la traduzione. Sandro repariert dir den Computer, damit du die Übersetzung fertig machen kannst.
c) Non ho fatto niente per paura di (sbaglio / sbagliare / sbagli).
   Ich habe nichts gemacht aus Angst, Fehler zu machen.
d) Non ho raccontato niente a Rocco per paura che si (arrabbiare / arrabbi / arrabbia).
   Ich habe Rocco nichts erzählt aus Angst, dass er sich ärgern könnte.

22 Die Konjunktionen

e) Laura si occuperà del problema in maniera che voi (trovate / troviate / trovare) tutto pronto.
Laura wird sich des Problems annehmen, damit ihr alles fertig vorfindet.

f) Laura si occuperà del problema in maniera che gli ospiti (troveranno / trovino / trovare) tutto pronto. Laura nimmt sich des Problems an, so dass die Gäste alles fertig vorfinden (werden).

g) Ho bevuto tanto da (abbia / avere / ho) mal di testa.
Ich habe so viel getrunken, dass ich Kopfschmerzen habe.

2.3 Unterordnende Konjunktionen, die den Indikativ oder den *congiuntivo* verlangen

2.3.1 Temporale Konjunktionen

Indikativ	Beispiele
quando als / wenn	**Quando** il professore ebbe finito di parlare tutti applaudirono. Als der Professor zu Ende gesprochen hatte, applaudierten alle. Scrivi **quando** hai tempo. Schreib, wenn du Zeit hast.
dopo che nachdem	**Dopo che** Luigi aveva finito l'esame, andò a casa. Nachdem Luigi die Prüfung beendet hatte, ging er nach Hause.
appena / come sobald nel momento che / in cui in dem Augenblick, als	Ti ho telefonato **appena / come** sono arrivato. Ich habe dich angerufen, sobald ich angekommen bin.
ogni volta che jedes Mal wenn	**Ogni volta che** vedo Alex mi batte il cuore. Jedes Mal, wenn ich Alex sehe, klopft mir das Herz.
da quando seitdem dal momento che seit dem Augenblick, als	Qui non è cambiato niente **da quando** sei partito. Hier hat sich nichts verändert, seitdem du weggefahren bist.
intanto che / mentre während	**Intanto che** / **Mentre** aspettiamo gli ospiti possiamo farci un aperitivo. Während wir auf die Gäste warten, können wir uns einen Aperitif machen.
fino a quando bis / so lange wie finché so lange bis	Puoi restare **fino a quando** vuoi. Du kannst bleiben, so lange du willst. Gigi cercò gli occhiali **finché** non li trovò. Gigi suchte die Brille so lange, bis er sie gefunden hatte.

Die Konjunktionen

congiuntivo	Beispiele
finché bis	Aspettiamo **finché** torni Olga. Wir warten, bis Olga wiederkommt.
prima che bevor	Ritorno a casa **prima che** piova. Ich gehe nach Hause bevor es regnet.

Beachten Sie
a) Wird finché in der Bedeutung von „so lange" verwendet, so kann auch der Indikativ stehen.
   Aspettiamo finché torna Olga. Wir warten, bis Olga zurückkommt.
b) Temporalsätze, die mit quando, dopo che, appena che / come eingeleitet werden, können bei Subjektgleichheit durch folgende implizite Konstruktionen ersetzt werden (➡ Kap. 15, 1.3.2):
   – durch eine Infinitivkonstruktion (dopo + Infinitiv Perfekt)
   Quando / Dopo che / Appena / Come Luigi ebbe finito il lavoro, andò a casa. = **Dopo aver finito** il lavoro, Luigi andò a casa.
   Nachdem Luigi die Arbeit beendet hatte, ging er nach Hause.
   Dopo essere arrivata a casa, Clara chiamò gli amici.
   Nachdem sie zu Hause angekommen war, rief Clara ihre Freunde an.
   – durch eine Partizipialkonstruktion (➡ Kap. 15, 2.2)
   Quando / Dopo che / Appena / Come Luigi ebbe finito il lavoro, andò a casa. = **Finito** il lavoro, Luigi andò a casa. Als / Sobald / Nachdem Luigi die Arbeit beendet hatte, ging er nach Hause.
c) Temporalsätze, die mit quando / mentre / nel momento che und ogni volta che eingeleitet werden, können bei Subjektgleichheit durch eine Konstruktion mit *gerundio* ersetzt werden (➡ Kap. 15, 3.1.4).
   Quando / mentre / nel momento che / ogni volta che vado al lavoro incontro Anna. = **Andando** al lavoro incontro sempre Anna.
   Wenn / Während / In dem Augenblick, in dem / Jedes Mal, wenn ich zur Arbeit gehe, treffe ich Anna.
d) Mit prima che eingeleitete Termporalsätze werden bei Subjektgleichheit bevorzugt durch eine Infinitivkonstruktion (prima di + Infinitiv) ersetzt (➡ Kap. 15, 1.3.2).
   Luigi voleva finire il lavoro **prima di andare** a casa.
   Luigi wollte die Arbeit beenden, bevor er nach Hause ging.

Test 5

Infinitiv, *gerundio*, Indikativ oder *congiuntivo*? Markieren Sie die richtige Möglichkeit.
a) Ti voglio parlare prima di (parto / partire / parta).
   Ich will mit dir reden, bevor ich wegfahre.

22 Die Konjunktionen

b) Non aprire la porta prima che il treno si (ferma / fermare / fermi)!
   Die Türe nicht öffnen, bevor der Zug hält!
c) Sono andato da lui appena (ho saputo / sapere / abbia saputo) la notizia.
   Ich bin zu ihm gegangen, sobald ich die Nachricht erfahren hatte.
d) Aldo ascolta musica mentre Clara (studia / studiando / studi).
   Aldo hört Musik, während Clara lernt.
e) Studio (ascolto / ascoltando / ascoltare) musica.
   Ich lerne, während ich Musik höre.
f) Dopo (aver chiamato / ho chiamato / abbia chiamato) mio fratello sono uscita. Nachdem ich meinen Bruder angerufen hatte, bin ich ausgegangen.
g) Ti voglio parlare prima che tu (parto / partire / parta).
   Ich will mit dir reden, bevor du wegfährst.

2.3.2 Kausale Konjunktionen

Indikativ	Beispiele
perché / siccome / poiché / giacché / dal momento che / dato che / visto che / in quanto (che) / per il fatto che / per la ragione che da, weil ché / che denn	Non esco **perché** piove. Ich gehe nicht aus, weil es regnet. **Siccome / Poiché / Giacché / Dal momento che / Dato che / Visto che** piove non esco. Da es regnet, gehe ich nicht aus.
congiuntivo	Beispiele
non che nicht, dass / nicht, weil	**Non che** non mi piaccia questo autore, ma adesso sono troppo stanco per leggere. Nicht, dass mir dieser Autor nicht gefällt, aber jetzt bin ich zum Lesen zu müde.

Beachten Sie
a) Perché wird in der gesprochenen Sprache häufig durch ché / che ersetzt.
   Sbrigati **perché** abbiamo poco tempo. Beeil dich, weil wir wenig Zeit haben.
   = Sbrigati **ché / che** abbiamo poco tempo. Beeil dich, (denn) wir haben wenig Zeit.
b) Geht dem Hauptsatz ein kausaler Nebensatz voraus, muss der Nebensatz mit siccome / poiché / giacché / dal momento che / dato che / visto che eingeleitet werden. Perché (weil) am Satzanfang ist nicht üblich. Vergleiche:
   Siccome ho poco tempo non vengo.
   Da ich wenig Zeit habe, komme ich nicht.

Die Konjunktionen

Non vengo **perché** ho poco tempo.
Ich komme nicht, weil ich wenig Zeit habe.

c) Kausalsätze können bei Subjektgleichheit durch eine Konstruktion mit *gerundio* ersetzt und verkürzt werden.
Siccome / Poiché / Giacché / Dal momento che / Dato che / Visto che abbiamo poco tempo ci dobbiamo sbrigare. = **Avendo** poco tempo ci dobbiamo sbrigare.
Da wir wenig Zeit haben, müssen wir uns beeilen.

2.3.3 Konzessive Konjunktionen

Indikativ	Beispiele
anche se auch wenn	**Anche se** ho poco tempo, verrò alla festa. Auch wenn ich wenig Zeit habe, werde ich zum Fest kommen.
congiuntivo	Beispiele
benché / sebbene / nonostante (che) / malgrado (che) obwohl / obgleich per quanto wie ... auch	**Benché / Sebbene / Nonostante** (che) / **Malgrado** (che) abbia poco tempo, verrò alla festa. Obwohl ich wenig Zeit habe, werde ich zum Fest kommen. **Per quanto** intelligente sia, Sara non capisce questo problema. Wie intelligent Sara auch sein mag, sie versteht das Problem nicht.
per + Adjektiv + che wie ... auch	**Per intelligente che** sia, Sara non capisce questo problema. Wie intelligent Sara auch sein mag, sie versteht das Problem nicht.
per + Adverb + che wie ... auch	**Per tanto che** studi, Paolo non supererà l'esame. Wie sehr Paolo auch lernen mag, er wird die Prüfung nicht bestehen.

Beachten Sie
Wenn anche se für eine irreale Bedingung verwendet wird, steht der *congiuntivo imperfetto* oder der *congiuntivo trapassato* (➡ Kap. 16, 4.2.1).
Anche se **avessi** tempo, non verrei.
Selbst wenn ich Zeit hätte, würde ich nicht kommen.

Test 6

Setzen Sie die richtige Konjunktion ein: anche se / perché / sebbene / siccome.
a) Non vado al lavoro ____ sto male.
Ich gehe nicht zur Arbeit, da es mir schlecht geht.

2 Unterordnende Konjunktionen

22 Die Konjunktionen

b) ____ sto male non vado al lavoro.
Da es mir schlecht geht, gehe ich nicht zur Arbeit.
c) Vado al lavoro ____ stia male.
Ich gehe zur Arbeit, obwohl es mir schlecht geht.
d) Vado al lavoro ____ sto male.
Ich gehe zur Arbeit, auch wenn es mir schlecht geht.
e) ____ stessi male andrei al lavoro.
Auch wenn es mir schlecht gehen würde, würde ich zur Arbeit gehen.

2.3.4 Konditionale Konjunktionen

Indikativ	Beispiele
se falls / wenn	Se[1] piove non veniamo. Falls es regnet, kommen wir nicht.
congiuntivo	Beispiele
a meno che (non) es sei denn, (dass) qualora / nel caso che / caso mai falls / wenn a condizione che / a patto che / purché unter der Bedingung, dass nel caso che unter der Voraussetzung, dass	Vengo **a meno che non** piova. Ich komme, es sei denn, es regnet. **Qualora** / **Nel caso che** / **Caso mai** piova, non veniamo. Falls es regnet, kommen wir nicht. Veniamo a **condizione che** / **a patto che** / **purché** non piova. Wir kommen unter der Bedingung, dass es nicht regnet.
ammesso che / supposto che vorausgesetzt, dass	Veniamo **ammesso che** / **supposto che** non piova. Wir kommen, vorausgesetzt dass es nicht regnet.

Beachten Sie
Konditionalsätze, die mit se eingeleitet werden, können bei Subjektgleichheit durch folgende implizite Konstruktionen ersetzt werden:
– durch eine Konstruktion mit *gerundio*.
  Se abbiamo tempo veniamo. = **Avendo** tempo veniamo.
  Wenn wir Zeit haben, kommen wir.
– durch eine Infinitivkonstruktion (a + Infinitiv).
  Se lo si conosce bene, si direbbe che Ernesto sa fare tutto. = **A conoscer**lo bene si direbbe che Ernesto sa fare tutto.
  Wenn man ihn gut kennt, würde man glauben, dass Ernesto alles machen kann.

---

[1] Zu den Zeiten und Modi in Wenn-Sätzen ➡ Kap. 16, 4.2.

Die Konjunktionen

2.3.5 Modale Konjunktionen

Indikativ	Beispiel
come wie	Ho fatto **come** dicevi tu. Ich habe es so gemacht, wie du gesagt hast.

congiuntivo	Beispiel
salvo che / tranne che / eccetto che / a meno che es sei denn, dass / außer wenn senza che ohne dass	Viene anche Sabrina, **salvo che** / **tranne che** / **eccetto che** / **a meno che** non abbia cambiato idea. Sabrina kommt auch, es sei denn sie hat es sich anders überlegt. Ho fatto questa cosa **senza che** lo sapessero gli amici. Ich habe das gemacht, ohne dass es die Freunde wussten.

Beachten Sie
Bei Subjektgleichheit kann ein Nebensatz, der durch senza che eingeleitet wird, durch eine Infinitivkonstruktion (senza + Infinitiv) ersetzt werden.
Stefano è partito **senza salutare** gli amici.
Stefano ist abgefahren, ohne sich von den Freunden zu verabschieden.

Test 7

Indikativ, *congiuntivo* oder *gerundio*? Markieren Sie die richtige Möglichkeit.
a) Claudio non va in vacanza perché non (ha / abbia / avendo) soldi.
   Claudio fährt nicht in Urlaub, weil er kein Geld hat.
b) Non (ha / abbia / avendo) soldi Claudio non va in vacanza.
   Da Claudio kein Geld hat, fährt er nicht in Urlaub.
c) Claudio va in vacanza anche se (ha / abbia / avendo) pochi soldi.
   Claudio fährt in Urlaub, auch wenn er kein Geld hat.
d) Sebbene Claudio (ha / abbia / avendo) pochi soldi vuole andare in vacanza. Obwohl Claudio wenig Geld hat, will er in Urlaub fahren.
e) Se Claudio (ha / abbia / avendo) molti soldi va in vacanza.
   Wenn Claudio viel Geld hat, fährt er in Ferien.
f) Siccome Claudio (ha / abbia / avendo) pochi soldi non può partire, a meno che non (trova / trovi / trovando) un volo a buon prezzo.
   Da Claudio wenig Geld hat, kann er nicht wegfahren, es sei denn, er findet einen günstigen Flug.

22 Die Konjunktionen

Auf den Punkt gebracht

Nun können Sie wieder überprüfen, ob Sie die wichtigsten Regeln in diesem Kapitel behalten haben. Füllen Sie bei den folgenden Kontrollaufgaben die Lücken aus oder markieren Sie die richtige(n) Möglichkeit(en).

1. (➡ *Was Sie vorab wissen sollten*) ja nein
   a) Konjunktionen verbinden Satzteile oder ganze Sätze miteinander. ☐ ☐
   b) Beiordnende Konjunktionen verknüpfen gleichartige Satzteile oder Sätze. ☐ ☐
   c) Beiordnende Konjunktionen leiten Nebensätze ein. ☐ ☐
   d) Unterordnende Konjunktionen verknüpfen gleichartige Sätze. ☐ ☐
   e) Unterordnende Konjunktionen leiten Nebensätze ein. ☐ ☐
   f) Beiordnende Konjunktionen verlangen den Indikativ. ☐ ☐
   g) Beiordnende Konjunktionen verlangen den *congiuntivo*. ☐ ☐
   h) Alle unterordnenden Konjunktionen verlangen den Indikativ. ☐ ☐

2. (➡ 1)
Der Gebrauch der beiordnenden Konjunktionen ist (ähnlich wie / anders als) im Deutschen.

3. (➡ 1.1)
Die anreihenden Konjunktionen lauten: _____ (und), _____ (auch), _____ (außerdem), _____ (und auch nicht), _____ (auch nicht)

4. (➡ 1.2)
Die ausschließenden Konjunktionen lauten: _____ (oder), _____ (oder / sonst), _____ (ansonsten)

5. (➡ 1.3)
Hier die gängigsten entgegensetzenden Konjunktionen. Kombinieren Sie die italienischen Formen mit ihrer deutschen Entsprechung.
   a) ma   1) sondern
   b) però   2) im Gegenteil
   c) bensì   3) aber / jedoch
   d) tuttavia   4) dennoch
   e) anzi / al contrario   5) aber
   f) eppure   6) jedoch / stattdessen
   g) invece   7) trotzdem

Die Konjunktionen 22

6. *(⟹ 1.4)*
Die erläuternden Konjunktionen lauten: _____ (das heißt), _____ (in der Tat), _____ (genauer gesagt)

7. *(⟹ 1.5)*
Die folgernden Konjunktionen lauten: _____ (also / folglich), _____ (daher / deshalb)

8. *(⟹ 1.6)*
Die mehrteiligen Konjunktionen lauten: _____ (sowohl ... als / und auch), _____ (weder ... noch), _____ (entweder ... oder), _____ (so ... wie), _____ (nicht nur ... sondern auch)

9. *(⟹ 2)*
a) Der Gebrauch der unterordnenden Konjunktionen ist (ähnlich wie / anders als) im Deutschen.
b) Unterordnende Konjunktionen können mit dem (Indikativ / *congiuntivo*) stehen.

10. *(⟹ 2.1.1)*
Unterordnende entgegensetzende Konjunktionen wie mentre / quando verlangen den (Indikativ / *congiuntivo*).

11. *(⟹ 2.1.2)*
Konsekutive Konjunktionen wie in modo che / a tal punto che / così ... che usw. verlangen normalerweise den (Indikativ / *congiuntivo*).

12. *(⟹ 2.2)*
Finale Konjunktionen wie z. B. affinché / in modo che / per paura che verlangen den (Indikativ / *congiuntivo*).

Auf den Punkt gebracht

22 Die Konjunktionen

13. (➡ 2.3.1)
Hier die gängigsten temporalen Konjunktionen. Kombinieren Sie die italienischen Formen mit ihrer deutschen Entsprechung.

a) quando
b) dopo che
c) appena / come
d) nel momento che / in cui
e) ogni volta che
f) da quando
g) dal momento che
h) fino a quando
i) intanto che / mentre
l) finché
m) prima che

1) so lange, bis
2) bevor
3) während
4) bis
5) seit dem Augenblick, als
6) nachdem
7) als / wenn
8) sobald
9) in dem Augenblick, als
10) jedes Mal, wenn
11) seitdem

14. (➡ 2.3.2–2.3.5)
Tragen Sie die wichtigsten Konjunktionen, die mit dem Indikativ bzw. mit dem *congiuntivo* stehen, in die entsprechende Spalte ein.

Konjunktionen	Indikativ	*congiuntivo*
a) kausale	da, weil: _____ _____	Nicht, dass / nicht, weil: _____
b) konzessive	auch wenn: _____ _____	obwohl / obgleich: _____ wie … auch: _____
c) konditionale	falls / wenn: _____ _____	es sei denn: _____ falls / wenn: _____ unter der Bedingung, dass: _____ unter der Voraussetzung, dass: _____ vorausgesetzt, dass: _____
d) modale	wie: _____	es sei denn, dass / außer, wenn: _____ / ohne, dass: _____

Auf den Punkt gebracht

Satzbau und Satzgefüge 23

Was Sie vorab wissen sollten
Dieses Kapitel behandelt den Satzbau, d. h. die Wortstellung im einfachen Satz. Weiterhin geht es auf das Satzgefüge ein, d. h. es zeichnet Möglichkeiten auf, wie zwei Sätze (Hauptsatz + Hauptsatz oder Hauptsatz + Nebensatz) miteinander verknüpft werden können.
Satzbau und Satzgefüge sind sowohl im Italienischen als auch im Deutschen sehr komplexe Themen. Hier werden nur die Grundregeln mit den wichtigsten Abweichungen berücksichtigt.

1 Satzbau des einfachen Satzes
1.1 Der Aussagesatz
Die Regeln zur Wortstellung im Aussagesatz gelten für Haupt- und Nebensätze.

1.1.1 Grundregel
Die Grundregeln der Wortstellung im einfachen Aussagesatz weisen Parallelen mit dem Deutschen auf.
a) Die regelmäßige Wortstellung lautet: Subjekt – Prädikat – Objekt.
   Da es im Italienischen keine Deklinationen gibt, kann man das Subjekt bzw. das Objekt nur an der Stellung erkennen. Vergleiche:
   Il padre chiama il ragazzo. Der Vater ruft den Jungen.
   Il ragazzo chiama il padre. Der Junge ruft den Vater.

   Beachten Sie
   Wenn das Prädikat aus einer zusammengesetzten Form besteht, darf diese – im Gegensatz zum Deutschen – nicht getrennt werden.
   Sabrina **ha studiato** architettura. Sabrina hat Architektur studiert.

b) Stellung des direkten und indirekten Objekts
   Im Gegensatz zum Deutschen steht normalerweise das direkte Objekt vor dem indirekten Objekt.
   Teo manda un'e-mail agli amici. Teo schickt den Freunden eine E-Mail.

c) Stellung der Zeit- und Ortsangaben
   Die Stellung der Zeit- und Ortsangaben ist relativ frei. Stehen sie am Satzanfang oder am Satzende, so sind sie besonders betont.
   – Zeitangaben
     Teo manda domani un'e-mail agli amici.
     Teo schickt morgen den Freunden eine E-Mail.
     Teo manda un'e-mail agli amici domani.
     Teo schickt morgen den Freunden eine E-Mail.

23 Satzbau und Satzgefüge

Domani Teo manda un'e-mail agli amici.
Morgen schickt Teo den Freunden eine E-mail.
– Ortsangaben
Teo manda una cartolina da Roma agli amici.
Teo schickt den Freunden aus Rom eine Karte.
Teo manda una cartolina agli amici da Roma.
Teo schickt den Freunden eine Karte aus Rom.
Da Roma Teo manda una cartolina agli amici.
Aus Rom schickt Teo den Freunden eine Karte.
Treffen Zeit- und Ortsangaben aufeinander, ist auch hier die Stellung relativ frei, z. B.:
Da Roma Teo manda domani una cartolina agli amici.
Aus Rom schickt Teo morgen den Freunden eine Karte.
Domani Teo manda una cartolina da Roma agli amici.
Morgen schickt Teo den Freunden eine Karte aus Rom.

 Test 1
Bringen Sie die Satzteile in die richtige Reihenfolge.
a) il libro – porta – a Carlo – oggi – Silvia:
   Silvia bringt Carlo heute das Buch.

b) Enzo – una lettera – ieri – a Nadia – ha scritto:
   Enzo hat gestern Nadia einen Brief geschrieben.

c) da Palermo – parte – Bianca – domani:
   Bianca fährt morgen aus Palermo weg.

d) la nuova macchina – a Milano – comprerà – mio fratello – la settimana prossima:
   Mein Bruder wird nächste Woche das neue Auto in Mailand kaufen.

1.1.2 Abweichungen von der regelmäßigen Wortstellung
Da die Wortstellung im Italienischen relativ frei ist, werden hier nur die wichtigsten Abweichungen behandelt.
a) Inversion
   Eine Inversion von Subjekt und Prädikat erfolgt
   – wenn das Subjekt besonders betont werden soll.
     È arrivato Roberto. Roberto ist angekommen.
   – zur Bezeichnung des Sprechers in der indirekten Rede.
     „Vengo volentieri", disse Luisa. „Ich komme gerne", sagte Luisa.

Satzbau und Satzgefüge

b) Hervorhebung
- des indirekten Objekts
  Möchte man das indirekte Objekt besonders betonen, stellt man es an den Satzanfang.
  Agli amici Teo manda un'e-mail (e a sua madre una lettera).
  Den Freunden schickt Teo eine E-Mail (und seiner Mutter einen Brief).
- des direkten Objekts
  Bei mehreren Satzelementen kann das direkte Objekt hervorgehoben werden, indem man es an das Satzende stellt.
  Teo manda agli amici **un'e-mail** (e non una lettera).
  Teo schickt den Freunden eine E-Mail (und keinen Brief).
  Soll ein direktes Objekt besonders betont werden, kann es auch am Satzanfang stehen. In diesem Fall muss das Objekt in Form eines Pronomens wieder aufgenommen werden. Dadurch wird deutlich, dass das, was am Satzanfang steht, nicht das Subjekt, sondern das Objekt (unterstrichen) ist. Vergleiche:
  Il ragazzo chiama il padre. Der Junge ruft den Vater.
  Il ragazzo **lo** chiama il padre. Den Jungen ruft der Vater.
- der Ortsbestimmung
  Um eine Ortsbestimmung mit a, in, su usw. bzw. eine Ergänzung mit a hervorzuheben (➡ Kap. 10, 5) kann man sie an den Satzanfang stellen. In diesem Fall muss die Ortsangabe bzw. die Ergänzung (unterstrichen) durch das Pronominaladverb ci wieder aufgegriffen werden.
  In Italia **ci** vado sempre in macchina.
  Nach Italien fahre ich immer mit dem Auto.
  Al regalo **ci** ha pensato la zia Elina.
  An das Geschenk hat Tante Elina gedacht.

Test 2

Stellen Sie fest, ob das unterstrichene Satzelement unbetont (u) oder betont (b) ist und formulieren Sie anschließend für die betonten Elemente die unbetonte Version und umgekehrt.   u   b
Beispiel: In centro ci vado domani. Ins Zentrum fahre ich morgen. ☐   ☒
neue Version: *Domani vado in centro.*

a) Gianni lo vedo spesso. Gianni sehe ich oft.   ☐   ☐
   neue Version: _____
b) Luca porta il CD agli amici. Luca bringt den Freunden die CD.   ☐   ☐
   neue Version: _____
c) Luca porta il CD agli amici. Luca bringt den Freunden die CD.   ☐   ☐
   neue Version: _____
d) Vado a Roma in treno. Ich fahre mit dem Zug nach Rom.   ☐   ☐
   neue Version: _____

23 Satzbau und Satzgefüge

e) <u>Le colleghe</u> le ho viste ieri. ☐ ☐
   Die Kolleginnen habe ich gestern gesehen.
   neue Version: _____

f) <u>A questa possibilità</u> non ci avevo pensato. ☐ ☐
   An diese Möglichkeit hatte ich nicht gedacht.
   neue Version: _____

1.2 Die Verneinung

1.2.1 Der Gebrauch von **no**

a) No bedeutet „nein".
   Vieni con noi? – **No**, grazie! Kommst du mit uns? – Nein, danke!

b) Steht no am Satzende so hat es die Bedeutung von „nicht".
   Mi aiuti o **no**? Hilfst du mir oder nicht?
   Io vado in Italia, ma lui **no**. Ich fahre nach Italien, er aber nicht.
   Perché **no**? Warum nicht?
   Beachten Sie
   Das Deutsche „ich glaube, nicht" / „ich hoffe, nicht" usw. wird im Italienischen wiedergegeben mit credo di no / spero di no.
   Hai capito? – **Credo di no**. Hast du verstanden? – Ich glaube, nicht.
   La lezione è difficile? – **Spero di no**. Ist die Lektion schwer? Ich hoffe, nicht.
   Analog dazu wird „ich glaube, ja" bzw. „ich hoffe, ja" mit credo di sì / spero di sì wiedergegeben.
   Hai capito? – **Credo di sì / Spero di sì**.
   Hast du verstanden? – Ich glaube, ja. / Ich hoffe, ja.

1.2.2 Die Verneinung mit **non**

a) Bedeutung von non
   – Non entspricht dem deutschen „nicht".
     Non è vero! Das ist nicht wahr.
     Francesco **non** viene. Francesco kommt nicht.
   – Non kann auch „kein" bedeuten.
     Non ho tempo. Ich habe keine Zeit.
     Non abbiamo soldi. Wir haben kein Geld.

b) Stellung von non
   – In der Regel steht non vor dem konjugierten Verb (unterstrichen).
     Präsens: Maria **non** <u>parla</u> molto. Maria spricht nicht viel.
     Passato prossimo: Maria **non** <u>ha</u> parlato molto.
                         Maria hat nicht viel gesprochen.
   – Steht ein Personalpronomen vor dem Verb, so steht non vor dem Personalpronomen (unterstrichen).

404 *1 Satzbau des einfachen Satzes*

Satzbau und Satzgefüge 23

Carlo **non** <u>mi</u> capisce. Carlo versteht mich nicht.
Il caffè **non** <u>lo</u> voglio. Den Kaffee will ich nicht.
Beachten Sie
Die Stellung von non vor dem Pronomen gilt aber nicht für die Subjektpronomen (unterstrichen).
<u>Lui</u> **non** capisce il problema. Er versteht das Problem nicht.

c) Besonderheiten im Gebrauch von non
  – Wenn die Indefinita tutti (alle), molti (viele), pochi (wenige), troppi (zu viele), tanti (so viele) Subjekt sind, kann das non – je nach Bedeutung – vor dem Subjekt (d. h. vor diesen Indefinita) oder vor dem Verb stehen. In diesem Fall entspricht non tutti dem deutschen „keiner".
  Non tutti sono partiti. Nicht alle sind abgefahren.
  Tutti non sono partiti. Alle sind nicht abgefahren.
  – Wenn das Verb ausfällt, können auch andere Satzelemente mit non verneint werden.
  ein Nomen: Prendo il treno e **non** l'aereo.
  Ich nehme den Zug und nicht das Flugzeug.
  ein Pronomen: Lo dico a te e **non** a lui. Ich sage es dir und nicht ihm.
  ein Adjektiv: È un problema **non** facile. Es ist ein nicht einfaches Problem.
  ein Adverb: Sono arrivati gli amici? – **Non** ancora.
  Sind die Freunde angekommen? – Noch nicht.
  eine Präposition: Ci vediamo **non** in sala, ma fuori.
  Wir sehen uns nicht im Saal, sondern draußen.
  – In manchen Fällen kann non verwendet werden, ohne eine verneinende Funktion zu haben. Es könnte dann aber genauso gut entfallen.
  L'esame era più facile di quanto (**non**) pensassi.
  Die Prüfung war einfacher als ich dachte.
  È meglio oggi che (**non**) domani. Es ist besser heute als morgen.
  L'ho riconosciuto subito, (**non**) appena l'ho visto.
  Ich habe ihn sofort erkannt, sowie ich ihn gesehen habe.

Test 3

Setzen Sie no oder non ein.
a) Clara è a casa? – Penso di ____. Ist Clara zu Hause? – Ich denke nicht.
b) Vieni con noi? – ____, oggi ____. Kommst du mit uns? – Nein, heute nicht.
c) Arrivo ____ fra due settimane, ma la settimana prossima.
   Ich komme nicht in zwei Wochen an, sondern nächste Woche.
d) Venite stasera? – ____, stasera ____. ____ abbiamo un babysitter. Kommt ihr heute Abend? Nein, heute Abend nicht. Wir haben keinen Babysitter.
e) Erika ____ ha pazienza. Erika hat keine Geduld.
f) Claudia ____ ride spesso. Claudia lacht nicht oft.
g) Voi lavorate e noi ____. Ihr arbeitet und wir nicht.

Satzbau und Satzgefüge

1.2.3 Die mehrfache Verneinung

a) Eine Besonderheit des Italienischen ist die mehrfache Verneinung. Zu non kommen ein oder mehrere Negationsausdrücke, ohne dass die Verneinung zur Bejahung wird.
Qui **non** conosco **nessuno**. Hier kenne ich niemanden.
Qui **non** incontro **mai nessuno**. Hier treffe ich nie jemanden.

Überblick über die gängigsten Negationsausdrücke:

non ... nessuno niemand	Non voglio vedere **nessuno**. Ich will niemanden sehen.
non ... mai nie	Non andiamo **mai** al mare. Wir fahren nie ans Meer.
non ... niente / nulla nichts	Non dico **niente**. Ich sage nichts.
non ... neanche / nemmeno / neppure auch nicht / nicht einmal	Non voglio **neanche** / **nemmeno** / **neppure** questo. Ich will nicht einmal das.
non ... né ... né weder ... noch	Non voglio **né** fumare **né** bere. Ich will weder rauchen noch trinken.
non ... più nicht / kein ... mehr	Non ho **più** fame. Ich habe keinen Hunger mehr.
non ... ancora noch nicht	Non dormo **ancora**. Ich schlafe noch nicht.

Beachten Sie
– Stehen mai, niente / nulla, nessuno, neanche / nemmeno / neppure betont am Satzanfang, entfällt die doppelte Verneinung.
Nessuno era in casa. Niemand war zu Hause.
Niente mi piace. Nichts gefällt mir.

– Es können auch mehrere Negationsausdrücke nebeneinander stehen.
Lidia **non** ha **mai** aiutato **nessuno**. Lidia hat nie jemandem geholfen.
Piero **non** dà **mai niente** a **nessuno**. Piero gibt nie jemandem etwas.

Test 4
Verneinen Sie die Sätze.
a) Franca telefona a tutti. Franca ruft alle an.
b) Vado sempre al mare. Ich fahre immer ans Meer.
c) Ti racconto tutto. Ich erzähle dir alles.
d) Incontro Julia e Hans. Ich treffe Julia und Hans.
e) Capisco tutto. Ich verstehe alles.
f) Francesco è bello ed è anche simpatico.
   Francesco ist schön und auch sympathisch.

Satzbau und Satzgefüge

b) Stellung der doppelten Verneinung in zusammengesetzten Zeiten.
  – niente / nulla, nessuno stehen nach dem Partizip.
    Non ho visto **niente / nulla**. Ich habe nichts gesehen.
    Non ho chiamato **nessuno**. Ich habe niemanden angerufen.
  – mai, neanche / nemmeno / neppure stehen in der Regel vor dem Partizip.
    Non sono **mai** stata in India. Ich bin (noch) nie in Indien gewesen.
    Non sono **neanche / nemmeno / neppure** andata in ufficio.
    Ich bin nicht einmal ins Büro gegangen.
  – Bei Betonung ist auch folgende Stellung möglich:
    Non sono andata **neanche / nemmeno / neppure** in ufficio.
    Ich bin nicht einmal ins Büro gegangen.

Test 5

Setzen Sie die Sätze ins *passato prossimo*.
a) Daniele non telefona a nessuno. Daniele ruft niemanden an.
b) Non vado mai al mare. Ich fahre nie ans Meer.
c) Non ti racconto niente. Ich erzähle dir nichts.
d) Non incontro né Julia né Hans. Ich treffe weder Julia noch Hans.
e) Non capisco niente. Ich verstehe nichts.
f) Francesco non telefona e non scrive nemmeno.
   Francesco ruft nicht an und schreibt auch nicht.

1.3 Der Fragesatz
Was Sie vorab wissen sollten
Es gibt drei Arten von Fragesätzen:
a) Die Entscheidungsfragen. Hier lautet die Antwort sì ja oder no nein.
   Hai capito? Hast du verstanden?
b) Die Ergänzungsfrage. Sie wird mit einem Fragewort (➡ Kap. 9) eingeleitet.
   Dove vai? Wohin gehst du?
c) Die Alternativfrage. Die Antwort ist eines der beiden Elemente des Fragesatzes.
   Andiamo al cinema o a teatro? Gehen wir ins Kino oder ins Theater?

1.3.1 Die Entscheidungsfrage
Die Wortstellung bei der Entscheidungsfrage ist dieselbe wie beim Aussagesatz. Kennzeichen für die Frage ist in der gesprochenen Sprache die Intonation und in der geschriebenen Sprache das Fragezeichen. Vergleichen Sie:
Aussage: Stefano è arrivato. Stefano ist angekommen.
Frage: Stefano è arrivato? Ist Stefano angekommen?
Soll das Subjekt besonders hervorgehoben werden, ist auch folgende Satzstellung mit einer Inversion möglich: È arrivato Stefano? Ist Stefano angekommen?

Satzbau und Satzgefüge

1.3.2 Die Ergänzungsfrage

a) Wenn das Interrogativpronomen Subjekt ist, ist die Wortstellung wie beim Aussagesatz.
   Chi è arrivato? Wer ist angekommen?
   Che cosa è successo? Was ist passiert?

b) In allen anderen Fällen ist die Wortstellung bei der Ergänzungsfrage: Fragewort – Prädikat – Subjekt.
   Dove va Pasquale? Wohin geht Pasquale?
   Come sta Marisa? Wie geht es Marisa?

1.3.3 Die Alternativfrage
Auch bei der Alternativfrage ist die Wortstellung dieselbe wie beim Aussagesatz.
Aussage: Antonio prende un caffè o un tè.
          Antonio nimmt einen Kaffee oder einen Tee.
Frage: Antonio prende un caffè o un tè?
          Nimmt Antonio einen Kaffee oder einen Tee?

Test 6
Kombinieren Sie die Fragen mit den Antworten.

a) Dove va in vacanza Isabella?
   Wohin fährt Isabella in Ferien?
b) Prendi un caffè o un gelato?
   Nimmst du einen Kaffee oder ein Eis?
c) Come sta Roberto?
   Wie geht es Roberto?
d) Filippo è già partito?
   Ist Filippo schon abgefahren?
e) Chi è arrivato?
   Wer ist angekommen?

1) Sì, ieri.
   Ja, gestern.
2) Un po' meglio.
   Etwas besser.
3) Pier Francesco.
   Pier Francesco.
4) A Rimini.
   Nach Rimini.
5) Non ho deciso.
   Ich habe mich nicht entschieden.

2 Der zusammengesetzte Satz

Was Sie vorab wissen sollten
Zusammengesetzte Sätze bestehen entweder aus einer Verbindung von
– Hauptsatz + Hauptsatz. Hier sind die Sätze beigeordnet.
– Hauptsatz + Nebensatz. Hier ist der Nebensatz dem Hauptsatz untergeordnet.
Sätze können miteinander verbunden werden durch: Satzzeichen, Konjunktionen, Relativpronomen und implizite Konstruktionen wie Infinitiv-, Partizipial- und Gerundialkonstruktionen (➡ Kap. 15, 1–3).
Hier ein zusammenfassender Überblick:

Satzbau und Satzgefüge

2.1 Verbindung von zwei Hauptsätzen

Zwei Hauptsätze können verbunden werden durch:
a) Satzzeichen (➡ Kap. 1, 7)
   Sono arrivata a casa, ho fatto una doccia, poi sono andata a dormire.
   Ich bin nach Hause gekommen, habe geduscht, dann bin ich schlafen gegangen.
   Luigi domandò: „Come stai?" Luigi fragte: „Wie geht es dir?"
b) beiordnende Konjunktionen (➡ Kap. 22, 1)
   Luigi parte **e** tu resti. Luigi fährt ab und du bleibst.
   Non è intelligente, **ma** lavora molto.
   Er / Sie ist nicht intelligent, aber er / sie arbeitet viel.
c) satzverkürzende Konstruktionen
   Als satzverkürzende Konstruktion wird für die Verbindung von zwei Hauptsätzen das *gerundio* verwendet (➡ Kap. 15, 3.1.4, a).
   Ugo studia **ascoltando** musica. Ugo lernt und hört dabei Musik.
   Sabrina entrò **dicendo**: „Buongiorno!"
   Sabrina kam rein und sagte (gleichzeitig): „Guten Tag!"

Test 7

Kombinieren Sie a)–f) mit 1)–6):
a) Alessandro disse:
   Alessandro sagte:
b) Daniela lavora
   Daniela arbeitet
c) Restiamo
   Bleiben wir
d) Nino doveva restare a letto
   Nino sollte im Bett bleiben
e) Ho fatto una passeggiata;
   Ich habe einen Spaziergang gemacht
f) Il professore entrò
   Der Professor trat ein

1) faceva bel tempo.
   es war schönes Wetter.
2) „Ti voglio bene!"
   „Ich habe dich gern!"
3) cantando.
   und singt dabei.
4) salutando gli studenti.
   und grüßte die Studenten.
5) invece è uscito.
   stattdessen ist er ausgegangen.
6) o andiamo a casa?
   oder gehen wir nach Hause?

2.2 Verbindung von Haupt- und Nebensatz

Für die Verbindung von Haupt und Nebensatz gibt es folgende Möglichkeiten:

Konstruktionen	Beispiel	Verweis
unterordnende Konjunktionen	Non esco **perché** piove. Ich gehe nicht aus, weil es regnet.	Kap. 22,2

2 Der zusammengesetzte Satz **409**

23 Satzbau und Satzgefüge

Konstruktionen	Beispiel	Verweis
Relativpronomen	Domani incontro la donna **che** amo. Morgen treffe ich die Frau, die ich liebe.	Kap. 8
indirekte Rede / indirekter Fragesatz	**Marta dice che** non ha tempo. Marta sagt, dass sie keine Zeit habe.	Kap. 16, 2.2.1 Kap. 23, 2.4
satzverkürzende Konstruktionen mit Infinitiv, Partizip, *gerundio*	**Andando** in centro, ho visto Susi. Als ich ins Zentrum ging, sah ich Susi.	Kap. 23, 2.3

Test 8

Stellen Sie fest, ob die folgenden Verbindungen von Haupt- und Nebensatz durch eine unterordnende Konjunktion (K), ein Relativpronomen (R) oder durch die indirekte Rede (iR) erfolgen und markieren Sie die richtige Möglichkeit.

		K	R	iR
a)	Ieri Romano mi ha detto che mi ama. Gestern hat mir Romano gesagt, dass er mich liebt.	☐	☐	☐
b)	Verrò anche se ho poco tempo. Ich werde kommen, auch wenn ich wenig Zeit habe.	☐	☐	☐
c)	Ho rivisto Claudio, il che mi ha fatto molto piacere. Ich habe Claudio wiedergesehen, was mich sehr gefreut hat.	☐	☐	☐
d)	Hai detto che non lo sai? Hast du gesagt, dass du es nicht weißt?	☐	☐	☐
e)	Scrivi quando hai tempo. Schreib, wenn du Zeit hast.	☐	☐	☐
f)	Ho un'amica che parla sei lingue. Ich habe eine Freundin, die sechs Sprachen spricht.	☐	☐	☐

2.3 Satzverkürzende Konstruktionen

Im Kapitel 15 haben Sie die infiniten Verbformen in ihrer Funktion als satzverkürzende Konstruktion kennen gelernt. Im folgenden Abschnitt fnden Sie einen Überblick über ihren Einsatz sowohl bei der Verbindung zweier Hauptsätze als auch für die Verbindung von Haupt- und Nebensatz.

Satzbau und Satzgefüge

2.3.1 Satzverkürzende Konstruktionen bei der Verbindung zweier Hauptsätze

Als satzverkürzende Konstruktion für die Verbindung von zwei Hauptsätzen kommt das *gerundio* in Frage (➭ Kap. 15, 3), wenn folgende Voraussetzungen erfüllt sind:
– Subjektgleichheit in beiden Hauptsätzen.
– Verhältnis der Sätze zueinander: temporal oder modal.

Hauptsatz + Hauptsatz	Verkürzung
Ugo studia e intanto ascolta musica. Ugo lernt und gleichzeitig hört er Musik.	temporal: Ugo studia **ascoltando** musica. Ugo lernt, während er Musik hört.
Laura entrò e salutò tutti. Laura kam herein und grüßte alle.	modal: Laura entrò **salutando** tutti. Laura kam herein und grüßte alle.

2.3.2 Satzverkürzende Konstruktionen bei der Verbindung von Haupt- und Nebensatz

Als satzverkürzende Möglichkeit für die Verbindung von Haupt- und Nebensatz kommen folgende Konstruktionen in Frage:

a) Infinitivkonstruktion (➭ Kap.15, 1.3)
Voraussetzung: Subjektgleichheit in Haupt- und Nebensatz.

Hauptsatz + Nebensatz	Verkürzung
So che sono bella. Ich weiß, dass ich schön bin.	So di **essere** bella. Ich weiß, dass ich schön bin.
Giorgia spera che lei (= Giorgia) parta domani. Giorgia hofft, dass sie (= Giorgia) morgen abfährt. Diese Konstruktion ist unüblich und **muss** ersetzt werden durch:	Giorgia spera di **partire** domani. Giorgia hofft morgen abzufahren.

Beachten Sie
Bei Verben der Wahrnehmung wie vedere (sehen), sentire (hören) sind auch Infinitivkonstruktionen ohne Subjektgleichheit möglich.
Lo vedo **arrivare**. Ich sehe ihn kommen.
Ti sento **parlare**. Ich höre dich sprechen.

Satzbau und Satzgefüge

b) Partizipialkonstruktion (➡ Kap. 15, 2.2.2)
Voraussetzung: Vorzeitigkeit des Nebensatzes.

Hauptsatz + Nebensatz	Verkürzung
Dopo che era arrivata a Bologna, Pia si sentì meglio. Nachdem Pia in Bologna angekommen war, fühlte sie sich besser.	**Arrivata** a Bologna, Pia si sentì meglio. In Bologna angekommen, fühlte sich Pia besser.
Dopo che era nato il bambino, Gaia smise di lavorare. Nachdem das Kind geboren war, hörte Gaia auf zu arbeiten.	**Nato** il bambino, Gaia smise di lavorare. Nachdem das Kind geboren war, hörte Gaia auf zu arbeiten.
Il fax che è arrivato ieri era di Nino. Das Fax, das gestern angekommen ist, war von Nino.	Il fax **arrivato** ieri era di Nino. Das gestern angekommene Fax war von Nino.

c) Gerundialkonstruktion (➡ Kap. 15, 3.1.4)
Voraussetzungen für den Einsatz des *gerundio* als satzverkürzende Konstruktion:
– Subjektgleichheit in Haupt- und Nebensatz
– Verhältnis der Sätze zueinander: temporal, kausal, konditional, konzessiv.

Hauptsatz + Nebensatz	Verkürzung
Ogni volta che Marta andava al lavoro passava da me. Jedes Mal, wenn Marta zur Arbeit ging, kam sie bei mir vorbei.	temporal: **Andando** al lavoro, Marta passava sempre da me. Wenn Marta zur Arbeit ging, kam sie immer bei mir vorbei.
Siccome ho lavorato molto, mi sento stanco. Da ich viel gearbeitet habe, fühle ich mich müde.	kausal: **Avendo** lavorato molto, mi sento stanco. Da ich viel gearbeitet habe, fühle ich mich müde.
Se ho soldi, compro una macchina. Wenn ich Geld habe, kaufe ich ein Auto.	konditional: **Avendo** soldi, compro una macchina. Wenn ich Geld habe, kaufe ich ein Auto.

Test 9

Stellen Sie fest, mit welcher impliziten Konstruktion die Sätze verkürzt werden können: (Infinitiv (I)? Partizip (P)? *gerundio* (G)?)   I   P   G

a) Appena arrivato in centro Mauro cominciò a cercare un parcheggio. Kaum war er im Zentrum angekommen, fing Mauro an, einen Parkplatz zu suchen.   ☐   ☐   ☐

Satzbau und Satzgefüge

		I	P	G
b)	So che sono una persona intelligente.	☐	☐	☐
	Ich weiss, dass ich ein intelligenter Mensch bin.			
c)	Dopo che aveva finito di studiare, Alfredo andò in America.	☐	☐	☐
	Nachdem Alfredo sein Studium beendet hatte, ging er nach Amerika.			
d)	Se Manuela ha soldi, andrà in vacanza.	☐	☐	☐
	Wenn Manuela Geld hat, wird sie in Ferien fahren.			
e)	Dopo che i genitori erano tornati dalle vacanze partirono i figli. Nachdem die Eltern aus dem Urlaub gekommen waren, fuhren die Kinder weg.	☐	☐	☐
f)	Il libro che ho comprato ieri è molto interessante.	☐	☐	☐
	Das Buch, das ich gestern gekauft habe, ist sehr interessant.			

2.4 Die indirekte Rede / die indirekte Frage
Was Sie vorab wissen sollten
a) Jede Äußerung kann in der direkten oder in der indirekten Rede wiedergegeben werden.
Für die Verwendung der direkten Rede gelten weitgehend die gleichen Regeln wie im Deutschen.
Direkte Rede: Pia dice: „Non ho voglia di uscire."
                Pia sagt: „Ich habe keine Lust auszugehen."
Indirekte Rede: Pia dice che non ha voglia di uscire.
                Pia sagt, sie habe keine Lust auszugehen.
b) Im Italienischen weist die Verwendung der Zeiten und Modi in der indirekten Rede kaum Übereinstimmungen mit dem Deutschen auf.

2.4.1 Die indirekte Rede
Für die Verwendung der indirekten Rede sind folgende Punkte zu beachten:
a) Im Gegensatz zum Deutschen steht in der indirekten Rede gewöhnlich der Indikativ.

b) Die Wahl der Zeiten in der indirekten Rede ist abhängig von der Zeit im Hauptsatz und vom Zeitverhältnis zwischen Haupt- und Nebensatz. (Kriterien für die indirekte Rede ➡ Kap. 16, 2.1 und 2.2)

c) Die Informationen der direkten Rede müssen in der indirekten Rede genau beibehalten werden. Steht das Ausgangsverb (z. B.: dice er / sie sagt, ha detto er / sie hat gesagt) in der 3. Person und das Verb der direkten Rede in der 1. Person, so ändern sich im Italienischen wie im Deutschen die Personal- und Possessivpronomen in der indirekten Rede. Vergleichen Sie:

23 Satzbau und Satzgefüge

- direkte Rede:
  Carmela dice: „(Io) sono stanca. Se **mi** aiuti e **mi** fai un caffè, **(io)** posso riposar**mi**."
  Carmela sagt: „Ich bin müde. Wenn du mir hilfst und mir einen Kaffee machst, kann ich mich ausruhen."
- indirekte Rede:
  Carmela dice che **(lei)** è stanca. Se **la** aiuto e **le** faccio un caffè, **(lei)** può riposar**si**.
  Carmela sagt, dass sie müde sei. Wenn ich ihr helfen würde und ihr einen Kaffee machen würde, könnte sie sich ausruhen.

d) Wenn die indirekte Rede nach einem Verb der Vergangenheitsgruppe steht, können nur die Zeitangaben verwendet werden, die für die Vergangenheit gelten (➠ Kap. 16, 1.4), da sich die Perspektive des Sprechers von der Gegenwart in die Vergangenheit verlagert hat. Vergleichen Sie:
   - für die Gegenwart:
     Grazia dice che **ieri** non è andata da Rino e che non ci andrà né **oggi**, né **domani**, né **la settimana prossima**.
     Grazia sagt, dass sie gestern nicht zu Rino gegangen sei und dass sie weder heute noch morgen und auch nicht nächste Woche dorthin gehen würde.
   - für die Vergangenheit:
     Grazia disse che **il giorno prima** non era andata da Rino e che non ci sarebbe andata né **quel giorno**, né **il giorno dopo** né **la settimana dopo**.
     Grazia sagte, dass sie am Tag zuvor nicht zu Rino gegangen sei und dass sie weder an dem Tag noch am darauffolgenden Tag und auch nicht die Woche darauf dorthin gehen würde.

e) Beim Übergang von der direkten in die indirekte Rede muss – ähnlich wie im Deutschen – der Imperativ durch einen Infinitiv ersetzt werden. Vergleichen Sie:
   - direkte Rede:
     Mi disse: „Entra pure! Siediti e mangia qualcosa con noi."
     Er sagte zu mir: „Komm ruhig rein! Setz dich und iss etwas mit uns."
   - indirekte Rede:
     Mi disse di **entrare**, di **sedermi** e di **mangiare** qualcosa con loro.
     Er sagte zu mir, ich solle hereinkommen, mich setzen und etwas mit ihnen essen.

f) Bei Subjektgleichheit kann der Infinitiv als satzverkürzende Konstruktion auch bei einer indirekten Rede eingesetzt werden (➠ Kap. 15, 1.4).

Ugo racconta che ha un nuovo computer.	→	Ugo racconta di avere un nuovo computer.
Ugo erzählt, dass er einen neuen Computer hat.		Ugo erzählt, er habe einen neuen Computer.

Satzbau und Satzgefüge

2.4.2 Die indirekte Frage
Für die Verwendung der indirekten Frage ist Folgendes zu beachten:
a) Die indirekte Frage wird mit se (ob) eingeleitet.
   – direkte Frage:
   Mi domanda sempre: „Hai tempo?"
   Er /sie fragt mich immer: „Hast du Zeit?"
   – indirekte Frage:
   Mi domanda sempre **se** ho tempo.
   Er /sie fragt mich immer, ob ich Zeit habe.
b) Die Zeitenfolge in der indirekten Frage ist wie die der indirekten Rede
   (➠ Kap. 16, 2.1, 2.2).
c) Für die Veränderungen der Personal- und Possessivpronomen sowie der Zeitangaben gelten die gleichen Regeln wie bei der indirekten Rede.
d) Auch in der indirekten Frage steht gewöhnlich der Indikativ.
   Domando a Enrico se **vuole** venire con noi.
   Ich frage Enrico, ob er mit uns kommen will.
   Wird allerdings domandare (fragen) als Verb des Zweifelns benutzt, so muss der *congiuntivo* stehen.
   Mi domando se Enrico **voglia** venire con noi.
   Ich frage mich, ob Enrico mit uns kommen will.
   In diesem Fall gilt die Zeitenfolge, die Sie beim Gebrauch des *congiuntivo* kennen gelernt haben (➠ Kap. 16, 3).

Test 10
Formulieren Sie die direkte Rede bzw. die direkte Frage in indirekte Rede bzw. indirekte Frage um.
a) Elisa disse: „Ieri ha chiamato mia madre da Los Angeles."
   Elisa sagte: „Gestern hat meine Mutter aus Los Angeles angerufen."
   Elisa disse che _____ da Los Angeles.
b) Elisa disse: „Domani chiamerà mia madre da Los Angeles."
   Elisa sagte: „Morgen wird meine Mutter aus Los Angeles anrufen."
   Elisa disse che _____ da Los Angeles.
c) Bruno disse: „Telefona a mio fratello!"
   Bruno sagte: „Ruf meinen Bruder an!"
   Bruno disse di _____ fratello.
d) Irma mi domanda: „Mi aiuti domani?"
   Irma fragt mich: „Hilfst du mir morgen?"
   Irma mi domanda se _____ .
e) Irma mi domandò: „Franco arriverà domani?"
   Irma fragte mich: „Wird Franco morgen ankommen?"
   Irma mi domandò se _____ .

2 Der zusammengesetzte Satz

23 Satzbau und Satzgefüge

Auf den Punkt gebracht
Nun können Sie wieder überprüfen, ob Sie die wichtigsten Regeln in diesem Kapitel behalten haben. Füllen Sie die Lücken in den folgenden Kontrollaufgaben aus oder markieren Sie die richtige(n) Möglichkeit(en).

1. (➡ 1)
Die Regeln zur Wortstellung, die den Aussagesatz betreffen,   ja   nein
a) gelten nur für Haupsätze. ☐ ☐
b) gelten nur für Nebensätze. ☐ ☐
c) gelten sowohl für Haupt- als auch für Nebensätze. ☐ ☐

2. (➡ 1.1.1.)   ja   nein
a) Die regelmäßige Wortstellung lautet:
Subjekt – Prädikat – Objekt. ☐ ☐
b) Die regelmäßige Wortstellung lautet:
Prädikat – Subjekt – Objekt. ☐ ☐
c) Normalerweise steht das direkte Objekt vor dem
indirekten Objekt. ☐ ☐

3. (➡ 1.1.2 a)
Eine Inversion von Subjekt und Prädikat erfolgt   ja   nein
a) wenn das Subjekt besonders betont werden soll. ☐ ☐
b) wenn das Prädikat besonders betont werden soll. ☐ ☐
c) zur Bezeichnung des Sprechers in der indirekten Rede. ☐ ☐

4. (➡ 1.1.2 b)
Soll ein direktes Objekt besonders betont werden, kann es auch am (Satzende / Satzanfang) stehen. In diesem Fall muss das (Subjekt / Objekt) in Form eines (Subjektpronomens / direkten Objektpronomens) wieder aufgenommen werden.

5. (➡ 1.2.1 und 1.2.2)   ja   nein
a) No bedeutet immer „nein". ☐ ☐
b) Steht no am Satzende so hat es die Bedeutung von „nicht". ☐ ☐
c) Non bedeutet „nein". ☐ ☐
d) Non entspricht dem deutschen „nicht". ☐ ☐
e) In der Regel steht non vor dem konjugierten Verb. ☐ ☐
f) In der Regel steht non nach dem konjugierten Verb. ☐ ☐

Satzbau und Satzgefüge 23

6. (⇒ 1.2.3)
Kombinieren Sie die italienischen Negationsausdrücke mit ihrer deutschen Entsprechung.
a) non ... nessuno
b) non ... mai
c) non ... niente / nulla
d) non ... neanche / nemmeno / neppure
e) non ... né ... né
f) non ... più
g) non ... ancora

1) noch nicht
2) niemand
3) weder ... noch
4) nichts
5) nicht / kein mehr
6) auch nicht / nicht einmal
7) nie

7. (⇒ 1.3)   ja   nein
a) Die Wortstellung bei der Entscheidungsfrage ist normalerweise dieselbe wie beim Aussagesatz. ☐ ☐
b) Bei der Entscheidungsfrage erfolgt normalerweise eine Inversion. ☐ ☐
c) Wenn das Interrogativpronomen bei einer Ergänzungsfrage Subjekt ist, ist die Wortstellung wie beim Aussagesatz. ☐ ☐
d) Wenn das Interrogativpronomen bei einer Ergänzungsfrage Subjekt ist, ist die Wortstellung: Fragewort – Prädikat – Subjekt. ☐ ☐
e) Bei der Alternativfrage erfolgt eine Inversion. ☐ ☐
f) Bei der Alternativfrage ist die Wortstellung dieselbe wie beim Aussagesatz. ☐ ☐

8. (⇒ 2.1)
Zwei Hauptsätze können miteinander verbunden werden durch (beiordnende Konjunktionen / nebenordnende Konjunktionen / Relativpronomen / indirekte Rede / satzverkürzende Konstruktionen).

9. (⇒ 2.2)
Haupt und Nebensatz können miteinander verbunden werden durch (beiordnende Konjunktionen / nebenordnende Konjunktionen / Relativpronomen / indirekte Rede / satzverkürzende Konstruktionen).

10. (⇒ 2.3)
a) Als satzverkürzende Konstruktion für die Verbindung von zwei Hauptsätzen kommt (der Infinitiv / das Partizip Perfekt / das *gerundio*) in Frage.
b) Als satzverkürzende Konstruktion für die Verbindung von Haupt- und Nebensatz kommt (der Infinitiv / das Partizip Perfekt / das *gerundio*) in Frage.

Auf den Punkt gebracht

Satzbau und Satzgefüge

11. (➧ *2.4*)
a) Im Italienischen weist die Verwendung der Zeiten und Modi in der indirekten Rede kaum (Abweichungen / Übereinstimmungen) mit dem Deutschen auf.
b) Im Gegensatz zum Deutschen steht in der indirekten Rede gewöhnlich der (Indikativ / *congiuntivo*).
c) Die Wahl der Zeiten in der indirekten Rede ist abhängig von der Zeit im (Hauptsatz / Nebensatz) und vom Zeitverhältnis zwischen Haupt- und Nebensatz.
d) Beim Übergang von der direkten in die indirekte Rede verändern sich (das Subjekt des Hauptsatzes / die Personalpronomen / die Possessivpronomen).
e) Beim Übergang von der direkten in die indirekte Rede muss der Imperativ durch (einen Infinitiv / ein Partizip / ein *gerundio*) ersetzt werden.
f) Die indirekte Frage wird mit (se / che) eingeleitet.
g) In der indirekten Frage steht gewöhnlich der (Indikativ / *congiuntivo*).

Die Präpositionen 24

Was Sie vorab wissen sollten
a) Die Präpositionen (im Deutschen „in", „mit", „nach", „ohne", „während", „zu" usw.) verbinden zwei Wörter bzw. zwei Satzteile miteinander.
Michele è **senza** macchina. Michele ist ohne Auto.
Silvio adesso è **con** amici **in** America. Silvio ist mit Freunden in Amerika.
b) Wie im Deutschen können Präpositionen auch im Italienischen mit einem bestimmten Artikel verwendet werden.
Durante le vacanze dormo molto. Während des Urlaubs schlafe ich viel.
Dopo la pioggia viene il sole. Nach dem Regen kommt die Sonne.
c) Die Wahl und der Gebrauch der Präpositionen stimmt in den meisten Fällen nicht mit dem Deutschen überein.

1 Präpositionen mit oder ohne Artikel

1.1 Präpositionen ohne Artikel

Wie im Deutschen können Präpositionen ohne Artikel benutzt werden.
Ho parlato **con** mia zia e **con** Teresa.
Ich habe mit meiner Tante und mit Teresa gesprochen.
Questo regalo è **per** Giovanni. Dieses Geschenk ist für Giovanni.

1.2 Präpositionen mit einem bestimmten Artikel

1.2.1 Präpositionen in Verbindung mit einem bestimmten Artikel
Die Präpositionen können mit einem bestimmten Artikel verwendet werden.
Angelo studia **per gli** esami. Angelo lernt für die Prüfung.
Roberto sa leggere **fra le** righe. Roberto kann zwischen den Zeilen lesen.
Durante le vacanze vado in Messico.
Während der Ferien fahre ich nach Mexiko.
Ha fatto un viaggio **attraverso il** deserto.
Ich habe eine Reise durch die Wüste gemacht.

1.2.2 Verschmelzung der Präpositionen di, a, da, in, su mit dem bestimmten Artikel
Bei di, a, da, in und su findet eine Verschmelzung der Präpositionen mit dem bestimmten Artikel statt.

Italienisch	Deutsch
Vado **alla** stazione. **a** + **la** stazione → **alla** stazione	Ich gehe **zum** Bahnhof. **zu** + **dem** Bahnhof → **zum** Bahnhof

24 Die Präpositionen

Auf Entdeckung

Im Kapitel zu den Artikeln haben Sie die Präposition di + bestimmter Artikel kennen gelernt (➡ Kap. 3, 3.1.1). Ähnlich verhalten sich auch die Präpositionen a, da, in und su in Verbindung mit einem bestimmten Artikel.

a) Setzen Sie die Präposition di mit Artikel ein.
b) Versuchen Sie nun analog dazu die noch fehlenden Formen einzusetzen.

	maskulin					feminin		
	il	l'	lo	i	gli	la	l'	le
di	del							
da	dal						dall'	
a		all'				alla		
su			sullo		sugli			
in	nel			nei				

Beachten Sie

a) Bei der Präposition con gibt es neben den Formen con il, con l', con lo, con la, con i, con gli, con le usw. – also ohne Verschmelzung – auch die Formen col, coll', collo, colla, coi, cogli, colle. Es handelt sich dabei allerdings um veraltete Formen, die seltener verwendet werden.
Ho parlato **colla** zia di Carlo. = Ho parlato **con la** zia di Carlo.
Ich habe mit Carlos Tante gesprochen.

b) Steht eine Präposition in Verbindung mit einem Possessivum, gelten für den Gebrauch des Artikels die Regeln, die Sie im Kapitel 5, 1 kennen gelernt haben. Wird ein Artikel verwendet, verschmelzen die Präpositionen di, a, da, in, su mit dem Artikel.

il mio amico mein Freund	Tea è la zia **del mio** amico. Tea ist die Tante meines Freundes.
la sua amica seine / ihre Freundin	Luigi telefona **alla sua** amica. Luigi ruft seine Freundin an.
i vostri parenti euere Verwandte	Abitate **dai vostri** parenti? Wohnt ihr bei eueren Verwandten?
la tua valigia dein Koffer	Che c'è **nella tua** valigia. Was ist in deinem Koffer?
il Suo tavolo Ihr Tisch	Il fax è **sul Suo** tavolo. Das Fax liegt auf Ihrem Tisch.

Die Präpositionen

Test 1
Setzen Sie die Präpositionen + bestimmten Artikel ein.
a) Il cane (di + la) ____ signora Loi è bello. Der Hund von Frau Loi ist schön.
b) I soldi sono (in + la) ____ borsa. Das Geld ist in der Tasche.
c) Sono in vacanza (da + il) ____ 2 (a + l') ____ 8 marzo.
   Ich bin im Urlaub vom 2. bis 8. März.
d) Leggo un libro (su + la) ____ Toscana. Ich lese ein Buch über die Toskana.
e) Lavoro (da + le) ____ 8 (a + le) ____ 2. Ich arbeite von 8 bis 2.
f) Bruno vive (in + la) ____ Francia del sud. Bruno lebt in Südfrankreich.
g) Emilio va (da + gli) ____ amici di sua sorella.
   Emilio fährt zu den Freunden seiner Schwester.

1.3 Präpositionen mit weiteren Verbindungen

Die Präpositionen können weiterhin in folgenden Verbindungen auftreten:

direkt vor einem Substantiv	Vado a Rom **con** amici. Ich fahre mit Freunden nach Rom.
vor einem bestimmten Artikel	Vado a Roma **con gli** amici. Ich fahre mit den Freunden nach Rom.
vor einem unbestimmten Artikel	Vado a Roma **con un** amico. Ich fahre mit einem Freund nach Rom.
vor einem Adjektiv	Vado a Roma **con** vecchi amici. Ich fahre mit alten Freunden nach Rom.
vor einem Possessivum	Vado a Roma **con i miei** amici. Ich fahre mit meinen Freunden nach Rom. Vado a Roma **con mia** madre. Ich fahre mit meiner Mutter nach Rom.
vor einem Demonstrativum	Vado a Roma **con questi** amici. Ich fahre mit diesen Freunden nach Rom.
vor einem Indefinitum	Vado a Roma **con alcuni** amici. Ich fahre mit einigen Freunden nach Rom.
vor einem Interrogativum	**Con chi** vai a Roma? Mit wem fährst du nach Rom?
vor einem Relativpronomen	Gli amici **con cui** vado a Roma sono veneziani. Die Freunde, mit denen ich nach Rom fahre, sind Venezianer.
vor einem Personalpronomen	Vado a Roma **con lui**. Ich fahre mit ihm nach Rom.

24 Die Präpositionen

1.4 Gebrauch des Artikels in Verbindung mit den Präpositionen

Wie erwähnt, können die Präpositionen mit oder ohne den bestimmten Artikel verwendet werden.
Auch hier stimmt der Gebrauch des Artikels nicht immer mit dem Deutschen überein.

Ohne Artikel:	Vado a casa. Ich gehe nach Hause.
	Vado a scuola. Ich gehe zur Schule.
	Mangiamo in cucina. Wir essen in der Küche.
Mit Artikel:	**durante le** vacanze während der Ferien

1.4.1 Grundregel für den Gebrauch des bestimmten Artikels bei Präpositionen

Generell verwendet man nach Präpositionen einen bestimmten Artikel, wenn das folgende Substantiv näher bestimmt ist. Vergleichen Sie:

nicht näher bestimmt:	Vado a Roma **con** amici.
	Ich fahre mit Freunden nach Rom.
	Sono **in** giardino. Ich bin im Garten.
näher bestimmt:	Vado a Roma **con gli** amici.
	Ich fahre mit den Freunden nach Rom.
	Sono **nel** giardino di Peter. Ich bin im Garten von Peter.

1.4.2 Zusätzlicher Gebrauch des bestimmten Artikels nach Präpositionen

Im Gegensatz zum Deutschen wird der bestimmte Artikel im Italienischen auch in den folgenden Fällen benutzt:

a) in Verbindung mit Personen:
- bei signorina Fräulein, signora Frau, signor Herr

  la sorella **della** signora Trainito
  Frau Trainitos Schwester

- vor einem Titel

  l'ufficio **del** dottor Rossi
  das Büro von Herrn Dr. Rossi

- vor einer Berufsbezeichnung

  la ditta **dell'**ingegner Brosi
  die Firma von Herrn Ingenieur Brosi

b) bei Possessivpronomen (→ Kap. 5, 1)

  la casa **del** mio amico
  das Haus meines Freundes
  la casa **dei** miei fratelli
  das Haus meiner Brüder
  Aber: la casa **di** mio padre
  das Haus meines Vaters

Die Präpositionen

c) bei geografischen Bezeichnungen	**attraverso** l'Umbria durch Umbrien **dall'**Africa **all'**Asia von Afrika bis Asien **nella** Francia del sud in Südfrankreich **Aber:** **in** Europa, **in** Africa, **in** Asia, **in** Toscana
d) bei Körperteilen	Con i capelli corti Nina sembra più giovane. Mit kurzem Haar wirkt Nina jünger. Siamo nelle mani di Dio. Wir sind in Gottes Händen.
e) bei Zahlenangaben (➡ Kap. 25) wie: – Prozentangaben – Uhrzeit	 con **il** 10 % della popolazione mit 10 % der Bevölkerung **dalle** tre **alle** quattro von drei bis vier Uhr
f) bei der Präposition in, wenn das dazugehörige Nomen näher bestimmt wird.	Eravamo **in** giardino. Wir waren im Garten. Eravamo **nel** giardino di Peter. Wir waren in Peters Garten. Vado **in** Germania. Ich fahre nach Deutschland. Vado **nella** Germania del sud. Ich fahre nach Süddeutschland. Sono stata in Grecia **in** aprile. Ich bin im April in Griechenland gewesen. Sono stata in Grecia **nell'**aprile 2001. Ich bin im April 2001 in Griechenland gewesen.

Test 2

Markieren Sie die richtige Lösung.
a) Emma ha un bell'appartamento (in / nel) centro della città.
   Emma hat eine schöne Wohnung im Stadtzentrum.
b) La moglie (di / del) professore è in vacanza (da / dal) venti marzo (a / al) tre aprile. Die Frau des Professors ist vom 20. März bis 3. April in Urlaub.
c) Domani Nina e Dino partono (per l' / per) Australia.
   Nina und Dino fahren morgen nach Australien.
d) Ho parlato (con la mia / con mia) madre e con (la mia / mia) amica.
   Ich habe mit meiner Mutter und mit meiner Freundin gesprochen.

1 Präpositionen mit oder ohne Artikel **423**

24 Die Präpositionen

e) Ho parlato (con il / con) Rocco e (con la / con) signora Dardi.
   Ich habe mit Rocco und mit Frau Dardi gesprochen.
f) Gianni lavora (nella / in) Germania del nord.
   Gianni arbeitet in Norddeutschland.
g) Vengo (alle / a) tre. Ich komme um drei.
h) Abbiamo fatto un viaggio (attraverso l' / attraverso) Umbria.
   Wir haben eine Reise durch Umbrien gemacht.
i) Domani alle tre parto (per il / per) Napoli.
   Morgen um drei fahre ich nach Neapel.
l) Nilda abita (dai / da) suoi genitori. Nilda wohnt bei ihren Eltern
m) Alma è una bella ragazza (con gli / con) occhi verdi.
   Alma ist ein schönes Mädchen mit grünen Augen.
n) Vado al cinema (con gli / con) amici di mio fratello.
   Ich gehe ins Kino mit den Freunden meines Bruders.

2 Bezugspunkte für die Wahl der Präpositionen

2.1 Präpositionen als Ergänzung des Adjektivs, des Substantivs oder des Verbs

Die Wahl der Präposition wird durch bestimmte Adjektive, Substantive oder Verben festgelegt, die der Präposition vorangehen. In diesem Fall dient die Präposition als Ergänzung eines Adjektivs, eines Substantivs oder eines Verbs.

Präposition als Ergänzung	Beispiele
eines Adjektivs	Sono **contento di** te. Ich bin mit dir zufrieden. Sono **contento di** essere qui. Ich bin froh, hier zu sein. Vito è **forte in** matematica. Vito ist gut in Mathematik.
eines Substantivs	Ho **voglia di** un gelato. Ich habe Lust auf ein Eis. Ho **tempo per** leggere. Ich habe Zeit zum Lesen.
eines Verbs	**Parlo di** politica. Ich spreche über Politik. **Ridiamo dalla** gioia. Wir lachen vor Freude.

2.2 Präpositionen in Präpositionalphrase

Präpositionen können auch zu verschiedenen Präpositionalphrasen gehören (wie Orts- oder Zeitangaben, die eine bestimmte Präposition erfordern). Die Wahl der Präposition wird in diesem Fall durch das bestimmt, was der Präposition folgt.
Ortsangabe (Land): Cristina vive **in Italia**. Cristina lebt in Italien.
Ortsangabe (Person): Franca vive **da amici**. Franca lebt bei Freunden.

3 Präpositionen mit geringer Eigenbedeutung

Die Präpositionen di, a, da, in, con, su, per, tra / fra sind wegen ihrer geringen Eigenbedeutung sehr verbreitet und können in verschiedenen Zusammenhängen verschiedene Funktionen übernehmen. Eine Eins-zu-eins-Entsprechung zwischen den deutschen und den italienischen Präpositionen gibt es nicht (➡ Tabelle S. 455 ff.).

3.1 Grundregel für den Gebrauch der Präpositionen **di**, **a**, **da**, **in**, **con**, **su**, **per**, **tra / fra**

3.1.1 Die oben genannten Präpositionen werden in den folgenden Fällen verwendet:

in	bei Ortsangaben (wo?) bzw. bei der Angabe einer Richtung (wohin?) (bei Kontinenten, Ländernamen, Regionen und Provinzen)	Vivo **in** Italia. Ich lebe in Italien. Vado **in** Sicilia. Ich fahre nach Sizilien.
a	– als Ausdruck des indirekten Objekts (vor Substantiven und Pronomen) – bei Ortsangaben bzw. bei der Angabe einer Richtung (bei Städtenamen)	Mando il fax **a** Giovanni e **alla** mia familia. Ich schicke Giovanni und meiner Familie ein Fax. Abito **a** Berlino. Ich wohne in Berlin. Vado **a** Trieste. Ich fahre nach Triest.

24 Die Präpositionen

da	bei Ortsangaben bzw. bei der Angabe einer Richtung (bei Personen)	Sono **da** mia madre. Ich bin bei meiner Mutter. Vado **da** un'amica. Ich gehe zu einer Freundin.
di	– als Ausdruck eines Besitzes	la macchina **di** mio padre das Auto meines Vaters il cane **di** Gianni Giannis Hund
	– als Ausdruck einer Zugehörigkeit	il quadro **di** Botticelli Botticellis Gemälde Sono **di** Bologna. Ich bin aus Bologna.
con	in der Bedeutung von „mit"	Vieni **con** noi? Kommst du mit uns? Esco **con** Sergio. Ich gehe mit Sergio aus.
su	in der Bedeutung von „auf" und „über"	Facciamo il picnic **su** questo prato. Wir machen auf dieser Wiese ein Picknick. L'aereo vola **sulla** città. Das Flugzeug fliegt über die Stadt.
per	in der Bedeutung von „für" und „um"	Il libro è **per** me. Das Buch ist für mich. Mi preoccupo **per** te. Ich mache mir Sorgen um dich.
tra / fra	in der Bedeutung von – „zwischen" und „unter"	**Fra** Tino und Carla c'è una grande amicizia. Zwischen Tino und Carla gibt es eine große Freundschaft. Vado a sciare **tra** febbraio e marzo. Ich gehe zwischen Februar und März Ski fahren. detto **tra** noi unter uns gesagt
	– „in" (zeitlich, auf die Zukunft bezogen)	Finirà gli studi **fra** due anni. Er wird das Studium in (d. h. nach Ablauf von) zwei Jahren abschließen.

Beachten Sie

a) Im Gegensatz zum Deutschen unterscheidet das Italienische nicht zwischen der Frage „ wo?" und „ wohin?" – d. h. in der Wahl der Präpositionen unterscheidet es bei Ortsangaben oder bei der Angabe einer Richtung nicht zwischen Verweilen an einem Ort bzw. Bewegung an einem Ort einerseits und zielgerichteter Bewegung andererseits. Vergleichen Sie:
Sono **a** casa. Ich bin zu Hause.
Vado **a** casa. Ich gehe nach Hause.

b) tra und fra haben die gleiche Bedeutung.

Die Präpositionen

Test 3
Setzen Sie die passende Präposition ein: a, con, da, di, in, per, su, tra.
a) Andiamo ____ Italia, ____ Roma e poi ____ mia zia ____ Parigi.
   Wir fahren nach Italien, nach Rom und dann zu meiner Tante nach Paris.
b) Questa è la macchina ____ Pino. Das ist das Auto von Pino.
c) Mario va ____ Teresa ____ Sardegna. Mario fährt mit Teresa nach Sardinien.
d) La nonna sta seduta molto comoda ____ questa sedia.
   Die Oma sitzt sehr bequem auf diesem Stuhl.
e) Questo gelato è ____ te. Dieses Eis ist für dich.
f) Clelia fa gli esami ____ giugno e luglio.
   Clelia macht die Prüfungen zwischen Juni und Juli.
g) Ritorno ____ cinque minuti. Ich komme in fünf Minuten wieder.

3.1.2 Deutsche Komposita werden im Italienischen unter anderem mit Hilfe von Präpositionen gebildet.

Motorboot: barca **a** motore,   Zweibettzimmer: camera **a** due letti,
Plastiktüte: sacchetto **di** plastica,   Schulfreund: compagno **di** scuola,
Tennisschuhe: scarpe **da** tennis,   Skijacke: giacca **da** sci

Weitere deutsche Komposita können Sie in jedem guten Wörterbuch nachschlagen.

TIPP

Das sind die wichtigsten Informationen über die Präpositionen di, a, da, in, con, su, per, tra / fra. Im folgenden Abschnitt werden Einzelheiten über die Verwendung dieser Präpositionen behandelt. Wenn Sie jedoch zunächst einen Überblick über alle Präpositionen haben wollen, können Sie gleich weiter zum Abschnitt 4 gehen und den Abschnitt 3.2 zu einem späteren Zeitpunkt durcharbeiten.

3.2 Weitere Verwendungen der Präpositionen di, a, da, in, con, su, per, tra / fra

Da diese Präpositionen eine geringe Eigenbedeutung haben, können sie – wie bereits erwähnt – mehrere Funktionen übernehmen.

24 Die Präpositionen

a) Die Präposition in
Über die in 3.1 genannten Funktionen hinaus, wird die Präposition in verwendet für die Bezeichnung von:

Ortsangaben / Richtung:	in campagna auf dem Lande / aufs Land, in montagna im / ins Gebirge, in centro im / ins Zentrum, in città in der / in die Stadt, in strada auf der / auf die Straße, in cucina in der / in die Küche, in giardino im / in den Garten, in ufficio im / ins Büro, in fabbrica in der / in die Fabrik, in discoteca in der / in die Disko, in biblioteca in die / in der Bibliothek, in piscina im / ins Schwimmbad, in mano in der / in die Hand
Zeitangaben: – Zeitpunkt	in primavera im Frühling, in autunno im Herbst, in maggio im Mai, in questa stagione zu dieser Jahreszeit, in questo mese in diesem Monat
– Jahreszahlen	nell'anno 1492 im Jahre 1492, nel 1942 1942, negli anni trenta in den Dreißiger Jahren, nel 2000 im Jahre 2000 / im 21. Jahrhundert
– Zeitdauer	Ci arrivi in cinque minuti. In fünf Minuten bist du da. Ha finito il lavoro in tre ore. Er hat die Arbeit innerhalb von drei Stunden beendet.
Art und Weise, Zweck und Mitteln:	in poche parole in wenigen Worten, in fretta in Eile, in modo simpatico auf sympathische Weise, in orario pünktlich, in anticipo zu früh, in ritardo mit Verspätung Abbiamo fatto il viaggio in piedi. Wir haben die Reise im Stehen gemacht. Questa casa non è in vendita. Dieses Haus ist nicht zu verkaufen.
– Verkehrsmitteln **Aber:** Wird das Verkehrsmittel näher bestimmt, verwendet man die Präposition con	in treno mit dem Zug, in macchina mit dem Auto, in autobus mit dem Bus con il treno delle 10 mit dem 10-Uhr-Zug con la macchina di mio fratello mit dem Auto meines Bruders
Weitere Verwendung:	in tedesco auf Deutsch, in tre zu dritt Ho un biglietto in più / in meno. Ich habe eine Karte mehr / weniger.

428 *3 Präpositionen mit geringer Eigenbedeutung*

Die Präpositionen 24

Test 4
Markieren Sie die richtige Lösung.
a) I Rossi vivono (in / a) Inghilterra. Die Rossis leben in England.
b) Sara ha il compleanno (in / nel) marzo. Sara hat im März Geburtstag.
c) Sei andata (a / in) Venezia (in / nella) macchina?
   Bist du mit dem Auto nach Venedig gefahren?
d) Alessandra vive (in / nell') America del Sud.
   Alessandra lebt in Südamerika.
e) Vera è nata (in / nell') aprile 1994. Vera ist im April 1994 geboren.
f) Giulia ha fatto la traduzione (in / tra) due ore.
   Julia hat die Übersetzung innerhalb von zwei Stunden gemacht.
g) Giulia finirà la traduzione (in / tra) due ore.
   Julia wird die Übersetzung in zwei Stunden beenden.
h) Liliana è venuta (in / nel) treno. Liliana ist mit dem Zug gekommen.
i) Federico abita (in / nella) centro. Federico wohnt im Zentrum.
l) Sei stata a Roma (in / nel) 2000? Bist du im Jahr 2000 in Rom gewesen?

b) Die Präposition a
Über die in 3.1 genannten Funktionen hinaus, wird die Präposition a verwendet für die Bezeichnung von:

Ortsangaben / Richtung:	a casa zu / nach Hause, a scuola zur / in die / in der Schule / alla scuola di ballo zur / in die / in der Tanzschule, a letto zu /im / ins Bett, a teatro im / ins Theater al bar in der / die Bar, al mare am / ans Meer, al supermercato im / zum / in den Supermarkt, al cinema im / ins Kino, al corso zum / im / in den Kurs, allo stadio im / ins Stadion, alla festa beim / zum Fest, alla posta zur / in der / bei der Post, all'università an der / in der / zur Universität
– Orientierung	a / al nord nach / im Norden, a / all' est nach / im Osten a destra nach rechts, a sinistra nach links, auch: zur Rechten / zur Linken, al semaforo an der Ampel, al terzo piano im dritten Stockwerk, alla seconda fermata an der zweiten Haltestelle, a pagina 36 auf der Seite 36, alla riga 3 in der 3. Zeile, alla radio im Radio, alla televisione im Fernsehen
– Entfernungen	a 3 chilometri da qui 3 Kilometer von hier entfernt, a due minuti da casa mia zwei Minuten von meinem Haus entfernt

3 Präpositionen mit geringer Eigenbedeutung

24 Die Präpositionen

Zeitangaben:	a mezzogiorno mittags / am Mittag, alle cinque um fünf Uhr, all'inizio della settimana am Anfang der Woche, alla fine dell'anno am Ende des Jahres, a / alla metà di maggio Mitte Mai
– Feiertage	a Natale zu Weihnachten, a Pasqua zu Ostern
– Altersangaben	a trent'anni mit dreißig Jahren, alla tua età in deinem Alter
Art der Fortbewegung:	a piedi zu Fuß, a cavallo zu Pferd, a forte velocità mit hoher Geschwindigkeit
Weitere Verwendung:	
– Angabe des Mittels	fatto a mano handgemacht, scritto a macchina mit der Maschine geschrieben
– Eigenarten / Charakteristika	una gonna a quadri ein karierter Rock, una macchina a quattro porte ein Auto mit vier Türen
– mit distributiver Bedeutung	10 Euro al chilo 10 Euro pro Kilo, due volte al giorno zweimal am Tag, due porzioni a testa zwei Portionen pro Kopf
– Angabe des Zwecks, des Grundes der Bewegung	andare a caccia auf die / zur Jagd gehen, andare a pesca zum Angeln gehen, a lezione zum / beim / im Unterricht
vor dem Infinitiv (➨ Kap. 15, 1.3.2 b)	Vado a prendere il giornale. Ich gehe die Zeitung holen. Mi sono deciso a fare un corso di francese. Ich habe mich entschlossen, einen Französischkurs zu besuchen.

Test 5

A oder in? Markieren Sie die richtige Lösung.
a) Andiamo (in / al) montagna o (nei / al) mare?
   Fahren wir in die Berge oder ans Meer?
b) Maria lavora (in / al) fabbrica, Giovanni (in / al) ufficio e Diana (nel / alla) posta.
   Maria arbeitet in der Fabrik, Giovanni im Büro und Diana bei der Post.
c) (In / A) mezzogiorno Sonia non mangia (nel / a) casa.
   Mittags isst Sonja nicht zu Hause.
d) La ditta ha finito il lavoro (in / alle) due giorni.
   Die Firma hat die Arbeit in zwei Tagen beendet.
e) Nino ha finito il lavoro (in / alle) due.
   Nino hat die Arbeit um zwei Uhr beendet.
f) Ho finito gli studi (nel / al) 1999, (a / in) 4 anni.
   Ich habe das Studium 1999 abgeschlossen, in 4 Jahren.

Die Präpositionen **24**

g) Carla ha finito gli studi (a / in) 24 anni.
   Carla hat das Studium mit 24 Jahren abgeschlossen.
h) Siamo venuti (all'/ nel) università (in / alla) autobus.
   Wir sind mit dem Bus zur Uni gefahren.
i) Simonetta mangia qualcosa (al / nello) bar.
   Simonetta isst etwas in der Bar.
l) Quanto costa il pane (nel / al) chilo? Was kostet das Brot pro Kilo?
m) Niccolò è venuto (in / a) macchina e gli altri (in / a) piedi.
   Niccolò ist mit dem Auto gekommen, die anderen zu Fuß.

c) Die Präposition da
Über die in 3.1 genannten Funktionen hinaus, wird die Präposition da verwendet für die Bezeichnung von:

Ortsangaben: Bezeichnung der Herkunft vor allem mit den Verben: venire kommen, arrivare ankommen, partire abfahren, uscire ausgehen, andare via weggehen, ritornare zurückgehen, scendere aussteigen	Mario viene da Roma. Mario kommt aus Rom. Questo treno arriva da Parigi. Dieser Zug kommt aus Paris. L'aereo da Zurigo è in ritardo. Das Flugzeug aus Zürich hat Verspätung. Siamo partiti da Vienna alle otto. Wir sind um acht aus Wien abgefahren. A che ora siete usciti dal cinema? Um wie viel Uhr seid ihr aus dem Kino gekommen? Giorgio è andato via dall'Italia nel 2001. Giorgio ist im Jahr 2001 aus Italien weggegangen. Olga è scesa dall'autobus. Olga ist aus dem Bus gestiegen. Tanti cari saluti da Teresa. Viele liebe Grüße von Teresa.
Zeitangaben: (im Sinne von „seit", „ab")	Ti aspetto da un'ora. Ich warte seit einer Stunde auf dich. Dalla prossima settimana (in poi) sono in vacanza. Ab nächste Woche bin ich in Urlaub.
Urheber der Handlung bei Passiv- konstruktionen:	Questo lavoro è stato fatto da tutti noi. Diese Arbeit ist von uns allen gemacht worden.
Art und Weise:	Ti sei comportato da stupido! Du hast dich wie ein Dummkopf benommen. Gli ho parlato da padre. Ich habe als Vater zu ihm gesprochen.

3 Präpositionen mit geringer Eigenbedeutung

24 Die Präpositionen

Weitere Verwendung:	da una parte auf der einen Seite, dall'altro lato andererseits
Vor einem Infinitiv (➠ Kapitel 15, 1.3.2 c)	C'erano molte cose da mangiare. Es gab viele Sachen zu essen. Non c'è niente da fare. Es gibt nichts zu tun. / Man kann nichts dagegen tun.

Beachten Sie
Die Präpositionen a und da werden zusammen verwendet
– um eine Entfernung auszudrücken
  Gaspare lavora **a** dieci chilometri **da** Palermo.
  Gaspare arbeitet zehn Kilometer von Palermo entfernt.
  Paola abita **a** mezz'ora **da** Venezia.
  Paola wohnt eine halbe Stunde von Venedig entfernt.
– in der Bedeutung „von … bis …", „von … nach …" oder „von … in …"
  da oggi **a** domani von heute bis morgen
  dalle otto **alle** nove von acht bis neun
  da Roma **a** Napoli von Rom nach Neapel
  dall'Italia **alla** Germania von Italien nach Deutschland
  tradurre **dal** tedesco **all'**italiano vom Italienischen ins Deutsche übersetzen

Test 6
In, a oder da? Markieren Sie die richtige Lösung.
a) Vi aspettiamo (in / a / da) due ore. Wir warten seit zwei Stunden auf euch.
b) Stefania abita (in / a / da) cinque minuti (in / a / da) casa mia.
   Stefania wohnt fünf Minuten von meinem Haus entfernt.
c) Questo problema è difficile (in / a / da) capire.
   Dieses Problem ist schwer zu verstehen.
d) Ivan è partito (in / a / da) Modena (in / a / da) macchina.
   Ivan ist aus Modena mit dem Auto abgefahren.
e) Bruno è ritornato (nel / alla / dal) lavoro (nelle / alle / dai) sei.
   Bruno ist um sechs Uhr von der Arbeit gekommen.
f) Sono (in / a / da) ufficio (in / a / dalle) nove (in / a / da) mezzogiorno.
   Ich bin im Büro von neun bis zwölf.
g) Devo tradurre questo articolo (nel / al / dall') inglese (nella / all' / dal) italiano. Ich muss diesen Artikel vom Englischen ins Italienische übersetzen.
h) L'aereo (in / a / da) Milano è arrivato (in / a / da) ritardo.
   Das Flugzeug aus Mailand ist mit Verspätung angekommen.

3 Präpositionen mit geringer Eigenbedeutung

Die Präpositionen 24

d) Die Präposition *di*
Über die in 3.1 genannten Funktionen hinaus, wird die Präposition *di* verwendet für die Bezeichnung von:

Herkunft: (in Verbindung mit *essere*)	Sono di Firenze. Ich bin aus Florenz. Sono di Berlino. Ich bin aus Berlin. Sono di origine turca. Ich bin türkischer Herkunft. **Aber:** Sono italiano. Ich bin Italiener. / Ich bin aus Italien.
Zeitpunkt:	di mattina am Morgen, di giorno am Tag, di sera abends, di notte nachts, d'estate im Sommer, d'inverno im Winter
Material:	una bambola di plastica eine Puppe aus Plastik, eine Plastikpuppe, una tavola di legno ein Holztisch, una camicia di cotone ein Baumwollhemd
Mengen: – Gewicht, Maß, Dauer, Alter	un prosciutto di 3 chili ein drei Kilo schwerer Schinken, una ferita di 10 centimetri eine 10 Zentimeter große Wunde, una ragazza di 12 anni ein zwölfjähriges Mädchen, un viaggio di due ore eine Reise von zwei Stunden
– in partitiver Funktion	alcuni di noi einige von uns, migliaia di persone Tausende von Personen un milione di Euro eine Million Euro due etti di zucchero zweihundert Gramm Zucker qualcosa di bello etwas Schönes
Eigenschaften:	di buona qualità von guter Qualität di buon / cattivo umore guter / schlechter Laune
Weitere Verwendung: – Zur näheren Bestimmung einer Stadt oder Provinz – Zur Angabe eines Themas – bei Vergleichen (➠ Kap 4, 5.1.2.)	la città di Milano die Stadt Mailand la provincia di Belluno die Provinz Belluno il comune di Pisa die Stadt(verwaltung von) Pisa Abbiamo parlato di te. Wir haben von dir gesprochen. un libro di matematica ein Mathematikbuch Il sole è più grande della terra. Die Sonne ist größer als die Erde.
Vor einem Infinitiv (➠ Kapitel 15, 1.3.2 a)	Non ho voglia di lavorare. Ich habe keine Lust zu arbeiten. Decido di partire. Ich entscheide mich abzufahren.

3 Präpositionen mit geringer Eigenbedeutung

24 Die Präpositionen

Test 7

Di oder da? Markieren Sie die richtige Lösung.
a) Lidia è (da / di) Firenze. Lidia ist aus Florenz.
b) Il treno (da / di) Berlino non è ancora arrivato.
   Der Zug aus Berlin ist noch nicht angekommen.
c) I miei genitori vengono (da / di) Parma, ma abitano qui (da / di) 40 anni.
   Meine Eltern kommen aus Parma, aber wohnen hier seit vierzig Jahren.
d) Vado (dalla / della) mia amica. Ich gehe zu meiner Freundin.
e) Quella è la madre (dalla / della) mia amica.
   Das ist die Mutter meiner Freundin.
f) Roberto abita non molto lontano (da / di) Salerno.
   Roberto wohnt nicht weit von Salerno entfernt.
g) Abbiamo fatto una passeggiata (da / di) due ore.
   Wir haben einen zweistündigen Spaziergang gemacht.
h) (Da / Di) sera al mare fa fresco. Abends ist es am Meer frisch.
i) In ufficio c'è molto (da / di) fare, ma Franca non ha voglia (da / di) lavorare. Im Büro gibt es viel zu tun, aber Franca hat keine Lust zu arbeiten.
l) Gianna è italiana, (da / di) Genova. Gianna ist Italienerin, aus Genua.
m) Anne ha 13 anni, ma si comporta (da / di) bambina.
    Anne ist dreizehn Jahre alt, aber sie verhält sich wie ein Kind.
n) Viola ha un vecchio tavolo (da / di) legno. Viola hat einen alten Holztisch.
o) Julia è una ragazzina (da / di) 13 anni.
    Julia ist ein dreizehnjähriges Mädchen.
p) Il Decamerone è stato scritto (da / di) Giovanni Boccaccio.
    Das Dekameron wurde von Giovanni Boccaccio geschrieben.
q) Giovanni Boccaccio è l'autore (dal / del) Decamerone.
    Giovanni Boccaccio ist der Verfasser des Dekameron.

e) Die Präposition con

Über die in 3.1 genannten Funktionen hinaus, wird die Präposition con verwendet für die Bezeichnung von:

Ortsangaben in der Bedeutung von „bei"	Ha con sé le chiavi. Er hat die Schlüssel bei sich. Ho con me tutto quello che mi serve. Ich habe alles was ich brauche bei mir.
Verkehrsmitteln (wenn sie näher bestimmt sind)	con l'aereo per Roma mit dem Flugzeug nach Rom, con la macchina di mio fratello mit dem Auto meines Bruders, con la bicicletta nuova mit dem neuen Fahrrad

434 3 *Präpositionen mit geringer Eigenbedeutung*

Die Präpositionen 24

f) Die Präposition su
Über die in 3.1 genannten Funktionen hinaus, wird die Präposition su verwendet für die Bezeichnung von:

Ortsangaben / Richtung:	sul pavimento auf dem /den Boden, sull'erba auf dem / den Rasen, sulla neve auf dem / den Schnee
– bei Flüssen, Meeren, Seen, Küsten	sul mare am / ans Meer, sul Tevere am / an den Tiber, sul lago di Como am / an den Comer See, sulla Riviera an der / an die Riviera
– bei Verkehrsmitteln in Sinne von „in" bzw. „auf"	Sono salita sul treno. Ich bin in den Zug eingestiegen. Sull'autobus c'era molta gente. Im Bus gab es viele Leute. sull'autostrada auf der Autobahn
– bei Medien	sul giornale in der Zeitung, sul libro im Buch, su internet im Internet, sul primo (programma) im Ersten (Programm), su „Canale 5" auf (dem Sender) „Canale Cinque"
– bei Verben wie salire hinaufsteigen uscire herausgehen, ausgehen	Stefano è uscito sulla terrazza ed è salito sulla scala. Stefano ist auf die Terrasse gegangen und auf die Leiter gestiegen.
Themen:	un libro su Goethe ein Buch über Goethe, un saggio sulla Rivoluzione francese ein Essay über die französische Revolution, una conferenza sull'Egitto ein Vortrag über Ägypten
Weitere Verwendungen:	Uno studente su tre non ha la macchina. Einer von drei Studenten hat kein Auto. una donna sulla trentina eine Frau um die dreißig Costava sui dieci dollari. Es kostete ungefähr 10 Dollar.

g) Die Präposition per
Über die in 3.1 genannten Funktionen hinaus, wird die Präposition per verwendet für die Bezeichnung von:

Ortsangaben: – Ziel (mit partire abfahren)	partire per Taranto / per l'Australia / per gli Stati Uniti nach Taranto / nach Australien / in die Vereinigten Staaten fahren
– mit Verkehrsmitteln	il treno per Torino der Zug nach Turin, l'aereo per Catania das Flugzeug nach Catania, il traghetto per la Corsica die Fähre nach Korsika

3 Präpositionen mit geringer Eigenbedeutung **435**

24 Die Präpositionen

Grund:	Non si vede niente per la nebbia. Wegen des Nebels sieht man nichts. Chiuso per malattia. Wegen Krankheit geschlossen. per amore aus Liebe, per disperazione aus Verzweiflung, per gelosia aus Eifersucht
Zweck:	Mi ha invitato per il compleanno. Er hat mich zum Geburtstag eingeladen.
Mittel:	per lettera per Brief, per fax per Fax, per telefono per Telefon, per telefonino per Handy, per e-mail per E-mail
Weitere Funktionen:	Per me non è vero. Für mich stimmt es nicht.
vor dem Infinitiv (➠ Kap. 15, 1)	Vado a Siena per fare un corso. Ich fahre nach Siena, um einen Kurs zu besuchen.

Test 8
Markieren Sie die richtige Lösung.
a) Vera va a sciare (tra / in / a) febbraio e marzo.
   Vera geht zwischen Februar und März Ski fahren.
b) Vieni (con / per / a) noi? Kommst du mit uns?
c) L'aereo vola (sulla / sul / nel) pianura. Das Flugzeug fliegt über die Ebene.
d) Max va (a / in / per) Pisa (per / di / da) incontrare amici.
   Max fährt nach Pisa, um Freunde zu treffen.
e) Che cosa c'è di nuovo (sul / dal / alla) giornale?
   Was steht Neues in der Zeitung?
f) Hai (con / da / su) te tutto quello che ti serve?
   Hast du alles bei dir, was du brauchst?
g) Colonia è (sul / nel / dal) Reno. Köln liegt am Rhein.
h) L'aereo (per / di / su) Roma è già partito.
   Das Flugzeug nach Rom ist schon abgeflogen.
i) Ho letto un bel libro (su / da / per) Galileo Galilei.
   Ich habe ein schönes Buch über Galileo Galilei gelesen.
l) Quando parti (per / per la / in) Toscana? Wann fährst du in die Toskana?
m) Marisa finirà gli studi (fra / per / a) due anni.
   Marisa wird das Studium in zwei Jahren abschließen.

3 Präpositionen mit geringer Eigenbedeutung

Die Präpositionen **24**

4 Präpositionen mit starker Eigenbedeutung

Es gibt eine Reihe von Präpositionen, die eine ausgeprägte Eigenbedeutung haben.

4.1 Präpositionen bei Ortsbezeichnungen

sopra auf / über	Il giornale è sopra il / sul tavolo. Die Zeitung ist auf dem Tisch. La lampada è sopra il tavolo. Die Lampe hängt über dem Tisch. L'aereo vola sopra il mare. Das Flugzeug fliegt über das Meer. una donna sopra i trent'anni eine Frau über dreißig 10 gradi sopra zero 10 Grad über Null
sotto unter	Il cane è sotto il tavolo. Der Hund ist unter dem Tisch.
dentro (a) in	Dentro (al)la scatola c'era un regalo. In der Schachtel war ein Geschenk.
fuori (di /da) außerhalb	fuori (della / dalla città) außerhalb der Stadt Anche fuori dall'Italia ci sono molte persone che parlano l'italiano. Auch außerhalb Italiens gibt es viele Menschen, die Italienisch sprechen.
attraverso durch	attraverso la città durch die Stadt
lungo entlang	lungo il fiume am Fluss entlang
verso gegen	verso ovest gegen Westen, verso le sette gegen sieben Uhr
presso bei	Ute abita presso una famiglia molto simpatica. Ute wohnt bei einer sehr netten Familie.

Beachten Sie
Einige dieser Präpositionen können auch als Adverbien verwendet werden:
davanti vorne, dietro hinten, sopra / su oben, sotto unten, dentro drinnen, fuori draußen.
Als Präposition:
I tuoi appunti sono **sotto** quel libro. Deine Notizen sind unter diesem Buch.
Als Adverb:
Vedi quel libro? **Sotto** ci sono i tuoi appunti.
Siehst du das Buch da? Darunter liegen deine Notizen.

24 Die Präpositionen

 Test 9

Markieren Sie die richtige Lösung.
a) Il giornale è (sopra / sotto) il letto. Die Zeitung liegt auf dem Bett.
b) Gino ed io ti aspettiamo (dentro al / fuori dal) cinema.
   Gino und ich, wir warten auf dich außerhalb des Kinos.
c) Abbiamo fatto una passeggiata (attraverso / lungo) il bosco.
   Wir haben einen Spaziergang durch den Wald gemacht.
d) Abbiamo fatto una passeggiata (attraverso / lungo) il lago.
   Wir haben einen Spaziergang am Seeufer entlang gemacht.
e) Verrò (verso / presso) le sette. Ich werde gegen sieben Uhr kommen.
f) Ute abita (presso / verso) una vecchia signora molto simpatica.
   Ute wohnt bei einer sehr netten alten Dame.

4.2 Präpositionen bei Zeitangaben

dopo nach / danach	dopo le cinque nach fünf Uhr, cinque minuti dopo fünf Minuten danach	
durante während	durante il giorno während des Tages, durante le vacanze während der / in den Ferien	
entro innerhalb / bis	entro tre giorni innerhalb von drei Tagen, entro le dieci bis spätestens zehn Uhr	
fa vor	Giacomo è partito tre giorni fa. Giacomo ist vor drei Tagen abgefahren.	
prima davor	Vittorio era arrivato tre giorni prima. Vittorio war drei Tage davor angekommen.	

Beachten Sie
a) Die Präposition fa wird immer nachgestellt:
   un mese fa vor einem Monat, un anno fa vor einem Jahr.
b) Prima und dopo übernehmen, wenn sie nachgestellt werden, die Bedeutung von „davor" und „danach" (➠ Kap. 16, 1.4).
   cinque giorni prima drei Tage davor, cinque giorni dopo fünf Tage danach
   Prima di (➠ Kap. 24, 4.4) und dopo übernehmen, wenn sie vorangestellt werden, die Bedeutung von „vor" und „nach".
   prima di ottobre vor Oktober, dopo ottobre nach Oktober
c) Einige Präpositionen wie dopo und prima können auch als Adverbien verwendet werden.
   Als Präposition:
   L'ho rivisto **dopo** molto tempo. Ich habe ihn nach langer Zeit wiedergesehen.

Als Adverb:
L'ho rivisto **dopo**, a casa di amici.
Ich habe ihn später bei Freunden wiedergesehen.

Test 10
Vervollständigen Sie mit dopo, durante, entro, fa und prima.
a) Massimo era partito cinque minuti ____.
   Massimo war fünf Minuten zuvor abgefahren.
b) Viviana era arrivata cinque minuti ____.
   Viviana war fünf Minuten später angekommen.
c) Daniela ha telefonato cinque minuti ____.
   Daniela hat vor fünf Minuten angerufen.
d) Renzo è restato qui ____ le vacanze.
   Renzo ist während der Ferien hier geblieben.
e) Mara sarà qui ____ le dieci. Mara wird spätestens bis zehn Uhr da sein.
f) Mara sarà qui ____ le dieci. Mara wird nach zehn Uhr da sein.

4.3 Weitere Präpositionen

contro gegen	contro corrente gegen den Strom contro la sua volontà gegen seinen Willen
secondo nach	secondo me meiner Meinung nach, secondo il saggio di Umberto Eco nach Umberto Ecos Essay
senza ohne	senza problemi ohne Sorgen, senza zucchero ohne Zucker
malgrado trotz	malgrado le difficoltà trotz der Schwierigkeiten, malgrado le mie proteste trotz meiner Beschwerden
meno außer	tutti, meno Nino alle, außer Nino, tutta la famiglia, meno mio cugino die ganze Familie, außer meinem Vetter

Beachten Sie
– **senza** (ohne ... zu) wird auch vor einem Infinitiv gebraucht (➭ Kap. 15, 1.3.2 d).
   Ho visto un film americano **senza capire** neanche una parola. Ich habe einen amerikanischen Film gesehen, ohne ein einziges Wort zu verstehen.
– Einige dieser Präpositionen (wie z. B. contro dagegen, insieme zusammen, senza ohne) werden auch als Adverb gebraucht.
   C'era un albero sulla strada e Berto ci è finito **contro**.
   Es gab einen Baum an der Straße und Berto ist dagegen gefahren.
   Non avevo l'ombrello con me e così sono uscito **senza**.
   Ich hatte keinen Schirm dabei und deswegen bin ich ohne ausgegangen.

24 Die Präpositionen

 Test 11

Markieren Sie die richtige Lösung.
a) Bruna è di buon umore, (contro / malgrado) la sua malattia.
   Trotz ihrer Krankheit ist Bruna gut gelaunt.
b) Hai deciso (contro / malgrado) la tua coscienza.
   Du hast gegen dein Gewissen entschieden.
c) Ho potuto lavorare (senza / secondo) problemi.
   Ich habe ohne Probleme arbeiten können.
d) (Meno / Secondo) me tu hai perfettamente ragione.
   Meiner Meinung nach hast du absolut Recht.
e) Tutti hanno fatto l'esame, (meno / senza) Paola e Francesco.
   Alle haben die Prüfung gemacht außer Paola und Francesco.

4.4 Die Doppelpräpositionen

Es gibt eine Reihe von Präpositionen, die in Verbindung mit einer anderen Präposition (wie a, di oder da) verwendet werden.

insieme a (zusammen) mit	Guido è partito insieme a Daria. Guido ist zusammen mit Daria abgefahren.
dentro a in	Dentro alla scatola c'era un regalo. In der Schachtel war ein Geschenk.
fino a bis	Sono in vacanza fino all'8 settembre. Ich bin in Urlaub bis zum 8. September.
vicino a nahe bei	Vicino a noi abitano i Rossi. Neben uns wohnen die Rossis.
davanti (a) vor	Davanti (al)la casa c'è un albero. Vor dem Haus steht ein Baum.
dietro (a) hinter	dietro (al)la casa hinter dem Haus
a causa di wegen	A causa di lavori la strada è chiusa. Wegen Bauarbeiten ist die Straße gesperrt.
invece di statt	Invece di un caffè prendo un tè. Statt eines Kaffees nehme ich einen Tee.
prima di vor	Vito sarà di nuovo qui prima di mercoledì. Vito wird vor Mittwoch wieder da sein.
lontano da weit von	lontano da Pisa / dagli amici weit von Pisa / weit von den Freunden

Die Präpositionen 24

Beachten Sie
Einige Präpositionen wie contro (gegen), dopo (nach), fuori (außerhalb), senza (ohne), verso (gegenüber) werden vor einem Personalpronomen zusammen mit di verwendet.
Mario non ha detto niente **contro di** lui. Mario hat nichts gegen ihn gesagt.
È arrivato **dopo di** noi. Er ist nach uns angekommen.
Nino è partito **senza di** me. Nino ist ohne mich abgefahren.

Test 12
Vervollständigen Sie mit a, da, di.
Roma (Rom): vicino **a** Roma nahe bei Rom
a) noi (wir): prima ___ noi vor uns
b) voi (ihr): dopo ___ voi nach euch
c) voi (ihr): insieme ___ voi zusammen mit euch
d) il parco (der Park): vicino ___ parco nahe dem / beim Park
e) l'Italia (Italien): lontano ___ Italia weit von Italien entfernt
f) le cinque (fünf Uhr): prima ___ cinque vor fünf Uhr
g) il caldo (die Hitze): a causa ___ caldo wegen der Hitze
h) la porta (die Tür): dietro ___ porta hinter der Tür
i) lo stadio (das Stadion): davanti ___ stadio vor dem Stadion
l) le sei (sechs Uhr): fino ___ sei bis sechs
m) la sala (der Saal): dentro ___ sala im Saal
n) la finestra (das Fenster): fuori ___ finestra aus dem Fenster

Auf den Punkt gebracht
Nun können Sie wieder überprüfen, ob Sie die wichtigsten Regeln in diesem Kapitel behalten haben. Füllen Sie bei den folgenden Kontrollaufgaben die Lücken aus oder markieren Sie die richtige(n) Möglichkeit(en).

1. (➡ *Was Sie vorab wissen sollten*)
Für die Präpositionen gilt: ja   nein
a) Sie verbinden zwei Wörter bzw. zwei Satzteile miteinander.   ☐   ☐
b) Sie werden sowohl mit als auch ohne Artikel verwendet.   ☐   ☐
c) Der Gebrauch der Präpositionen stimmt immer mit dem   ☐   ☐
   Deutschen überein.

24 Die Präpositionen

2. (⟶ 1.2.2)
Die Formen der Präpositionen di, da, a, su, in mit Artikel lauten:

	maskulin					feminin		
	il	l'	lo	i	gli	la	l'	le
di								
da								
a								
su								
in								

3. (⟶ 3)
Die Präpositionen di, a, da, in, con, su, per, tra / fra haben eine (geringe / starke) Eigenbedeutung und werden (in vielen / in wenigen) Zusammenhängen verwendet.

4. (⟶ 4)
Präpositionen wie sopra, dopo, insieme, lontano da haben eine (geringe / starke) Eigenbedeutung und werden (in vielen / in wenigen) Zusammenhängen verwendet.

5. (⟶ 4)
Hier die gängigsten Präpositionen mit starker Eigenbedeutung, Kombinieren Sie die italienischen Formen mit der deutschen Entsprechung.

a) dentro
b) dopo
c) durante
d) sotto
e) fino a
f) fa
g) fuori da
h) insieme
i) lungo
l) lontano da
m) sopra
n) prima di
o) vicino a

1) vor fünf Uhr
2) auf dem Tisch
3) nahe bei Neapel
4) am Tag danach
5) bis morgen früh
6) weit von
7) vor drei Tagen
8) am Ufer entlang
9) zusammen mit dir
10) außerhalb Europas
11) während der Ferien
12) in der Schachtel
13) unter den Linden

Anhang

25 Zahlen, Zeit- und Mengenangaben

26 Präpositionen deutsch / italienisch

27 Verbtabellen

25 Zahlen, Zeit- und Mengenangaben

1 Die Zahlen

1.1 Die Grundzahlen

1.1.1 Die Grundzahlen von 1–1000

0 zero	10 dieci	20 venti	30 trenta
1 uno	11 undici	21 ventuno	31 trentuno
2 due	12 dodici	22 ventidue	32 trentadue
3 tre	13 tredici	23 ventitré	33 trentatré
4 quattro	14 quattordici	24 ventiquattro	40 quaranta
5 cinque	15 quindici	25 venticinque	50 cinquanta
6 sei	16 sedici	26 ventisei	60 sessanta
7 sette	17 diciassette	27 ventisette	70 settanta
8 otto	18 diciotto	28 ventotto	80 ottanta
9 nove	19 diciannove	29 ventinove	90 novanta

100 cento	200 duecento
101 cento (e) uno	300 trecento
102 centodue	400 quattrocento
103 centotrè	483 quattrocento ottantatré
148 centoquarantotto	1000 mille

Beachten Sie
a) Die Grundzahlen sind maskulin und unveränderlich.
   il due die Zwei, **il** tre die Drei
   du**e** ragazzi zwei Jungen, du**e** ragazze zwei Mädchen
   Veränderlich sind nur zero und uno.
   – Zero bildet den Plural auf *-i*: uno zero eine Null, due zeri zwei Nullen
   – Das Zahlwort uno verhält sich wie der unbestimmte Artikel (➠ Kap. 3, 2):
   un libro ein Buch, **uno** studente ein Student, **una** casa ein Haus usw.
   Bei den mit uno zusammengesetzten Zahlen wird gewöhnlich die Form
   un verwendet:
   settant**un** anni einundsiebzig Jahre, trent**un** giorni einunddreißig Tage
b) Zusammengesetzte Zahlen mit tre erhalten auf dem End-e einen Akzent.
   quarantatré, cinquantatré, centotré
c) Zusammengesetzte Zahlen mit uno bzw. otto verlieren den Endvokal der
   Zehnerstelle.
   venti + uno = vent**uno**, trenta + otto = trent**otto**

Zahlen, Zeit und Mengenangaben 25

Test 1
a) Zählen Sie rückwärts von 10 bis 1.
b) Zählen Sie von 10 – 20.
c) Zählen Sie rückwärts von 20 – 10.
d) Zählen Sie von 40 – 50.
e) Zählen Sie von 10 – 100 (nur die Zehner!).
f) Zählen Sie von 100 – 1000 (nur die Hunderter!).
g) Lesen Sie die folgenden Zahlen: 123, 238, 317, 467, 576, 673, 767, 888, 919.

1.1.2 Die Grundzahlen ab 1000

1000 mille	10.000 diecimila
1001 milleuno	10.001 diecimilauno
1200 milleduecento	10.200 diecimila duecento
2000 duemila	20.000 ventimila
3000 tremila	30.000 trentamila
3648 tremila seicentoquarantotto	32.761 trentaduemila settecentosessantuno
	100.000 centomila
	200.000 duecentomila
	1.000.000 un milione
	2.000.000 due milioni
	1.000.000.000 un miliardo

Beachten Sie
a) Mille ist veränderlich; die Form im Plural lautet mila.
   mille 1000, duemila 2000, cinquantamila 50.000 usw.
b) Milione und miliardo sind maskuline Substantive. Sie bilden den Plural regelmäßig auf -i. Folgt auf milione und miliardo ein Substantiv, so wird es mit der Präposition di angeschlossen.
   un milione **di** persone eine Million Menschen
   due milioni **di** abitanti zwei Millionen Einwohner
   due miliardi **di** stelle zwei Milliarden Sterne
   Wenn aber milione und miliardo mit einer anderen Grundzahl verbunden sind, entfällt das di.
   tre milioni e seicentomila dollari
   drei Millionen sechshunderttausend Dollar
c) Zusammengesetzte Zahlen werden gewöhnlich in einem Wort geschrieben. Ab 10.000 aber werden sie auseinander geschrieben.

Test 2
Lesen Sie die folgenden Zahlen.
1968, 12.731, 44.197, 67.676, 324.581

1 Die Zahlen

25 Zahlen, Zeit- und Mengenangaben

1.2 Die Ordnungszahlen

Die Ordnungszahlen lauten:

1° primo	6° sesto	11° undicesimo	20° ventesimo
2° secondo	7° settimo	12° dodicesimo	30° trentesimo
3° terzo	8° ottavo	13° tredicesimo	40° quarantesimo
4° quarto	9° nono	14° quattordicesimo	100° centesimo
5° quinto	10° decimo	15° quindicesimo	1000° millesimo

Bis 10 haben die Ordnungszahlen eine unregelmäßige Bildung, ab 11 aber sind sie regelmäßig. Sie werden gebildet, indem man an die Grundzahl die Endung -esimo anhängt, dabei entfällt der letzte Vokal der Grundzahl.
Grundzahl: undici (11)   trenta (30)   cento (100)
Ordnungszahl: undic-esimo   trent-esimo   cent-esimo
Erhalten bleibt der Endvokal nur bei der Zahl tre und in der Regel bei sei.
ventitre – ventitre-esimo; trentasei – trentasei-esimo

Beachten Sie
a) Ordnungszahlen sind Adjektive und richten sich in Geschlecht und Zahl nach ihrem Beziehungswort.
   il primo giorno der erste Tag – i primi giorni
   la prima ora die erste Stunde – le prime ore
b) Im Schriftlichen erhalten die Ordnungszahlen – anders als im Deutschen – keinen nachstehenden Punkt, sondern – je nach Geschlecht – ein hochstehendes *o* bzw. *a*: il 1° = il primo der Erste, la 2ª = la seconda die Zweite.

Test 3
a) Sagen Sie die Ordnungszahlen von 10 – 1 rückwärts auf.
b) Sagen Sie die Ordnungszahlen von 50 – 100 auf (nur die Zehner!).

Test 4
Setzen Sie die Endung der Ordnungszahlen ein.
a) la prim__ casa das erste Haus
b) la quart__ sera der vierte Abend
c) le prim__ ore die ersten Stunden
d) le prim__ sere die ersten Abende
e) il second__ piano der zweite Stock
f) i prim__ tempi die ersten Zeiten
g) i prim__ anni die ersten Jahre
h) il terz__ mondo die dritte Welt

1.3 Die Bruchzahlen

Die Bruchzahlen werden mit den Grundzahlen und den Ordnungszahlen gebildet: Im Zähler steht die Grundzahl, während die Ordnungszahl im Nenner steht.
¼ = un quarto, ⅕ = un quinto, ⅖ = due quinti

Zahlen, Zeit und Mengenangaben

Beachten Sie
a) Eine Ausnahme bildet ½ = mezzo (halb), hier wird der Zähler nicht ausdrücklich genannt.
b) Steht der Zähler im Plural so muss auch der Nenner in der Pluralform stehen.
un quarto (¼) – tre quarti (¾), un settimo (⅐) – quattro settimi (4/7)

Test 5

Wie werden die folgenden Bruchzahlen ausgesprochen?
⅓, ¼, ⅕, ¹/₁₀, ⁷/₁₀, ⅔, ¾, ¹/₂₀

1.4 Sammelzahlen

1.4.1 Sammelzahlen, die eine unbestimmte Anzahl angeben
Das Italienische kennt Sammelzahlen, die dann verwendet werden, wenn eine Anzahl nicht genau anzugeben ist. Im Deutschen wird dies durch „circa" bzw. „etwa" ausgedrückt. Diese Sammelzahlen sind an der Endung -ina bzw. -aio zu erkennen.
un paio ein paar, un centinaio etwa 100, un migliaio etwa 1000,
una decina etwa 10, una ventina etwa 20, una trentina etwa 30,
una dozzina ein Dutzend

Beachten Sie
a) Vor den Sammelzahlen im Singular steht der unbestimmte Artikel.
 – Sammelzahlen auf -ina sind feminin; der unbestimmte Artikel lautet una: una decina
 – Sammelzahlen auf -aio sind maskulin; der unbestimmte Artikel lautet un: un centinaio
b) Der Plural der Sammelzahlen lautet:
 -e für Sammelzahlen auf -ina: due dozzine di uova zwei Dutzend Eier
 -a für Sammelzahlen auf -aio: migliaia di euro tausende von Euro.
c) Folgt auf die Sammelzahl ein Substantiv, so wird es mit der Präposition di angeschlossen.
 una decina di libri ungefähr 10 Bücher
 un centinaio di persone circa 100 Personen

1.4.2 Sammelzahlen zur Bezeichnung von Zeiträumen
Zur Bezeichnung von Zeiträumen kennt das Italienische Formen wie:
un biennio ein Zeitraum von 2 Jahren
un bimestre ein Zeitraum von 2 Monaten
un triennio ein Zeitraum von 3 Jahren

1 Die Zahlen **447**

25 Zahlen, Zeit- und Mengenangaben

un trimestre ein Zeitraum von 3 Monaten, ein Trimester / ein Quartal
un decennio ein Zeitraum von 10 Jahren, ein Jahrzehnt
un semestre ein Semester / ein Halbjahr

1.5 Vervielfältigungszahlen

Im Italienischen werden Vervielfältigungszahlen – außer den angeführten – wenig verwendet. Es gibt zwei Gruppen von Vervielfältigungszahlen.

doppio doppelt, triplo dreifach Es sind auch weniger übliche Formen möglich: quadruplo vierfach, quintuplo fünffach	duplice zweifach, triplice dreifach Es sind auch weniger übliche Formen möglich: quadruplice vierfach, quintuplice fünffach
doppio bzw. triplo drücken das Vielfache einer Menge aus. un guadagno doppio ein doppelter Gewinn	duplice, triplice geben an, dass etwas aus zwei bzw. drei Teilen besteht. in triplice copia in dreifacher Ausfertigung

Beachten Sie
Gewöhnlich verwendet man die Vervielfältigungszahlen bis drei. Alles, was über drei hinausgeht, wird mit quattro volte vier Mal, cinque volte fünf Mal usw. ausgedrückt.

2 Zeitangaben

2.1 Uhrzeit

Zur Angabe der Uhrzeit werden die Grundzahlen mit dem bestimmten Artikel le (le ore) in Verbindung mit der 3. Person Plural von essere (sono) verwendet.

volle Stunden	… nach …	… vor …
Volle Stunden werden wie folgt angegeben:	Die Zeit **nach** der vollen Stunde wird mit e (und) angegeben.	Die Zeit **vor** der vollen Stunde wird ab „20 vor" mit meno (weniger) angegeben.
sono le dieci es ist 10 Uhr sono le undici es ist 11 Uhr sono le 12 es ist 12 Uhr	sono le tre e cinque es ist fünf nach drei sono le due e un quarto es ist Viertel nach zwei sono le sei e mezza / mezzo es ist halb sieben	sono le tre **meno** dieci es ist zehn vor drei sono le sei **meno** venti es ist zwanzig vor sechs sono le due **meno** un quarto es ist Viertel vor zwei

Zahlen, Zeit und Mengenangaben

Beachten Sie
a) Folgende Uhrzeiten stehen immer im Singular:
   – è l'una es ist ein Uhr, è l'una e dieci es ist zehn nach eins,
     è l'una e mezzo / mezza es ist halb zwei
   – è mezzogiorno es ist Mittag, è mezzanotte es ist Mitternacht,
     è mezzogiorno e un quarto es ist Viertel nach zwölf;
     è mezzanotte meno cinque es ist fünf vor Mitternacht
b) Wie bereits erwähnt (➡ Kap. 3, 1.1.2), gibt es im Plural keine apostrophierte Form des Artikels. Es heißt also: le otto acht Uhr, alle undici um elf
c) Das Deutsche „um" wird mit der Präposition a wiedergegeben.
   A che ora parti? Um wie viel Uhr fährst du weg?
   Parto alle undici e sette. Ich fahre um sieben nach elf.
   La lezione finisce all'una. Der Unterricht endet um ein Uhr.
   Arrivo a mezzogiorno / mezzanotte.
   Ich komme am Mittag / um Mitternacht an.
d) Bei offiziellen Zeitangaben werden 24 Stunden gezählt.
   L'aereo parte alle 18.45. Das Flugzeug geht um 18.45.
e) Die Frage nach der Uhrzeit lautet:
   Che ore sono? bzw. Che ora è? Wie spät ist es?

Test 6
Geben Sie die Uhrzeit nach dem vorgegebenen Muster an.
Che ore sono? Wie spät ist es?
4.05 Uhr – Sono *le quattro e cinque.*

a) 3.10 Uhr – (sono / è) ____
b) 1.30 Uhr – (sono / è) ____
c) 5.45 Uhr – (sono / è) ____
d) 12.00 Uhr – (sono / è) ____
e) 4.40 Uhr – (sono / è) ____
f) 8.15 Uhr – (sono / è) ____
g) 0.00 Uhr – (sono / è) ____
h) 12.50 Uhr – (sono / è) ____

Test 7
Geben Sie die Uhrzeit nach dem vorgegebenen Muster an.
A che ora parti? Um wie viel Uhr fährst du?
Um 4.05 Uhr – *Alle quattro e cinque.*

a) um 4.45 Uhr – (alle / all' / a) ____
b) um 12.00 Uhr – (alle / all' / a) ____
c) um 6.15 Uhr – (alle / all' / a) ____
d) um 0.00 Uhr – (alle / all' / a) ____
e) um 1.10 Uhr – (alle / all' / a) ____
f) um 2.55 Uhr – (alle / all' / a) ____
g) um 12.40 Uhr – (alle / all' / a) ____
h) um 8.30 Uhr – (alle / all' / a) ____

2.2 Das Datum

Das Datum wird mit den Grundzahlen angegeben, daher wird beim Datum kein Punkt gesetzt. Nur für den Ersten eines Monats verwendet man die Ordnungszahl: il primo der Erste.
Oggi è **il primo** aprile. Heute ist der erste April.
Domani è **il cinque** maggio. Morgen ist der fünfte Mai.
Arriviamo **l'undici** settembre. Wir kommen am elften September an.

Beachten Sie
a) Auch im Italienischen verwendet man zur Angabe des Datums den bestimmten Artikel il (il giorno). Aber bei Grundzahlen, die mit einem Vokal beginnen, wird der Artikel l' verwendet.
   Ieri era **l'otto** marzo. Gestern war der 8. März.
   È **l'undici** novembre. Es ist der 11. November.
b) Im Italienischen wird nicht unterschieden zwischen:
   der 22. August = il ventidue agosto und
   am 22. August = il ventidue agosto.
c) Die Frage nach dem Datum lautet:
   Quanti ne abbiamo oggi? Der Wievielte ist heute?

2.3 Gegenüberstellung von Uhrzeit und Datum

Wie Sie gesehen haben, werden bei Angaben von Uhrzeit und Datum folgende Artikel benutzt:

Uhrzeit der bestimmte Artikel im Plural feminin: le (ore) – die Stunden	**Datum** der bestimmte Artikel im Singular maskulin: il (giorno) – der Tag
sono le 3 es ist 3 Uhr dalle 8 alle 10 von 8 bis 10 Uhr verso le 6 gegen 6 Uhr fra le 2 e le 3 zwischen 2 und 3 Uhr fino alle 4 bis 4 Uhr dopo le 7 nach 7 Uhr	è il 3 es ist der 3. dall' 8 al 10 vom 8. bis zum 10. verso il 6 um den 6. fra il 2 e il 3 zwischen dem 2. und 3. fino al 4 bis zum 4. dopo il 7 nach dem 7.

Test 8
Markieren Sie die richtige Möglichkeit.
a) Mara parte (il / al / le) 20 aprile. Mara fährt am 20. April ab.
b) Arrivo (alle / all' / le) 8. Ich komme um 8 Uhr an.
c) Adesso (sono / è / siamo) l'1. Jetzt ist es 1 Uhr.

Zahlen, Zeit und Mengenangaben 25

d) Domani è (l' / il / le) 11. Morgen ist der 11.
e) Ci vediamo dopo (le / il / alle) 7. Wir sehen uns nach 7 Uhr.
f) Sono a Roma (dalle / dal / al) 3 (al / alle / all') 8 maggio.
   Ich bin vom 3. bis 8. Mai in Rom.
g) Oggi (sono / è / abbiamo) il 2 aprile. Es ist der 2. April.

2.4 Jahreszahlen und Jahrhunderte

2.4.1 Jahreszahlen
a) Jahreszahlen stehen mit dem bestimmten Artikel.
   Il 1968 (millenovecentosessantotto) è stato un anno molto movimentato.
   1968 war ein sehr bewegtes Jahr.
b) Jahreszahlen werden mit der Präposition in + Artikel angeschlossen
   (➡ Kap. 24, 1.2 und 3.2 a).
   Nel 2000 = nell'anno 2000 im Jahr 2000

2.4.2 Jahrhunderte
Jahrhunderte werden wie folgt angegeben:
il secolo XIII (tredicesimo)   = il Duecento das 13. Jahrhundert
                                  = il '200 = 1200–1299
il secolo XIV (quattordicesimo) = il Trecento das 14. Jahrhundert
                                  = il '300 = 1300–1399
il secolo XX (ventesimo)   = il Novecento das 20. Jahrhundert
                                  = il '900 = 1900–1999
Auch die Jahrhunderte werden mit der Präposition in + Artikel angeschlossen.
Nel ventesimo secolo. Im 20. Jahrhundert

2.5 Weitere Zeitangaben

2.5.1 Die Wochentage
Die Wochentage lauten:
lunedì Montag, martedì Dienstag, mercoledì Mittwoch, giovedì Donnerstag, venerdì Freitag, sabato Samstag, domenica Sonntag.
Im Gegensatz zum Deutschen werden sie mit kleinem Anfangsbuchstaben geschrieben.

Beachten Sie
Bei der Verwendung von Wochentagen gibt es folgende Abweichungen vom Deutschen:
– am Samstag: sabato.
   Parto **sabato** prossimo. Ich fahre am nächsten Samstag.

25 Zahlen, Zeit- und Mengenangaben

– (immer) samstags: il sabato.
Il **sabato** vado da Dina. (Immer) samstags gehe ich zu Dina.

2.5.2 Die Monatsnamen
Die Monatsnamen lauten:
gennaio Januar, febbraio Februar, marzo März, aprile April, maggio Mai, giugno Juni, luglio Juli, agosto August, settembre September, ottobre Oktober, novembre November, dicembre Dezember.
Auch die Monatsnamen werden mit kleinem Anfangsbuchstaben geschrieben.

Beachten Sie
Folgende Präpositionen werden in Verbindung mit den Monatsnamen verwendet:
a) **in**: **in** maggio im Mai, **in** dicembre im Dezember
b) **a**: **a** maggio im Mai, **ai** primi / **all'**inizio di maggio Anfang Mai,
   alla fine di maggio Ende Mai, **a** metà maggio Mitte Mai

Test 9
Versuchen Sie, die folgenden Daten auf Italienisch wiederzugeben.
a) der 8. September
b) der 11. November
c) vom 20. Februar bis zum 31. April
d) Ende Juni
e) Anfang Mai
f) am 22. August
g) am 24. Dezember
h) der 1. Januar
i) bis zum 8. Juli

2.5.3 Die Jahreszeiten
Die Jahreszeiten lauten:
la primavera der Frühling, l'estate (f) der Sommer, l'autunno (m) der Herbst, l'inverno (m) der Winter.
Auch die Jahreszeiten werden mit kleinem Anfangsbuchstaben geschrieben.

Beachten Sie
Folgende Präpositionen werden in Verbindung mit den Jahreszeiten verwendet:
im Frühjahr = **in** primavera, im Sommer = **d'**estate / **in** estate, im Herbst = **in** autunno, im Winter = **in** inverno / **d'**inverno.

Test 10
Markieren Sie die richtige Möglichkeit.
a) (D' / al / a) inverno vado a sciare. Im Winter gehe ich Ski fahren.
b) Il compleanno di Peter è (a / in / ai) primi di marzo.
   Peters Geburtstag ist Anfang März.
c) (Il / Ø / A) lunedì ho un corso di tango.
   Am Montag habe ich einen Tangokurs.

Zahlen, Zeit und Mengenangaben 25

d) (Il / Ø / A) lunedì ho un corso di tango.
   Montags habe ich einen Tangokurs.
e) (A / D' / All') estate vado al mare. Im Sommer fahre ich ans Meer.
f) Parto (al / a / alla) fine di luglio. Ich fahre Ende Juli ab.
g) (Al / Nel / In) primavera vado in Italia. Im Frühjahr fahre ich nach Italien.

3 Maße und Mengenangaben

Maße		Mengenangaben	
1 mm	un millimetro	1 g	un grammo
1 cm	un centimetro	100 g	un etto
1 m	un metro	200 g	due etti
1 km	un chilometro	1 kg	un chilo
1 m²	un metro quadro	100 kg	un quintale
1 m³	un metro cubo	1 t	una tonnellata
		1 l	un litro

Beachten Sie
a) Im Gegensatz zum Deutschen gibt es für Maße und Mengenangaben auch eine Pluralform.
   due metri zwei Meter, tre chili drei Kilo, quattro litri vier Liter
b) Substantive, die auf Maße und Mengenangaben folgen, werden mit der Präposition di angeschlossen.
   un litro di vino ein Liter Wein, due etti di mortadella 200 g Mortadella, tre chilometri di strada drei Kilometer Weg

Auf den Punkt gebracht
Nun können Sie wieder überprüfen, ob Sie die wichtigsten Regeln in diesem Kapitel behalten haben. Füllen Sie bei den folgenden Kontrollaufgaben die Lücken aus oder markieren Sie die richtige(n) Möglichkeit(en).

1. (⇨ 1.1.1)
Die Grundzahlen
a) sind (maskulin / feminin).
b) sind sind in der Regel (veränderlich / unveränderlich).

2. (⇨ 1.1.2)
Mille ist (veränderlich / unveränderlich); die Form im Plural lautet _____.

Auf den Punkt gebracht

25 Zahlen, Zeit- und Mengenangaben

3. (➡ 1.2)
Die Ordnungszahlen ab 11 werden gebildet, indem man an die Grundzahl die Endung _____ anhängt.

4. (➡ 1.3)
Bei den Bruchzahlen steht
a) im Zähler die (Ordnungszahl / Grundzahl).
b) im Nenner die (Ordnungszahl / Grundzahl).

5. (➡ 2.1)
a) Zur Angabe der Uhrzeit werden die Grundzahlen mit dem bestimmten Artikel (il / i / le) in Verbindung mit der 3. Person (Singular / Plural) von essere verwendet.
b) Volle Stunden werden wie folgt angegeben:
 (è / sono) (il / la / i / le) dieci es ist zehn Uhr.
c) Die Zeit **nach** der vollen Stunde wird mit (e / meno) angegeben.
d) Die Zeit **vor** der vollen Stunde wird mit (e / meno) angegeben.
e) Das Deutsche „um" wird mit der Präposition ____ wiedergegeben.

6. (➡ 2.2)
a) Das Datum wird mit den (Ordnungszahlen / Grundzahlen) angegeben.
b) Man verwendet zur Angabe des Datums den bestimmten Artikel (il / la / i / le).

7. (➡ 2.5)
Wochentage, Monatsnamen und Jahreszeiten werden (groß / klein) geschrieben.

8. (➡ 3)
Substantive, die auf Maße und Mengenangaben folgen, werden mit der Präposition ____ angeschlossen:
un litro ____ vino **ein Liter Wein.**

Auf den Punkt gebracht

Präpositionen deutsch / italienisch 26

Wie Sie im Kapitel 24 gesehen haben, sind Präpositionen ein sehr komplexes Thema. Wir gehen deshalb in diesem Überblick nur auf die wichtigsten Entsprechungen ein.

an	a	al mare **am** Meer / **ans** Meer[1]
		alla spiaggia **am** Strand
		all'università **an** der Universität
		al lavoro **zur** / **auf** der Arbeit
		all'inizio / alla fine **am** Anfang / **am** Ende
	su	Venezia è sull'Adriatico. Venedig liegt **an** der Adria.
		Francoforte sul Meno Frankfurt **am** Main
	da	Lo riconosco dalla voce.
		Ich erkenne ihn **an** der Stimme.
auf	su	La borsa è sul tavolo. Die Tasche ist **auf** dem Tisch.
		sulla strada per Ostia **auf** dem Weg nach Ostia
		su „Canale 5" **auf** dem Sender „Canale cinque"
	sopra	sopra / su un albero **auf** einem Baum
	in	in strada **auf** der Straße
	a	al mercato **auf** dem Markt
		al lavoro **auf** (bei, in) der Arbeit
		a pagina 10 **auf** Seite 10
	da	da questa parte **auf** dieser Seite
aus	di	Questo vino è italiano, di Asti.
		Das ist ein italienischer Wein, **aus** Asti.
		d'oro **aus** Gold
	da	Questo pacco viene da Roma.
		Dieses Paket kommt **aus** Rom.
		L'aereo da Londra è in ritardo.
		Das Flugzeug **aus** London hat Verspätung.
		saluti da Berlino Grüße **aus** Berlin
		Siamo partiti da Napoli alle otto.
		Wir sind um acht **aus** Neapel weggefahren.
		A che ora siete usciti dal cinema?
		Um wie viel Uhr seid ihr **aus** dem Kino gekommen?
		Olga è scesa dall'autobus.
		Olga ist **aus** dem Bus gestiegen.
	per	per amore **aus** Liebe

---

[1] Im Gegensatz zum Deutschen unterscheidet das Italienische nicht zwischen der Frage „wo?" (Ortsangabe) und „wohin?" (Richtung). Um den Überblick in der Tabelle zu vereinfachen, wird daher nur eine deutsche Übersetzung angeführt: also „ans Meer", steht auch für „am Meer" und umgekehrt.

26 Präpositionen deutsch / italienisch

bei	vicino a	vicino a Monaco **bei** München
	a	Gino ha lavorato **alla** Fiat e poi **alla** Mercedes.
		Gino hat **bei** Fiat und dann **bei** Mercedes gearbeitet.
	da	**da** amici **bei** Freunden, **dai** genitori **bei** den Eltern,
		dal dentista **beim** Zahnarzt
		Ci vediamo **da** Maddalena.
		Wir sehen uns **bei** Maddalena.
	in	**in** un incidente d'auto **bei** einem Autounfall
		In Boccaccio troviamo una descrizione della peste a Firenze. **Bei** Boccaccio finden wir eine Beschreibung der Pest in Florenz.
	presso	Giovanni abita **presso** / **da** alcuni amici.
		Giovanni wohnt **bei** Freunden.
	con	Vorrei scusarmi **con** te.
		Ich möchte mich **bei** dir entschuldigen.
		con la neve **bei** Schnee
		con il bel tempo **bei** schönem Wetter
		Vera ha le chiavi **con** sè.
		Vera hat den Schlüssel **bei** sich.
durch	attraverso	**attraverso** la finestra **durch** das Fenster
	da	La città è stata distrutta **da** un terremoto.
		Die Stadt ist **durch** ein Erdbeben zerstört worden.
	grazie a	**Grazie a** lei ho conosciuto Oscar. **Durch** sie habe ich Oscar kennen gelernt.
für	per	Il regalo è **per** voi. Das Geschenk ist **für** euch.
		Per Daria è stata una bella giornata.
		Für Daria war es ein schöner Tag.
	per / secondo	**Per** / **Secondo** me Renzo ha ragione.
		Für mich hat Renzo Recht.
in	in	**in** Italia **in** Italien
		negli Stati Uniti **in** den Vereinigten Staaten
		in, nell', dentro l'armadio **im** Schrank
		nella tua strada **in** deiner Straße
		In treno c'era molta gente. **Im** Zug waren viele Leute.
		in maggio **im** Mai
		nel 1951 **im** Jahre 1951
		Marion ha finito gli studi **in** quattro anni.
		Marion hat das Studium **in** vier Jahren abgeschlossen.
	in / di	**in** primavera **im** Frühling, **in** / **d'**estate **im** Sommer, **in** / **d'**autunno **im** Herbst, **in** / **d'**inverno **im** Winter.

Präpositionen deutsch / italienisch 26

	a	a Roma **in** Rom al ristorante **ins** Restaurant a teatro **ins** Theater, al cinema **ins** Kino a letto **ins** Bett alla radio **im** Radio, alla Tv **im** Fernsehen alla mia età **in** meinem Alter
	su	Sul treno c'era molta gente. Im Zug waren viele Leute. sul giornale **in** der Zeitung, su Internet **im** Internet
	dentro	dentro la stanza **im** Zimmer
	fra / tra	Fra / Tra un anno andremo a New York. **In** einem Jahr fahren wir nach New York.
mit	con	con gli amici **mit** den Freunden
	con / in	con il / in treno **mit dem** Zug, con la / in macchina **mit dem** Auto
	a	scrivere a mano **mit** der Hand schreiben scrivere al (con il) computer **mit** dem Computer schreiben a trent'anni **mit** dreißig Jahren a tutta velocità **mit** voller Geschwindigkeit
	in	in ritardo **mit** Verspätung
nach	a	Vado a Roma. Ich fahre **nach** Rom.
	in	Vado in Italia. Ich fahre **nach** Italien.
	per	il treno per Venezia der Zug **nach** Venedig
	dietro (a)	dietro la alla casa nach / hinter dem Haus Cammina dietro a me. Er geht **nach** / **hinter** mir.
	secondo / per	Secondo / Per lui non è vero niente. **Nach** seiner Meinung stimmt nichts.
	dopo (di)	dopo le tre **nach** drei Uhr; dopo di noi **nach** uns
seit	da	da un'ora **seit** einer Stunde
über	sopra (di)	sopra la casa **über** dem Haus sopra di noi **über** uns
	di	Ho avuto notizie di Pietro. Ich habe Nachrichten **über** Pietro bekommen. Abbiamo parlato di questa questione. Wir haben **über** diese Frage gesprochen.
	su	un libro sulla letteratura italiana ein Buch **über** die italienische Literatur

in – über **457**

Präpositionen deutsch / italienisch

um	a / alle	a che ora? um wie viel Uhr?, a mezzanotte um Mitternacht, all'una um eins, alle tre um drei
	intorno a	un viaggio intorno al mondo eine Reise um die Welt Intorno a te hai molti amici. Du hast viele Freunde um dich.
	per	Per amor di Dio! Um Gottes Willen!
unter	tra / fra	tra gli amici unter den Freunden Questo resta fra te e me. Das bleibt unter uns.
	sotto	Ho parcheggiato la macchina sotto gli alberi. Ich habe das Auto unter den Bäumen geparkt. Sotto Mussolini molti intellettuali andarono all'estero. Unter Mussolini gingen viele Intellektuelle ins Ausland.
von	di	Franco è un amico di Gianni. Franco ist ein Freund von Gianni. una persona di sessant'anni ein Mensch von sechzig Jahren
	da	Ho avuto la notizia da Piero. Ich habe die Nachricht von Piero bekommen. Tanti saluti da noi tutti / da parte di noi tutti. Viele Grüße von uns allen. L'affitto veniva pagato da suo padre. Die Miete wurde von seinem / ihrem Vater bezahlt.
	a	Ugo va a prendere Marina a scuola / alla stazione. Ugo holt Marina von der Schule / vom Bahnhof ab.
	su	Uno studente su tre non ha la macchina. Einer von drei Studenten hat kein Auto.
vor	prima di	Prima di Natale vogliamo andare a trovare la zia. Vor Weihnachten wollen wir die Tante besuchen.
	davanti a	Davanti alla nostra casa c'è un bel giardino. Vor unserem Haus ist ein schöner Garten.
wegen	a causa di	A causa del gran caldo molti si sentono male. Wegen der großen Hitze fühlen sich viele schlecht.
	per	Hanno chiuso l'autostrada per la nebbia. Die Autobahn ist wegen Nebels gesperrt worden.

Präpositionen deutsch / italienisch

zu	a	alla stazione **zum** Bahnhof, a scuola **zur** Schule,
	da	da amici **zu** / **bei** Freunden, dai genitori **zu** / **bei** den Eltern, dal dentista **zum** / **beim** Zahnarzt
	per / a	Ci hanno invitato a / per il pranzo. Sie haben uns **zum** Mittagessen eingeladen.
	con	Con sua grande gioia Piero è riuscito a fare l'esame. **Zu** seiner großen Freude hat Piero das Examen bestanden.
zwischen	tra / fra	Fra lui è lei ci sono problemi. **Zwischen** ihm und ihr gibt es Probleme. A tavola ero seduta tra Daria e Sandro. Am Tisch saß ich **zwischen** Daria und Sandro. Ci vediamo tra le dieci e le undici? Sehen wir uns **zwischen** 10 und 11?

Verbtabellen

1 Die Konjugation der Hilfsverben

1.1 Die Konjugation von avere

Infinitiv: avere haben, aver(e) avuto gehabt haben

Indikativ		congiuntivo	
Präsens	passato prossimo	presente	passato
ho	ho avuto	abbia	abbia avuto
hai	hai avuto	abbia	abbia avuto
ha	ha avuto	abbia	abbia avuto
abbiamo	abbiamo avuto	abbiamo	abbiamo avuto
avete	avete avuto	abbiate	abbiate avuto
hanno	hanno avuto	abbiano	abbiano avuto
imperfetto	trapassato prossimo	imperfetto	trapassato
avevo	avevo avuto	avessi	avessi avuto
avevi	avevi avuto	avessi	avessi avuto
aveva	aveva avuto	avesse	avesse avuto
avevamo	avevamo avuto	avessimo	avessimo avuto
avevate	avevate avuto	aveste	aveste avuto
avevano	avevano avuto	avessero	avessero avuto
passato remoto	trapassato remoto	Imperativ	
ebbi	ebbi avuto		gerundio: avendo
avesti	avesti avuto	abbi	avendo avuto
ebbe	ebbe avuto	abbia	Part. Präs.: avente
avemmo	avemmo avuto	abbiamo	Part. Perf.: avuto
aveste	aveste avuto	abbiate	
ebbero	ebbero avuto	abbiano	
Futur I	Futur II	condizionale I	condizionale II
avrò	avrò avuto	avrei	avrei avuto
avrai	avrai avuto	avresti	avresti avuto
avrà	avrà avuto	avrebbe	avrebbe avuto
avremo	avremo avuto	avremmo	avremmo avuto
avrete	avrete avuto	avreste	avreste avuto
avranno	avranno avuto	avrebbero	avrebbero avuto

1.2 Die Konjugation von essere

Infinitiv: essere sein; esser(e) stato gewesen sein

Indikativ		congiuntivo	
Präsens	*passato prossimo*	*presente*	*passato*
sono sei è siamo siete sono	sono stato sei stato è stato siamo stati siete stati sono stati	sia sia sia siamo siate siano	sia stato sia stato sia stato siamo stati siate stati siano stati
imperfetto	*trapassato prossimo*	*imperfetto*	*trapassato*
ero eri era eravamo eravate erano	ero stato eri stato era stato eravamo stati eravate stati erano stati	fossi fossi fosse fossimo foste fossero	fossi stato fossi stato fosse stato fossimo stati foste stati fossero stati
passato remoto	*trapassato remoto*	Imperativ	
fui fosti fu fummo foste furono	fui stato fosti stato fu stato fummo stati foste stati furono stati	sii sia siamo siate siano	*gerundio*: essendo essendo stato Part. Perf.: stato
Futur I	Futur II	*condizionale I*	*condizionale II*
sarò sarai sarà saremo sarete saranno	sarò stato sarai stato sarà stato saremo stati sarete stati saranno stati	sarei saresti sarebbe saremmo sareste sarebbero	sarei stato saresti stato sarebbe stato saremmo stati sareste stati sarebbero stati

Verbtabellen

2 Die Konjugation der regelmäßigen Verben

2.1 Die Konjugation der Verben auf -are

Infinitiv: parlare sprechen, aver(e) parlato gesprochen haben

Indikativ		congiuntivo	
Präsens	passato prossimo	presente	passato
parlo	ho parlato	parli	abbia parlato
parli	hai parlato	parli	abbia parlato
parla	ha parlato	parli	abbia parlato
parliamo	abbiamo parlato	parliamo	abbiamo parlato
parlate	avete parlato	parliate	abbiate parlato
parlano	hanno parlato	parlino	abbiano parlato
imperfetto	trapassato prossimo	imperfetto	trapassato
parlavo	avevo parlato	parlassi	avessi parlato
parlavi	avevi parlato	parlassi	avessi parlato
parlava	aveva parlato	parlasse	avesse parlato
parlavamo	avevamo parlato	parlassimo	avessimo parlato
parlavate	avevate parlato	parlaste	aveste parlato
parlavano	avevano parlato	parlassero	avessero parlato
passato remoto	trapassato remoto	Imperativ	
parlai	ebbi parlato		gerundio: parlando
parlasti	avesti parlato	parla	avendo parlato
parlò	ebbe parlato	parli	Part. Präs.: parlante
parlammo	avemmo parlato	parliamo	Part. Perf.: parlato
parlaste	aveste parlato	parlate	
parlarono	ebbero parlato	parlino	
Futur I	Futur II	condizionale I	condizionale II
parlerò	avrò parlato	parlerei	avrei parlato
parlerai	avrai parlato	parleresti	avresti parlato
parlerà	avrà parlato	parlerebbe	avrebbe parlato
parleremo	avremo parlato	parleremmo	avremmo parlato
parlerete	avrete parlato	parlereste	avreste parlato
parleranno	avranno parlato	parlerebbero	avrebbero parlato

Verbtabellen **27**

2.2 Die Konjugation der Verben auf -ere

Infinitiv: credere glauben, aver(e) creduto geglaubt haben

Indikativ		*congiuntivo*	
Präsens	*passato prossimo*	*presente*	*passato*
credo	ho creduto	creda	abbia creduto
credi	hai creduto	creda	abbia creduto
crede	ha creduto	creda	abbia creduto
crediamo	abbiamo creduto	crediamo	abbiamo creduto
credete	avete creduto	crediate	abbiate creduto
credono	hanno creduto	credano	abbiano creduto
imperfetto	*trapassato prossimo*	*imperfetto*	*trapassato*
credevo	avevo creduto	credessi	avessi creduto
credevi	avevi creduto	credessi	avessi creduto
credeva	aveva creduto	credesse	avesse creduto
credevamo	avevamo creduto	credessimo	avessimo creduto
credevate	avevate creduto	credeste	aveste creduto
credevano	avevano creduto	credessero	avessero creduto
passato remoto	*trapassato remoto*	Imperativ	
credei[1]	ebbi creduto		*gerundio*: credendo
credesti	avesti creduto	credi	avendo creduto
credè	ebbe creduto	creda	Part. Präs.: credente
credemmo	avemmo creduto	crediamo	Part. Perf.: creduto
credeste	aveste creduto	credete	
crederono	ebbero creduto	credano	
Futur I	Futur II	*condizionale I*	*condizionale II*
crederò	avrò creduto	crederei	avrei creduto
crederai	avrai creduto	crederesti	avresti creduto
crederà	avrà creduto	crederebbe	avrebbe creduto
crederemo	avremo creduto	crederemmo	avremmo creduto
crederete	avrete creduto	credereste	avreste creduto
crederanno	avranno creduto	crederebbero	avrebbero creduto

---

[1] Bei Verben auf -ere gibt es im *passato remoto* neben den angegebenen jeweils zusätzliche Formen in der 1. (credetti) und 3. Person Singular (credette) und in der 3. Person Plural (credettero) (➥ Kap. 11, 4.1.1).

2 Die Konjugation der regelmäßigen Verben

2.3 Die Konjugation der Verben auf -ire

Infinitiv: sentire hören, fühlen, aver(e) sentito gefühlt haben

Indikativ		congiuntivo	
Präsens	passato prossimo	presente	passato
sento senti sente sentiamo sentite sentono	ho sentito hai sentito ha sentito abbiamo sentito avete sentito hanno sentito	senta senta senta sentiamo sentiate sentano	abbia sentito abbia sentito abbia sentito abbiamo sentito abbiate sentito abbiano sentito
imperfetto	*trapassato prossimo*	*imperfetto*	*trapassato*
sentivo sentivi sentiva sentivamo sentivate sentivano	avevo sentito avevi sentito aveva sentito avevamo sentito avevate sentito avevano sentito	sentissi sentissi sentisse sentissimo sentiste sentissero	avessi sentito avessi sentito avesse sentito avessimo sentito aveste sentito avessero sentito
passato remoto	*trapassato remoto*	Imperativ	
sentii sentisti sentì sentimmo sentiste sentirono	ebbi sentito avesti sentito ebbe sentito avemmo sentito aveste sentito ebbero sentito	senti senta sentiamo sentite sentano	*gerundio*: sentendo avendo sentito Part. Präs.: sentente Part. Perf.: sentito
Futur I	Futur II	*condizionale I*	*condizionale II*
sentirò sentirai sentirà sentiremo sentirete sentiranno	avrò sentito avrai sentito avrà sentito avremo sentito avrete sentito avranno sentito	sentirei sentiresti sentirebbe sentiremmo sentireste sentirebbero	avrei sentito avresti sentito avrebbe sentito avremmo sentito avreste sentito avrebbero sentito

3 Die unregelmäßigen Verben

* Verben, die in den zusammengesetzten Zeiten mit essere konjugiert werden.
** Verben, die in den zusammengesetzten Zeiten sowohl mit essere als auch mit avere konjugiert werden.

accadere* geschehen	s. cadere
accendere anzünden	Part. Perf.: acceso pass. rem.: accesi
accogliere aufnehmen	s. cogliere
accorgersi* bemerken	Part. Perf.: accorto pass. rem.: mi accorsi
ammettere zugeben	s. mettere
andare* gehen	Ind. Präs.: vado, vai, va, andiamo, andate, vanno Futur I: andrò cond.: andrei Part. Perf.: andato pass. rem.: andai Imperativ: va' / vai, vada, andiamo, andate, vadano cong. pres.: vada, andiamo, andiate, vadano
apparire* scheinen	Ind. Präs.: appaio, appari, appare, appariamo, apparite, appaiono Part. Perf.: apparso pass. rem.: apparve Imperativ: appari, appaia, appariamo, apparite, appaiano
aprire öffnen	Part. Perf.: aperto pass. rem.: aprii / apersi
avere haben	s. Kap. 27, 1.1
bere trinken	Ind. Präs.: bevo, bevi, beve, beviamo, bevete, bevono Futur I: berrò cond.: berrei imperfetto: bevevo pass. rem.: bevvi, bevesti, bevve, bevemmo, beveste, bevvero cong. pres.: beva, beviamo, beviate, bevano cong. imperfetto: bevessi Imperativ: bevi, beva, beviamo, bevete, bevano Part. Präs.: bevente gerundio: bevendo
cadere* fallen	Futur I: cadrò cond.: cadrei Part. Perf.: caduto pass. rem.: caddi

27 Verbtabellen

chiedere fragen	**Part. Perf.:** chiesto	**pass. rem.:** chiesi
chiudere schließen	**Part. Perf.:** chiuso	**pass. rem.:** chiusi
cogliere pflücken	**Ind. Präs.:** colgo, cogli, coglie, cogliamo, cogliete, colgono **Futur I:** coglierò **cond.:** coglierei **Part. Perf.:** colto **pass. rem.:** colsi **Imperativ:** cogli, colga, cogliamo, cogliete, colgano **cong. pres.:** colga, cogliamo, cogliate, colgano	
compiere vollenden	**Ind. Präs.:** compio, compi, compie, compiamo, compite, compiono **Futur I:** compirò **cond.:** compirei **Part. Perf.:** compiuto **pass. rem.:** compii **Imperativ:** compi, compia, compiamo, compite, compiano **cong. pres.:** compia, compiamo, compiate, compiano **imperfetto:** compivo **cong. imperfetto:** compissi	
concedere gewähren	**Part. Perf.:** concesso	**pass. rem.:** concessi
concludere abschließen	s. chiudere	
condurre führen	s. produrre	
conoscere kennen (lernen)	**Part. Perf.:** conosciuto	**pass. rem.:** conobbi
coprire bedecken	s. aprire	
correggere verbessern	s. leggere	
correre** laufen	**Part. Perf.:** corso	**pass. rem.:** corsi
crescere* wachsen	**Part. Perf.:** cresciuto	**pass. rem.:** crebbi
cuocere kochen	**Ind. Präs.:** cuocio **Part. Perf.:** cotto	**pass. rem.:** cossi
dare geben	**Ind. Präs.:** dò, dai, dà, diamo, date, danno **Futur I:** darò **cond.:** darei **Part. Perf.:** dato **pass. rem.:** diedi, desti, diede, demmo, deste, diedero	

Verbtabellen

	Imperativ: da' / dai, dia, diamo, date, diano **cong. pres.:** dia, diamo, diate, diano
decidere beschließen	**Part. Perf.:** deciso **pass. rem.:** decisi
deludere enttäuschen	s. chiudere
descrivere beschreiben	s. scrivere
difendere verteidigen	**Part. Perf.:** difeso **pass. rem.:** difesi
dipingere malen	**Part. Perf.:** dipinto **pass. rem.:** dipinsi
dire sagen	**Ind. Präs.:** dico, dici, dice, diciamo, dite, dicono **Futur I:** dirò **cond.:** direi **imperfetto:** dicevo **Part. Perf.:** detto **pass. rem.:** dissi, dicesti, disse, dicemmo, diceste, dissero **cong. pres.:** dica, diciamo, diciate, dicano **cong. imperfetto:** dicessi **condizionale:** direi **Imperativ:** di', dica, diciamo, dite, dicano **Part. Präs.:** dicente **Part. Perf.:** detto **gerundio:** dicendo
dirigere leiten	**Part. Perf.:** diretto **pass. rem.:** diressi
discutere diskutieren	**Part. Perf.:** discusso **pass. rem.:** discussi
dispiacere* missfallen	s. piacere
distinguere unterscheiden	**Part. Perf.:** distinto **pass. rem.:** distinsi
distruggere zerstören	**Part. Perf.:** distrutto **pass. rem.:** distrussi
divenire* werden	s. venire
dividere teilen	**Part. Perf.:** diviso **pass. rem.:** divisi
dovere müssen, sollen	**Ind. Präs.:** devo / debbo, devi, deve, dobbiamo, dovete, devono / debbono **cong. pres.:** deva / debba, dobbiamo, dobbiate, devano / debbano
esistere existieren	**Part. Perf.:** esistito
esprimere ausdrücken	**Part. Perf.:** espresso **pass. rem.:** espressi
essere* sein	s. Kap. 27, 1.2

3 Die unregelmäßigen Verben

27 Verbtabellen

fare machen, tun	**Ind. Präs.:** faccio, fai, fa, facciamo, fate, fanno **Futur I:** farò **cond.:** farei **imperfetto:** facevo **pass. rem.:** feci, facesti, fece, facemmo, faceste, fecero **cong. pres.:** faccia, facciamo, facciate, facciano **cong. imperfetto:** facessi **condizionale:** farei **Imperativ:** fa' / fai **Part. Präs.:** facente **Part. Perf.:** fatto **gerundio:** facendo
fingere vortäuschen	**Part. Perf.:** finto **pass. rem.:** finsi
friggere braten, backen	**Part. Perf.:** fritto **pass. rem.:** frissi
giungere* ankommen	**Part. Perf.:** giunto **pass. rem.:** giunsi
insistere bestehen auf	**Part. Perf.:** insistito
intendere vorhaben	**Part. Perf.:** inteso **pass. rem.:** intesi
interrompere unterbrechen	s. rompere
intervenire* eingreifen	s. venire
intraprendere unternehmen	s. prendere
iscrivere einschreiben	s. scrivere
leggere lesen	**Part. Perf.:** letto **pass. rem.:** lessi
mantenere aufrechterhalten	s. tenere
mettere setzen, stellen, legen	**Part. Perf.:** messo **pass. rem.:** misi
mordere beißen	**Part. Perf.:** morso **pass. rem.:** morsi
morire* sterben	**Ind. Präs.:** muoio, muori, muore, moriamo, morite, muoiono **Part. Perf.:** morto **Imperativ:** muori, muoia, moriamo, morite, muoiano **cong. pres.:** muoia, moriamo, moriate, muoiano
muovere bewegen	**Part. Perf.:** mosso **pass. rem.:** mossi
nascere* geboren werden	**Part. Perf.:** nato **pass. rem.:** nacqui

Verbtabellen

nascondere verstecken	**Part. Perf.:** nascosto	**pass. rem.:** nascosi
nuocere* schaden		**pass. rem.:** nocqui
occorrere* nötig sein	s. correre	
offendere beleidigen	s. difendere	
offrire anbieten	**Part. Perf.:** offerto	**pass. rem.:** offrii / offersi
ottenere erreichen	s. tenere	
parere* (er)scheinen	**Ind. Präs.:** paio, pari, pare, paiamo, parete, paiono **Futur I:** parrò **cond.:** parrei **Part. Perf.:** parso **pass. rem.:** parvi **cong. pres.:** paia, paiamo, paiate, paiano	
percorrere zurücklegen	s. correre	
perdere verlieren	**Part. Perf.:** perso / perduto **pass. rem.:** persi	
permettere erlauben	s. mettere	
piacere* gefallen	**Ind. Präs.:** piaccio, piaci, piace, piacciamo, piacete, piacciono **pass. rem.:** piacqui **Imperativ:** piaci, piaccia, piacciamo, piacete, piacciano **cong. pres.:** piaccia, piacciamo, piacciate, piacciano	
piangere weinen	**Part. Perf.:** pianto	**pass. rem.:** piansi
piovere** regnen	**Part. Perf.:** piovuto	**pass. rem.:** piovve
porgere reichen, geben	**Part. Perf.:** porto	**pass. rem.:** porsi
porre setzen, stellen, legen	**Ind. Präs.:** pongo, poni, pone, poniamo, ponete, pongono **Futur I:** porrò **cond.:** porrei **imperfetto:** ponevo **pass. rem.:** posi, ponesti, pose, ponemmo, poneste, posero **cong. pres.:** ponga, poniamo, poniate, pongano **cong. imperfetto:** ponessi **Imperativ:** poni, ponga, poniamo, ponete, pongano **Part. Präs.:** ponente **Part. Perf.:** posto **gerundio:** ponendo	

3 Die unregelmäßigen Verben

Verbtabellen

possedere besitzen	s. sedere
potere können	**Ind. Präs.:** posso, puoi, può, possiamo, potete, possono **Futur I:** potrò **cond.:** potrei **cong. pres.:** possa, possiamo, possiate, possano
prendere nehmen	**Part. Perf.:** preso **pass. rem.:** presi
pretendere verlangen	s. prendere
prevedere vorhersehen	s. vedere
produrre herstellen	**Ind. Präs.:** produco, produci, produce, produciamo, producete, producono **Futur I:** produrrò **cond.:** produrrei **imperfetto:** producevo **pass. rem.:** produssi, producesti, produsse, producemmo, produceste, produssero **cong. pres.:** produca, produciamo, produciate, producano **cong. imperfetto:** producessi **Imperativ:** produci, produca, produciamo, producete, producano **Part. Präs.:** producente **Part. Perf.:** prodotto **gerundio:** producendo
promettere versprechen	s. mettere
proporre vorschlagen	s. porre
proteggere (be-)schützen	s. leggere
provvedere sorgen	s. vedere
pungere stechen	s. giungere
raccogliere sammeln	s. cogliere
radere rasieren	**Part. Perf.:** raso **pass. rem.:** rasi
raggiungere erreichen	s. giungere
reggere lenken, leiten	s. leggere
rendere zurückgeben	s. prendere
resistere widerstehen	s. esistere
ridere lachen	**Part. Perf.:** riso **pass. rem.:** risi

Verbtabellen

ridurre einschränken	s. produrre
riflettere zurückwerfen riflettere überlegen	Part. Perf.: riflesso pass. rem.: riflessi Part. Perf.: riflettuto pass. rem.: riflettei
rimanere* bleiben	Ind. Präs.: rimango, rimani, rimane, rimaniamo, rimanete, rimangono Futur I: rimarrò cond.: rimarrei Part. Perf.: rimasto pass. rem.: rimasi Imperativ: rimani, rimanga, rimaniamo, rimanete, rimangano cong. pres.: rimanga, rimaniamo, rimaniate, rimangano
risolvere lösen	Part. Perf.: risolto pass. rem.: risolsi
rispondere antworten	Part. Perf.: risposto pass. rem.: risposi
riuscire* gelingen	s. uscire
rivolgere richten	s. volgere
rompere zerbrechen	Part. Perf.: rotto pass. rem.: ruppi
salire** hinaufgehen	Ind. Präs.: salgo, sali, sale, saliamo, salite, salgono Imperativ: sali, salga, saliamo, salite, salgano cong. pres.: salga, saliamo, saliate, salgano
sapere wissen, können	Ind. Präs.: so, sai, sa, sappiamo, sapete, sanno Imperativ: sappi, sappia, sappiamo, sappiate, sappiano cong. pres.: sappia, sappiamo, sappiate, sappiano
scegliere auswählen	Ind. Präs.: scelgo, scegli, sceglie, scegliamo, scegliete, scelgono Part. Perf.: scelto pass. rem.: scelsi Imperativ: scegli, scelga, scegliamo, scegliete, scelgono cong. pres.: scelga, scegliamo, scegliate, scelgano
scendere** hinuntergehen	s. prendere
sciogliere auflösen	s. cogliere
scoprire entdecken	s. aprire

3 Die unregelmäßigen Verben

Verbtabellen

scrivere schreiben	**Part. Perf.:** scritto **pass. rem.:** scrissi
sedere sitzen, sich setzen	**Ind. Präs.:** siedo, siedi, siede, sediamo, sedete, siedono **Futur I:** siederò **cond.:** siederei **Imperativ:** siedi, sieda, sediamo, sedete, siedano **cong. pres.:** sieda, sediamo, sediate, siedano
smettere aufhören	s. mettere
soddisfare befriedigen	s. fare
soffrire leiden	s. offrire
sorprendere überraschen	s. prendere
sorridere lächeln	s. ridere
spargere ausstreuen	**Part. Perf.:** sparso **pass. rem.:** sparsi
spegnere auslöschen	**Ind. Präs.:** spengo, spegni, spegne, spegnamo, spegnete, spengono **Part. Perf.:** spento **pass. rem.:** spensi **Imperativ:** spegni, spenga, spegnamo, spegnete, spengano **cong. pres.:** spenga, spegnamo, spegnate, spengano
spendere ausgeben	s. prendere
spingere schieben	**Part. Perf.:** spinto **pass. rem.:** spinsi
stare* sein, bleiben	**Ind. Präs.:** sto, stai, sta, stiamo, state, stanno **Futur I:** starò **cond.:** starei **pass. rem.:** stetti, stesti, stette, stemmo, steste, stettero **Imperativ:** sta' / stai, stia, stiamo, state, stiano **cong. pres.:** stia, stiamo, stiate, stiano
stendere ausbreiten	s. prendere
stringere zusammendrücken	**Part. Perf.:** stretto **pass. rem.:** strinsi
succedere* geschehen	**Part. Perf.:** successo **pass. rem.:** successe
svolgere abwickeln, durchführen	s. volgere

Verbtabellen

tacere schweigen	s. piacere
tendere spannen, strecken	s. prendere
tenere behalten	**Ind. Präs.**: tengo, tieni, tiene, teniamo, tenete, tengono **Futur I**: terrò **cond.**: terrei **pass. rem.**: tenni **Imperativ**: tieni, tenga, teniamo, tenete, tengano **cong. pres.**: tenga, teniamo, teniate, tengano
togliere wegnehmen	s. cogliere
tradurre übersetzen	s. produrre
trarre ziehen	**Ind. Präs.**: traggo, trai, trae, traiamo, traete, traggono **Futur I**: trarrò **cond.**: trarrei **Part. Perf.**: tratto **pass. rem.**: trassi **Imperativ**: trai, tragga, traiamo, traete, traggano **cong. pres.**: tragga, traiamo, traiate, traggano
trascorrere verbringen	s. correre
trasmettere übertragen	s. mettere
uccidere töten	s. decidere
udire hören	**Ind. Präs.**: odo, odi, ode, udiamo, udite, odono **Futur I**: udrò / udirò **cond.**: udrei / udirei **Imperativ**: odi, oda, udiamo, udite, odano **cong. pres.**: oda, udiamo, udiate, odano
uscire* hinausgehen	**Ind. Präs.**: esco, esci, esce, usciamo, uscite, escono **Imperativ**: esci, esca, usciamo, uscite, escano **cong. pres.**: esca, usciamo, uscaite, escano
valere* gelten	**Ind. Präs.**: valgo, vali, vale, valiamo, valete, valgono **Futur I**: varrò **cond.**: varrei **Part. Perf.**: valso **pass. rem.**: valsi **Imperativ**: vali, valga, valiamo, valete, valgano **cong. pres.**: valga, valiamo, valiate, valgano
vedere sehen	**Part. Perf.**: visto **pass. rem.**: vidi

3 Die unregelmäßigen Verben

Verbtabellen

venire* kommen	**Ind. Präs.:** vengo, vieni, viene, veniamo, venite, vengono **Futur I:** verrò **cond.:** verrei **Part. Perf.:** venuto **pass. rem.:** venni **Imperativ:** vieni, venga, veniamo, venite, vengano **cong. pres.:** venga, veniamo, veniate, vengano
vincere (be)siegen	**Part. Perf.:** vinto **pass. rem.:** vinsi
vivere** leben	**Futur I:** vivrò **cond.:** vivrei **Part. Perf.:** vissuto **pass. rem.:** vissi
volere wollen	**Ind. Präs.:** voglio, vuoi, vuole, vogliamo, volete, vogliono **Futur I:** vorrò **cond.:** vorrei **Part. Perf.:** voluto **pass. rem.:** volli **cong. pres.:** voglia, vogliamo, vogliate, vogliano
volgere wenden, richten	**Part. Perf.:** volto **pass. rem.:** volsi

3 Die unregelmäßigen Verben

Lösungen

Wort- und Sachregister

Lösungen

1 Aussprache und Schreibung

Test 1
Richard Wagner: erre come Roma – i come Imola – ci come Catania – acca – a come Ancona – erre come Roma – di come Domodossola; vu doppia – a come Ancona – gi come Genova – enne come Napoli – e come Empoli – erre come Roma.

Silke Vogel: esse come Savona – i come Imola – elle come Livorno – cappa – e come Empoli; vu come Verona – o come Otranto – gi come Genova – e come Empoli – elle come Livorno

Jörg Fischer: i lunga – o con la dieresi / o con i puntini – erre come Roma – gi come Genova; effe come Firenze – i come Imola – esse come Savona – ci come Catania – acca – e come Empoli – erre come Roma

Test 2
c = [k]: amica, Carlo, come, commercio, corso, culla, curare, Franco, giacca, gioco, marco
g = [g]: garanzia, gas, gondola, guardare, guida, mago
c = [tʃ]: bacio, commercio, Francia, perciò, provincia
g = [dʒ]: giacca, già, gioco, giovane, Giuseppe, giusto, maggio, regione, viaggiare

Test 3
c = [k]: anche, che, chi, chiesa, chiuso, Michele
g = [g]: ghepardo, ghiaccio, ghiaia, laghi
c = [tʃ]: centro, città, dicembre, dieci, francese, ghiaccio
g = [dʒ]: gennaio, gita, intelligente, Parigi, progetto

Test 4
c = [k]: benché, caccia, canale, cane, caotico, cappuccino, chiamare, Chianti, chiaro, chiave, cioccolata, codice, colore, cucina, cuore, fabbrica, Gioconda, maschera, medico, parcheggio, perché, poiché, psicologia, scandalo, scarpa, scheletro, schema, scherzo, schiavo, schiena, sciocco, scomodo, scuola, scusa, tedesco, Toscana, zucchine
c = [tʃ]: amici, baci, caccia, cappuccino, cilindro, cima, cinghia, cioccolata, codice, cucina, giudice, indice, piacere, semplice, slancio, speciale
g = [g]: aghi, agosto, cinghia, figura, gallo, ghetto, guanto, lago, lungo, maghi, pagare, paghi, ragazzo, sgarbato, yoga, Zurigo
g = [dʒ]: geniale, gesso, giallo, Gioconda, giornalista, giovedì, giudice, giugno, leggenda, oggi, origine, parcheggio, psicologia, ragione, reagire, viaggio
sc = [ʃ]: asciutto, fascia, lasciare, scelta, scena, sci, scimmia, sciocco, sciopero, sciupare

Lösungen

Test 5
stimmlos: borsa, cassa, falso, finestra, gesso, grosso, massa, mensa, passo, resto, rosso, salame, salone, sapere, sconto, scuola, segnale, senti, sì, sorella, spumante, stazione, stile, strada, studiare, tassì
stimmhaft: base, casa, esame, famoso, isola, rosa, sbaglio, sbarra, sguardo, slancio, smettere, smog, vaso, visita

Test 6
stimmlos: calza, esperienza, grazie, iniziare, lezione, nazione, presenza, senza, stazione, terzo
stimmhaft: azalea, azoto, zuppa, zio, zona, zoo

Test 8
an-da-re, an-no, bam-bi-no, ba-u-le, cam-bio, ca-pi-re, fi-ne-stra, for-te, Gio-van-ni, la-vo-ro, mac-chi-na, ma-dre, mam-ma, ma-re, pen-sio-ne, piz-za, po-e-ta, po-sta, pun-to, sta-zio-ne

Test 9
a) tu b) Lei c) presidente d) agosto e) domenica f) chiesa

Auf den Punkt gebracht
1. 21
2. J, K, W, X, Y
3. c = [k]: ca, chi / g = [g]: ga, ghi / c = [tʃ]: cia, ci / g = [dʒ]: gia, ge / sc = [sk]: sca, schi / sc = [ʃ]: scia, sci
4. a) stimmlos b) stimmlos c) stimmlos d) stimmhaft e) stimmhaft
5. a) stimmlos b) stimmlos c) stimmhaft d) stimmhaft
6. a) [ʎ] ('lj' Mi**lli**on); b) [ɲ] (Kompa**gn**on); c) [ku]; d) [w] (**W**agon); e) nicht ausgesprochen
7. a) ja; b) nein; c) nein
8. Der Apostroph zeigt an, dass ein unbetonter Vokal am Ende eines Wortes weggefallen ist.
9. a) ja; b) nein; c) nein; d) ja
10. Substantive: klein; Eigennamen: groß; Wochentage: klein; Monatsnamen: klein
11. a) ja; b) nein

2 Das Substantiv

Auf Entdeckung
1. männlich: Adriano, Carlo, Franco, Mario.
   weiblich: Adriana, Anna, Franca, Maria.
2. Aus den Endungen: -o für Männernamen und -a für Frauennamen

Test 1
maskulin: anno, fratello, minuto, padre, ragazzo, letto
feminin: finestra, madre, porta, ragazza, sorella, strada

Test 2
maskulin: anni, fratelli, minuti, padri, ragazzi, letti
feminin: finestre, madri, porte, ragazze, sorelle, strade

Test 3
a) maskulin: amore, carnevale, cartone, esame, giornale, locale, mobile, motore, salame, salone, stile
   feminin: calcolatrice, lezione, radice, regione

477

Lösungen

b) maskulin: amori, carnevali, cartoni, esami, giornali, locali, mobili, motori, salami, saloni, stili
feminin: calcolatrici, lezioni, radici, regioni

Test 4
a) artista (Künstler / -in): m / f, clima (Klima): m, giornalista (Journalist / -in): m / f, pianista (Pianist / -in): m / f, programma (Programm): m, sistema (System): m
b) artisti / -e, climi, giornalisti / -e, pianisti / -e, programmi, sistemi

Test 5
amica, berlinese, cliente, direttrice, francese, gatta, insegnante, paziente, traduttrice, vicina

Test 6
a) analisi (Analyse), autista (Fahrer / -in), autobus (Bus), babysitter (Babysitter), bar (Café, Kneipe), caffè (Kaffee), diploma (Diplom), dramma (Drama), paralisi (Lähmung), problema (Problem), re (König), star (Star), tabù (Tabu), té (Tee), turista (Tourist / -in), sci (Ski), socialista (Sozialist / -in), università (Universität)
b) – Substantive, die mit einem Konsonanten enden: autobus, babysitter, bar, star
  – Substantive mit Betonung auf dem letzten Vokal: caffè, tabù, università
  – Substantive, die auf *-i* enden: analisi, paralisi
  – Substantive, die einsilbig sind: bar, re, star, té, sci
  – Substantive auf *-ma*: diploma, dramma, problema
  – Substantive auf *-ista*: autista, turista, socialista
c) autobus, babysitter, bar, star / caffè, tabù, università / analisi, paralisi / bar, re, star, té, sci / diplomi, drammi, problemi / autisti / -e, turisti / -e, socialisti / -e

Test 7
antibiotici, boschi, critici, fuochi, archi, monaci

Test 8
austriaci, biologi, blocchi, bocche, cataloghi, draghi, funghi, idraulici, laghi, maghi, pacchi, prologhi, psicologi, seghe, sindaci, streghe, sughi, tabacchi, tedesche, teologi

Auf den Punkt gebracht
1. a) -o / -i, b) -a / -e, c) maskulin / feminin, -i
2. feminin, -i, stazioni
3. maskulin, -i, telegrammi
4. maskulin, -i / feminin, -e
5. maskulin, film
6. feminine

Und wenn Sie noch neugierig sind
banco (Theke) / banca (Bank, Geldinstitut), caso (Zufall) / casa (Haus), colpo (Schlag) / colpa (Schuld), filo (Faden) / fila (Reihe), mostro (Monster) / mostra (Ausstellung), modo (Art) / moda (Mode), partito (Partei) / partita (Partie, Spiel), porto (Hafen) / porta (Tür), posto (Stelle, Platz) / posta (Post), punto (Punkt) / punta (Spitze), testo (Text) / testa (Kopf), visto (Visum) / vista (Sicht)

Lösungen

3 Der Artikel

Test 1
a) l'abito, l'aereo, l'economia, l'effetto, l'energia, l'impresa, l'industria, la madre, l'oceano, l'ora, l'organismo, lo sbaglio, la scarpa, lo sciopero, lo scolaro, la stanza, lo stato, la strada, il treno, lo zaino, la zia, lo zio

b) gli abiti, gli aerei, le economie, gli effetti, le energie, le imprese, le industrie, le madri, gli oceani, le ore, gli organismi, gli sbagli, le scarpe, gli scioperi, gli scolari, le stanze, gli stati, le strade, i treni, gli zaini, le zie, gli zii

Test 2
a) il vecchio abito, lo stesso treno, la mia impresa, l'altra stanza, il nuovo aereo, l'altro sbaglio, lo stesso effetto, la stessa ora, il nostro stato, l'ultima strada, l'altra scarpa, il nuovo zaino

b) i vecchi abiti, gli stessi treni, le mie imprese, le altre stanze, i nuovi aerei, gli altri sbagli, gli stessi effetti, le stesse ore, i nostri stati, le ultime strade, le altre scarpe, i nuovi zaini

Test 3
a) Il b) Ø, Ø c) Il, il d) L' e) l' f) La g) Ø h) Ø, i i) Ø (l') l) Il m) Ø, Ø n) Ø o) le p) La q) Ø r) il

Auf Entdeckung
2.1.1 un: giorno, libro, anno, amico / uno: studente, zio, psicologo, yacht
2.1.2 una: signora, stazione / un': amica, idea

Test 4
un abito, un aereo, un effetto, un'impresa, un'industria, una madre, un oceano, un'ora, un organismo, uno sbaglio, una scarpa, uno sciopero, uno scolaro, una spiaggia, una stanza, uno stato, una strada, un treno, un'università, uno yogurt, uno zaino, un'artista

Test 5
a) un b) uno c) una d) un' e) un f) un g) uno h) una i) un l) un' m) un' n) un

Test 6
a) degli b) della c) degli d) dello e) degli f) degli g) delle h) del i) dell' l) dei m) dell' n) delle o) della p) degli q) delle r) della

Test 7
a) dello b) dei, dei c) di d) Ø e) Ø f) Ø g) di h) Ø i) di l) del m) Ø n) dei

Auf den Punkt gebracht
1. a) nein b) ja
2. maskulin: il libro / i libri, lo studente / gli studenti, l'anno / gli anni
   feminin: la signora / le signore, l'idea / le idee
3. a) ja / il b) nein / Ø c) ja / l'
   d) nein / Ø e) ja / il f) ja / la
   g) nein / Ø h) ja / la
4. a) un libro, una signora / Konsonant b) un anno, un' idea / Vokal c) uno studente / s + Konsonant / z, gn, ps, x, y
5. a) ja b) nein
6. del, dello, dell', dei, degli, della, dell', delle
7. di

Lösungen

Und wenn Sie noch neugierig sind
il capitale = das Kapital / la capitale = die Hauptstadt; il fine = der Zweck / la fine = das Ende; il fronte = die Front / la fronte = die Stirn

4 Das Adjektiv

Test 1
a) männlich: amico, fratello, ragazzo, vicino / weiblich: amica, signora, sorella, studentessa
b) Einige mögliche Kombinationen: amico onesto, studentessa onesta, fratello piccolo, sorella piccola, vicino allegro, signora allegra, ragazzo carino, amica carina

Test 2
a) una zia giovane e moderna b) una ragazza elegante e carina c) un ragazzo forte e carino d) uno studente giovane e biondo e) un signore intelligente e onesto f) una signora gentile ed onesta

Test 3
a) zie giovani e moderne b) ragazze eleganti e carine c) ragazzi forti e carini d) studenti giovani e biondi e) signori intelligenti e onesti f) signore gentili ed oneste

Test 4
a) -a / a b) -o / -o c) -e / -e d) -i / -i e) -i / -i

Test 5
a) mit vier Formen: allegro, caldo, freddo, piccolo / mit zwei Formen: dolce, felice, forte, naturale, grande, intelligente
b) 1. -e, -e, -a 2. -e, -e, -a 3. -e, -e, -o 4. -i, -i, -e 5. -i, -i, -e 6. -i, -i, -i

Test 6
a) -i b) -e c) -i d) -i e) -i f) -i

Test 7
a) 1. -e, -o 2. -a, -a, -e 3. -e, -e
a) 1. -i, -i, -i, 2. -e, -e, -e, -i 3. -i, -i, -i

Test 8
1. e) 2. g) 3. f) 4. h) 5. c) 6. c) 7. a) 8. b)

Test 9
a) il lungo viaggio / i lunghi viaggi
b) l'acqua fresca / le acque fresche
c) l'amico simpatico / gli amici simpatici d) la soluzione logica / le soluzioni logiche e) il vago ricordo / i vaghi ricordi f) il problema pratico / i problemi pratici

Test 10
a) un nuovo partito progressista internazionale / una donna molto egoista
b) nuovi partiti progressisti internazionali / donne molto egoiste

Test 11
a) San Paolo b) San Francesco c) San Zeno d) Santo Spirito e) Sant'Osvaldo f) Santa Caterina g) Santa Scolastica h) Sant'Agata

Test 12
a) Teresa è simpatica, ma Diana è meno simpatica. / ma Diana di meno. b) Cora è carina, ma Petra è più carina. / ma Petra di più. c) Rocco è intelligente, ma Renzo è

Lösungen

meno intelligente. / ma Renzo di meno. d) Tito è sportivo, ma Berto è più sportivo. / ma Berto di più.

Test 13
a) di b) che c) che d) di quel che e) che

Test 14
a) forte come / quanto te b) bello come / quanto andare a piedi c) cara come / quanto in America d) facile come / quanto quella e) contento qui come / quanto a Londra

Test 15
a) la più allegra di / fra tutti b) il meno bravo della famiglia c) la più gentile delle / tra le vicine d) il meno alto degli / tra gli studenti e) il più bello dei / tra i ragazzi

Test 16
a) carissima b) difficilissimo c) nerissimo d) sensibilissima e) intelligentissima f) velocissimo g) piccolissima

Test 17
a) buonissimo b) piccolissima c) più cattive d) più grande

Auf den Punkt gebracht
1. a) -o / -a, b) -e
2. a) -i b) -e c) -i
3. a) nein b) ja
4. a) ja / la studentessa simpatica b) ja / La studentessa è simpatica.
5. a) nein b) ja / -e, -i, -e
6. a) nein b) ja c) ja / -e, -i
7. als Adjektiv / molti amici
8. a) nein b) nein c) ja
9. a) più / meno b) angeglichen
10. a) che / che b) che / che c) di / della d) che / che
11. come / quanto / Tu sei alta come / quanto Nina.
12. mit dem bestimmten Artikel / il più grande, il meno brutto
13. a) sehr b) -issimo / bellissima, velocissimo
14. più buono, il più buono, buonissimo / migliore, il migliore, ottimo

5 Die Possessiva

Auf Entdeckung
tu: il tuo libro, le tue case
lui / lei: la sua casa, le sue case
Höflichkeitsform: il Suo libro, la Sua casa, le Sue case
noi: la nostra casa, le nostre case
voi: il vostro libro, la vostra casa, i vostri libri, le vostre case.

Test 1
a) il mio amico, la mia amica, il suo bambino, il suo bambino, la vostra casa, la nostra casa, il tuo libro, il mio libro, la nostra macchina, la loro macchina, la sua scarpa, la sua scarpa, la loro strada, la nostra strada, il mio vino, il tuo vino, la nostra vita, la vostra vita
b) i miei amici, le mie amiche, i suoi bambini, i suoi bambini, le vostre case, le nostre case, i tuoi libri, i miei libri, le nostre macchine, le loro macchine, le sue scarpe, le sue scarpe, le loro strade, le nostre

Lösungen

strade, i miei vini, i tuoi vini, le nostre vite, le vostre vite

Test 2
Nino: il suo libro, la sua casa, il suoi libri, le sue case
Laura: il suo libro, la sua casa, i suoi libri, le sue case
Ugo e Franco: il loro libro, la loro casa, i loro libri, le loro case
Eva e Nina: il loro libro, la loro casa, i loro libri, le loro case

Test 3
a) A b) P c) P d) A e) A f) P

Test 4
a) Ø b) i c) Ø d) Ø e) il f) la g) Ø h) il i) la l) la m) Ø n) Ø o) le p) la q) il r) Ø

Test 5
a) suo b) vostra c) tuo d) tuo e) nostro f) tuo g) sua h) nostra i) vostra l) sua

Auf den Punkt gebracht
1. a) ja b) nein c) ja
2. vgl. Tabelle auf Seite 87
3. a) nein b) ja c) ja d) ja
4. a) ja / Ø b) nein / i c) nein / la d) nein / il e) ja / Ø
5. a) nein b) ja c) ja

6 Die Demonstrativa

Auf Entdeckung
maskulin: questo libro, questi libri / feminin: questa casa, queste case

Test 1
a) questo (quest') aereo, questo (quest') effetto, questa (quest') impresa, questa (quest') industria, questa ragazza, questo ragazzo, questo sbaglio, questa scarpa, questo sciopero, questa strada, questo treno, questo zaino
b) questi aerei, questi effetti, queste imprese, queste industrie, queste ragazze, questi ragazzi, questi sbagli, queste scarpe, questi scioperi, queste strade, questi treni, questi zaini

Auf Entdeckung
maskulin: quel libro, quei libri, quello studente, quegli studenti, quell'amico, quegli amici,
feminin: quella casa, quelle case, quell'amica, quelle amiche

Test 2
a) quell'aereo, quell'effetto, quell'impresa, quell'industria, quella ragazza, quel ragazzo, quello sbaglio, quella scarpa, quello sciopero, quella strada, quel treno, quello zaino
b) quegli aerei, quegli effetti, quelle imprese, quelle industrie, quelle ragazze, quei ragazzi, quegli sbagli, quelle scarpe, quegli scioperi, quelle strade, quei treni, quegli zaini

Auf Entdeckung
maskulin: Quello è Teo. Quelli sono Teo e Nino.
feminin: Quella è Eva. Quelle sono Eva e Anna.

Lösungen

Test 3
a) Quello b) Quella c) Quelle d) Quelli
e) Quella f) Quelle g) Quelli h) Quello
i) Quelle l) Quelli m) Quello n) Quella

Test 4
a) Quello b) Quel c) Quello d) Quella
e) Quegli f) Quel g) Quello h) Quella
i) Quell' l) Quell' m) Quelle n) Quelli
o) Quelli p) Quegli q) Quelle r) quelli

Test 5
a) Quelli b) Questa c) Quell'
d) Questo e) Quella f) Questa
g) quello h) quelli i) questi l) quella

Auf den Punkt gebracht
1. a) nein, b) ja
2. maskulin: questo libro, questi libri
   feminin: questa casa, queste case
3. maskulin: quel libro, quei libri,
   quello studente, quegli studenti,
   quell'amico, quegli amici,
   feminin: quella casa, quelle case,
   quell'amica, quelle amiche
4. maskulin: Quello è Teo. Quelli
   sono Teo e Nino.
   feminin: Quella è Eva. Quelle sono
   Eva e Anna.
5. a) ja / Questo libro / Vedi questo,
   b) nein / Quel / Vedi quello
6. a) unterscheidet deutlich b) *Questo*
   / Questo c) *Questo* / Quest' d) *Questo* / Questa e) *Questo* / Questo f)
   Quello / Quella g) *Quello* / Quella
   h) *Quello* / Quello i) *Quello* / quello
7. a) nein, b) ja, c) nein,
   d) ja, Questo
8. maskulin: lo stesso libro, gli stessi libri
   feminin: la stessa casa, le stesse case

7 Die Indefinita

Test 1
a) qualsiasi / qualunque b) ogni
c) qualche d) ogni e) qualche
f) qualsiasi / qualunque

Test 2
a) settimana b) ora c) giorno
d) amica e) libro f) tempo

Test 3
a) uno / qualcuno b) qualcosa
c) niente / nulla d) Ognuno
e) qualcuno f) Chiunque

Test 4
a) qualcuno b) qualcosa
c) qualche d) Ognuno e) Ogni
f) chiunque

Test 5
a) troppo b) parecchi, c) molta /
tanta d) quanto e) altri f) nessuna
g) varie / diverse h) tali / certe

Test 6
a) alcuni b) Alcune c) altrettanta
d) altre e) certa f) ciascuno g) diverse
h) molta i) nessuno l) parecchie
m) poco n) tanti o) troppi p) tutta
q) varie

Auf den Punkt gebracht
1. nicht genau bestimmt
2. a) ogni, qualche, qualsiasi / qualunque b) Singularform, -i / -e
   c) Singular
3. a) nein b) nein c) ja
4. a) qualcosa, niente / nulla, chiunque b) ognuno / -a, qualcuno / -a, uno / -a

Lösungen

5. a) 7, b) 10, c) 8, d) 3, e) 9, f) 6, g) 1, h) 5, i) 2, l) 4
6. a) veränderlich b) Adjektivisch c) Indefinitpronomen

8 Die Relativpronomen

Test 1
a) O b) S c) O d) O e) O f) S g) O h) S

Test 2
a) il che b) che c) che d) il che e) il che f) che

Test 3
a) che b) cui c) cui d) che e) cui f) che g) che h) cui i) che

Auf Entdeckung
Singular: il quale, la quale / Plural: i quali, le quali

Test 4
a) la quale b) la quale c) i quali d) il quale e) le quali f) i quali

Test 5
a) la quale / cui b) il quale / che c) la quale / cui d) i quali / che e) le quali / che

Test 6
a) il cui b) la cui c) i cui d) il cui e) i cui f) il cui g) le cui h) la cui

Test 7
a) Quella b) quello c) quello d) Quelli e) quello f) quelli g) Quelle

Auf den Punkt gebracht
1. a) ja b) ja c) nein
2. a) ja b) ja c) nein d) ja e) nein f) ja
3. a) nein b) ja c) nein d) ja e) nein f) ja
4. Singular: il quale, la quale / Plural: i quali, le quali
5. a) che b) cui / Questa è l'amica che è arrivata ieri. / Questo è il ragazzo di cui ti ho parlato.
6. a) nein b) nein c) ja d) ja e) ja
7. a) quello che b) gleicht sich dem Bezugswort in Geschlecht und Zahl an c) ist unveränderlich d) ciò che
8. Singular: colui che, colei che / Plural: coloro che, coloro che

9 Die Interrogativa

Test 1
a) chi b) con chi c) chi d) a chi e) di chi f) chi g) chi h) da chi i) con chi l) per chi

Test 2
a) chi b) che c) che cosa, che, cosa d) chi e) che cosa f) che g) che h) che cosa, che i) che l) chi

Test 3
a) quale b) qual c) quale d) qual e) quali f) qual g) quale h) quale i) quali l) qual m) quali

Auf Entdeckung
Singular: quanto tempo, quanta frutta / Plural: quanti libri, quante case

Lösungen

Test 4
a) quante b) quanto c) quante
d) quanti e) quanta f) quante
g) quanti h) quante i) quanta
l) quanto m) quanti n) quanto

Test 5
a) quando b) di dove c) fino a
quando d) perché e) dove f) da
quando g) come

Auf den Punkt gebracht
1. a) ja b) nein c) ja d) nein e) ja f) ja
2. a) nein b) ja c) nein d) ja e) ja
3. a) nein b) ja c) ja
4. a) nein b) ja c) nein d) ja e) ja
5. quale, quali, (qual)
6. a) nein b) ja c) nein d) ja e) ja
7. Singular: quanto tempo, quanta frutta / Plural: quanti libri, quante case
8. perché (warum), come (wie), dove (wo), quando (wann)

10 Die Personal-pronomen

Test 1
a) Ø / Ø b) tu c) Io / lui d) Ø e) Io /
voi f) io g) io / lei h) voi i) Noi / loro l)
Io / Lei

Test 2
a) ti b) si c) Mi d) si e) vi f) Ci g) vi h)
si i) Ti l) ci m) si n) Mi

Test 3
a) ti b) lo c) l' d) Mi e) ci f) Vi g) La
h) Li i) ci l) Ti m) Vi n) mi o) la / (l')
p) li

Test 4
a) gli b) Mi c) le d) gli e) mi f) Le g) gli
h) Le i) ci l) vi m) Mi n) Ti o) ci

Test 5
a) voi b) lui c) loro d) te e) lui / lei
f) noi g) te h) sé i) lei l) lui

Test 6
a) me b) Mi c) te d) Vi e) lei / lui
f) te g) Ci h) A lui i) lei l) lui

Test 7
a) ne b) Ci c) Ne d) ne e) ne f) ci
g) ne h) ci i) Ci l) ne

Auf Entdeckung

	mi	ti	gli / le / Le	ci	vi	si
lo	me lo	te lo	glielo	ce lo	ve lo	se lo
la	me la	te la	gliela	ce la	ve la	se la
li	me li	te li	glieli	ce li	ve li	se li
le	me le	te le	gliele	ce le	ve le	se le
ne	me ne	te ne	gliene	ce ne	ve ne	se ne

Lösungen

Test 8
a) Gliela b) Te le c) Glieli d) Ve la e) Ce la

Test 9
a) Mi ci b) Me lo c) Ce ne d) Ce ne e) Ci si f) Ti ci g) Ce ne

Test 10
a) Domani le porto il libro. b) Mi vendi la tua macchina? c) Non l'ho visto. d) La vedo ogni giorno. e) Non ti sento. f) Ci andiamo ogni giorno g) Non gli ho scritto. h) Ne parliamo sempre. i) Non vi capisco.

Test 11
a) Sono contenta di vederti. b) Le voglio scrivere. (Voglio scriverle.) c) Non ci vuole vedere. (Non vuole vederci.) d) Ne devo parlare. (Devo parlarne.) e) Li vedo partire. f) Gli posso scrivere. (Posso scrivergli.) g) Ho paura di perderlo. h) Spero di trovarvi. i) Ti sento uscire. l) Mi lasci andare? m) È qui per dirlo.

Auf den Punkt gebracht
1. a) nein b) nein c) ja d) ja
2. a) ohne Hervorhebung; b) in kursiv; c) fettgedruckt

		Subjekt-pronomen	indirekte Pronomen	direkte Pronomen	Reflexiv-pronomen	betonte Objekt-pronomen
Sg.	1.	io	*mi*	*mi*	*mi*	**me**
	2.	tu	*ti*	*ti*	*ti*	**te**
	3.	lui / lei	*gli / le*	**lo / la**	*si*	**lui / lei**
Pl.	1.	noi	*ci*	*ci*	*ci*	**noi**
	2.	voi	*vi*	*vi*	*vi*	**voi**
	3.	loro	*gli (loro)*	**li / le**	*si*	**loro**

3. a) nein b) ja c) ja
4. a) ja b) nein c) ja d) ja e) nein
5. a) ja b) nein c) ja
6. Siehe „Auf Entdeckung"
7. a) vor b) nach c) vor
8. a) ja b) nein c) nein d) ja
9. a) ja b) nein c) ja d) ja e) nein

Lösungen

11 Der Indikativ
Einführung

Auf den Punkt gebracht
1. -are, -ere, -ire
2. -are
3. Endung
4. aus dem Stamm
5. aus der Endung
6. kein
7. 3.
8. Essere, avere
9. nur für das Italienische
10. für das Deutsche und das Italienische

11.1 Das Präsens

Test 1
a) fettgedruckt,
b) ohne Hervorhebung

		-are	-ere	-ire
Sg.	1.	-o	-o	-o
	2.	-i	-i	-i
	3.	-a	-e	-e
Pl.	1.	-iamo	-iamo	-iamo
	2.	-ate	-ete	-ite
	3.	-ano	-ono	-ono

Test 2
canto, canti, cantiamo, cantate
senti, sente, sentiamo, sentite, sentono
prendo, prende, prendete, prendono
guardo, guardi, guarda, guardiamo, guardate
dormo, dormi, dorme, dormiamo, dormite, dormono
vendo, vendi, vende, vendiamo, vendete, vendono

Test 3
a) Canta una canzone? Cantate una canzone? b) Parti per Roma? Parte per Roma? c) Prendi un caffè? Prendete un caffè? d) Guardi la TV? Guarda la TV? Guardate la TV? e) Vendi la macchina? Vende la macchina? Vendete la macchina? f) Parli francese? Parla francese? Parlate francese?

Auf Entdeckung
cap-isc-o, cap-isc-i, cap-isc-e, capi-amo, cap-ite, cap-isc-ono

Test 4
pulisci, pulisce, puliamo, pulite, puliscono
apro, apre, apriamo, aprite, aprono
diverto, diverti, divertiamo, divertite, divertono
costruisco, costruisci, costruiamo, costruite, costruiscono
tossisco, tossisci, tossisce, tossiamo, tossite
riferisco, riferisci, riferisce, riferiamo, riferite

Test 5
a) loro / Vado al bar. b) voi / Fa un corso? c) tu / Diciamo la verità. d) noi / Viene in treno. e) tu / Bevono un cappuccino.

Test 6
dimentico, dimentichi, dimentica, dimentichiamo, dimenticate, dimenticano
vago, vaghi, vaga, vaghiamo, vagate, vagano
incomincio, incominci, incomincia, incominciamo, incominciate, incominciano

Lösungen

passeggio, passeggi, passeggia, passeggiamo, passeggiate, passeggiano
leggo, leggi, legge, leggiamo, leggete, leggono

Test 7
desideri, desidera, desideriamo, desiderate, desiderano
libero, liberi, libera, liberiamo, liberate
ordino, ordini, ordina, ordiniamo, ordinano
visito, visita, visitiamo, visitate, visitano
dubito, dubiti, dubita, dubitate, dubitano
abito, abiti, abitiamo, abitate, abitano

Auf den Punkt gebracht
1. -are, -ere, -ire
2. a) -o, -i, -iamo b) 1.und 2. Person Singular, 1. Person Plural
3. canta, cantano; vede, vedono; dorme, dormono; finisce, finiscono
4. a) -ire b) 1., 2. und 3. Person Singular, 3. Person Plural
5. ändert / der Stamm
6. die Aussprache
7. die Schreibweise

11.2 Das *imperfetto*

Auf Entdeckung
ved-evi, ved-eva, ved-evamo, ved-evano
part-ivi, part-iva, part-ivamo, part-ivate

Test 1
andavi, andava, andavamo, andavate, andavano

avevo, avevi, aveva, avevate, avevano
venivo, venivi, venivamo, venivate, venivano
dovevo, dovevi, doveva, dovevamo, dovevate, dovevano
davo, davi, davamo, davate, davano

Auf Entdeckung
dicevi, diceva, dicevate, dicevano
facevo, facevi, facevamo, facevate, facevano
bevevo, bevevi, beveva, bevevamo, bevevate
conducevo, conduceva, conducevamo, conducevate, conducevano
ponevo, ponevi, ponevamo, ponevate, ponevano

Test 2
a) faceva, nevicava b) faceva, pioveva c) aveva, era d) aveva, portava e) era, fumava

Test 3
a) viveva b) Abitava c) Faceva d) Andava e) usciva f) andava g) Era h) sognava

Auf den Punkt gebracht
1. a) -av- b) -ev- c) -iv-
2. -o, -i, -a, -amo, -ate, -ano
3. nicht überein

11.3 Das *passato prossimo*

Auf Entdeckung
sei, è, siamo, siete, sono / hai, ha, abbiamo, avete, hanno

Test 1
a) ho amato b) sono andato c) ho avuto d) ho cantato e) ho capito

Lösungen

f) sono cresciuto g) ho dormito h) ho parlato i) sono partito l) ho potuto m) sono uscito n) ho venduto

Test 2
a) fatto b) nato c) morto d) stato / -a e) detto f) scritto g) letto h) messo

Test 3
a) hanno b) sei c) hai d) è e) ha f) hanno g) è h) Hai i) Sono

Test 4
a) hanno b) sei c) ha d) è e) ha f) sei g) è h) è i) è l) è m) ha n) abbiamo

Test 5
a) è b) ha c) è d) è / ha e) ha f) ha g) è h) ha i) ha / è l) ha

Test 6
a) -o b) -e c) -i d) -a, -a e) -o f) -e g) -a h) -o i) -a

Test 7
a) -o b) -a c) -o d) -i e) -a f) -o g) -o h) -e

Test 8
a) siete andati b) ha detto c) avete messi d) ho conosciuta e) ha preso f) è morta g) sono vestite h) avete letto i) ho dati

Test 9
a) abbiamo sentito b) è andata c) è arrivato, ha telefonato d) siamo ritornati

Test 10
a) mi alzavo, facevo, andavo, mi sono alzato, ho bevuto, sono andato b) studiavo, andavo, sono andato c) era, andava, era, pioveva, è salito d) preparavo, ha suonato, Era, voleva, dormiva, ho detto

Auf den Punkt gebracht
1. a) zusammengesetzte b) avere, essere, Partizip Perfekt
2. sono, sei, è, siamo, siete, sono / ho, hai, ha, abbiamo, avete, hanno
3. amato, venduto, capito
4. a) ja b) nein c) nein
5. stimmt nicht
6. a) essere / è b) avere / ho c) essere / è d) avere / ho e) essere / è
7. a) ja / -a b) ja / -o c) ja / -i
8. a) nein b) nein c) ja d) ja e) ja

11.4 Das *passato remoto*

Test 1
am-asti, am-ò, am-ammo, am-aste, am-arono
vend-ei / vend-etti, vend-esti, vend-è / vend-ette, vend-este, vend-erono / vend-ettero
part-ii, part-isti, part-immo, part-iste, part-irono
parl-ai, parl-ò, parl-ammo, parl-aste, parl-arono
dorm-ii, dorm-isti, dorm-ì, dorm-immo, dorm-iste

Test 2
scrissi, scriv-esti, scrisse, scriv-emmo, scriv-este, scrissero
vidi, ved-esti, vide, ved-emmo, ved-este, videro
lessi, legg-esti, lesse, legg-emmo, legg-este, lessero

Lösungen

Test 3
a) andare, sei andato b) avere, abbiamo avuto c) partire, sono partito d) essere, siete stati e) vendere, hanno venduto f) aprire, ha aperto

Test 4
a) ritornarono, dormivano b) erano, andarono c) era, andava, andò, sentì d) arrivava, arrivò, telefonò, era

Test 5
a) alzavo, facevo, andavo, alzai, bevei, andai b) studiavo, andavo, andai c) era, andava, era. pioveva, salì d) preparavo, suonò, Era, voleva, dormiva, dissi

Test 6
a) *imperfetto – passato remoto*: feci, incontrai, facevano, andasti, diede, arrivai.

b) *imperfetto – passato prossimo*: ho fatto, ho incontrato, facevano, sei andato / -a, ha dato, sono arrivato / -a

c) *imperfetto – passato remoto*: c'era, faceva, Entrò, Era, aveva, Andò, ordinò.

d) *imperfetto – passato remoto:* nacque, sposò, conosceva, era, Ebbero, morì, aveva

Test 7
Zeitsystem: *Imperfetto – passato prossimo:* von: 'Il 21 maggio 1999 è morto a Trieste…' bis: '… del secondo Novecento italiano.'
Begründung: Der Verfasser des Artikels will hier den Tod des Schriftstellers zwar als vergangen beschreiben, aber doch als zeitlich sehr nahe. Er will das vergangene Ereignis aktualisieren.
Zeitsystem: *Imperfetto – passato remoto*: von: 'Nacque in Istria a Giurizzani…' bis: '… la tematica della frontiera.'
Begründung: Hier werden die Ereignisse der vierziger bis siebziger Jahre kurz zusammengefasst. Sie werden als weiter zurückliegend beschrieben um eine stilistische Distanz herzustellen, die den nächsten Absatz vorbereitet.
Zeitsystem: *Imperfetto – passato prossimo*: von: 'Tomizza ha vissuto intensamente…' bis: '… e anche psicologico.'
Begründung: Durch die Verwendung von *imperfetto – passato prossimo* rückt der Verfasser das Leben und das Werk des Autors in die zeitliche Nähe des Lesers.

Auf den Punkt gebracht
1. arriv-ai, arriv-asti, arriv-ò, arriv-ammo, arriv-aste, arriv-arono
   dov-ei / dov-etti, dov-esti, dovè / dov-ette, dov-emmo, dov-este, dov-erono / dov-ettero
   fin-ii, fin-isti fin-ì, fin-immo, fin-iste, fin-irono
2. a) ja b) nein
3. lessi, leggesti, lesse, leggemmo, leggeste, lessero
   vidi, vedesti, vide, vedemmo, vedeste, videro
   presi, prendesti, prese, prendemmo, prendeste, presero
4. a) nein b) nein c) ja d) nein e) ja f) ja

11.5 Das *trapassato prossimo*

Auf Entdeckung
ero, eri, era, eravamo, eravate, erano / avevo, avevi, aveva, avevamo, avevate, avevano

Test 1
a) era andata b) erano detti c) era stata d) aveva dato e) era cominciata f) avevo letto g) avevo visti h) aveva scritto

Test 2
a) era andata b) aveva fatto c) avevo comprato d) era andato e) avevamo trovato f) aveva dormito g) avevano detto h) era stata

Auf den Punkt gebracht
1. Siehe „Auf Entdeckung"
2. a) ja b) ja / aveva chiamato c) nein d) ja

11.6 Das *trapassato remoto*

Auf Entdeckung
fui, fosti, fu, fummo, foste, furono / avesti, ebbe, avemmo, aveste, ebbero

Test 1
a) ebbe guardato b) fu andata c) furono alzati d) fu stata e) ebbe fatto f) ebbi visti g) ebbi lette

Test 2
a) erano sposati b) aveva scritto c) avevo saputo d) era arrivato e) avevano finito f) eravamo partiti

Auf den Punkt gebracht
1. Siehe „Auf Entdeckung"
2. a) ja b) nein c) ja d) nein e) ja f) ja

11.7 Das Futur I

Test 1
a) prenderò, arriverò b) mangeremo, giocheremo c) partirai, arriverai d) studierà, abiterà e) usciranno, partiranno f) finirete, telefonerete, passerete

Auf Entdeckung
avrai, avrà, avremo, avrete, avranno / potrò, potrai, potremo, potrete, potranno / saprò, saprai, saprà, sapremo, saprete / dovrò, dovrai, dovrà, dovrete, dovranno / vedrò, vedrà, vedremo, vedrete, vedranno

Test 2
sarai, sarà, saremo, sarete, saranno
darò, darai, darà, darete, daranno
farò, farai, farà, faremo, farete
verrò, verrà, verremo, verrete, verranno
vorrò, vorrai, vorrà, vorrete, vorranno

Test 3
a) Z b) V c) A d) A e) Z f) V

Test 4
a) Cambierò b) si sposerà c) Uscirai d) arriverà

Auf den Punkt gebracht
1. parlerò, parlerai, parlerà, parleremo, parlerete, parleranno
scriverò, scriverai, scriverà, scriveremo, scriverete, scriveranno
finirò, finirai, finirà, finiremo, finirete, finiranno,
2. a) nein b) ja c) ja d) ja e) ja f) nein g) ja

Lösungen

3. dem Stamm
4. -e- / vedrò, saprò
5. unregelmäßigen, regelmäßige / Für *dare* und *venire* vgl. Test 2
6. ist ähnlich

11.8 Das Futur II

Auf Entdeckung
sarai, sarà, sarete, saranno
avrai, avrà, avremo, avrete

Test 1
a) sarà andata / wird weggegangen sein b) saranno visti / werden sich gesehen haben c) sarà stata / wird hier gewesen sein d) avrà fatto / wird geduscht haben e) avrà mangiato / wird gegessen haben f) saranno cominciate / werden angefangen haben g) avrai visto / wirst diesen Film gesehen haben h) avrà chiamati / wird sie nicht angerufen haben i) sarà restata / wird zu Hause geblieben sein l) avrà trovato / wird Freunde getroffen haben

Test 2
a) U b) V c) Z d) U e) Z f) V

Test 3
a) uscirà, avrà chiamato b) partiranno, avranno visto c) Telefonerai, avrai fatto d) Andrete, avrete finito e) Risponderemo, saremo ritornati

Auf den Punkt gebracht
1. Siehe „Auf Entdeckung"
2. a) entspricht weitgehend dem Deutschen b) kann / geklärt hat c) zurückliegende / saranno state

12 Der *congiuntivo*

12.1 Der *congiuntivo presente*

Test 1
a) abiti b) vendano c) resti
d) capiate e) partano f) partano
g) preferiscano

Auf Entdeckung
faccia, faccia, facciamo, facciano
beva, beva, beviamo, beviate, bevano
stia, stia, stiamo, stiate, stiano
venga, venga, veniamo, veniate, vengano
dica, dica, diciamo, dicano

Test 2
a) sia b) abbia c) vengano d) dica
e) stiate f) beva g) facciano

Test 3
a) sia b) abbia c) ami d) deva e) sia
f) organizziate g) sia h) vogliono
i) ha l) siano m) ha n) ama o) ha
p) ami q) sia r) sei

Test 4
a) ha b) mandiate c) funzioni
d) deva e) sia f) possa g) è
h) vogliono i) ha l) sia m) partiate

Test 5
a) nel caso che / qualora b) a condizione che / purché c) nonostante che d) a meno che e) affinché f) prima che

Test 6
a) consumi b) consuma c) conosco
d) abbia e) faccia f) abiti / abita
g) viva h) pensiate i) conosca

Lösungen

Auf den Punkt gebracht
1. a) vier b) Nebensatz c) entspricht nicht
2. parli, parli, parli, parliamo, parliate, parlino
   veda, veda, veda, vediamo, vediate, vedano
   parta, parta, parta, partiamo, partiate, partano
   capisca, capisca, capisca, capiamo, capiate, capiscano
3. a) Präsens Indikativ b) nur den Stamm c) sia, sia, sia, siamo, siate, siano; abbia, abbia, abbia, abbiamo, abbiate, abbiano
4. a) ja b) ja c) nein d) ja
5. a) ja b) ja c) nein d) ja e) nein f) ja g) ja h) nein i) nein l) ja m) nein n) nein o) nein
6. a) *congiuntivo* b) Indikativ c) *congiuntivo* d) *congiuntivo* e) *congiuntivo*
7. a) nein/ conosce b) ja / sia c) ja / pensi

12.2 Der *congiuntivo passato*

Auf Entdeckung
sia, sia, siamo, siate, siano; abbia, abbia, abbia, abbiamo, abbiate, abbiano

Test 1
a) sia andata b) siano visti c) sia stata d) abbia fatto e) sia finita f) abbia trovato

Test 2
a) sia b) ha c) sia d) ha e) sia f) è g) ha h) siano i) sia

Test 3
a) abbia capito b) capisca c) siate arrivati d) parli e) veniate f) abbia fatto g) faccia h) abbia lavorato i) voglia

Auf den Punkt gebracht
1. Siehe „Auf Entdeckung"
2. a) nein b) ja
3. a) im Präsens b) vor

12.3 Der *congiuntivo imperfetto*

Auf Entdeckung
vedesse, vedessimo, vedessero
partissi, partissi, partisse, partissimo, partiste, partissero

Test 1
andassi, andasse, andassimo, andaste, andassero
avessi, avessi, avesse, avessimo, aveste, avessero
venissi, venissi, venisse, venissimo, veniste, venissero
dovessi, dovessi, dovesse, dovessimo, doveste, dovessero

Auf Entdeckung
fossi, fosse, fossimo, foste, fossero
stessi, stesse, stessimo, steste, stessero
dessi, desse, dessimo, deste, dessero

Auf Entdeckung
dicessi, dicesse, diceste, dicessero
facessi, facesse, facessimo, faceste, facessero
bevessi, bevessi, bevesse, bevessimo, beveste, bevessero

Lösungen

conducessi, conducessi, conducesse, conducessimo, conduceste, conducessero
ponessi, ponessi, ponesse, ponessimo, poneste, ponessero

Test 2
a) fosse b) aveva c) restassi d) aveva e) passasse f) era g) aveva h) arrivassero i) partisse

Auf den Punkt gebracht
1. parlassi, parlassi, parlasse, parlassimo, parlaste, parlassero
vedessi, vedessi vedesse, vedessimo, vedeste, vedessero
partissi, partissi, partisse, partissimo, partiste, partissero
2. a) nein b) ja
3. a) in der Vergangenheit b) gleichzeitig

12.4 Der *congiuntivo trapassato*

Auf Entdeckung
fossi, fosse, fossimo, foste, fossero
avessi, avessi, avesse, avessimo, aveste, avessero

Test 1
a) fosse andata b) fossero visti c) fosse stata d) avesse fatto e) fosse finita f) fosse restata g) avesse trovato

Test 2
a) avesse b) aveva c) fossi d) aveva e) fosse f) aveva g) avesse h) fossero i) fosse

Test 3
a) fosse arrivata b) pensasse c) avesse lavorato d) volesse e) avesse già visto

Auf den Punkt gebracht
1. Siehe „Auf Entdeckung"
2. a) nein b) ja
3. a) in der Vergangenheit b) vor

13 Der condizionale
13.1 Der *condizionale I*

Auf Entdeckung
scriverei, scriveresti, scriverebbe, scriveremmo, scrivereste, scriverebbero
finirei, finiresti, finirebbe, finiremmo, finireste, finirebbero

Test 1
a) prenderesti, arriveresti b) mangeremmo c) telefonerei, manderei d) guadagneresti, pagheresti

Auf Entdeckung
avresti, avrebbe, avremmo, avreste, avrebbero
potresti, potrebbe, potremmo, potreste, potrebbero
saprei, sapresti, saprebbe, sapremmo, sapreste, saprebbero
dovrei, dovresti, dovrebbe, dovremmo, dovreste, dovrebbero
vedrei, vedresti, vedrebbe, vedremmo, vedreste, vedrebbero

Auf Entdeckung
andresti, andrebbe, andremmo, andreste, andrebbero
vivresti, vivrebbe, vivremmo, vivreste, vivrebbero

Lösungen

Auf Entdeckung
starei, darei, farei, rimarrei, terrei, verrei, vorrei

Test 2
sarebbe, saremmo, sareste, sarebbero
daresti, daremmo, dareste, darebbero
faresti, farebbe, fareste, farebbero
verresti, verrebbe, verremmo, verrebbero
vorresti, vorrebbe, vorremmo, vorreste

Test 3
a) M b) D c) A d) M e) W f) D
g) W h) A

Auf den Punkt gebracht
1. parlerei, parleresti, parlerebbe, parleremmo, parlereste, parlerebbero
scriverei, scriveresti, scriverebbe, scriveremmo, scrivereste, scriverebbero
finirei, finiresti, finirebbe, finiremmo, finireste, finirebbero
2. a) nein b) ja c) ja d) ja e) ja f) nein g) ja
3. -e / vedrei, saprei
4. unregelmäßigen, regelmäßige
darei, daresti, darebbe, daremmo, dareste, darebbero
verrei, verresti, verrebbe, verremmo, verreste, verrebbero
5. a) ja b) ja c) nein

13.2 Der *condizionale II*

Auf Entdeckung
saresti, sarebbe, saremmo, sareste, sarebbero
avrei, avresti, avrebbe, avremmo, avreste, avrebbero

Test 1
a) sarebbe andata b) si sarebbero alzati c) sarebbe stata d) avrebbe fatto e) avrei visti f) avrei lette

Test 2
a) M b) D c) M d) W e) D f) A

Auf den Punkt gebracht
1. Siehe „Auf Entdeckung"
2. a) nein b) ja c) ja
3. a) nein b) ja c) ja

14 Der Imperativ

Test 1
a) Prendi b) Telefona c) Senti d) Chiama e) Finisci f) Scrivi

Test 2
a) Sii, fai / fa' b) Stai / Sta' c) Abbi d) Di' e) Sappi f) Dai / Da' g) vai / va' h) Vieni, bevi

Test 3
a) non cantare b) parti, non partire c) bevi, non bere d) prendi, non prendere e) finisci, non finire f) vendi, non vendere g) vai / va', non andare h) scrivi, non scrivere

Auf Entdeckung
scusiamo, scusate, vediamo, vedete, apriamo, aprite, capiamo, capite

Test 4
a) Prendiamo b) telefonate c) Sentite d) abbiate e) Telefoniamo f) Finite g) siate h) Andiamo i) Scrivete

Auf Entdeckung
scusi, veda, apra, capisca

495

Lösungen

Test 5
a) a) Lei b) tu c) Lei d) Lei e) tu f) tu g) Lei
b) a) Scrivi b) Guarisca c) Vendi d) Senti e) Scusi f) Non prenda g) Non perdere

Auf Entdeckung
vada, beva, dica, venga, sia, dia, stia, faccia, abbia, sappia

Test 6
a) Sia, faccia b) Stia c) Abbia d) Dica e) Dia f) vada g) Venga, beva h) Sappia

Test 7
a) **tu:** parti, guarda, leggi, finisci, sii, vieni, parla, abbi, di'; **Lei:** parta, guardi, legga, finisca, sia, venga, parli, abbia, dica; **voi:** partite, guardate, leggete, finite, siate, venite, parlate, abbiate, dite
b) **tu:** non partire, non guardare, non leggere, non finire, non essere, non venire, non parlare, non avere, non dire; **Lei:** non parta, non guardi, non legga, non finisca, non sia, non venga, non parli, non abbia, non dica; **voi:** non partite, non guardate, non leggete, non finite, non siate, non venite, non parlate, non abbiate, non dite

Auf Entdeckung
a) scusino, vedano, aprano, capiscano
b) vadano, facciano, diano, dicano, sappiano, siano, bevano, abbiano, stiano, vengano

Test 8
a) Guardate la TV! b) Partite domani! c) Cenate da noi! d) Finite il lavoro! e) State calmi! f) Venite con noi! g) Prendete una pizza!

Test 9
scriviamolo, scriveteglielo, parlagliene, parliamogli, parlategliene, prendiglielo, prendiamoglielo, prendetene

Test 10
a) a) tu b) Lei c) tu d) Lei e) tu f) tu g) Lei
b) a) Gli scriva b) Prendine c) Mi scusi d) Mandaglielo e) Glielo dica f) Me ne parli g) Spiegaglielo

Test 11
a) Ascoltala! b) Non ascoltarlo! / Non lo ascoltare! c) Lasciali! d) Scusami! e) Manda loro la lettera! f) Raccontiamoglielo! g) Mi scriva! h) Divertiti! i) Non gli scriva! l) Non compratelo! / Non lo comprate! m) Alzatevi! n) Scrivile!

Auf den Punkt gebracht
1. scusa, vedi, apri, capisci
2. a) auch unregelmäßig b) abbi, sii, di', dai / da', fai / fa', stai / sta'
3. a) eine b) Infinitiv / scusare, vedere, aprire, finire
4. Indikativ
5. Konjunktiv
6. scusa, scusi, scusiamo, scusate, scusino
   vedi, veda, vediamo, vedete, vedano
   apri, apra, apriamo, aprite, aprano

Lösungen

capisci, capisca, capiamo, capite, capiscano

7. a) werden die Pronomen an den Imperativ angehängt / scusami b) stehen die Pronomen vor dem Imperativ / mi scusi c) werden die Pronomen an den Imperativ angehängt / scusiamolo, scusateci d) stehen die Pronomen vor dem Imperativ / ci scusino
8. a) ja b) nein c) ja

15 Infinite Verbformen

15.1 Der Infinitiv

Test 1
a) esser andato / -a b) cantare c) prendere, aver preso d) partire, essere partito / -a e) leggere, aver letto f) preferire, aver preferito

Test 2
a) essere b) esser nati c) ballare d) restare e) prendere f) aver sbagliato g) averlo incontrato h) incontrarlo

Test 3
a) Mod. b) unp. A. c) Wahrn. d) indir. F. e) Wunsch f) unp. A. g) Wunsch

Test 4
a) di b) Ø c) Ø d) di e) di f) Ø g) di h) Ø i) di l) Ø m) di n) Ø o) di p) di q) Ø r) di s) di

Test 5
a) arrivi, b) arrivare c) sei d) essere e) partire f) parta g) essere h) sono i) essere l) sia

Test 6
a) a b) Ø c) a d) di e) Ø f) Ø g) a h) di i) a l) a m) Ø n) a o) di p) Ø q) a r) Ø s) di

Test 7
a) di b) da c) di, da d) da e) Ø f) a g) da h) a i) di l) da m) a n) di o) di p) Ø

Test 8
a) Prima di b) a c) di d) senza e) da f) Ø g) a h) Per i) Ø l) di m) prima di

Test 9
a) avere b) ha c) sia d) essere e) restare f) resti g) avere h) abbia i) parta l) partire m) vada n) andare o) partire p) andare q) andare r) vada

Auf den Punkt gebracht
1. parlare, aver parlato / vendere, aver venduto / partire, esser partito
2. der Handlung im Nebensatz
3. a) nein b) nein c) ja
4. di, a, da, per, senza, invece di, prima di, dopo
5. a) ja b) nein c) ja d) nein e) ja f) ja g) ja
6. a) di b) a c) da
7. a) nein b) ja

15.2 Das Partizip

Test 1
a) insegnante b) cantante c) perdente d) morente e) piacente f) nascente g) vincente h) amante

Lösungen

Test 2
a) -e b) -i c) -i d) -i e) -i f) -e

Test 3
a) che contiene b) che fanno c) che raffigura d) che rappresenta

Auf Entdeckung
a) amato, venduto, capito
b) espresso, chiuso, detto, aperto

Auf Entdeckung
mit *essere*: era arrivata, sarà arrivata, sarebbe arrivata; mit *avere*: aveva fatto, avrà fatto, avrebbe fatto
a) eine / -a b) keine / -o
c) direktem / -i, -o

Test 4
a) arrivata b) fatta c) uscite d) partita e) conosciuta f) morti g) finita

Auf den Punkt gebracht
1. a) cantante, piangente, seguente
   b) -e / -e, -i
2. a) nein, b) ja c) ja d) ja
3. a) amato, venduto, capito
   b) espresso, chiuso, detto, aperto
4. a) zusammengesetzten b) Adjektive, Substantive c) kann
5. a) ja b) nein c) ja

15.3 Das *gerundio*

Auf Entdeckung
dic-evo, dic-essi; facevo, facendo; bevessi, bevendo; traducevo, traducendo; ponessi, ponendo

Test 1
a) andando b) Parlando c) Uscendo d) Vivendo e) facendo f) salutando

Auf Entdeckung
a) Auf die Gegenwart bezogen: incontriamo, incontrate, incontrano
b) Auf die Vergangenheit bezogen: incontrava, incontravamo, incontravate, incontravano
c) Auf die Zukunft bezogen: incontrerai, incontrerà, incontreremo, incontrerete, incontreranno

Test 2
a) a) io b) noi c) Andrea d) io e) io f) Linda
b) a) V b) Z c) G d) V e) V f) G

Test 3
a) ja. Non avendo tempo, Gina non viene. b) nein, Begründung: Zwei verschiedene Subjekte. c) ja. Paolo è entrato ridendo / Paolo entrando rideva. d) nein, Begründung: Kein ausgesprochenes temporales, kausales oder modales Verhältnis. e) ja. Lisa aspetta il tram leggendo il giornale. / Lisa aspettando il tram legge il giornale.

Test 4
a) ja. Non avendo tempo, Gina non viene. b) nein c) nein d) ja. Guidando con prudenza rischieresti di meno. e) nein f) ja. Tornando a casa ho incontrato Giulia. g) nein h) ja. Ritornando a casa dormivo in piedi. i) nein l) ja. Passando davanti al bar Berto salutava il cameriere.

Test 5
a) aspettando b) stava aspettando c) stavo facendo d) stava preparando e) Preparando

Lösungen

Auf Entdeckung
essendo, avendo, avendo

Test 6
a) Avendo saputo b) Essendo partita
c) Avendo ricevuto d) Essendo stato
e) Avendo superato

Auf den Punkt gebracht
1. arrivando, dovendo, finendo
2. dicendo, facendo, bevendo, traducendo, ponendo
3. a) nein b) ja c) nein d) nein e) ja
4. a) muss identisch sein b) auf der gleichen Zeitstufe
5. a) temporales, modales, kausales
   b) temporales, modales, kausales, konditionales, konzessives
6. a) gerade im Verlauf befindliche b) einfachen
7. essendo arrivato, avendo dovuto, avendo finito
8. a) verknüpft Sätze miteinander b) muss identisch sein c) zwei verschiedenen Zeitstufen d) nach

16 Gebrauch der Zeiten und Modi

Test 1
a) fuori c'è il sole b) si rilassi
c) facesse bel tempo d) non era vera
e) Tullio non la ami f) finisca la lezione

Test 2
a) G b) V c) G d) G e) V f) V g) G h) G

Test 3
a) g b) v c) n d) n e) v f) g

Test 4
a) *cong.* / V / v b) Ind. / G / n
c) *cong.* / G / g d) *cong.* / G / v
e) Ind. / G / n f) *cong.* / V / n

Test 5
a) prima, dopo b) Quel, dopo
c) prima d) dopo e) quell'

Test 6
a) è andato b) sta c) avranno
d) pensa e) arriverà f) è arrivata

Test 7
a) era andato b) stava c) sarebbe arrivato d) era arrivato, stava, sarebbe restato / restava

Auf Entdeckung
a) a) è andata b) va c) andrà
b) a) *passato prossimo* b) Präsens
   c) Futur I / Präsens

Test 8
a) è andata b) sta c) avranno
d) pensa e) arriverà f) andrà

Auf Entdeckung
a) a) era andata b) andava
   c) sarebbe andata
b) a) *trapassato prossimo* b) *imperfetto*
   c) *condizionale II* / *imperfetto*

Test 9
a) era andata b) era c) stavano
d) pensava e) sarebbe arrivato f) era arrivato, sarebbe restato

Test 10
a) stia b) sia andato c) telefoni
d) parta e) sia f) sia arrivato, stia, resterà g) mandiate h) avesse

Lösungen

Test 11
a) fosse andato b) stesse c) telefonasse d) partissi e) fosse f) avrebbe aiutato g) fosse già arrivato, stesse h) sareste venuti i) partisse

Test 12
a) 6, 8 b) 7, 8 c) 7, 8 d) 1, 2, 4, 9 e) 3, 4, 9 f) 1, 2, 4, 9 g) 3, 4, 9 h) 3, 4, 9

Test 13
a) avesse, porterebbe b) finissi, sarei c) partissero, potrebbe d) fossero, potrei e) Telefonerei, avessi

Test 14
a) avesse comprato, avrebbe avuto b) Sarei stata, fosse divertita c) avesse scritto, avrebbe fatto d) avesse fatto, sarebbe andato

Test 15
a) 3 b) 1 c) 7 d) 8 e) 6 f) 5 g) 4 h) 2

Auf den Punkt gebracht
1. 1) ob im Hauptsatz Auslöser für den Indikativ oder für den *congiuntivo* stehen. 2) von der Zeit des Verbs im Hauptsatz. 3) vom Zeitverhältnis zwischen Haupt- und Nebensatz.
2. a) Präsens, Futur I oder Futur II b) *imperfetto, passato prossimo, trapassato prossimo*
3. a) vor b) gleichen c) nach
4. a) *imperfetto – passato prossimo* b) Präsens c) Futur I / Präsens d) *trapassato prossimo* e) *imperfetto* f) *condizionale II / imperfetto*
5. Siehe 4

6. a) *congiuntivo imperfetto – congiuntivo passato* b) *congiuntivo presente* c) Futur I / *congiuntivo presente* d) *congiuntivo trapassato* e) *congiuntivo imperfetto* f) *condizionale II / congiuntivo imperfetto*
7. a) *congiuntivo imperfetto* b) *condizionale I* c) *congiuntivo trapassato* d) *condizionale II*

17 Die reflexiven Verben

Auf Entdeckung
ti lavi, si lava, ci laviamo, vi lavate, si lavano

Test 1
a) mi vesto bene b) si lavano c) Ci vediamo d) Vi divertite e) ti prepari f) si innamora g) si sente h) si scusa

Auf Entdeckung
ti sei lavato / -a, si è lavato / -a, ci siamo lavati / -e, vi siete lavati / -e, si sono lavati / -e

Test 2
si era lavato, si sarà lavato, si sarebbe lavato

Test 3
a) mi sono vestito / -a b) si sono lavati c) Ci siamo visti / -e d) Vi siete divertiti / -e? e) ti sei preparata f) si è innamorato g) non si è sentita h) si è scusata

Test 4
a) siamo potuti / -e b) è vestito c) siamo voluti / -e d) ha dovuto e) sono voluti f) sono divertiti

Lösungen

g) sono conosciute h) Abbiamo voluto i) hanno voluto l) è dovuta m) abbiamo potuto

Auf Entdeckung
3.1 a) stehen unmittelbar vor dem konjugierten Verb. / Beispiel: 2, 4
b) stehen die Reflexivpronomen unmittelbar vor dem konjugierten Verb. / Beispiel: 1, 3
3.2 a) werden an den Infinitiv angehängt. / Beispiel: 1, 3, 5, 8
b) können die Reflexivpronomen vor dem konjugierten Verb stehen. / an den Infinitiv angehängt werden. / Beispiel: 2, 4, 5, 6, 7, 8
3.3 a) werden die Reflexivpronomen immer an den Imperativ angehängt. / Beispiel: 1, 4, 5, 6
b) immer vor der Imperativform. / Beispiel: 2, 3

Test 5
a) divertirci b) Scusami! c) Mi voglio preparare. / Voglio prepararmi.
d) Mi sono divertito. e) si vestono
f) si scusa g) si è scusata h) si sono scusati i) Ci dobbiamo alzare. / Dobbiamo alzarci. l) Mi scusi! m) mi so difendere / so difendermi n) si vogliono divertire / vogliono divertirsi

Auf den Punkt gebracht
1. Siehe „Auf Entdeckung"
2. essere / Isabella si è vestita.
3. a) / I bambini si sono lavati.
4. mi sono lavato / -a, ti sei lavato / -a, si è lavato / -a, si è lavato / -a, ci siamo lavati / -e, vi siete lavati / -e, si sono lavati / -e, si sono lavati / -e

5. a) vorangestellt b) vorangestellt c) angehängt d) angehängt
6. nein

18 Das Passiv

Auf Entdeckung
Indikativ
Präsens: è, viene, *Imperfetto*: era, veniva, *Passato remoto*: fu, venne, Futur I: sarà, verrà, *Condizionale*: sarebbe, verrebbe
Congiuntivo
Präsens: sia, venga, *Imperfetto*: fosse

Auf Entdeckung
Indikativ
Passato prossimo: è, *Trapassato prossimo*: era, *Futur II*: sarà, *Condizionale II*: sarebbe
Congiuntivo
Passato prossimo: sia, *Trapassato prossimo*: fosse

Test 1
a) stata costruita b) invitati c) chiuso d) letti e) aperta f) amata g) stato eletto

Test 2
a) ist serviert b) muss repariert werden c) wird gewählt d) soll sofort verschickt werden e) ist geschlossen f) sollten eingeladen werden

Auf den Punkt gebracht
1. direkten Objekt
2. a) ja b) ja c) nein
3. a) ja b) nein
4. ja / La casa è stata costruita.
5. a) Vorgang / wird b) Zustand / ist
6. da / dal

Lösungen

19 Die unpersönliche Form *si*

Test 1
a) hanno b) balla, ride c) parlano d) discutono e) cantano

Test 2
a) si b) ci si c) ci si d) si e) si f) ci si

Test 3
a) è lavorato b) è partiti c) sono visti d) sono scritte e) è parlato f) è incontrati g) sono cantate h) è cantato i) è salutati l) sono salutati

Test 4

indirekte Pronomen + si	
mi	mi si
ti	ti si
gli / le	gli si
ci	ci si
vi	vi si
gli	gli si
direkte Pronomen + si	
mi	mi si
ti	ti si
lo / la	lo si / la si
ci	ci si
vi	vi si
li / le	li si / le si
ci, ne	
ci + si = ci si	
ne + si = se ne	

Test 5
a) Vi si b) Lo si c) Ci si d) Gli si e) Li si f) Se ne

Auf den Punkt gebracht
1. 3. Person Singular
2. Objekt / compra / mangiano / costruiscono
3. ci si / 3. Person Singular / ci si
4. Maskulinum / Plural / amici / nervosi
5. Femininum / Plural / mamme, preoccupate
6. essere
7. bleibt das Partizip Perfekt unverändert / è lavorato
8. steht das Partizip im Maskulinum Plural / è andati
9. vor

20 Besonderheiten bei Verben

Test 1
a) p b) p c) u d) u e) u f) p g) p h) u

Test 2
a) è successa b) è capitato c) è servita d) sono serviti e) sono sembrate f) è bastata g) sono bastati h) è successo

Test 3
a) vada b) è / ha c) rispondere d) nervosi e) arrivi f) prenda g) è / ha h) contenti i) sono servite

Test 4
a) torni b) tornare c) È / sia d) avere e) avere f) andare g) vada h) riposati

Test 5
a) Li b) Le c) Gli d) Li e) lo f) Lo g) Gli h) le

Lösungen

Test 6
a) ne b) Ci c) Ne d) ne e) ci f) ci

Auf den Punkt gebracht
1. a) ja b) ja
2. a) nicht definiert b) genannt c) steht das Verb immer im Singular d) richtet sich das Verb nach dem Subjekt
3. a) *essere* b) der Konjunktiv / der Infinitiv c) Plural
4. a) *essere* b) der Konjunktiv / der Infinitiv c) Plural
5. a) nein b) ja
6. a) ci b) ne

21 Das Adverb

Test 1
a) chiaramente b) perfettamente c) curiosamente d) regolarmente e) veramente f) tradizionalmente g) brevemente h) stabilmente i) particolarmente l) cordialmente

Test 2
a) fortunatamente b) segretamente c) nuovamente d) improvvisamente e) dettagliatamente f) intelligentemente

Test 3
a) all'improvviso / improvvisamente b) bene c) buono d) in segreto / segretamente e) segreto f) pochi g) poco

Test 4
a) Vincenzo è particolarmente simpatico. b) Anche Piera ha lavorato. c) Viviana arriva abitualmente tardi. d) Piera ha lavorato bene. e) Normalmente vado in vacanza in luglio. f) Marilena è già arrivata alle otto. g) Hai ancora soldi? h) Ugo ha quasi dimenticato il compleanno di Lia. i) Anch'io lavoro in fabbrica.

Auf Entdeckung
a) più / più intensamente b) meno / meno intensamente

Test 5
a) meno b) più c) più d) meno

Auf Entdeckung
a) di / di b) di / di c) di / della d) di / di, di e) che / che f) che / che
Aber: di / di

Test 6
a) di b) di c) di (che) d) della e) di f) di (che) g) di h) che

Test 7
a) regolarmente come / quanto te b) presto come / quanto lei c) professionalmente come / quanto una volta d) bene come / quanto Dora e) tanto come / quanto Stefania

Test 8
Komparativ: meglio, peggio / Absoluter Superlativ: benissimo, malissimo

Test 9
a) bene b) molto bene (benissimo), meglio c) buona d) molto buono (buonissimo) e) migliore f) male, pessima

Auf den Punkt gebracht
1. a) nein b) ja
2. a) feminine Form, – *mente* / chiaramente, comodamente b) Singularform, -*mente* / velocemente, intelligentemente

Lösungen

3. bene, male
4. a) ja b) nein c) nein / i, e, o
5. a) hinter b) hinter c) vor d) vor e) vor
6. a) più, più b) meno, meno
7. a) di b) di c) di d) che e) che f) di
8. *come* / come (quanto)
9. *di tutti* / di tutti
10. *-issimo* / prestissimo, tardissimo, pianissimo, spessissimo
11. bene: meglio, meglio di tutti, molto bene, benissimo
    male: peggio, peggio di tutti, molto male, malissimo
    molto: più, più di tutti, moltissimo
    poco: meno, meno di tutti, pochissimo

22 Die Konjunktionen

Test 1
a) o / oppure b) altrimenti c) e d) inoltre e) nemmeno / neanche / neppure f) invece g) ma / però h) anzi

Test 2 a) und b)
Hier einige Möglichkeiten:
1. Avevo finito il lavoro e(d) ero contento. (Ich hatte die Arbeit beendet und war froh.), ... perciò / per questo ero contento. (... deshalb war ich froh.), ... quindi / dunque ero contento. (... folglich war ich froh.), ... infatti ero contento. (... ich war in der Tat froh.), Né avevo finito il lavoro, né ero contento. (Ich hatte weder die Arbeit beendet, noch war ich froh.)
2. Non avevo finito il lavoro e(d) ero contento. (Ich hatte die Arbeit nicht beendet und war froh.), ... ma / però ero contento. (... aber ich war froh.), ... tuttavia ero contento. (... trotzdem war ich froh.), ... eppure ero contento. (... dennoch war ich froh.), Né avevo finito il lavoro né ero contento. (Ich hatte weder die Arbeit beendet, noch war ich froh.)
3. Non sono stanco e sto bene. (Ich bin nicht müde und es geht mir gut.), ... perciò sto bene. (... deshalb bin ich froh.), ... al contrario / anzi sto bene. (..., im Gegenteil, mir geht es gut.)
4. Ascolto musica e lavoro. (Ich höre Musik und arbeite.), ... eppure lavoro. (... trotzdem arbeite ich.), ... inoltre lavoro. (... außerdem arbeite ich.), ... ma / però lavoro. (... aber ich arbeite.), ... o / oppure lavoro. (... oder ich arbeite.), ... tuttavia lavoro. (... dennoch arbeite ich.), E ascolto musica e lavoro. (Ich höre sowohl Musik und ich arbeite auch.), Né ascolto musica né lavoro. (Ich höre weder Musik noch arbeite ich.), Non solo ascolto musica ma anche lavoro. (Ich höre nicht nur Musik, sondern arbeite auch.), O ascolto musica o lavoro. (Entweder höre ich Musik oder ich arbeite.)

Test 3
a) tanto b) di modo / cosicché c) talmente / così d) mentre e) a tal punto

Test 4
a) ha b) possa c) sbagliare d) arrabbi e) troviate f) troveranno g) avere

Lösungen

Test 5
a) partire b) fermi c) ho saputo
d) studia e) ascoltando f) aver chiamato g) parta

Test 6
a) perché b) Siccome c) sebbene
d) anche se e) Anche se

Test 7
a) ha b) avendo c) ha d) abbia e) ha
f) ha / trovi

Auf den Punkt gebracht
1. a) ja b) ja c) nein d) nein e) ja
   f) ja g) nein h) nein
2. ähnlich wie
3. e / ed, anche / pure, inoltre, né, neanche / neppure / nemmeno
4. o, oppure, altrimenti
5. a) 5, b) 3, c) 1, d) 7, e) 2, f) 4, g) 6
6. cioè / vale a dire; infatti; ossia / ovvero
7. allora / dunque / quindi, perciò / per questo / pertanto
8. e ... e / sia ... sia / sia ... che, né ... né, o ... o, così ... come, non solo ... ma anche
9. a) anders als b) Indikativ / *congiuntivo*
10. Indikativ
11. Indikativ
12. *congiuntivo*
13. a) 7, b) 6, c) 8, d) 9, e) 10, f) 11, g) 5, h) 1, i) 3, l) 4, m) 2
14. a) *da, weil:* perché / siccome / poiché / giacché / dal momento che / dato che / visto che / in quanto (che) / per il fatto che / per la ragione che; *nicht, dass / nicht, weil:* non che

b) *auch wenn:* anche se; *obwohl / obgleich:* benché / sebbene / nonostante (che) / malgrado (che) *wie ... auch:* per quanto
c) *falls / wenn:* se; *es sei denn:* a meno che (non); *falls / wenn:* qualora / nel caso che / caso mai; *unter der Bedingung, dass:* a condizione che / a patto che / purché; *unter der Voraussetzung, dass:* nel caso che; *vorausgesetzt, dass:* ammesso che / supposto che
d) *wie:* come; *es sei denn, dass / außer wenn:* salvo che / tranne che / eccetto che / a meno che; *ohne dass:* senza che

23 Satzbau und Satzgefüge

Test 1
Hier einige Möglickeiten: a) Silvia porta oggi il libro a Carlo. / Oggi Silvia porta il libro a Carlo. b) Enzo ha scritto ieri una lettera a Nadia. / Ieri Enzo ha scritto una lettera a Nadia. c) Bianca parte domani da Palermo. / Domani Bianca parte da Palermo. d) La settimana prossima mio fratello comprerà a Milano la nuova macchina.

Test 2
a) b, Vedo spesso Gianni. b) u, Il CD Luca lo porta agli amici. / Luca porta agli amici il CD. c) u, Agli amici Luca porta il CD. d) u, A Roma ci vado in treno. e) b, Ho visto ieri le colleghe. f) b, Non avevo pensato a questa possibilità.

Lösungen

Test 3
a) no b) no, no c) non d) no, no, non e) non f) non g) no

Test 4
a) Franca non telefona a nessuno. b) Non vado mai al mare. c) Non ti racconto niente / nulla. d) Non incontro né Julia né Hans. e) Non capisco niente / nulla. f) Francesco non è bello e neanche / nemmeno / neppure simpatico.

Test 5
a) Daniele non ha telefonato a nessuno. b) Non sono mai andato al mare. c) Non ti ho raccontato niente. d) Non ho incontrato né Julia né Hans. e) Non ho capito niente. f) Francesco non ha telefonato e non ha nemmeno scritto.

Test 6
a) 4, b) 5, c) 2, d) 1, e) 3

Test 7
a) 2, b) 3, c) 6, d) 5, e) 1, f) 4

Test 8
a) iR b) K c) R d) iR e) K f) R

Test 9
a) P (Arrivato in centro ...), G (Essendo arrivato in centro ...) b) I (So di essere una persona intelligente.) c) P (Finito di studiare ...), G (Avendo finito di studiare ...) d) G (Avendo soldi ...) e) P (Tornati i genitori ...) f) P (Il libro comprato ieri...)

Test 10
a) il giorno prima aveva chiamato sua madre b) il giorno dopo / l'indomani avrebbe chiamato sua madre c) di telefonare a suo fratello d) l'aiuto domani e) Franco sarebbe arrivato l'indomani / il giorno dopo.

Auf den Punkt gebracht
1. a) nein b) nein c) ja
2. a) ja b) nein c) ja
3. a) ja b) nein c) ja
4. Satzanfang, Objekt, direkten Objektpronomens
5. a) nein b) ja c) nein d) ja e) ja f) nein
6. a2, b7, c4, d6, e3, f5, g1
7. a) ja b) nein c) ja d) nein e) nein f) ja
8. beiordnende Konjunktionen / satzverkürzende Konstruktionen
9. nebenordnende Konjunktionen / Relativpronomen / indirekte Rede / satzverkürzende Konstruktionen
10. a) das *gerundio* b) der Infinitiv / das Partizip Perfekt / das *gerundio*
11. a) Übereinstimmungen b) Indikativ c) Hauptsatz d) die Personalpronomen / die Possessivpronomen e) Infinitiv f) *se* g) Indikativ

24 Die Präpositionen

Auf Entdeckung
a) **di:** dell', dello, dei, degli, della, dell', delle
b) **da:** dall', dallo, dai, dagli, dalla, dalle
a: al, allo, ai, agli, all', alle
su: sul, sull', sui, sulla, sull', sulle
in: nell', nello, negli, nella, nell', nelle

Lösungen

Test 1
a) della b) nella c) dal, all' d) sulla
e) dalle, alle f) nella g) dagli

Test 2
a) nel b) del, dal, al c) per l' d) con mia, la mia e) con, con la f) nella g) alle h) attraverso l' i) per l) dai m) con gli n) con gli

Test 3
a) in, a, da, a b) di c) con, in d) su e) per f) tra / fra g) tra / fra

Test 4
a) in b) in c) a, in d) nell' e) nell' f) in g) tra h) in i) in l) nel

Test 5
a) in, al b) in, in, alla c) A, a d) in e) alle f) nel, in g) a h) all', in i) al l) al m) in, a

Test 6
a) da b) a, da c) da d) da, in e) dal, alle f) in, dalle, a g) dall', all' h) da, in

Test 7
a) di b) da c) da, da d) dalla e) della f) da g) di h) Di i) da, di l) di m) da n) di o) di p) da q) del

Test 8
a) tra b) con c) sulla d) a, per e) sul f) con g) sul h) per i) su l) per la m) fra

Test 9
a) sopra b) fuori dal c) attraverso d) lungo e) verso f) presso

Test 10
a) prima b) dopo c) fa d) durante e) entro f) dopo

Test 11
a) malgrado b) contro c) senza d) Secondo e) meno

Test 12
a) di b) di c) a d) al e) dall' f) delle g) del h) alla i) allo l) alle m) alla n) dalla

Auf den Punkt gebracht
1. a) ja b) ja c) nein
2. **di:** del, dell', dello, dei, degli, della, dell', delle
   da: dal, dall', dallo, dai, dagli, dalla, dall' dalle
   a: al, all' allo, ai, agli, alla, all', alle
   su: sul, sull', sullo, sui, sugli, sulla, sull', sulle
   in: nel, nell', nello, nei, negli, nella, nell', nelle
3. geringe, in vielen
4. starke, in wenigen
5. a) 12, b) 4, c) 11, d) 13, e) 5, f) 7, g) 10, h) 9, i) 8, l) 6, m) 2, n) 1, o) 3

25 Zahlen, Zeit- und Mengenangaben

Test 1
für die Lösungen a) – c) und e) vgl. 25, 1.1.1
d) quaranta, quarantuno, quarantadue, quarantatré, quarantaquattro, quarantacinque, quarantasei, quarantasette, quarantotto, quarantanove, cinquanta

Lösungen

f) cento, duecento, trecento, quattrocento, cinquecento, seicento, settecento, ottocento, novecento, mille
g) centoventitré, duecentotrentotto, trecentodiciassette, quattrocentosessantasette, cinquecentosettantasei, seicentosettantatré, settecentosessantasette, ottocentoottantotto, novecentodiciannove

Test 2
millenovecentosessantotto, dodicimila settecentotrentuno, quarantaquattromila centonovantasette, sessantasettemila seicentosettantasei, trecentoventiquattromila cinquecentoottantuno

Test 3
a) decimo, nono, ottavo, settimo, sesto, quinto, quarto, terzo, secondo, primo
b) cinquantesimo, sessantesimo, settantesimo, ottantesimo, novantesimo, centesimo

Test 4
a) prima b) quarta c) prime d) prime e) secondo f) primi g) primi h) terzo

Test 5
un terzo, un quarto, un quinto, un decimo, sette decimi, due terzi, tre quarti, un ventesimo

Test 6
a) sono le tre e dieci b) è l'una e mezzo / e mezza / e trenta c) sono le sei meno un quarto / le cinque e quarantacinque d) sono le dodici / è mezzogiorno e) sono le cinque meno venti f) sono le otto e un quarto / e quindici g) è mezzanotte h) è l'una meno dieci

Test 7
a) alle cinque meno un quarto / quattro e quarantacinque b) alle dodici / a mezzogiorno c) alle sei e un quarto / e quindici d) a mezzanotte e) all'una e dieci f) alle tre meno cinque g) all'una meno venti / alle dodici e quaranta h) alle otto e mezzo / e mezza / e trenta

Test 8
a) il b) alle c) è d) l' e) le f) dal, all' g) è

Test 9
a) l'otto settembre b) l'undici novembre c) dal venti febbraio al trentun aprile d) alla fine di giugno e) ai primi / all'inizio di maggio f) il ventidue agosto g) il ventiquattro dicembre h) il primo gennaio i) fino all'otto luglio

Test 10
a) D' b) ai c) Ø d) Il e) D' f) alla g) In

Auf den Punkt gebracht
1. a) maskulin b) unveränderlich
2. veränderlich / *mila*
3. *-esimo*
4. a) Grundzahl b) Ordnungszahl
5. a) *le* / Plural b) *sono / le* c) *e* d) *meno* e) *a*
6. a) Grundzahlen b) *il*
7. klein
8. *di* / di

Wort- und Sachregister

Die fettgedruckten Zahlen verweisen auf die Kapitel, die folgenden Zahlen auf die entsprechenden Unterabschnitte. Es empfiehlt sich, das Register zusammen mit dem Inhaltsverzeichnis zu benutzen.

A

a (**24**, 1.2.2; **24**, 3)
    beim Infinitiv (**15**, 1.3.2)
    nach Verben (**21**, 2.2; **20**, 3.1)
a causa di (**24**, 4.4)
a condizione che (**12**, 1.2.1 c; **22**, 2.3.4)
a meno che (**12**, 1.2.1 c; **22**, 2.3.4; **22**, 2.3.5)
a patto che (**12**, 1.2.1 c; **22**, 2.3.4)
a tal punto che (**22**, 2.1.2)
Adjektiv (**4**)
    adverbial gebraucht (**21**, 3)
    Besonderheiten (**4**, 4)
    mit Infinitiv (**15**, 1.3.2)
    Pluralbildung (**4**, 1.2)
    Steigerung (**4**, 5)
    Stellung (**4**, 3; **4**, 4.4)
    Angleichung des Adjektivs (**4**, 2)
Adverb (**21**)
    Bildung *-mente* (**21**, 1)
    der Art und Weise (**21**, 1.2)
    der Menge (**21**, 1.2)
    des Ortes (**21**, 1.2)
    der Zeit (**21**, 1.2)
    Steigerung (**21**, 4)
adverbiale Ausdrücke (**21**, 1.3)
affinché (**12**, 1.2.1; **22**, 2.2)
Akzent (**1**, 3.2)
alcuni (**7**, 3.1; **7**, 3.2.1)
alcuno (**7**, 3.2.1)
allora (**22**, 1.5)
Alphabet (**1**, 1)
altrettanto (**7**, 3.1)
altrimenti (**22**, 1.2)
altro (**7**, 3.1)
ammesso che (**12**, 1.2.1 c; **22**, 2.3.4)
anche (**10**, 1.2; **21**, 2; **22**, 1.1)
anche se (**22**, 2.3.3)

andare (**27**, 3)
    bei Passiv (**18**,1.5)
andarsene (**10**, 9)
anzi / al contrario (**22**, 1.3)
Apostroph (**1**, 4; **1**, 5; **10**, 3.1.1; **10**, 3.2.1)
appena (**11**, 6.2; **22**, 2.3.1)
Artikel (**3**)
    bestimmter Artikel (**3**, 1)
    Teilungsartikel (**3**, 3)
    unbestimmter Artikel (**3**, 2)
    beim Datum (**25**, 2.2; **25**, 2.3)
    bei Jahreszahlen (**25**, 2.4)
    beim Possessivum (**5**, 1; **5**, 2)
    beim Superlativ (**4**, 5.2.1)
    bei Uhrzeit (**25**, 2.1; **25**, 2.3)
    bei Wochentagen (**25**, 2.5.1)
attraverso (**24**, 4.1)
Aussagesatz (**23**, 1.1)
Aussprache (**1**, 2)
avercela con qn (**10**, 9)
avere (**27**, 1.1)
    beim *passato prossimo* (**11**, 3.1; **11**, 3.1.2)
    bei reflexiven Verben (**17**, 2.2)
    bei *si impersonale* (**19**, 5)

B

Bedingungssatz (**12**, 4.3; **13**, 1.2.1; **13**, 2.2.1; **15**, 2.2.2; **15**, 3.1.4; **16**, 4; **22**, 2.3.4)
bello (**4**, 4.3)
benché (**12**, 1.2.1 c; **15**, 2.2.2; **22**, 2.3.3)
bene (**21**, 1.4.1; **21**, 4.3)
bensì (**22**, 1.3)
bestimmter Artikel (**3**, 1)
    Besonderheiten bei der Wahl des bestimmten Artikels (**3**, 1.2)

Wort- und Sachregister

Formen (**3**, 1.1)
Gebrauch des bestimmten Artikels (**3**, 1.3)
Betonung (**1**, 3)
   der Verben (**11**, 1.1.1; **11**, 1.3.2; **11**, 2.1; **11**, 4.1; **12**, 1.1.1; **14**, 2.1)
bisogna (**19**, 8; **20**, 1)
Buchstabieren (**1**, 1)
buono (**4**, 3.3; **4**, 4.3)
   Steigerung (**4**, 5.3)

C

caso mai (**22**, 2.3.4)
cattivo (**4**, 3.3)
   Steigerung (**4**, 5.3.2)
cavarsela (**10**, 9)
certo (**7**, 3.1)
che
   „dass" (**12**, 1; **23**, 2.4)
   Interrogativum (**9**, 2; **9**, 3; **9**, 4.2.1)
   nach Komparativ (**4**, 5.1.2; **21**, 4.1.2)
   (*ché*) Konjunktion (**22**, 2.3.2)
   Relativpronomen (**8**, 1; **8**, 3.1.1; **8**, 4)
che cosa (**9**, 2)
chi
   Interrogativpronomen (**9**, 1)
   Relativpronomen. (**8**, 6; **8**, 7.2)
chiunque (**7**, 2; **12**, 1.2.1 d)
ci
   Personalpronomen. (**10**, 2; **10**, 3)
   Pronominaladverb (**10**, 5; **20**, 3.1)
   bei *si impersonale* (**19**, 6)
   Stellung (**10**, 7.2.2; **10**, 8)
   bei vorangestellter Ortsangabe und Ergänzung mit *a* (**23**, 1.1.2)
ciascuno (**7**, 3)
ciò (**6**, 4.1)
ciò che (**8**, 5)
cioè / vale a dire (**22**, 1.4)
codesto (**6**, 4.3)

colui che (**8**, 6; **8**, 7)
come
   Interrogativum (**9**, 6)
   Konjunktion (**22**, 2.3)
   beim Vergleich (**21**, 4.1.3; **4**, 5.1.3)
comunque (**12**, 1.2.1 d)
con (**24**, 1.2.2; **24**, 3)
condizionale
   im Bedingungssatz (**13**, 1.2.1; **13**, 2.2.1; **16**, 4.2)
   statt Indikativ (**13**, 1.2.2)
   in der indirekten Rede (**16**, 2.2)
   bei Nachzeitigkeit (**16**, 2.1.2; **16**, 2.2.2; **16**, 3.2)
condizionale I (**13**, 1)
   Formen (**13**, 1.1)
   Gebrauch (**13**, 1.2)
   im Nebensatz (**13**, 1.2.2)
condizionale II (**13**, 2)
   Formen (**13**, 2.1)
   Gebrauch (**13**, 2.2)
congiuntivo (**12**)
   Gebrauch der Zeiten beim *congiuntivo* (**16**, 1; **16**, 3; **16**, 4)
   im Hauptsatz (**12**, 1.2.3)
   als Imperativ (**12**, 1.2.3)
   nach Konjunktionen (**12**, 1.2.1 c; **22**, 2)
   im Nebensatz (**12**, 1.2.1)
   beim Superlativ (**12**, 1.2.1)
   nach unpersönlichen Ausdrücken und Verben (**12**, 1.2.1 b; **20**, 1.1.3; **20**, 1.2.1)
   beim Vergleich (**12**, 1.2.1 d; **21**, 4.1.2)
congiuntivo imperfetto (**12**, 3)
   Formen (**12**, 3.1)
   Gebrauch (**12**, 3.2; **12**, 3.3)
congiuntivo passato (**12**, 2)
   Formen (**12**, 2.1)
   Gebrauch (**12**, 2.2; **12**, 2.3)

Wort- und Sachregister

congiuntivo presente (**12**,1)
    Formen (**12**, 1.1)
    Gebrauch (**12**, 1.2; **12**, 1.3)
congiuntivo trapassato (**12**, 4)
    Formen (**12**, 4.1)
    Gebrauch (**12**, 4.2; **12**, 4.3)
contro (**24**, 4.3)
cosa als Interrogativum (**9**, 2)
così ... che (**22**, 2.1.2)
così ... come (**22**, 1.6)
così ... come / quanto (**4**, 5.1.3; **21**, 4.1.3)
cosicché (**12**, 1.2.1 c; **22**, 2.1.2; **22**, 2.2)
costui (**6**, 4.4)
cui (**8**, 2; **8**, 3.1.2; **8**, 4)

D

da (**24**, 1.2.2; **24**, 3)
    beim Infinitiv (**15**, 1.3.2; **15**, 2.1.3)
    beim Passiv (**18**, 2)
da ... a (**24**, 3.2)
da quando (**22**, 2.3.1)
dal momento che / in cui (**22**, 2.3.1)
dato che (**22**, 2.3.2)
Datum (**25**, 2.2)
davanti a (**24**, 4.4)
Demonstrativum (**6**)
    beim Possessivum (**5**, 2.3)
dentro (a) (**24**, 4.1; **24**, 4.4)
di (**24**, 1.2.2; **24**, 3)
    beim Infinitiv (**15**, 1.3.2)
    bei Jahreszeiten (**25**, 2.5.3) /
    nach Komparativ (**4**, 5.1.2; **21**, 4.1.2)
    bei Maßen (**25**, 3)
    bei Mengenangaben (**3**, 3.2.2, **25**, 3)
    Teilungsartikel (**3**, 3)
    nach Verben (**20**, 3.2)
di quanto mit *congiuntivo* (**12**, 1.2.1 d)
    beim Vergleich (**4**, 5.1.2; **21**, 4.1.2)

di quel che beim Vergleich (**4**, 5.1.2; **21**, 4.1.2)
dietro a (**24**, 4.4)
diverso (**7**, 3.1)
dopo (**24**, 4.2)
    beim Infinitiv (**15**, 1.3.2)
    + Infinitiv Perfekt (**15**, 2.2.2)
dopo che (**11**, 6.2; **15**, 2.2.2; **22**, 2.3.1)
doppelte Verneinung (**7**, 2; **7**, 3.2.3)
dove als Interrogativum (**9**, 6)
dovunque (**12**, 1.2.1 d)
dunque (**22**, 1.5)
durante (**24**, 4.2)

E

e ... e (**22**, 1.6)
e / ed (**22**, 1.1)
eccetto che (**22**, 2.3.5)
entro (**24**, 4.2)
eppure (**22**, 1.3)
esserci (**10**, 5)
essere (**27**, 1.2)
    beim *passato prossimo* (**11**, 3.1; **11**, 3.1.2)
    beim Passiv (**18**,1)
    bei reflexiven Verben (**17**, 2)
    bei *si impersonale* (**19**, 5)
    bei unpersönlichen Ausdrücken (**20**, 1.2.1)
    bei unpersönlichen Verben (**20**, 1.1.3)

F

fa (**24**, 4.2)
farcela (**10**, 9; **15**, 1.3.2)
fare (**27**, 3)
    bei unpersönlichen Ausdrücken (**20**, 1.2.2)
finché (**22**, 2.3.1)
finirla (**10**, 9)
fino a (**24**, 4.4)
fino a quando / Konjunktion (**22**, 2.3.1)

Wort- und Sachregister

Fragesatz (**23**, 1.3)
fuori (di /da) (**24**, 4.1)
Futur als Imperativ (**14**, 3)
Futur I (**11**, 7)
    Formen (**11**, 7.1)
    Gebrauch (**11**, 7.2)
Futur II (**11**, 8)
    Formen (**11**, 8.1)
    Gebrauch (**11**, 8.2)

G

Gerundialkonstruktion (**22**, 2.3; **23**, 2.1; **23**, 2.3)
gerundio (**15**, 3)
    Personalpronomen beim *gerundio* (**10**, 8.2)
gerundio passato (**15**, 3.2)
    Formen (**15**, 3.2.1)
    Gebrauch (**15**, 3.2.2)
gerundio presente
    Formen (**15**, 3.1)
    Gebrauch (**15**, 3.1.2; **15**, 3.1.6)
giacché (**22**, 2.3.2)
Gleichzeitigkeit (**16**, 1.2; **16**, 1.3; **16**, 2)
grande (**4**, 1.1.2; **4**, 3.3)
    Steigerung (**4**, 5.3.2)
Groß- und Kleinschreibung (**1**, 6)
Grundzahlen (**25**, 1.1)
    bei Bruchzahlen (**25**, 1.3)
    beim Datum (**25**, 2.2)
    bei Uhrzeit (**25**, 2.1)

H

Hervorhebung (**23**, 1.1.2)
    des direkten und indirekten Objekts (**23**, 1.1.2)
    der Ortsangabe (**23**, 1.1.2)
Höflichkeitsform (**1**, 6; **5**, 1; **10**, 1; **10**, 2; **10**, 3; **10**, 4.1; **11**, 1.1.1; **14**, 1)

I

il che (**8**, 1.3)
il quale (**8**, 3; **8**, 4)
Imperativ (**14**)
    Formen (**14**, 1)
    Futur als Imperativ (**11**, 7.2)
    Infinitiv als Imperativ (**23**, 2.4.1)
    Personalpron. beim Imperativ (**10**, 8; **14**, 2)
imperfetto (**11**, 2)
    Formen (**11**, 2.1)
    Gebrauch (**11**, 2.2)
imperfetto - passato prossimo (**11**, 3.3; **16**, 2)
imperfetto - passato remoto (**11**, 4.2; **11**, 4.3)
implizite Konstruktionen (**12**, 1.2.1 a, b; **12**, 1.2.2; **15**, 1.4; **15**, 2.1.2; **15**, 2.2.2; **15**, 3.1.2; **15**, 3.1.4; **23**, 2)
in (**24**, 1.2.2; **24**, 3)
    bei Jahreszahlen und Jahrhunderten (**25**, 2.4)
    bei Jahreszeiten (**25**, 2.5.3)
    bei Monatsnamen (**25**, 2.5.2) /
in maniera che (**22**, 2.1.2; (**22**, 2.2)
in modo che (**12**, 1.2.1 c; **22**, 2.1.2; **22**, 2.2)
in quanto (che) (**22**, 2.3.2)
Indefinita (**7**)
    mit *congiuntivo* (**7**, 1)
    beim Possessivum (**5**, 2.3)
Indikativ (**11**)
    Gebrauch der Zeiten des Indikativs (**16**, 1; **16**, 1.3; **16**, 2)
    in der indirekten. Rede / Frage (**23**, 2.4)
indirekte Frage (**12**, 1.2.1 d; **15**, 1.3)
indirekter Fragesatz (**23**, 2.2; **23**, 2.4)
indirekte Rede (**12**, 1.2.2; **16**, 2.2; **23**, 1.1.2; **23**, 2.2; **23**, 2.4)
infatti (**22**, 1.4)

Wort- und Sachregister

Infinitiv (**15**, 1)
   statt *congiuntivo* (**12**, 1.2.1 a, b; **12**, 1.2.2; **15**, 1.3; **15**, 1.4)
   als Imperativ (**23**, 2.4.1)
   als verneinter Imperativ (**14**, 1.1.3)
   Personalpronomen beim Infinitiv (**10**, 8.2)
   ohne Präposition (**15**, 1.3.1) / mit Präposition (**15**, 1.3.2)
Infinitiv Perfekt (**15**, 1)
   Formen (**15**, 1,1)
   Gebrauch (**15**, 1.2)
Infinitiv Präsens (**15**, 1)
   Formen (**15**, 1,1)
   Gebrauch (**15**, 1.2)
Infinitivkonstruktion (**11**, 6.2; **12**, 1.2.1; **12**, 1.2.2; **20**, 1.1.3; **20**, 1.2.1; **15**, 1.3; **22**, 2; **23**, 2.2; **23**, 2.3, 2.4.1)
inoltre (**22**, 1.1)
insieme a (**24**, 4.4)
intanto che (**22**, 2.3.1)
Interrogativa (**9**)
intransitive Verben (**11**, 3.1.2a; **20**, 2.2)
invece (**22**, 1.3)
invece di (**15**, 1.3.2)
Inversion (**23**, 1.1.2; **23**, 1.3)

J
Jahreszahlen (**25**, 2.4)
Jahreszeiten (**25**, 2.5.3)
Jahrhunderte (**25**, 2.4)

K
Komma (**1**, 7.2)
Komparativ
   des Adjektivs (**4**, 5.1)
   des Adverbs (**21**, 4.1)
   Pronomen beim Komparativ (**10**, 4.2.2)

Konjunktionen (**22**; **23**, 2)
   beiordnende (**22**, 1)
   unterordnende (**22**, 2) /
   mit *congiuntivo* (**22**, 2.2) /
   mit Indikativ (**22**, 2.1)
   mit Indikativ oder *congiuntivo* (**22**, 2.3)
Konjunktivauslöser (**12**, 1.2.1; **16**, 1.1; **16**, 1.3)

L
lontano da (**24**, 4.4)
loro
   beim Imperativ (**14**, 2.1)
   als Personalpronomen (**10**, 1; **10**, 3.2; **10**, 4.1; **10**, 7.2.1; **10**, 8.1)
   als Possessivum (**5**, 1)
lungo (**24**, 4.1)

M
ma (**22**, 1.3)
maggiore (**4**, 5.3.2)
mai (**23**, 1.2.3)
male (**21**, 1.4.1; **21**, 4.3)
malgrado (che) (**12**, 1.2.1 c; **22**, 2.3.3; **24**, 4.3)
massimo (**4**, 5.3.2)
medesimo (**6**, 4.2)
meglio (**21**, 4.3)
mehrfache Verneinung (**7**, 2; **7**, 3.2.3; **23**, 1.2.3)
meno (**24**, 4.3)
   bei Steigerung (**4**, 5.1.1; **4**, 5.2.1; **21**, 4.2.1; **21**, 4.3)
mentre (**22**, 2.1.1; **22**, 2.3.1)
mettercela (**10**, 9)
migliore (**4**, 5.3.2)
minimo (**4**, 5.3.2)
minore (**4**, 5.3.2)
Modalverben (**27**, 3)
   beim *condizionale I* (**13**, 1.2.1)
   beim *condizionale II* (**13**, 2.2.1)

Wort- und Sachregister

beim Infinitiv (**15**, 1.3)
beim *passato prossimo* (**11**, 3.1.2)
bei reflexiven Verben (**17**, 2.2.1)
Personalpronomen bei Modalverben (**10**, 8.3)
Modi
    Indikativ (**11**)
    condizionale (**13**)
    congiuntivo (**12**)
    Imperativ (**14**)
    infinite Modi (**15**)
molti (**7**, 3; **23**, 1.2.2)
molto (**7**, 3)
    als Adjektiv und als Adverb (**4**, 2.5)
    als Adverb (**21**, 1.4; **21**, 4.3)
    beim Superlativ (**4**, 5.2.2; **21**, 4.3)
Monatsnamen (**25**, 2.5.2)

N

Nachzeitigkeit (**16**, 1.2.2; **16**, 1.3; **16**, 2)
né … né (**22**, 1.6; **23**, 1.2.3)
ne
    Gebrauch (**10**, 6; **20**, 3.2)
    bei *si impersonale* (**19**, 6)
    Stellung (**10**, 8)
neanche / nemmeno / neppure (**10**, 1.2; **22**, 1.1; **23**, 1.2.3)
nel caso (che) (**12**, 1.2.1; **22**, 2.3.4)
nel momento che / in cui (**22**, 2.3.1)
nessuno (**7**, 3; **23**, 1.2.3)
niente / nulla (**7**, 2; **23**, 1.2.3)
no (**23**, 1.2.1)
non (**23**, 1.2.2; **23**, 1.2.3)
    beim verneinten Imperativ (**14**, 1.1.3)
non che (**22**, 2.3.2)
non solo … ma anche (**22**, 1.6)
nonostante (che) (**12**, 1.2.1 c; **22**, 2.3.3)

O

o (**22**, 1.2)
o … o (**22**, 1.6)

Objektpronomen, betonte (**10**, 4)
    direkte (**10**, 4.1.1)
    indirekte (**10**, 4.1.2)
Objektpronomen unbetonte (**10**, 3)
    direkte (**10**, 3.1.1)
    indirekte (**10**, 3.2)
occorre (**19**, 8)
ogni (**7**, 1)
ogni volta che (**22**, 2.3.1)
ognuno (**7**, 2)
oppure (**22**, 1.2)
Ordnungszahlen (**25**, 1.2)
    bei Bruchzahlen (**25**, 1.3)
    beim Datum (**25**, 2.2)
ossia / ovvero (**22**, 1.4)
ottimo (**4**, 5.3.2)

P

parecchio (**7**, 3; **21**, 1.4)
Partizip (**15**, 2)
Partizip Perfekt (**11**, 3.1.1; **15**, 2.2)
    beim Passiv (**18**,1)
    statt Passiv (**18**, 4)
    bei *si impersonale* (**19**, 5)
Partizip Präsens (**15**, 2.1)
Partizipialkonstruktion (**22**, 2.3.1; **23**, 2.2; **23**, 2.3)
passato prossimo (**11**, 3)
    Angleichung (**11**, 3.1; **11**, 3.1.3)
    Bildung (**11**, 3.1)
    Gebrauch des *passato prossimo* (**11**, 3.2)
    Gebrauch von *essere* und *avere* (**11**, 3.1.2)
passato remoto (**11**, 4)
    Formen (**11**, 4.1)
    Gebrauch (**11**, 4.2; **11**, 4.3)
Passiv (**18**)
    Bildung (**18**,1)
    persönliches Passiv (**18**, 2; **18**, 3.1)
    Umschreibungen des Passivs (**18**, 4)
    statt *si impersonale* (**19**, 8)

Wort- und Sachregister

peggio (**21**, 4.3)
peggiore (**4**, 5.3.2)
per (**24**, 3)
 + Adjektiv + *che* (**22**, 2.3.3)
 + Adverb + *che* (**22**, 2.3.3)
 beim Infinitiv (**15**, 1.3.2)
per il fatto che (**22**, 2.3.2)
per la ragione che (**22**, 2.3.2)
per paura che (**22**, 2.2)
per quanto (**12**, 1.2.1 c; **22**, 2.3.3)
per questo (**22**, 1.5)
perché
 Interrogativum (**9**, 6)
 Konjunktion (**12**, 1.2.1 c; **15**, 2.2.2; **22**, 2.2; **22**, 2.3.2)
perciò (**22**, 1.5)
però (**22**, 1.3)
Personalpronomen (**10**)
 Objektpronomen, betonte (**10**, 4)
 Objektpronomen, unbetonte (**10**, 3)
 Redewendungen mit Pronomen (**10**, 9)
 Reflexivpronomen (**10**, 2; **17**, 1)
 Stellung (**10**, 8; **14**, 2; **17**, 3; **19**, 6)
 Subjektpronomen (**10**, 1)
 zusammengesetzte Pronomen (**10**, 7)
 beim *passato prossimo* (**11**, 3.1.3)
 bei vorangestelltem direkten Objekt (**23**, 1.1.2)
pertanto (**22**, 1.5)
pessimo (**4**, 5.3.2)
piantarla (**10**, 9)
piccolo (**4**, 3.3; **4**, 5.3.2)
più (**4**, 5.1.1; **4**, 5.2.1; **4**, 5.3.1; **21**, 4.2.1; **21**, 4.3)
Plural der Substantive (**2**, 1.2; **2**, 4)
Pluralbildung der Adjektive (**4**, 1.2)
pochi (**23**, 1.2.2)
poco (**7**, 3; **21**, 1.4; **21**, 4.3)
poiché (**15**, 2.2.2; **22**, 2.3.2)

Possessiva (**5**)
 Formen (**5**, 1)
 Gebrauch (**5**, 2)
Präpositionen (**24**, **26**)
 mit Artikel (**24**, 1.2; **24**, 1.4)
 ohne Artikel (**24**, 1.1)
 Gebrauch (**24**, 3)
 als Ergänzung (**24**, 2.1)
 mit Infinitiv (**15**, 1.3.2)
 bei Interrogativa (**9**, 1; **9**, 2; **9**, 3; **9**, 4; **9**, 5.1; **9**, 6)
 bei Personalpronomen (**10**, 4.2.1)
 bei Relativpronomen (**8**, 2; **8**, 3; **8**, 6)
 Verschmelzung der Präpositionen (**24**, 1.2.2)
Präsens, Indikativ (**11**, 1)
 Formen (**11**, 1.1)
 Besonderheiten der Formen (**11**, 1.3)
 Gebrauch (**11**, 1.2)
 historisches Präsens (**11**, 1.2)
prendersela (**10**, 9)
presso (**24**, 4.1)
prima (**24**, 4.2)
prima che (**12**, 1.2.1 c; **22**, 2.3.1)
prima di (**15**, 1.3.2; **22**, 2.3.1; **24**, 4.4)
proprio statt *suo* (**5**, 2.5)
pur + gerundio (**15**, 3.1.4)
purché (**12**, 1.2.1 c; **22**, 2.3.4)
pure (**22**, 1.1)

Q

qualche (**7**, 1; **7**, 3.2.1)
qualcosa (**7**, 2)
qualcuno (**7**, 2)
quale (**9**, 4)
qualora (**12**, 1.2.1 c; **22**, 2.3.4)
qualsiasi (**7**, 1)
qualunque (**7**, 1; **12**, 1.2.1)
quando (**9**, 6; **11**, 6.2; **22**, 2.1.1; **22**, 2.3.1)

Wort- und Sachregister

quanto
  Indefinitum (**7**, 3.1)
  als Interrogativum (**9**, 5)
  beim Vergleich (**4**, 5.1.2; **21**, 4.1.3)
quello
  Demonstrativum (**6**, 2)
  in Relativsätzen (**6**, 3.3 d; **8**, 5)
  bei Zeitangaben (**16**, 1.4)
questo (**6**, 1; **16**, 1.4)
questo und *quello*, Gebrauch (**6**, 3; **16**, 1.4)
quindi (**22**, 1.5)

R

reflexive Verben (**17**)
  Formen (**17**, 1 und 2)
  reziproke Verben (**17**, 4.3)
  bei *si impersonale* (**19**, 3)
  in zusammengesetzten Zeiten (**11**, 3.1.2)
Reflexivpronomen (**10**, 2; **17**, 3)
Relativpronomen (**8**; **23**, 2.2)

Relativsatz
  mit *congiuntivo* (**12**, 1.2.1 d)
  beim Passiv (**18**, 4)
  statt Partizip Präsens (**15**, 2.1.3)
reziproke Verben (**17**, 4.3)

S

salvo che (**12**, 1.2.1 c; **22**, 2.3.5)
santo (**4**, 4.3),
Satzbau s. Wortstellung
satzverkürzende Konstruktionen
  s. implizite Konstruktionen
Satzzeichen (**1**, 7; **23**, 2.1)
scamparla (**10**, 9)
sé (**10**, 4.2.1)
se (**22**, 2.3.4; **23**, 2.4.2)
sebbene (**12**, 1.2.1; **15**, 2.2.2; **22**, 2.3.3)
secondo (**24**, 4.3)

sentirsela (**10**, 9)
senza (**24**, 4.3)
  beim Infinitiv (**15**, 1.3.2)
senza che (**12**, 1.2.1 c; **22**, 2.3.5)
serve (**19**, 8.3)
si impersonale (**19**)
  statt Passiv (**18**, 4; **19**, 7)
si passivante (**19**, 2)
sia ... che, sia ... sia (**22**, 1.6)
siccome (**15**, 2.2.2; **22**, 2.3.2)
Silbentrennung (**1**, 5)
smetterla (**10**, 9)
sopra (**24**, 4.1)
sotto (**24**, 4.1)
stare + gerundio presente (**15**, 3.1.5)
stare per + Infinitiv (**11**, 7.2)
Steigerung
  des Adjektivs (**4**, 5)
  des Adverbs (**21**, 4)
stesso (**6**, 4.2)
su (**24**, 1.2.2; **24**, 3)
Subjektpronomen (**10**, 1)
substantivierter Infinitiv (**15**, 1.5)
Substantiv (**2**)
  Besonderheiten bei der Pluralbildung (**2**, 4)
  Besonderheiten im Genus (**2**, 2)
  Geschlecht bei belebten Substantiven. (**2**, 3)
  Pluralbildung (**2**, 1.2)
Superlativ (**4**, 5.2; **21**, 4.2)
  relativer Superlativ (**4**, 5.2.1; **21**, 4.2.1)
  absoluter Superlativ (**4**, 5.2.2; **21**, 4.2.2)
supposto che (**12**, 1.2.1 c; **22**, 2.3.4)

T

tale (**7**, 3.1)
tale che (**22**, 2.1.2)
talmente ... che (**22**, 2.1.2)
tanto (**7**, 3; **21**, 1.4)

Wort- und Sachregister

tanto ... come / quanto (**4**, 5.1.3; **21**, 4.1.3)
tanto che (**22**, 2.1.2)
Teilungsartikel (**3**, 3)
  Formen (**3**, 3.1)
  Gebrauch (**3**, 3.2)
tra / fra, Grundregel (**24**, 3.1)
tranne che (**22**, 2.3.5)
transitive Verben (**11**, 3.1.2b; **18**, 4; **20**, 2.1)
trapassato prossimo (**11**, 5)
  Formen (**11**, 5.1)
  Gebrauch (**11**, 5.2; **11**, 6.2)
trapassato remoto (**11**, 6)
  Formen (**11**, 6.1)
  Gebrauch (**11**, 6.2)
troncamento (**1**, 4)
troppo (**7**, 3; **21**, 1.4)
tuttavia (**22**, 1.3)
tutti (**7**, 3.2.4)
tutto (**7**, 3)

U

Übereinstimmung des Adjektivs (**4**, 2)
Uhrzeit (**25**, 2.1)
unbestimmter Artikel (**3**, 2)
  Besonderheiten bei der Wahl (**3**, 2.2)
  Formen (**3**, 2.1)
  Gebrauch (**3**, 2.3)
uno
  Indefinitum (**7**, 2)
  statt *si impersonale* (**19**, 8)
  unbestimmter Artikel (**3**, 2.1)
  Zahlwort (**25**, 1.1)
unpersönliche Ausdrücke (**11**, 3.1.2 a; **12**, 1.2.1 b; **15**, 1.3; **19**, 8.3; **20**, 1.2)
unpersönliche Verben (**11**, 3.1.2 a; **12**, 1.2.1 b; **20**, 1.1)
unregelmäßige Verben (**11**, 1.1.3; **12**, 1.1.2, **27**, 3)

V

vario (**7**, 3.1)
venire bei Passiv (**18**,1)
Verb und seine Ergänzungen (**20**, 3)
Verben (**27**)
  der Bewegung (**15**, 1.3.2)
  des Denkens (**13**, 2.2.2)
  der Meinungsäußerung / (**12**, 1.2.1 a; **12**, 1.2.2; **15**, 1.3.2)
  des Sagens und des Fragens / (**12**, 1.2.1 a; **12**, 1.2.2; **13**, 2.2.2; **15**, 1.3.2)
  der Subjektivität (**12**, 1.2.1 a; **12**, 1.2.2)
  der Wahrnehmung (**15**, 1.3)
  des Wünschens (**12**, 1.2.1; **15**, 1.3)
  des Zweifelns (**13**, 2.2.2)
  mit direktem Objekt (**15**, 1.3.2; **18**, 3.1; **20**, 2.1)
  mit indirektem Objekt (**15**, 1.3.2; **18**, 3.1; **20**, 2.2)
  mit Stammerweiterung (**11**, 1.1.2; **12**, 1.1.1; **14**, 1.1.1)
verneinter Imperativ (**14**, 1.1.3; **14**, 2.2)
Verneinung (**23**, 1.2)
verso (**24**, 4.1)
vicino a (**24**, 4.4)
visto che (**22**, 2.3.2)
Vorzeitigkeit (**16**, 1.2.2; **16**, 1.3; **16**, 2)

W

Wochentage (**25**, 2.5.1)
Wortstellung
  Adjektiv (**4**, 3; **4**, 4.4)
  Adverb (**21**, 2)
  Aussagesatz (**23**, 1.1)
  ci (**10**, 7.2.2; **10**, 8)
  einfacher Satz (**23**, 1)
  Fragesatz (**23**, 1.3)
  Hilfsverben beim *passato prossimo* (**11**, 3.1)

Abkürzungen

ne (**10**, 8)
Personalpronomen (**10**, 3.1.2; **10**, 5; **19**, 6)
Verneinung (**23**, 1.2)
zusammengesetzte Zeiten (**23**, 1.1.1)

Z

Zahlen (**25**, 1)
Zeitangaben (**16**, 1.4; **25**, 2)
Zeiten
    der Gegenwartsgruppe (**16**, 1.2.1)
    der Vergangenheitsgruppe (**16**, 1.2.1)
Zeiten und Modi (**16**)
    beim *congiuntivo* im Nebensatz (**16**, 3)
    im Bedingungssatz (**16**, 4)
    Indikativ im Nebensatz (**16**, 2.1)

indirekte Frage (**23**, 2.4.2)
indirekte Rede (**16**, 2.2; **23**, 2.4.1)
zusammengesetzte Adjektive (**4**, 4.2.2)
zusammengesetzte Pronomen (**10**, 7)
zusammengesetzte Substantive (**2**, 4.7)
zusammengesetzte Zeiten (**11**, 3; **11**, 5.1; **11**, 6.1; **11**, 8.1; **12**, 2; **12**, 4.1; **13**, 2.1; **15**, 1.1; **15**, 2.2.2; **15**, 3.2.1; **17**, 2)
    beim Passiv (**18**, 1.2)
    bei *si impersonale* (**19**, 5)
    bei unpersönlichen Ausdrücken und Verben (**20**, 1.1.3; **20**, 1.2)
    Stellung des Pronomens (**10**, 8.1)
    Stellung des Adverbs (**21**, 2)
    Wortstellung (**23**, 1.1.1)

Abkürzungen

bzw.	beziehungsweise
cond.	condizionale
cong.	congiuntivo
etw.	etwas
f.	feminin
i.d.R.	in der Regel
Ind. Präs.	Indikativ Präsens
jdm.	jemandem
jdn.	jemanden
m.	maskulin
Part. Perf.	Partizip Perfekt
Part. Präs.	Partizip Präsens
pass. rem.	passato remoto
Pl.	Plural
qn. / qd.	qualcuno
Sg.	Singular
usw.	und so weiter

Grammatisches Glossar

Lateinisch	Deutsch	Italienisch
Adjektiv	Eigenschaftswort	aggettivo
Adverb	Umstandswort	avverbio
adverbiale Bestimmung	Umstandsbestimmung	locuzione avverbiale
Akkusativ	4. Fall (Wenfall)	accusativo
aktive Form	Tatform	forma attiva
Akzent	Betonung(szeichen)	accento
Apostroph	Auslassungszeichen	apostrofo
Artikel	Geschlechtswort	articolo
Attribut	Beifügung	attributo
Dativ	3. Fall (Wemfall)	dativo
Deklination	Beugung	declinazione
Demonstrativadjektiv	hinweisendes Eigenschaftswort	aggettivo dimostrativo
Demonstrativpronomen	hinweisendes Fürwort	pronome dimostrativo
direktes Objekt	Ergänzung im 4. Fall	(complemento) oggetto directo
feminin	weiblich	femminile
Futur	Zukunft	futuro
Genitiv	2. Fall (Wesfall)	genitivo
Genus	grammatisches Geschlecht	genere
Gerundium	Verlaufsform	gerundio
Imperativ	Befehlsform	imperativo
Indefinitpronomen	unbestimmtes Fürwort	pronome indefinito
Indikativ	Wirklichkeitsform	indicativo
indirektes Objekt	Ergänzung im 3. Fall	(complemento) oggetto indirecto
Infinitiv	Grundform	infinito
Interpunktion	Zeichensetzung	interpunzione
Interrogativpronomen	Frage(für)wort	pronome interrogativo
intransitives Verb	nicht zielendes Zeitwort	verbo intransitivo
Inversion	Umstellung von Satzgegenstand und Satzaussage	inversione
Komparativ	1. Steigerungsstufe	comparativo
Konditional	Bedingungsform	condizionale
Konditionalsatz	Bedingungssatz	proposizione condizionale
konjugieren	beugen (eines Verbs)	coniugare
Konjunktion	Bindewort	congiunzione
Konjunktiv	Möglichkeitsform	congiuntivo
Konsonant	Mitlaut	consonante
maskulin	männlich	maschile
modal	die Art und Weise bezeichnend	modale

Grammatisches Glossar

Lateinisch	Deutsch	Italienisch
Modalverb	Zeitwort, das die Art und Weise bezeichnet	verbo modale
Modus	Aussageweise	modo
Negation	Verneinung	negazione
Neutrum	sächliches Geschlecht	neutro
Nomen	Nennwort, Hauptwort	nome
Nominativ	1. Fall (Werfall)	nominativo
Numerus	Zahl	numero
Objekt	Ergänzung	complemento
Objektpronomen	persönliches Fürwort als Ergänzung	pronome personale complemento
partitiv	die Teilung bezeichnend	partitivo
Partizip	Mittelwort	participio
Partizipialkonstruktionen	Mittelwortverbindungen	proposizioni participiali
passive Form	Leideform	forma passiva
Perfekt	vollendete Vergangenheit	passato prossimo
Personalpronomen	persönliches Fürwort	pronome personale
Plural	Mehrzahl	plurale
Plusquamperfekt	Vorvergangenheit	trapassato
Possessivpronomen	besitzanzeigendes Fürwort	pronome possessivo
Prädikat	Satzaussage	predicato
prädikative Ergänzung	die Satzaussage betreffende Ergänzung	predicato nominale
Präposition	Verhältniswort	preposizione
Präsens	Gegenwart	presente
Pronomen	Fürwort	pronome
Pronominaladverb	Umstandswort, das für eine Fügung aus Verhältniswort und Fürwort steht	avverbio pronominale
reflexives Verb	rückbezügliches Zeitwort	verbo riflessivo
Reflexivpronomen	rückbezügliches Fürwort	pronome riflessivo
Relativpronomen	bezügliches Fürwort	pronome relativo
Subjekt	Satzgegenstand	soggetto
Subjektpronomen	persönliches Fürwort als Satzgegenstand	pronome (personale) soggetto
Substantiv	Hauptwort	sostantivo
Superlativ	2. Steigerungsstufe	superlativo
Teilungsartikel	–	articolo partitivo
temporal	zeitlich	temporale
Tempus	Zeit	tempo
transitives Verb	zielendes Zeitwort	verbo transitivo
Verb	Zeitwort	verbo
Vokal	Selbstlaut	vocale